Le Gu

Corse

Direction	David Brabis
Rédaction en chef	Nadia Bosquès
Mise à jour	Juliette Dablanc
Informations pratiques	Bernadette Véron, Catherine Rossignol, Danielle Leroyer, Yves Croison, Marie Simonet, Philippe Robic, Pierre-Yves Guilard
Documentation	Isabelle du Gardin
Cartographie	Alain Baldet, Geneviève Corbic
Iconographie	Christine Chovet, Stéphane Sauvignier
Secrétariat de rédaction	Mathilde Vergnault
Correction	Marion Desvignes
Mise en pages	Marie-Pierre Renier, Michel Moulin
Conception graphique	Christiane Beylier à Paris 12e
Maquette de couverture	Agence Carré Noir à Paris 17e
Fabrication	Pierre Ballochard, Renaud Leblanc
Marketing	Cécile Petiau
Ventes	Antoine Baron (France), Robert Van Keerberghen (Belgique), Christian Verdon (Suisse), Nadine Audet (Canada), Pascal Isoard (grand export)
Relations publiques	Gonzague de Jarnac
Régie publicitaire	Etoile Régie, Jacques-François de Laveaucoupet

Pour nous contacter	Le Guide Vert
	Michelin – Éditions des Voyages
	46, avenue de Breteuil
	75324 Paris Cedex 07
	☏ 01 45 66 12 34
	Fax : 01 45 66 13 75
	www.ViaMichelin.fr
	LeGuideVert@fr.michelin.com

Parution 2004

Note au lecteur

Ce guide tient compte des conditions de tourisme connues au moment de sa rédaction. Certains renseignements (prix, adresses, numéros de téléphone, horaires...) peuvent perdre de leur actualité, de même que des établissements ou des curiosités peuvent fermer. Michelin Éditions des Voyages ne saurait être tenu responsable des conséquences dues à ces éventuels changements.

À la découverte de la Corse

« Galet rose posé sur la Méditerranée », selon Saint-Exupéry, l'île de Beauté mêle le dépaysement de la langue et des austères villages de montagnes au caractère méditerranéen des ports, criques et promontoires rocheux où l'on aime flâner à la tombée du jour.

Quatre sites naturels classés au patrimoine de l'Unesco – les golfes de Girolata et de Porto, les « calanche » de Piana et la réserve de Scandola – ainsi qu'un grand homme ont fait accéder la Corse à la notoriété mondiale. Ajaccio la blanche, Bastia la méditerranéenne étagée en amphithéâtre, Corte, flambeau de l'identité insulaire, veillant entre ciel et rochers sur le renouveau de la culture, et enfin Bonifacio, fière proue méridionale affrontant victorieusement toutes les tempêtes, se partagent les faveurs des visiteurs pressés. En prenant son temps, la Corse secrète se laisse découvrir : celle des plages accessibles uniquement à pied ou en bateau, des villages déserts nichés dans l'océan de verdure de la Castagniccia, des frêles ponts génois, uniques témoins des axes de communications disparus, et des chapelles silencieuses enluminées de fresques dignes de maîtres italiens...

L'équipe du Guide Vert Michelin
LeGuideVert@fr.michelin.com

Sommaire

Statue-menhir du site de Filitosa, premier gardien du patrimoine corse.

Les îles Lavezzi : un coin de paradis à l'extrémité Sud de la France.

Villes et sites

Le long des routes corses,
les bougainvilliers déploient,
au printemps, leur symphonie
de couleurs.

Le pont génois d'Ota
continue à défier
les intempéries et l'usure
du temps.

Cartes et plans

Les cartes routières qu'il vous faut

Comme tout automobiliste prévoyant, munissez-vous de bonnes cartes. Les produits Michelin sont complémentaires : ainsi, chaque ville ou site présenté dans ce guide est accompagné de ses références cartographiques sur les différentes gammes de cartes que nous proposons.

• Les **nouvelles cartes LOCAL**, au 1/150 000 ou au 1/175 000, ont été conçues pour les personnes qui aiment prendre le temps de découvrir une zone géographique plus réduite (un ou deux départements) lors de leurs déplacements en voiture. Elles disposent d'un index complet des localités et proposent les plans des préfectures. Pour ce guide, consultez la **carte Local 345**.

L'assemblage de nos cartes est présenté ci-dessous avec délimitations de leur couverture géographique.

• Les **cartes Régional**, au 1/200 000, couvrent le réseau routier secondaire et donnent de nombreuses indications touristiques. Elle sont pratiques lorsqu'on aborde un vaste territoire ou pour relier des villes distantes de plus de cent kilomètres. Elles disposent également d'un index complet des localités et proposent les plans des préfectures. Pour ce guide, utilisez la carte 628 (sous forme d'atlas).

• La **carte d'Italie** au 1/1 000 000 no 735, sur laquelle figure la Corse, peut vous être utile si vous souhaitez, depuis « l'île de Beauté », faire une escapade en Sardaigne ou sur les côtes italiennes.

• Pour vos déplacements en Sardaigne, consultez également la carte au 1/400 000 no 433.

Et n'oubliez pas, la **carte de France n° 721** vous offre la vue d'ensemble de la Provence, ses grandes voies d'accès d'où que vous veniez. Le pays est ainsi cartographié au 1/1 000 000 et fait apparaître le réseau routier principal.

Enfin sachez qu'en complément de ces cartes, le site Internet **www.ViaMichelin.fr** permet le calcul d'itinéraires détaillés avec leur temps de parcours, et bien d'autres services. Le Minitel **3615** ViaMichelin vous permet d'obtenir ces mêmes informations ; les **3617** et **3623** **Michelin** les délivrent par fax ou imprimante.

Cartes thématiques

Plans de villes

Plans de monuments

Cartes des circuits décrits

Légende

Monuments et sites

⊙→ Itinéraire décrit, départ de la visite

🏛 🕈 Église

🏛 🕈 Temple

⬛ ◼ 🕎 Synagogue - Mosquée

⬛ Bâtiment

◼ Statue, petit bâtiment

🕈 Calvaire

◎ Fontaine

●—■ Rempart - Tour - Porte

⋈ Château

⁛ Ruine

◡ Barrage

✿ Usine

☆ Fort

⋒ Grotte

◰ Habitat troglodytique

🕋 Monument mégalithique

⊤ Table d'orientation

⩗ Vue

▲ Autre lieu d'intérêt

Signes particuliers

🏖 Plage

🎋 Tour génoise

Sports et loisirs

🏇 Hippodrome

⛸ Patinoire

≋ ⊠ Piscine : de plein air, couverte

🎥 Cinéma Multiplex

⛵ Port de plaisance

⛺ Refuge

▫—■—▫ Téléphérique, télécabine

▫—+++—▫ Funiculaire, voie à crémaillère

🚂 Chemin de fer touristique

◇ Base de loisirs

🐎 Parc d'attractions

⑂ Parc animalier, zoo

❀ Parc floral, arboretum

⊘ Parc ornithologique, réserve d'oiseaux

🚶 Promenade à pied

☺ Intéressant pour les enfants

Abréviations

A   Chambre d'agriculture

C   Chambre de commerce

H   Hôtel de ville

J   Palais de justice

M   Musée

P   Préfecture, sous-préfecture

POL.   Police

🛡 Gendarmerie

T   Théâtre

U   Université, grande école

	site	station balnéaire	station de sports d'hiver	station thermale
vaut le voyage	★★★	⚠⚠⚠	✳✳✳	♁♁♁
mérite un détour	★★	⚠⚠	✳✳	♁♁
intéressant	★	⚠	✳	♁

Autres symboles

🛈	Information touristique
══ ══	Autoroute ou assimilée
❶ ❶	Échangeur : complet ou partiel
⊏⊐ ══	Rue piétonne
I══I	Rue impraticable, réglementée
⊏⊐⊐⊐ ----	Escalier - Sentier
🚆 🚇	Gare - Gare auto-train
🚌 🚌 S.N.C.F.	Gare routière
─┼─	Tramway
Ⓜ	Métro
🅿R	Parking-relais
♿	Facilité d'accès pour les handicapés
⊗	Poste restante
☎	Téléphone
✉	Marché couvert
⊹✕⊹	Caserne
△	Pont mobile
∪	Carrière
✗	Mine
B F	Bac passant voitures et passagers
🚤	Transport des voitures et des passagers
⛴	Transport des passagers
③	Sortie de ville identique sur les plans et les cartes Michelin
Bert (R.)...	Rue commerçante
AZ B	Localisation sur le plan
►►	Si vous le pouvez : voyez encore...

Carnet pratique

20 ch. : *38,57/57,17 €*	Nombre de chambres : prix de la chambre pour une personne/chambre pour deux personnes
demi-pension ou pension : *42,62 €*	Prix par personne, sur la base d'une chambre occupée par deux clients
⊏⊐ *6,85 €*	Prix du petit déjeuner; lorsqu'il n'est pas indiqué, il est inclus dans le prix de la chambre (en général dans les chambres d'hôte)
120 empl. : *12,18 €*	Nombre d'emplacements de camping : prix de l'emplacement pour 2 personnes avec voiture
12,18 € déj. - *16,74/38,05 €*	Restaurant : prix menu servi au déjeuner uniquement – prix mini/maxi : menus (servis midi et soir) ou à la carte
rest. *16,74/38,05 €*	Restaurant dans un lieu d'hébergement, prix mini/maxi : menus (servis midi et soir) ou à la carte
repas 15,22 €	Repas type « Table d'hôte »
réserv.	Réservation recommandée
⊠	Cartes bancaires non acceptées
🅿	Parking réservé à la clientèle de l'hôtel

Les prix sont indiqués pour la haute saison

Les plus beaux sites

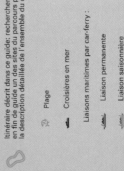

BALAGNE	★★★	Vaut le voyage
BASTIA	★★	Mérite un détour
AGRIATES	★	Intéressant
Levie		Autre site décrit dans ce guide

La cotation des stations balnéaires (⚑) répond à des critères liés à leur activité.

Itinéraire décrit dans ce guide: rechercher dans l'index en fin de guide un des sites du parcours pour retrouver la description détaillée de l'ensemble du circuit.

⚑ Plage

Croisières en mer

Liaisons maritimes par car-ferry :

Liaison permanente

Liaison saisonnière

0   10 Km

Lac de Melo

Informations pratiques

Avant le départ

adresses utiles

Ceux qui aiment préparer leur voyage dans le détail peuvent rassembler toute la documentation utile auprès des professionnels du tourisme de la région. Outre les adresses indiquées ci-dessous, sachez que les coordonnées des offices de tourisme ou syndicats d'initiative des villes et sites décrits dans le corps de ce guide sont précisées dans la rubrique « la situation » de chaque chapitre.

Un numéro pour la France, le 3265 – Un nouvel accès facile a été mis en place pour joindre tous les offices de tourisme et syndicats d'initiative en France. Il suffit de composer le 3265 (0,34€/mn) et « dire » distinctement le nom de la commune. Vous serez alors directement mis en contact avec eux.

ORGANISMES DE TOURISME

Agence du tourisme de la Corse (ATC) – 17 bd du Roi-Jérôme, BP 1, 20218 Ajaccio, ☎ 04 95 51 00 00 ou 04 95 51 77 77. www.visit-corsica.com
Haute-Corse Développement – Rés. du Fangu, Quartier de l'Annonciade, 20200 Bastia, ☎ 04 95 34 00 55.
Parc naturel régional de Corse – 2 r. du Major-Lambroschini, BP 417, 20184 Ajaccio Cedex 1, ☎ 04 95 51 79 00. Bureau d'informations et de conseils, 2 r. Serg.-Casalonga à Ajaccio. Des maisons d'information du Parc régional sont ouvertes tlj de mi-juin à mi-sept. ; à Calenzana, ☎ 04 95 62 87 78 ; à Corte, ☎ 04 95 46 27 44 ; à Évisa (forêt d'Aitone), ☎ 04 95 26 23 62 ; à Moltifao, ☎ 04 95 47 85 03. www.parc-naturel-corse.com

ADRESSES INTERNET

Surfez sur les sites suivants :
www.multimania.com/corsicamedia – Annuaire des sites corses sur Internet.
www.corsica.sitec.fr/ – Site généraliste pour découvrir la Corse.
www.annuaire-corse.com/ – Site de l'annuaire U Corsu permettant de retrouver une adresse sur les deux départements corses.
www.corse.pref.gouv.fr/ – Site de la préfecture de la région corse.
www.corsica-guide.com/fr/Pages/2che_fer.html – Site du chemin de fer de la Corse.
www.corsemusique.com – Portail de la musique en Corse.
www.corsica.net.free.fr/ – Portail de la culture corse.

VILLES ET PAYS D'ART ET D'HISTOIRE

Sous ce label décerné par le ministère de la Culture et de la Communication sont regroupés quelque 136 villes et pays qui œuvrent activement à la mise en valeur et à l'animation de

Plage de Palombaggia.

leur architecture et patrimoine. Dans ce réseau sont proposées des visites générales ou insolites (1h1/2 ou plus), conduites par des guides-conférenciers et des animateurs du patrimoine agréés par le ministère. Les enfants ne sont pas oubliés grâce à l'opération « L'été des 6-12 ans » qui connaît chaque année un grand succès. Renseignements auprès des offices de tourisme des villes ou sur le site www.vpah.culture.fr
En Corse, Bastia a reçu le label Ville d'art et d'histoire.

météo

QUEL TEMPS POUR DEMAIN ?

Météo France a mis en place un système de services téléphoniques : les bulletins diffusés sont réactualisés trois fois par jour et sont valables pour une durée de sept jours.
Taper : 3250 suivi de 1 pour avoir toutes les météos départementales, 3250 suivi de 2 pour la météo des villes, 3250 suivi de 3 pour la météo plage et mer.
Accès direct aux prévisions du département : 0 892 68 02 suivi du numéro du département (☎ 08 36 68 02 20 pour la Corse). Toutes ces informations sont également disponibles sur 3615 météo et www.meteo.fr

CLIMAT

La Corse bénéficie d'un climat méditerranéen nuancé par l'altitude, la latitude, l'environnement maritime et les vents. Toutefois, contrairement à ce qui est de règle ailleurs en Europe, sa température moyenne (plus de 12 °C) s'accroît du Sud vers le Nord – celle des côtes variant de 14,7 °C à 16,6 °C –, Bastia et le Cap Corse étant plus chauds qu'Ajaccio ou Bonifacio.

Les saisons – Les étés éclatants de soleil et de luminosité sont brûlants (maxima : 36 °C sur les côtes, 26 °C à 1 000 m) et secs, les hivers particulièrement doux sur les rivages (18 °C). Le printemps, déjà chaud, connaît une floraison odorante, l'automne reste agréable jusqu'à 600 m. L'ensoleillement est important en toute saison. Ajaccio par exemple détient le record de France avec près de 2 900 heures de soleil par an. L'influence modératrice de la mer sur les températures, surtout en automne et en hiver, est prépondérante jusqu'à une altitude de 200 m, plus faible vers 400 m et s'estompe à 600 m. Au-dessus de 1 200 m, le climat accuse un caractère nettement alpin : froid et neige abondante en hiver.

la traversée

EN BATEAU

Les réservations au départ de la France continentale peuvent s'effectuer dans les agences de la SNCM, les gares principales et bureaux de tourisme de la SNCF, les agences de voyages.

Depuis avril 1996, des navires à grande vitesse (NGV) assurent, du printemps à la Toussaint, la liaison entre Nice et Calvi ou L'Île-Rousse (2h3/4), entre Nice et Ajaccio (4h) et entre Nice et Bastia (3h1/2), aux mêmes tarifs que les car-ferries. Réservations auprès des agences de la SNCM et de Corsica Ferries.

Pour la petite histoire, il faut savoir qu'en 1830, la première liaison maritime commerciale régulière entre le continent et la Corse mettait le port d'Ajaccio à près de 30h de Toulon. À la fin du siècle dernier, les paquebots-courriers de la Cie Freyssinet reliaient Marseille à Ajaccio en 16h et Nice à Bastia en 11h, à la vitesse de 14 nœuds. Ce délai demeura longtemps la moyenne pour rejoindre l'île de Beauté par la mer.

Mars 1996 constitua une nouvelle étape dans les avancées technologiques avec le baptême du navire à grande vitesse, *NGV Asco*, de la SNCM. Avec ce « bolide », Nice est désormais à 2h3/4 de Calvi et à 3h1/2 de Bastia. Construit dans des chantiers navals bretons, ce monocoque en aluminium, aux lignes futuristes (sa longueur est de 102 m), atteint une vitesse de croisière de 38 nœuds grâce à quatre moteurs à hydrojet développant 24 000 kW. Conçu pour le transport de 500 passagers et d'une centaine de véhicules légers sur de courtes distances par temps calme (vent inférieur à force 5), il double en été les liaisons traditionnelles en car-ferries entre la Corse et le continent. Au printemps 2000, est apparue une nouvelle génération de navires (*NGV Liamone*, SNCM) offrant une capacité doublée et un confort accru. Ce super NGV (134 m de long, 63 000 kW) navigue à la vitesse de 42 nœuds et peut affronter des creux de plus de 5 m ce qui le rend moins tributaire d'une bonne météo.

Les cruise-ferries offrent des prestations de plus en plus haut-de-gamme avec cabines de luxe, salles de spectacles, piscine, boutiques, etc. Après le succès du *Bonaparte*, la SNCM a mis en service en 2002 le *Danielle Casanova* entre Marseille et la Corse.

Services maritimes passant les véhicules			
TA : toute l'année ES : en saison	Marseille	Nice	Toulon
Ajaccio	TA	TA	TA
Bastia	TA	TA	TA
Calvi	TA	TA	ES
L'Île-Rousse	TA	TA	
Porto-Vecchio	TA		
Propriano	TA		ES

LES COMPAGNIES MARITIMES

Les liaisons maritimes entre le continent français, l'Italie, la Sardaigne, l'île d'Elbe et les ports corses sont assurées par les NGV et les car-ferries des compagnies suivantes :

SNCM (Sté nationale maritime Corse-Méditerranée) – 61 bd des Dames, BP 1963, 13226 Marseille Cedex 02, ☎ 0 891 701 801. www.sncm.fr. Au départ de Marseille, Nice et Toulon.

CMN (Compagnie méridionale de navigation) – ☎ 0 810 201 320 ; à Ajaccio, bd Sampiero, port de commerce, ☎ 04 95 11 01 00/01 ; à Bastia, ☎ 04 95 55 25 55/57 ; à Marseille, ☎ 04 91 99 45 93.

Corsica Ferries – Assure des trajets entre Nice, Toulon, Savone, la Sardaigne et Bastia, Ajaccio et Calvi. Informations et réservations : ☎ 0 825 095 095 ; 5 r. Chanoine-Leschi, 20200 Bastia, ☎ 04 95 32 95 95. www.corsicaferries.com

Arrivée dans la baie d'Ajaccio.

Moby-Lines (SARL Colonna d'Istria et fils) – 4 r. Cdt-Luce-de-Casabianca, 20200 Bastia, ☎ 04 95 34 84 94/90.

Compagnie italienne de tourisme (CIT) – - 3 bd des Capucines, 75002 Paris, ☎ 01 44 51 39 51. Réservations pour liaison maritime entre la Corse et l'Italie, la Sardaigne et l'île d'Elbe.- 70 r. du Pdt Edouard-Herriot, 69002 Lyon, ☎ 04 78 42 66 92.- 6 r. Grignan, 13001 Marseille, ☎ 04 91 33 66 00.

Depuis juillet 1993, l'Assemblée territoriale de Corse a institué une taxe à acquitter au moment de l'achat du billet par toute personne arrivant et sortant de Corse. Pour connaître le montant de cette taxe, se renseigner auprès des compagnies de transport.

EN AVION

La Corse dispose de quatre aéroports assurant des liaisons avec le continent, l'Italie et une partie de l'Europe :

Aéroport d'Ajaccio (Campo dell'Oro) – 20090 Ajaccio, ☎ 04 95 23 56 56.

Aéroport de Bastia (Poretta) – À 20 km au Sud de Bastia, 20290 Lucciana, ☎ 04 95 54 54 54.

Aéroport de Calvi (Sta Catarina) – 20260 Calvi, ☎ 04 95 65 88 88.

Aéroport de Figari-Sud Corse – 20114 Figari, ☎ 04 95 71 10 10.

Compagnies aériennes :

Air France – La compagnie propose des liaisons aériennes régulières de Paris vers Ajaccio et Bastia (4 vols par jour pendant l'été, 3 hors saison) et Calvi (1 vol quotidien en saison, 4 par semaine hors saison). Quelques vols depuis Lyon, Marseille, Toulouse, Clermont-Ferrand et Nice, quelques vols depuis Lyon vers Figari. Informations et réservations : ☎ 0 820 820 820. www.airfrance.fr

CCM-Airlines – La compagnie relie (plusieurs fois par jour, toute l'année) Marseille, Nice, Lyon, Paris et Toulon à Ajaccio et Bastia mais aussi Lyon à Calvi et Figari. De avr. à oct. : lignes reliant Bordeaux, Lille, Nantes, Strasbourg et Toulouse à Ajaccio et Bastia et aussi Mulhouse à Bastia. Renseignements et réservations : ☎ 0 820 820 820. www.ccm-airlines.com

Air Littoral – Liaisons journalières Marseille-Calvi et Montpellier-Ajaccio. Renseignements et réservations : ☎ 0 825 834 834. www.air-littoral.fr

transports en Corse

EN TRAIN

Facilités de transport – Toute l'année, la carte ZOOM permet de voyager pendant 7 jours en toute liberté sur le réseau corse. 47€. Renseignements et vente : toutes gares du Réseau des Chemin de fer de la Corse (CFC).

Informations générales – 3615 ou 3616 SNCF, www.sncf.fr ; informations sur le réseau régional, 3615 ou 3616 TER ; informations, réservation, vente, ☎ 08 36 35 35 35.

Train CFC en gare de Vizzavona.

EN VOITURE

Quelques recommandations – Les routes de montagne, étroites et extrêmement sinueuses, souvent peu protégées du côté du ravin, exigent du conducteur une grande vigilance, surtout en période de mauvaise visibilité (brouillard d'automne sur le versant oriental, ou changement brusque de visibilité à proximité du col de Teghime), et jusqu'au 15 mai, voire début juin, lorsque l'enneigement ajoute aux difficultés de la chaussée. Les emplacements de stationnement sont rares et certains hameaux, perchés au bout d'une route en cul-de-sac, peuvent constituer des épreuves redoutables au moment crucial du demi-tour. Sur les routes peu fréquentées, attention au bétail divagant ; utilisez fréquemment l'avertisseur sonore pour éviter des rencontres inopinées ! À l'exception de la route du littoral Est, la vitesse réduite reste le meilleur moyen de maîtriser toute situation inattendue et… de mieux apprécier le paysage.

La Corse
à volonté !

La première compagnie maritime
pour la Corse renforce son offre 2004

Toulon
Nice
Savone
Livourne
Ajaccio
Bastia
Calvi
Ile-Rousse

corsica ferries - sardinia ferries

www.corsicaferries.fr

Des prix à partir de 5€ !
hors taxes et droits, voir conditions d'application dans les horaires et tarifs 2004.

De la place !
Un douzième navire, 740 000 places supplémentaires.

De la fréquence !
Plus de 150 départs par semaine en saison des principaux ports
corses et du continent.

Tél : 0 825 095 095
(0,15€ la minute)
ou dans votre
agence de voyages

corsica ferries
Le meilleur choix pour la Corse

Enfin il est impératif de faire le plein avant un long trajet dans certaines régions où les postes d'essence sont rares, comme le Cap Corse, la Castagniccia, les Agriates.

Voitures de location – Les principales sociétés de location sont représentées dans l'île et mettent des voitures à disposition dans les ports et aéroports. Les compagnies aériennes desservant la Corse proposent également des forfaits avion-auto. Renseignez-vous auprès de ces compagnies.

Informations sur Internet et Minitel – Le site internet www.ViaMichelin.fr offre une multitude de services et d'informations pratiques d'aide à la mobilité (calcul d'itinéraires, cartographie : des cartes pays aux plans de villes, sélection des hôtels et restaurants du Guide Rouge Michelin...) sur 43 pays d'Europe. Les calculs d'itinéraires sont également accessibles sur Minitel (3615 ViaMichelin) et peuvent être envoyés par fax (3617 ou 3623 Michelin).

tourisme et handicapés

Un certain nombre de curiosités décrites dans ce guide sont accessibles aux handicapés. Elles sont signalées par le symbole &. Pour de plus amples renseignements au sujet de l'accessibilité des musées aux personnes atteintes de handicaps moteurs ou sensoriels, consulter le site http://museofile.culture.fr

Guides Michelin Hôtels-Restaurants et Camping Caravaning France – Révisés chaque année, ils indiquent respectivement les chambres accessibles aux handicapés physiques et les installations sanitaires aménagées.

Guide Rousseau H... comme Handicaps – Édité par l'association France Handicaps (SARL Bernic Éditions, 5 allée des Ajoncs, 78280 Guyancourt, ☎/fax 01 49 59 05 04), il donne de précieux renseignements sur la pratique du tourisme, des loisirs, des vacances et des sports accessibles aux handicapés.

CorsicA

Découvrez le florilège de la **gastronomie** et de l'artisanat corses
sur les **champs de foire**,
et laissez-vous guider sur les

Routes des *Sens Authentiques*
au cœur de la vie rurale insulaire...

Luri
Fiera di u Vinu
Juillet

Ortale
Châtaigne passion
Novembre

Antisanti
Journées de
la clementine
Octobre

Bucugnà
Fiera di a Castagna
Décembre

Santa Lucia di Tallà
Festa di l'Oliu Novu
Mars

Montegrossu
Fiera di l'Alivu
Juillet

Venacu
Fiera di u Casgiu
Mai

Rennu
A tumbera
Février

Murzo
Festa di u Mele
Septembre

Filitosa
Fiera di u Turismu
Campagnolu
Août

CREPAC
Ajaccio : 04 95 23 51 81
Bastia : 04 95 34 02 41
www.corsica-terroirs.com

strada di i sensi
Étapes du Réseau Européen des Sens Authentiques

Conception : Graziella 04 95 60 43 43 - Photos : C. Andreani, E. Faggi, Diagram.

Hébergement, restauration

Séjours sur le littoral, à la campagne ou étapes dans les refuges perchés de la Corse montagneuse pour les mordus du GR 20, à chaque envie son type d'hébergement.

Les vacances au bord de la « grande bleue » demeurent la formule favorite des estivants. Les stations balnéaires sont largement pourvues d'hôtels, de pensions, de campings et de logements chez l'habitant et les sports nautiques sont déclinés sous toutes leurs formes dans les moindres criques ou ports de plaisance. Le charme des stations balnéaires corses vient du fait qu'elles sont restées, à quelques exceptions près, à taille humaine ; il y règne souvent une ambiance familiale et le paysage côtier n'a quasiment pas été dénaturé par les gros complexes de béton que l'on retrouve si souvent sur le littoral continental. Pour un séjour en juillet ou août, pensez à réserver très à l'avance (6 à 8 mois) car le littoral est très fréquenté. Sachez aussi que le tarif des hébergements augmente en juillet et davantage encore en août. Le prix d'une chambre varie en général du simple au double entre fin mai et août.

Plus à l'écart des foules, là où la cour de la ferme abrite les ânes qui vous emmèneront en randonnée, les **fermes-auberges** (et le réseau **Casa Toïa**) au succès croissant conjuguent avec bonheur authenticité, cadre rustique et respect des traditions locales. Ici, vous serez plus proche de la vie corse et des... Corses.

Plus haut, dans la majesté de la chaîne montagneuse parcourue par le GR 20 et par les multiples sentiers de découverte, l'hébergement rural trouve toute sa raison et peut côtoyer des restaurants dont la réputation gastronomique dépasse largement leur vallée.

Dès l'automne, la saison de la chasse amène sur les tables victuailles et préparations raffinées où le sanglier occupe évidemment une place de choix. Rejoignez les villages perchés où les gîtes demeurent souvent l'unique forme d'hébergement et la meilleure carte de visite pour apprécier l'hospitalité des Corses. En matière d'hébergement et de restauration, tout le monde est sûr d'y trouver son compte...

les adresses du guide

Pour la réussite de votre séjour, vous trouverez la sélection des bonnes adresses de la collection Le Guide Vert. Nous avons sillonné la région pour repérer des chambres d'hôte et des hôtels, des restaurants et des fermes-auberges... En privilégiant des étapes, souvent agréables, au cœur des villes, des villages ou sur nos circuits touristiques, en pleine campagne ou les pieds dans l'eau ; des maisons de pays, des tables régionales, des lieux de charme et des adresses plus simples...

pour découvrir la région autrement : à travers ses traditions, ses produits du terroir, ses recettes et ses modes de vie.

Le confort, la tranquillité et la qualité de la cuisine sont bien sûr des critères essentiels ! Toutes les maisons ont été visitées et choisies avec le plus grand soin, toutefois il peut arriver que des modifications aient eu lieu depuis notre dernier passage : faites-le nous savoir, vos remarques et suggestions seront toujours les bienvenues !

Les prix que nous indiquons sont ceux pratiqués en **haute saison** ; hors saison, de nombreux établissements proposent des tarifs plus avantageux, renseignez-vous.

MODE D'EMPLOI

Au fil des pages, vous découvrirez nos **carnets pratiques** : toujours rattachés à des villes ou à des sites touristiques remarquables du guide, ils proposent une sélection d'adresses à proximité. Si nécessaire, l'accès est donné à partir du site le plus proche.

Dans chaque carnet, les maisons sont classées en trois catégories de prix pour répondre à toutes les attentes : Vous partez avec un budget inférieur à 42€ ? Choisissez vos adresses parmi celles de la catégorie ⊖ : vous trouverez là des hôtels, des chambres d'hôte simples et conviviales, et des tables gourmandes, toujours honnêtes, à moins de 16€.

Halte dans le vieux port de Bastia.

Votre budget est un peu plus large, jusqu'à 76€ pour l'hébergement et 31€ pour la restauration. Piochez vos étapes dans les 😊😊. Dans cette catégorie, vous trouverez des maisons, souvent de charme, de meilleur confort et plus agréablement aménagées, animées par des passionnés, ravis de vous faire découvrir leur demeure et leur table. Là encore, chambres et tables d'hôte sont au rendez-vous, avec également des hôtels et des restaurants plus traditionnels, bien sûr.

Vous souhaitez vous faire plaisir le temps d'un repas ou d'une nuit, vous aimez voyager dans des conditions très confortables ? La catégorie 😊😊😊 est pour vous... La vie de château dans de luxueuses chambres d'hôte pas si chères que cela ou dans les palaces et les grands hôtels : à vous de choisir ! Vous pouvez aussi profiter des décors de rêve de lieux mythiques à moindre frais, le temps d'un brunch ou d'une tasse de thé... À moins que vous ne préfériez casser votre tirelire pour un repas gastronomique dans un restaurant renommé. Sans oublier que la traditionnelle formule « tenue correcte exigée » est toujours d'actualité dans ces élégantes maisons !

La production du berger.

L'HÉBERGEMENT

Les hôtels – Nous vous proposons un choix très large en terme de confort. La location se fait à la nuit et le petit déjeuner est facturé en supplément. Certains établissements assurent un service de restauration également accessible à la clientèle extérieure.

Les chambres d'hôte – Vous êtes reçu directement par les habitants qui vous ouvrent leur demeure. L'atmosphère est plus conviviale qu'à l'hôtel, et l'envie de communiquer doit être réciproque : misanthropes, s'abstenir ! Les prix, mentionnés à la nuit, incluent le petit déjeuner. Certains propriétaires proposent aussi une table d'hôte, en général le soir, et toujours réservée aux résidents de la maison. Il est très vivement conseillé de réserver votre étape en raison du grand succès de ce type d'hébergement.

NB : certains établissements ne peuvent pas recevoir vos compagnons à quatre pattes ou les accueillent moyennant un supplément, pensez à le demander lors de votre réservation.

LA RESTAURATION

Pour répondre à toutes les envies, nous avons sélectionné des restaurants régionaux bien sûr, mais aussi classiques, exotiques ou à thème... Et des lieux plus simples, où vous pourrez grignoter une salade composée, une tarte salée, une pâtisserie ou déguster des produits régionaux sur le pouce.

Quelques fermes-auberges vous permettront de découvrir les saveurs de la France profonde. Vous y goûterez des produits authentiques provenant de l'exploitation agricole, préparés dans la tradition et généralement servis en menu unique. Le service et l'ambiance sont bon enfant. Réservation obligatoire ! Enfin, n'oubliez pas que les restaurants d'hôtels peuvent vous accueillir.

et aussi...

Si d'aventure, vous n'avez pu trouver votre bonheur parmi toutes nos adresses, vous pouvez consulter les Guides Michelin d'hébergement ou contacter les organismes de promotion de l'hébergement rural.

LE GUIDE MICHELIN HÔTELS ET RESTAURANTS FRANCE

Pour un choix plus étoffé et actualisé, Le Guide Michelin recommande hôtels et restaurants sur toute la France. Pour chaque établissement, le niveau de confort et de prix est indiqué, en plus de nombreux renseignements pratiques. Les bonnes tables, étoilées pour la qualité de leur cuisine, sont très prisées par les gastronomes. Le symbole « 🍝 » sélectionne les tables qui proposent une cuisine soignée à moins de 23€.

LE GUIDE CAMPING FRANCE

Le Guide Camping propose tous les ans une sélection de terrains visités régulièrement par nos inspecteurs. Renseignements pratiques, niveau de confort, prix, agrément, location de bungalows, de mobile homes ou de chalets y sont mentionnés.

CAMPINGS SUR LE NET

Vous pouvez également consulter les sites Internet suivants : www.allerencorse.com/campings.htm, www.corsecampings.com, www.corsicacamping.com.

HÉBERGEMENT RURAL

GÎTES DE FRANCE

Maison des Gîtes de France et du tourisme vert – 59 r. St-Lazare, 75439 Paris Cedex 09, ☎ 01 49 70 75 75. Cet organisme donne les adresses des relais départementaux et publie des guides sur les différentes possibilités d'hébergement en milieu rural (gîtes ruraux, chambres et tables d'hôte, gîtes d'étape, chambres d'hôte et gîtes de charme, gîtes de neige, gîtes de pêche, gîtes d'enfants, camping à la ferme, gîtes Panda, gîtes équestres). Renseignements et réservation possibles, 3615 gîtes de France et www.gites-de-france.fr

Les Gîtes de France proposent également des vacances à la ferme avec trois formules : ferme de séjour (hébergement, restauration et loisirs), camping à la ferme et ferme équestre (hébergement et activités équestres). Le Parc régional diffuse une liste des **refuges et gîtes** à l'usage des promeneurs empruntant les circuits balisés par le Parc, ☎ 04 95 51 79 10.

LA ROUTE DES AUBERGES

Casa Toïa – 20 cours Gén.-Leclerc, 20000 Ajaccio, ☎ 04 95 20 53 14. www.sitec.fr/auberges. L'Association « Casa Toïa » propose un tour de Corse complet à travers des auberges-hôtels sélectionnées et recommande les meilleures adresses du terroir.

Maison de l'agriculture – 19 av. Noël-Franchini, BP913, 20700 Ajaccio Cedex 9, ☎ 04 95 29 26 00 ou 04 95 32 84 40. La Chambre d'Agriculture regroupe les informations sur les accueils et hébergements dans les exploitations agricoles : fermes auberges, fermes équestres, campings à la ferme, chambres d'hôtes et gîtes ruraux. www.bienvenuealaferme-corse.com

COUVENTS

Quelques couvents proposent l'hébergement : Bastia, couvent St-Antoine ; en Balagne, couvent de Corbara ; dans la commune de Cateri, couvent de Marcasso ; dans le Cap Corse à Erbalunga, couvent des Bénédictins, et à Vico, couvent de Sainte-Marie. Ces établissements religieux offrent également la possibilité d'effectuer des retraites spirituelles. Se renseigner sur place.

AUBERGES DE JEUNESSE

Ligue française pour les auberges de la jeunesse – 67 r. Vergniaud, Bâtiment K, 75013 Paris, ☎ 01 44 16 78 78, fax 01 44 16 78 80. www.auberges-de-jeunesse.com La carte LFAJ est délivrée contre une cotisation annuelle de 10,70€ pour les moins de 26 ans et de 15,25€ au-delà de cet âge.

HÉBERGEMENT POUR RANDONNEURS

Les randonneurs peuvent consulter le guide *Gîtes d'étape, Refuges*, par A. et S. Mouraret (Rando Éditions, BP 24, 65421 Ibos, ☎ 05 62 90 09 90) et www.gites-refuges.com (Cimalp). Cet ouvrage et ce site sont principalement destinés aux amateurs de randonnées, d'alpinisme, d'escalade, de ski, de cyclotourisme et de canoë-kayak. En outre, le **Guide corse de la Corse**, édité chaque année et diffusé dans l'île, fournit des adresses pratiques et d'hébergement en dehors des circuits traditionnels.

choisir son lieu de séjour

La carte des lieux de séjour fait apparaître des **villes-étapes**, localités de quelque importance possédant de bonnes capacités d'hébergement, et qu'il est intéressant de visiter. En plus des **stations de sports d'hiver** et des **stations thermales**, sont signalés les **lieux de séjour traditionnel** sélectionnés pour leurs possibilités d'accueil et l'agrément de leur site. Les lieux les plus touristiques (Balagne, golfe d'Ajaccio, golfe de Porto, « extrême-Sud », etc.) sont riches en infrastructures.
D'autres régions, moins bien équipées, abritent tout de même quelques bonnes auberges que l'on prendra soin de réserver. À la période de la récolte des châtaignes, consacrez, par exemple, une partie de votre séjour à la Castagniccia, grenier à châtaignes de la Corse : l'animation dans les villages sera une révélation du dynamisme de la région. À l'autre bout de l'île, le désert des Agriates réserve de bien belles satisfactions à qui s'en donne la peine : plages immenses et quasi désertiques (hors l'affluence aoûtienne).

Propositions de séjour

La Corse destination lointaine ? Depuis n'importe quel point de la métropole les liaisons aériennes mettent la Corse à moins de 2h de vol. En voiture, les ports d'embarquement de la côte méditerranéenne offrent une traversée variant entre 6h pour les ferries et 3h en moyenne pour les NGV (qui acceptent les voitures particulières). Évidemment, pour une courte escapade de 4 jours, privilégiez l'avion ou le transport en NGV et choisissez votre circuit en fonction des points de liaison de ces navires : Bastia (3h1/2) ou Calvi (2h3/4).

Le ferry, un agréable moyen pour aller en Corse.

idées de week-end prolongé

AU DÉPART D'AJACCIO

Vous voilà pour quatre jours face au somptueux décor naturel de la baie d'Ajaccio que vous allez découvrir depuis son extrémité Sud, la pointe Guardiola, jusqu'au magnifique finistère de la pointe de la Parata au Nord, prolongée par le chapelet des Sanguinaires.
Le premier jour, imprégnez-vous des senteurs de la ville, flânez sur le marché derrière la mairie et déambulez dans les rues étroites autour du musée Fesch. Ce sera votre premier contact avec l'île. Consacrez quelques heures pour découvrir la richesse des tableaux collectionnés par le cardinal Fesch dans le musée qui porte son nom. Gloire de la ville, ce musée est le second de France pour les primitifs italiens. Le soir, abandonnez-vous au charme et à l'hospitalité insulaire dans l'un des restaurants proposant une vraie cuisine régionale avec souvent, en prime, des récitals de chanteurs (en saison). Humez l'air du port ou partez sur la route de la pointe de la Parata à l'heure du coucher de soleil : souvenirs et spectacle naturel garantis !
Le deuxième jour, vous pouvez dédier votre matinée aux deux musées présentant l'histoire d'Ajaccio (musée du Capitellu) et l'histoire de l'île (« A Bandera »). Les fans de Napoléon Ier iront ensuite se recueillir près de la grotte où le petit « Nabulio » aimait jouer, puis aux Milelli, maison de campagne où il grandit. Ceux qui auront filé directement vers Porticcio apprécieront les vues grandioses de la côte Sud. Pour rejoindre cette station réputée du golfe, les adeptes du bronzage prendront le bateau navette entre le vieux port d'Ajaccio et Porticcio. Au-delà de Porticcio, la côte ménage de superbes anses de sable séparées par des promontoires rocheux toujours coiffés d'une tour génoise. Alternez baignades et promenades sur le sentier du littoral et allez découvrir un patrimoine peu connu : la forêt d'eucalyptus de Coti-Chiavari, les chapelles isolées... Le périple de l'après-midi aboutit au site archéologique de Filitosa, véritable mémoire de l'humanité. Rentrez ensuite tranquillement à Ajaccio par la route de l'intérieur.
Le lendemain (3e jour), prenez de la hauteur et allez faire connaissance avec la Corse de l'intérieur. Remontez la vallée de la Gravone qui mène au col de Vizzavona. Pour les enfants et les passionnés, une halte au parc des tortues Cupulatta offrira une rencontre unique avec toutes les espèces de tortues. Ensuite marquez un arrêt à Bocognano, village au caractère préservé puis au col de Vizzavona, dont les excursionnistes de la Belle Époque avaient fait leur coqueluche. Si la météo vous le permet, montez au fort de Vizzavona. Des ruines dominant le col, le paysage est saisissant. Vous pouvez ensuite rejoindre Corte pour le déjeuner, puis entamer la visite de la citadelle et du musée de la Corse. Ce musée offre une remarquable synthèse de la culture traditionnelle corse. Retour sur Ajaccio par la même route ; choisissez, selon votre goût, un restaurant en bord de mer sur la route des Sanguinaires.
Le quatrième jour, la matinée peut être dédiée à l'excursion en bateau aux îles Sanguinaires. L'après-midi dirigez-vous plein Nord par la route de Porto jusqu'à Cargèse, condensé unique de culture latine et grecque. Prenez votre temps, ici la vie présente un autre goût. Pour ceux que rebute une après-midi sur les routes, le temps restant peut être consacré aux emplettes et aux souvenirs.

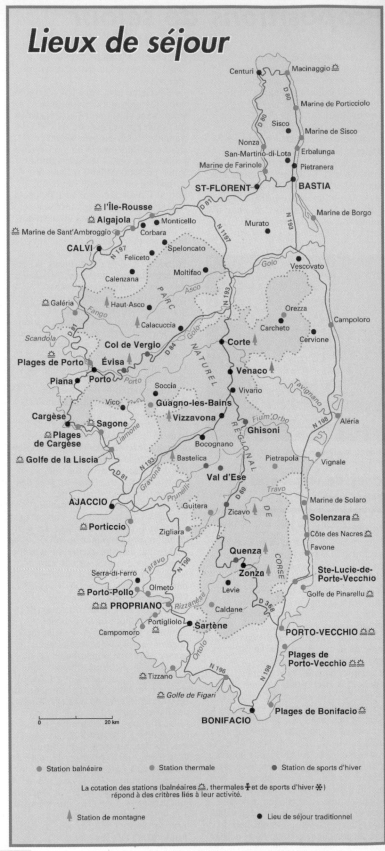

Lieux de séjour

Centuri
Macinaggio ⛱
Marine de Porticciolo
Sisco
Marine de Sisco
Nonza
Erbalunga
San-Martino-di-Lota
Pietranera
Marine de Farinole
ST-FLORENT
BASTIA
Marine de Borgo
⛱ l'Île-Rousse
⛱ Algajola
Monticello
Murato
⛱ Marine de Sant'Ambroggio
Corbara
CALVI
Speloncato
Feliceto
Vescovato
Calenzana
Moltifao
Golo
⛱ Galéria
Orezza
Haut-Asco
Campoloro
Calacuccia
Carcheto
Cervione
Scandola
Col de Vergio
Corte
Plages de Porto ⛱
Évisa
Venaco
Piana
Porto
Soccia
Vivario
Cargèse
Vico
Guagno-les-Bains
Aléria
⛱ Sagone
Vizzavona
Ghisoni
⛱ Plages de Cargèse
Bocognano
Pietrapola
Vignale
⛱ Golfe de la Liscia
Bastelica
Val d'Ese
Marine de Solaro
AJACCIO
Guitera
Zicavo
Solenzara ⛱
⛱ Porticcio
Zigliara
Côte des Nacres ⛱
Favone
Quenza
Ste-Lucie-de-Porte-Vecchio
Serra-di-Ferro
Zonza
⛱ Porto-Pollo
Olmeto
Levie
Golfe de Pinarellu ⛱
⛱ PROPRIANO
PORTO-VECCHIO ⛱⛱
Portigliolo
Sartène
Campomoro
Plages de Porto-Vecchio ⛱⛱
⛱ Tizzano
⛱ Golfe de Figari
Plages de Bonifacio ⛱
BONIFACIO

0   20 km

● Station balnéaire   ● Station thermale   ● Station de sports d'hiver

La cotation des stations (balnéaires ⛱, thermales ♨ et de sports d'hiver ❄)
répond à des critères liés à leur activité.

▲ Station de montagne   ● Lieu de séjour traditionnel

Le charme du vieux port à Bastia.

AU DÉPART DE BASTIA

Que vous arriviez par l'aéroport de Poretta ou en NGV, vous rejoignez le cœur de l'ancienne métropole corse par son centre névralgique, la place St-Nicolas. Vu du quai des Martyrs, l'animation portuaire se révèle intense et fort tardive. La visite à pied débute par la cathédrale St-Jean-Baptiste, puis par le vieux port, au charme si méditerranéen. Atteignez le quartier de Terra-Nova, occupé par l'ancienne citadelle génoise. Un festival d'art baroque vous attend lors de la visite des églises. La tête pleine d'angelots et de volutes dorées, descendez vers le môle du vieux port pour embrasser la vue de la vieille ville. Le soir, profitez d'un repas à la terrasse d'un établissement du vieux port et d'une animation musicale dans l'un des cabarets traditionnels voisins.

Le lendemain, montez sur les « gradins » entourant Bastia. Au col de Teghime, admirez le panorama sur le golfe de St-Florent, le Nebbio, Bastia et la plaine orientale. Flânez à St-Florent et, si vous avez le temps, prenez un bateau pour la plage du Loto dans les Agriates ; vous ne le regretterez pas ! Retour sur Bastia sans oublier une pause dégustation de vins à Patrimonio.

Le troisième jour peut être consacré à la découverte du Cap Corse. Partez de bonne heure. Direction Erbalunga, pittoresque village les pieds dans l'eau, puis San Martino di Lota et ses chapelles dispersées dans la nature. Tout au long de la corniche qui ceinture le cap, vous hésiterez entre les criques aux eaux turquoise (difficile d'y résister en période de canicule !) et les belvédères en bordure des villages dominant le littoral. À Macinaggio, consacrez le temps suffisant à une mini-randonnée sur le sentier du littoral ourlant le secteur de Santa Maria. La nature y est restée comme au jour de la création ! Le moulin Mattei, précurseur de la « réclame », et le charmant port de Centuri vous feront passer sur l'autre versant du cap. En fin de journée, faites une pause à Nonza avant de poursuivre sur Patrimonio et Bastia.

Le dernier jour, découvrez une Corse plus intime dans le Nebbio et l'orée de la Castagniccia. Vous effectuerez une remontée dans le temps jusqu'à l'époque des premiers chrétiens. Commencez par une visite du site de Mariana et de la première cathédrale de l'île, la Canonica. Puis empruntez les chemins de traverse qui sillonnent le Nebbio par le col de San Stefano. Isolée à l'entrée du village, l'église San Michele de Murato apparaît dans un magnifique dépouillement. Votre route longe ensuite un des hauts lieux de l'histoire de la Corse : Ponte Nuovo qui marqua la défaite de Paoli et la fin de l'indépendance. Sur l'autre versant, vous pénétrez dans la verte Castagniccia par la vallée de Murato, dont l'architecture est bien représentative de la région. À Morosaglia, vous retrouverez Pascal Paoli, le père de la nation corse. Retour à Bastia par le littoral.

AU DÉPART DE CALVI

Dès l'approche depuis le large, la « cité du vent » (surnommée ainsi depuis la création du Festival du vent) garde fière allure avec sa citadelle plongeant dans les eaux bleues. Au programme du premier jour, notons la visite de la vieille ville et une montée à Notre-Dame-de-la-Serra pour apprécier le panorama sur l'ensemble du golfe de Calvi. Le soir, vous pourrez choisir l'un des restaurants du port et profiter d'une animation chaleureuse.

Le deuxième jour, excursion jusqu'au cirque de Bonifato ; pour mieux saisir toute la magie du lieu, partez dès les premières heures du jour. Vous disposerez ainsi du temps nécessaire pour accéder à la célèbre passerelle de Spasimata (immortalisée dans le film *Les Randonneurs*). Retour par Calenzana et son église au clocher baroque.

Le troisième jour vous permettra de sillonner la Balagne de l'intérieur, par les petites routes en corniche qui relient les villages entre Montegrosso et Palasca. Ne manquez pas les « perles » de la Balagne : Speloncato, Sant'Antonino et Pigna. Les possibilités de restauration à L'Île-Rousse et à Algajola sont nombreuses.

Le dernier jour rendra votre séjour inoubliable : la visite de la réserve de Scandola en bateau (à faire par très beau temps). L'excursion dans cette réserve sera le prétexte pour vous faufiler dans l'antre d'un monde minéral très particulier (il a été le premier site de Corse classé au Patrimoine mondial de l'Unesco). Déjeuner à terre à Girolata, avec un peu de chance sous le regard placide des aigles balbuzards qui peuplent ces pointes rocheuses.

idées de séjour d'une semaine

LES CHARMES DU SUD

Départ de Porto-Vecchio qui n'offre pas de monument de premier ordre ; cependant c'est dans l'atmosphère de la vieille ville que l'on aimera se retrouver le soir. Auparavant, vous aurez fait le tour du golfe jusqu'à la pointe de la Chiappa et profité du beau temps pour une première rencontre avec la Méditerranée en vous baignant à Palombaggia.

Au départ de Porto-Vecchio, votre deuxième journée peut être consacrée aux vestiges torréens qui abondent autour de la cité du sel : Castello d'Araghju, Torre. Vous poursuivrez cette découverte de l'intérieur jusqu'à Zonza, étape du soir.

Aux aurores, le lendemain (3ᵉ jour), vous accompagnerez les alpinistes qui vont se mesurer aux aiguilles de Bavella mais sagement vous vous contenterez d'une promenade dans le sous-bois jusqu'au trou de la Bombe et au panorama offert sur les fameuses aiguilles. Descente en fin de journée par Zonza sur l'Alta Rocca et sa capitale, Levie, où la visite du musée vous préparera à celle, plus champêtre, du site de Cucuruzzu et Capula le lendemain matin.

Retour à l'ère chrétienne en faisant un crochet par l'humble église de Carbini dont le clocher roman avait déjà enthousiasmé Mérimée. Puis, par Ste-Lucie-de-Tallano, vous rejoindrez la vallée du Rizzanèse avant de bifurquer sur la droite par la D 19 qui serpente entre Arbellara et Viggianello, procurant presque à chaque virage de superbes échappées sur le littoral et la montagne. Halte du quatrième jour à Propriano, l'un des meilleurs endroits pour savourer un « aziminu », variante corse de la bouillabaisse.

Le cinquième jour débutera par la visite du site mégalithique de Filitosa, l'un des plus étranges que nos ancêtres nous aient légués. Remontez le Rizzanèse jusqu'au fameux pont génois de Spin'a Cavallu, puis rejoignez Sartène et son musée préhistorique, unique dans l'île. Bonne entrée en matière pour vérifier ensuite sur le terrain vos connaissances fraîchement acquises, par exemple au site mégalithique de Cauria. Vous reviendrez sur vos pas pour profiter encore de la « grande bleue » à Tizzano, admirable anse dominée par un vieux fort et déguster une préparation de la mer dans une des auberges les pieds dans l'eau. Halte du soir à Sartène.

Le sixième jour, en prenant la route

Les Calanche de Piana.

de Bonifacio, accordez-vous une halte au lion de Roccapina suivie d'une dégustation de langoustes, auprès des pêcheurs de Caldarello, et des vins de Sartène aux coopératives de Figari. Faites une pause panorama sur les hauteurs du plateau, à l'ermitage de la Trinité, pour découvrir le site incomparable de Bonifacio. Vous voici maintenant à Bonifacio, vous disposez encore de temps pour arpenter les quais de la marine et les remparts face aux bouches.

La journée suivante (7ᵉ jour) peut être, au choix, « vieilles pierres » ou « grand large » : visite des musées et flâneries dans la ville haute, ou excursion en bateau aux îles Lavezzi qui permet de longer les impressionnants à-pics des falaises. Retour à Porto-Vecchio le lendemain.

DES LACS DE MONTAGNE AUX CALANCHE DE PIANA

Départ de Corte, capitale de la Corse de l'intérieur, où l'on visite le premier jour le musée de la Corse et les chapelles baroques. Puis, en sillonnant les hauteurs du Cortenais, on s'imprégnera des ambiances rudes des villages traditionnels de la Haute-Corse : Soveria, Tralonca, et Sermano. Ici, découvrez un des joyaux de l'art médiéval, les fresques de la chapelle San Nicolao. Si ce registre vous enthousiasme, poussez votre périple dans le Bozio jusqu'au village voisin de Favalello et sa chapelle Ste-Maria-Assunta. En revenant à Corte pour la première étape, empruntez le pont génois d'Altiani, largement remanié par les ingénieurs français.

Le lendemain (2ᵉ jour), randonnée vers la vallée de la Restonica au petit matin et excursion au lac de Melo. Les plus hardis (mais sans compétence particulière) pousseront jusqu'au lac de Capitello. Dépaysement garanti ! Retour en fin d'après-midi à Corte pour rejoindre Aléria par la vallée du Tavignano. Étape à Aléria.

Le troisième jour, visite du site

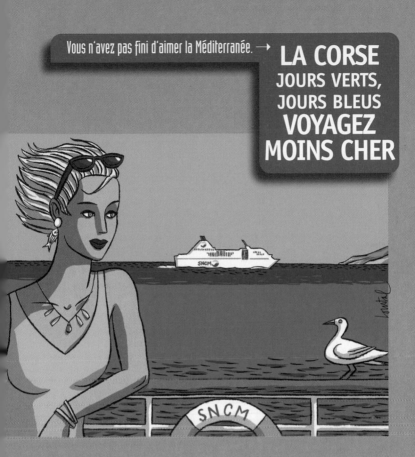

Vous n'avez pas fini d'aimer la Méditerranée. →

LA CORSE
JOURS VERTS, JOURS BLEUS
VOYAGEZ MOINS CHER

Informations et réservations :
agences de voyages
0891 701 801 (0,22€/mn)
www.sncm.fr

d'Aléria et de son musée avant de remonter la côte vers le Nord jusqu'à Vescovato. Profitez des longues plages de sable pour vous accorder une pause baignade.

Le quatrième jour, retour sur le littoral pour la visite de la Canonica et des fouilles de Mariana (antique cité romaine) puis l'on pénètre dans le Nebbio jusqu'à Murato pour découvrir l'art pisan. Déjeuner à Murato. Rejoignez le littoral à St-Florent, étape du soir. Le cinquième jour, visite de l'ancienne cathédrale du Nebbio, contemporaine de la Canonica, et traversée du désert des Agriates (marquez une pause au col de Vezzu pour apprécier l'immensité désolée du site). Vous rejoignez ainsi la côte fleurie de la Balagne. Étape déjeuner à L'Île-Rousse que l'on découvrira mieux depuis la presqu'île de la Pietra. Puis vous vous dirigerez vers la corniche

de la Balagne par les villages de Pigna, Sant'Antonino, Feliceto, Zilia et Calenzana. Étape du soir à Calvi.

Le sixième jour, l'itinéraire épousera la côte jusqu'à Porto (à l'exception du secteur de Scandola). Après un déjeuner dans le petit port, prenez le bateau pour le golfe de Girolata et approchez ainsi ce que la route ne vous a pas permis d'apprécier : la punta Rossa. Remontez ensuite le cours du Porto jusqu'à Évisa.

Le septième jour débute par la traversée de la magnifique forêt d'Aitone jusqu'au col de Vergio (saisissez l'occasion pour descendre jusqu'aux bergeries de Grutelle ; en saison, le berger vous proposera de savoureux fromages !). La traversée du Niolo sera ponctuée par la fraîcheur du lac de Calacuccia et celle des gorges de la Scala di Santa Regina. Retour à Corte par Castirla.

Circuits de découverte

Pour visualiser l'ensemble des circuits proposés, reportez-vous à la carte p. 14 du guide.

1 LE CAP CORSE ET LE NEBBIO

Circuit de 275 km au départ de Bastia – Après la visite de l'ancienne capitale de l'île de Beauté, le vacancier « s'embarque » pour le Cap Corse et ne saura que choisir entre villages surplombant la mer, chapelles baroques perdues dans le maquis, tours génoises dominant les petites marines, criques qui sont autant d'incitations à la baignade.

La route en corniche qui ceinture le cap offre autant d'occasions de visites, de balades que de pauses agréables : village marin d'**Erbalunga**, chapelle de **Sisco**, accueillant le port de plaisance de **Maccinaggio** et escapade pédestre par le sentier des douaniers au cœur d'un splendide secteur préservé. Citons également **Barcaggio**, « cap Nord » de la Corse, toujours battu par les vents, puis la crique de **Centuri**, véritable port miniature où cacher ses rêves, et lieu réputé pour la langouste. Ne manquez pas de monter à **Canari**, même si la route est assez vertigineuse : de là-haut, la vue est extraordinaire, et le village semble tellement éloigné des futilités estivales « d'en bas ». **Nonza** tout en hauteur sur son promontoire, **Patrimonio** où la dégustation du fameux cru impose un arrêt et, enfin, **St-Florent** et son port de plaisance. Accordez-vous une journée de détente au cœur des **Agriates** sauvages en

prenant le bateau de St-Florent jusqu'à la sublime plage du Loto : un monde à part ! Vient ensuite l'Ostriconi et son enfilade de villages cramponnés sur les hauteurs, puis enfin le Nebbio et l'un des joyaux de l'art pisan dans l'île : la chapelle **San Michele de Murato**, isolée sur sa colline. Pour conclure ce circuit, avant de reprendre le bateau, découvrez le panorama de Bastia et de la côte Est depuis le col de Teghime.

2 BALAGNE ET NIOLO

Circuit de 283 km au départ de Calvi – Tous les plus beaux sites du Nord-Ouest de la Corse sont au programme de ce circuit. Imaginez plutôt : les villages perchés de Balagne (dont **Sant'Antonino**, l'un des plus célèbres, mais aussi **Pigna**, aussi minuscule qu'adorable), dominant une côte où alternent immenses plages de sable et criques découpées dans une roche rouge. Derrière, s'étend le Niolo, pays difficilement accessible par la route, réputé pour être le conservatoire des traditions montagnardes insulaires. C'est à **Pigna**, **Corbara** et **Belgodère** que vous pourrez dénicher des objets typiques d'un artisanat réputé, mais aussi à **Calaccucia** et **Évisa**, terre où la châtaigne est reine. Le formidable défilé de la **Scala Santa Regina** compose un tableau surprenant d'amas de roches rouges dans lesquels la route réussit comme par miracle à se faufiler. Sur ce trajet, vous ne serez pas seul : ici le voyage se partage avec les troupeaux de moutons en transhumance, et l'on ne parle que pour mémoire des vaches errant sur la route à la recherche d'une brindille, et des cochons à demi-sauvages qui, pour peu que vous vous arrêtiez, s'approcheront de vous en grognant d'un air suppliant. Quelques lacets dans un amas grandiose de roches vertigineuses, et s'ouvre ensuite le grand spectacle du **golfe de Porto** que vous longerez vers le Nord en contournant la **réserve de Scandola** (accessible uniquement par mer) pour traverser l'étendue sauvage du **Filosorma** autour de Galéria. Enfin embrassez la baie de Calvi depuis la terrasse de Notre-Dame-de-la-Serra. La récompense de tous ces efforts ? Une baignade rafraîchissante dans la baie, cernée d'un cirque de montagnes parfois enneigées jusqu'à la fin du printemps, à moins que vous ne préfériez partir à l'assaut de la paisible citadelle à la recherche des ombres du passé : celle du jeune Bonaparte fuyant vers son destin ou celle d'un gamin répondant au nom de Christophe Colomb…

③ CALANCHE ET CINARCA

Circuit de 245 km au départ de Porto – Première image : un décor exceptionnel que l'imagination humaine la plus débridée n'aurait pas osé inventer : ce sont les **Calanche de Piana**, châteaux fantasmagoriques de granit rouge plongeant dans une mer qui, tentatrice mais peu accessible, décline à loisir toutes les nuances de bleu, afin de mieux vous séduire. Profitez-en pour entreprendre l'une des balades décrites dans le chapitre « Les Calanche » : au-delà du regard, votre sens olfactif sera mis à contribution dans ces maquis où abondent myrte, thym et romarin. Plus au Sud, c'est **Cargèse**, « la grecque », puis le **golfe de Sagone** qui invite à la baignade.

En franchissant le torrent Liamone,

Palombaggia.

on pénètre dans la **Cinarca**, région plus secrète où les villages se font écho du haut de leur colline qui embaument les senteurs du maquis, parfois tardivement dans la saison. Chaque village a son caractère et son église particulière qui le distingue de ses voisins : vous ne vous lasserez pas de ces sites sans cesse renouvelés, toujours semblables, dirait-on, et cependant toujours différents. Pour vous rafraîchir, effectuez la petite randonnée dépaysante qui mène au **lac de Creno**, recouvert de nénuphars. Enfin, depuis les hauteurs d'**Évisa**, perdues dans les pins et les châtaigniers, après une baignade dans les cascades, appréciez la fraîcheur et la douceur du soir dans une vallée paisible en dégustant une glace à la châtaigne, avant de plus consistantes, mais tout aussi savoureuses, agapes.

④ CASTAGNICCIA, TAVIGNANO ET BOZIO

Circuit de 223 km au départ de Corte – C'est un peu la Corse intime à laquelle vous invite ce périple. Vous êtes à Corte, la cité historique, où « bat le cœur de la Corse », celle que Pascal Paoli, « U Babbu », avait choisi pour capitale de son éphémère République, laboratoire des idées avancées du temps. Vous vous êtes longuement attardé dans les galeries de l'extraordinaire Musée ethnographique : en ce lieu, vous avez commencé à appréhender l'unicité et l'originalité de cette civilisation, bien loin des clichés rebattus, et cette faculté de s'adapter à son temps, sans pour autant renier l'essentiel. Peut-être avez-vous déjà révisé certains préjugés et commencé à aimer ce peuple attachant et, finalement, si mal connu.

Or, justement, voici l'heure des travaux pratiques : chacune des trois vallées que vous allez maintenant traverser constitue une microrégion aux particularismes parfois étonnamment affirmés et vivaces. La plus connue, la **Castagniccia**, véritable grenier à châtaignes de la Corse où chaque village est enfoui dans un épais manteau vert, s'est dotée d'églises richement décorées. La plus discrète, le **Bozio**, vous révélera, au terme d'incroyables méandres décrits par de minuscules routes (que vous n'emprunterez qu'avec prudence !), de surprenantes fresques cachées dans de modestes chapelles de villages apparemment endormis. Cette Corse-là se mérite ! Enfin l'axe de la vallée du **Tavignano** permet d'accéder au rivage et à la superbe corniche de la Castagniccia, façade maritime d'un monde traditionnellement tourné vers la montagne.

Corte et sa citadelle.

⑤ SUR LES PAS DES BERGERS

Circuit de 253 km au départ d'Ajaccio – Où que vous vous trouviez en Corse, la vie traditionnelle et pastorale n'est jamais loin ! Il suffit de s'écarter de quelques kilomètres des villes et des grands axes de communication. Au départ d'Ajaccio, vous quittez l'ombre de Napoléon, qui plane omniprésente (et un peu pesante parfois) sur la cité impériale, pour celle plus diffuse des bergers qui vous salueront dès les premiers virages de l'arrière-pays jusqu'au cœur d'une des vallées les plus préservées : celle la **Restonica par exemple.**
Pour y accéder, prenez le chemin des écoliers qui remonte la région du **Taravo** ; oscillez entre les vallées de **Zicavo** et de **Ghisoni**, sous l'œil du **monte Renoso**. Traversez **Marmano**, l'une des plus belles forêts de Corse, pour atteindre les sauvages **gorges de l'Inzecca** où l'homme – fut-il berger intrépide – s'il s'y aventure à l'occasion, n'a guère osé s'y installer. **Venaco**, aux solides traditions fromagères saura vous charmer avec ses innombrables troupeaux de chèvres. Enfin, les **gorges de la Restonica**, sans être les plus sauvages de l'île, offrent en toute saison une étonnante palette de couleurs. En remontant le cours de la rivière au long d'une route étroite, on retrouve à la fois la végétation méridionale, puis à mesure qu'on s'enfonce, un paysage de haute montagne digne des massifs alpins : là, des parois abruptes déploient sous le soleil couchant une palette de couleurs parfois incroyables, tandis que des cascades dévalent avec fougue. Au loin, des sentiers rocailleux conduisent à de mystérieux lacs de montagne aux eaux sombres. Peut-être un berger vous offrira-t-il un peu de *brocciu* dans une de ces bergeries de pierres sèches battues par les vents ? Tout en devisant avec lui, écoutant sa voix rude, où le corse vient parfois comme par inadvertance se substituer au français (mais qu'importe ! vous êtes dans un de ces moments suspendus où il n'est pas besoin de comprendre une langue pour suivre un discours), vous vous sentirez alors dans un « bout du monde », d'autant que, devant vous, le cirque de montagne semble impénétrable.

⑥ AIGUILLES DE BAVELLA ET FALAISES DE BONIFACIO

Circuit de 220 km au départ de Bonifacio – « À la découverte du Grand Sud » pourrait être le sous-titre de cette excursion ; nous voici en effet dans la partie la plus méridionale de la France métropolitaine, à portée sinon de voix, du moins d'arquebuse de la Sardaigne. La mer et la montagne, complices, conjuguent ici leurs effets pour vous offrir les plus beaux paysages. N'oubliez pas votre maillot pour vous plonger dans les eaux des plus belles plages de la côte Est (**Rondinara**, **Sta Giulia**, **Palombaggia**), et si vous l'avez oublié... cherchez une crique peu fréquentée... Après une visite de la vieille ville de **Porto-Vecchio**, rejoignez les **sites torréens** d'Araghju et Torre avant de prendre contact avec la montagne au **col de Bavella**. N'hésitez pas à consacrer quelques heures à l'excursion du **trou de la Bombe**. Votre route sera ensuite ponctuée de multiples vestiges d'un passé qui a conservé une large part de mystère : forteresse de **Cucuruzzu**, campaniles romans, ponts pisans de **Carbini** et de **Spin'a Cavallu**, chacun à sa manière vous conte l'histoire de la Corse, cette terre « dix fois conquise, jamais soumise ». Depuis la plus « corse des villes corses », **Sartène**, avec son lacis de ruelles médiévales, allez savourer la lumière qui joue sur les rochers de granit de la côte de Roccapina. Vous vous amuserez à y reconnaître des animaux gigantesques et chimériques, taillés dans la roche, par le ciseau d'un sculpteur cyclopéen à l'imagination débridée ; ils vous accompagneront jusqu'au terme de votre périple dans la superbe cité de **Bonifacio** posée en surplomb de l'eau, dans une position à la fois si précaire, semble-t-il, et si forte.

⑦ LES GRANDS SITES NATURELS

Circuit de 649 km au départ d'Ajaccio ou de Bastia – C'est votre premier contact avec la Corse et vous ne disposez que d'une semaine pour ne rien rater des « must » de l'île de Beauté. Ce sera le circuit des superlatifs que vous amorcerez de l'un des deux grands ports corses, Bastia ou Ajaccio. Certes, vous n'aurez guère l'occasion de lever le pied, d'autant que les routes

sont parfois exigeantes, et les temps de trajet peu en rapport avec le kilométrage réel : mais vous n'en apprendrez que plus vite à vivre à l'heure corse et, si vous aviez décidé de découvrir « l'île de granit » dans son entier, peut-être renoncerez vous à mener jusqu'à son terme cette ambitieuse entreprise. Après tout, quelques heures suffisent pour en acquérir la conviction : il est clair que vous reviendrez, et vite !
Mais pour l'heure, vous suivez fidèlement votre programme initial : ciel et mer unis au bout du **Cap Corse**, cimes tardivement enneigées et majestueuses futaies de pins laricio du centre, falaises blanches de l'extrême Sud, théâtre de granit rouge plongeant dans la mer à **Porto** et **Scandola**, ruelles de **Sartène** ou de **Bonifacio**, plages isolées du **golfe de Valinco**, vallées mystérieuses dont les torrents sont enjambés par des ponts génois au dos arqué, statues-menhirs étranges et envoûtantes, disposées sous un olivier millénaire.

Mer ou montagne ? Vous hésitez déjà. Les villages perchés sauront vite vous séduire : à l'ombre d'une treille, vous savourez la pause devant une préparation de charcuterie, de fromage ou une alléchante composition de poissons. De l'intérieur de l'auberge, monte une polyphonie bouleversante. Là-bas, assis à l'ombre d'un vénérable châtaignier, deux vieux au visage parcheminé, la casquette vissée sur la crâne, échangent quelques propos en corse. Au loin, le bêlement des chèvres. Peu à peu, la fatigue s'efface et laisse le champ libre au rêve : et si vous prolongiez ce moment d'harmonie ? Et si vous ne repartiez plus jamais ?

Découvrir l'île autrement

en train

Le premier coup de pioche annonçant l'introduction du chemin de fer en Corse (CFC) fut donné en 1878. Dès 1888, un train relia Bastia à Corte. La ligne fut ensuite prolongée jusqu'à Ajaccio, puis vers Calvi par Ponte Leccia. À son développement maximum en 1935, le réseau couvrait 360 km avec la mise en service du tronçon Bastia-Porto-Vecchio. Mais la ligne de la côte orientale, gravement endommagée lors de la Seconde Guerre mondiale, fut abandonnée. Les 230 km à voie unique et métrique actuellement en service constituent à plus d'un titre la liaison ferroviaire « la plus pittoresque d'Europe ». Le train est certainement le moyen le plus original de découvrir des sites naturels de l'île difficilement accessibles par la route. Le trajet offre des panoramas sous un angle unique, même en hiver, puisque le tronçon principal est constamment déneigé. Le parcours montagnard Bastia-Ajaccio via Corte compte parmi les plus beaux d'Europe. Partant du niveau de la mer, la voie franchit la chaîne centrale pour culminer à Vizzavona à 906 m, puis redescend au niveau de la mer. L'ensemble du réseau ne comprend pas moins de 38 tunnels dont le plus remarquable, celui de Vizzavona, en forte pente est en ligne droite rigoureuse sur 4 km : dès l'entrée on en voit la sortie, minuscule point de lumière. La voie emprunte sur l'ensemble du réseau 12 ponts et 34 viaducs dont le plus célèbre est le pont du Vecchio. Le fleuron des CFC est sans doute le superbe parcours « aérien » Bocognano-Corte. L'autre originalité de ce réseau est la desserte, en saison, du littoral de Calvi à L'Île-Rousse sur un trajet épousant au plus près les plages le long desquelles les nombreux arrêts sont autant de possibilités de découvertes.

vue du ciel

HÉLICOPTÈRE
Hél'île de Beauté – Hélistation Tavaco (à 10 min d'Ajaccio), 20167 Tavaco, ☎ 04 95 52 97 12 et hélistation Porto-Vecchio, Rte de Bonifacio, 20137 Porto-Vecchio, ☎ 04 95 72 18 63. www.helicorse.com. Cette société propose des tours de Corse de 2h à 3h30, des circuits de découverte de 10 à 70 min ou des vols privés intra-île.

Surprise dans les dunes de Calvi.

PORT D'EMBARQUEMENT	DESTINATIONS
Ajaccio	Les îles Sanguinaires, la réserve de Scandola et Bonifacio :
Bonifacio	Les îles Lavezzi et Cerbicale (plusieurs compagnies), l'archipel italien de la Maddalena (Cie Starimar).
Calvi	Calanche de Piana et réserve de Scandola.
Porto	
Porto-Vecchio	Calanche de Piana et réserve
Propriano	de Scandola.
St-Florent	Les îles Lavezzi et Cerbicale. Tour du golfe de Valinco. Navette vers les Agriates (plage du Loto).
ESCAPADE EN ITALIE	
Ile d'Elbe	Au départ de Bastia, sur deux jours minimum en voiture : traversée Bastia-Piombino, puis Piombino-Porto-Ferraio. Cie Moby Lines à Bastia.
Sardaigne	Se reporter au carnet pratique sarde, p. 183.

en bateau

Pour apprécier pleinement l'aspect préservé du littoral en Corse, la promenade en mer reste un moyen peu exigeant en effort et procurant un grand dépaysement. Ce sera souvent le clou d'un séjour.

en pleine nature

À TRAVERS LE PARC NATUREL RÉGIONAL DE CORSE

Le Parc naturel régional de Corse s'étend sur environ 350 500 ha soit plus du tiers de l'île, et concerne le territoire de 143 communes. Il

englobe le cœur montagneux de l'île : massifs du Monte Cinto, Monte Rotondo, Monte d'Oro, Monte Renoso, Monte Incudine. À l'Ouest, sa façade maritime, longue de 80 km, est centrée sur les remarquables golfes de Porto et de Girolata et la presqu'île de Scandola (elle-même classée en réserve naturelle).

Ce parc réunit les principales forêts du centre (Aitone, Valdo-Niello, Vizzavona, Bavella, l'Ospédale...) et les plus beaux sites de l'île (gorges de Spelunca et de la Restonica, col de Bavella, lacs d'altitude, lac de Nino...). Il a été créé en 1972 avec la double mission de favoriser une meilleure connaissance et une vraie protection de la nature d'une part, et de participer à une rénovation de l'économie rurale de l'intérieur de l'île, d'autre part.

Différents itinéraires pédestres pour découvrir la montagne, la mer et les villages, ont été créés et sont régulièrement entretenus : le **GR 20**, les **sentiers entre mer et montagne**, **Mare e Monti** entre Calenzana et Cargèse et Propriano à Porticcio, trois sentiers **Mare a Mare**, les **sentiers de pays**. Tout au long de ces voies de pénétration de la Corse intérieure, un réseau de relais, gîtes d'étapes et refuges, se met progressivement en place *(voir le chapitre Sports et loisirs)*.

Protection de la nature – Elle concerne essentiellement la préservation de la flore et de la faune . le Parc abrite un grand nombre d'espèces rares, dont certaines endémiques. La flore insulaire comporte des espèces uniques, protégées et interdites de cueillette. D'autres formations végétales naturelles particulièrement fragiles, comme les pozzines du lac de Nino sont protégées par le Parc régional.

La faune est représentée par de nombreuses espèces en danger de disparition *(voir le chapitre sur la faune dans l'Invitation au voyage)* dont le Parc régional s'emploie activement à assurer la protection et la subsistance en période hivernale : mouflon et cerf corse par exemple.

Lutte contre le feu – Le Parc tente de prévenir les incendies de forêts et de maquis. Les facteurs favorisant ce fléau sont à la fois le climat méditerranéen à longue saison sèche avec des coups de vent fréquents *(maestrale, libeccio, sirocco)* et la végétation riche en essences très inflammables. Les forêts gardent la mémoire des sécheresses successives sur une dizaine d'années ; celles-ci provoquent l'accumulation de matières végétales non décomposées. Les causes peuvent être la chaleur excessive, la foudre et, trop fréquemment, l'imprudence ou l'insouciance des hommes, voire le déséquilibre mental de pyromanes.

La pratique millénaire de l'écobuage par les bergers consiste à provoquer des incendies pour dévorer un couvert végétal dense de type maquis et permettre ainsi le dégagement d'un terrain de pâture pour le bétail. Mais avec la disparition de la société rurale et le développement de certains élevages, la technique du contre-feu s'est perdue et l'écobuage est devenu un fléau.

Pour lutter contre les incendies, le Parc a incité à la mise en place d'agents pastoralistes apportant un soutien technique aux éleveurs pour la création de pâturages et la mise en place de plans de débroussaillement *(smacchjaggia en corse)*. De même, l'activité des sapeurs-forestiers, agissant dans les forêts communales, a permis des résultats encourageants dans la prévention des incendies.

Protection des sites – Elle se manifeste par le classement de certains d'entre eux, par la sauvegarde des constructions traditionnelles (bergeries, moulins, vieilles maisons), par la restauration et la mise en valeur des monuments (chapelles...) ou des vestiges archéologiques (Pianu di Livia).

Rénovation rurale – Pour rendre vie aux villages de l'intérieur, le Parc tente de relancer l'élevage ovin et porcin par la réhabilitation de la châtaigneraie et de développer le tourisme en montagne.

À TRAVERS LA FORÊT

Office national des forêts – L'ONF Corse met en place pendant l'été des visites thématiques payantes axées sur les singularités de certaines forêts de l'île (Aitone, Bavella, Chiavari, Bonifatu), ☎ 04 95 23 78 21. Les billets sont vendus sur place. Également : visites guidées en forêt de Vizzavona en partenariat avec les Chemins de Fer de la Corse, ☎ 04 95 32 80 57 ; visite (une journée) de la forêt de Valdu Nìellu, d'une bergerie et du métier de chevrier, ☎ 04 95 21 68 48. Les offices de tourisme des localités limitrophes peuvent fournir des renseignements sur les lieux de rendez-vous.

Panneaux des sentiers de randonnées près de Propriano.

Sports et loisirs

canoë-kayak

De nombreux cours d'eau corses peuvent être descendus en toute saison, mais la période optimale s'étale de fin mars à fin mai. Les rivières, s'apparentant plus à des torrents de montagne, qui offrent les parcours les plus attrayants sont Taravo et le Rizzanese ; l'Asco, le Liamone, le Golo, le Vecchio et le Tavignano ont également des itinéraires réputés. Le niveau sportif généralement affirmé des parcours exige une bonne forme physique, un matériel robuste et un équipement de qualité. Méfiez-vous des crues subites, très dangereuses.
Informations et adresses pour la pratique du canoë-kayak en Corse :
Bureau d'information du Parc naturel régional – 20000 Ajaccio, ☎ 04 95 51 79 00.
Comité régional corse de canoë-kayak – Corri Bianchi, 20117 Eccica-Suarella, ☎ 04 95 25 91 19. 3615 canoeplus.

Kayak sur le Taravo.

canyoning

La technique du canyoning emprunte à la fois à la spéléologie, à la plongée et à l'escalade. Il s'agit de descendre, en rappel ou en saut, depuis des parois abruptes jusqu'au lit de torrents dont on suit le cours au fil de gorges étroites (clues) et de cascades. La variété des reliefs traversés : gorges profondes à l'abri de la lumière, cascades irisées, dalles de schiste chauffées au soleil et invitant à la halte, fonds de bief tapissés d'une végétation dense, combinée à la symphonie de couleurs des roches, font toute la magie du canyoning. Le canyoning se pratique

généralement l'été, mais l'état de la météo reste déterminant pour une sortie. Deux techniques de déplacement sont particulièrement utilisées : le **toboggan** (allongé sur le dos, bras croisés) et le **saut** (hauteur moyenne 8 à 10 m), plus délicat, où l'élan du départ conditionne la bonne réception dans la vasque. Il est impératif qu'un participant se « sacrifie » et descende effectuer un sondage de l'état et de la profondeur du plan d'eau avant tout saut. C'est le manquement à cette règle élémentaire qui constitue le cas le plus fréquent d'accident.
L'initiation débute par des parcours n'excédant pas 2 km, avec un encadrement de moniteurs. Ensuite, il demeure indispensable d'effectuer les sorties avec un moniteur sachant « lire » le cours d'eau emprunté et connaissant les particularités de la météo locale. Le respect de l'environnement traversé reste le garant d'une activité pleinement acceptée par les riverains des torrents empruntés.
Dans la région décrite par ce guide, les cours d'eau de montagne conservent en été un débit suffisant pour offrir de multiples occasions de descendre en rappel et de sauter dans les « pozze » limpides qui ponctuent les parcours. Les principaux secteurs de référence sont, dans le centre et le Nord, la clue de la Richiusa, le défilé de la Spelunca, le ravin du Dardo, la Haute-Gravona, le Cap Corse et, dans l'extrême Sud de l'île, le canyon de Baraci et les gorges de la Solenzara.
Voir nos adresses d'organismes proposant des activités de canyoning dans les carnets pratiques de la partie « Villes et sites ».

chasse

La chasse au fusil est très appréciée dans l'île en raison de son caractère sportif et de l'abondance du gibier, de nombreuses espèces d'oiseaux migrateurs venant y passer l'hiver. La plupart des villages organisent dans le maquis, chaque semaine des battues au sanglier qui tiennent une grande place dans la tradition cynégétique corse, et auxquelles les touristes sont parfois admis. S'adresser pour cela aux mairies concernées ou la Fédération départementale.
Fédération départementale des Chasseurs, Résidence les Lacs, av. du Mont Thabor, 20090 Ajaccio, ☎ 04 95 23 16 91.

chasse sous-marine

Les meilleures conditions sont réunies pour pratiquer ce sport : douceur de la température, limpidité exceptionnelle de l'eau et abondance des poissons de roche. Les endroits les plus favorables se situent aux abords des îlots, au large de Galéria et de Calvi, dans la baie d'Ajaccio, le long de la côte entre Propriano et Bonifacio, dans le golfe de Porto-Vecchio et dans les criques du Cap Corse.

Nous rappelons que pour pratiquer la chasse sous-marine, il faut être âgé de 16 ans au moins, avoir souscrit une assurance, avoir fait une déclaration auprès des Affaires maritimes ou posséder une licence de la Fédération française des sports sous-marins et respecter la réglementation nationale et régionale qui interdit :
– de chasser avec un appareil permettant de respirer en plongée ;
– la vente des prises ;
– d'approcher à moins de 150 m des embarcations ou filets de pêche signalés par des balises ;
– la chasse de nuit avec l'utilisation d'un foyer lumineux.

Par ailleurs la chasse est interdite dans 8 cantonnements : secteur de Revellata à Calvi, de Miomo à Bastia, L'Île-Rousse, Nonza, au large des îles Cerbicale à Porto-Vecchio, à Piana-Porto, de Campomoro à Propriano, sur l'ensemble des bouches de Bonifacio, les deux réserves naturelles de Scandola et Lavezzi et les deux réserves de biotopes (îles Bruzzi et îles des Moines).

La pêche des espèces suivantes est interdite :
– tous les crustacés (araignées de mer, cigales de mer, homards), tous les types de mérous, ainsi que les mollusques (grandes nacres et dattes de mer) ;
– la pêche à la langouste est interdite toute l'année, la pêche des oursins du 1ᵉʳ avril au 30 novembre ;
– la pêche et la cueillette du corail sont interdites sur tout le littoral corse (pêche réservée aux professionnels disposant d'une licence).

Direction départementale des Affaires maritimes de la Corse du Sud – 4 bd du Roi-Jérôme, BP 312, 20176 Ajaccio, ☎ 04 95 51 75 35, fax 04 95 51 75 14.

Direction départementale des Affaires maritimes de la Haute-Corse – Quai Nord du Vieux Port, 20289 Bastia Cedex, ☎ 04 95 32 84 60.

escalade

Le relief de la Corse permet une ample pratique de l'alpinisme et de l'escalade. L'alpinisme se pratique surtout sur les sommets surplombant la vallée d'Asco (massif du Monte Cinto et de la Paglia Orba), autour du col de Vergio, et dans la vallée de la Restonica. L'escalade

Escalade du Capo Tafonato, au Nord du col de Vergio.

« sportive » (sur sites équipés) peut s'exercer dans une dizaine de sites. Il est possible de grimper sur du calcaire autour de Ponte Leccia (Pietralba), dans la vallée du Vecchio (Caporalino) ou au sud de Solenzara (Conca, Monte Santu). Les amateurs d'escalade granitique bien équipée peuvent se rendre aux falaises de A Richiusa à proximité de Bocognano ainsi qu'au Monte Gozzi au-dessus d'Ajaccio où les voies (difficiles) atteignent 230 m de hauteur. D'autres sites d'escalade granitiques se trouvent dans le bas de la vallée de la Restonica. Les amateurs d'escalade « aventure » trouveront toutes les difficultés dans le cadre grandiose des aiguilles de Bavella. **La via ferrata de la Manicella** a été aménagée avec des câbles dans la vallée d'Asco *(voir ce nom)*.

Voir nos adresses d'organismes d'escalade proposant un encadrement dans les carnets pratiques de la partie « Villes et sites ».

Fédération française de la montagne et de l'escalade – 8-10 quai de la Marne, 75019 Paris, ☎ 01 40 18 75 50. 3615 ffme ou www.ffme.fr. Consulter également le *Guide des sites naturels d'escalade en France*, par D. Taupin (Éd. Cosiroc/FFME) pour connaître la localisation des sites d'escalade dans la France entière.

kayak de mer

La pratique du kayak de mer ne nécessite qu'une courte initiation, mais exige un effort soutenu lors des sorties qui s'effectuent généralement en groupe. Les secteurs du Cap Corse et du Sartenais sont parmi les plus favorables au maniement des frêles esquifs. Sur la face Ouest du Cap Corse, une succession d'anfractuosités et de grottes, seulement accessibles par mer, offrent les plus belles opportunités pour convertir les néophytes à une pratique plus régulière du kayak de mer, incluant des randonnées de plusieurs jours avec bivouac. Se renseigner à St-Florent.

Voir nos adresses d'organismes proposant le kayak de mer dans les carnets pratiques de la partie « Villes et sites ».

navigation de plaisance

Quelle chance de pouvoir découvrir la Corse en bateau. Les plaisanciers choisiront de rayonner à partir d'un port de base ou de naviguer de port en port. Les principaux mouillages et les particularités de la navigation corse sont signalés sur la carte qui suit. La situation météorologique évoluant avec rapidité, il importe, avant de partir en mer, de consulter le bulletin météo diffusé par les principales stations de radio et affiché dans la plupart des ports et clubs de voile. Attention aux annonces de brusques coups de mistral.

La côte Ouest – De St-Florent à Propriano, la côte offre de larges golfes dentelés et ourlés de plages de sable ou de galets, mais ils sont mal abrités des vents dominants. Seuls quelques ports ou mouillages comme Centuri, St-Florent, L'Île-Rousse, Sant'Ambroggio, Calvi, Girolata, Ajaccio, Campomoro et Propriano, constituent des abris sûrs.

La côte Sud – De Propriano à Solenzara, les ports sont peu nombreux (Propriano, Bonifacio, Porto-Vecchio, Solenzara), mais cette côte sauvage compte une multitude de criques où les bateaux de croisière ne peuvent accéder que par très beau temps. Le mouillage dans les sites classés comme les îles Lavezzi est limité à 24h. Éviter de s'engager dans les bouches de Bonifacio, lorsque le *mistral* ou le *libeccio* sont annoncés.

La côte Est – De Solenzara à Bastia, seuls les vents d'Est sont dangereux (exceptionnels en été). On compte trois bons abris : Bastia, Campoloro, Solenzara.

Le Cap Corse – Il offre quelques mouillages qui s'avèrent difficiles d'accès à cause du *libeccio*. Macinaggio est le véritable port de plaisance du cap. Les bateaux peuvent s'abriter dans les nombreuses criques de galets roulés.

Les vents dominants – La frange littorale de l'île est soumise en été aux brises de mer durant le jour et de terre durant la nuit dont les effets perturbent ou renforcent ceux des vents dominants.

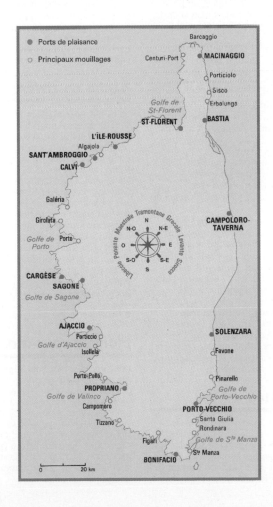

Un paradis pour la voile.

Le **libeccio**, venant de Gibraltar, souffle sur toute l'île, surtout dans le Cap Corse et à Bonifacio. Sec et chaud en été, il devient frais en hiver et déverse de copieuses ondées sur le versant occidental.

Le **ponente** est un vent d'Ouest.

Le **maestrale**, issu du mistral de Provence, se manifeste surtout sur l'Ouest de l'île (36 jours à Ajaccio, 11 jours dans le Cap, 17 jours à Bonifacio). Sec et violent en été, il souffle en courtes rafales et soulève alors une mer très forte entre Galéria et l'extrémité du cap. En hiver, il apporte la pluie.

La **tramontane**, grand vent froid provenant de la plaine du Pô, sévit surtout en hiver, mais sa fréquence est faible (57 jours à Ajaccio, 10 jours au Cap).

Le **grecale** souffle sur tout le versant tyrrhénien ; il apporte la pluie dans le Nord de l'île mais demeure sec dans le Sud.

Le **levant** est un vent d'Est.

Le **sirocco**, venant d'Afrique du Nord, sec et brûlant, chargé de grains de sable, affecte seulement la côte orientale (105 jours à Bastia, 54 jours au Cap).

Les vents locaux – Sur la frange littorale, le contraste des températures entre la mer et le rivage provoque, l'été, des brises dont les effets viennent s'ajouter à ceux des vents dominants. Le matin, le sol de l'île s'échauffe plus vite que la masse d'eau maritime ; aussi, vers 9h se lève une brise de mer appelée localement **mezzogiorno** (maximum vers 13h). Dans l'après-midi, cette brise se calme pour disparaître vers 19h. Une brise de terre ou **terrane** lui succède au coucher du soleil et prend fin au matin.

parapente

C'est l'activité sportive aérienne la plus développée. Le relief tourmenté et les espaces dégagés du littoral offrent de superbes terrains d'évolution et plus particulièrement le Cap Corse, la Balagne et le Nebbio.

Les falaises de Bonifacio, bien qu'elles soient plus exposées aux risques, attirent quelques adeptes du parapente. Plusieurs organismes privés proposent des stages d'initiation et des séjours pour pratiquants autonomes ; l'**Agence du tourisme de la Corse** à Ajaccio vous fournira une liste complète des divers prestataires. Citons tout de même **Altore** à Saint-Florent (voir le carnet pratique de cette ville), qui s'est fait une spécialité de l'initiation au parapente et de l'approfondissement des techniques aérologiques.

pêche en mer

La pêche se pratique depuis le rivage, ou d'une embarcation, à la palangrotte, au lancer (pour les dentis et les bars) ou au vif (pour les loups). Amateur de pêche en surface, vous n'aurez que l'embarras du choix face à la richesse de la faune marine du littoral : poissons de roches (rascasses, bars...) et de sable (rougets, daurades) propres à alimenter une savoureuse bouillabaisse.

Vous pourrez satisfaire votre passion le long des côtes du Cap Corse, de la Balagne, au Sud du golfe de Valinco et au Nord de Porto-Vecchio.

Attention, la pêche aux oursins est interdite du 1er avril au 30 novembre. Dans le périmètre des réserves naturelles, toute forme de pêche est sévèrement réglementée. Se conformer aux indications sur place.

pêche en rivière et lac

La plupart des rivières de montagnes sont peuplées d'anguilles et de truites fario. Les cours d'eau suivants sont propices à de belles prises que l'on effectue au lancer ou au coup : Asco, Golo, Fango, Restonica, Vecchio, Tavignano, Fium'Orbo, Prunelli, Gravone, Rizzanèse, Travo et Taravo. Les lacs de montagne (Nino, Melo, Bastiani) sont régulièrement alevinés en petites truites et en saumons de fontaine. Des lacs-réservoirs sont peuplés en sandres. La plupart des étangs du littoral oriental sont des plans d'eau privés.

Fédération interdépartementale de pêche en Corse – Immeuble « Les Narcisses », av. Noël-Franchini, 20090 Ajaccio, ☎ 04 95 23 13 32.

plongée sous-marine

Les rivages corses sont réputés pour la richesse et la diversité de leur flore et de leur faune sous-marines, ayant parfois élu domicile dans l'épave d'un navire ou d'un avion de combat. Par temps calme et avec une eau claire, les plongeurs bénéficieront de superbes vues jusqu'à une profondeur maximale de 15 m, et cela même depuis la surface, simplement avec un masque et un tuba.

Pour les plongées à faible profondeur, préférez le golfe de Valinco, le secteur de Tizzano, la baie de Figari et les îles Bruzzi jusqu'à Porto-Vecchio, la face Ouest du Cap Corse, notamment le secteur de Centuri. Les fonds du golfe de Porto se laissent surtout découvrir dans le cadre de plongées avec bouteilles. Le golfe de Pero (au Nord de Cargèse) et la pointe d'Omigna recèlent une végétation sous-marine d'une étonnante richesse.

Quant aux épaves peu profondes, citons les suivantes : au Sud de Porticcio, face à la pointe di Castagna, un navire de combat gît à une dizaine de mètres de la surface ; au large de la pointe de Zivia (au Sud de Tizano), une épave d'avion repose par 10 m de fond ; à l'entrée du golfe de Porto-Vecchio, à moins de 10 m de profondeur, un chalutier est visible depuis la surface. D'autres épaves nécessitent un équipement plus perfectionné : forteresses volantes à Calvi et à Campoloro.

Magie des fonds sous-marins à Bonifacio.

Baptême de plongée à « Mérouville »

« Mérouville » – Au large du littoral entre Porto-Vecchio et Bonifacio, des fonds inférieurs à 10 m offrent de superbes opportunités pour découvrir la faune méditerranéenne. Le périmètre des réserves des îles Cerbicale et Lavezzi, notamment, recèle une densité insoupçonnée de poissons ; à Lavezzi, un site particulièrement apprécié des plongeurs a été surnommé « Mérouville ».

Le baptême se déroule habituellement aux heures les moins torrides de la journée. Après une brève présentation des moniteurs et de l'équipage, on rallie le site de plongée à bord d'une embarcation. La première demi-heure est consacrée aux démonstrations du fonctionnement de l'équipement de base, à l'enseignement des principes de la plongée avec bouteilles, des signes de communication entre plongeurs et des gestes et attitudes au cours de cette initiation. Après avoir revêtu la combinaison et vérifié l'ajustage de son équipement,

l'apprenti-plongeur se met à l'eau et endosse le gilet solidaire de la bouteille. Chaque néophyte est obligatoirement accompagné par un moniteur. Par un signe convenu, et si nécessaire l'encourageant en lui donnant la main, celui-ci l'invite à partir à la rencontre des habitants des profondeurs. Lors d'un baptême, la profondeur ne peut excéder 5 m et le « baptisé » n'a pas le droit d'utiliser seul les éléments essentiels de son équipement. Malgré cette absence relative d'autonomie, le plongeur, même s'il a déjà pratiqué l'apnée, découvrira un nouvel espace et éprouvera des sensations inconnues et magiques. La durée moyenne de la plongée est de 30mn.

Cette initiation pourra inciter le néophyte à poursuivre par une formation comportant 3 niveaux. Le premier niveau, permettant d'acquérir une pleine autonomie au sein d'une palanquée (groupe de plongeurs), est maîtrisé au bout de 15 jours. L'ensemble du littoral corse offre les meilleures conditions pour gravir ces degrés de la découverte du milieu sous-marin. Cependant, les stations de St-Florent, Calvi, Porto, Ajaccio, et l'extrême Sud (de Porto-Vecchio à Bonifacio) apparaissent les mieux placées pour accéder aux sites les plus remarquables.

Station de recherches sous-marines et océanographiques (Stareso) – Pointe de Revellata, BP 33, 20260 Calvi, ☎ 04 95 65 06 18. Animée par des scientifiques, elle propose à la fois des stages de perfectionnement à la plongée et une initiation à l'environnement sous-marin et à sa protection.

Comité corse de la Fédération française de sports sous-marins (FFESSM) – BP 12, 20145 Solenzara, ☎ 04 95 57 48 31, fax 04 95 57 48 32. www.plongee-corse.org. Il fournit la liste des clubs de plongée et tous renseignements sur la législation locale.

Les carnets pratiques, contenus dans la partie « Villes et sites » de ce guide, mentionnent quelques clubs locaux.

RECOMMANDATIONS

Avertir – Avant toute sortie en mer et toute plongée sous-marine, il est recommandé de communiquer son programme et l'heure estimée du retour à des tiers.

Attention aux méduses – Quel baigneur, pénétrant dans la mer, n'a pas ressenti une appréhension en constatant la présence de méduses ? Les années à méduses (la *Pelagica noctulica*, notamment) gardent une part de leur mystère. Les scientifiques ont cependant pu démontrer que les invasions de *Pelagica*, dont la périodicité est d'environ douze ans, étaient précédées de printemps chauds et secs.

Méduse de l'espèce courante Pelagica noctulica.

Les méduses des côtes méditerranéennes ne sont pas agressives mais leur contact est toxique. Ce contact urticant provient de la libération instinctive du venin par les tentacules. Ce dernier, sans grand danger pour l'homme, nécessite cependant quelques précautions. Tout d'abord, ne pas s'agiter afin d'éviter la diffusion du venin dans le corps. À l'aide d'une serviette, nettoyer très doucement la plaie avec de l'eau de mer (l'eau douce active la décharge des cellules urticantes), ou avec de l'urine, excellent produit grâce à ses anticorps.

D'autres solutions sont possibles : racler doucement la peau afin d'enlever les cellules encore intactes, approcher de la plaie une flamme ou la chaleur d'une cigarette.

Enfin appliquer une pommade antihistaminique, qu'on aura pris soin d'emporter avec soi.

La sécurité en milieu sous-marin – L'engouement croissant pour la découverte des superbes paysages sous-marins que propose la Corse ne doit cependant pas faire oublier le respect par le plongeur occasionnel des règles élémentaires de sécurité qui éviteront des accidents aux conséquences souvent graves :

– ne jamais plonger seul, ni après un repas copieux ou arrosé, ou après avoir pris des boissons gazeuses, et en état de fatigue ;

– éviter les chenaux de passage des embarcations et les lieux d'évolution des véliplanchistes ;

– signaler aux secours à terre la nature de l'accident afin qu'ils préparent des soins en milieu hyperbare, seul remède aux accidents de décompression même minime.

randonnée équestre

La Corse fournit un terrain de prédilection à cette activité qui allie la découverte des sites difficilement accessibles aux véhicules à la préservation de la nature. On dénombre plus de 1 000 km de pistes qui sont souvent d'anciens chemins muletiers, très fréquentés jusqu'au début de ce siècle et qui restent encore les meilleurs et plus rapides moyens de liaison entre deux vallées ou deux villages. Des vallées presque inaccessibles deviennent le but d'agréables randonnées d'une journée. La Castagniccia, par son relief complexe, offre un terrain de choix à ce type d'excursions qui bénéficient par ailleurs dans toute l'île d'un grand développement. Le littoral du Cap Corse constitue une base de superbes balades (centre équestre de Brando) et la vallée de l'Ostriconi au départ de Lama permet d'atteindre la Balagne par les chemins de transhumance.

Association régionale du tourisme équestre de Corse – 7 r. du Col.-Feracci, 20250 Corte, ☎ 04 95 46 31 74. Elle dispose d'une liste des centres de tourisme équestre en Corse.

randonnée pédestre

Nous décrivons dans ce guide de nombreuses promenades et excursions à effectuer à pied pour atteindre les grands sommets, remonter les hautes vallées, parcourir un massif forestier ou gagner des lacs de haute montagne.

Seules les excursions d'une heure ou deux, à basse altitude (moins de 1 000 m) s'apparentent à de la promenade touristique. La plupart des excursions pédestres exigent du randonneur un sens éprouvé de l'orientation, un équipement de moyenne montagne et une bonne condition physique. Le relief très accusé, l'éloignement des points de ravitaillement et de secours, les forts contrastes de températures, surtout en hiver et en automne, accentuent le caractère alpin de la montagne corse. Les itinéraires de randonnées peuvent être modifiés à la suite des dégâts provoqués par les incendies ou les éboulements consécutifs aux orages. Lorsqu'un itinéraire ne correspond pas à la description donnée, il est raisonnable de faire demi-tour et de se renseigner auprès des personnes habitant le secteur.

Fédération française de la randonnée pédestre – 14 r. Riquet, 75019 Paris, ☎ 01 44 89 93 90. www.ffrp.asso.fr. La fédération donne le tracé détaillé des GR, GRP et PR ainsi que d'utiles conseils.

Le GR 20, roi de la montagne

Long de 220 km, il traverse dans sa longueur le Parc régional, de Calenzana à Conca. Suivant régulièrement la ligne de partage des eaux, il dépasse souvent les 2 000 m d'altitude, ce qui ne le rend accessible dans sa totalité que du 1er juin à fin octobre. Il reste un modèle de

difficulté pour l'ensemble des sentiers de randonnée en France. En effet, seulement le quart des randonneurs qui l'empruntent effectue la totalité du trajet. La description minutieuse et le balisage de ce parcours très sportif sont l'œuvre d'un précurseur de la randonnée en montagne : Michel Fabrikant *(voir également le chapitre Kiosque)*.

Le topoguide consacré au GR 20 prévoit 16 étapes que les bons marcheurs, bien équipés et bénéficiant d'une excellente forme physique, peuvent accomplir en 15 jours environ. Les changements brutaux de conditions climatiques constituent un risque réel et permanent. La partie Nord, la plus dure, reste réalisable par les sportifs de haut niveau.

Refuges du Parc – Ils sont ouverts toute l'année et gardés de mi-mai à mi-octobre. Le tarif d'une nuitée est généralement de 9€. L'aménagement du refuge comprend, outre une cuisine approvisionnée en eau courante potable, un dortoir composé de bat-flanc sans couvertures, des sanitaires et une douche chaude ainsi qu'un incinérateur à ordures. Petit ravitaillement. Les aires de bivouac ne sont aménagées et le bivouac autorisé qu'à la périphérie des refuges ; un droit (3,5€) doit être acquitté auprès du gardien.

Deux tronçons du GR 20 peuvent être aisément praticables par tout promeneur : celui du col de Vergio *(décrit à ce nom)* et celui du col de Palmente *(décrit à Vizzavona)*.

Randonneurs sur le GR 20.

LES SENTIERS « RANDONNÉES-DÉCOUVERTES »

Cinq grands itinéraires aménagés sont proposés par le Parc régional de Corse. Se reporter à la carte du Parc régional *(p. 38)* et au topoguide *Corse entre mer et montagne* (ref 065) édité par la fédération française de la randonnée pédestre.

« Mare e Monti Nord » – De Cargèse à Calenzana, le plus fréquenté, se développe entre mer et montagne. Il est conseillé plutôt au printemps et à l'automne. L'itinéraire (balisé en orange) s'effectue en 10 étapes de 4 à 7h offrant une vue panoramique alternative sur la mer et la montagne. L'hébergement se fait en gîtes d'étape situés dans les villages. Ce parcours, sportif mais sans difficulté notable, nécessite une bonne condition physique.

« Mare e Monti Sud » – De Porticcio à Propriano en 5 étapes de 4 à 6h ; praticable toute l'année *(décrit à golfe de Valinco)*.

Les itinéraires « Mare a Mare » (balisés en orange) relient les deux côtes et présentent trois variantes. Ils sont également jalonnés de gîtes d'étape mentionnés dans le topoguide correspondant :

« Mare a Mare Nord » – De Moriani à Cargèse via Corte en 10 étapes de 4 à 6h ; praticable de mi-mai à octobre.

« Mare a Mare Centre » – De Porticcio à Ghisonaccia en 7 étapes de 4 à 6h ; fréquentable de mai à novembre.

« Mare a Mare Sud » – De Porto-Vecchio à Propriano en 6 étapes de 4 à 5h ; peut être réalisé toute l'année.

LES SENTIERS DE PAYS

Accessibles par tous et d'une durée maximale de 6h, la plupart sont balisés de marques orange par le Parc régional de Corse. Ils sont regroupés par microrégion ou pays :

Alta-Rocca – Dominée à l'Est par le massif des aiguilles de Bavella, cette région bien vivante offre 9 circuits à la journée au départ de Quenza, Zonza et San Gavino.

Bozio – S'étendant à l'Est de Corte, cette région austère est riche en chapelles ornées de fresques. Elle reste réputée pour la qualité de ses chants « paghjella ». Au départ de Sermano, 4 sentiers, rayonnant en boucles (durée environ 5h chacun), permettent de dénicher des chapelles blotties dans des vallons ou perchées sur une crête.

Fiumorbu – Ce pays de collines, difficilement pénétrable, offre une vue dominante du littoral oriental. Depuis les villages d'Ania et de Chisa, cinq circuits d'une journée sont proposés.

Giussani – Cette microrégion *(décrite p. 345)* établit la liaison entre la Haute-Balagne et la vallée de l'Asco. À l'écart des grands secteurs touristiques, 7 itinéraires rayonnent au départ d'Olmi-Capella.

Niolo – Cette région, paradis des alpinistes et amateurs de haute montagne, regroupe autour de Calacuccia et Albertacce 5 sentiers de pays permettant en 5 à 6h de parcourir de profondes forêts de pins laricio et de franchir les torrents sur de vénérables ponts génois.

Taravu – Cette vallée ombragée, au Sud d'Ajaccio, dispose de nombreux sentiers sous couvert, à parcourir dans la journée au départ de Guitera de Cozzano.

Venachese – 5 itinéraires (de 4 à 5h) sont réalisables au départ de Venaco et St-Pierre-de-Venaco.

QUELQUES SUGGESTIONS D'ITINÉRAIRES

AU DÉPART DE BONIFACIO

Capo di Feno – Sans difficulté – 2h AR – Départ depuis la Bocca d'Arbia RN 196, près de Bonifacio.

L'Uomo d'Ovace – Difficulté moyenne – 4h AR – Départ de Gianuccio près de l'**Uomo di Cagna**. *Ce dernier est décrit à son nom.*

AU DÉPART DE ZONZA

Cascade de Piscia di Gallo – Sans difficulté – *Décrit au massif de l'Ospedale.*

Refuge de Paliri par le GR 20 – Difficulté moyenne – 4h AR – 200 m de dénivelé – Départ depuis l'auberge du col de Bavella.

Trou de la Bombe – Sans difficulté – *Décrit à Buvella.*

AU DÉPART DE CORTE

Lacs de Melo et de Capitello – Difficulté moyenne – *Décrit aux gorges de la Restonica.*

AU DÉPART DE CALVI

Refuge de Carozzu (depuis l'auberge de Bonifatu) – Difficulté moyenne – 5h AR – L'accès au refuge de Carozzu permet la descente vers le torrent de Spasimata, que l'on traverse sur la célèbre passerelle qui procure des frissons dignes de films d'aventure. L'itinéraire du GR 20 l'emprunte d'ailleurs. *Début de l'itinéraire décrit au cirque de Bonifato.*

Le sentier du littoral dans les Agriates.

RANDONNÉES ACCOMPAGNÉES

Les accompagnateurs en montagne et professionnels des activités sportives de montagne proposent leurs services généralement par le biais de prestataires. Ceux-ci commercialisent des programmes de randonnées, habituellement sur plusieurs jours, empruntant les itinéraires de découverte des massifs de l'île et comprenant, si le niveau des participants le permet, l'ascension de sommets remarquables sans moyen technique particulier. Ces circuits peuvent s'effectuer avec portage et ravitaillement sur les refuges. D'autres activités peuvent également être encadrées par des accompagnateurs possédant les qualifications correspondantes : découvertes en raquettes à neige, VTT ou canyoning.

Muntagne corse in libertà – 7 r. Méditerranée, 20090 Ajaccio, ☎ 04 95 20 53 14. Organise des randonnées pédestres pour individuels et des séjours sur mesure pour groupes. www.montagne-corse.com.

Cap-Rando – Orneto, 20233 Pietracorbara, ☎ 04 95 35 22 01.

Compagnie régionale des guides et accompagnateurs en montagne de Corse – Rte de Cuccia, 20224 Calacuccia, ☎ 04 95 48 10 43.

A Montagnola 20122 Quenza, ☎ 04 95 78 65 19. www.a-montagnola.com

D'autres adresses sont données dans les carnets pratiques de la partie « Villes et sites ».

Couleur Corse – 13 bd F.-Salini - 20000 Ajaccio - ☎ 04 95 10 52 83. Organisation de randonnées en Corse. www.couleur-corse.com

ski

L'important enneigement des montagnes permet la pratique du ski en hiver et même au printemps. Pour le **ski alpin,** les stations aménagées, souvent dénommées stades de neige, sont :
– Ghisoni (1 580 m-1 960 m), station du Renoso ;
– Col de Vergio (1 400 m-1 600 m) ;
– Bastelica (1 600 m-1 950 m), station du Val d'Ese.
Foyers de ski de fond à Albertacce, Bastelica, Évisa, Quenza, Soccia et Zicavo.
La **haute route à ski** (l'**Alta Strada**) offre aux skieurs bien entraînés un parcours de randonnée d'un haut niveau sportif. Empruntant une partie de l'itinéraire du GR 20, elle relie la vallée d'Asco à Bastelica. Un topoguide est disponible au Parc régional.

Comité régional du ski alpin – 981 rte de Petrelle, 20620 Biguglia, ☎ 04 95 32 15 76.

VTT

La Fédération française de cyclotourisme propose de nombreuses randonnées permanentes labellisées : le Tour de Corse : un itinéraire de 1 000 km, 14 600 m de dénivelé pour une découverte des plus beaux sites de cette île de Beauté, du Nord au Sud en passant par le centre.

Pour les plus aguerris et les amateurs de cols, la Fédération propose également la Randonnée des cols corses, un itinéraire de 1 504 km et de 26 553 m de dénivelé.

Enfin, la commission tourisme de la fédération propose chaque année des séjours en Corse sous la forme de voyage itinérants. Ceux-ci permettent de faire un tour de l'île de beauté en 9 ou 10 jours, par étape de 100 km environ, en bénéficiant des services d'un accompagnateur fédéral et d'une assistance pour le transport des bagages.

Fédération française de cyclotourisme : 12 r. Louis-Bertrand, 94207 Ivry-sur-Seine Cedex, ☎ 01 56 20 88 88 ou 01 56 20 88 87. www.ffct.org

Vivre la Corse à vélo – Résidence Napoléon, 23 cours Gén.-Leclerc, 20176 Ajaccio, ☎ 04 95 21 96 94, fax 04 95 21 87 36.

Forme et santé

thermalisme

La richesse thermale de la Corse est peu connue. Elle fit l'objet d'aménagements nombreux déjà du temps des Romains, notamment à Baracci, Speluncato et Pietrapola. Plus près de nous, Gustave Flaubert, sur le conseil de son père médecin, vint conforter sa santé en Corse et fit le tour des stations thermales. Aujourd'hui, la Corse dispose d'un ensemble de petites stations thermales dont la modernisation témoigne de l'effort accompli pour relancer le thermalisme dans l'île. Les stations les plus connues sont **Guagno-les-Bains** (pour les affections liées aux rhumatismes), **Pietrapola** (pour les rhumatismes et la rééducation) et les bains d'Urbalacone à **Zigliara** (pour les affections des voies respiratoires et les dermatoses).

Baignade dans le Rizzanèse.

L'île dispose par ailleurs de plusieurs sources minérales (Caldaniccia, Guitera et Caldanelle) qu'elle embouteille et commercialise. La plus connue de toutes, pétillante et revitalisante, est **l'eau d'Orezza**. L'eau de Zilia, et l'eau St-Georges ont également la faveur des consommateurs de l'île.

thalassothérapie

Deux établissements proposent des cures marines :

Thalassa Porticcio Sofitel – 20166 Porticcio, ☎ 04 95 29 40 40.

Hôtel Eden Roc – Rte des Sanguinaires, 20000 Ajaccio, ☎ 04 95 51 56 00.

adresses utiles

Sur la carte des lieux de séjour, p. 30, sont localisés les stations thermales et les centres de thalassothérapie de la région couverte par ce guide.

Union nationale des établissements thermaux – 1 r. Cels, 75014 Paris, ☎ 01 53 91 05 75. www.france-thermale.org

Chaîne thermale du Soleil/Maison du thermalisme – 32 av. de l'Opéra, 75002 Paris, ☎ 01 44 71 37 00 ou 0 800 050 532 (N° Vert). www.sante-eau.com

Fédération Mer et Santé – 8 r. de l'Isly, 75008 Paris, ☎ 01 44 70 07 57. www.thalassofederation.com

Maison de la thalassothérapie – 10 r. Denis-Poisson, 75017 Paris, ☎ 08 25 07 97 07. www.thalasso-online.com

Souvenirs

objets d'artisanat

Depuis quelques années, plusieurs régions font renaître l'artisanat et redonnent ainsi un peu de vie aux villages dépeuplés de l'intérieur. C'est le cas surtout en Castagniccia et en Balagne. Les artisans commercialisent eux-mêmes leur production, sélectionnée dans les maisons d'artisanat **« case di l'artigiani »** et les magasins et ateliers à l'enseigne **« Corsicada »** : paniers, couteaux, objets en bois, instruments de musique, céramiques.
En Castagniccia, laissez-vous tenter par les superbes **pipes en bruyère** dans le village d'Orezzo ou par de magnifiques **objets en bois** d'aulne, d'olivier et de châtaignier à Piedicroce.

Production du coutelier J. Biancucci à Cuttoli-Corticchiato.

En Balagne, la « route des Artisans » conduit vers les plus beaux villages de la région et fait découvrir les métiers ancestraux. Pigna par exemple est devenu un véritable foyer du renouveau musical ; les artisans y fabriquent des **instruments de musique** traditionnels. Lumio a conservé vivaces les techniques de la **coutellerie** : on produit toujours le *temperinu*, petit couteau traditionnel corse. Au Nord-Est d'Ajaccio, le village de Cuttoli-Cortichiato se consacre à l'**ébénisterie** et à la **coutellerie**. Une petite mise en garde à propos du couteau effilé baptisé « vendetta » qui, bien souvent, n'est pas produit localement.

produits du terroir

Lorsque l'on quitte la Corse, comment résister à l'envie de charger ses sacs de succulents produits locaux ? Les **charcuteries** bien sûr (« **coppa** », « **lonzu** », etc.), mais aussi du miel du maquis, des apéritifs ou de l'**huile d'olive** de Balagne.
Sucreries – La grande diversité de la flore corse donne des **miels** très typés que l'on aura aussi plaisir à goûter une fois de retour chez soi. L'appellation AOC « mele di Corsica » concerne six catégories de miels : de printemps (très clair), fleurs du maquis (couleur ambrée, produit pendant l'été), miellat du maquis (très foncé, à la saveur prononcée), de châtaigneraie (récolté en juillet et août), d'été (couleur dorée, produit à la fin de l'été en montagne), et d'automne-hiver (clair, récolté en hiver, au goût légèrement amer). Vous trouverez par exemple de bons miels dans les villages de Quenza, Belgodère, Bastelica et Moltifao qui conservent une forte tradition apicole. Peut-être préférerez vous certaines des délicieuses **confitures** élaborées à partir des riches vergers de la plaine orientale ? Figue, abricot, orange, châtaigne, et, plus original, myrte, arbouse ou cédrat. Le **cédrat**, étonnant fruit peu comestible à l'état naturel, devient un confit exquis après un assez long passage dans des fûts remplis d'eau de mer.
Le roi des fromages corses – L'excellent « **brocciu** » que l'on trouve partout en Corse ne voyage malheureusement pas facilement. Oublions le transport du *brocciu* frais. En revanche, vous pouvez très bien quitter l'île avec un *brocciu* sec, emballé dans de multiples couches de papier pour ne pas incommoder les voisins !
Vins et alcools – La réputation des cépages corses a été confirmée par 8 appellations contrôlées. Si vous souhaitez rapporter quelques bouteilles, procurez-vous auprès d'un office de tourisme la carte des AOC-vins de Corse, vous y trouverez la liste des caves ouvertes aux visites et dégustations. Si vous préférez les apéritifs, pourquoi ne pas céder à l'achat d'un « **Cap Corse** », d'un *rappu*, mélange de moût de vin rouge et d'eau-de-vie ou d'une **cédratine**, liqueur authentiquement corse ? Quant aux amateurs de bière, ils pourront emporter une variété originale : la bière à la châtaigne, la **« Pietra »**.

quelques adresses

Maison de l'agriculture –
19 av. Noël-Franchini, BP913,
20700 Ajaccio, ☎ 04 95 29 26 00.
Dispose de la liste des producteurs
de châtaignes.

Parc naturel régional de Corse –
2 r. du Major-Lambroschini,
BP 417, 20184 Ajaccio Cedex 1,
☎ 04 95 51 79 10/00.

Brasserie Pietra – *Voir carnet pratique
de Bastia.*

Les producteurs du Taravu –
www.gietaravu.com. Vente en ligne de
produits du terroir : farine de
châtaigne, charcuteries, miels, vins,
mais aussi couteaux.

*La Pietra, la bière corse qui allie originalité
et tradition.*

Escapade dans les îles italiennes

La proximité de l'Italie qui entoure la
Corse sur deux faces paraît un bon
prétexte à une escapade d'une
journée ou plus, au départ des ports
corses qui servent de tremplin :
Bastia vers l'île d'Elbe et Bonifacio
pour la Sardaigne.

informations pratiques

DOCUMENTATION

Cartes Michelin régionales sur l'Italie
n°s 430 (Italie du Centre) et 433
(Sardaigne) et, dans la collection *Le
Guide Vert Florence et la Toscane*, et
Italie, enfin *Le Guide Michelin Italie*.
Office national du tourisme italien
23 r. de la Paix, 75002 Paris, ☎ 01 42
66 03 96 ou 01 42 66 82 27.

FORMALITÉS

Pour un séjour touristique, les
ressortissants de l'Union européenne
doivent être en possession d'une carte
nationale d'identité.
Pour le véhicule : permis international
ou permis national à trois volets pour
le conducteur et carte grise et carte
internationale d'assurance dite « carte
verte » pour le véhicule. Les motos
sont soumises au même régime avec
port du casque obligatoire.

la traversée

Des liaisons régulières ont lieu toute
l'année entre Bastia et Livourne et
entre Bonifacio et Santa Teresa di
Gallura (Sardaigne). En saison, Bastia
est relié à Piombino, et Porto-Vecchio
à Palau (Sardaigne) et à Livourne.

La liaison avec l'Italie est assurée,
outre la Corsica Ferries (voir adresse
dans le chapitre Avant le départ) par
les compagnies italiennes suivantes :
Moby-Lines – 4 r. Cdt-Luce-de-
Casabianca, 20200 Bastia, ☎ 04 95 34
84 94/90.
Saremar – Gare maritime, 20169
Bonifacio, ☎ 04 95 73 00 96.
Traversées vers la Sardaigne.

en Sardaigne

Une escapade d'une journée est, en
toute saison, aisément réalisable
depuis Bonifacio. On se cantonnera au
secteur du littoral face à la Corse, ou à
l'île de la Maddalena. Pour plus de
précisions sur les modalités du voyage
reportez-vous au chapitre Bonifacio
qui détaille cette escapade. Pour de
plus long séjours en saison, il vaut
mieux choisir au préalable les lieux
d'hébergement et s'assurer d'une
réservation : la destination Sardaigne
est très prisée par les Italiens du
continent !

retour à l'île d'Elbe

Même sans être un admirateur
inconditionnel du Petit Caporal, l'île
d'Elbe, bien visible comme ses sœurs
de l'archipel toscan depuis la corniche
de Bastia, reste une destination
appréciée pour des estivants disposant
d'un peu de temps. L'accès à l'île
d'Elbe s'effectue en saison depuis
Bastia via le port de Piombino. Ce
dernier, aisément accessible par NGV,
permet ensuite de rejoindre

Portoferraio, principal port et capitale de l'île d'Elbe, par une navette (une dizaine de services par jour) assurée par Moby Lines et Torremar.

Les amateurs d'histoire ne manqueront pas de visiter à Portoferraio le Musée napoléonien où résida l'Empereur, et à San Martino di Campo la villa Napoleone. Pour apprécier l'ensemble de l'archipel d'un seul coup d'œil, une solution : emprunter la télécabine du Monte Capanne.

Plus proche de la Corse, mais moins facile d'accès (à moins de disposer de sa propre embarcation), l'île de Capraia conserve une nature sauvage propice à la randonnée, la plongée et la planche à voile.

Enfin, pour les plus aventureux ou les plus romanesques, l'île de Montecristo existe bien à proximité, mais à défaut de trésor du héros d'Alexandre Dumas, elle offre une remarquable zone de quiétude naturelle préservée (accès interdit, réserve naturelle).

Kiosque

livres

OUVRAGES GÉNÉRAUX - TOURISME - GASTRONOMIE

Guide pratique de la Corse, O. Jehasse et L.Thueux, La Marge, 1989.

La Bonne Cuisine corse, C. Schapira, Éditions Solar, 2001.

L'Inventaire du patrimoine culinaire de la France, Corse, Albin Michel/CNAC, 1996.

La Corse des châtaignes, 110 recettes, L. Schapira, L'Astragale, 1998.

Cuisine corse, S. Grimaldi, Édisud, 2002.

RANDONNÉE PÉDESTRE - MONTAGNE - PLAISANCE

Sentiers de Corse Cuscione et Bavella, J.-P. Quilici et A. Gauthier, Éditions Albiana, 2000.

Topoguide du sentier GR 20 de Calenzana à Conca, Féd. fr. de la randonnée pédestre/Comité nat. des sentiers de grande randonnée.

Randonnée découverte en Corse « Entre mer et montagne ; 2 Mare e Monti, 3 Mare a Mare », Parc naturel régional/FFRP.

Corse, les plus beaux sentiers, J.-F. Devaud, Éditions Glénat, 1993.

Tours génoises : 40 balades familiales, P. Larenaudie, Éditions Albiana, 2001.

GÉOGRAPHIE - NATURE

Noms de lieux de Corse, Bonneton, 2001.

La Corse, coll. « Guides naturalistes des côtes de France », Delachaux et Niestlé.

Roches et paysages de la Corse, A. Gauthier, Parc naturel régional/BRGM.

Savoirs populaires sur les plantes corses, Parc naturel régional.

Sept promenades en forêts - Découvrir la forêt corse, Puydarieux et Rivière, ONF.

Les Plus Belles Balades en Corse, R. Colonna d'Istria, Les Créations du Pélican, 1999.

La Corse panoramique, R. Paoli, Les Créations du Pélican, 2000.

Corse : île de montagne, J.-X. Orsini et C. Boisvieux, coll. Terres de Passion, Éditions Vilo, 2002.

Le Corse de poche, P. Marchetti, Assimil évasion, 2002.

J'aime la Corse, Éditions Atlas, 2002.

HISTOIRE - ARCHÉOLOGIE - ART - ACTUALITÉ

Préhistoire d'une île : les origines de la Corse, G. Camps, Errance, 1988.

Histoire des Grecs en Corse, P. Staphanoli, Lacour-Ollé, 1999.

Histoire de la Corse, M. Vergé-Francheschi, Éditions du Félin, 1996.

L'Histoire de la Corse, P. Arrighi, PUF, 2000.

Bonaparte et Paoli : aux origines de la question corse, C.-N. Bonaparte, Perrin, 2000.

Et la Corse fut libérée, P. Silvani, Éditions Albiana, 2001.

Le Naufrage du Tasmania, C. Finidori, Éditions Alain Piazzola.

Corse, quel avenir : l'indépendance ?, F.-P. Franc-Valluet, R. Castells, 1998.

Le Problème corse, N. Giudici, » Les essentiels », Milan, 1998.

Détail de l'église de la Trinité à Aregno.

Comprendre la Corse, J.-L. Andréani, Gallimard, 1999.

Lumière dans la tempête corse, J.-F. Bernardini (un des chanteurs d'I Muvrini), Mango, 1999.

Le Guépier corse : de l'assassinat du préfet Érignac à l'arrestation du préfet Bonnet, P. Irastorza, Fayard, 1999.

Le Problème corse : dix questions pour comprendre, W. Dressler, La Découverte, 2002.

Arts traditionnels corses, Loviconi, Édisud, 1993.

LITTÉRATURE

Colomba, P. Mérimée, Pocket.

Les Agriates, P. Benoit, La Marge.

Matteo Falcone, P. Mérimée, LGF poche.

Les romans de Marie Susini, à caractère autobiographique, ont pour cadre la Corse.

Les Frères corses, A. Dumas, La Marge.

La Vraie Colomba, L. Di Bradi, La Marge.

En Corse avec Francis Rose, D. Carrington, Éditions Alain Piazzola, 1995.

Voyage en Corse, abbé Gaudin, Lacour, réimpression du récit d'un voyage fait en 1787, Lacour-Ollé, 1997.

La Paille et le Feu, P. Gattaceca, Les Belles Lettres, 2000.

Contes et légendes de l'île de Corse, G.-X. Culioli, DCL, 2000.

I Muvrini dans le texte : pensées et chansons à cœur ouvert, J.-F. Bernardini, Autres Temps, 1998.

L'Île du silence, L. Wadham, Gallimard, 2002.

BD

Inchiesta corsa · L'enquête corse en v.o., R. Pétillon, Albin Michel Bandes Dessinées, 2001.

L'enquête continue, R. Pétillon, Albin Michel Bandes Dessinées, 2001.

vidéo

Des reportages et présentations historiques sont disponibles sur cassettes vidéo : *Corse, mare nostru*, spécial épaves, par M. Reboul-PSV Vidéo Nice.

Plusieurs cassettes éditées par France 3-Corse (*Lacs de montagne, la transhumance, la Castagniccia*) disponibles auprès de France 3-Corse, av. Noël-Franchini à Ajaccio. *Pascal Paoli de Naples à Ponte-Nuovo*, Médiascope Ajaccio.

La Corse, U Viaghju n° 40, Éd. VidéoVisite.

A. Muvra, documentaire animalier disponible à la boutique du Parc régional à Ajaccio.

Pour associer l'image forte des groupes de chanteurs à l'harmonie de leur voix, des cassettes vidéo sont disponibles dont *I Muvrini à Bercy* et, concernant l'art du chjama è rispondi, *U Furcatu*, diffusés par le Parc régional.

DVD, cédéroms

Corsica, les secrets d'une terre, DVD réalisé par Antoine Leonardi, Ricordu Productions (www.ricordu.com), 2002.

Les Plus Belles Randonnées en Corse, Éd. Combo, 1998.

Corsica discovery, la Haute-Corse, Éd. CTI, 1998.

musique

L'engouement pour les chants polyphoniques a désormais largement dépassé un public simplement fidèle à sa culture. Les enregistrements sont disponibles sur cassettes et CD souvent produits par des sociétés corses. La principale, « Studio Ricordu », à Bastelicaccia, assure la diffusion de la plupart des vedettes corses.

Canta u Populu Corsu, **I Chjami Aghjalesi**, **Soledonna**, **A Filetta**, **I Muvrini**, **Les Nouvelles Polyphonies corses** (qui ont interprété l'ouverture des Jeux olympiques d'Albertville) et **J.-P. Poletti (et les Chœurs de Sartène)**, sont parmi les principaux groupes d'interprètes. Plus récents, les groupes **I Surghjenti**, **Diana di l'Alba** et **Cinque So** confirment la vitalité de l'expression musicale corse. Pendant la période estivale, la plupart de ces groupes organisent des récitals dans des tournées de villages et au festival de Pigna et aux Rencontres polyphoniques de Calvi.

D'autres chanteurs comme **Antoine Ciosi** et le compositeur **Henri Tomasi** maintiennent le dynamisme de la chanson traditionnelle et folklorique.

Trois compilations de chansons corses offrent un éventail représentatif des voix insulaires : *Corsica, Les Plus Belles Voix corses* et *Canta Corsica*.

Pour apprécier les chants en paghjella : *Messa corsa in Rusio* (Éd. Adès n° 111622) et *Chants polyphoniques traditionnels*.

Cinéma

Depuis la naissance du septième art, la Corse est vite devenue une terre de prédilection pour les tournages d'extérieurs.

Le premier film parlant français fut tourné en Corse en 1920 : **Les Trois Masques** d'André Hugon. Les premières scènes du **Napoléon** d'Abel Gance (1927) furent réalisées en Corse. Les années 1920 virent également la présence de réalisateurs russes réfugiés tel A. Volkoff avec **Les Ombres passent**.

Ensuite de nombreuses réalisations eurent pour cadre les paysages de Corse, même si parfois l'intrigue se situe hors de l'île de Beauté. Parmi les principales, on peut citer :

Napoléon, empereur des Français de J. Tedesco, 1951 *(filmé sur les lieux où vécut Napoléon)* ;

Casabianca de G. Péclet, 1951 *(dans la région d'Ajaccio)* ;

Manina, la fille sans voile de W. Rozier, 1952, avec B. Bardot *(à Bonifacio)* ;

Cela s'appelle l'aurore de L. Buñuel, 1956 *(dans la région de Bastia)* ;

L'Œil du monocle de G. Lautner, 1962, avec P. Meurisse *(recherche d'un trésor de guerre à Bonifacio)* ;

Le Jour le plus long de D. Zanuck, 1962 *(le Débarquement se déroule dans les Agriates, voir ce nom)* ;

Rosebud de Otto Preminger, 1974, avec I. Huppert *(à L'Île-Rousse et Bastia)* ;

Nous deux de H. Graziani, 1992, avec P. Noiret *(à Pietracorbara et Sisco)* ;

La plage de Saleccia (Agriates), cadre de tournage de certaines scènes du Débarquement de Normandie dans le film Le Jour le plus long.

Les Randonneurs de P. Harel, 1996 *(aventures sur le GR 20)*.

D'autres films traitent de la Corse et de ses coutumes sans avoir été tournés en Corse :

Ademaï, bandit d'honneur de G. Grangier, 1943, avec Noël-Noël ;

L'Île d'amour de M. Cam, 1944, avec Tino Rossi *(la romance d'un pêcheur)*.

Les cinéphiles pourront assister aux projections organisées par la **Cinémathèque régionale de Corse** à Porto-Vecchio, (Espace Jean-Paul Rocca Serra, BP 50, ☎ 04 95 70 35 02) et au festival Cinémaffiche qui s'y déroule en juillet, au cours duquel sont diffusés des films corses peu connus et restaurés par la cinémathèque.

Calendrier festif

fêtes religieuses

Janvier

Procession en l'honneur de saint Antoine ;
Fête des oranges (le dimanche qui suit le 17).

Corbara et Aregno

Mars

Procession du saint Crucifix (3e vendredi de carême),
☎ 04 95 61 72 16.

Muro

Fête de N.-D.-de-la-Miséricorde, patronne de la ville :
procession, illuminations, messe solennelle (le 18),
☎ 04 95 51 53 03.

Ajaccio

Semaine sainte

Procession de la Cerca (Vendredi saint au matin) ;
procession de la Granitola avec pénitents en cagoule
(le soir du Vendredi saint).

Erbalunga

Procession du « Christ mort » dans la vieille ville
illuminée par des chandelles (le Vendredi saint).

Corte

Dans l'après-midi, bénédiction des gâteaux
« canistrelli » et procession (le Jeudi saint).

Calvi

Procession des confréries de la pieve portantes objets
en palmes.

San Martino di Lota

Procession des cinq confréries à travers la ville jusqu'à
l'église Ste-Marie-Majeure pour y vénérer la relique de
la sainte Croix (le Jeudi et le Vendredi saint).

Bonifacio

Procession de la Granitola avec pénitents en cagoule
et pieds nus (le Vendredi saint).

Calvi

Procession du Catenacciu (ou Grand Pénitent)
dans la ville illuminée aux chandelles
(le Vendredi saint).

Sartène

Procession orthodoxe grecque (lundi de Pâques).

Cargèse

Juin

Procession en mer en l'honneur de saint Érasme,
patron des pêcheurs, ☎ 04 95 76 04 85.

**Ajaccio, Bastia,
Calvi, Propriano**

Saint-Jean-Baptiste, fête patronale de la ville
(le 24).

Bastia

Août

Cérémonies religieuses de l'Assomption et fêtes
commémoratives de la naissance de Napoléon
(autour du 15), ☎ 04 95 51 53 03.

Ajaccio

*Procession de la Santa
di U Niolo.*

Procession à Notre-Dame-des-Neiges (le 5).   **Bavella**
« Paghjella », chants polyphoniques, messe,   **Rusio**
procession (le 15).

Fête de l'Assomption de la Vierge (15 août).   **Bastia**

Procession en l'honneur de saint Barthélemy (le 24).   **Bonifaccio**

Septembre

Procession à l'ermitage de la Trinité (le 8).   **Bonifacio**

Fête de la Santa di U Niolo. Foire, spectacle,   **Casamaccioli**
concours de mora... ☎ 04 95 48 03 31.

Décembre

Procession aux flambeaux (la veille de Noël).   **Lavasina**

manifestations culturelles

Mai

« Nautival » : animations autour de la mer   **Macinaggio**
(dernier week-end), ☎ 04 95 35 40 34.

Festival de l'humour, ☎ 04 95 70 09 58.   **Porto-Vecchio**

Juin

Journées médiévales (Pentecôte), ☎ 04 95 73 11 88.   **Bonifacio**

La Nuit du conte (avant-dernier samedi),   **Vero**
☎ 04 95 52 86 94.

« San Ghjuva » : journée de conférences et de concerts   **Corte**
autour de la musique et de la poésie traditionnelle corse
(le 23).

Festival de jazz (la dernière semaine), ☎ 04 95 65 00 50.   **Calvi**

Juin-septembre

Rencontre d'art contemporain (mi-juin à mi-septembre).   **Calvi**
☎ 04 95 65 16 67

Juillet

« Estivoce » : musique traditionnelle (1re quinzaine),   **Pigna**
☎ 04 95 61 73 13.   **(et la Balagne)**

Reconstitution historique « U Cambiu di Bastia »   **Bastia**
(2e samedi).

Les Nuits de la guitare, classique   **Patrimonio**
et jazz (fin du mois), ☎ 04 95 37 12 15.

Juillet-août

Rencontres internationales de Théâtre en Corse,   **Dans le Giussani**
☎ 04 95 61 93 18. www.aria-corse.com   **(villages d'Olmi**
                                                              Cappella, Pioggiola,
                                                              Vallica et Mausoleo)

Août

Festival de musique, jazz et guitare (1re semaine),   **Erbalunga**
☎ 04 95 33 20 84.

« Festa Antica » : la ville revit à l'époque romaine   **Aléria**
(2 jours durant la 1re semaine), ☎ 04 95 57 01 51.

Festival européen du cinéma et du monde rural   **Lama**
(1re semaine), ☎ 04 95 48 21 60.

« Porto Latino » : concerts de musique sud-américaine,   **Saint-Florent**
(fin août), ☎ 04 95 37 06 04.

« Festimusica » : carrefour des cultures corses, toscanes   **L'Île-Rousse**
et sardes, ☎ 06 16 94 04 96.

Septembre

Festival de l'eau, ☎ 04 95 76 01 49.   **Propriano**
Rencontres polyphoniques (mi-septembre).   **Calvi**

Octobre

« Festiventu » : le vent sous toutes ses formes
(fin octobre – déb. novembre), ☎ 01 53 20 93 00.
www.lefestivalduvent.com

Calvi

Musicales (mi-octobre), ☎ 04 95 32 75 91.

Bastia

Novembre

Festival Arte-Mare (une ville du bassin méditerrané en
est mise à l'honneur chaque année : poésie, cinéma,
gastronomie, musique, arts plastiques...),
☎ 04 95 54 20 44.

Bastia

événements sportifs

Juillet

Grand raid inter-lacs : course pédestre individuelle
dont le tracé passe par sept des plus beaux lacs
d'altitude de Corse (2 jours, 1re quinzaine),
www.a-rinascita.com.

Corte

« Mediterranean trophy » : compétition de voile
(une semaine fin juillet), ☎ 04 95 23 89 00.

**Corse et
Sardaigne**

*Course de kayak de mer
au Cap Corse.*

Septembre

Les Six Jours cyclotouristes de l'île de Beauté,
☎ 04 95 51 53 03.

Toute la Corse

« Corsica Raid Aventure » : course en montagne,
passages de cordes, VTT, canyoning, kayak de mer,
☎ 04 95 25 16 16.

Porticcio

Octobre

Tour de Corse automobile (2e quinzaine), départ d'Ajaccio.
☎ 04 95 23 61 43.

Toute la Corse

foires artisanales et rurales

Février

« A Tumbera » : foire de la charcuterie (1er week-end).

Renno

Mars

« Festa di l'oliu novu » : grand marché de l'huile d'olive,
☎ 04 95 78 80 13.

**Sainte-Lucie-
de-Tallano**

Juin

« Cavall'in festa » : foire du cheval (le 2e week-end),
☎ 04 95 46 13 77.

Corte

Juillet

Foire du vin (1ᵉʳ week-end), ☎ 04 95 35 04 17.   **Luri**

Foire de l'olivier (3ᵉ week-end), ☎ 04 95 62 81 72.   **Montegrosso**

Août

Foire à l'amandier (1ᵉʳ week-end), ☎ 04 95 61 70 83.   **Aregno**

« Festa di u legnu e di a furesta » : foire autour du bois,   **Vezzani**
animations, artisanat (le 7 et le 8).

Septembre

Foire du Niolo, l'une des plus anciennes et importantes   **Casamaccioli**
de Corse (3 jours autour du 7).

Foire artisanale (4 jours mi-septembre).   **Porto-Vecchio**

Novembre

Fête du marron (mi-novembre).   **Évisa**

Décembre

« Fiera di a castagna » : foire à la châtaigne,   **Bocognano**
la plus importante foire régionale de Corse
(1ᵉʳ weed-end), ☎ 04 95 27 41 76.

Golfe de Porto

*Invitation
au voyage*

Une montagne dans la mer

En découvrant la Corse, on comprend qu'elle a inspiré tant d'écrivains et de peintres. Matisse disait que son émerveillement pour le Sud était né de son séjour à Ajaccio. Troisième grande île de la Méditerranée occidentale, après la Sicile et la Sardaigne, la Corse (8 720 km²)

Les célèbres aiguilles de Bavella.

promet un voyage fantastique : falaises empourprées qui plongent à pic dans la mer, villages accrochés à la montagne, gorges taillées dans la pierre, collines tapissées de châtaigniers ou d'oliviers.

Le golfe de Girolata, veillé par sa tour génoise.

Une île continent

Longue de 183 km et large de 83 km, la Corse déploie 1 047 km de côtes en une succession de magnifiques caps, falaises, golfes et plages. C'est la plus montagneuse des îles de la Méditerranée. En un éclair, on passe des plages dorées à la haute montagne : à 25 km seulement du littoral, le Monte Cinto, point culminant éternellement enneigé, dresse ses 2 706 m. La proximité du rivage italien (83 km), français (170 km) et espagnol (450 km) explique l'importance commerciale et stratégique de l'île au cours des siècles.

D'après les géologues, la Corse formait jusqu'à l'ère secondaire un microcontinent avec la Sardaigne, soudé à la Provence. Un ébranlement du système alpin et une cassure provoquèrent une lente dérive des ces terres et donnèrent naissance à l'étonnante « île de Beauté ».

Trois grandes régions font la richesse des paysages : la **Corse occidentale** (**Corse cristalline ou « ancienne »**) qui couvre près des 2/3 du territoire, la **Corse orientale** (**Corse schisteuse**) au Nord-Est et, séparant ces deux entités, le **sillon central**, qui s'étend de L'Île-Rousse à Solenzara.

La côte Sud de Porto-Vecchio abrite de très belles anses : pins parasols, maquis, sable fin et mer turquoise.

La Corse occidentale

Elle porte les plus hauts sommets de la Corse. Ceux-ci dessinent au centre de l'île une épine dorsale discontinue qui délimite deux régions historiques : l'**Au-Delà-des-Monts** et l'**En-Deçà-des-Monts**, appellations génoises recouvrant approximativement les départements actuels de Corse-du-Sud et de Haute-Corse. De part et d'autre de cette ligne faîtière, des chaînons transversaux bordés de vallées et de gorges s'abaissent graduellement vers la mer.

Les massifs du centre – Tout en pics, en aiguilles et en gorges encaissées, cette haute montagne alpine fait la joie des randonneurs en quête de paysages sauvages et exceptionnels. Les crêtes demeurent enneigées tard dans le printemps. Le climat de type alpin, avec ses fortes précipitations et ses basses températures, rend la vie rude et pauvre. Les bergers pratiquent l'élevage extensif du mouton en été. Aujourd'hui, les bourgs de montagne sont désertés, à l'exception de ceux qui orientent leurs activités vers le ski ou la randonnée (Soccia, Évisa, Zicavo, Quenza, Bastelica...).

Les roches rouges de la réserve naturelle de Scandola.

Les extrémités Nord et Sud de l'île – Elles ont conservé un relief moins tourmenté de montagnes anciennes. **La Balagne**, terre de collines, s'ouvre sur la mer par une série de petites plaines côtières. Elle s'allonge de Galéria à Calvi et porte sur ses coteaux des oliviers et des vignes. Véritable « Riviera » de la Corse, son climat méditerranéen, ses plages et ses marinas attirent de nombreux estivants.

Appuyé sur le Monte Incudine, le **Sud de la Corse** s'ouvre en éventail, du golfe de Valinco à Porto-Vecchio. Son paysage montagneux, moins escarpé que le centre de l'île, rend les communications plus faciles et ses vastes plateaux favorisent l'élevage. Le climat sec et chaud est propice à la culture de la vigne (Ste-Lucie-de-Tallano, Figari, Porto-Vecchio) et au développement du chêne vert et du chêne-liège. À l'extrême Sud, Bonifacio forme une étonnante enclave de falaises calcaires.

Zone cristalline
Zone schisteuse
Bassins tertiaires
Plaines d'alluvions

BASTIA
St-Florent
l'Île-Rousse
Calvi
Monte Cinto
Ponte Leccia
Corte
Monte Rotondo
Monte d'Oro
Aléria
Monte Renoso
AJACCIO
Solenzara
Sartène
Porto-Vecchio
Bonifacio
0   20 km

Golo
Tavignano
Gravona
Taravo
Rizzanese

La Corse orientale

Elle constitue le tiers Nord-Est de l'île, formé de monts schisteux orientés Nord-Sud, bordés d'une plaine côtière. Moins accidentée que la Corse occidentale, elle culmine en Castagniccia au San Petrone (1 767 m).

Les secteurs montagnards – Ils offrent deux magnifiques visages bien distincts.

Le Cap Corse présente un squelette montagneux en arêtes de poisson avec des crêtes émoussées par l'érosion. Une splendide route du littoral permet d'en faire le tour. Les pentes du cap, façonnées en terrasses par l'homme et aujourd'hui abandonnées à la végétation, gardent les traces d'une activité agricole qui fut prodigue.

Autour des villages subsistent quelques vergers et l'activité viticole, toujours existante, fit dès le Moyen Âge la renommée de la péninsule. Cependant, la mer demeure la principale ressource.

Culture de clémentines dans la plaine orientale.

La Castagniccia est délimitée par les fleuves du Golo au Nord et du Tavignano au Sud. Elle forme un moutonnement de larges collines, entaillées par les torrents. Elle est couverte d'un épais manteau de châtaigniers qui firent autrefois sa richesse.

La plaine orientale – Terrain sédimentaire enrichi par les alluvions des torrents descendus de la Castagniccia, elle offre un paysage morne de collines, plateaux et plaines littorales. On distingue au Nord la plaine de Bastia, dominée par la Casinca, et au Sud, la plaine d'Aléria. Très favorable à la culture depuis son assainissement en 1945 (éradication de la malaria), elle accueille aujourd'hui des exploitations agricoles intensives où prévalent les agrumes et la vigne.

Le sillon central

Cette fracture élargie par les cours d'eau est la partie la plus ancienne de la Corse orientale. Elle marque la zone de contact avec la Corse occidentale. D'une altitude

Le Cap Corse, longue échine montagneuse plongeant dans la mer.

L'étang de Diane, centre d'élevage d'huîtres et de moules.

moyenne inférieure à 600 m, elle relie l'Est du désert des Agriates à Solenzara, en passant par Corte.

C'est au centre de l'île que la dépression est la plus affirmée : le « **sillon de Corte** », drainé par le Golo puis le Tavignano, offre un paysage attachant où coteaux et plateaux s'enchevêtrent dans un cadre montagneux.

Un don du ciel

La Corse bénéficie de ressources en eau beaucoup plus importantes que celles des autres îles de la Méditerranée.

Les précipitations

Le nombre de jours de pluie dans l'année est faible (95 jours à Ajaccio) mais l'île reçoit environ 900 mm d'eau, moyenne annuelle supérieure à celle du Midi de la France. Il pleut plus à l'Est qu'à l'Ouest, à l'intérieur que sur les côtes, au Nord qu'au Sud. Certains cols (Vizzavona, Vergio) sont régulièrement enneigés et parfois bloqués en hiver. L'été est synonyme de longue saison sèche ; pour pallier cette mauvaise répartition annuelle des pluies, plusieurs lacs de barrage ont été aménagés.

Au fil de l'eau

Tous les fleuves et rivières sont irréguliers : maigres de juin à octobre, volumineux et même impétueux d'octobre à avril, limpides à l'Ouest, boueux à l'Est. Parvenant difficilement à la mer, ils charrient des masses importantes d'alluvions. Le réseau hydrographique est aussi constitué de nombreux cours d'eau. Leur lit, caillouteux en été, peut devenir abondant et dangereux lors des orages.

Les ressources minières

Les minerais ont été découverts et exploités très tôt. La Corse orientale, riche en ressources minières, a fait l'objet d'exploitation de nombreux gisements : fer à Farinole, dans le Cap Corse, manganèse à Morosaglia, cuivre à Ponte-Leccia, près du défilé de Lancone et aux abords de Vezzani, plomb argentifère près de Ghisoni, antimoine dans

le Nord du cap et amiante à Canari, sur la côte Ouest du cap. La Corse occidentale détient quelques minerais difficilement exploitables : antimoine à Vico, plomb argentifère en Balagne, fer à Calvi et cuivre dans le golfe de Sagone. Les tentatives récentes de mise en valeur ont révélé que les gisements de Corse présentent plus d'intérêt pour les minéralogistes que pour les entreprises minières.

Village de Castagniccia noyé dans les châtaigniers.
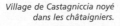

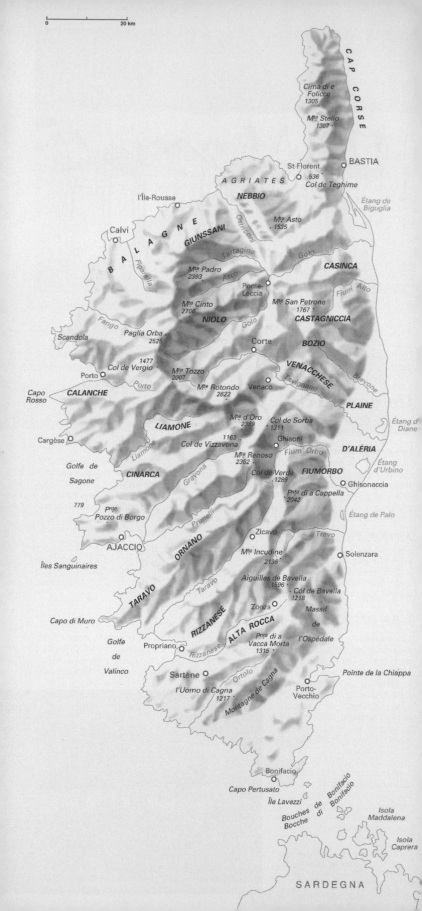

0   20 km

CAP CORSE

Cima di e
Folicce
1305

M^{te} Stello
1307

St-Florent   BASTIA
536
Col de Teghime

A G R I A T E S

NEBBIO   Étang de
                                   Biguglia
l'Île-Rousse

M^{te} Asto
· 1535

Calvi

GIUNSSANI

B A L A G N E

Ostriconi

Tartagine   Golo

CASINCA

M^{te} Padro   Asco
2393

Ponte-
Leccia

M^{te} Cinto   M^{te} San Petrone
2706   1767

NIOLO   CASTAGNICCIA

Fiumi Alto

Figarella

Fango

Scandola   Paglia Orba   Golo
                2525

                Corte   BOZIO

1477
Col de Vergio ·   VENACCHESE

Porto   M^{te} Tozzo
               2007   Bravone

Col de Vergio   M^{te} Rotondo   Venaco
                             2622

Capo   CALANCHE   PLAINE
Rosso   Tavignano

Porto

Cargèse   M^{te} d'Oro   Col de Sorba   Étang d
                           2389   1311   Diane

LIAMONE   D'ALÉRIA

               1163   Col de Vizzavona   Ghisoni   Étang
               Col de Vizzavona   d'Urbino

Golfe de   M^{te} Renoso
Sagone   Liamone   2352
                           Col de Verda   FIUMORBO
CINARCA   · 1289

Gravona   Ghisonaccia

779   P^{nta} di a Cappella
        P^{nte}   2042
        Pozzo di Borgo

                Prunelli   Étang de Palo

AJACCIO   Zicavo   Travo

Îles Sanguinaires   ORNANO   M^{te} Incudine   Solenzara
                                             2136

                           TARAVO   Aiguilles de Bavella
                                            1596
Capo di Muro   Col de Bavella
                                   RIZZANESE Zonza   1218

                           Taravo   Massif
                                                        de
Golfe   Propriano   RIZZANESE   ALTA ROCCA   l'Ospédale
de   P^{nta} di a
Valinco   Rizzanèse   Vacca Morta
                                         1315
                Sartène   Ortolo   Pointe de la Chiappa

        l'Uomo di Cagna   Porto-
        1217   Montagne de Cagna   Vecchio

                           Bonifacio

        Capo Pertusato
                Île Lavezzi
                                Bonifacio
                        Bouches de di   Bonifacio
                        Bocche   Isola
                                                    Maddalena

                                                    Isola
                                                    Caprera

SARDEGNA

Taffoni (trou dans la roche),
élément original de la nature corse.

Les sculptures minérales

L'infinie variété des roches corses est un paradis pour les minéralogistes et un régal pour les yeux et l'imaginaire des voyageurs. Certaines régions constituent de véritables forêts de pierres aux formes presque surnaturelles.

Les roches magmatiques

Elles sont nées de la montée de matériaux en fusion situés sous l'écorce terrestre et couvrent la majeure partie de la Corse occidentale. Le **granit** est à l'origine de paysages célèbres : les aiguilles de Bavella, taillées par l'érosion ou encore le rivage découpé de la côte Ouest dont les *calanche* de Piana constituent le fleuron. Dans ces aiguilles de granit rouge, l'eau et le vent ont creusé d'étonnantes cavités appelées « **taffoni** » (« trou », en corse) et sculpté de surprenantes silhouettes.

Si vous passez par le village de Sainte-Lucie-de-Tallano dans l'Alta Rocca, vous aurez la chance de découvrir la **diorite orbiculaire**, pierre rarissime et extrêmement belle. Utilisée à des fins ornementales, elle fut surnommée « corsite » jusqu'à ce qu'on découvre l'existence d'un autre gisement en Finlande.

Les **rhyolites** et les **ignimbrites** (roches volcaniques) se rencontrent en abondance dans le Nord-Ouest. Elles forment des paysages spectaculaires caractérisés par un relief élevé et des teintes allant du vert au rouge en passant par d'innombrables nuances. La presqu'île de Scandola, avec ses falaises et ses orgues, en est une des plus belles représentations.

Les falaises calcaires de Bonifacio.

Les roches sédimentaires

Elles proviennent de dépôts de minéraux et d'organismes vivants et forment de nombreuses enclaves dans l'ensemble de la Corse. Le **calcaire** est fortement présent dans la région de Corte et de Saint-Florent. Mais c'est Bonifacio et ses hautes falaises blanches modelées par le vent et les vagues qui constitue le plus spectaculaire bassin calcaire. D'autres formations sédimentaires ont laissé des traces : **charbon** dans le golfe de Porto, **moraines** à l'emplacement d'anciens glaciers et **argile** dans le golfe d'Ajaccio.

Les roches métamorphiques

Ces roches tiennent leur nom des modifications qu'elles ont subies dans leur composition et leur structure lors de mouvements tectoniques. Elles se reconnaissent à leur aspect feuilleté et habillent presque l'intégralité de la Corse orientale. Les **schistes** ont modelé un paysage massif, aux monts moins élancés et plus larges qu'en Corse occidentale. Les croupes de la Castagniccia et du Bozio, noyées sous la châtaigneraie, en constituent l'un des visages. Ces roches sont débitées en lauzes ou *teghie* pour assurer la couverture des maisons.

Les célèbres « **roches vertes** », plus résistantes que les schistes, façonnent des paysages aux reliefs abrupts et découpés. Les torrents les ont fendues en gorges étroites et profondes : c'est le cas du défilé de Lancone et de la haute corniche du Golo. La roche connue sous le nom de « **vert de Corse** », pierre ornementale très prisée, contient de splendides cristaux vert jade. On en trouve des gisements en Castagniccia et dans le Cap Corse, près de Canari.

POLYCHROMIE
Les amateurs d'art remarqueront le **schiste lustré**, à l'aspect soyeux, souvent employé dans les églises pisanes (chapelle San Quilico de Cambia, par exemple), le **calschiste**, pierre dorée aux teintes pâles orange, vertes, bleues (église de la Canonica) ou encore les **roches vertes**, utilisées pour l'édification de monuments polychromes (San Michele de Murato).

*Diorite orbiculaire
travaillée et polie.*

Une nature généreuse

Arbousier.

*Contrairement à la plupart des îles médi-
terranéennes souvent sèches et pelées, la
Corse est un véritable festival de couleurs
et de senteurs malgré des incendies récur-
rents et très médiatisés. Pour apprécier
les mille et une beautés de la végétation
et de la faune, il ne faut pas hésiter à
écouter, observer, respirer les parfums du
maquis, se rafraîchir l'été dans les denses
forêts, refuges de quelques porcs coureurs,
se promener dans les hautes montagnes
baignées de lacs et habitées de mouflons.*

Une végétation étagée

Surnommée avec justesse par les Anglais « l'île parfumée », la Corse apparaît étonnamment verte, boisée et
fleurie. Napoléon disait qu'il reconnaissait sa terre natale
à son odeur. On ne saurait énumérer toutes les espèces
végétales de l'île : il y en a plus de 2 000. Certaines sont
communes à la flore continentale, d'autres à celle du bassin méditerranéen, mais surtout on dénombre 78 variétés
endémiques. Les végétaux, que l'on découvre au gré des randonnées, ont su s'adapter à un milieu biologique difficile : sécheresse prolongée, vent violent ou froid rigoureux. Chaque
essence évolue dans une zone d'altitude particulière, avec
toutefois quelques variations selon la nature du sol, l'exposition des versants et l'orientation des vallées. On distingue, dans l'ensemble, trois étages caractéristiques.

Hellébore corse.

Couleurs et senteurs :
l'étage méditerranéen inférieur

Jusqu'à 500 m d'altitude se mêlent les fleurs exotiques et
le maquis. Le **figuier de Barbarie**, cactus originaire
d'Amérique centrale, donne un fruit comestible. Soyez
prudents en cueillant les figues car elles sont hérissées
de piquants. L'**agave d'Amérique**, plante grasse aux
longues feuilles bordées d'épines brunes, est ornée de
fleurs jaunes. L'**aloès** aux feuilles charnues offre de janvier
à avril un panache de fleurs rouges ou jaunes. L'**eucalyptus**, introduit en Corse au 19ᵉ s. pour ses vertus médicinales et
sa faculté à assécher les zones marécageuses, embaume les
régions de Porto et d'Ajaccio et la plaine orientale. Les **cédratiers** produisent des fruits ressem-
blant à de gros citrons que l'on
consomme confits, en liqueur
ou en confiture.

Ciste de Crète.

Lentisque.

Myrte.

Eucalyptus.

Figuier de Barbarie.

« Prendre le maquis » – Constitué par un tapis végétal extrêmement dense pouvant atteindre 6 m de hauteur, le **maquis** a de tout temps servi d'abri à de nombreux bandits et résistants. Il s'étend sur d'immenses surfaces, y compris sous les pins maritimes, les chênes et dans les châtaigneraies abandonnées. Cette couverture végétale éminemment combustible favorise la propagation des incendies mais a le mérite de retenir la couche d'humus et de fournir du bois de chauffage. Au printemps, le promeneur appréciera les arômes puissants et la profusion des couleurs du maquis en pleine floraison. Le **ciste de Montpellier** et le **ciste à feuilles de sauge** constellent les basses pentes de leurs fleurs blanches, alors que le **ciste de Crète** apporte des touches mauve-rose. Les **calycotomes**, sorte de genêts épineux, forment de magnifiques buissons fleuris de jaune et parfumés d'une odeur de miel. Le **cyclamen** égaye de ses petites fleurs violettes le littoral et les sous-bois. Dans le bas maquis pousse aussi le **myrte** dont les baies d'un noir bleuâtre servent à la fabrication d'une liqueur réputée. Les autres plantes caractéristiques sont l'**asphodèle** avec ses fleurs blanchâtres, le **lentisque** que l'on reconnaît à son odeur résineuse et à ses baies virant au noir à maturité et le **genévrier** dont les baies d'un brun rouge font le délice des merles.

Le maquis arboré se compose de **bruyères**, de **chênes-lièges** (présents surtout dans le Sud-Est de l'île), de **chênes verts** et d'**arbousiers**. Ceux-ci portent, d'octobre à janvier, des fleurs blanches et des fruits rouge vif de la taille d'une grosse fraise (d'où son nom d'arbre aux fraises), consommés sous forme de gelée ou d'eau-de-vie.

Vous l'avez compris, une balade dans le maquis s'impose, excepté les jours de grand vent où les incendies peuvent se propager à vive allure. N'ayez crainte, vous n'aurez pas la mauvaise surprise de croiser des vipères puisqu'il n'y en a pas sur l'île mais vous rencontrerez certainement des porcs à demi sauvages se régalant de glands et d'arbouses.

DES HECTARES EN FUMÉE

Chaque été, les incendies corses reviennent à la une de l'actualité. Par exemple, en 1999, plus de 700 incendies ont brûlé environ 3 900 hectares sur les seuls mois de juillet et d'août ; la surface était à peu près similaire l'été précédent. Les agriculteurs, les éleveurs, les pompiers, les promoteurs immobiliers, les industriels du feu... on entend toutes les hypothèses sur les auteurs de ce fléau. Une chose est sûre : la plupart des incendies sont d'origine criminelle.

Renaissance de la végétation un an après l'incendie.

Récolte des olives en Balagne.

Un vaste couvert forestier : l'étage médian

Entre 500 et 1 500 m d'altitude s'étend le royaume du châtaignier et du pin laricio. Introduit par l'homme au 15e s., le **châtaignier** est très répandu entre 500 et 800 m. Il tapisse quelque 15 000 ha dans la région de la Castagniccia et environ 31 000 ha sur toute l'île. Le châtaignier était jadis appelé « arbre à pain » en raison de sa forte capacité nourricière. Aujourd'hui les châtaignes ne sont plus guère qu'un aliment d'appoint, même si se multiplient actuellement les préparations dont elles sont la base. Vous reconnaîtrez le **pin laricio** à son tronc immense et parfaitement rectiligne ; il dépasse souvent 40 m de hauteur. Cet arbre emblématique des futaies corses croît entre 700 m d'altitude sur les versants exposés au midi et 1 800 m sur certaines faces Nord. Il compose l'essentiel des splendides forêts d'Aitone, Vizzavona et Valdo-Niello ; parfois en association avec le **pin de Corte**, le **pin maritime**, le **sapin pectiné**, voire le **cèdre** en forêt de Bavella. Le **hêtre** peut aussi se mêler au pin laricio entre 1 000 m et 1 500 m d'altitude. De beaux massifs de hêtres s'élèvent au Nord-Est de l'île (massif de San Petrone, plateau de Coscione). Le **bouleau** apparaît surtout à la limite supérieure de la forêt ; on le trouve au col de Vergio et sur la face Nord du Monte Cinto.

Dans son ensemble, la surface forestière ne diminue pas, malgré les incendies qui détruisent surtout le maquis. La régénération spontanée, les reboisements, les repousses sur les terrains pastoraux délaissés assurent en quelque sorte sa continuité.

Les **sous-bois** se parent souvent d'**aspérules odorantes** surnommées « petits muguets » ou « reines des bois » et d'**hellébores corses**, grandes plantes à fleurs vertes et à feuilles luisantes et coriaces. Les pelouses se couvrent parfois de **thym herbe-à-barons** dont les fleurs mauves embaument et de **thym aux chats**.

MARCELLE CONRAD (1897-1990)
Botaniste et peintre, Marcelle Conrad parcourut la Corse pendant soixante ans afin d'étudier et faire connaître le patrimoine végétal insulaire. Elle participa à la révision fondamentale de la classification de la flore corse ; elle est l'auteur d'un recueil d'aquarelles de plantes corses et cyrno-sardes inconnues sur le continent.

Sur les hauteurs : l'étage alpin

Les terrains compris entre 1 500 à 1 900 m sont dominés par l'**aulne odorant**. Ses feuilles poisseuses et odorantes le distinguent de son proche parent des Alpes. Fréquentes sur les versants Nord, les aulnaies aiment aussi les rives des torrents et les versants exposés au Sud.

Les châtaigniers occupent de vastes forêts.

Démasclage des chênes-lièges.

Les **pozzines** (du mot corse *pozzi* : « puits ») font la grande originalité du paysage corse de haute montagne. Ce sont des pelouses spongieuses qui entourent et couvrent en partie certains lacs de montagne, celui de Nino en particulier. Elles créent de surprenants puzzles de terre et d'eau. Formées par l'accumulation de matière végétale non dégradée, elles s'habillent d'un gazon régulièrement tondu par le bétail.

Au-dessus de 1 600 m apparaissent d'autres plantes typiquement corses : le **genévrier nain,** arbrisseau couché sur le sol et l'**épine-vinette de l'Etna**, à fleurs jaunes et aux rameaux garnis de fortes épines.

Sur les hauteurs peu accessibles s'épanouissent quelques fleurs : l'ancolie de Bernard, la violette corse et la marguerite cotonneuse, sorte de chrysanthème à fleurs blanches. Ces fleurs, trop cueillies, tendent à se raréfier.

LE CONSERVATOIRE DU LITTORAL

La tradition d'insécurité des côtes corses jusqu'au 19e s. et le peu d'intérêt économique porté par les habitants ont préservé une partie du littoral d'une urbanisation anarchique. Aujourd'hui, afin de protéger ces sites, le Conservatoire du littoral acquiert de vastes surfaces non bâties qu'il aménage : sentiers du littoral, restauration de tours génoises, reconstitution de dunes... Parmi les plus remarquables **sites naturels préservés**, on distingue, sur le littoral Ouest, les Agriates, la vallée du Fango, Campomoro-Senetosa et Roccapina ; sur le littoral oriental, le golfe de Santa Giulia, l'île de Pinarellu, Fautea, la pinède de Pinia et le secteur de Capandula dans le Cap Corse. Les écosystèmes particulièrement fragiles et protégés sont classés en **réserves naturelles** ; Scandola, les îles Bruzzi et des Moines, Lavezzi, Cerbicale, Finocchiaroli et l'étang de Biguglia en font partie.

On se sent tout petit sous les pins laricio.

Mouflon.

Une faune protégée

Au détour des sentiers et des petites routes corses, vous croisez des **ânes**, qui furent pendant des siècles les fidèles compagnons des bergers et des apiculteurs, des familles de **cochons** en semi-liberté et vous devez ralentir pour laisser passer les troupeaux de **vaches**, de **chèvres** et de **brebis**. La Corse accueille une faune d'un type méditerranéen assez classique mais l'insularité a favorisé le développement de quelques espèces animales endémiques, parfois communes avec la Sardaigne. Certains animaux furent menacés de disparition il y a quelques années et sont désormais protégés par le Parc naturel régional. Citons ici les espèces les plus rares ou les plus caractéristiques de l'île.

L'emblème de la montagne corse

Seul mouton sauvage d'Europe, le **mouflon** se réfugie dans les montagnes. Les bons marcheurs munis de jumelles et de patience pourront observer l'animal au pelage brun dans la vallée d'Asco, les massifs de Bavella et du Monte Cinto. On trouve des mouflons ailleurs dans le monde mais l'espèce corse est particulière par sa petite taille. *I Muvrini* signifie « les petits mouflons » en corse : le célèbre groupe de chanteurs a choisi ce nom car l'animal symbolise la paix et la liberté.

Toute la petite famille de cochons en semi-liberté.

L'âne, fidèle compagnon.

LA RÉINTRODUCTION DU CERF
Disparu depuis 1968 (après avoir occupé toute l'île au 18ᵉ s.), le **cerf élaphe corse** (*U Cervu*, en corse) fait l'objet de soins attentifs de réintroduction à partir d'individus identiques prélevés en Sardaigne. Plus petit que son congénère du continent, il est aussi plus sombre. Plusieurs enclos de reproduction ont été aménagés à Quenza et à Chisa et certains animaux ont retrouvé la liberté. Ainsi, on dénombre aujourd'hui plus de 100 cerfs.

Gypaète barbu.

Sittelle corse.

Les oiseaux

Reconnaissable à son bec rouge et noir, le **goéland d'Audouin** cherche refuge dans les zones rocheuses et escarpées. La Corse est le seul endroit de France où il se reproduit, notamment dans les îles Finocchiarola, au Nord-Est du Cap Corse.

La colonie corse de **cormorans huppés** demeure l'une des plus importantes de la Méditerranée. L'oiseau se reproduit sur tous les îlots de Corse classés « réserve naturelle » (Finocchiarola, Cerbicale, Bruzzi...) et se nourrit uniquement de poissons.

La **sittelle corse** est l'espèce emblématique de la faune endémique corse. Cet oiseau sédentaire occupe les forêts centrales de pins laricio. Il niche dans le tronc d'arbres morts à une dizaine de mètres du sol et se déplace souvent à la verticale la tête en bas. Vous reconnaîtrez la sittelle à son bec fin et droit et son sifflement modulé.

Le **gypaète barbu** (*altore* en corse) vit dans les régions rocheuses. Ce grand rapace charognard est tributaire de la présence d'ovins en transhumance dont la raréfaction oblige à l'alimentation de charniers par le Parc régional.

Le **balbuzard**, sorte d'aigle pêcheur, niche sur les pitons rocheux en bord de mer. En voie d'extinction il y a une vingtaine d'années, l'espèce a survécu grâce à l'action et la protection du Parc naturel. On observe aujourd'hui une vingtaine de couples de balbuzards dans la réserve naturelle de Scandola.

Les reptiles

Le **lézard de Bédriaga**, espèce endémique à la Corse et à la Sardaigne, se distingue par son museau pointu. Il se nourrit de sauterelles, d'araignées et de grillons et habite en milieu rocheux, principalement dans le massif du Monte Cinto.

Un autre reptile endémique cyrno-sarde, le **lézard Tiliguerta**, occupe la quasi-totalité de l'île depuis le bord de la mer jusqu'à 1 800 m d'altitude.

La **tortue d'Hermann**, espèce quasiment en voie de disparition en France, a été victime de l'urbanisation du littoral méditerranéen et surtout des incendies de forêts. Elle n'est plus représentée que dans le massif des Maures et en Corse, où elle demeure encore abondante sur la plaine côtière orientale et dans les maquis du Sud. En période estivale, elle peut s'enterrer jusqu'aux premières fraîcheurs de l'automne. Pour être certain d'en rencontrer visitez les villages de tortues de Moltifao et Vignola.

Lézard de Bédriaga.

Tortue d'Hermann.

Proche de la famille des reptiles, l'**euprocte**, sorte de salamandre endémique, aime les eaux claires et les cailloux des torrents.

Sous l'eau

Les fonds sous-marins corses, épargnés de la pollution, abondent de poissons et de crustacés. On trouve notamment des congres, des mérous, des rascasses, des murènes, des barracudas, des langoustes et des homards, sans oublier la très abondante faune fixée, les gorgones, mais surtout le corail rouge.

Mérou brun de Méditerranée.

L'**aphanius de Corse**, petit poisson endémique, fréquente les eaux douces et saumâtres des estuaires et les lagunes de Biguglia, les étangs de Diana et les marais salés de Porto-Vecchio.

Une histoire mouvementée

Convoitée à toutes les époques, l'île a une histoire tumultueuse et une grande diversité d'origines. Elle est passée dans les mains des Grecs, des Romains, des Pisans, a vécu cinq siècles sous l'emprise des Génois avant de connaître une courte période d'indépendance. Depuis plus de deux cents ans, elle est intégrée à la France.

*Sampiero Corso
prépare ses troupes
à une insurrection contre Gênes.*

Chronologie

Du prénéolithique à l'Antiquité romaine

Avant J.-C.

On relève quelques témoignages d'une fréquentation épisodique de l'île antérieure à 10 000 ans mais ce n'est qu'à partir du 8e millénaire que les premiers vrais occupants du prénéolithique s'installèrent.

● **6570** – C'est à cette date que remonte le squelette de « la dame de Bonifacio », plus ancienne trace humaine découverte en Corse.

● **Fin du 6e-milieu du 5e millénaire** – Le néolithique ancien pénètre en Corse, on ne sait pas s'il s'agit de l'arrivée d'un nouveau peuplement ou d'une acculturation engendrée par le commerce et la navigation. L'agriculture et l'élevage complètent désormais la chasse, la pêche et la cueillette.

● **Entre 4000 et 2500** – Avec le néolithique évolué, les premiers villages se forment et le mégalithisme (de mégalithe : grande pierre) se manifeste. On commence à construire les *castelli*, sortes de villages fortifiés défendus par des tours imposantes, les *torre*. Au milieu du 4e millénaire apparaissent les premières techniques du bronze.

● **Vers 2600** – Métallurgie du cuivre à Aléria.

● **Entre 2500 et 2000** – Le néolithique terminal voit la floraison de statues-menhirs.

● **Vers 565** – Les Phocéens (Grecs) s'installent à Alalia, future Aléria.

● **540** – Au cours de la bataille navale d'Alalia, les Carthaginois défont les colons grecs.

● **259** – Les Romains conquièrent Aléria : la Corse est lentement romanisée.

● **100** – Marius fonde la colonie romaine de Mariana.

Après J.-C.

● **3e s.** – La Corse vit un réel brassage entre les habitants de souche, les colons latins et les étrangers de toute origine. À partir des colonies romaines d'Aléria et de Mariana, l'île est vite christianisée. Elle connaît quelques martyres comme sainte Restitude, sainte Julie et sainte Dévote.

Les invasions

Du 5e au 11e s., la Corse est régulièrement envahie par les Vandales puis par les pirates barbaresques. Les insulaires quittent le littoral pour se réfugier dans les montagnes.

● **5e s.** – La Corse est ravagée par les Vandales, puis par les Ostrogoths.

● **Vers 420** – Ruine d'Aléria.

Alignement de Palaggiu dans le Sartenais.

Sampiero Corso reste une figure emblématique de la lutte contre l'occupation génoise au 16ᵉ s.

● **590-604** – Grégoire le Grand réorganise les diocèses de Corse.

● **774** – Le Saint-Siège affirme ses droits d'administration temporelle et de possession de l'île.

● **8ᵉ-9ᵉ-10ᵉ s.** – Les raids sarrasins harcèlent la Corse, menaçant l'intérieur des terres.

● **Vers 1020** – Pise et Gênes s'entendent pour combattre les bases sarrasines en Corse, menaces permanentes pour leur puissance maritime.

● **11ᵉ s.** – Les premiers féodaux de l'île s'entre-déchirent ; la Corse connaît la pauvreté et la misère.

La « paix » pisane (1077-1284)

Durant cette période, l'île passe sous l'autorité de la florissante république pisane qui apporte une paix relative et une certaine prospérité. Gênes, éternelle rivale, est jalouse et revendique des droits. L'architecture pisane s'exprime par l'édification de remarquables couvents et églises.

● **1133** – Le pape Innocent II confirme à Pise l'autorité sur les évêchés d'Aléria, Ajaccio et Sagone et accorde à Gênes ceux d'Accia, Mariana et St-Florent.

● **1195** – Les Génois s'installent à Bonifacio et colonisent la cité.

● **1268** – Les Génois fondent Calvi.

● **1284** – L'effondrement de Pise à la bataille navale de la **Meloria** consacre la suprématie de Gênes.

Pont génois de Pianella dans les gorges de Spelunca.

LA CRISE DÉMOGRAPHIQUE

La Corse, avec ses 260 000 habitants, est la moins peuplée des îles de la Méditerranée occidentale. Elle a connu, depuis la période génoise, une émigration régulière qui s'est accrue avec la désertification rurale. L'hémorragie démographique s'est accentuée avec les lourdes pertes de la Première Guerre mondiale. Malgré l'arrivée, entre 1958 et 1964, de 17 000 Français repliés d'Algérie, la Corse n'a pas aujourd'hui retrouvé sa population du début du 20ᵉ s. Le Midi méditerranéen, la région parisienne et la région Rhône-Alpes comptent les plus grandes communautés corses du continent.

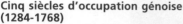

Cinq siècles d'occupation génoise (1284-1768)

Du 13e au 16e s. Gênes doit affronter tantôt les révoltes des seigneurs de la Cinarca, fidèles à Pise, tantôt les révoltes populaires, appuyées à l'occasion par des puissances étrangères : l'Aragon au début du 15e s., la France au milieu du 16e s. Les Génois laissent en héritage leurs célèbres ponts et tours.

● **1297** – Le pape Boniface VIII donne l'investiture de la Corse et de la Sardaigne au roi d'Aragon. Gênes, aux prises avec Venise, délaisse momentanément la Corse.

● **1348** – La Corse perd le tiers de sa population lors de la grande peste.

● **1376-1434** – L'Aragon, implanté en Sardaigne, se souvient de son « investiture » et convoite la Corse.

● **1420** – Vincentello d'Istria, « lieutenant du roi d'Aragon en Corse », construit la citadelle de Corte.

● **1453** – Gênes confie la gestion de la Corse à l'Office (banque) de St-Georges, sorte d'établissement financier para-étatique, alors tout puissant dans la République.

● **1553** – Les troupes du roi de France Henri II, appuyées par Sampiero Corso, débarquent en Corse.

● **1559** – Le traité de Cateau-Cambrésis restitue l'île aux Génois.

● **1559-1569** – Sampiero Corso entretient des soulèvements dans l'île jusqu'à son assassinat. Le littoral est ceinturé de tours de guet pour lutter contre les raids barbaresques. À partir de la fin du 16e s., la Corse va connaître cent soixante ans de paix relative.

● **17e s.** – Renouveau religieux : la Corse se couvre d'églises baroques.

● **1676** – 600 Grecs, fuyant les Turcs, s'installent à Paomia, près de Sagone, puis un siècle plus tard à Cargèse.

● **18e s.** – Décadence de Gênes, ruinée et divisée.

● **1729-1769** – Succession de soulèvements populaires appelés guerre d'Indépendance. Des notables mettent en place d'éphémères gouvernements d'un « royaume corse ». En 1736, Théodore de Neuhoff est proclamé roi de Corse. Interventions militaires françaises en 1738 et 1748 pour rétablir l'ordre.

La Corse indépendante (1755-1769)

La Corse connaît quatorze années d'indépendance sous l'action de Pascal Paoli, homme de démocratie et de progrès. Paoli est élu « général de la nation corse » en 1755. Il proclame un « gouvernement de la nation corse » à Corte.

La Corse française

● **1768** – Par le traité de Versailles, Gênes, ruinée, cède la Corse à la France.

● **1769** – Le 8 mai, les paolistes sont vaincus par les troupes françaises lors de la bataille du Ponte Nuovo ; Paoli s'exile en Angleterre. Le 15 août, Napoléon Bonaparte naît à Ajaccio.

● **1789** – L'Assemblée constituante proclame la Corse « partie intégrante de l'empire français ».

● **1790** – Paoli regagne la Corse après vingt et un ans d'exil.

● **1794-1796** – Un royaume anglo-corse est constitué avec Sir Gilbert Elliot pour viceroi. Paoli reprend le chemin de l'exil.

● **1796** – La France reconquiert la Corse. L'île est divisée en deux départements.

● **1811** – L'île est réunifiée en un seul département dont Ajaccio devient le cheflieu.

● **À partir de 1830** – Apaisement des divisions locales, de la vendetta et du banditisme.

● **1840** – Prosper Mérimée, inspecteur des Monuments historiques, rentrant d'un séjour en Corse, publie son roman *Colomba*.

Sceau de la Corse.

Les femmes corses protestent contre la violence : « Manifeste pour la vie », 9 juin 1996.

● **1894** – Inauguration de la voie ferrée Ajaccio-Bastia.

● **1914-1918** – La guerre accentue l'hémorragie démographique amorcée à la fin du 19ᵉ s. : 14 000 morts. Il reste très peu d'hommes valides pour reprendre les exploitations agricoles, les savoir-faire ne se transmettent donc presque plus.

● **1942-1943** – La Corse est occupée par les troupes allemandes et italiennes. En septembre 1943, elle est le premier département libéré.

● **1944** – Éradication de la malaria dans la plaine orientale par les troupes américaines.

● **1970** – La Corse est séparée de la région Provence-Côte-d'Azur et devient la 22ᵉ région de France.

Éveil de l'identité corse

● **1975** – La Corse est divisée en 2 départements : Haute-Corse (2B) et Corse-du-Sud (2A). En août, un commando de militants autonomistes occupe une cave viticole d'Aléria pour stigmatiser les privilèges réservés aux agriculteurs pieds-noirs. La répression est brutale et deux gendarmes sont tués. Cet événement devient le symbole du réveil de l'indépendantisme corse.

● **1976** – Fondation du Front de libération nationale de la Corse (FLNC).

● **1981** – Création à Corte de l'université de Corse.

● **1982** – Élection de la première assemblée de Corse au suffrage universel.

● **1991** – La Collectivité territoriale de Corse devient l'organisme régional exécutif doté de pouvoirs plus étendus.

● **1995** – Création de l'IMEDOC : regroupement d'intérêt économique des trois grandes îles de la Méditerranée occidentale (la Sardaigne, la Corse et les Baléares).

● **1996** – Mise en service des navires à grande vitesse (NGV) entre Nice, Livourne et la Corse. Plus de 2 000 femmes défilent dans les rues d'Ajaccio pour protester contre la violence.

● **1998** – Assassinat du préfet Claude Érignac. Plus de 40 000 personnes défilent dans l'île pour se dresser contre les dérives sanguinaires et mafieuses.

● **2000-2002** – Les accords de Matignon censés renforcer les pouvoirs de l'Assemblée territoriale corse ne sont plus d'actualité avec le gouvernement de J.-P Raffarin qui décide de repartir sur de nouvelles bases.

Surenchère d'écriture des mouvements nationalistes.

Napoléon Bonaparte

L'empereur des Français (1769-1821), né de parents ajacciens, voulut que son île « soit une bonne fois française », même s'il dut pour cela entretenir la rivalité Nord-Sud et s'opposer à Paoli. C'est lui qui « francisa » les emplois gouvernementaux. Pourtant, ses rêves de pouvoir le conduisant vers des contrées plus lointaines, il n'eut en définitive que peu d'action en Corse. Ajaccio perpétue cependant le souvenir de « l'enfant de la Corse » et de sa famille.

Nabulio et la vie à la Casa Buonaparte

Au 16e s., des Bonaparte auraient quitté Sarzana en Italie pour s'installer à Ajaccio qui relevait alors de la même souveraineté génoise. Deux siècles plus tard, Charles Marie, le père de Napoléon, épousa à 18 ans Letizia Ramolino âgée de 14 ans. Le 15 août 1769, ils donnèrent naissance à leur deuxième fils prénommé **Napoleone** en mémoire d'un parent de Letizia. Ce nom peu commun fut vite remplacé au sein de la famille par le diminutif de Nabulio, « Touche à tout ».

Les Bonaparte habitaient une grande maison d'un extérieur très simple à Ajaccio. Letizia veillait avec rigueur à la bonne marche du foyer et s'occupait des enfants (13 dont 5 morts en bas âge). Cette « femme rare conduisait tout, administrait tout avec une sagesse, une sagacité qu'on attendait ni de son sexe ni de son âge ». L'éducation était sévère et le jeune Nabulio dut souvent supporter ses réprimandes justifiées. L'Empereur reconnut plus tard : « J'étais querelleur, lutin, rien ne m'imposait. Je ne craignais personne, je battais l'un, j'égratignais l'autre. Je me rendais redoutable à tous. »

Napoléon Ier (1769-1821), Empereur des Français, par François Gérard.

1789, rencontre du jeune Napoléon et de Paoli.

D'une famille anoblie mais modeste, Charles Marie sollicita une bourse d'études pour ses deux aînés ; ainsi, en 1779, Napoléon fut admis à l'école militaire de Brienne dans l'Aube.

L'officier d'artillerie

Après Brienne, Napoléon poursuivit ses études à l'école militaire de Paris dont il sortit lieutenant d'artillerie à l'âge de 16 ans. Ses projets étaient alors modestes : retourner en Corse pour y faire une carrière politique et militaire. Dès 1789, il fut acquis aux idées de la Révolution.

La guerre civile

La loi n'autorisait les officiers français à s'engager dans les régiments de Gardes nationaux corses que s'ils étaient élus lieutenants-colonels. Napoléon, désireux de suivre au plus près les événements qui se déroulaient en Corse, se porta candidat et fut élu le 1er avril 1792 au poste de lieutenant-colonel en second du 2e bataillon des Volontaires corses d'Ajaccio-Tallano derrière Jean-Baptiste Quenza. Quelques jours plus tard, à la suite d'une émeute entre les Volontaires corses des Gardes nationaux et les citadins, le bataillon Quenza-Bonaparte tua plusieurs personnes à la sortie de la cathédrale d'Ajaccio. L'événement engendra huit jours de guerre civile dont la population garda longtemps rancune au futur empereur. La ville, alors acquise aux idées de Paoli, se dressa contre les Bonaparte qui affichaient leur fidélité à la Convention.

Charles-Marie Bonaparte,
par Anne-Louis Girodet Trioson.

L'insurrection gagna toute l'île et Napoléon dut rejoindre le continent en juin 1793. Il ne revint en Corse qu'en 1799, à son retour d'Égypte.

L'ascension vers l'Empire

C'est seulement en métropole que commença la fulgurante carrière de Napoléon. Capitaine d'artillerie, il se distingua à Toulon en 1793 puis comme général de brigade dans les campagnes d'Italie en 1796 et d'Égypte en 1790. Après le coup d'État du 18 Brumaire an VIII (1799), il devint Premier consul puis consul à vie. En moins de cinq ans le Consulat lui permit de centraliser les pouvoirs au profit de son ambition : le 2 décembre 1804, à l'âge de 35 ans, il fut sacré empereur des Français à

Marie-Laetitia
Bonaparte,
par François Gérard.

Notre-Dame. En 1807, après une série de campagnes, il domina l'Europe et édifia le Grand Empire. En 1815, quelques jours après la foudroyante défaite de Waterloo, Napoléon se replia en France et abdiqua. Suivront six ans de séjour forcé à l'île de Sainte-Hélène où il mourut en 1821. On raconte que durant ses années d'emprisonnement, Napoléon pensait avec nostalgie à son île natale.

Napoléon et la légende

Personnage de l'Histoire et grand communicateur, Napoléon appartient aussi à la littérature, au théâtre, à la peinture, au cinéma et à la publicité. Il bénéficie d'une filmographie considérable puisqu'en un siècle, il a été le sujet de six cents films l'idéalisant ou le critiquant.

Le portrait de Napoléon est utilisé sur beaucoup de produits.

En 2002, l'événement a été le téléfilm *Napoléon* (France 2) d'Yves Simoneau, avec Christian Clavier et Gérard Depardieu.

Utilisé à des fins commerciales, on retrouve son effigie sur des boissons apéritives et sur toutes sortes d'articles.

L'aigle
impériale.

La Corse et l'indépendance

La Corse a connu sa seule période d'indépendance entre 1755 et 1768 sous l'égide de Pascal Paoli. Aujourd'hui, elle est un peu « l'enfant terrible » de la France : à la fois attachante et rebelle, secrète et démonstrative, elle ne cesse de susciter les passions.

Un éphémère royaume corse

En 1736, Théodore de Neuhoff, un baron allemand qui avait pris cause pour des exilés corses, débarque sur l'île avec des armes. Redonnant espoirs aux insurgés, il est couronné roi de Corse sous le nom de Théodore Iᵉʳ. Mais il doit quitter l'île quelques mois plus tard en raison de la résistance génoise et de la méfiance des généraux corses.

Le « Père de la Patrie », Pascal Paoli

Pour la plupart des Corses, nationalistes ou non, Pascal Paoli est un « héros » qui permit à la nation corse, pour la première fois, de s'affirmer et qui dota l'île d'une constitution républicaine bien avant la France.

La bataille du Ponte Nuovo, 8 mai 1769.

Né en 1725 en Castagniccia, Pascal Paoli accompagne son père en exil à Naples. Il y reçoit une formation intellectuelle poussée, s'intéresse aux idées des Lumières, aux doctrines étrangères et suit avec attention l'évolution de son île. De retour en Corse en avril 1755, il prend la tête de l'insurrection contre les Génois ; le 13 juillet 1755, il est proclamé « général de la Nation ». Il fixe sa capitale à Corte et dote l'île d'une organisation politique démocratique et moderne : il fait voter une constitution avec séparation des pouvoirs, fait frapper monnaie, fonde l'université de Corte, dote la justice de tribunaux réguliers, etc.

Les Génois, toujours présents dans l'île mais affaiblis, demandent secours à la France. En 1768, après des négociations entre la république de Gênes et la France, le traité de Versailles confie l'administration de la Corse aux Français. Paoli organise la résistance armée mais est vaincu à la bataille du Ponte Nuovo en 1769. C'est le début de la Corse française et Paoli s'exile en Angleterre. Après un retour dans sa patrie entre 1790 et 1795, il meurt en exil à Londres en 1807.

La tête de Maure

Désormais indissociable de l'identité insulaire, la tête de Maure a marqué les combats de la Résistance pendant la Deuxième Guerre mondiale, puis celles des multiples revendications autonomistes.

L'emblème apparaît à la fin du 13ᵉ s. sur les armoiries du **roi d'Aragon** en souvenir de la reconquête chrétienne de l'Espagne . Au cours du 15ᵉ s., les souverains accordent la tête de Maure à des croisés partisans des Aragonais. Tombée en désuétude par la suite, le roi Théodore l'adopte en 1736 avec les insignes d'origine : bandeau sur les yeux, boucles d'oreilles et chaînes au cou. C'est avec Pascal Paoli que

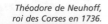
*Théodore de Neuhoff,
roi des Corses en 1736.*

*Pascal Paoli et le manuscrit
de la constitution de 1755.*

la tête de Maure devient le symbole officiel de la nation corse. Il décide de supprimer les chaînes et autres marques de soumission et de relever le bandeau qui couvre les yeux : « Les Corses veulent y voir clair. La liberté doit marcher au flambeau de la philosophie. Ne dirait-on pas que nous craignons la lumière ? », déclare le chef des insurgés.

Les mouvements autonomistes et nationalistes

Les événements d'Aléria en 1975 marquent le réveil des sensibilités nationalistes et la création, un an plus tard, du Front de libération nationale de la Corse (FLNC). Autonomie, défense de la langue et de la culture, protection des sites, etc. sont au programme des revendications qui s'illustrent par de multiples plasticages, dont certains ont le mérite de préserver le littoral. Mais une partie du mouvement s'éloigne des aspirations initiales et dérape dans la violence. Le FLNC est dissout en 1983 mais plusieurs groupes nationalistes restent très actifs. Les différents gouvernements ont du mal à appréhender ce délicat « malaise corse » et alternent périodes de laxisme, de fermeté et de trève monnayée en secret. En février 1998, l'épisode tragique de l'assassinat du préfet Érignac provoque un réveil des consciences et une volonté de rétablir l'État de droit. Après s'être heurtées, les différentes tendances nationalistes essaient aujourd'hui de renouer le dialogue. L'indépendance de l'île est toujours rejetée par une grande majorité des Corses mais la question d'un aménagement politique, laissant une plus grande autonomie tout en conservant les liens avec le continent, reste posée, en dépit des difficultés politiques et constitutionnelles soulevées.

L'emblème de la tête de Maure.

ABC d'architecture

Architecture religieuse

LURI (hameau de Piazza) – Plan de l'église St-Pierre (17ᵉ s.)

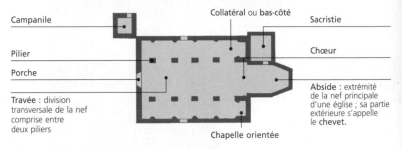

Campanile

Collatéral ou bas-côté

Sacristie

Pilier

Chœur

Porche

Travée : division transversale de la nef comprise entre deux piliers

Abside : extrémité de la nef principale d'une église ; sa partie extérieure s'appelle le chevet.

Chapelle orientée

LUCIANA – Coupe en élévation de la Canonica (12ᵉ s.)

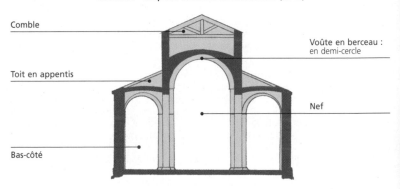

Comble

Voûte en berceau : en demi-cercle

Toit en appentis

Nef

Bas-côté

MARIANA – Église San Parteo (11ᵉ et 12ᵉ s.)

Contemporaine de la cathédrale de Pise, l'église fut bâtie en deux étapes : abside (11ᵉ s.) et nef (début du 12ᵉ s.). La sobriété des lignes et du décor caractérise le premier art roman pisan.

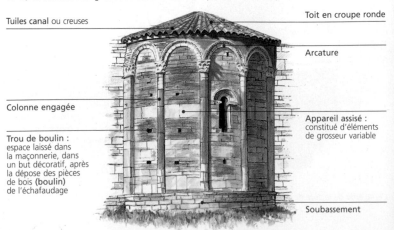

Tuiles canal ou creuses

Toit en croupe ronde

Arcature

Colonne engagée

Trou de boulin : espace laissé dans la maçonnerie, dans un but décoratif, après la dépose des pièces de bois (boulin) de l'échafaudage

Appareil assisé : constitué d'éléments de grosseur variable

Soubassement

ST-FLORENT – Église Santa Maria Assunta (12e s.)

L'ancienne cathédrale du Nebbio, inspirée de la Canonica, illustre la seconde période de l'art roman pisan : un décor extérieur plus important y tire parti de l'architecture.

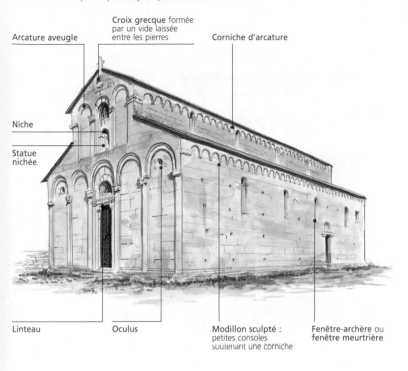

Arcature aveugle

Croix grecque formée par un vide laissée entre les pierres

Corniche d'arcature

Niche

Statue nichée

Linteau

Oculus

Modillon sculpté : petites consoles soutenant une corniche

Fenêtre-archère ou fenêtre meurtrière

BASTIA – Nef de l'église St-Jean-Baptiste (17e-18e s.)

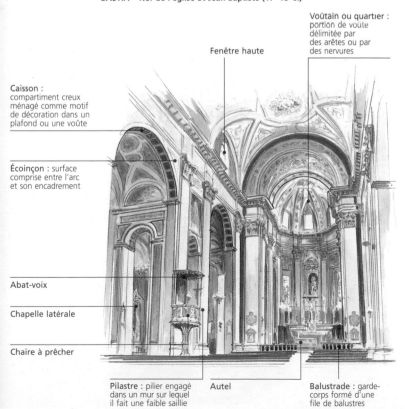

Voûtain ou quartier : portion de voûte délimitée par des arêtes ou par des nervures

Fenêtre haute

Caisson : compartiment creux ménagé comme motif de décoration dans un plafond ou une voûte

Écoinçon : surface comprise entre l'arc et son encadrement

Abat-voix

Chapelle latérale

Chaire à prêcher

Pilastre : pilier engagé dans un mur sur lequel il fait une faible saillie

Autel

Balustrade : garde-corps formé d'une file de balustres

LA PORTA – Façade de l'église (17e s.)

L'art baroque né de la Contre-Réforme se développe en Corse dans la région du Cap et à Bastia. La Castagniccia concentre le plus grand nombre d'églises baroques.

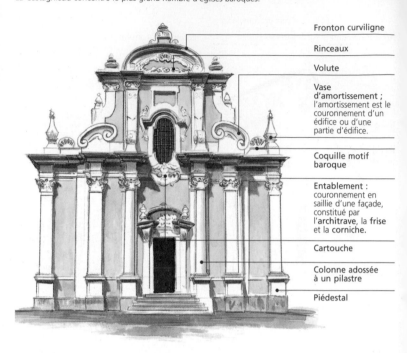

Fronton curviligne

Rinceaux

Volute

Vase d'amortissement ; l'amortissement est le couronnement d'un édifice ou d'une partie d'édifice.

Coquille motif baroque

Entablement : couronnement en saillie d'une façade, constitué par l'**architrave**, la frise et la **corniche**.

Cartouche

Colonne adossée à un pilastre

Piédestal

AJACCIO – Cathédrale de l'Assomption Maître-autel baroque (fin du 17e s.)

Les retables baroques sont nombreux dans l'île. Celui-ci, offert par la sœur de Napoléon, Elisa, princesse de Lucques, provient d'une église de cette ville italienne.

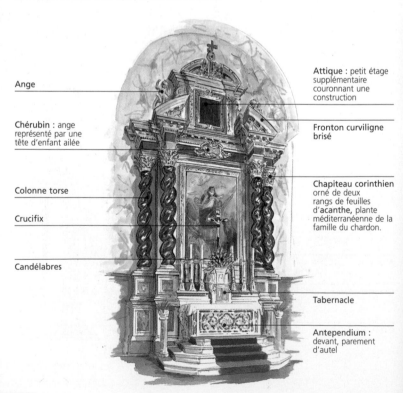

Ange

Chérubin : ange représenté par une tête d'enfant ailée

Colonne torse

Crucifix

Candélabres

Attique : petit étage supplémentaire couronnant une construction

Fronton curviligne brisé

Chapiteau corinthien orné de deux rangs de feuilles d'**acanthe**, plante méditerranéenne de la famille du chardon.

Tabernacle

Antependium : devant, parement d'autel

CALENZANA – Campanile baroque (reconstruit au 19ᵉ s.)

Œuvre de l'architecte bastiais Guasco, il reproduit fidèlement le modèle d'origine.

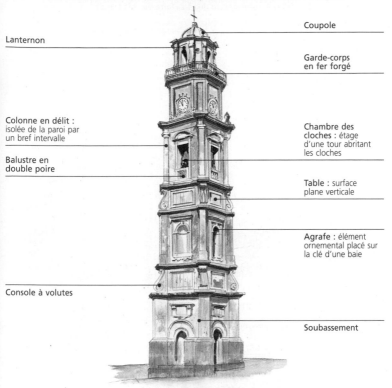

Lanternon

Coupole

Garde-corps
en fer forgé

Colonne en délit :
isolée de la paroi par
un bref intervalle

Chambre des
cloches : étage
d'une tour abritant
les cloches

Balustre en
double poire

Table : surface
plane verticale

Agrafe : élément
ornemental placé sur
la clé d'une baie

Console à volutes

Soubassement

BALAGNE – Mausolée (19ᵉ s.)

Ces tombes familiales, souvent majestueuses, se dressent sur des terrains privés, au bord de petites routes
à la sortie des villages. Leur décor puise dans les styles baroque et néoclassique.

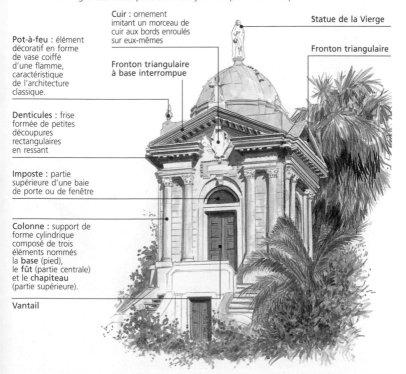

Cuir : ornement
imitant un morceau de
cuir aux bords enroulés
sur eux-mêmes

Statue de la Vierge

Pot-à-feu : élément
décoratif en forme
de vase coiffé
d'une flamme,
caractéristique
de l'architecture
classique.

Fronton triangulaire

Fronton triangulaire
à base interrompue

Denticules : frise
formée de petites
découpures
rectangulaires
en ressant

Imposte : partie
supérieure d'une baie
de porte ou de fenêtre

Colonne : support de
forme cylindrique
composé de trois
éléments nommés
la **base** (pied),
le **fût** (partie centrale)
et le **chapiteau**
(partie supérieure).

Vantail

Architecture traditionnelle

BASTIA - Maisons du quartier Terra Vecchia (19ᵉ s.)

Les hautes maisons serrées autour du port, au crépis ocre délavé par l'air marin, dissimulent les grandioses façades des églises, physionomie commune aux ports méditerranéens traditionnels.

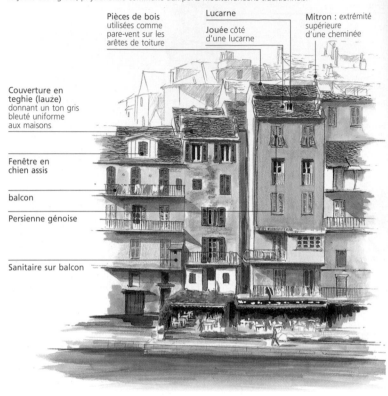

Pièces de bois utilisées comme pare-vent sur les arêtes de toiture

Lucarne

Jouée côté d'une lucarne

Mitron : extrémité supérieure d'une cheminée

Couverture en teghie (lauze) donnant un ton gris bleuté uniforme aux maisons

Fenêtre en chien assis

balcon

Persienne génoise

Sanitaire sur balcon

Génie civil

PONTE LECCIA – Pont sur le Golo (1782)

Le pont génois (à arche unique) ne peut franchir plus de 20 m. Dès le rattachement de la Corse, les ingénieurs français adoptent donc le pont à piles en pierres de taille, très souvent orné d'une arcature moulurée.

Culée : massif de maçonnerie qui contient la poussée des arches

Bec ou avant-bec : massif de maçonnerie angulaire renforçant une pile en amont

Tablier : sol du pont servant de voie

Œil de pont (ici, obturé) destiné à l'écoulement des eaux en cas de crue submergeant le tablier

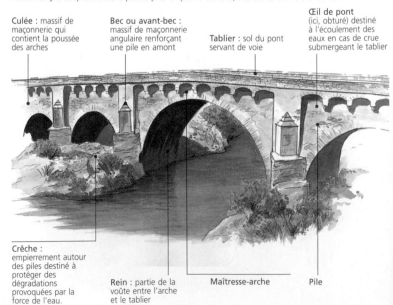

Crèche : empierrement autour des piles destiné à protéger des dégradations provoquées par la force de l'eau.

Rein : partie de la voûte entre l'arche et le tablier

Maîtresse-arche

Pile

Architecture militaire

CALVI - Citadelle génoise (15ᵉ-16ᵉ s.)

L'Office de St-Georges, organisme génois tutélaire de l'île, fortifia à partir de 1453 cette position stratégique. Percé à 81 m d'altitude, l'unique accès à la citadelle est commandé par un pont-levis et des portes
blindées.

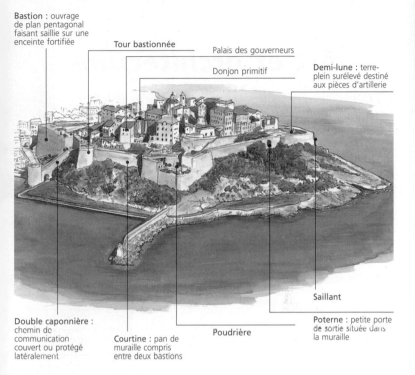

Bastion : ouvrage
de plan pentagonal
faisant saillie sur une
enceinte fortifiée

Tour bastionnée

Palais des gouverneurs

Donjon primitif

Demi-lune : terre-
plein surélevé destiné
aux pièces d'artillerie

Saillant

Double caponnière :
chemin de
communication
couvert ou protégé
latéralement

Courtine : pan de
muraille compris
entre deux bastions

Poudrière

Poterne : petite porte
de sortie située dans
la muraille

CAP CORSE – Tour génoise (16ᵉ s.)

Pour prévenir les razzias barbaresques, Gênes fit édifier, à partir de 1530, un réseau de 85 tours rondes
de vigie sur le littoral de l'île. Les plus nombreuses subsistent dans le Cap Corse.

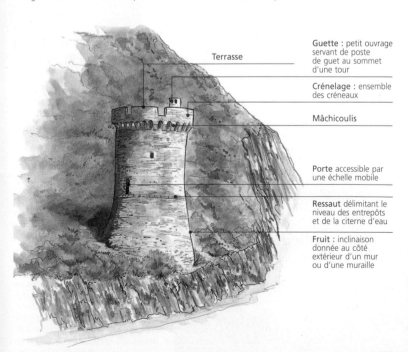

Terrasse

Guette : petit ouvrage
servant de poste
de guet au sommet
d'une tour

Crénelage : ensemble
des créneaux

Mâchicoulis

Porte accessible par
une échelle mobile

Ressaut délimitant le
niveau des entrepôts
et de la citerne d'eau

Fruit : inclinaison
donnée au côté
extérieur d'un mur
ou d'une muraille

Art et architecture

La Corse conserve une surprenante variété de trésors archéologiques dont les mystérieuses statues-menhirs et quelques vestiges gréco-romains. Mais l'île compte aussi à son patrimoine des chapelles romanes aux lignes pures, des églises baroques, des ponts génois ou encore des tours et des citadelles perchées sur des promontoires.

Au cœur des mégalithes

À partir du 4e millénaire avant J.-C. apparaît un ensemble de civilisations fécondes en monuments originaux. La richesse de la Corse est, à ce sujet, exceptionnelle dans le bassin de la Méditerranée. On a repéré plusieurs centaines de menhirs dans l'île et sans doute un certain nombre d'autres dorment encore sous la terre.

L'art des Mégalithiques

La civilisation mégalithique (de mégalithe : grande pierre) se développe dans l'île vers 4000 avant J.-C. et s'y maintient jusqu'aux environs de l'an 1000 avant J.-C.

Cette civilisation élabore ses techniques et son propre mode de vie agro-pastoral. On note la pratique des inhumations dans des **coffres**, puis dans des **dolmens**, grandes pierres plates posées sur des pierres dressées verticalement. Dans le même temps apparaissent des blocs monolithes dressés : les **menhirs**. Ils se présentent isolés ou groupés en alignements ou en cercles.

À la fin du néolithique (2500-2000 avant J.-C.), naissent les mystérieuses **statues-menhirs**. Environ 80 statues anthropomorphes sont connues en

Statue-menhir sur le site archéologique de Filitosa.

Corse. Munies d'un nez, d'une bouche et d'une paire d'yeux, elles sont parfois sexuées, et alors en majorité féminines. Celles du Sud de la Corse sont souvent armées (poignards, épées). Selon certains archéologues, les Mégalithiques auraient représenté ainsi leurs ennemis tués au combat. Cette explication reste très controversée ; la statue-menhir serait plus simplement la représentation d'un personnage défunt ou d'une divinité.

La région de Sartène et la basse vallée du Taravo conservent les monuments les plus caractéristiques de cette époque : ne manquez pas de visiter le site de Filitosa et les mégalithes de Cauria. Des vestiges subsistent aussi dans le Niolo, le Nebbio et la Balagne.

Dolmen de Fontanaccia dans le Sartenais.

Les monuments torréens

Vers le milieu du 4e millénaire avant J.-C. apparaît la civilisation torréenne qui doit son nom aux nombreuses tours (« torre ») qu'elle édifie. D'une dizaine de mètres de diamètre, les tours disposent d'une petite pièce centrale. Certaines forment un ensemble beaucoup

*Rhyton attique en
forme de tête de chien
(musée Jérôme
Carcopino à Aléria).*

plus vaste avec le village appelé « **castellu** » et une enceinte fortifiée. Des murs cyclopéens protègent les lieux : ils sont constitués de gros blocs de pierre irréguliers, assemblés sans mortier. On a long-temps cru que ces vertiges étaient l'œuvre d'un peuple d'envahisseurs, les Shardanes. On pense aujourd'hui que la civilisation torréenne est une évolution du peuplement insulaire mégalithique liée aux échanges maritimes avec le reste du monde méditerranéen.

Les monuments torréens les mieux conservés se situent sur le plateau de Levie et dans la région de Porto-Vecchio. Le gisement de Filitosa, dans la basse vallée du Taravo, présente un intérêt exceptionnel.

*Serpentine vert sombre
et calcaire, église San Michele
de Murato.*

Les vestiges de l'Antiquité

Art et urbanisme grecs et romains

Les vestiges grecs et romains ne se rencontrent en Corse que dans les sites archéologiques d'Aléria et de Mariana. **Aléria** fut surtout une base navale, important relais commercial avec la Grèce et l'Italie. On découvre dans le musée une collection de cratères et de pièces provenant de l'Attique (territoire de la cité d'Athènes), de bronzes, de mosaïques, de monnaies, de poteries. Cet art témoigne de la perméabilité du milieu insulaire aux influences artistiques du monde méditerranéen.

À l'embouchure du Golo, jouxtant l'église de la Cano-nica, **Mariana** était une cité antique et un port où sta-tionnait une partie de la flotte de Misène.

L'église baroque de La Porta.

L'art paléochrétien

Le christianisme se répand en Corse sans doute au 3ᵉ s. La plus ancienne tradition qui soit établie avec quelque sérieux remonte au martyre de sainte Dévote en 202. Différents indices archéologiques permettent de penser qu'entre le 3ᵉ et le 5ᵉ s. tout un art fleurit sur l'île et qu'il connaît son âge d'or durant la seconde moitié du 4ᵉ s. Des **basiliques paléochrétiennes** ont été localisées à Calvi, Ajaccio, St-Florent, Sagone, Mariana... Le baptistère et les mosaïques découvertes sur le site de Mariana donnent une idée assez précise du milieu artistique évolué de la Corse à cette époque. Mais il ne nous reste que peu de témoignages paléochrétiens car au 5ᵉ s., tous les bourgs situés le long des côtes furent pillés et saccagés par les hordes d'envahisseurs arrivés par mer.

L'héritage roman

L'art roman de Corse est considéré comme l'un des plus beaux d'Europe. Il éclôt sur l'île dès le 9ᵉ s., atteint sa pleine maturité durant la seconde moitié du 11ᵉ s. et se perpétue avec la même qualité jusqu'à la fin du Moyen Âge.

Les églises préromanes

Dès le 9ᵉ s., des dizaines de petites églises et de chapelles rurales sont édifiées. La présence de bénédictins des îles toscanes stimule l'architecture romane primitive qui fleurit surtout, à l'écart du littoral, dans les lieux protégés des raids. Malheureusement, il ne reste aujourd'hui sur l'île qu'une quinzaine d'édifices, la plupart très ruinés. Citons St-Jean-Baptiste de Corte (9ᵉ s.) avec son baptistère à peu près intact et Santa Maria de Valle-di-Rostino (10ᵉ s.).

L'harmonie de l'art roman pisan

Dès la fin du 11ᵉ s., la république de Pise entreprend de réédifier les cathédrales côtières afin de repeupler les plaines littorales abandonnées. Elle reconstruit aussi les principales églises des vallées, les « **piévannies** ». Architectes, tailleurs de pierre, maîtres maçons et sculpteurs toscans viennent apporter leurs connaissances aux artisans corses. Ils élèvent des églises, principalement dans la Castagniccia, le Nebbio et la Balagne ; celles-ci servent également de maison du peuple et de tribunaux. L'église piévane de Carbini et l'abside de la cathédrale de Mariana représentent des

Détails de l'église de la Trinité à Aregno, bel exemple de l'art roman pisan.

Statuette représentant une femme en robe longue, sur la façade de l'église.

90

Claveaux sculptés
d'animaux sur l'église
romane de la Canonica.

chefs-d'œuvre du début de cette époque. Entre 1125 et 1160, période de maturité, on remarque en particulier la cathédrale du Nebbio à St-Florent et l'église St-Jean-Baptiste à Ste-Lucie-de-Tallano. À partir du milieu du 12e s. apparaissent quelques édifices polychromes dont San Michele de Murato et la Trinité d'Aregno constituent les plus beaux exemples.

Le caractère si harmonieux de l'architecture pisane de Corse vient de la simplicité des lignes et de la pureté des volumes. Dans les édifices, seule l'abside est voûtée (d'un cul-de-four), mais jamais la nef, couverte d'une simple charpente, à l'exception de la chapelle San Quilico près de Figari.

Plan et dimension – La plupart des églises présentent une nef rectangulaire et un chœur semi-circulaire. Elles sont de dimensions modestes : 33 m de long pour la plus grande, la Canonica ; 7,5 m pour la plus petite, la chapelle San Quilico.

Matériau et appareillage – Les pierres, d'excellente qualité (schistes de Sisco, calschistes de la Canonica, granits de Carbini...), sont appareillées de la façon la plus heureuse. L'architecte conserve souvent les trous de boulin qui servaient à caler les échafaudages, et dans lesquels jouent l'ombre et la lumière. Les chevets ornés de bandes lombardes et de colonnettes engagées, les fenêtres-meurtrières ouvertes dans les murs latéraux, les losanges, rosaces et marqueteries, les toitures en lauzes ou pierres plates *(teghje)* constituent une architecture sobre et équilibrée.

Décoration – Des motifs sculptés apparaissent en façade, à la base des toits, aux encadrements des fenêtres. À partir de 1135, la polychromie naturelle de la pierre participe souvent à la décoration de l'église. La Trinité d'Aregno allie les sculptures de sa façade et la polychromie de son appareil ; San Michele de Murato est aussi célèbre pour son parement en serpentine vert sombre et en calcaire blanchâtre que pour sa naïve décoration sculptée.

Les **sculptures** archaïques ornent parfois les corniches, les arcatures, les tympans des portails. D'un dessin stylisé elles représentent des figures géométriques, des dents d'engrenage, des entrelacs, des animaux fabuleux, des scènes symboliques et des personnages énigmatiques exécutés en ronde bosse.

Des **fresques** habillent parfois l'intérieur de modestes sanctuaires. D'inspiration byzantine, elles seraient des œuvres d'artistes locaux du 15e s. On admire les plus belles dans les chapelles de St-Michel de Castirla, San Nicolao de Sermano et Ste-Christine, près de Cervione. Le haut de la voûte est toujours occupé par le Christ en majesté entouré des symboles des évangélistes, tandis qu'en bas figurent les apôtres et des saints. Le style de ces fresques où dominent le vert clair, l'ocre et le rouge, rappelle l'art des peintres de Sienne au 13e s.

Les canons de l'art roman continueront longtemps d'être appliqués en Corse : la chapelle Ste-Catherine de Sisco, par exemple, est de style roman et date pourtant du 15e s. L'île passe ensuite presque sans transition du roman au baroque. On ne connaît que deux églises gothiques en Corse : St-François et St-Dominique à Bonifacio.

La floraison de l'art baroque

L'ancienne cathédrale de Cervione marque sans doute le point de départ, en 1584, de l'art baroque. Plus qu'un choix esthétique délibéré, le baroque corse apparaît comme une expression artistique du renouveau religieux lié à la Contre-Réforme.

L'expression d'un renouveau religieux

Aux 17e et 18e s., sous l'occupation génoise, un style baroque très inspiré de l'Italie du Nord se développe dans les régions les plus aisées de l'île : la Balagne, la Castagniccia et la région de Bastia. Sans profusion monumentale extérieure, les églises offrent toutefois une façade ornée de corniches, pilastres, colonnes engagées supportant un décor de pinacles, volutes et coquilles, et sont souvent embellies d'un parement de pierres dorées. Un solide clocher carré, à plusieurs étages ajourés, domine l'édifice. Dans certains cas, il se dresse à l'écart de l'église.

Feliceto,
village de Balagne.

Fresque de la chapelle San Nicolao à Sermano.

Dans les villes génoises, notamment à Bastia, les sobres lignes de certaines façades d'églises contrastent avec des intérieurs somptueusement décorés d'ors, de marbres, de peintures en trompe-l'œil, de meubles en bois sculpté, de stucs dorés de style baroque en honneur à Gênes au 17e s. Dans les églises baroques de villages, on découvre de riches autels et des balustrades de chœur en mosaïques de marbre polychrome, importés de Ligurie. Les artistes locaux ont parfois exprimé un art haut en couleur et plein de saveur : l'église de Carcheto est un bon exemple de ce courant populaire.

Le rôle social des confréries – Apparues au 14e s., les chapelles de confréries fleurissent par la suite dans toute la Corse en empruntant leur décor intérieur au riche répertoire baroque tout en conservant un extérieur des plus simples.

L'architecture militaire

Littoral ceinturé de tours de guet, citadelles perchées sur des éperons, les témoignages d'architecture militaire sont toujours présents en Corse.

Les citadelles
Afin de développer les relations commerciales avec le monde méditerranéen tout en améliorant le système de défense de l'île, Gênes fonde à partir de la fin du 12e s. les places fortes de Bonifacio, Calvi, Bastia, St-Florent, Ajaccio, Algajola et Porto-Vecchio. Les citadelles, dans lesquelles se serrent les hautes maisons, sont entourées de remparts défendus par des bastions.

Les tours
Pour lutter contre les invasions des pirates venus d'Afrique du Nord, l'**Office de Saint-Georges** *(voir chapitre sur l'Histoire)* organise un système de surveillance et d'alerte sur 500 km de côtes en construisant des tours de vigie et de refuge. Dès que des voiles barbaresques se pointent à l'horizon, les guetteurs allument au sommet de l'édifice des feux qui alertent les villages. En outre, les notables font édifier des tours carrées qui servent d'habitation et, en cas de péril, d'abri. Aujourd'hui, sur les 85 tours dénombrées au début du 18e s., 67 sont encore debout, notamment le long du Cap Corse et sur la côte Ouest. D'une architecture rudimentaire, hautes de 12 à 17 m, elles donnent au paysage une note romantique.

Les forts
Dans le Cap Corse (Rogliano) et en Corse-du-Sud (Tiuccia...), on observe des ruines de châteaux médiévaux qui appartenaient aux seigneurs de l'île. Quelques ouvrages militaires, conçus pour la défense d'un lieu stratégique, subsistent en partie. C'est le cas du fort défendant le goulet de Tizzano dans le Sartenais.

L'architecture traditionnelle

Les ponts génois
On désigne volontiers sous ce terme général tous les ponts tant soit peu anciens de l'île. En fait, quelques-uns datent de la période pisane. Puis, à partir du 16e s., Gênes en fait construire un grand nombre sur des itinéraires très fréquentés afin de développer les échanges commerciaux et agricoles dans l'île. Ces ponts portent une arche unique et une étroite chaussée empierrée, à la brisure très accentuée. Leur hauteur et leur position à un endroit large du cours d'eau sont calculées en prévision des crues parfois subites et violentes sous le climat méditerranéen.

Maison forte à Ste-Lucie-de-Tallano.

Les villages
Dans les villages anciens, les maisons sont groupées dans un apparent désordre qui masque une organisation en blocs familiaux. Ils forment souvent un charmant dédale de ruelles empierrées en escalier

et de passages couverts où il fait bon errer. Promenez-vous par exemple à Sant'Antonino en Balagne ou à Vescovato en Casinca. De rares villages conservent une maison forte *(casa torra)*, ancien habitat noble qui avait aussi une fonction défensive communautaire. On peut en observer à Ste-Lucie-de-Tallano, à Bicchisano, à Sainte-Marie-Sicché.

La maison traditionnelle (« a casa »)

Tout comme le village, la maison est très importante pour un Corse. Il répugne à la vendre et même à la louer. Toujours simple et sobre, elle abritait autrefois la famille à son grand complet. C'est une « maison bloc » à quatre pans, construite avec les pierres locales : blocs de schiste dans le Nord de l'île, granit dans le centre et au Sud, calcaire à Bonifacio et St-Florent. En montagne, les murs très épais sont percés d'étroites fenêtres empêchant le soleil d'entrer en été et les vents de s'infiltrer en hiver. Les toits sont recouverts de tuiles canal en Corse occidentale et de dalles de schiste lustré appelées *teghje* en Corse orientale, ce qui donne de jolis tons gris-bleu à Corte, verts à Bastia, gris-argent en Castagniccia. En Balagne, les toits sont remplacés par des terrasses utilisées pour le séchage des fruits au soleil.

Les bergeries

Disséminées dans les montagnes, elles sont plus ou moins abandonnées en raison de la décadence de la transhumance, mais abritent encore de mai à octobre quelques bergers et leurs bêtes. Ce sont de grossières constructions autour d'un assemblage de pierres sans mortier. L'installation du berger y est rudimentaire : sa **cabane** *(capanna)* n'offre qu'une pièce sans fenêtre. Le berger dort sur un matelas de fougères disposé sur un bat-flanc. Il confectionne le fromage et le *brocciu* puis les dispose dans des caves-saloirs *(cagiles)*. Si vous vous promenez dans le désert des Agriates, vous découvrirez quelques « **paillers** », humbles constructions quadrangulaires en pierres sèches autrefois couvertes de branchages et d'un épais revêtement de glaise. En Castagniccia, on rencontre parfois, sous l'apparence de « bergeries », des séchoirs à châtaignes. Certains ont gardé leur plafond à claire-voie par lequel montait la fumée du feu allumé à même le sol.

Les fontaines

Au bord des chemins, à l'entrée des villages ou en forêt, on peut se rafraîchir à la source de charmantes fontaines rustiques faites de galets.

L'art populaire montagnard

Du Moyen Âge au 18e s. les artisans montagnards ont sculpté le bois, réalisant des œuvres étonnantes de verve et de fraîcheur ou empreintes d'un réalisme bouleversant : saints naïfs, Christ de Vico, de Bustanico, de Calacuccia, de Casamaccioli... En confectionnant les originales **chaires en bois** supportées par des dragons reposant sur une tête de Maure (églises d'Aullène et de Quenza), ils se sont sans doute rappelé les raids barbaresques. Ce sont aussi des artistes locaux qui ont réalisé les **chemins de croix** du 18e s., peintures naïves qui ornent maintes églises paroissiales.

L'identité insulaire

*Malgré le dépeuplement des villages et le déve-
loppement du tourisme, la Corse cultive son
particularisme en maintenant vivantes les traditions qui font une de ses grandes richesses.*

L'image des Corses

Les Français « du continent » se font de la Corse une image où
surgissent pêle-mêle un empereur, un chanteur de charme,
des avocats, de brillants administrateurs, une longue liste de
fonctionnaires, d'hommes politiques et de militaires et
quelques bandits célèbres.
Ils admettent comme acquis que leurs compatriotes insulaires soient affligés de
quelques travers comme la nonchalance, la susceptibilité, un esprit de clan, un
chauvinisme de terroir, une certaine propension à la tricherie fiscale ou électorale.
Sur place la vision est tout autre. Sous le couvert d'une austérité volontiers grave,
de quelque manifestation d'exubérance latine, du sens de l'humour et de la repar-
tie, apparaissent des qualités rares : sobriété, bravoure, culte de la famille, sens
intransigeant de l'honneur, fidélité à l'amitié et à la parole donnée.
Foncièrement hospitalier, le Corse a un rare sens de l'accueil et ignore les calculs.
Fier de sa patrie, il apprécie qu'on vienne en goûter les attraits et contribuer à son
mieux-être ; mais moins qu'on y réalise des profits dont
il est exclu ou qu'on y introduise des modes ou des
mœurs qu'il réprouve. Les
Corses peuvent être, chez eux,
fatalistes et routiniers, catholiques pratiquants et cependant
enclins à la superstition. Ils chéris-
sent leur île par-dessus tout mais,
loin d'elle, de ses usages et conven-
tions, ils font preuve d'une étonnante
faculté d'adaptation et d'un remarquable
esprit d'entreprise servi par une vive
curiosité intellectuelle. Nombreux sont
les Corses qui ont joué un rôle éminent
dans l'État ou incarné la présence française dans les terres lointaines.

Brigand corse.

LES « PINZUTTU »

Les Corses ont été façonnés par une histoire
mouvementée et une vie difficile. Le Corse est
parfois un peu sur ses gardes en face de l'Italien
et du Français du continent, qu'il surnomme
respectivement *Luchesu* (Lucquois) et *pinzuttu*. Le
terme un peu ironique de **pinzuttu** (pointu) est peut-
être une allusion aux chapeaux tricornes que portaient
les soldats de Louis XV envoyés en Corse en 1764.

La « vendetta »

La *vendetta*, la vengeance, est une coutume sanglante qui a fait beaucoup parler d'elle. Elle est
née de l'éloignement et des défaillances de la
justice génoise. Celui qui avait subi une offense
grave était ainsi poussé à faire sa propre justice ;
le code de l'honneur l'y obligeait et il devait
suivre des règles bien précises. Le fléau fut tel

Scène de vendetta.

que l'on vit des familles entières se livrer de véritables guerres. De là sont nés les « bandits d'honneur » car la règle voulait que le justicier « prît le maquis » : dans un pays occupé par une administration étrangère, le rebelle était une sorte de héros populaire. Les plus célèbres au cours de ces deux derniers siècles furent : les frères Bellacoscia de Bocognano, Nicolaï de Carbini, F.-M. Castelli de Carcheto, Romanetti de Calcatoggio, A. Spada de Lopigna et Micaelli d'Isolacciodi-Fiumorbo. Suite à la répression de la France, la vendetta s'estompa à partir de 1830.

Le chant et l'expression musicale

Les chants traditionnels, proches des mélopées arabes et du chant grégorien, reflètent les luttes du passé et la profondeur des sentiments. Ils étaient autrefois souvent improvisés et marquaient chaque étape de l'existence. Avec l'abandon du mode de vie pastoral, ces chants, transmis de génération en génération et de vallée en vallée lors de la transhumance, auraient pu totalement disparaître. Même si les « **nanne** » (berceuses), les « **serinati** » (sérénades), les « **lamenti** », complaintes funèbres et les « **voceri** », chants mortuaires et de vengeance se sont progressivement perdus, la musique et les chants restent bien vivants en Corse. Les **polyphonies** resurgissent avec vitalité du passé, surtout la « **paghjella** », ce chant à trois voix a capella. Depuis quelques années, on voit réapparaître sur le devant de la scène des chanteurs et groupes insulaires qui réussissent à marier

Groupe polyphonique A Filetta.

avec conviction création et tradition. La paghjella a été redécouverte dans les années 1970 par le groupe « *Canta U Populu Corsu* ». Aujourd'hui, d'autres groupes polyphoniques ont acquis une forte renommée : « *A Fileta* » (la fougère), « *I Muvrini* » (les petits mouflons), « *Chjami Aghjalesi* », etc. ainsi que des solistes accompagnés, comme Petru Guelfucci.

Le « **chjama è rispondi** » (« appelles et réponds »), forme de poésie orale, est toujours répandue. À l'origine essentiellement masculin, ce chant ludique ou libérateur d'angoisse et de passions s'improvise vite à l'issue d'un repas ou d'une réunion, à l'occasion de foires pour marquer la convivialité.

La cetera.

Les travaux de recherche et de restauration entrepris par des musiciens ont permis la redécouverte d'instruments traditionnels comme la « **cetera** », cithare à seize cordes dont l'usage avait disparu depuis les années 1930, ainsi que la « **pifane** » (flûte en corne de chèvre) et la « **pirule** » (flûte en roseau), instruments utilisés par les bergers.

Les traditions religieuses

Les traditions catholiques sont encore très vivantes dans l'île et vont parfois de pair avec certaines pratiques liées à la magie. Si vous vous promenez en Corse à Pâques, ne ratez pas les processions de la Semaine sainte organisées par les confréries avec leurs cortèges de pénitents en cagoule. La tradition pascale veut que le prêtre visite et bénisse chaque logement. Les villes et villages fêtent aussi en grande pompe leurs saints patrons, la Vierge Marie et quelques saints protecteurs de corporations comme saint Érasme, patron des marins.

La Corse a adopté en 1735 l'hymne de la Vierge *« Dio vi salvi, Regina »* et le jour de l'Immaculée Conception, le 8 décembre, fut choisi comme fête nationale.

POUR LE PLAISIR DES OREILLES
Des festivals de qualité sont organisés pour faire découvrir la richesse du patrimoine musical corse : **Estivoce**, à Pigna, début juillet et les **Rencontres de chants polyphoniques de Calvi**, mi-septembre. Le Musée ethnographique de Corte conserve aussi la trace de nombreux chants populaires.

La langue corse

Le corse est désormais enseigné dans les écoles, et retrouve peu à peu sa toponymie d'origine sur les panneaux routiers sans que cela entraîne de difficultés majeures pour retrouver son chemin. Cependant, la France n'a pas ratifié la charte européenne des langues régionales ou minoritaires ; il lui faut auparavant opérer un changement constitutionnel, délicat débat qui reste d'actualité. En vous promenant dans les villages, vous entendrez le chant de cette langue riche et savoureuse, qui présente des analogies avec d'autres langues romanes, l'italien surtout.

Des origines diverses – Idiome aux racines celto-ligures, le corse s'est lentement latinisé, puis a subi à partir du 9e s. une forte influence toscane. Contrairement à une idée reçue, les Sarrasins n'ont laissé que peu de mots. Présents en Corse

Berger corse vers 1900.

durant cinq siècles, les Génois ont surtout légué un vocabulaire technique, maritime et administratif. La syntaxe du corse reste proche du toscan médiéval, ce qui permet de considérer cette langue comme le reflet de celle de l'époque de Dante.

La langue présente quelques dissemblances entre le Sud-Ouest et le Nord-Est de l'île, la frontière étant parfois difficile à saisir. Le corse du Nord-Est est plus musical ; celui du Sud-Ouest reste plus original. La prononciation varie d'une vallée à l'autre et il subsiste des spécificités locales nées de l'histoire.

Une tradition orale – La langue corse resta longtemps essentiellement orale. Jusqu'au milieu du 19e s. la communication écrite se faisait en italien. L'influence du français se fit sentir à partir de 1840 et s'accrut à la fin du siècle avec la scolarisation obligatoire. Il faudra attendre le début du 20e s. pour voir la publication du premier journal en corse *A Tramuntana*. Longtemps refuge de l'expression écrite, la poésie compte, parmi ses plus notables auteurs, Francescu Filippini. Quant au roman, des écrivains tel Rinatu Coti lui ont donné un renom. Actuellement, la langue parlée « corsifie » peu à peu les nouveaux mots français.

La Granitula (procession de la Santa) à Casamaccioli.

Procession à Calenzana.

QUELQUES CLÉS POUR COMMUNIQUER

• Sachez qu'en Corse, la fin des mots est souvent avalée et que les voyelles qui se suivent sont prononcées séparément. Par exemple, on dira « Porto-Vec » et non Porto-Vecchio ; forêt d'« A-i-tone » et non d'Aitone.

• Autre élément important, les lettres *k*, *w*, *x* et *y* n'existent pas ; le *u* se prononce « ou », le *t* « d » et le *tt* « t ». De même, chj se dit « tj » et ghj « dj ».

• Nous connaissons les localités sous leur transcription toscane datant du 18e s. Le *o* qui en termine un bon nombre se transcrit par *u*, et plus surprenant *ll* est retranscrit par *dd* dans le Sud.

Quelques dictons corses

Per cunosce una persona, bisogna manghjà cun ella una somma di sale : pour connaître une personne, il faut manger beaucoup de sel avec elle.

A lavà u capu a l'asinu, si perde fatiga e sapone : à vouloir laver la tête de l'âne, on perd fatigue et savon.

Buciardu cume a scopa : menteur comme la bruyère... (qui fleurit mais ne donne pas de fruits).

Les plaisirs de la table

Une simple omelette au brocciu et à la menthe accompagnée de quelques tranches de coppa et arrosée d'un « patrimonio » : en Corse, le plaisir du voyage se retrouve aussi dans l'assiette et dans le verre.

Cochonnailles

Goûtez la charcuterie corse, vous ne pourrez plus vous en passer ! Elle constitue le fleuron de la gastronomie insulaire en raison de sa saveur parfumée et incomparable. La recette est simple : les porcs, élevés en pleine nature et en semi-liberté, se nourrissent de bons produits, tels que les châtaignes, les glands et les herbes odorantes. Le goût de la charcuterie est encore relevé par un fumage au bois de châtaignier. Deux préparations sont particulièrement renommées : la « **coppa** », constituée d'échine, et le « **lonzu** », à base de filet. Leur font concurrence le « **prisuttu** », jambon cru qu'on déguste avec des figues fraîches, et les « **figatelli** », saucisses fumées faites avec les rognons, le cœur et le foie.

Fromages

La vedette revient au fameux « **brocciu** » *(prononcez broutch)*, fromage de brebis ou de chèvre confectionné avec du petit-lait mêlé à du lait réchauffé et battu *(broussé)*. Il entre dans la composition de maints plats locaux (omelettes, tartes, crêpes, beignets). D'octobre à juin, on le consomme généralement frais, nature ou sucré, arrosé d'eau-de-vie. Salé, il se conserve toute l'année et peut être dégusté très sec. On trouve aussi des fromages de chèvre ou de brebis secs et très forts dont le plus connu est le **niolo**.

Poissons et fruits de mer

Le long du littoral, on se régale de poissons de roche, utilisés dans la bouillabaisse corse, « **aziminu** », de fritures, de rougets ou de loups braisés aux sarments, de sardines grillées, etc. La langouste règne partout sur la côte, avec une prédilection pour le Cap Corse ; les huîtres et les moules viennent des étangs de Diane et d'Urbino, dans la plaine orientale. En montagne, les gourmets apprécient les truites de torrent.

Potages

En dehors des concoctions de légumes *(minestra)* et de poissons en bouillabaisse, les Corses sont friands de soupes aux haricots rouges, aux petits oignons, aux herbes sauvages, aux pâtes avec addition de brocciu. Après moult efforts le long du GR 20, une soupe corse est un véritable bonheur !

Récolte des olives
pour la fabrication de l'huile.

Échantillon de spécialités corses.

Viandes et gibiers

Les Corses importent une partie de leur viande du continent. Au printemps, ils font honneur aux côtelettes d'agneau et au chevreau rôti aux herbes du maquis. Le ragoût de cabri aux poivrons, « **piverunata** », est une grande spécialité. La chasse (d'août à février) fournit son lot de sangliers et de marcassins, servis rôtis ou en ragoûts et accompagnés d'une « **pulenta** », purée de châtaignes. Depuis l'interdiction des pâtés de merles, on déguste toute l'année les **pâtés de sansonnets** (étourneaux) à la chair parfumée. Côté triperie, goûtez les andouillettes de Bonifacio, faites d'abats de chevreau ou d'agneau, et les tripes aux oignons « à la mode de Bastia ».

Pâtes

L'influence italienne l'emporte dans la pâte sèche *(past'asciutta)* cuite à l'eau, tandis que la personnalité corse domine dans le « **stufatu** », pâte cuite à l'étouffée avec une sauce à la viande, et dans les raviolis ou les lasagnes garnis de brocciu (spécialité bastiaise). La « **pulenta** », composée de farine de châtaigne, est servie en bouillie épaisse ou en galette et accompagne bien les plats de viande et les *figatelli*.

Douceurs

Le brocciu intervient dans la confection de plusieurs pâtisseries : les « **falculelle** », brioches de Corte et le « **fiadone** », flan aromatisé à la fleur d'oranger. Pour vous adoucir le palais, testez le beignet dit « **frittella** », la « **torta castagnina** », tourte piquée de noix, amandes, pignons, raisins secs et rhum, et le « **canistrelli** », gâteau mêlé d'amandes et de noisettes et parfumés à l'anis. Parmi les sucreries, citons les compotes et gelées d'arbouses, les cédrats confits et une grande variété de miels.

« A saluta », à votre santé

Les vins – La Corse possède plus de trente cépages ; les meilleurs sont le *nielluccio* et le *sciacarello* pour les vins rouges, le malvoisie *(vermentino)* et le muscat pour les vins blancs. Ils produisent des crus corsés et bouquetés. Actuellement, 8 appellations contrôlées couronnent les efforts de sélection des producteurs corses. Le **patrimonio** comprend des vins rouges, rosés et blancs ; il a acquis une renommée internationale. Les rouges comptent au moins 60 % de nielluccio, vins généreux qui accompagnent bien charcuterie et gibier. Le **Cap Corse** produit d'excellents vins blancs moelleux de muscat et de malvoisie, et quelques apéritifs. Les vins rouges d'appellation « **ajaccio** » comprennent au moins 40 % de sciacarello. Le **Sartenais** produit des vins rouges. Au **Sud de l'île**, sous l'appellation « porto-vecchio » et « figari-pianottoli », on trouve des vins rouges, rosés et blancs. La **côte orientale** de Bastia à Solenzara, la **Balagne** et les environs de Ponte-Leccia élaborent aussi des vins fruités de haute qualité.

Les bières – La Corse brasse sa propre bière, à Furiani. La **Pietra** (du nom du village d'un de ses créateurs) est apparue sur les zincs en 1996 ; elle est élaborée à base de châtaignes et offre une saveur originale. Deux nouvelles bières sont récemment sorties : la **Serena** et la **Colomba**.

Les incontournables fromages corses.

Vivier à crabes et langoustes.

Porche de San Michele de Murato.

Villes et sites

Les Agriates★

Désert de collines pierreuses semé d'un maquis odorant et serti de quelques somptueuses plages, les Agriates offrent un paysage désolé et saisissant. Sauf en juillet et août, où la chaleur est écrasante, prenez le temps de découvrir à pied cette région insolite et sauvage. Le sentier côtier permet d'approcher ce décor caillouteux et aride tout en profitant de haltes rafraîchissantes sur des plages aux eaux cristallines.

La situation

Carte Michelin Local 345 D/E3 – Haute-Corse (2B). Ouvert sur la mer par une côte dentelée de 36 km entre St-Florent et l'embouchure de l'Ostriconi, qui marque la limite de la Balagne, le désert des Agriates est dominé par quelques sommets d'altitude modeste : la **Cima d'Ifana**, point culminant, atteint 478 m. La D 81 est la seule route asphaltée qui traverse le désert de collines ; de Saint-Florent, elle rejoint la N 1197 (« La Balanina ») vers l'anse de Peraiola. ⓘ *Syndicat mixte des Agriates, 20217 Les Agriates,* ☎ *04 95 37 09 86.*
Office du tourisme de St-Florent (voir à ce nom).

Le nom

Viendrait d'une altération du mot latin *ager*, signifiant « terre cultivée » en référence au riche passé agricole que connut la région.

Les gens

Autrefois royaume des bergers et des cultivateurs, les Agriates sont de nos jours dépourvus d'habitat, à l'exception du hameau de Casta.

GRENIER À BLÉ DE GÊNES

Tel était jadis le surnom des Agriates. Les cultivateurs de Saint-Florent et du Cap Corse venaient alors travailler la terre (blé, oliviers, vignes et vergers) de juin à l'automne ; ils laissaient ensuite la place aux bergers du Nebbio et de l'Asco qui faisaient paître troupeaux de brebis et de chèvres. Les « **pagliaghj** » (paillers), basses constructions de pierre qui jalonnent toujours les Agriates, servaient d'abri pour les bergers et les récoltes. Un troc s'établissait entre la production fromagère des uns, le blé, l'huile et les fruits des autres. Du 16e s. jusqu'au milieu du 19e s., cette civilisation agricole originale s'est développée dans les Agriates.

---

circuit

Pour accéder au rivage, il faut suivre l'une des deux pistes cahoteuses qui s'embranchent de la D 81 vers la mer. La première débute vers le Nord, non loin de la sortie du hameau de Casta, et rejoint la plage de Saleccia *(12 km)* ; la seconde s'amorce au Nord du col de Bocca di Vezzu et mène à l'anse de Malfaco *(14 km)*. Mais atten-

Le sentier du littoral, une superbe invitation à la randonnée entre le désert (des Agriates) et la mer.

carnet pratique

TRANSPORTS

Navettes maritimes le « Popeye » et le « Saleccia » – 20217 St-Florent - ☎ 04 95 37 19 07 ou 04 95 36 90 78 - de mi-juin à déb. sept. : navettes reliant la plage du Loto (Lodo) au port de St-Florent. Pas de départ en cas de mauvais temps - 10€ AR.

Bus – 20217 Saint-Florent. Pour ceux qui font le sentier du littoral jusqu'à Ostriconi, possibilité de revenir en saison avec les bus qui relient l'Île-Rousse, à St-Florent. 2 passages par jour (vers 11h30 et 18h30) en juil.-août. Faire signe au car sur la route au niveau du camping. Autocars Santini, ☎ 04 95 37 02 98.

RESTAURATION

☺☺ **Ferme-auberge de Pietra Monetta** –Rte de l'Ostriconi (sur N 1197) - 20226 Palasca - 7 km à l'E de Lozari dir. St-Florent - ☎ 04 95 60 24 88 - fermé oct. à fév. et mer. sf juil.-août - 21/25€. Cet ancien relais de poste du 19e s., joliment aménagé par ses propriétaires agriculteurs, est une étape agréable aux portes du désert des Agriates. Sous la treille, vous dégusterez spécialités corses et produits de la ferme. Quatre chambres très simples, claires et plaisantes.

HÉBERGEMENT

☺ **Le Relais de Saleccia** – Au village - 20217 Casta - ☎ 04 95 37 14 60 - fermé oct. à mars - ▱ - 12 ch. : 40/60€ - restaurant 13,50/17,50€. Arrêtez-vous dans ce paysage spectaculaire de rochers bruts dévalant vers la mer et la plage de Saleccia. Ce relais modeste mais accueillant dispose de chambres, certaines avec vue, simples et confortables. Cuisine familiale et petite restauration toute la journée.

LE CHOIX DE L'ÉTAPE

Si vous choisissez de suivre le sentier du littoral sur toute sa longueur, il faudra faire étape. Sachez qu'il n'y a pas d'hôtel sur le parcours ; vous pourrez cependant trouver un camping à la plage de Saleccia (☎ 04 95 37 82 51) et un hébergement sommaire en pleine nature au Gîte d'étape de Ghignu (ou Malfacu). Réservation nécessaire auprès du Syndicat mixte des Agriate - ☎ 04 95 37 09 86. Gîte d'étape installé dans l'un des pagliaghj, restauré et sobrement aménagé.

---

tion, ces 2 pistes ne sont praticables qu'en 4 x 4 à vitesse très réduite, en VTT (pour les pratiquants confirmés) ou, pour les plus courageux, à pied. Les amateurs de marche pourront aussi aborder les Agriates par le sentier du littoral au départ de Saint-Florent.

L'INTÉRIEUR : DE SAINT-FLORENT À LOZARI★

38 km. Quitter Saint-Florent par la D 81.

C'est l'unique route qui traverse d'Est en Ouest le massif. Au Bocca di Vezzu, dominé par la Cima d'Ifana, la **vue**★ s'étend à l'Est sur le Nebbio, au Nord-Ouest sur les Agriates et au Sud-Est sur la vallée de l'Ostriconi et la Balagne. Avant les falaises de la Punta d'Arco, la route offre une perspective séduisante à l'embouchure de l'Ostriconi sur l'anse de Peraiola.

FLORE ET FAUNE DES AGRIATES

L'uniformité du maquis n'est qu'apparente. En bordure de la mer, plus résistants aux embruns et aux rafales de vent, on rencontre des lentisques et des myrtes. Les vallons plus abrités accueillent cistes, arbousiers, genêts et chênes verts. C'est le domaine d'un papillon emblématique des Agriates : le **jason**, que l'on repère aisément sur les arbousiers, les anciens arbres fruitiers et les excréments des bovins. Une multitude d'espèces de fauvettes, dont la fauvette sarde (la plus répandue), ont élu domicile dans ce maquis. L'**engoulevent** assure également par ses frôlements une présence discrète.

---

randonnée

LE SENTIER DU LITTORAL★★

C'est sans aucun doute la formule la plus exaltante pour découvrir pleinement l'originalité de la région. Ceux qui n'ont qu'une journée peuvent aller à pied jusqu'à la plage du Loto (environ 4h) et revenir par bateau à Saint-Florent (voir navette dans le carnet pratique, bien confirmer sa présence et ses horaires).

Quelques précautions avant le départ…

De par sa longueur – environ 45 km – cette randonnée suppose un « minimum » d'organisation. L'itinéraire proposé par le Conservatoire du littoral se fait en 2 étapes au minimum, 3 si possible. Il n'est ainsi pas inutile de prévoir une voiture au débouché du sentier (Ostriconi) ou de

« Les Agriates ! Une espèce de chaos rocheux […] limité au Sud par les ombrages et les vallées du Nebbio, au Nord par la mer… » Pierre Benoît, **Les Agriates**, 1950.

Sable blanc, eau cristalline : la plage du Loto est un petit paradis à l'écart de toute agitation.

se renseigner sur les horaires de bus *(voir le carnet pratique)*. Par ailleurs, il convient de s'assurer que le gîte d'étape est ouvert… et qu'il y a des places disponibles. Les deux étapes peuvent être faites à Saleccia (camping) où vous pourrez vous restaurer en été, et au gîte de Ghignu où vous ne pourrez compter que sur vos propres ressources. Prévoyez donc quelques provisions de bouche, plusieurs litres d'eau, un chapeau et de la crème solaire.

À la sortie Ouest de St-Florent, après avoir franchi le pont sur l'Aliso, poursuivre au-delà de la plage la Roya, puis emprunter le sentier qui s'amorce à gauche et contourne des propriétés. Après la deuxième crique, le tracé rejoint le littoral.

De St-Florent à Saleccia

🚶 *5h1/2 environ.* Le sentier des douaniers longe et parfois traverse un maquis odorant d'épineux denses d'où émergent des escarpements rocheux séparés par de petits torrents. Ces ravins deviennent en périodes de pluies les seules sources d'alimentation de petits étangs où se rassemble une faune originale.

Le sentier aborde la **tour de la Mortella**, construite au 16e s. par les Génois *(illuminée la nuit)*.

Il faut environ 1/2h de marche pour rejoindre la **plage du Loto**⚓⚓, tapissée de sable fin et enchâssée entre deux promontoires rocheux.

De la plage du Loto à celle de Saleccia, vous avez deux possibilités qui partent à l'extrémité Ouest de la plage. Vous pouvez suivre le littoral (sentier bien tracé, compter 1h1/2) ou prendre le chemin qui monte vers les terres (environ 1h). Après environ 20mn à travers la végétation arbustive, on atteint un ensemble de bergeries que l'on quitte par la droite. À nouveau 20mn plus tard, on arrive à une petite mare (asséchée en été) que l'on franchit à l'aide d'une planche posée du côté gauche. Pour la fin du parcours, suivre les panneaux bleus indiquant la buvette de la plage ; 5mn plus tard, vous voici ◄ dans un petit paradis : la **plage de Saleccia**⚓. Elle s'étend sur plus d'un kilomètre le long d'une pinède de pins d'Alep plantés au 19e s. Ce cadre magnifique est rehaussé par la blancheur et la finesse du sable, et la limpidité d'une mer prenant de superbes teintes turquoises.

À l'entrée de la plage, un **pagliaghj** restauré abrite des expositions et fait fonction de poste de surveillance. *Maison d'accueil de Saleccia. De déb. juin à mi-sept. : 10h30-12h. S'adresser au Syndicat mixte des Agriate, 20217 Casta.* ☎ 04 95 37 09 86.

Dans le cas d'une étape au camping, il est possible d'effectuer en 4h environ une excursion dans l'intérieur jusqu'à l'ancienne bergerie de Chiosu qui permettra de se familiariser avec un maquis plus sauvage.

De Saleccia à Malfalcu

🚶 *2h1/2 environ.* L'anse double de Malfalcu compose un paysage plaisant ombragé de pins et de cyprès. Vers l'Est, le chemin bordé d'eucalyptus et de figuiers de Barbarie mène au promontoire de Ghignu ; vers l'Ouest, s'étire la grande plage de sable blanc de Malfalcu.

LES MARTELLO TOWERS

Lors de l'éphémère royaume anglo-corse en 1794, l'architecture de la tour de la Mortella retint l'attention de la flotte anglaise de Nelson. Les Anglais relevèrent les plans et firent construire sur la côte Sud de l'Angleterre un chapelet de 73 tours similaires (les Martello towers) pour déjouer les menaces d'invasion de Napoléon.

UN DÉCOR DE CHOIX

Le site enchanteur de la plage de Saleccia servit de cadre pour le tournage de scènes de débarquement du film *Le Jour le plus long*. Les lieux avaient connu une activité plus furtive mais réelle les 1er et 2 juillet 1943 lorsque le sous-marin *Casabianca* y débarqua, par un silencieux ballet de canots pneumatiques, 13 tonnes d'armes et de munitions destinées à la Résistance corse.

De Malfalcu à la plage de l'Ostriconi

⏱ *6h1/2 environ.* C'est la partie la plus sportive, car le sentier épouse les nombreuses anfractuosités de la côte. Il est fortement déconseillé d'emprunter d'hypothétiques raccourcis. Après la punta d'Acciolu, le sentier dévie vers l'intérieur à la hauteur de l'anse Pinzuta. L'itinéraire ménage de belles vues sur les criques dont les rochers rouges des criques tranchent avec la limpidité des fonds marins. Au débouché de la vallée de l'Ostriconi, l'anse de Peraiola, où déferlent les vagues, forme un site sauvage ceinturé de dunes plantées de genévriers et limité par une zone de marécages.

Forêt d'**Aitone**★★

L'une des plus belles et plus typiques de Corse, la forêt d'Aitone s'étend sur quelque 2 400 ha, entre Évisa et le col de Vergio, et s'étage de 800 à plus de 2 000 m d'altitude. Elle se compose de majestueux pins laricio (pouvant atteindre 52 m de haut, avec un tronc de 95 cm de diamètre) auxquels se mêlent hêtres, sapins pectinés et pins maritimes. On rencontre les plus beaux sujets autour de la maison forestière d'Aitone où certains s'épanouissent depuis plusieurs siècles.
Englobant celle de Lindinosa, la forêt représente un îlot de fraîcheur baigné de quelques petites piscines naturelles, et un admirable lieu de promenades.

La situation

Carte Michelin Local 345 B6 – Corse-du-Sud (2A). La forêt occupe le bassin supérieur de l'Aitone, affluent du Porto, sur le versant Ouest de la ligne de faîte des « 2 000 » qui s'abaisse à 1 477 m au col de Vergio. En venant de Porto, emprunter la D 84 : 22 km dans des paysages grandioses, jusqu'à Évisa qui marque la lisière inférieure de la forêt. La route oscille ensuite au cœur de la futaie et dessert les accès aux sites que nous décrivons.
🛈 *Renseignements au Bureau d'information du Parc naturel régional, Païsolu d'Aitone, rte du col de Vergio, 20126 Évisa, ☎ 04 95 26 23 62. De mi-juin à mi-sept. : horaires flexibles.*

Le nom

Viendrait du mot latin *abies* signifiant « sapin ».

Les gens

Au 19ᵉ s., la forêt d'Aitone abrita le célèbre bandit **Théodore Poli**, originaire de Guagno. Après avoir fusillé un brigadier pour se venger d'une injustice, il vint se réfugier plusieurs années dans les bois, se fit élire « **roi de la montagne** » faisant régner, avec l'aide de sa petite armée, sa propre loi (peines, impôts prélevés auprès des riches, etc.). Attiré dans un guet-apens, Poli trouva la mort en 1827.

LE BOIS DES GÉNOIS

La forêt d'Aitone était prisée des Génois qui l'exploitaient pour leurs constructions navales. Au 18ᵉ s., une route fut aménagée pour transporter le bois jusqu'à la plage de Sagone où il était ensuite acheminé vers Gênes. Au 19ᵉ s., d'importants travaux forestiers ont été mis en œuvre par les condamnés, ce qui donna son nom à la piste des Condamnés.

Le pin laricio est un des plus grands arbres d'Europe. Ce résineux au fût parfaitement rectiligne peut vivre six cents ans.

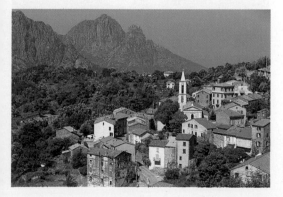

Le village d'Évisa s'ouvre sur les parois rocheuses qui dominent le golfe de Porto. Elles se parent, au soleil couchant, d'une chaude couleur orangée.

carnet pratique

HÉBERGEMENT ET RESTAURATION
✉ **La Châtaigneraie** – *20126 Évisa -*
☎ *04 95 26 24 47 -*
hotellachataigneraie@wanadoo.fr - fermé fin
oct. à mi-mars - 🅿 *- 12 ch. : 34/47€ -*
🍽 *6€ - restaurant 17/26€.* Maison en
pierre aux volets verts abritant des chambres
simples et impeccablement tenues. Au menu
du restaurant, une cuisine « maison » ancrée
dans le terroir. Un grand jardin planté
de châtaigniers incite au farniente.
Accueil charmant.

CALENDRIER
Fêtes du marron – Chaque année mi-nov.,
Évisa fête l'insitina, variété particulière de
marron (AOC) que l'on trouve dans la
région.

---

découvrir

LA FORÊT

D'Évisa au col de Vergio, la route *(12 km)* monte de 647 m.
Tracée sur la face Nord du Capo di Melo et dominant la
vallée d'Aitone, elle parcourt de remarquables futaies. Les
sous-bois offrent fraises des bois en juillet et août ; cèpes,
morilles et bolets en septembre et octobre. Si vous ne
connaissez pas bien les champignons, soyez vigilant.

Évisa

Station climatique appréciée, Évisa est établie à 830 m
d'altitude à l'entrée des gorges de la Spelunca et à la
lisière de la forêt d'Aitone. Le village est cerné de châtaigneraies, ressource traditionnelle de la région.

Sentier d'interprétation de la Châtaigneraie★

🚶 *Départ dans le village, 300 m après la mairie, sur la*
gauche, en haut d'une rampe (balisage discret). 3,5 km jus-
qu'aux cascades. 2h30 AR. Dénivelé 120 m.

DICTON

« Castagna e castagnetu
Un t'inchieta di u
freddu » : Avec
châtaigne et
châtaigneraie, N'aie pas
souci du froid. Ce dicton
dit assez l'importance de
l'arbre à pain dans
l'économie traditionnelle
de la montagne corse.

Jalonné de panneaux explicatifs relatant l'histoire du
châtaignier, ses maladies, sa culture et son importance
économique, le « chemin des Châtaignes » suit un ancien
chemin de transhumance emprunté par le GR « Mare a
Mare » Nord. Il permet d'atteindre à pied les cascades
d'Aitone depuis le village *(voir ci-dessous).*

Cascades d'Aitone (A Scarpa)★★

4 km au Nord-Est d'Évisa, sur la D 84. 🚶 *Du côté gauche,*
une pancarte de bois marque le point de départ. 45mn à pied
AR. Accès pentu et étroit.
On descend parmi les pins jusqu'au torrent d'Aitone dont
les eaux coulent en cascade successives par-dessus
d'énormes blocs rocheux. Certains, creusés par la force
du courant, forment des petites piscines aux eaux claires
(et revigorantes !). Jusqu'en 1905, les moulins dont on
aperçoit les vestiges étaient exploités pour la préparation
de la farine de châtaigne.

Les piscines d'eau pure
creusées par les cascades
d'Aitone.

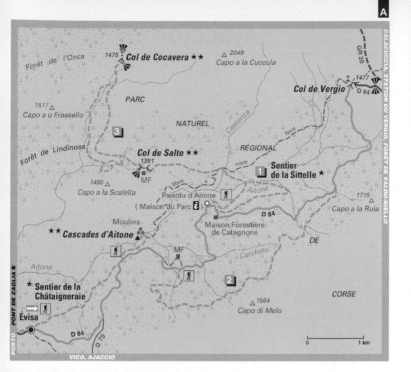

Pont génois de Zaglia★ *(voir Gorges de Spelunca)*
1h1/2 AR par le sentier partant du cimetière d'Évisa.

randonnées

« Sentier de la Sittelle »★ 1
🚶 *Circuit de 1h1/2 environ. Point de départ : replat dans le virage, quelques centaines de mètres au-dessus du village de vacances au Païsolu d'Aitone. À droite dans le replat ; panneau indicatif. Niveau facile (pas de dénivelé).*
Aménagé par l'Office national des forêts, ce parcours progresse parmi les superbes pins laricio. Il est balisé de poteaux à l'effigie d'une sittelle et quelques bancs invitent à de petites haltes permettant d'observer le milieu environnant.

Circuit en forêt★★ 2
🚶 *3h environ par un chemin forestier partant à 9 km au Nord-Est d'Évisa, à droite sur la route du col de Vergio.*
Ce chemin d'exploitation décrit une grande boucle à travers la forêt. Suivi dans ce sens, il permet d'apercevoir, derrière le Capo di Melo et en arrière-plan de superbes pins laricio, le golfe de Porto. Arrivée à la route au niveau de la maison forestière d'Aitone.

Excursion au col de Salto (Saltu) et au col de Cocavera (Cuccavera)★★ 3
🚶 *5h environ AR. Même point de départ que pour le sentier de la Sittelle. Le chemin se trouve sur la gauche du replat. Niveau moyen, emporter de l'eau et être bien chaussé.*
On atteint en 1h le **col de Salto** (1 391 m). Sur le versant Ouest du col, dominé par le Capo a la Scalella (1 480 m), la **vue**★★ se dégage sur le golfe de Porto. Poursuivre à travers les pins laricio de la **forêt de Lindinosa** jusqu'au **col de Cocavera** (alt. 1 475 m) *(1h1/2)*, par le sentier qui s'embranche à droite dans le premier lacet après le col de Salto. Il offre un **panorama**★★ sur la vallée, le golfe de Porto et la forêt d'Aitone.
Retour possible par le chemin d'exploitation reliant les deux cols.

Col de Vergio *(voir ce nom)*

SITTA WHITEHEADI
Couramment appelé **sittelle corse** *(illustration p. 73)*, ce petit passereau (12,5 cm) doit son nom à un naturaliste anglais, John Whitehead, qui l'a identifié à la fin du 19e s. Endémique de Corse, cette sittelle vit dans les pins laricio et a la particularité de pouvoir descendre le long de leurs troncs la tête en bas.

Ajaccio★★

Ajacciu

Ajaccio mérite mieux qu'une brève halte sur le chemin des plages ou de la montagne. Chaque matin, derrière l'hôtel de ville, le marché du square César-Campinchi anime la place et les rues adjacentes. Sur le port, les pêcheurs écoulent leurs poissons frais, tandis que, sur les bancs, les retraités discutent au soleil. Le soir, poussez jusqu'au bout de la jetée de la citadelle : le port, la ville basse et les collines environnantes commencent à scintiller dans la nuit.

La situation

Carte Michelin Local 345 B8 – Corse-du-Sud (2A). Coincé entre la montagne et la mer, au creux du plus grand golfe de l'île, Ajaccio s'étend le long du rivage et sur les hauteurs. Au Nord de la ville, la jetée du Margonajo abrite le nouveau port de plaisance (Charles-Ornano) ; quelques centaines de mètres plus bas, la jetée des Capucins accueille les ferries et le port de commerce, enfin, devant la face Nord de la citadelle, on accède au petit port de pêche et de plaisance (Tino-Rossi). La vieille ville se visite aisément à pied. Si se garer à Ajaccio n'est pas une mince affaire, vous pouvez laisser votre véhicule au parking souterrain du Diamant, place du Gén.-de-Gaulle ou, à défaut (car il est souvent complet), sur la place d'Austerlitz, en haut du cours Grandval.

🛈 *3 bd du Roi-Jérôme, 20181 Ajaccio (Aiacciu), ☎ 04 95 51 53 03. www.tourisme.fr/ajaccio*
Haute sais. : 8h-20h30, dim. 9h-13h, 16h-19h ; basse sais. : tlj sf dim. 8h-18h, sam. 8h-12h, 14h-17h.

Le nom

Il dériverait du mot latin *adjacium*, signifiant « halte », « lieu de repos ».

Les gens

52 880 Ajacciens. « Cité impériale » qui vit naître Napoléon, Ajaccio conserve avec piété le souvenir de « l'enfant prodigue de la gloire » que célèbre l'hymne local, « l'Ajaccienne ». Ses rues, ses monuments, ses musées rappellent partout l'homme illustre.

comprendre

Une colonie génoise – Une cité romaine, prospère au Bas-Empire, a existé au Nord de la citadelle. Mais la fondation d'Ajaccio sur son site actuel est l'œuvre accomplie en 1492 par l'Office de Saint-Georges qui, depuis 1453, administrait la Corse pour le compte de la république de Gênes.

Une centaine de familles ligures et quelques familles nobles génoises furent ainsi établies dans la nouvelle colonie dont le séjour fut dès lors interdit aux Corses, cantonnés dans le faubourg du Borgo : si bien qu'Ajaccio demeura purement génoise jusqu'à sa prise en 1553 par Sampiero Corso. Des familles corses s'y fixèrent alors et obtinrent, en 1592, le droit de cité.

L'essor de la ville – Le 17e s. marqua le début de la croissance de la cité : entre 1584 et 1600 la population passa de 1 200 à 5 000 habitants mais beaucoup vivaient misérablement.

La vieille ville et la citadelle se développèrent à l'abri des remparts (démolis en 1801) tandis que vers le Nord, un faubourg, le **« Borgo »**, grandissait dans l'axe de l'actuelle rue Cardinal-Fesch. Les habitants vivaient surtout du commerce et de la pêche du corail.

Mais le véritable envol de la ville date du 18e s. Il est dû essentiellement à des facteurs politiques. Dès 1715, le commissaire des provinces de l'Au-Delà-des-Monts qui résidait à Ajaccio reçut les mêmes prérogatives que celui de

---

◀ **A**u petit matin comme au coucher du soleil, la **pointe d'Aspreto** offre une belle vue d'ensemble. Au-dessus des vieux quartiers paisiblement posés à fleur d'eau, dans une harmonie de tons pastel, ocre, roses, jaunes, la ville nouvelle grimpe à flanc de montagne.

ORIGINES DE L'EMPEREUR

En 1764, Charles Marie Bonaparte épouse Letizia Ramolino à Ajaccio. En 1768, il combat aux côtés de Pascal Paoli contre les Français pour l'indépendance de l'île ; sa femme le suit dans toutes ses expéditions. Quelques mois après la bataille de Ponte Nuovo naît à Ajaccio leur deuxième fils, Napoléon (1769-1821).

Bon gré mal gré, Charles Marie se rallie dès lors à la France, quémandant places et faveurs auprès du comte de Marbeuf tandis que grandit la famille Bonaparte *(voir le chapitre « Une histoire mouvementée » dans l'Invitation au voyage)*.

carnet pratique

TRANSPORTS

À L'AÉROPORT (CAMPO DELL'ORO)
Bus – ☎ 04 95 23 29 41. Sur la droite en sortant de l'aéroport. Pour la gare routière d'Ajaccio, 9h-23h10. Pour l'aéroport depuis la gare routière, 6h20-23h10. Les horaires sont adaptés aux heures d'arrivée et de départ des avions. Trajet 20mn (hors embouteillages). 4€.
Taxi – Pour Ajaccio, compter entre 16,77€ et 24,39€ (à titre indicatif).

À AJACCIO
Location de voitures – Les principales compagnies sont présentes sur le parking en sortant de l'aéroport. **Avis** – ☎ 04 95 23 92 50.
En ville, **Europcar** – 16 cours Grandval (près de la place du Gén.-de-Gaulle), ☎ 04 95 21 05 49.
Location de motos, scooters et vélos – BMS, quai Citadelle, ☎ 04 95 21 33 75 ou 06 09 24 56 55. 8h-18h, dim. 9h-12h.
Trains – Gare ferroviaire - ☎ 04 95 23 11 03.
Bus – Gare routière, quai L'Herminier, ☎ 04 95 51 55 45. Une dizaine de compagnies desservent les principales localités de Corse.
Port de plaisance Tino-Rossi – Quai de la Citadelle, ☎ 04 95 51 22 72.
Port de plaisance Charles-Ornano (ou l'Amirauté), av. Charles-Bonaparte, ☎ 04 95 22 31 98.

VISITES
Musées – Vous pourrez vous procurer à l'Office de tourisme, ou lors de votre première visite dans un musée ajaccien, la carte « ajacciopassmusées » qui est valable 7 jours consécutifs et donne accès à l'ensemble des musées de la ville (10€).
Petit train des îles – Pl. Foch - ☎ 04 95 51 13 69. 9h-20h (nocturnes en été), dép. toutes les h., selon demande. Fatigué de marcher ? Laissez-vous porter sur l'un des 2 circuits : visite des principales curiosités d'Ajaccio (3/4h, 6€) ; balade dans la ville et sur la rte des Sanguinaires, avec arrêt à la pointe de la Parata (1h1/2, 9€).
Compagnie des promenades en mer – 2 r. Jean-Baptiste-Marcaggi, ☎ 04 95 21 83 97. Excursions commentées au dép. d'Ajaccio-Porticcio-Porto-Sagone-Gargese. La réserve naturelle de Scandola (de 30€ à 46€). Les Calanches de Piana-Capo Rosso (20€). Les falaises de Bonifacio (55€).

Il fait bon lézarder à la terrasse d'un café en observant l'activité du port de pêche.

Les Îles Sanguinaires (22€).
Navettes quotidiennes pour Ajaccio/Porticcio/Ajaccio : 5€ (7€ AR).

RESTAURATION
⊜ **Le Piano** – 13 bd du Roi-Jérôme - ☎ 04 95 51 23 81 - fermé 2 nov. au 2 déc., lun. et mar. midi de juin à sept., mer. en janv. et mai - 11,50€ déj. - 18,50/30,50€. Vous passerez ici un moment bien agréable dans une ambiance sympathique. D'autant plus que les prix sont vraiment raisonnables. Cuisine traditionnelle et poissons.
⊜⊜ **Marinella** – Rte des Îles Sanguinaires, Pointe du Scudo - 5 km à l'O d'Ajaccio - ☎ 04 95 52 07 86 - fermé nov.-déc. - 20,25/40,45€. Près de la maison du célèbre chanteur corse Tino Rossi, dans une atmosphère musicale, posez-vous sur cette terrasse au bord de l'eau comme Pagnol, Raimu et Fernandel l'ont fait. Appréciez la gargoulette, les poissons du jour, pâtes et pizzas au feu de bois.
⊜⊜ **Le 20123** – 2 r. du Roi-de-Rome - ☎ 04 95 21 50 05 - fermé 15 janv. au 15 fév., le midi et lun. - ✉ - réserv. obligatoire - 26€. De la vallée de Taravo, le patron a rapporté des saveurs authentiques et recréé un cadre pittoresque évoquant un village corse. Ici, une place avec sa fontaine, là une salle rustique avec sa cheminée et même un décor de bergerie... C'est souvent bondé !
⊜⊜ **L'Estaminet** – 7 r. du Roi-de-Rome - ☎ 04 95 50 10 42 - fermé sam. midi et dim. - 27/53€. Ambiance jazz, banquettes de moleskine rouge, miroirs et nappes blanches... Vous ferez assurément bonne chère dans cet authentique bouchon lyonnais où le jovial patron renouvelle ses spécialités suggérées sur l'ardoise du jour. Vivier à langoutes et rôtisserie viennent compléter ce choix. Cave exceptionnelle et bar à vins.
⊜⊜ **Grand Café Napoléon** – 10 cours Napoléon - ☎ 04 95 21 42 54 - cafe.napoleon@wanadoo.fr - fermé 24 déc. au 1er janv., sam. soir, dim. et j. fériés - 16€ déj. - 28/44€. Une belle terrasse de grand café pour l'apéro, une immense salle de style Second Empire pour déjeuner, dîner ou prendre une collation l'après-midi... Cette prestigieuse maison, l'une des plus anciennes d'Ajaccio, est depuis peu dirigée par un jeune chef prometteur.
⊜⊜ **Chez Maïsetti** – Sur N 193, lieu-dit « Baleone » - 20167 Mezzavia - 6 km au N d'Ajaccio par N 194 (dir. Bastia) - ☎ 04 95 22 37 19 - fermé dim. - 20/39€. La cuisine est ici affaire de famille puisque mère et fille font équipe pour vous régaler. Choisissez entre l'intimité des petites salles ou la terrasse couverte, pour déguster plats traditonnels et bons produits du terroir.
⊜⊜⊜ **U Licettu** – Plaine de Cuttoli - 20167 Mezzavia - 15 km au NE d'Ajaccio par rte de Bastia, puis rte de Cuttoli (D 1) et rte de Bastelicaccia - ☎ 04 95 25 61 57 - fermé janv. et lun. - réserv. obligatoire - 33,50€. Quel bonheur de trouver cette jolie villa perdue dans le maquis de s'y attabler autour d'une généreuse cuisine corse ! Terrasse, jardin fleuri et grande cheminée où rôtissent les viandes : que demander de plus si ce n'est un accueil chaleureux, garanti ici. Un seul menu gourmand incluant les boissons.

HÉBERGEMENT

Hôtel Kallisté – *51 cours Napoléon -* ☎ *04 95 51 34 45 - fermé nov. - 50 ch. : 42/69€ -* ☑ *6,50€.* Cet hôtel occupe une maison ajaccienne de 1864 au cœur de la ville. Avec sa belle façade colorée, son entrée voûtée et ses briques, elle a gardé son caractère. Pour votre confort, les chambres sont modernes. Prix très raisonnables hors saison.

Hôtel Spunta di Mare – *Quartier St-Joseph -* ☎ *04 95 23 74 40 - fermé mi-déc. à fin janv. -* 🅿 *- 60 ch. : 51/69€ -* ☑ *6,30€ - restaurant 12,20€.* Entre le centre-ville et l'aéroport, cet hôtel bénéficie d'une vue sur le golfe d'Ajaccio depuis sa terrasse-solarium et de la majorité de ses chambres. Fonctionnelles et blanches, elles s'égaient de meubles de couleur.

Hôtel Marengo – *2 r. Marengo -* ☎ *04 95 21 43 66 - fermé 6 nov. au 24 mars - 16 ch. : 59€ -* ☑ *5,80€.* Voilà une petite adresse pas chère, dans un quartier légèrement excentré mais plutôt calme. Ses chambres claires sont simples et bien entretenues... Accueil aimable.

Hôtel Impérial – *6 bd Albert-1er -* ☎ *04 95 21 50 62 - fermé déc. à fév. - 57 ch. : 66/75€ -* ☑ *6,50€ - restaurant 20€.* Cet hôtel au décor désuet se transforme peu à peu sous l'impulsion du fils de la famille, artiste-peintre et collectionneur. Si sa situation, en dehors de la ville, et sa plage privée à proximité restent ses atouts majeurs, on retiendra aussi ses prix, assez raisonnables.

Hôtel San Carlu – *8 bd Casanova -* ☎ *04 95 21 13 84 - fermé 20 déc. au 31 janv. - 40 ch. : 82/106€ -* ☑ *8€.* De certaines chambres, vous apercevrez la mer ou la célèbre citadelle du 15e s. Situé sur un boulevard un peu passant, l'hôtel est bien insonorisé. Hélas, pas de climatisation.

SORTIES

Le Pigale – *6 av. de Paris -* ☎ *04 95 21 20 46 - lun.-sam. 8h-23h - fermé j. fériés sf 14 juil., 15 août et Noël.* Situé au cœur de la ville, face à la place du Diamant, ce bar-brasserie branché est une étape agréable pour siroter un rafraîchissement à la terrasse ombragée de platanes ou à l'intérieur dans une sympathique ambiance musicale.

L'Entracte – *Bd Pascal-Rossini -* ☎ *04 95 50 40 65 - www.casino-ajaccio.com - lun.-sam. à partir de 23h.* Mitoyen du Casino, ce restaurant-pianobar au cadre chic et élégant offre une programmation musicale de qualité, différente chaque semaine. Un chaleureux établissement pour finir la soirée en musique.

Au Son des Guitares – *7 r. du Roi-de-Rome - ☎ 04 95 51 16 47 - juin-oct. : 22h30-2h.* Depuis près de 50 ans, ce cabaret perpétue la mémoire de Tino Rossi et offre une belle programmation de chants corses traditionnels dont les polyphonies qui racontent les hommes, l'histoire et le malheur de cette terre mille fois occupée, jamais conquise.

SPORTS & LOISIRS

E Ragnole – *12 cours Lucien-Bonaparte -* ☎ *04 95 21 53 55 - www.eragnole.com - avr.-oct. : tlj ; nov. et mars : w.-end et vac scol - fermé janv.-fév.* E Ragnole, centre de plongée agréé, propose des baptêmes pour les novices et des explorations pour les plongeurs plus aguerris. Découvrir le monde sous-marin du golfe d'Ajaccio lors d'un baptême (à 6 m de profondeur accompagné, d'un moniteur) d'environ 20 mn restera pour vous un merveilleux souvenir.

ACHATS

Atelier du Couteau – *Port de l'Amirauté -* ☎ *04 95 10 16 52 - www.chez.com/bellinicaggiari - lun.-sam. 9h-12h, 14h-19h - fermé j. fériés.* Dans cette boutique de style moderne, Messieurs Bellini et Caggiari vous feront partager leur passion pour la coutellerie artisanale. Vous y découvrirez un grand choix de couteaux traditionnels, de répliques anciennes et de créations personnalisées.

La Maison du Corail – *1 r. du Card.-Fesch -* ☎ *04 95 21 47 94 - www.maisonducorail.com - juin-sept. : lun.-sam. 9h30-12h30, 14h30-19h30 ; oct.-mai : mar.-sam. 9h-12h, 14h30-19h - fermé fév. et j. fériés sf juil.et août.* Dans cette magnifique boutique vous y trouverez de splendides bijoux tous ornés de corail. Les plus beaux sont ceux fait avec du corail rouge directement prélevé sur les côtes corses par des pêcheurs professionnels.

Marché *–7h30-12h (sf lun. hors sais.).* Campinchi. Nombreuses spécialités (lonzu, copa, miel, tarte au brocciu, etc.). Vente de vêtements sam.-dim.

A Casetta – *3 av. du 1er-Consul -* ☎ *04 95 21 77 12 - été : 9h-13h, 15h-20h30 ; reste de l'année : 9h-13h, 15h-19h30.* Dans ce petit magasin de spécialités situé à deux pas de la place du Diamant, la charcuterie traditionnelle est à l'honneur : saucisse (figatellu), jambon fumé (coppa et lonzu) ou cru (prisuttu). De nombreuses confitures, confiseries et fromages figurent aussi parmi les bons souvenirs gustatifs à emporter ou à expédier.

Boulangerie Galeani – *3 r. du Card.-Fesch - lun.-sam. 6h-20h, dim. 6h-13h.* Dans cette boulangerie traditionnelle, vous trouverez de succulentes pâtisseries corses faites maison : ambrucciata (petite tarte à la crème au lait), beignets au brocciu et bien sûr les canistrelli (anis, raisins, châtaignes, amandes et nature). Madame Viccilione, la propriétaire se fera un plaisir de vous les faire découvrir, un vrai régal.

Casa Napoleon – *3 r. du Card.-Fesch -* ☎ *04 95 21 47 88 - corsica.gastonomia@free.fr - juil.-août : 8h30-21h ; hors sais. : lun.-sam. 8h30-12h30, 14h-19h.* Dans une rue animée proche du marché aux poissons, cette boutique décline toutes les saveurs du terroir : vins blancs du Cap Corse, vins rouges d'Ajaccio, patrimonio, sartenais, liqueurs, fromages fermiers de chèvre et de brebis, poutargue (œufs de mulet fumés), canistrelli (gâteaux à l'anis).

Bastia. Plus tard, en 1793, la Convention divisa la Corse en deux départements : celui du Golo et celui du Liamone dont Ajaccio devint le chef-lieu. Puis un décret impérial de 1811 réunit les deux départements en un seul, sous l'administration d'Ajaccio. Dès lors, la cité ne cessa de grandir. Aujourd'hui chef-lieu du département de Corse-du-Sud, elle est le siège de l'Assemblée territoriale de Corse créée en 1991.

Premier débarquement sur le sol français – Parti d'Alger, le sous-marin *Casabianca*, commandé par le capitaine de frégate L'Herminier, après avoir à plusieurs reprises ravitaillé en armes et en munitions les francs-tireurs et partisans corses, débarqua à Ajaccio, le 13 septembre 1943, à 1h du matin, 109 combattants du 1er bataillon de choc des Forces françaises libres venus aider les résistants locaux à libérer l'île *(plaque commémorative quai L'Herminier près de la gare maritime)*. Ce fut la première unité française à mettre pied sur le sol de France *(se reporter également à la plage de Saleccia aux Agriates)*.

Le général Bonaparte, *par David.*

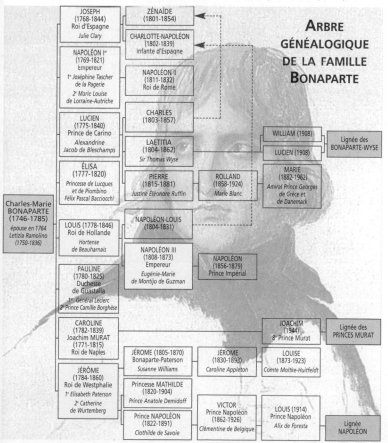

ARBRE GÉNÉALOGIQUE DE LA FAMILLE BONAPARTE

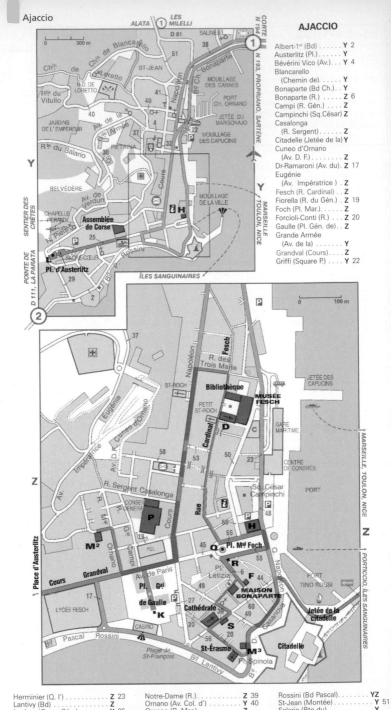

AJACCIO

se promener

LA VIEILLE VILLE★

Jetée de la citadelle

Longue de 200 m, elle offre de son extrémité une excellente **vue**★ sur le front de mer et une partie du golfe d'Ajaccio. Elle abrite le port de pêche et de plaisance. La **citadelle** date du milieu du 16ᵉ s. ; toujours domaine militaire, elle n'est ouverte au public que lors des Journées du patrimoine.

En sortant, suivre le boulevard Danielle-Casanova qui longe la forteresse.

Musée du Capitellu *(voir « visiter »)*

Église St-Érasme

C'est l'ancienne chapelle du collège des jésuites, bâti en 1617. En 1656, les Anciens, réunis dans ce sanctuaire, consacrèrent Ajaccio à N.-D.-de-la-Miséricorde, désirant ainsi préserver la cité d'une épidémie de peste. L'église fut fermée sous la Révolution. En 1815, le sanctuaire désormais dédié à saint Érasme, patron des marins, fut rendu au culte. L'église est décorée de maquettes de navires ; elle contient trois beaux christs sur croix processionnelles, une statue de saint Érasme entouré d'angelots et un ensemble de chapes et dalmatiques du service pontifical.

Cathédrale

8h-11h30, 14h30-18h, dim. 16h-18h. ☎ 04 95 21 07 67.
Construite à partir de 1582 dans le style Renaissance, elle présente une façade très simple. Par crainte de voir les travaux traîner en longueur, l'évêque fit réduire les dimensions de l'édifice conçu par l'architecte Giacomo Della Porta. Les travaux s'achevèrent en 1593.
En juillet 1771, Napoléon, âgé de 2 ans, reçut le baptême sur les fonts baptismaux, à droite de l'entrée.
En longeant la nef sur la gauche, la première chapelle élevée au 16ᵉ s. par Pierre Paul d'Ornano est ornée d'une peinture de Delacroix : *Le Triomphe de la Religion*. La seconde abrite la statue de Notre-Dame-de-la-Miséricorde. C'est dans la troisième, celle du Rosaire, que se trouvait le tombeau de la famille Bonaparte.
Le maître-autel monumental en marbre blanc, surmonté de quatre colonnes torses de marbre noir, fut offert à l'église en 1811 par Élisa Bacciocchi, sœur de Napoléon. Au-dessus du faux transept, remarquez la coupole peinte en trompe-l'œil.
Notez dans la chapelle de l'Immaculée-Conception, sur la droite, une belle **Vierge** en marbre de Carrare, du 18ᵉ s., sous un dais aux draperies élégantes, et accolée à un pilier carré de la nef, la chaire en forme de calice.

Prendre la rue Notre-Dame qui longe le flanc droit de la cathédrale.

Au n° 3 s'élève la longue façade très sobre de l'**hôtel Cuneo d'Ornano**. Remarquez la porte aux piédroits et au linteau de marbre surmontée d'un ornement aux armes de la famille d'Ornano.

Prendre à gauche la rue du Roi-de-Rome, puis à droite la rue St-Charles.

On débouche dans la rue Bonaparte, l'ancien *carrughju drittu* (« rue droite ») de la cité génoise où résidaient les marchands et qui divisait la vieille ville en deux quartiers distincts : au Nord s'étendait le quartier populaire du Macello (boucherie), tandis que la bourgeoisie résidait au Sud.

Au n° 17, l'**hôtel Pozzo di Borgo** est habillé en palais italien par les trompe-l'œil en camaïeu d'ocre qui décorent ses fenêtres. Au rez-de-chaussée, une porte monumentale de marbre blanc, avec un fronton armorié, donne un air solennel à l'édifice, bien délabré hélas.

REPÈRES
L'ancienne cité génoise est délimitée par la place du Gén.-de-Gaulle à l'Ouest, la citadelle au Sud-Est et la place du Mar.-Foch au Nord. Elle se prolonge rue du Card.-Fesch par le **Borgo** (faubourg).

CALENDRIER
Chaque 2 juin une procession haute en couleur promène jusqu'à la mer la statue de saint Érasme, le patron des marins : elle rassemble les autorités civiles et militaires, le clergé et une foule mi-recueillie mi-joyeuse.

À VOIR
Sur le premier pilastre à gauche de l'entrée de la cathédrale sont gravées les dernières paroles de l'Empereur prononcées à Ste-Hélène, le 29 avril 1821 : « Si on proscrit de Paris mon cadavre comme on a proscrit ma personne, je souhaite qu'on m'inhume auprès de mes ancêtres dans la cathédrale d'Ajaccio, en Corse. » Le caveau de la famille Bonaparte se trouvait en effet dans la cathédrale avant la construction de la chapelle impériale en 1857.

Le marché se tient tous les matins dans le square Campinchi, à côté de la place Maréchal-Foch. Au programme, « brocciu », charcuterie et autres spécialités corses.

Place Maréchal-Foch (ou des Palmiers)

L'ancienne piazza di l'Olmu, bel espace rectangulaire ombragé de vénérables palmiers et de platanes, s'ouvre face au port. C'est un lieu central de la vie ajaccienne : on y vient pour déambuler, discuter ou se reposer sur les bancs. Le côté Sud est bordé de petits restaurants. Remarquez la petite **statue de la Madonuccia** ou N.-D. de la Miséricorde, exposée dans la niche d'une maison en haut de la place *(n⁰ˢ 7-10, avenue Sérafini)*. Elle protège la ville depuis 1656 *(voir église St-Érasme)* et est fêtée en grande pompe le 18 mars : ville illuminée, messe solennelle à la cathédrale, procession dans les rues.

La statue de marbre blanc de **Bonaparte Premier consul** surmonte la fontaine des Quatre-Lions, œuvre de Maglioli, peintre et sculpteur ajaccien. Sur la gauche, en bas de la place, s'élève l'hôtel de ville qui abrite le Salon napoléonien.

UN AUTRE EMPEREUR

La fabuleuse carrière artistique de **Tino Rossi** (1907-1983) débuta à 20 ans à l'Alcazar de Marseille avant de recevoir la consécration à Paris dans les revues de Vincent Scotto et le film *Marinella* (1936). Après avoir enregistré plus de mille chansons, participé à vingt-quatre films et animé quatre opérettes, le chanteur ajaccien à la voix veloutée demeure une référence dans la chanson de charme.

Les inconditionnels de l'interprète de *Petit Papa Noël* iront voir **sa maison natale** *(45 r. Card.-Fesch)* et se recueillir sur son tombeau en granit blanc *(situé à gauche de la 1ʳᵉ entrée du cimetière d'Ajaccio)*.

Rue Cardinal-Fesch (U Borgu)

Cette longue rue commerçante, très animée, traverse l'ancien « Borgo ».

Sur la façade du n⁰ 1, une plaque rappelle que Vincentella Perini, plus connue sous le nom de **Danielle Casanova**, résistante morte à Auschwitz, naquit ici le 9 janvier 1909. C'est au n⁰ 28 que Napoléon Bonaparte, poursuivi par les « anglo-paolistes » en mai 1793 se réfugia chez l'ancien maire, Jean-Jérôme Levie, avant de s'évader par la mer vers Calvi.

Poursuivre la rue Card.-Fesch. Après la chapelle impériale et le musée Fesch (voir « visiter ») tourner à gauche dans la rue des Trois-Marie et descendre le cours Napoléon, principale artère commerçante.

On passe devant la **préfecture**, dont le hall abrite un sarcophage romain du 3ᵉ s. après J.-C.

Reprendre le cours Napoléon jusqu'à la ville moderne.

LA VILLE MODERNE

Place Général-de-Gaulle (place du Diamant)

◀ **A**u centre de la place se dresse le solennel monument équestre en bronze de **Napoléon en empereur romain** et de ses quatre frères, dessiné par Viollet-le-Duc.

Ce vaste espace fait le lien entre les quartiers anciens et ceux qui se développent en bordure de la route des Sanguinaires. La place, prolongée par une terrasse, offre une belle **vue**★ sur le golfe d'Ajaccio.

Cours Grandval

Aéré, agréablement bordé de palmiers et de platanes, le cours monte en pente douce de la place du Gén.-de-Gaulle vers la place d'Austerlitz qui clôt son élégante perspective.

Place d'Austerlitz (U Casone)

SOUVENIRS

Avant d'être envoyé à l'école de Brienne, Napoléon, enfant, aurait joué parmi les rochers et dans la grotte *(à gauche)* qui porte aujourd'hui son nom.

Elle est dominée par l'imposant **monument de Napoléon Iᵉʳ** qui ferme l'axe ouvert 1 500 m plus bas, place Foch, par la statue de Napoléon, Premier consul.

LE « QUARTIER DES ÉTRANGERS »

Venus de la Côte d'Azur, nombre d'Anglais s'établirent à Ajaccio sous le Second Empire, en particulier sur le cours Grandval. Une écossaise, Miss Campbell, y fit même construire une église anglicane. S'il ne reste guère de trace des « cottages » de cette époque, deux anciens palaces ont survécu : dominant un jardin fleuri et planté de palmiers élancés, la haute façade au charme désuet de l'ancien hôtel Continental abrite l'**Assemblée territoriale de Corse**, organe exécutif de la région. Plus haut sur le cours, le Cyrnos Palace accueille aujourd'hui le Bridge-Club d'Ajaccio.

La Vierge à la guirlande,
par Botticelli.

Précédé de deux aigles et d'une immense stèle inclinée rappelant ses victoires, l'Empereur, coiffé du bicorne, regarde la ville dans une attitude familière (réplique de la statue située dans la cour d'honneur des Invalides).

visiter

Musée Fesch★★
♿ *Juil.-août : 9h-18h30 (ven. nocturne 21h-00h), lun. 13h30-18h, w.-end et j. fériés 10h30-18h ; avr.-juin et sept. : 9h15-12h15, 14h15-17h15, lun. 13h-17h15 ; oct.-mars : tlj sf lun. et dim. 9h15-12h15, 14h15-17h15. 5,35€ (-15 ans : gratuit).* ✆ *04 95 21 48 17. www.musee-fesch.com*

Un projet a été entrepris par la ville d'Ajaccio pour doter le musée d'une climatisation, nombre de bois peints ayant beaucoup souffert du taux d'hygrométrie. Certaines salles peuvent donc être fermées le jour de votre visite. On accède au musée par la cour d'honneur, ouverte sur la rue Cardinal-Fesch, qui correspond au 2e niveau (expositions temporaires).

Installé dans l'ancien collège Fesch (1827) où l'entomologiste Henri Fabre enseigna les sciences physiques, le musée présente une remarquable collection de tableaux des écoles italiennes du 14e au 18e s.

Peinture italienne du 14e au 16e s. – *1er étage.* On peut admirer l'illustre **triptyque de Rimini** (14e s.), des œuvres de Jacopo Sellajo, et le triptyque du *Mariage mystique de sainte Catherine* (de Nicoló de Tommaso) présentant sur les volets saint Jean-Baptiste et saint Dominique.

Le thème de la Vierge à l'Enfant, traité en particulier par deux grands maîtres : **Giovanni Bellini** (1430-1516), de l'école vénitienne et **Sandro Botticelli** (1440-1510), de l'école de Florence, illustre l'art du Quattrocento (15e s.). Tendresse, charme et sensibilité se dégagent de la madone de Bellini, tandis que la *Vierge à la guirlande* de Botticelli, peinte en 1470, enchante par sa grâce et son naturel. La très belle *Vierge à l'Enfant* de Giovanni Boccati, chef de file de l'école des Marches influencé par Fra Angelico, illustre par ailleurs la haute époque florentine. La persistance du gothique et le goût des ruines antiques se retrouvent dans la madone de Cosimo Rosselli. *La Madone entre les deux saints*, de Cosimo Tura, au réalisme accentué, appartient à l'école de Ferrare.

Du 16e s., on retient en particulier deux œuvres de l'école de Venise : *Léda et le cygne* de l'atelier de Véronèse et l'*Homme au gant* de **Titien** ainsi qu'une belle *Adoration des Mages*, œuvre anonyme flamande.

> **UN ONCLE COLLECTIONNEUR**
> Ce musée abrite la plus importante collection de **peintures italiennes★★★** conservée en France, après celle du Louvre, ainsi que des œuvres des écoles française, espagnole, flamande et hollandaise. Ces toiles furent léguées à la ville par le cardinal Fesch, oncle maternel de Napoléon et archevêque de Lyon, qui les avait collectionnées tout au long de sa vie.

Œuvres du 17ᵉ et 18ᵉ s. – *2ᵉ étage.* Remarquer la très riche collection de natures mortes (Cittadini, Boselli, G. Recco, Ruoppolo, Castelli dit Spadino) ainsi que les paysages de Gaspard Dughet (1613-1675), peintre français (né à Rome) qui a fortement subi l'influence de son beau-frère Nicolas Poussin. Les œuvres d'Amorosi et de Luca Giordano témoignent de l'influence qu'exerça le Caravage sur la peinture de l'époque. Les écoles flamandes du 17ᵉ s. sont représentées par une série de paysages tels ceux de Nicolaes Berchem. Dans les salles napolitaines on remarque particulièrement **Le Départ de Rebecca** par Solimène. La visite se poursuit par des œuvres du 18ᵉ s., notamment celles de Pierre Subleyras et de Louis-Gabriel Blanchet. Le 19ᵉ s. est représenté essentiellement par des paysages.

L'exposition à ce niveau s'achève par la **grande galerie** qui abrite les tableaux italiens de grandes dimensions classés par écoles d'origine.

Le rez-de-marine *(rez-de-chaussée côté mer)* rassemble des souvenirs des Premier et Second Empires.

Bibliothèque du palais Fesch

&. *Tlj sf w.-end 10h-18h. Gratuit.* ☎ *04 95 51 13 00.*

Elle occupe le rez-de-chaussée du palais Fesch. Créée en 1801 par Lucien Bonaparte alors ministre de l'Intérieur à partir d'un fonds d'ouvrages confisqués sous la Révolution, elle fut installée ici en 1868. Elle rassemble plus de 40 000 volumes du 15ᵉ au 19ᵉ s., dont des incunables et des manuscrits.

Chapelle impériale

Mêmes conditions que le musée Fesch. 1,50€ (achat du billet au musée Fesch).

Elle fut édifiée par Napoléon III, en 1857, pour servir de sépulture à la famille impériale. De style néo-Renaissance, elle est construite en pierre de St-Florent. La grande coupole en trompe-l'œil peinte par l'artiste ajaccien Jérôme Maglioli ainsi que les vitraux sont décorés aux armes du cardinal Fesch. Un beau Christ copte, cadeau du général Bonaparte à sa mère lors de son retour d'Égypte, orne le maître-autel.

Dans la crypte circulaire située sous la coupole, et dans l'escalier d'accès reposent plusieurs membres de la famille Bonaparte, dont Charles Marie, son épouse Letizia Ramolino, et le demi-frère de celle-ci, le cardinal Fesch.

Maison Bonaparte★

Avr.-sept. : 9h-12h, 14h-18h, lun. 14h-18h (dernière entrée 1/4h av. fermeture) ; oct.-mars : 10h-12h, 14h-16h45, lun. 14h-16h45. Fermé 1ᵉʳ janv., 25déc. 4€ (-18 ans : gratuit). ☎ *04 95 21 43 89.*

Devant la petite **place Letizia**, ombragée de bananiers et d'orangers et ornée du buste du roi de Rome enfant sculpté par E.-J. Vezien en 1936, s'élève la maison natale de l'Empereur. Remontant au 17ᵉ s., elle présente une façade très sobre, sans décoration ni signe distinctif, hormis les armes de la famille.

La visite débute par le 2ᵉ étage.

2ᵉ étage – Quatre salles très claires aux plafonds peints à l'italienne sont dallées de tommettes rouges. Elles sont consacrées respectivement aux **origines de la famille**, au **Premier Empire, au retour d'Égypte** et à **Napoléon III et l'impératrice Eugénie**.

1ᵉʳ étage – Dans la **« chambre natale »** de Napoléon, on admire un secrétaire italien du 18ᵉ s. incrusté de pierres dures (lapis-lazuli, nacre...), et une crèche en ivoire rapportée d'Orient par Bonaparte à sa mère. La **grande galerie**, longue de 12 m, présente un beau parquet de noyer en point de Hongrie et un intéressant plafond à l'italienne. Tapissée de vert pâle et meublée en style Directoire très sobre, elle compose un harmonieux salon et forme un trait d'union entre la maison principale et les pièces de la **petite maison** achetée en 1797. Cette dernière se compose d'un salon de musique et de deux petites chambres. Dans l'une d'elles, une trappe communiquant avec le rez-de-chaussée permit, dit-on, en 1799, au général Bonaparte de s'échapper avec Berthier et Murat pour éviter que « son cœur ne faiblisse devant le bon cœur de ses amis » qu'il devait quitter.

Le retour dans le corps principal de la maison mène à la salle à manger, peinte en faux marbre, dont les fenêtres donnent sur la place Letizia.

En sortant, prendre la première rue à gauche, strada di U Peveru.

On aperçoit par les ouvertures les caves voûtées du sous-sol.

> **R**emarquer, dans la seconde salle, les deux plus anciens **masques mortuaires de l'Empereur**, réalisés à Ste-Hélène juste après son décès par Antommarchi, son médecin.

> **A**u rez-de-chaussée se trouve la **chaise à porteurs** qui aurait servi à ramener en hâte de l'église Letizia sur le point de mettre au monde Napoléon.

Le salon de style Louis XVI et la chambre de « Madame Mère » au beau mobilier Louis XV sont richement tendus de rouge et ornés d'un lustre en verre de Venise.

Salon napoléonien★

&. *De mi-juin à mi-sept. : tlj sf w.-end 8h45-11h45, 13h45-17h45 ; de mi-sept. à mi-juin : tlj sf w.-end 8h45-11h45, 13h45-16h45. Fermé j. fériés. 2,30€ (-15 ans : gratuit).* ☎ *04 95 21 48 17.*

Aménagé au 1ᵉʳ étage de l'hôtel de ville, il détient des souvenirs, documents et tableaux se rapportant à l'Empereur et à sa famille. Dans le hall se dresse une statue de marbre de Jérôme Bonaparte par Bosio (1812).

Grand Salon – On y découvre la photocopie de l'acte de baptême de Napoléon (21 juillet 1771), rédigé en italien. Sur les murs de ce salon de style Empire, sont accrochés de grands portraits de la famille Bonaparte.

Le buste du roi de Rome enfant, par Bartolini, ornait la chambre de l'Empereur en exil. Le magnifique lustre de cristal, qui pèse une tonne, fut offert par l'ex-Tchécoslovaquie, en 1969, lors du bicentenaire de la naissance de Napoléon.

Salle des Médailles – Elle renferme une belle collection de monnaies et de médailles (218 pièces) d'or, d'argent et de bronze de 1797 à 1876 léguées à la ville par le prince Napoléon, fils du roi Jérôme, et une deuxième collection (Vognsgaard) reçue en 1974. Noter à gauche en entrant une bonbonnière sertie de diamants à l'effigie du prince Jérôme.

> **P**armi les bustes, remarquez celui de **Letizia** qui, au faîte des honneurs, ne cessait de répéter : « J'ai sept ou huit souverains qui me retomberont un jour sur les bras. »

Musée « A Bandera »

1 r. Gén.-Levie. &. De déb. juil. à mi-sept. : 9h-19h ; de mi-sept. à fin juin : tlj sf dim. 9h-12h, 14h-18h. Fermé 1ᵉʳ et 8 mai, 1ᵉʳ et 11 nov., 25 déc. 4€. ☎ 04 95 51 07 34.

Ce musée offre une bonne initiation historique avant de partir à la découverte de l'île.

◄ Il présente les étapes de l'installation humaine et les événements historiques et militaires qui en découlent. La première salle est consacrée à la préhistoire depuis l'époque des mégalithes et à l'Antiquité. Dans la 2ᵉ salle, maquettes de navires, cartes, gravures, armes et diorama illustrent les invasions barbaresques. La 3ᵉ salle est dédiée aux guerres d'Indépendance (1729-1769), en particulier à la bataille décisive de Ponte-Nuovo (1769). Les pièces suivantes rendent compte de la place occupée par la Corse dans les grands conflits des deux derniers siècles et de l'action de la Résistance durant la Seconde Guerre mondiale.

Musée du Capitellu

&. Avr.-sept. : 10h-12h, 14h-18h, dim. 10h-12h. 4€. ☎ 04 95 21 50 57.

Après la projection d'une vidéo consacrée à l'histoire d'Ajaccio et de sa citadelle, la visite présente des objets illustrant la vie quotidienne d'une vieille famille de la ville au 19ᵉ s. On remarque un service de vaisselle en vermeil qu'utilisait Napoléon durant ses campagnes, deux peintures, copies d'élèves de Raphaël, ainsi que quelques huiles et aquarelles de peintres ajacciens, parmi lesquels Aglaë Meuron (1836-1925), Jean Canavaggio (1884-1941) et les contemporains Jean-Claude Quilici (études pour la fresque de l'université de Corte) et Pierre Vellutini.

alentours

Les Milelli★

5 km au Nord-Ouest. Quitter Ajaccio par le cours Napoléon et, un peu après la gare, prendre à gauche la route d'Alata (D 61) ; puis encore à gauche après un rond-point, une route en montée (plaque indicatrice). Fermé pour travaux.

Entourée d'une oliveraie séculaire, l'**ancienne maison de campagne de la famille Bonaparte** est abandonnée depuis des années. Une association a relancé une petite production d'huile d'olive et un projet de réhabilitation du site est actuellement à l'étude.

Golfe d'**Ajaccio**★★

C'est le plus vaste et le plus profond golfe de la Corse. Sa rive Nord, entre la pointe de la Parata et Ajaccio, est presque rectiligne ; sa rive Sud en revanche se découpe d'anses et de baies isolées par des presqu'îles rocheuses telles la pointe de Porticcio, la pointe de Sette Nave ou celle de la Castagna. La douceur de ses rivages, son calme et l'harmonie de ses couleurs sont à l'origine de sa célébrité.

La situation

Carte Michelin Local 345 A/B7 – Corse-du-Sud (2A). Une route longe presque tout le littoral : la route des Sanguinaires sur la rive Nord, la D 155 vers le Sud jusqu'à Portigliolo.
🅱 *Plages des Marines, 20166 Porticcio, ☎ 04 95 25 01 01. www.porticcio.org*
Avr.-juin et sept.-oct. : lun.-sam. 8h-19h, dim. 9h-13h.

Les couleurs

Les noms de lieux parlent d'eux-mêmes : les îles **Sanguinaires** sont constituées d'une roche rouge sombre, le **Campo dell'Oro** (le « champ d'or », en

---

PAGE D'HISTOIRE
La façade est décorée par le peintre Campana d'une fresque en trompe-l'œil figurant les principaux personnages historiques de la Corse.

UN REFUGE
Lorsque les Bonaparte durent quitter leur maison d'Ajaccio, en mai 1793, Letizia, accompagnée de ses filles Élisa et Pauline et de l'abbé Fesch, vint se réfugier aux Milelli. Dans la nuit du 1ᵉʳ juin, elle parvint avec les siens à quitter la région d'Ajaccio en contournant la ville par le Monte St-Angelo et en gagnant la tour de Capitello. À son retour d'Égypte, Bonaparte vint aux Milelli les 2 et 3 octobre 1799 en compagnie de Murat et de Lannes.

carnet pratique

RESTAURATION

⊖ **L'Ariadne Plage** – *Rte des Îles Sanguinaires - 20000 Ajaccio -* ☎ *04 95 52 09 63 - fermé nov. à déb. janv. - 15/40€.* Faisant écho à la « world music », chère au patron, la cuisine de ce restaurant fait le tour du monde : de Cuba à la Thaïlande, en passant par les recettes locales de poissons, toutes les saveurs exotiques sont là. Rythmes et ambiance garantis, surtout les soirs de concert sur la plage.

⊖⊖ **Auberge du Prunelli** – *20129 Pisciatello - 12 km à l'E d'Ajaccio par N 194 puis N 196 -* ☎ *04 95 20 02 75 - fermé avr. et mar. - 17,50/29€.* Légumes du jardin et produits corses au menu de cette maisonnette de Pisciatello, juste à côté de l'ancien pont du Prunelli. Dans sa salle à manger simple et campagnarde, vous pourrez goûter une cuisine du cru sans prétention.

⊖⊖ **Le Nausicaa** –*Rte des Îles Sanguinaires - 20000 Ajaccio - 7 km à l'O d'Ajaccio par D 111 -* ☎ *04 95 52 01 42 - fermé mar. d'oct. à mai et le midi de juin à août - 20€ déj. - 27,40€.* Poissons et grillades vous attendent sur l'agréable terrasse de cette villa noyée sous les lauriers et les mûriers... Vous aurez envie d'y rester.

⊖⊖⊖ **Chez Séraphin** – *20167 Peri -* ☎ *04 95 25 68 94 - fermé 1ᵉʳ oct. au 21 nov., du lun. au jeu. du 21 nov. à juin, mar. midi et lun. de juil. à sept. -* ⊘ *- 34€.* Vous vous sentirez comme chez vous dans cette maison en grosse pierre du pays. La salle à manger est tapissée de portraits de famille et l'accueil est chaleureux. Cuisine corse authentique et généreuse avec son menu unique et vin à volonté !

HÉBERGEMENT

⊖ **Camping Lecci e Murta** – *20138 Portigliolo -* ☎ *04 95 76 02 67 - ouv. avr. au 15 oct. - réserv. conseillée - 150 empl. : 24€ - restauration.* Tente ou bungalow ? Vous serez toujours sous les myrtes sauvages, les chênes verts et les eucalyptus géants, à 300 m de la plage. Le bar-restaurant et sa grande terrasse couverte est agréable et bien aménagée avec poutres apparentes et murs aux couleurs locales.

⊖ **Camping U Prunelli** – *Bord du Prunelli - 20166 Porticcio - 3,5 km NE de Porticcio par D 55 (rte d'Ajaccio) -* ☎ *04 95 25 19 23 - prunelli.camp@infonie.fr - ouv. 28 mars-oct. -* ⊘ *- réserv. conseillée - 260 empl. : 24,40€ - restauration.* Dans un environnement sauvage et luxuriant, voici un beau terrain aux emplacements bien délimités et ombragés. Vous aimerez flâner sous la treille de la terrasse du bar et batifoler dans les eaux des deux piscines à débordement. Location de chalets.

⊖⊖ **Le Belvédère** – *20138 Coti-Chiavari -* ☎ *04 95 27 10 32 - fermé 11 nov. au 15 fév. et le midi sf dim. de fév. à mai -* ⊘ **P** *- 13 ch. : 46/61€ -* � *5€ -*

restaurant 23/26€. Tel un nid d'aigle, perché en plein maquis, cet hôtel n'a pas usurpé son nom. La vue sur le golfe d'Ajaccio est à vous couper le souffle, dans votre chambre au mobilier de bois peint ou dans la salle à manger panoramique. Prévenir pour les repas.

⊖⊖ **Chambre d'hôte Piaggiola** – *20166 Porticcio - 13 km au SE de la plage d'Agosta par D 255ᴬ (dir. Pietrosella) puis D 255 à droite -* ☎ *04 95 24 23 79 - fermé fin janv. au 15 avr. -* ⊘ *- 6 ch. : 61€ - repas 19€.* Randonneurs et chasseurs apprécient le vaste domaine qui entoure cette grande bâtisse de granit. Les chambres meublées à l'ancienne s'ouvrent sur la forêt ou le golfe de Valinco. Dans une vaste salle, la table d'hôte fait honneur aux produits du terroir.

SPORTS & LOISIRS

Couleur Corse – *20000 Ajaccio -* ☎ *04 95 10 52 83.* Organisation de séjours découverte en Corse.

Maeva Plongée – *Les Marines BP 48 - 20166 Porticcio -* ☎ *04 95 25 02 40 - www.maeva-plongee.com - avr.-oct. : 8h-20h.* Installé depuis 1986 aux Marines de Porticcio, Maeva Plongée organise des baptêmes pour les novices et des explorations pour les plongeurs plus aguerris.

ACHATS

Domaine Comte Peraldi – *Chemin de Stiletto - 20167 Mezzavia -* ☎ *04 95 22 37 30 - dom.peraldi@wanadoo.fr - lun.-sam. 8h-12h, 14h-18h - fermé j. fériés.* Dominant le golfe d'Ajaccio, le domaine appartient à la famille Péraldi depuis le 16ᵉ s. La façade des caves est ornée d'une magnifique fresque représentant la vie du domaine lors des quatre saisons. Souvent primés, les vins du domaine Péraldi se veulent les ambassadeurs d'Ajaccio à travers le monde amateur de bons vins. Dégustation et vente.

Clos Capitoro – *Rte de Sartène - Lieu dit « Pisciatella », carrefour N 196/D 302 - 20166 Porticcio -* ☎ *04 95 25 19 61 - www.clos-capitoro.com - lun.-sam. 8h-12h, 14h-18h.* Dans la famille Bianchetti depuis 1856, le clos Capitoro produits des vins AOC Ajaccio et des vins doux naturels d'apéritif (à base de cépage Grenache) et de dessert (les Malvoisies : vins moëlleux pouvant aussi accompagnés foie gras et viandes blanches). Visite de la cave, dégustation et vente.

Samira e Ghjilormu Pierlovisi - a Muresca – *Funtanaccia - 20167 Cuttoli-Corticchiato -* ☎ *04 95 25 61 49 - jerome.piercovisi@worldonline.fr - téléphoner pour RV.* Éleveur-transformateur, M. Pierlovisi propose ses excellents produits alimentaires : charcuteries (coppa, salamu, prisuttu, lonzu...), châtaignes transformées (liqueur, farine faite maison avec un moulin traditionnel) au label « Bio », terrines et liqueurs.

Amplement ouvert sur le large (17 km séparent la pointe de la Parata au Nord, du Capo di Muro au Sud), le golfe d'Ajaccio alterne plages, presqu'îles rocheuses et stations balnéaires.

référence peut-être au blé jadis présent) évoque le jaune de la plaine derrière l'aéroport, enfin la mer déploie dans tout le golfe ses tons intensément bleus. Les trois couleurs primaires sont bien là et leurs combinaisons créent une véritable palette de vert, d'orange et de violet. Ajoutons à cela une pointe de gris-blanc scintillant avec la **plage d'Argent**.

circuits

ROUTE DES SANGUINAIRES ET ANSE DE MINACCIA★ ①

29 km – environ 1h1/2. Quitter Ajaccio par la D 111.

La route borde la côte Nord du golfe ; elle permet de découvrir la « corniche ajaccienne » où s'étendent les quartiers résidentiels, au pied de la ligne de crête. Quelques agréables petites plages font face à l'immensité du golfe.

Chapelle des Grecs

Ce modeste édifice de style baroque très sobre, surmonté d'une jolie croix de fer forgé, s'élève sur la gauche peu après la place Emmanuel-Arène. La chapelle évoque le souvenir de la communauté grecque qui, chassée de Paomia en 1731, s'installa à Ajaccio avant de s'établir à Cargèse. À droite de la place ombragée de micocouliers qui borde l'édifice, un sentier descend vers la mer.

> **MARINELLA**
> Cette belle plage, chantée par Tino Rossi, est tapissée de sable fin blanc. De nombreux Ajacciens y viennent le week-end.

◄ Le long de la mer, les imposantes chapelles funéraires des familles ajacciennes contrastent curieusement avec les villas, immeubles, hôtels et restaurants qui s'élèvent sur les premières hauteurs et en bordure de la route jusqu'à la pointe de la Parata. Plusieurs plages de sable fin caressées d'eaux claires se succèdent, animées par quelques bars d'où l'on peut admirer de superbes couchers de soleil.

Scudo

À 100 m de la propriété de Tino Rossi *(on ne visite pas)*, dans un vaste bâtiment qui fut autrefois le siège de FR3-Corse, le **musée d'histoire corse A Bandera** *(voir à Ajaccio)* devrait redéployer ses collections à partir de 2004.

Pointe de la Parata

Ce promontoire de granit noir est surmonté de la **tour de la Parata**, édifiée par les Génois pour protéger l'île des incursions barbaresques. La route s'arrête au pied du promontoire. Le chemin qui la prolonge permet de gagner l'extrémité de la pointe (⏚ *1/2h à pied AR*) qui offre une **vue**★★ rapprochée sur les îles Sanguinaires. Au soleil couchant, ces îlots rocheux se parent d'une chaude couleur ocre rouge.

Reprendre la route en sens inverse ; au bout de 2 km environ, emprunter à gauche la D 111ᴮ, signalée « Capu di Fenu » (juste après l'hôtel Goéland). Poursuivre pendant 8 km environ l'itinéraire qui serpente au milieu de pâturages clôturés. Suivre alors la direction « Paillote Capo di Feno, chez Dume », une route non goudronnée (sur 200 m) mène à un terre-plein servant de parking.

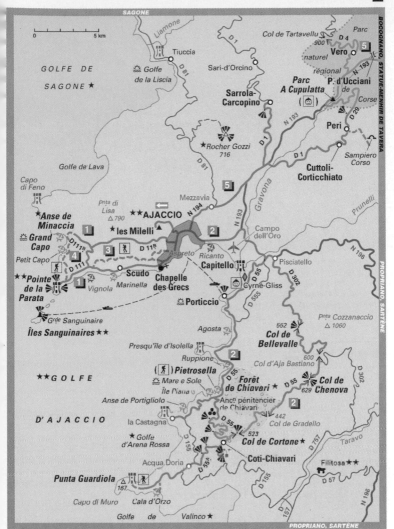

Plage de Grand Capo ⚓

On découvre une belle et vaste étendue de sable fin, entourée de collines à la végétation rabougrie ; c'est la plage de prédilection des Ajacciens. Eau turquoise et impression de « bout du monde », les lieux sont restés sauvages. L'ouverture vers le large et l'orientation des vents attirent les adeptes du surf ; des compétitions s'y déroulent.

Rentrer sur Ajaccio par la D 11ᴮ (rte de Saint-Antoine).

CÔTE SUD DU GOLFE★★ 2

104 km – environ 4h. Quitter Ajaccio par la N 193 puis suivre la route de Sartène (N 196).

Peu après la pointe d'Aspreto, on laisse, à droite, la jolie route bordée de pins qui mène à l'aéroport d'Ajaccio Campo dell'Oro et dessert la grande plage du Ricanto, très fréquentée par les Ajacciens.

Franchir la Gravona, puis le Prunelli, et prendre à droite la D 55 vers Porticcio.

Porticcio ⚓

Liaison par bateau-navette avec le port d'Ajaccio en saison. Cette station balnéaire, admirablement située face à Ajaccio, connaît un grand essor touristique. Plages de sable, multiples hôtels et restaurants, institut de thalassothérapie et ensembles résidentiels attirent de nombreux estivants.

> ► **A**u Sud de l'aéroport, à l'embouchure de la Gravona, se dresse la **tour de Capitello**. Cette construction génoise rappelle la fuite d'Ajaccio en 1793 des Bonaparte sous la pression de la population favorable à la résistance de Paoli à la Convention.

Au Nord d'Ajaccio, la belle route côtière s'achève à la pointe de la Parata, veillée par les îles Sanguinaires.

De l'extrémité de la pointe, la vue s'étend sur la rade d'Ajaccio et les îles Sanguinaires.

À la sortie de Porticcio, la route borde la longue **plage d'Agosta** et laisse sur la droite la **presqu'île d'Isolella**, lieu paradisiaque dont la pointe porte une ancienne tour génoise *(propriété privée)*. Plusieurs petites criques assez mignonnes et plus tranquilles que la plage d'Agosta ornent la presqu'île.

La route contourne ensuite la **plage de Ruppione** dans une anse profonde et passe à la lisière de la forêt de Chiavari.

Pietrosella (Pitrusella)

🚶 À la sortie du hameau (vaste espace, sur la gauche de la route, où l'on peut laisser la voiture), un sympathique **sentier du myrte** *(1h)* a été aménagé et balisé par l'ONF. Il permet aux botanistes en herbe d'effectuer une courte promenade odorante dans un maquis peuplé d'arbousiers, de myrtes, d'oliviers sauvages (oléastres), de lavande, de bruyères arborescentes, de lentisques et de cistes aux fleurs blanches ou mauves.

Au port de Chiavari, prendre à droite la route de la pointe de la Castagna (Punta di a Castagna) *(D 155)* qui suit la côte et procure de beaux coups d'œil sur le golfe. On rejoint le sable fin de la belle plage de **Mare e Sole**≜, dite **plage d'Argent**, ombragée par quelques pins sur son extrémité Sud. Sur la droite apparaît l'île Piana couverte d'une végétation dense.

La route suit la petite **anse de Portigliolo** bordée d'une plage avant de monter au hameau de la Castagna, dominé d'une tour génoise *(terrain militaire)*.

Revenir sur ses pas jusqu'à l'embranchement où l'on prend à droite la route de Coti-Chiavari (D 55).

Forêt de Chiavari★

L'étroite route bordée de majestueux eucalyptus pénètre dans la forêt domaniale, puis longe les bâtiments en ruine de l'ancien pénitencier fermé en 1906. S'arrêter sur le vaste terre-plein (un endroit idéal pour une pause pique-nique !). Du rebord dominant le littoral, belle vue sur le golfe d'Ajaccio. Au-delà, dans la montée vers Coti, la route en lacets serrés ménage, au hasard de trouées dans les frondaisons souvent impénétrables du maquis, de superbes vues sur le golfe.

Coti-Chiavari

Ce village, bâti en terrasse, tire son origine du peuplement de la région en 1714 par des habitants de la localité ligure de Chiavari, proche de Gênes. Son esplanade ombragée, formant belvédère, offre un agréable point d'observation vers la pointe de la Castagna et les îles Sanguinaires.

Poursuivre vers Acqua Doria et la presqu'île du Capo di Muro.

A

Un immigré bien assimilé en Corse : l'eucalyptus

Originaire d'Australie où il peut atteindre des hauteurs impressionnantes (plus de 100 m !), l'eucalyptus (espèce *globulus*) fut introduit
en Corse au 19e s. dans les environs du pénitencier de Chiavari pour
en assainir l'environnement. En effet, gros consommateur d'eau, l'eucalyptus pompe le sol et assèche les zones marécageuses, en outre ses
feuilles ont des vertus antiseptiques et repoussent les moustiques.

En Corse, la plupart des eucalyptus forment des plantations réalisées
dans le cadre des fonds forestiers nationaux destinés au reboisement
de domaines jusqu'alors composés de landes ou de terres insalubres.
Ainsi près de 900 ha furent plantés dans les plaines côtières orientales
jusqu'en 1960.

Certains secteurs de l'île, comme ceux de Coti-Chiavari, de Porto-
Vecchio, de Porto ou de Sagone constituent, par la taille impressionnante de leurs peuplements et leur capacité de régénération, une part
du patrimoine naturel de l'île.

Entre l'automne et le printemps, l'eucalyptus de Corse se pare de belles fleurs blanches.

Sur la gauche, un chemin descend vers la belle plage de
la **Cala d'Orzo**… où subsiste une « paillote » qui naguère
défraya la chronique.

*La route se termine brutalement. Laisser la voiture et pour-
suivre à pied sur un chemin non balisé (hors quelques
cairns), tracé dans le prolongement. Au 1ᵉʳ embranchement,
prendre sur la gauche le sentier en pente, puis continuer tout
droit en négligeant le 2ᵉ sentier sur la gauche.*

Punta Guardiola

🚶 *1h à pied AR.* Le promontoire, dominé par une tour
génoise, ferme, au Sud, le golfe d'Ajaccio. À ses pieds
s'ouvre le beau golfe d'**Arena Rossa**★, aux contours sauvages et boisés.

Revenir à Coti Chiavari.

De là, le retour à Ajaccio s'effectue par la **route des
Cols**★ *(D 55)* qui embrasse le golfe d'Ajaccio.

Col de Cortone

Par-delà la **forêt de Chiavari**, **vue**★ sur le golfe d'Ajaccio
de la pointe de la Castagna à celle de la Parata ; au Sud
sur le golfe de Valinco.

Col de Chenova

Vue sur la pointe de Sette Nave avec la tour de l'Isollela,
sur les îles Sanguinaires et sur la vallée du Taravo.
La route serpente alors dans un maquis très dense.

Au col d'Aja Bastiano, prendre à gauche la D 302.

Col de Bellevalle

Vue sur le golfe et la plaine alluviale de la Gravona.

L'ARRIÈRE-PAYS ET LA VALLÉE DE LA GRAVONA★★ ⑤

50 km de Bocognano à Ajaccio (voir à Bocognano).

randonnées

SENTIER DES CRÊTES★ ③

🚶 *3h aller ; retour en bus, ou à pied environ 1h1/2. Accessible au marcheur non entraîné, le sentier relie les hauteurs
d'Ajaccio à la centrale solaire de Vignola sur la route des
Sanguinaires ; il est très bien balisé par de grands panneaux
de bois. Emporter eau et crème solaire et éviter cette promenade les jours de grand vent (risque d'incendie). Altitude
maximum du tracé : 360 m.
Point de départ : longer la place d'Austerlitz (ou place du
Casone) par la droite, puis prendre la rue qui monte sur
200 m environ. À l'arrêt de bus « Bois des Anglais », tourner à gauche. Parking. Un panneau signale le sentier.*

Le sentier se hisse en pente douce à travers la végétation du maquis : figuiers de Barbarie mêlés aux chênes
verts. Il domine rapidement la ville d'Ajaccio, le golfe
puis les Sanguinaires. Superbes points de vue tout au

VARIANTE

Il est possible
d'écourter la balade :
même point de départ
mais, au col de
Fortone, bifurquer sur
la gauche par le sentier
balisé qui rejoint la mer
au niveau du parc
Berthault. Retour sur
Ajaccio par la route. Un
peu plus d'une heure
pour effectuer la
boucle.

L'anse de Minaccia, splendide terre sauvage.

long du chemin. À l'arrivée à Vignola, contourner l'enceinte de la centrale solaire par la gauche avant d'atteindre l'agréable plage pour profiter des plaisirs de la baignade.
Retour par le bus n° 5 reliant la Parata au centre-ville depuis l'arrêt de Vignola (fréquence estivale : ttes les 1/2h). À pied par la route, compter 1h1/2.

ANSE DE MINACCIA★ ④

⟨ *1h jusqu'à Petit Capo, 1h1/2 jusqu'à Grand Capo (anse de Minaccia). Promenade sans difficulté ; bien se chausser et prévoir de l'eau. Point de départ : environ 1 km avant le parking de la Parata, un large chemin de terre s'amorce à une centaine de mètres avant la chapelle précédée d'un obélisque.*

Le chemin, bien tracé, franchit une crête qui procure de superbes vues sur les îles et la côte sur ses deux versants avant d'atteindre les belles plages sauvages de Petit Capo et de Grand Capo.

Aléria★

Au débouché de la vallée du Tavignano, l'un des meilleurs accès vers l'intérieur de l'île, et à proximité d'un abri portuaire naturel, l'emplacement présentait toutes les conditions pour abriter Alalia, la première métropole historique de la Corse. Fondée au 6ᵉ s. avant J.-C., la cité connut des fortunes diverses jusqu'à la chute de Rome et aux invasions des Vandales. Les minutieuses fouilles entreprises depuis les années 1950 ont permis à ce site archéologique vieux de plus de 25 siècles de voir le jour. Véritable voyage à travers les civilisations méditerranéennes, les lieux offrent aussi d'agréables promenades le long des étangs et des rives du Tavignano.

La situation

Carte Michelin Local 345 G7 – Haute-Corse (2B). Aléria se trouve à peu près à mi-chemin entre Bastia et Porto-Vecchio, le long de la N 198. Dominant le cours inférieur du Tavignano, un plateau de 40 à 60 m d'altitude et de plus de 2 km de long s'élève à 4 km de la mer. Au Nord-Est s'ouvre l'étang de Diane, le meilleur abri naturel de la côte pour les vaisseaux de l'Antiquité. Accès au musée et au site par une petite route, sur la droite de la N 198 lorsqu'on vient de Cateraggio. Parking obligatoire à l'entrée du hameau.
🄳 *Casa Luciani, 20270 Aléria,* ☎ *04 95 57 01 51.*
De mi-juin à mi-sept. : 9h-20h, dim. 9h-12h ; reste de l'année : tlj sf w.-end 9h-12h, 14h-18h.

Les gens

L'antique cité porte l'empreinte des différents peuples méditerranéens qui l'ont convoitée : Phocéens, Étrusques, Carthaginois, Romains et Génois. À son époque faste Aléria accueillait jusqu'à 80 000 habitants. La bourgade en regroupe aujourd'hui 1 966.

CALENDRIER

Festa antica – Durant deux jours au cours de la première semaine d'août, Aléria replonge dans l'ambiance d'une cité romaine de l'Antiquité (Festa antica) : marché artisanal, joutes, olympiades, groupes de musique, repas et costumes romains, dégustation de vin.

carnet pratique

RESTAURATION

◎◎ **Aux Coquillages de Diana** – *2 km au N d'Aléria par N 198 dir. Bastia - ☎ 04 95 57 04 46 - fermé janv. - réserv. conseillée - 16€ déj. - 25/35€.* Une barge de bois est venue se poser sur les berges sauvages de l'étang de Diane. Malgré ses allures de chalet ce restaurant n'oublie pas sa vocation maritime : objets et bibelots de la pêche et, à table, coquillages et poissons bien sûr. L'hiver retrouvez la même équipe à l'enseigne « Le Chalet » sur la N 198.

HÉBERGEMENT

◎ **Camping Marina d'Aléria** – *Plage de Padulone - 3 km à l'E de Cateraggio par N 200 - ☎ 04 95 57 01 42 - info@marina-aleria.com - ouv. Pâques au 15 oct. - réserv. conseillée - 220 empl. : 20,60€ - restauration.* Parce qu'il est exactement en bord de mer, ce camping est un lieu rêvé pour le farniente, les baignades et les sports nautiques. Belle nature de pins, mimosas, eucalyptus et autres fleurs luxuriantes. Bungalows directement en bord de plage.

ACHATS

Domaine Mavela – *U Licettu - 3 km au S d'Aléria, prendre D 343 sur 1,5 km. - ☎ 04 95 56 60 30 - juin-sept. : 9h-20h ; oct.-déc. : lun.-sam. 9h-12h, 14h-18h ; avr.-mai : lun.-sam. 9h-12h, 15h-19h - fermé déb. janv. à fin mars.* Installée dans une cave voûtée (anciennes cuves à vin), cette distillerie artisanale fait découvrir ses alambics en cuivre et sa salle de vieillissement en fûts de chêne. Dégustation des eaux de vie, liqueurs et fruits à l'eau de vie faits à partir de baies du maquis (myrte, arbouses) et de produits locaux (châtaigne, cédrat, raisin...). La boutique propose aussi de nombreux produits corses alimentaires et artisanaux, charcuterie et fromage fermier, vin et muscat, miel et confiture…

comprendre

Un relais du commerce attique – Après avoir fondé Marseille en 600 avant J.-C., les Phocéens (Grecs de Phocée, ville d'Asie Mineure) créèrent en Corse, vers 565, un comptoir à Alalia. Vingt ans plus tard, chassés de Phocée par la conquête perse, ils s'installèrent à Alalia et en firent leur métropole (de 540 à 535 avant J.-C.). Amoindris par les batailles contre les Étrusques et les Carthaginois, les Phocéens transférèrent leur capitale à Marseille et utilisèrent Alalia comme relais commercial. Ce dernier servit d'escale sur les voies maritimes entre la Provence, l'Italie, la Sicile, l'Espagne et l'Afrique du Nord et devint un port d'importation pour la Corse.

La cité et l'intérieur de l'île connurent donc les influences helléniques avant de s'ouvrir aux autres civilisations méditerranéennes.

La base navale de Rome – En 259 avant J.-C., Rome enleva Aléria aux Carthaginois qui la contrôlaient depuis vingt et un ans, et entreprit la conquête de l'île. Jusqu'en 163 avant J.-C., la République dut réprimer de nombreuses révoltes des peuplades de l'intérieur ; la Corse perdit alors plus de la moitié de sa population. L'île, qui formait avec la Sardaigne une province romaine, fut soumise aux aléas de la politique intérieure de la République. En 81 avant J.-C., Sylla, par mesure punitive, transforma Aléria en colonie militaire. Tour à tour, Pompée, César puis Octave s'emparèrent de la cité.

ACHATS

Les Vignerons d'Aléria – *N 200 - Direction plage de Padulone - ☎ 04 95 57 02 48 - lun.-ven. 8h30-12h, 14h-17h30 ; été : jusqu 20h.* La cave coopérative d'Aléria regroupe des vignerons tous situés dans les environs d'Aléria, haut lieu de l'histoire antique de la Corse. Elle propose de nombreux vins de qualité dont la « Réserve du Président », rouge, rosé ou blanc. Dégustation et vente.

Le fort de Matra s'élève juste à côté de la ville antique. C'est dans ce fort que Théodore de Neuhoff (1694-1756), futur roi de Corse, débarquant sur l'île le 12 mars 1736, fut accueilli solennellement.

Sous l'empire, Aléria devint la capitale de la province Corse, séparée de la Sardaigne. Auguste (empereur de 27 avant J.-C. à 14 après J.-C.) créa un port de guerre dans l'étang de Diane, un port de commerce au pied du plateau dans un coude du Tavignano (où ont été trouvées les ruines des thermes de Santa Laurina des 2e et 3e s.) et fit entreprendre de vastes travaux d'aménagement. Après lui, les empereurs Hadrien, Caracalla et Dioclétien continuèrent à agrandir et à embellir la cité. Celle-ci connaissait alors un grand rayonnement et, par son intermédiaire, la civilisation romaine se répandit dans l'île. Pourtant Aléria ne résista pas à la lente décadence de l'Empire romain. Resserrée sur son plateau, décimée par la malaria, elle fut incendiée par les Vandales et finalement abandonnée au début du 5e s. après J.-C.

Une terre longtemps déshéritée – Après le départ des Romains, la population, fuyant les incursions barbaresques, abandonna la plaine d'Aléria. Les eaux descendues des montagnes se perdirent alors dans les terres et formèrent des marécages malsains. Le paludisme fit des ravages. Cernés par un haut maquis, les villages de Ghisonaccia, Aghione et Aléria tirèrent, durant des siècles, leurs maigres ressources de l'élevage et d'une agriculture aux techniques archaïques.

SAUVÉE PAR L'ONCLE SAM

En 1944, les troupes américaines basées dans la plaine orientale inondèrent cette dernière de DDT, éradiquant définitivement la malaria. À l'heure actuelle, l'irrigation et la modernisation des méthodes agricoles ont transformé en un vaste verger cette région qui fut longtemps la plus déshéritée de Corse.

visiter

Fort de Matra★

Sur la colline à l'extrémité du village s'élève le fort de Matra. Construit par les Génois à la fin du 15e s. sur un emplacement déjà fortifié, il a subi de nombreux remaniements et a été récemment restauré. Il abrite le musée départemental d'Aléria Jérôme-Carcopino.

Musée Jérôme-Carcopino★★ – *De mi-mai à fin sept. : 8h-12h, 14h-19h (dernière entrée 1/2h av. fermeture) ; de déb. oct. à mi-mai : 8h-12h, 14h-17h. Fermé dim. (oct.-mars), 1er janv., 1er mai, 1er et 11 nov., 25 déc. 2€. ☎ 04 95 57 00 92. www.cg2b.fr*

Ce musée regroupe une collection d'objets provenant de la nécropole préromaine et du site de la colonie d'Aléria fouillés et mis en valeur depuis 1955 par J. et L. Jehasse. Divers objets de bronze, de fer, de verre et une précieuse collection de céramiques attestent la continuité des relations commerciales entre Aléria, la Grèce et l'Italie.

Le musée Jérôme-Carcopino présente deux remarquables rhytons attiques (coupes en forme de tête d'animal qui servaient à boire) ; l'une à la tête de chien, l'autre de mulet.

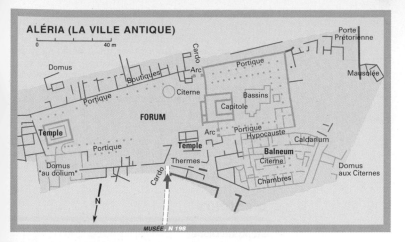

ALÉRIA (LA VILLE ANTIQUE)

MUSÉE, N 198

Parmi les céramiques étrusques, remarquer un groupe d'œnochoés (vases à verser le vin) provenant de Faléries et une série de cratères peints (vases à large ouverture servant aux mélanges d'eau et de vin) dont celui de Vulci représentant Pirithoos aux enfers. Les plus belles pièces viennent de l'Attique : une coupe attribuée à Panaitios (vers 480 avant J.-C.) ; un **cratère du peintre du Dinos** (vers 425 avant J.-C.) où l'on voit Dionysos assis, entouré de deux satyres et d'une nymphe.

Revenir sur ses pas. Le hall d'entrée et la salle suivante présentent le passé romain d'Aléria (plans, inscriptions, monnaies, amphores, lampes à huile...).

Dans la salle 2, on remarque une superbe tête de marbre : **Jupiter Hammon**, le front ceint de cornes de bélier, datant de l'époque de Trajan.

Dans les salles suivantes sont exposés les objets découverts dans la nécropole, en particulier des **bronzes étrusques** et une collection de **céramiques attiques** (coupes et cratères) des 5e et 4e s. avant J.-C. à figures rouges et noires. Signalons une coupe illustrant le thème d'Héraklès terrassant le lion de Némée (470 avant J.-C.) et un cratère du « peintre de Pan » (460 avant J.-C.) représentant Dionysos et Silène présidant à la vendange.

En sortant du fort, prendre à droite un chemin qui conduit à la cité antique.

La ville antique★

De mi-mai à fin sept. : 8h-12h, 14h-19h (dernière entrée 1/2h av. fermeture) ; de déb. oct. à mi-mai : 8h-12h, 14h-17h. Fermé dim. (oct.-mars), 1er janv., 1er mai, 1er et 11 nov., 25 déc. 2€ (fouilles et musée). ☎ 04 95 57 00 92.

Les fouilles ont permis de dégager le forum et le soubassement des principaux monuments de la ville romaine. Les lieux, peu spectaculaires pour les non-initiés, ont été replantés de pins et de cyprès.

Forum – *On y pénètre par l'axe Nord ou cardo, planté de châtaigniers.* Cette place de forme trapézoïdale, cœur de la vie publique de la cité, était bordée de portiques au Nord et au Sud. À ses extrémités se faisaient face un petit temple et le capitole. ▶

Temple – Il date vraisemblablement de l'époque d'Auguste et présente un soubassement de galets taillés provenant du Tavignano. Sur son flanc Nord, l'abside d'un édifice chrétien montre la continuité de l'occupation du site à travers les siècles. Plus au Nord ont été dégagés les vestiges d'une vaste demeure dite **Domus « au dolium »** car elle possède en son milieu une grande jarre en terre cuite appelée *dolium*.

À LIRE
Pour plus de détails, lire *Aléria antique*, par Jean et Laurence Jehasse, en vente au musée.

LE CAPITOLE
Accès par le portique Nord du forum. Consacré à Jupiter, Junon et Minerve, c'est le monument religieux et politique le plus important de la colonie d'Aléria. Il a été rasé à l'époque génoise. On y accédait par un escalier monumental. Un triple portique le fermait vers l'Ouest et l'esplanade ainsi délimitée fut occupée au Bas-Empire par un petit ensemble thermal dont il reste les bassins.

Balneum – Cet ensemble de plan trapézoïdal est séparé du capitole par le portique Nord. On y reconnaît les citernes, et probablement des chambres, vestiaires et salles, chauffées *(caldarium)* par un système de canalisations souterraines (hypocaustes). À l'Ouest du *balneum*, en bordure du plateau, était située une vaste *domus* où l'on distingue encore un hypocauste et de nombreuses citernes destinées à des thermes privés.

Église St-Marcel

Fermée provisoirement.
Faisant face au fort, sur le site d'une ancienne cathédrale romane, cette église a été en partie construite avec des pierres provenant de la ville romaine (comme le montrent quelques éléments sculptés).

alentours

Étang de Diane

3 km au Nord-Est d'Aléria. Cet étang de 600 ha est un centre d'élevage de moules, de clovisses (ou palourdes) et d'huîtres. Dès l'Antiquité, l'étang de Diane, importante base de la flotte romaine, était réputé pour ses huîtres. Les huîtres sont importées de Bretagne à 18 mois ou 2 ans, puis commercialisées après huit mois d'affinage. L'élevage est surtout axé sur l'huître plate. L'îlot des Pêcheurs, au Nord-Est, a été formé par les valves plates de ces mollusques.

Plage de Padulone

3 km à l'Est d'Aléria. Une belle route tracée dans les vignes conduit à une longue étendue de sable gris. Bar et restaurant.

Réserve de faune de Casabianda

5 km au Sud. Accès interdit au public. Elle s'étend sur 1 748 ha entre l'embouchure du Tavignano au Nord et l'étang d'Urbino au Sud. Cette zone d'étangs, de marais et de pâturages est bordée par une véritable brousse de genévriers. La réserve a pour but de préserver certaines espèces animales en voie de disparition dans l'île : tourterelle turque, guêpier d'Europe, héron cendré, busard des roseaux et perdrix rouge trouvent ici le milieu nécessaire à leur survie.
Un centre pénitencier en « milieu ouvert », favorisant la rééducation par les travaux agricoles, y est également implanté.

Étang d'Urbino

9 km au Nord de Ghisonaccia. Ce vaste étang est, comme celui de Diane, spécialisé dans l'élevage des moules et des huîtres.

Domaine préservé de Pinia

Il occupe 400 ha au Sud de l'étang d'Urbino et longe 4 km de plage de sable fin. La belle pinède de Pinia, qui faisait la renommée du domaine, a brûlé en 1993. Elle fut le dernier refuge naturel du cerf de Corse avant sa disparition à la fin des années 1960.

Ghisonaccia *(voir Fiumorbo)*

LES HUÎTRES DE L'EMPEREUR
Durant son exil à l'île d'Elbe, Napoléon faisait faire la traversée au capitaine Pontier deux fois par semaine pour qu'il lui rapporte des huîtres. Ces voyages répétés permettaient en outre à l'Empereur de se tenir informé de la situation en France.

Culture des huîtres et des moules dans l'étang de Diane.

Algajola⌂

Algaghjola

Cette agréable petite station balnéaire, établie entre les marines de Davia et de Sant'Ambroggio, possède au fond de sa baie une grande plage de sable.
Aux environs s'ouvrent des carrières de très beau granit porphyrique.

La situation
Carte Michelin Local 345 C4 – Schéma p. 145 – Haute-Corse (2B). Accessible par la N 197 et le chemin de fer, Algajola se trouve à mi-chemin entre Calvi et L'Île-Rousse.

Le nom
Les plus fantaisistes disent que le nom d'Algajola viendrait « d'algues jolies », celles qui couvrent souvent la petite plage de San Damiano, au Sud de la ville.

Les gens
La fondation d'Algajola remonte vraisemblablement aux Phéniciens. Selon la tradition, saint Paul, revenant d'Espagne, y aurait accosté.

comprendre

Une vocation de place forte – De son architecture militaire, Algajola conserve des maisons blotties à l'intérieur de remparts, quelques ruelles et passages voûtés et une partie de sa citadelle au bout du promontoire. Jusqu'au 18ᵉ s. elle fut une défense génoise avancée de Calvi.

> **TRANSPORTS**
> **Tramway de Balagne (ou train des plages)**
> – *Informations à la gare de L'Île-Rousse -* ☎ *04 95 60 00 50 et 04 95 65 00 61.* D'avril à octobre, il relie Calvi à L'Île-Rousse en passant par Algajola et plusieurs plages du littoral. Prendre son billet dans le train car il n'y a pas de guichet à Algajola.

carnet pratique

VISITE
Visite guidée – L'association « Loisirs et culture » organise des visites guidées (1h1/2) de l'église St-Georges et de l'ensemble de la ville, juil.-août : mar. 18h30 et jeu. 10h30, au dép. de la gare. Se renseigner auprès de Mme Lemettre, ☎ 04 95 60 70 30 ou 06 70 83 00 16.

RESTAURATION
🍽️ **U Castellu** – *10 pl. du Château -* ☎ *04 95 60 78 75 - fermé mi-oct. à mars - 17/30€.* Ce pittoresque restaurant est aménagé dans une vieille demeure, mais dès les beaux jours on dresse les tables sur la jolie place face à la citadelle construite au 17ᵉ s. Cuisine goûteuse et soignée autour des richesses de la mer et des produits du terroir.
🍽️ **L'Algajola** – *7a r. A.-Marina -* ☎ *04 95 60 70 02 - fermé nov. à mars - 18/25€.* Pour un restaurant de bord de mer, quoi de plus naturel que de mitonner des petits plats aux saveurs iodées ? À table, on s'installera de préférence près des baies vitrées donnant sur la « grande bleue ». La terrasse sur plage vous incite à piquer une tête entre deux plats.

HÉBERGEMENT
🛏️ **Hôtel Stellamare** – ☎ *04 95 60 71 18 - stellamare2@wanadoo.fr - fermé nov. à mars -* 🅿️ *- 16 ch. : -* 🍴 *7€ - restaurant*

23€. Les chambres de ce petit hôtel, rénové dans le style provençal, dominent la citadelle d'Algajola et la mer. Petit parc, jardin et jolie terrasse pour le farniente.
🛏️ **Hôtel Beau Rivage** – ☎ *04 95 60 73 99 - info@hotel-beau-rivage.com - fermé 16 oct. au 14 avr. -* 🅿️ *- 36 ch. : 47/59€.* Difficile d'être plus près de la mer et de la plage de sable fin ! Ici, que vous soyiez dans votre chambre, sur la terrasse ou dans le restaurant aux grandes baies vitrées, la vue sur la Méditerranée est toujours superbe.
🛏️ **Hôtel Saint-Joseph** – *1 chemin de Ronde -* ☎ *04 95 60 73 90 - fermé mi-oct. à mi-avr. -* 🅿️ *- 15 ch. : 63/76€ - restaurant 20€.* La gare du tramway de Balagne est proche mais c'est surtout l'emplacement de ce petit hôtel, au bord d'une charmante crique, qui attire les habitués. Empruntez son escalier de bois et vous êtes sur les rochers face aux eaux claires de la mer. Chambres simples et calmes.

ARTS & SPECTACLES
Les Trois Guitares – *Rte de l'Île-Rousse -* ☎ *04 95 60 11 05 - sam. à partir de 22h.* Tout en chantant le répertoire traditionnel, les frères Vicenti interprètent leurs propres textes. Ces Brassens insulaires ont en effet écrit la plupart des chants corses. Deux hommes au charme et à la sensibilité rares à ne manquer sous aucun prétexte.

La cité connut son apogée au 17e s. ; elle vivait surtout du commerce des olives et des huîtres. Ses remparts furent édifiés en 1664, pour la protéger d'un éventuel retour des Sarrasins qui l'avaient saccagée le 26 juin 1643. En 1729, les Corses insurgés contre Gênes s'en emparèrent. Par la suite, le marquis de Maillebois commandant les troupes françaises en Corse reconnut son importance de place forte lorsqu'en 1739, il réprima un soulèvement dans l'île. En 1767, elle fut pour Pascal Paoli, une position de premier plan.

L'essor de L'Île-Rousse provoqua, à la fin du 18e s., l'abandon presque total de la cité.

se promener

Le bord de mer

La ville est bordée d'une belle **plage** longue de 1,5 km. Quelques bars, des activités nautiques et un camping animent le bord de mer. Au Sud d'Algajola, le quartier **San Damiano** accueille le petit port de pêche.

Citadelle★

Propriété privée, ne se visite pas. Construite au 17e s. autour d'un château (dont subsiste la tour fortifiée), elle conserve son bastion triangulaire et ses échauguettes.

Le « château » servit de résidence au lieutenant-gouverneur de Balagne. En 1643, lors de la destruction d'Algajola par les Sarrasins, la garnison génoise s'y retrancha tandis que l'église St-Georges servait de refuge aux habitants.

En fin de journée, gagnez l'extrémité Nord de la plage. C'est un bon emplacement pour observer le coucher du soleil et les teintes dorées dont la ville se pare.

Église St-Georges

En dehors des offices religieux, se renseigner à l'Office de tourisme, ☎ 04 95 62 78 32.

Remarquer la belle toile du 17e s. figurant une **Descente de Croix★**, attribuée au Guerchin (1591-1666), peintre italien de l'école bolonaise.

◀ Cette église semi-fortifiée, placée sous le vocable du saint patron de la ville de Gênes, a été remaniée au 17e s. après avoir été incendiée par les Sarrasins. L'intérieur est éclairé par de petites fenêtres hautes et présente une abside à voûte génoise. Au fond du chœur, un tableau représente saint Alexandre Sauli *(voir à Cervione)*, qui vécut à Algajola de 1572 à 1575.

L'Alta Rocca★

L'Alta Rocca est la partie orientale et montagneuse de l'ancienne seigneurie de la Rocca. Elle abrite de précieux témoignages d'un habitat préhistorique.

Son paysage de versants boisés (chênes verts, pins maritimes et laricio, châtaigniers) et de plateaux abandonnés à la lande, est semé de beaux villages aux massives maisons de granit, et sillonné de nombreux sentiers balisés.

La situation

Carte Michelin Local 345 D9 – Corse-du-Sud (2A). Fermée au Nord par les massifs de l'Incudine et de Bavella, l'Alta Rocca s'ordonne autour de la vallée du Rizzanèse. C'est une région d'élevage extensif. Ses principales localités sont accessibles par la D 268, à droite de la N 198, 2 km au Nord de Sartène.

🚶 *Sorba, 20170 Levie (Livia),* ☎ *04 95 78 59 92.*

Le nom

Alta Rocca signifie « haute roche » en langue corse et décrit bien la situation montagneuse de la contrée.

Les gens

Au Moyen Âge, l'Alta Rocca fut le territoire des puissants seigneurs della Rocca qui s'illustrèrent dans la lutte contre les Génois *(voir à la Cinarca).*

circuit

DE PROPRIANO À ZONZA

39 km – une demi-journée. Quitter Propriano par la route de Sartène (N 196) ; après le pont sur le Rizzanèse, prendre à gauche la D 268 vers Aullène.

À 4 km sur la gauche, un peu en contrebas de la route, un pont génois enjambe le Rizzanèse dont les eaux claires courent sur les galets.

Spin'a Cavallu (ou Cavaddu)★

Peut-être construit dès l'époque pisane, c'est sans doute le plus fameux des ponts génois. Il constituait le trait d'union entre les « **pièves** » du Vighjanu et de Sartène. Après les graves intempéries de l'automne 1993, une partie du pont a dû être profondément restaurée. Le paysage alentour a aujourd'hui retrouvé son charme bucolique. Une aire de pique-nique est aménagée sur la rive.

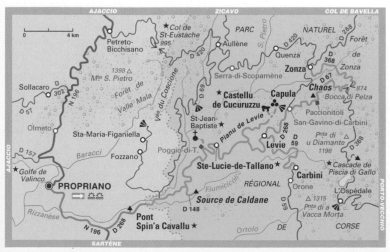

Le Spin'a Cavallu, « dos de cheval », se caractérise par une arche unique et une étroite chaussée pavée de grosses dalles, à la brisure accentuée.

Poursuivre la D 268 en direction de Ste-Lucie-de-Tallano puis emprunter à droite la D 148. Après avoir franchi le Fiumicicoli, continuer à gauche jusqu'au bar (propriétaire des Bains).

Source thermale de Caldane

À proximité du torrent, dans un joli site champêtre, la piscine thermale, alimentée par une source sulfureuse chaude, est fréquentée par des malades souffrant de rhumatismes et d'affections cutanées.

Revenir sur ses pas et reprendre la D 268.

On traverse un paysage de montagne et de maquis qui exhale de forts parfums, suaves et poivrés, caractéristiques du **ciste**. Ste-Lucie-de-Tallano, première localité d'importance de l'Alta Rocca, apparaît bientôt, accrochée au flanc de la montagne.

Ste-Lucie-de-Tallano★ *(voir ce nom)*

Continuer la D 268 vers Levie. À 5 km tourner à gauche en direction des sites archéologiques du Pianu de Levie (Cucuruzzu).

Castellu de Cucuruzzu★ et Capula *(voir Pianu de Levie)*

Reprendre la D 268 jusqu'à Levie.

Levie (Livia)

Le bourg, capitale de l'Alta Rocca, est situé sur un plateau granitique de 800 à 900 m d'altitude. Il est limité par les vallées du Rizzanèse et du Fiumicicoli, d'où émergent plusieurs chaos rocheux qui recèlent d'importants vestiges d'habitants néolithiques et de l'âge du bronze.

Dans le village, prendre sur la droite la D 59 en direction de Carbini.

Musée de l'Alta Rocca★ – *Fermé pour travaux, réouverture prévue fin 2004.*

Bénéficiant de nouveaux locaux (fin 2002) et d'une muséographie modernisée, ce musée constitue un bon complément à la découverte des sites du Pianu de Levie (Cucuruzzu). Les collections proviennent principalement des fouilles effectuées à Capula, Cucuruzzu, Caleca et Curacchiaghju. Elles présentent des objets variés relatifs aux modes de vie et aux techniques, du prénéolithique jusqu'au Moyen Âge.

LOISIRS

Demander à « Info tourisme Alta Rocca », ☎ 04 95 78 56 33, la brochure sur les sentiers de pays : 21 propositions de balades au cœur des richesses naturelles de la région.

---

carnet pratique

RESTAURATION

🍴 **La Pergola** – 20170 Levie - ☎ 04 95 78 41 62 - fermé nov. à avr. - réserv. obligatoire - 14,50€. Ce restaurant au centre du village est tout petit et la cuisine corse qui s'y prépare exhale ses saveurs jusque dehors et vous ouvrira l'appétit. Salle à manger modeste mais sympathique ou jolie tonnelle selon la température.

ACHATS

Pâtisserie Léonetti – Sorba - 20170 Levie - ☎ 04 95 78 41 11 - mar.-sam. 4h-19h, dim. 8h-12h, 15h-19h - fermé janv.-mars. Imbrucciate (gâteau au brocciu), frappes (bugnes), canistrelli et le « sciacci di patati » (sorte de tarte garnie de purée de pomme de terre au fromage corse relevé au poivre) sont les succulents produits maison que vous trouverez dans cette pâtisserie à l'ancienne. Une sympathique halte lors d'une excursion dans la région.

On notera la présence de l'unique **vestige humain pré-néolithique** mis au jour en Corse (6570 avant J.-C.), la « **dame de Bonifacio** », ainsi que d'un squelette de *Prolagus*, mammifère rongeur (aujourd'hui disparu) tenant à la fois du lapin et du rat dont les anciens habitants des lieux étaient friands.

La **période néolithique** (6000 à 3000 avant J.-C.) est illustrée par une poterie ornée au poinçon (le curasien) et à la coquille (le cardial), associée à un outillage de silex et d'obsidienne, et à des éléments de parure en rhyolite.

L'**âge du bronze et l'âge du fer** (1800 à 250 avant J.-C.) sont évoqués par des céramiques, des bijoux en bronze et en pâte de verre. On observe également un squelette féminin bien conservé découvert à Capula dans une couche correspondant à l'âge du fer.

Enfin, le **Moyen Âge** est représenté par des pièces de monnaie et une vaisselle originale (cruchon pisan du 14e s.). ▶

Reprendre la D 59 en direction de Carbini.

La route passe devant l'église à la jolie silhouette baroque. Elle serpente ensuite à flanc de montagne et traverse une région boisée à perte de vue. La forêt tapisse croupes, thalwegs, crêtes, mamelons, depuis les rives encaissées du Fiumicicoli et presque jusqu'aux sommets des monts. Quelques crêtes rocheuses comme la Punta di u Diamante ou la Punta di a Vacca Morta émergent de l'ensemble.

Carbini

Carbini s'élève dans les hautes collines granitiques du Sartenais. Au 2e s. de notre ère, le géographe grec Ptolémée y avait relevé l'existence d'une occupation humaine déjà très ancienne. Le village, avec son haut campanile, se voit à des kilomètres à la ronde.

L'**église San Giovanni Battista**★, superbe église piévane, fait partie d'un ensemble qui comprenait deux églises, un campanile et un baptistère. De nos jours, seuls subsistent l'église San Giovanni et le campanile voisin isolé. Mérimée, qui tenait ce **campanile**★ pour le plus ancien de Corse, demanda sa restauration.

L'église San Giovanni remonte probablement à la fin du 11e s. et relève des débuts de l'art roman pisan en Corse. Elle se distingue par son bel appareillage en moellons de granit et par son décor d'arcatures et de modillons en corniche et sur les frontons. Lors de fouilles archéologiques, on a retrouvé entre l'église et le campanile les bases d'une église San Quilico.

DES « CATHARES » INSULAIRES, LES GIOVANNALI

Le mouvement des Giovannali (ou Ghjuvannali), branche dissidente d'une confrérie de tertiaires franciscains d'une centaine de personnes, prit naissance à Carbini au milieu du 14e s. Selon certains, l'appellation de « Giovannali » serait liée au nom du prédicateur, le frère Giovanni Martini ; selon d'autres, ce nom viendrait de l'église San Giovanni de Carbini où les dissidents se réunissaient. Le mouvement se caractérisait par son opposition, au nom de la pauvreté, à tout ordre établi. Dans le contexte déjà troublé du 14e s., l'affaire semble avoir été très vite prise au sérieux par l'évêque d'Aléria qui excommunia les Giovannali. Le mouvement dégénéra alors en véritable révolte contre toute autorité et s'étendit géographiquement dans tout l'Est de l'île. Taxé d'hérésie, il fut réprimé dans la violence.

Revenir à Levie. Prendre la D 268 en direction de Zonza.
À la sortie de Levie, on traverse d'abord une forêt de pins,
puis une rouvraie magnifique.

Chaos de Paccionitoli

Dans San-Gavino-di-Carbini, prendre à droite la D 67 vers Paccionitoli. Cette route facile relie en 7 km San-Gavino-di-Carbini et Paccionitoli au col de Pelza, en forêt de Zonza. Le plus souvent enserrée dans des murs de pierres sèches, elle traverse une zone de chaos granitiques aux formes étranges, à moitié enfouis dans une végétation dense de fougères et de maquis. Certains rochers évoquent des silhouettes d'hommes ou d'animaux. Toute la région de Paccionitoli est riche en vestiges préhistoriques.

Le campanile de Carbini, décrit par Mérimée, a effectivement belle allure. Il a été élevé au 12e s., et restauré au 19e s. ; sa toiture pyramidale remplace la tour crénelée d'origine.

Remarquer, à hauteur d'une petite bergerie, *(1,8 km après San Gavino)*, un dolmen à 30 m sur la gauche, demeuré intact au milieu de traces d'aménagements plus complexes *(propriété privée)* ; 300 m plus loin, toujours à gauche, une pierre se dresse dans un champ.

Au col *(bocca)* de Pelza, on rejoint la D 368 qui traverse la **forêt de Zonza**, offrant de beaux coups d'œil sur les aiguilles de Bavella et le massif de l'Incudine.

Zonza *(voir ce nom)*

Vallée d'ASCO ★★

Ascu

Majestueuse vallée qui s'engouffre au pied des plus hautes montagnes corses, l'Asco est le domaine des randonneurs et le refuge d'une faune originale aux espèces parfois endémiques : gypaètes (vautours), sittelles (oiseaux) et, surtout, mouflons. Genévriers et fleurs sauvages habillent les gorges profondes tandis que les forêts de pins laricio et maritimes verdissent la haute vallée. Constituées de rhyolite et de porphyre rouge violine, les montagnes s'empourprent sous le soleil.

La situation

Carte Michelin Local 345 D5 – Haute-Corse (2B). La vallée s'ouvre largement à l'Est sur la dépression drainée par le Golo, au Nord de Ponte Leccia. Mais elle est fermée à l'Ouest par un cirque de montagnes formé par le Monte Cinto (alt. 2 706 m), point culminant de l'île, la Punta Minuta (alt. 2 549 m), le Capo Stranciacone (alt. 2 151 m), la Mufrella (alt. 2 148 m) et la Punta Gialba (alt. 2 101 m). Seuls quelques cols d'accès difficile permettent aux montagnards de franchir cette barrière : le col de Stranciacone mène dans le Filosorma, celui d'Avartoli dans le cirque de Bonifato, celui de Pampanosa dans le Niolo et celui de l'Ondella dans la vallée de Tartagine. Une route unique, la D 147, dessert la vallée sur toute sa longueur (33 km).

Les gens

Terre de bergers, la vallée d'Asco est aussi peuplée par les randonneurs et les mouflons.

INTEMPÉRIES

Les fortes intempéries survenues en octobre 2001 ont entraîné des chutes de pierres et des glissements de terrain qui ont emporté par endroits la route – interdite à la circulation depuis lors. Circonstances annexes, le pont permettant d'atteindre la Maison du mouflon a été emporté et le refuge du Chalet s'en est trouvé fermé. Il vaut donc mieux se renseigner au préalable, directement au refuge ou à la mairie d'Asco, ☎ 04 95 47 82 07

comprendre

Une vallée à trois visages – L'Asco prend naissance au pied de la Punta Minuta près du col de Stranciacone dont il porte le nom jusqu'à son confluent avec le ruisseau de la Pinara en amont du village d'Asco. Son cours présente trois parties géologiquement et climatiquement distinctes : la haute vallée, les gorges et la basse vallée.

La **haute vallée** a été creusée dans une gigantesque masse de roches cristallines s'étendant du golfe de Girolata au village d'Asco. Le cours du Stranciacone est impétueux car les neiges du Cinto et de la Punta Minuta

LE GENÉVRIER

Le genévrier oxycèdre s'accroche aux roches nues autour d'Asco. Muni de feuilles très piquantes et de fruits brun-rouge, cet arbrisseau fournit un bois fibreux servant à la confection d'ustensiles. Le genévrier thurifère, reconnaissable à ses feuilles en écailles, vit uniquement dans la vallée d'Asco, indiquant un climat sec, froid l'hiver et très ensoleillé.

UN REFUGE POUR UNE FAUNE À PRÉSERVER

La vallée d'Asco a conservé une faune aujourd'hui protégée. Le **gypaète barbu**, vautour qui mesure plus de 1 m et dont l'envergure dépasse 2,50 m, est reconnaissable à sa tête blanche, au bandeau noir qui lui cerne l'œil, à une touffe de barbe à la base du bec, à ses ailes pointues et surtout à sa queue en losange. Ce grand vautour appelé « **altore** » en corse (signifiant « celui qui habite les hauteurs ») fait partie des espèces menacées d'Europe. Décimé par la chasse, il peuplait avec **l'aigle royal** les massifs montagneux peu fréquentés. Il ne reste plus aujourd'hui que huit couples de gypaètes en Corse. Le rapace a heureusement retrouvé, dans la vallée d'Asco, un milieu favorable bien préservé. L'oiseau se nourrit principalement d'os de charognes dont il brise les gros morceaux en les lâchant en vol sur des pierriers. Il niche dans des failles de rochers verticaux. Dans le Parc régional, des charniers sont alimentés en hiver pour pallier la raréfaction des troupeaux en transhumance.

alimentent de nombreux torrents. Le climat est alpin : la neige se maintient jusqu'en mai-juin et subsiste en été sur les versants Nord. Les massifs élevés reçoivent près de 2 000 mm d'eau par an (la moyenne annuelle de l'île est de 900 mm). La haute vallée est le domaine des pins : pin maritime appelé « pin de Corte » et pin laricio, fréquent sur les faces exposées au Nord. Entre 1 700 et 2 000 m d'altitude croît l'aulne odorant ; il joue un rôle important dans le maintien du sol, de la neige et de l'humidité.

En aval, les **gorges de l'Asco**★★, arides et profondes, sont taillées dans les granits et reçoivent de 750 à 1 000 mm d'eau par an.

La **basse vallée** est une plaine alluviale de cailloutis ; chaude, couverte de maquis, de chênes verts et d'aulnes, elle reçoit moins de 500 mm de précipitations et débouche dans la vallée du Golo au Nord de Ponte Leccia. Son maquis dégradé se compose de lavande et de cistes de Montpellier, formant de vastes fourrés très odorants, aux fleurs blanches.

La transhumance, une tradition en déclin – Il y a peu encore, les bergers ascolais pratiquaient en hiver la transhumance vers les pâturages de Balagne (aujourd'hui dégradés par les incendies) pour les moutons, et vers ceux des Agriates pour les chèvres. Les bergers logeaient dans de basses maisons en pierres sèches, au toit de schiste et au sol en terre battue.

Fin mai, ils reprenaient le chemin d'Asco et se réunissaient en famille quelques jours. Après avoir tondu les bêtes, ils gagnaient les alpages où ils passaient l'été, occupés par la traite des brebis et la fabrication du fromage. Ils redescendaient à Asco à la mi-octobre.

Aujourd'hui, rares sont ceux qui perpétuent ces traditions.

Activités artisanales – Les femmes, restées au village, cultivaient les jardins potagers, filaient et tissaient la laine de brebis et le poil de chèvre pour confectionner les *panni*, sorte de manteaux, et les *pelone*, pèlerines protégeant des intempéries. Pendant les longues heures de surveillance du troupeau, les bergers fabriquaient, avec le genévrier oxycèdre, les ustensiles nécessaires à la confection du fromage.

Ces activités ne sont plus pratiquées aujourd'hui que par quelques artisans à des fins touristiques.

Des nouvelles ressources – Le fromage demeure la principale production de cette région. Aujourd'hui, tout le lait de brebis de la vallée, dont la production annuelle atteint 10 000 litres, est envoyé dans l'Aveyron pour être transformé en fromage de roquefort. À ces ressources s'ajoutent l'exploitation du bois et de la résine des pins, l'élevage des vers à soie et l'apiculture. Trois microcentrales électriques ont été construites dans la haute vallée en vue de subvenir aux besoins locaux.

TROC
Au début et à la fin de l'été, des caravanes de mulets quittaient Asco pour sillonner la Corse. Le fromage était alors vendu ou échangé dans les régions voisines contre d'autres denrées : l'huile d'olive de Balagne et les porcs de Castagniccia en particulier.

Le miel d'Asco, très blanc, doit sa réputation à la manne, exsudation sucrée végétale. De nombreuses ruches parsèment la vallée.

découvrir

LES MOUFLONS DE L'ASCO

Symboles de la montagne corse, les mouflons ont choisi comme sanctuaire la vallée d'Asco, où ils attirent nombre de randonneurs désireux de les apercevoir.

Maison du mouflon (Casa di a Muvra)

Sur la route menant au Haut-Asco, sur la droite au-delà du torrent Stranciacone, 2 km environ après le camping. S'adresser à la mairie d'Asco, ☎ 04 95 47 82 07.

Cet espace d'information et d'exposition a pour but d'aider les visiteurs à mieux découvrir la vallée et la forêt, les activités humaines qui s'y développent, ainsi que la flore et la faune locale, à commencer par l'incontestable vedette de l'endroit : le mouflon, bien entendu !

Réserve de faune d'Asco★

S'adresser à la délégation de l'Office national de la chasse et de la faune sauvage, BP 4267, 95 r. Pierre-Flourens, 34098 Montpellier Cedex 05, ☎ 04 67 10 78 00.

La réserve d'Asco, créée en 1953, s'étend au cœur du massif du Cinto sur 3 510 ha et s'étage entre 800 m et 2 200 m, le long de vertigineuses parois rocheuses recouvertes de landes colorées de genêts épineux. Elle occupe tout le versant Sud de la haute vallée.

◄ L'intérêt particulier de cette réserve est d'observer facilement dans son milieu naturel le **mouflon** de Corse dont on dénombre ici plus de 500 individus.

Certains oiseaux sont également typiques de la réserve : la **sittelle corse**, espèce endémique, reconnaissable à son chant particulier, niche dans les arbres morts. Au-dessus de 1 000 m, les vols de bandes de **chocards** à bec jaune sont fréquents et animent de leurs cris strident les vallées encaissées.

OBSERVER LES MOUFLONS
En juillet et août, on peut apercevoir, sur les replats des hauts vallons, les nouveau-nés et leurs mères.
De mi-novembre à mi-décembre, période de rut, ont lieu de spectaculaires combats de mâles.
De janvier à avril, les animaux descendent sur les bas versants.
De mai à fin juin, période de mise à bas, évitez d'approcher les animaux de trop près.

Le mouflon, emblème de la montagne corse, habite les versants du Monte Cinto.

COMMENT DÉTERMINER L'ÂGE D'UN MOUFLON MÂLE ?
Il suffit d'en rencontrer un bien disposé à votre égard (ou de posséder une bonne paire de jumelles), afin d'examiner ses cornes. Leur croissance marque chaque hiver un arrêt matérialisé par un anneau ; au printemps, la reprise du développement repousse les anciens anneaux. On obtient le nombre d'années vécues par l'animal en comptant les sections entre les anneaux. Chez les mâles âgés, l'usure peut effacer les anneaux de la pointe. Le calcul est plus complexe pour les femelles, dont l'âge est proportionnel à l'étendue du masque facial blanc.

---

circuit

DE PONTE LECCIA À HAUT-ASCO

33 km – environ 2h.

Ponte Leccia *(voir Castagniccia)*

De Ponte Leccia suivre la route de Calvi (N 197) et, au bout de 2 km, tourner à gauche dans la D 147. La route remonte le cours de l'Asco en empruntant le fond de la vallée.

Emprunter la D 47 sur la droite et poursuivre sur 3 km.

Moltifao (Moltifau)

Dominé par les aiguilles rouges de Popolasca, ce village s'étage sur le versant bien exposé des hauteurs verdoyantes séparant la vallée d'Asco de celle de la Tartagine, au milieu de terrasses plantées de vergers et d'oliviers. L'église d'une jolie couleur pain d'épice s'élève au centre du village.

Poursuivre la D 47 sur 3 km.

Castifao (Castifau)

Accroché au-dessus de la vallée de la Tartagine, il se groupe autour d'une charmante place, bordée par l'église et la poste, à laquelle on accède par un petit pont.

Revenir à la D 147, puis poursuivre sur la droite vers Asco.

A

Village des tortues (Paese di e cuppilate)

Au lieu dit Tizzarella. La visite aura plus d'intérêt aux heures fraîches de la journée. *Juil.-août : visite guidée uniquement (3/4h) 10h, 11h, 15h, 16h, 17h, 18h ; juin et de déb. sept. à mi-sept. : tlj sf w.-end, 10h, 11h, 15h30, 16h30 ; mai : se renseigner. 4€.* ☎ 04 95 47 85 03.

Sur une dizaine d'hectares, le Parc régional a aménagé un centre d'étude, d'accueil, de soins et de présentation pédagogique de la tortue d'Hermann *(voir le chapitre faune)*. L'unique tortue terrestre de France ne se trouve plus que dans une petite partie du massif des Maures et, en Corse, dans la plaine orientale. La visite permet de suivre les différents stades de la vie de l'animal.

Reprendre la D 147 et 2 km après un pont, s'arrêter à la hauteur d'une cabane sur la rive opposée reliée par une passerelle.

Via ferrata de la Manicella★

Longueur totale du parcours câblé : 350 m ; durée moyenne du trajet : 2h à 2h1/2 ; dénivelé : 250 m. Stationnement dans le décrochement face à la passerelle. Toute l'année, présence de l'équipe sur le site et encadrement pour les débutants. Gestion du site par la SARL In Terra Corsa, ☎ 04 95 47 69 48. *Canyoning, randonnée pédestre, kayak de rivière, location de VTT, escalade, via ferrata (3 réalisées sur le site).*

Une signalétique identifie les principaux points qui jalonnent l'itinéraire. Retour par un sentier balisé de points rouges.

En contrebas du point d'accueil, les nombreuses criques du torrent invitent à une pause rafraîchissante.

Gorges de l'Asco (Strette di l'Ascu)★★

Creusées dans le granit, ces gorges arides rappellent celles de la Scala di Santa Regina *(voir ce nom)*. Elles sont cependant plus courtes et plus larges ; la végétation y est plus abondante et les crêtes rocheuses d'environ 1 000 m qui les surplombent leur confèrent un aspect plus sauvage. Elles sont dominées par des montagnes déchiquetées comme la Cima a i Mori *(alt. 2 180 m)* et le Monte Terello (alt. 1 310 m).

De nombreuses ruches s'alignent sur les pentes. Aux abords d'Asco, la rive droite devient très aride, tandis que la rive gauche est tachetée de genévriers oxycèdres. De nombreuses vaches, d'une agilité surprenante, circulent en liberté sur la chaussée et sur ses abords, escaladant les coteaux avec allégresse.

Asco (Ascu)

Établi au débouché des gorges et bien exposé au midi, c'est le seul village de la vallée. En dépit de quelques bâtiments récents, il est bien intégré aux versants rocheux du Capo Selolla.

Asco est peut-être d'origine ligure ; mais ses annales ne remontent qu'au 16ᵉ s., à l'époque de la guerre contre Gênes menée par **Sampiero Corso**, au cours de laquelle le village servit de refuge.

Pont génois

Continuer en direction de Haut-Asco sur la D 147 qui contourne le village. À la sortie de celui-ci, prendre sur la gauche une route étroite qui descend dans les gorges. Les eaux vertes et claires de l'Asco sont enjambées par ce beau pont en dos d'âne bâti pour permettre l'accès à la bergerie de Pinnera.

Revenir à la D 147.

À la sortie du village, la route remonte le Stranciacone et les pins laricio font leur apparition, escaladant les versants. On aperçoit encore des ruches. Après avoir franchi un pont, la route longe la rive droite du torrent.

C'est à partir de cet endroit que les inondations et glissements de terrain rendent la route assez peu praticable.

La via ferrata permet, grâce à un aménagement de la paroi par câbles, de progresser en toute sécurité au-dessus des gorges de l'Asco.

LES « SAGES » D'ASCO

Au 18ᵉ s. le village d'Asco institua une sorte de tribunal paternel : élus par la communauté, les *Paceri* (« ceux qui apaisent », les « sages ») étaient chargés de trancher à l'amiable les conflits entre familles. Ce mode de juridiction a profondément marqué les hommes de cette vallée et l'expression « saviu d'Ascu » (« sage d'Asco ») est encore utilisée aujourd'hui.

En contrebas du village d'Asco, un pont génois enjambe les eaux vertes du fleuve.

Forêt de Carrozzica

Cette belle forêt de 3 220 ha s'étend sur toute la vallée supérieure d'Asco. D'abord clairsemée, elle devient plus dense et prend fin à 1 900 m d'altitude au pied de la grande barrière rocheuse. Elle se compose surtout de pins laricio qui croissent jusque dans le lit du torrent. Celui-ci coule au milieu de blocs de porphyre rose formant des vasques d'eau claire. Mais cette forêt, autrefois dévastée par les coupes d'arbres, puis par des incendies, a subi jusqu'à récemment les dommages des avalanches.

Maison du mouflon *(voir « découvrir » ci-dessus)*

À 7 km d'Asco, au lieu dit **Giunte**, la route laisse sur la droite le Stranciacone qui reçoit la Tassinetta. Après avoir franchi le ruisseau de Manica, elle atteint le lieu dit **Caldane** (source minérale), puis s'élève jusqu'à Haut-Asco.

Haut-Asco

Alt. 1 450 m. Dans un beau **site**★ de montagne, au milieu des pâturages et de pins laricio centenaires, ce replat procure de splendides vues : au Sud, le Monte Cinto et le cirque glaciaire de Pampanosa au pied du Capo Larghia et de la Punta Minuta et à l'Ouest, le col et le Capo Stranciacone. Dans cette étape du célèbre GR 20, les aménagements, peu heureux, d'une station de ski désormais désaffectée, parviennent à peine à enlaidir le paysage.

Aullène

Auddè

Ce paisible et joli village de pierre est assis sur une haute croupe granitique du Sartenais. Les alentours, boisés de pins et de châtaigniers offrent un sauvage et magnifique décor de montagne.

Le terrain

Carte Michelin Local 345 D9 – Corse-du-Sud (2A). Aullène se situe au croisement de la D 69 et de la D 420, à 13 km à l'Ouest de Quenza, à une vingtaine de kilomètres à l'Est de Petreto Bicchisano et à 34 km au Nord-Est de Sartène.

Le nom

Auddè signifie « carrefour ». En effet, Aullène se trouvait sur la première route stratégique qui reliait Corte à Bonifacio. Les routes qui traversent le village permettent aujourd'hui d'aller vers les 4 points cardinaux.

Les gens

Le général **Paulin Colonna d'Istria**, grand résistant, est un enfant du pays. La stèle de granit gris érigée à sa mémoire *(à l'entrée du village de Petreto sur la gauche)*, rappelle aussi le rôle éminent joué par la commune dans la libération de la Corse lors du dernier conflit mondial.

Gros bourg montagnard, Aullène présente une architecture traditionnelle de granit gris avec des maisons à arcades et quelques passages voûtés.

carnet pratique

visiter

Église paroissiale

Elle renferme de belles boiseries rustiques dans le
chœur et une **chaire** du 17ᵉ s. La console en bois clair
sculpté est formée de monstres marins prenant appui
sur une tête de Maure, évocation probable des raids barbaresques qui ravagèrent les côtes de Corse jusqu'au
18ᵉ s.

circuits

ROUTE DU COL DE ST-EUSTACHE★

20 km par la D 420 jusqu'à Petreto-Bicchisano.
La route monte en lacet au-dessus de la vallée encaissée
du Coscione offrant un beau coup d'œil sur le paysage
rocheux où s'accroche un maigre maquis.
Après le col de St-Eustache, la route, jalonnée d'énormes ►
blocs rocheux, descend vers la vallée du Taravo. On
observe une démarcation caractéristique de la végétation : alors que le versant Sud est couvert de pins, le versant Nord est surtout boisé de chênes verts auxquels se
mêlent quelques châtaigniers, des asphodèles et des fougères.

Petreto-Bicchisano (Pitretu Bicchisgia)

Situé à un important carrefour de routes, ce bourg se
compose de deux villages : Petreto, celui d'en haut, sur
la D 420, et Bicchisano, celui d'en bas, sur la N 196.

Petreto

L'**église paroissiale** abrite un intéressant Christ en bois.
Le maître-autel, le tabernacle et l'autel de saint Antoine,
tous en marbre polychrome du 17ᵉ s., proviennent du
couvent de Bicchisano, de même que les quatre
superbes **statues** en bois peint représentant la Vierge à
l'Enfant, saint François d'Assise, sainte Claire et l'Immaculée Conception. Derrière l'église, la terrasse offre une
vue sur Bicchisano, la vallée du Taravo, et les montagnes.

Bicchisano

À l'entrée de Bicchisano, en venant de Propriano, admirez la **vue★** étendue sur la vallée verdoyante du Taravo.
Le village dissémine ses massives maisons de granit de
part et d'autre de la route. On remarque deux **maisons** ►
fortes, témoignages de l'importance passée du bourg.
Un arrêt à l'**église** paroissiale permet d'admirer un
Christ en bois du 16ᵉ s. et une chaire sculptée, provenant
de l'ancien couvent St-François. Ce dernier *(propriété privée)* dresse encore son vieux bâtiment dans un cadre
bucolique à l'écart du village.

Vallée du Taravo (Taravu)

Né sur les pentes du Monte Grosso au-dessus du col de
Verde, le Taravo qui se jette dans le golfe de Valinco, près
de Porto-Pollo, a formé une grande plaine alluviale,

*Monstre marin
soutenant la chaire
de l'église d'Aullène.*

UN PAYSAGE CHAOTIQUE
Entre le col de Tana et le
col de St-Eustache, la
route court à flanc de
montagne, traversant un
massif de porphyre, boisé
de pins et entaillé par de
nombreux affluents du
Baracci et du Rizzanèse.
Des **chaos★** aux
silhouettes parfois
étranges surgissent de la
végétation.

À VOIR
La **maison forte** du bas
présente encore, aux
quatre angles, les
corbeaux qui soutenaient
les échauguettes, ultime
survivance d'un système
défensif du 16ᵉ s. Tout
près, un **campanile** isolé
dresse son élégante
silhouette, dernier
vestige de l'église
« piévanne » St-Jean-
Baptiste. L'autre maison
forte, flanquée d'une
bretèche, domine
Bicchisano.

autrefois insalubre. Pour échapper à ses fortes chaleurs estivales et à ses miasmes, les habitants transhumaient de mai à octobre sur le plateau du Coscione *(voir l'Incudine)*. Ils édifièrent leurs villages sur des collines au-dessus des eaux stagnantes.

Les terres de la basse vallée nourrissent des champs de blé et des plantations d'oliviers et de chênes-lièges. La vigne apparaît au-dessous de Sollacaro dans la moyenne vallée et on pratique l'élevage des bovins et des brebis.

VALLÉE DU COSCIONE

Quitter Aullène par la D 69 vers Sartène. 24 km jusqu'au pont d'Acoravo.

La route en corniche descend la vallée très encaissée, venteuse et peu peuplée du Coscione, affluent du Rizzanèse. Elle traverse les villages de **Cargiaca** et de **Loreto-di-Tallano** bâtis sur d'aimables collines. L'autre versant de la vallée, moins raide, au climat plus doux, porte un essaim de villages, groupés autour du gros bourg de **Ste-Lucie-de-Tallano** *(voir ce nom)* au milieu des vignes et des oliviers.

La Balagne★★★

Balagna

La Balagne est une enclave de collines fertiles, au Nord-Ouest d'une île montagneuse et rude.

L'arrière-pays présente deux visages : au Sud de Calenzana s'étend une Balagne déserte et au Nord une Balagne féconde qui a fait autrefois la prospérité de cette région et lui maintient aujourd'hui son attrait touristique. Contrée la plus riante de l'île, elle offre sur 40 km de rivage d'agréables stations balnéaires et, sur les collines derrière la plaine côtière, de magnifiques villages entourés de vergers et de vignes. Palmiers, agaves et figuiers de Barbarie témoignent de la douceur du climat.

La situation

Carte Michelin Local 345 B/C 4/5 – Haute-Corse (2B). La Balagne descend doucement vers la mer, depuis la ligne de crêtes qui surplombe les gorges de l'Asco au Sud-Est. Elle est délimitée au Nord-Est par le desert des Agriates et au Sud-Ouest par la vallée du Fango. Les deux villes principales, Calvi et L'Île-Rousse, constituent de bons lieux de séjour pour concilier plaisir balnéaire, activités culturelles et visites des villages perchés.

Ensemble de collines tapissées d'oliveraies et d'autres vergers, la Balagne était surnommée au siècle dernier le « jardin de la Corse ».

carnet pratique

RESTAURATION

Le Cyrnéa « Chez Françoise » – *20124 Montemaggiore - ☎ 04 95 62 81 02 - ⊘ - 13€.* Françoise vous accueille au café-bar-tabac du village, entre l'église et la maison de Don Juan. Le menu, servi en toute simplicité dans la salle voûtée ou sur la petite terrasse, est généralement composé de charcuteries corses et du plat du jour.

Chez Léon – *20225 Catéri - ☎ 04 95 61 73 95 - sdume@wanadoo;fr - 15€ déj. - 22/30€.* De ses terrasses panoramiques, le regard s'étend des villages voisins jusqu'à la mer en passant par les montagnes environnantes. Là ou dans la grande salle, le menu se compose de produits locaux. Quelques chambres et studios.

Ferme-auberge L'Aghjalle – *Hameau de Toro - 20220 Santa-Reparata-Di-Balagna - 2 km au S de Santa-Reparata par D 13 dir. Muro - ☎ 04 95 60 31 77 - fermé fin sept. à fin mars et le midi - ⊘ - réserv. conseillée - 20€.* Elle nous plaît bien cette ancienne bergerie avec sa salle voûtée et colorée et sa terrasse sous les canisses en pleine campagne. Le patron parle avec ferveur de ses veaux, de son huile d'olive et de ses légumes préparés avec amour par son épouse.

Auberge de Domalto – *Lieu-dit Domalto - 20225 Speloncato - 5 km au N de Speloncato par D 663 (dir. Île-Rousse) puis D 71 (dir. Calvi) - ☎ 04 95 61 50 97 - fermé dim. midi sf en juil.-août - ⊘ - réserv. obligatoire - 27€.* Poussez la porte de cette maison particulière pour dîner à la lueur des chandelles et des lampes à pétrole. Plaisirs d'un copieux repas soigné, entre vin de pêche, liqueur de violettes sauvages et pain maison servis dans une auberge pittoresque chez une dame de caractère.

HÉBERGEMENT

A Spelunca – *20226 Speloncato - ☎ 04 95 61 50 38 - fermé nov. à mars - 18 ch. : 50/70€ - ☲ 5,50€.* Dressé au cœur de ce village perché, cet ancien palais du cardinal Savelli, ministre de la police de Pie IX, offre un panorama splendide sur toute la haute Balagne. De vastes chambres au luxe discret y voisinent avec de riches salons au décor d'origine.

Hôtel Mare E Monti – *20225 Feliceto - ☎ 04 95 63 02 00 - fermé 16 oct. à mars - 🅿 - 16 ch. : 78/94€ - ☲ 7€.* Cette belle demeure familiale fut construite au 19ᵉ s. par les ancêtres revenus fortunés de Porto-Rico. Demandez au maître des lieux de vous faire visiter sa petite chapelle. Les chambres sont très simples et très tranquilles.

ACHATS

Clos Reginu e Prove – *Domaine Maestracci - En quittant Feliceto vers Muro prendre la D 215 dir. Santa Reparata. - 20225 Feliceto - ☎ 04 95 61 72 11 - www.clos-reginu-eprove.com - été : lun.-sam. 9h-12h, 14h-19h30, hors saison : mer.-sam. 9h-12h, 14h-17h.* Située sur une ancienne moraine glaciaire, la vigne de ce domaine produit deux très bonnes cuvées (gardées trois ans en foudre et en barrique) que vous pourrez déguster sur place tandis que Michel Raoust vous fera visiter ses caves de vinification.

Clos Culombu – *Chemin San Petru - 1,5 km de Lumio dir. Calvi, prendre la route du cimetière à gauche - 20260 Lumio - ☎ 04 95 60 70 68 - 9h-12h, 15h-19h.* Prestige et tradition sont les mots d'ordre de ce domaine qui a, d'ailleurs, nommé ainsi ces deux cuvées de rouge et de blanc. Le succès grandissant de ses vins encourage Étienne Suzzoni, qui bénéficie d'une grande salle de dégustation.

Domaine d'Alzipratu – *Rte de Zilia - 20214 Zilia - ☎ 04 95 62 75 47 - 8h-12h, 14h-19h30.* Situé sur un coteau entre mer et montagne, ce domaine produit un délicieux vin nommé le Fiumeseccu, dont la dernière cuvée rouge fut récompensée d'une médaille d'or au Concours Générale Agricole.

GAEC de Lozari – *Ham Lozari - 20226 Belgodère - ☎ 04 95 60 18 13 - 17h-19h et sur RV.* Réputés depuis l'Antiquité, les miels corses sont autant de poèmes célébrant l'île. Leurs noms enchanteurs révèlent des saveurs inattendues et « corsées » que les frères Gacon, artistes du goût, déclinent sous toutes les formes : hydromels, vinaigres…

Le nom

La région tirerait son nom du mot grec *balanos* signifiant « gland » ou « fruit du gland », allusion à la forme de l'olive et aux oliveraies qui couvraient jadis les plaines et les collines.

Les gens

Le village de Lumio est le berceau familial de **Laetitia Casta**, la nouvelle Marianne des mairies de France.

comprendre

Une occupation ancienne – Cette région fut habitée depuis les temps préhistoriques. À l'âge du fer, la Balagne vivait vraisemblablement déjà de la pêche et du commerce maritime. Dans l'Antiquité, Phéniciens, Grecs et Étrusques abordèrent ses rivages. Puis les Romains s'y installèrent et la cultivèrent. Des témoignages de leur présence ont été découverts à Calvi, L'Île-Rousse, Algajola, Speloncato et Calenzana.

Les Sarrasins, attirés par les richesses de cette contrée, y multiplièrent de mémorables razzias dont celle d'Algajola, la plus célèbre.

Le verger de la Corse – La Balagne devint au 11ᵉ s. le fief des « marquis de Massa et Corse », établis par les Pisans pour défendre ce territoire contre les incursions sarrasines. Pour surveiller le rivage, ils édifièrent des châteaux forts dont subsistent de nombreux vestiges : les ruines de la forteresse des Savelli à Corbara, par exemple.

Ces seigneurs furent les bienfaiteurs des bénédictins qui s'implantèrent solidement en Balagne au 12ᵉ s. et contribuèrent au renouveau agricole de la contrée, ruinée par l'anarchie et les invasions. Corrélativement, le commerce avec la Toscane reçut une nouvelle impulsion. À la fin du 12ᵉ s., la Balagne était la première région viticole de l'île avec Bastia et le Cap Corse.

Une population aisée fit édifier, pendant la période pisane, un grand nombre d'églises, parfois sur d'anciens sites paléochrétiens : à Calenzana, Cassano, Montemaggiore, Lumio, Aregno... si bien que l'on parla de la **« sainte Balagne »**.

La république de Gênes s'implanta dans la région au 13ᵉ s. ; elle y fonda les places fortes de Calvi et d'Algajola qui disposaient ainsi d'un territoire assez riche pour subvenir aux besoins de la garnison et de la population. Au 17ᵉ s., la Balagne était une région de polyculture méditerranéenne, où dominait l'olivier. Son huile était très prisée. Au 18ᵉ s., Pascal Paoli bâtit L'Île-Rousse, principal débouché de la Balagne fertile.

La Balagne aujourd'hui – La désertification, les menaces d'incendies, l'augmentation de la concurrence et le dépeuplement de la région ont conduit à une baisse d'intérêt pour les activités agricoles traditionnelles au profit du développement touristique. Des ensembles résidentiels de vacances avec ports de plaisance privés ont vu le jour ; Calvi est maintenant concurrencée par les stations balnéaires en pleine extension d'Algajola et de L'Île-Rousse. Les villages de l'arrière-pays se sont associés pour mettre en valeur leur patrimoine et faire connaître leurs traditions. Ainsi est née la **route des Artisans de Balagne**, circuit touristique à travers les plus beaux villages à la découverte des métiers ancestraux : coutelier, apiculteur, relieur, luthier, céramiste, etc.

Actuellement, un vaste schéma d'aménagement hydraulique dont relève le barrage de Codole, avec réseau de canalisations et stations de pompage établi pour l'ensemble de la Balagne, contribue à un renouveau de l'agriculture dans les plaines de L'Île-Rousse et d'Algajola.

circuits

BASSIN DE LA FIGARELLA ET COLLINES DE MONTEGROSSO★★ 1

Circuit de 48 km au départ de Calvi – une demi-journée. Quitter Calvi par la N 197 direction L'Île-Rousse.

La route contourne le golfe et, après la D 81 conduisant à l'aéroport, franchit la Figarella ; aussitôt après le pont, prendre à droite la D 151 qui remonte la vallée de la Bartasca plantée de vignes.

Calenzana *(voir ce nom)*

Église Ste-Restitude★ *(voir Calenzana)*

À travers les chênes verts, les oliviers et les amandiers, la route contourne alors le bassin du Fiume Secco.

Zilia

Adossé au Monte Grosso, ce village, véritable balcon donnant sur le golfe, est bâti dans un paysage d'oliviers et d'amandiers. Il conserve de vieilles maisons et offre de sa terrasse, face à l'église, une belle vue sur la vallée verdoyante du Fiume Secco.

Cassano

La chapelle St-Alban *(au Sud du village)* abritait, derrière l'autel, un intéressant **triptyque★** sur fond or représentant la Vierge à l'Enfant sous un dais entre des saints ; cette œuvre de 1505, due à un artiste nommé Simonis de Calvi, est aujourd'hui conservée dans l'église paroissiale.

Serré autour de son église, le village de Zilia domine une partie de la Balagne.

Lunghignano

Ce minuscule hameau, en retrait de la route, possède une **église Saint-Vitus** de la fin du 18e s. édifiée en gros appareil de pierre, ainsi qu'une fontaine sous voûte.

À la sortie du hameau, un moulin à huile du 19e s., restauré et de nouveau en activité, propose des produits régionaux.

Montemaggiore★

Ce village est bâti sur un promontoire au-dessus du bassin du Fiume Secco et au pied de la chaîne du Monte Grosso. De la terrasse de sa grande église baroque, un vaste **panorama**★★ se développe sur le golfe de Calvi, la presqu'île de la Revellata, Calenzana et son cadre montagneux. Au Nord du village, près d'une fontaine, la vue se dégage sur la chaîne du Monte Grosso.

1 km après Montemaggiore, dans un lacet, prendre à droite une petite route revêtue que l'on suit sur 800 m environ.

Chapelle St-Rainier

Visite sur demande préalable à la mairie. ☎ 04 95 62 72 78 ou 04 95 62 73 60.

Elle s'élève dans le cimetière. De style roman pisan, elle présente une façade polychrome ; au fronton, une croix ajourée sépare deux figures humaines. Le chevet arrondi a conservé son toit en *teghie (voir p. 86)*. À l'intérieur, les archivoltes surmontant les deux premières fenêtres sont décorées de curieux masques grimaçants. Une pierre cylindrique sculptée de visages servait de bénitier.

Reprendre la D 151 qui, étroite et tourmentée, monte dans un paysage désolé jusqu'au col de Salvi.

En montant vers le **col de Salvi**, la route tracée en corniche offre de beaux **coups d'œil**★ sur Calenzana, le bassin du Fiume Secco et la mer.

Du col, splendide **panorama**★★ sur le golfe de Calvi que l'on domine de 500 m et sur la pointe de la Revellata.

2 km après le col, tourner à gauche dans la D 71.

Cateri

Niché dans les oliviers, Cateri s'étage au-dessus du bassin d'Algajola. Gagner l'extrémité du village par des ruelles étroites, pavées, reliées par des passages voûtés et bordées de hautes maisons de granit où travaillent plusieurs artisans (potiers, fromagers...) ; belle vue sur Aregno.

Dans le hameau de **San Cesareo**, jolie chapelle romane à la décoration polychrome.

Couvent de Marcasso

Édifié en 1621, il s'élève sur une terrasse entourée d'olivaies et de vergers. L'**église conventuelle** abrite une toile restaurée du 18e s. représentant le Repas pascal, ainsi que des stalles, un beau meuble de sacristie et quatre statues de saints en bois du 17e s.

VISITES

Avec Cassano et Lunghignano, Montemaggiore constitue la commune de **Montegrosso**. Des visites guidées en minibus des trois hameaux, d'une durée de 2h, sont organisées par le service du patrimoine de la commune. *S'inscrire la veille à la mairie, à Montemaggiore,* ☎ *04 95 62 72 78.*

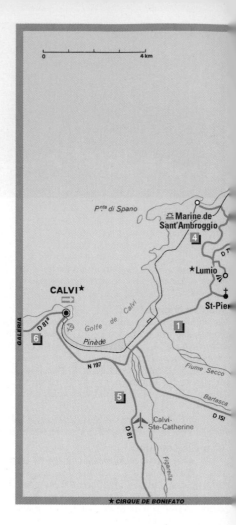

Lavatoggio

De la terrasse de l'église ou de celle du restaurant « Le Belvédère » *(100 m plus loin)*, la **vue★** s'étend sur la belle plage d'Algajola, la côte et les dernières pentes de la Balagne, à l'Ouest de la ligne de crêtes qui les sépare du bassin du Regino. Le village était jadis renommé pour la qualité de ses sources.

Lumio★

Groupé en amphithéâtre, au-dessus de sa grande église baroque flanquée d'un haut campanile ajouré, ce bourg opulent de Balagne forme un belvédère sur le golfe de Calvi, au milieu des oliviers et des vergers. On prend plaisir à flâner dans sa longue rue sinueuse. La route qui le dessert par les hauteurs offre une large **vue★** sur la plaine littorale, le golfe et la citadelle de Calvi, et la pointe de la Revellata.

Chapelle St-Pierre

1 km de Lumio par la route de Calvi, puis, à gauche, une route d'accès revêtue.

Cette chapelle romane (11e s.) en granit ocre relève du début du roman pisan en Corse, mais a subi un remaniement au 18e s. En façade, deux pittoresques **têtes de lion**, en granit, probablement remployées, encadrent le linteau de sa porte d'entrée.

Retour à Calvi par la N 197.

Dans la chapelle, remarquer surtout le **chevet★** : l'influence pisane se manifeste dans les chapiteaux à palmettes, les archivoltes doubles et les petites ouvertures géométriques.

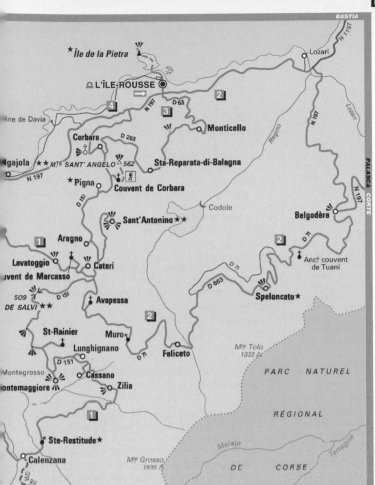

BASSIN DU REGINO
ET COLLINES DE CORBARA★ ②

57 km au départ de L'Île-Rousse – environ une demi-journée.
Quitter L'Île-Rousse par la N 197 vers l'Est.

La route longe la côte jusqu'à Lozari, puis, entre les vallées du Regino, à droite, et de Lozari, à gauche, elle s'élève vers Belgodère.

Belgodère

Ce village dominé par un vieux fort, occupe un séduisant site★ de terrasses au-dessus de la vallée verdoyante du Prato.

Église St-Thomas – Dans le chœur, un panneau sur bois (16ᵉ s.) représente la Vierge à l'Enfant entre deux apôtres et les membres d'une confrérie. Un beau retable baroque en bois sculpté orne une chapelle, à droite.

Vieux fort★ – *Accès par une ruelle en escalier.* Des ruines, belle **vue★** sur la vallée.
De Belgodère, suivre la N 197 vers l'Est (sur 7 km), puis prendre à gauche la D 163.

Palasca

Ce village isolé est blotti dans un creux en contrebas de la nationale. Son **église** au joli clocher abrite une belle toile du 16ᵉ s. représentant la Crucifixion. *Visite guidée tlj sf w.-end ☎ 04 95 61 33 02.*
Rejoindre ensuite Belgodère, puis prendre la D 71.

ACHATS
GAEC de Lozari – *Ham Lozari - 20226 Belgodère - ☎ 04 95 60 18 13 - 17h-19h et sur RV.* Réputés depuis l'Antiquité, les miels corses sont autant de poèmes célébrant l'île. Leurs noms enchanteurs révèlent des saveurs inattendues et « corsées » que les frères Gacon, artistes du goût, déclinent sous toutes les formes : hydromels, vinaigres…

Environ 5,5 km après Belgodère, on aperçoit sur la gauche la masse harmonieuse de l'ancien **couvent du Tuani**. Ce couvent franciscain fut repris un temps par les dominicains puis devint propriété privée en 1964. L'église, construite en 1494, fut restaurée en 1898. À 100 m du couvent émergent les ruines de la chapelle St-Jean, édifice pisan du 11ᵉ s.

L'étroite D 663, sur la gauche, conduit en lacets serrés à Speloncato.

Speloncato★

Perché au-dessus du bassin du Regino sur un éperon détaché du Monte Tolo, ce village doit peut-être son nom au tunnel naturel distant de 2 km (*spelunca* signifie « grotte » en corse). Le village est un charmant dédale de ruelles sinueuses et de passages voûtés bordés de vieilles maisons de granit.

◄ La **place de la Libération**, ornée d'une fontaine, est animée par deux petits bars.

Située un peu au-dessus de la place centrale, l'**église Saint-Michel**, d'origine romane, a été pourvue d'un portail daté de 1509. Elle est devenue collégiale en 1749.

La route tracée à mi-pente contourne en corniche le bassin du Regino.

Feliceto

Ce village entouré de vergers s'étale au-dessus du bassin du Regino. En contrebas s'élève son église baroque au clocher étagé et coiffé d'une coupole.

À l'Ouest de Feliceto, la route serpente à travers un maquis de bruyères et d'arbousiers.

Muro

◄ La grande **église** qui surgit au bord de la route dresse sur la place du village son imposante façade blanche.

C'est à Muro qu'est né **Pietro Morati** (1658-1715), célèbre juriste, auteur de la *Prattica Manuale*, manuel de droit et de jurisprudence qui fit longtemps autorité en Corse. Muro a conservé ses maisons à arcades.

Avapessa

À mi-pente au-dessus de la vallée du Regino, dans un paysage d'oliviers, de figuiers de Barbarie et de jardins en terrasses, ce hameau possède une petite église baroque (1618) dotée d'un joli clocher carré.

Au croisement, que domine à droite la chapelle San Cesareo, prendre à droite la D 151, puis, peu après, à droite encore la route de crête qui sépare les bassins de Regino et d'Algajola et donne accès au village perché de Sant'Antonino.

Sant'Antonino★★ *(voir ce nom)*

Revenir à la D 151 qui domine le bassin d'Algajola et la marine de Sant'Ambroggio.

Aregno

À l'entrée du village, dans le cimetière, s'élève la charmante petite **église de la Trinité**★. Cette chapelle étonne par l'appareillage polychrome de ses murs de granit. Sa façade s'ordonne en trois registres. La porte s'ouvre sous un large linteau pentagonal protégé par un arc en plein cintre aux claveaux de couleur soigneusement alternée. Observer les **statuettes**★ de chaque côté : à gauche une femme en longue robe et à droite un homme tenant ses genoux peut-être les textes de la Loi. Au-dessus quatre arcatures aux motifs décoratifs variés prennent appui sur cinq chapiteaux ornés de figures animales naïves. Sous le fronton, huit arcs sur modillons encadrent une fenêtre formée de deux baies géminées, dont le tympan porte un motif de serpents. Au sommet du fronton, un troisième personnage semble s'extraire nonchalamment une épine du pied tout en

---

LA PIERRE PERCÉE

Sur la place de la Libération, regardez dans l'axe de la rue qui jouxte l'église sur la droite. On aperçoit l'ouverture naturelle longue de 8 m de la **Pietra Tafonata** à travers laquelle filtrent les rayons du soleil. Chaque année, le 8 avril et le 8 septembre se produit un curieux phénomène d'**éclipse**. Après avoir disparu derrière la montagne vers 18h, le soleil réapparaît quelques instants par l'ouverture de la Pietra Tafonata.

MIRACLE

L'intérieur de l'église de Muro offre un bel exemple de baroque tardif : maître-autel et clôture du chœur en marbre polychrome, beau buffet d'orgue, profusion de marbres, de colonnes torses, de dorures... Remarquer au fond de l'édifice le **visage du crucifié** qui, en 1730 « se mit à saigner et s'auréola d'une lumière éclatante ». Chaque année, une foule vient commémorer ce miracle.

L'église de la Trinité à Aregno allie avec merveille la polychromie de ses murs et les sculptures de sa façade.

l'île. La lég
tion et son
d'hui que s
d'en détou
seconde av
chal de Th
piero ralli
et une po

Farouche
trateur fra
de Therm
l'incorpor
Cette décl
n'était qu
de ranim
C'était im
les événe
brésis re
En 1563,
nouvelle
nina en f
14 juin 1
cis, il dél
marre. S
mais Gê
combats
multiplie
la situati

visite

Statue
Cette st
l'église
dissant
force de
d'un ba
contre (

Maison
*Au ham
diée pa
truite à
langue
de Lu
vaillan

circu

ROUTE
*16 km
face à
Cette
neige
aérien
temen
cocho
tionn
sépare
du soi
lignes
une d

GOR(
*50 km
prend
de rev
La ro
bient
d'œil
(alt. 1
(alt. 1

---

jetant un regard malicieux sur les passants. Les murs latéraux rythmés par d'étroits pilastres et le chevet semi-circulaire recouvert de pierres plates sont parcourus par une corniche à arcature sur modillons sculptés. Les fenêtres latérales en meurtrières sont surmontées d'archivoltes décorées de motifs symboliques : deux paons affrontés, la croix et l'arbre, une main ouverte et une crosse.

L'intérieur abrite deux intéressantes **fresques** du 15ᵉ s. : les quatre docteurs de l'Église latine (Augustin, Grégoire, Jérôme et Ambroise) ; saint Michel pesant les âmes et terrassant le dragon.

Poursuivre sur la D 151.

Pigna★ *(voir ce nom)*

Couvent de Corbara *(voir Corbara)*

Monte Sant'Angelo *(voir Corbara)*

Corbara *(voir ce nom)*

Retour à L'Île-Rousse par la D 151 (voir à L'Île-Rousse, corniche Paoli) qui, tracée en corniche, descend vers la plaine littorale couverte d'olivier.

CORNICHE PAOLI★ ③

Voir L'Île-Rousse.

DE CALVI À L'ÎLE-ROUSSE⚓ ④

26 km par la N 197.

Lumio★ *(voir circuit ①)*

Marine de Sant'Ambroggio⚓

Le port de plaisance de Sant'Ambroggio offre toutes les facilités recherchées par les plaisanciers. En dépit de la multiplicité des lotissements et d'un grand village de vacances, le site a conservé un cadre naturel autour d'une belle plage de sable, au fond de la baie. À proximité, des sentiers conduisent à la Punta Spano, promontoire sauvage qui avance ses chaos granitiques vers l'Ouest et que prolonge l'île de **Spano**. Belles vues sur le domaine protégé de la baie d'Algajola.

Algajola⚓ *(voir ce nom)*

CIRQUE DE BONIFATO★ ⑤

Voir ce nom.

LA BALAGNE DÉSERTE★ ⑥

La côte

38 km de Calvi à Galéria – environ 1h. Quitter Calvi par la D 81ᴮ.

Notre-Dame-de-la-Serra★ *(voir à Calvi)*

Domaine de la punta de Revellata *(voir à Calvi)*

La route domine la mer en suivant les contours de la côte déchiquetée où s'abritent de nombreuses criques, on ne peut plus tentantes, mais d'accès difficile. Elle traverse ensuite une zone de maquis et s'éloigne de la côte entre le cap Cavallo et Ferayola.

Bocca Bassa

Ce col offre une **vue★** étendue sur la baie de Crovani, Galéria et son golfe.

Galéria⚓ *(voir ce nom)*

Vallée du Fango★

De Galéria à Bardiana. Voir golfe de Galéria.

TRANSPORTS
Pour vous déplacer entre Calvi et L'Île-Rousse, vous pouvez prendre le « tramway de Balagne » qui dessert une dizaine de localités le long du littoral *(voir le carnet pratique d'Algajola).*

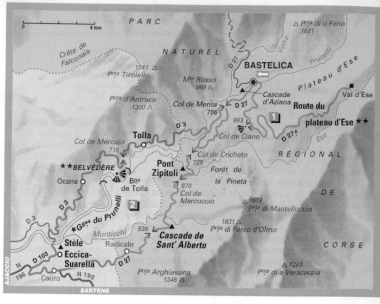

Tolla

Ce village, entouré de pommiers, de noyers et de châtaigniers, domine un lac de barrage. Haut de 88 m, le **barrage de Tolla** est un ouvrage du type voûte retenant 32 millions de m³ d'eau. Il alimente à son tour une autre usine hydroélectrique. Le plan d'eau a été peuplé en truites fario et en saumons de fontaine.

◄ *Au col de Mercujo (alt. 715 m), garer la voiture. Emprunter à pied, sur la gauche, le chemin en cul-de-sac qui monte au belvédère.*

Poursuivre la D 3.

La descente en lacet sur le village d'**Ocana** procure un superbe spectacle sur toute la chaîne de montagnes. Le bourg s'accroche à mi-pente au-dessus des gorges face à la chaîne.

À 5 km d'Ocana, prendre à gauche la route d'Eccica-Suarella (D 103).

Stèle de Sampiero Corso

1/4h à pied AR. Stationner près du pont sur le Prunelli. Remonter à pied la D 103 sur 100 m vers Eccica-Suarella. Immédiatement après un petit pont dans un virage à droite, prendre le sentier qui monte sur la gauche à travers un agréable sous-bois.

C'est près de Suarella, en plein maquis, que Sampiero Corso fut assassiné. Une stèle érigée à la fin du 19ᵉ s. commémore l'événement.

Eccica-Suarella

Les vignobles de ses coteaux produisent d'excellents vins de table. On y fabrique aussi de délicieux fromages de chèvre artisanaux.

On atteint bientôt la N 196 que l'on emprunte à gauche vers Cauro. À la sortie de Cauro, suivre la D 27 vers Bastelica.

La route traverse des bois de chênes et débouche sur un paysage de pâturages. Après le hameau pastoral de Radicale, on s'élève vers le col de Sant'Alberto.

Cascade de Sant'Alberto (dite aussi de Carnevale)

1/4h à pied AR. Accès à 5 km de Cauro dans un virage à gauche. Stationner à proximité du pont.

Quelques mètres après le pont, un sentier escarpé *(non balisé)* grimpe sur la rive droite du ruisseau, dans les ombrages de beaux chênes. On entend bientôt sur la droite la cascade qui plonge d'une dizaine de mètres.

Continuer la D 27 vers Bastelica et franchir le col de Marcuccio qui offre des vues de qualité.

Pont génois de Zipitoli

10mn à pied AR. Sentier fléché sur la gauche de la route, dans la descente du col de Mercurio. Garer la voiture à l'un des emplacements aménagés après la maison forestière de Pineta. Prendre à pied sur la gauche un chemin qui descend vers le pont sur l'Ese que l'on aperçoit très vite sur la droite. Franchir ce joli petit pont à arche unique environné de buis dans un paysage alpestre, continuer le sentier sur une trentaine de mètres, puis couper sur la gauche pour descendre au bord de la rivière d'Ese.

Reprendre la D 27 vers Bastelica.

La route, tracée à flanc de montagne, descend à travers la **forêt de la Pineta** peuplée de pins maritimes auxquels se mêlent des châtaigniers et quelques hêtres. Elle procure de belles échappées sur la vallée du Prunelli et sur les arêtes rocheuses : Punta d'Antraca, Monte Rosso et, en arrière, Punta Tirolello (alt. 1 541 m).

Au col de Menta commence la descente rapide sur Bastelica. À 50 m en contrebas de la route, on aperçoit, au pied de grandes parois rocheuses, la **cascade d'Aziana**, haute de 15 m, formée par le Prunelli.

CONSEIL

Amateurs de terres sauvages, rejoignez Bastelica par la route supérieure, du col de Cricheto au col de Menta. Le parcours (ancienne route forestière), plus tourmenté, étroit et mal goudronné, offre de meilleures perspectives* sur les crêtes.

Bastia★★

Grande ville d'affaires de la Corse et préfecture de la Haute-Corse depuis 1975, Bastia a su préserver au mieux son charme méditerranéen. La cité mérite absolument une visite pour ses monuments comme pour l'atmosphère de ses anciennes ruelles colorées de quelques balcons fleuris et dominées de hautes maisons aux volets peints. La ville ancienne s'ordonne en deux quartiers autour du vieux port : la ville basse, Terra-Vecchia, au Nord ; la ville haute (ou citadelle), Terra-Nova, au Sud. Le soir, les illuminations du vieux port, du jardin Romieu, de la citadelle et de St-Jean-Baptiste invitent à la flânerie.

La situation

Carte Michelin Local 345 F3 – Haute-Corse (2B). Aujourd'hui, Bastia développe ses immeubles administratifs vers le Nord et étend ses quartiers d'habitation et sa zone industrielle et commerciale dans la plaine littorale, au Sud. Dans le centre-ville, le boulevard Paoli, artère principale, animé et commerçant, connaît les embarras de circulation d'une petite capitale. Laissez votre véhicule au parking de la place Saint-Nicolas ou de la gare ferroviaire ; quelques minutes suffisent alors pour gagner à pied le dédale des ruelles pavées de Terra-Vecchia ou la citadelle.

B *Pl. St-Nicolas, 20200 Bastia,* ☎ *04 95 54 20 40.*
De mi-juin à mi-sept. : 8h-20h ; reste de l'année : tlj sf dim. ap.-midi 8h30-12h, 14h-18h.

VISITE

Visite guidée de la ville – Bastia, qui porte le label **Ville d'art et d'histoire**, propose des visites-découvertes animées par des guides-conférenciers agréés par le ministère de la Culture et de la Communication. Renseignements à l'Office du tourisme ou sur www.vpah.culture.fr

Cœur de la vie bastiaise, la place St-Nicolas s'anime à la belle saison avec les concerts, les terrasses de café et les centaines de touristes qui débarquent.

Le nom

Au 15e s., les Génois élevèrent sur le rocher du port un bastiglia ou « bastille » pour protéger la ville. Celle-c donna son nom à Bastia.

Les gens

54 075 Bastiais. En 1380, le gouverneur génois **Leonelle Lomellini** choisit la marine de Cardo (crique de « Terra Vecchia ») pour établir une cité sûre et proche de Gênes Ce port naturel, étroit, peu profond, exposé aux terribles coups du *libeccio*, était en effet protégé par un rocher aisément défendable.

comprendre

Naissance d'une cité – Bastia ne fut vraiment établie qu'à la fin du 14e s., mais les objets découverts sur les hauteurs environnantes confirment une occupation du site dès 1500 avant J.-C. Les Romains y installèrent une colonie, sans doute **Mantinôn** (citée par le géographe grec Ptolémée) qui ne survécut pas à l'invasion vandale et fut abandonnée à la fin du 6e s. Au début du 11e s., les pêcheurs utilisèrent dans la crique de « Terra-Vecchia » le petit port de Cardo, mais n'y édifièrent que des cabanes, le rivage étant trop vulnérable aux raids barbaresques. À la fin du 12e s., la Balagne, les régions du Cap Corse et de Bastia étaient les plus productives des zones viticoles et exportaient du vin en grande quantité.

Citadelle génoise – Les Génois recherchèrent un emplacement propice à l'établissement d'une cité capable d'assurer un contact permanent et sûr entre leur patrie et leur colonie. C'est ainsi qu'en 1380, le gouverneur Leonello Lomellini choisit la marine de Cardo. En 1480, Tomasino de Campofregoso entreprit la construction de remparts autour de ce site qui devint le quartier de Terra-Nova, tandis qu'autour du port de Cardo, le quartier de Terra-Vecchia poursuivit son extension vers le Nord.

Rayonnement politique et économique – Bastia fut, sous la domination génoise, la capitale de la Corse.

Le gouverneur et ses services administratifs y entretenaient un commerce dynamique et établirent quelques manufactures. C'est à Bastia, en 1547 ou 1548, que Sampiero Corso *(voir p. 144)* fut incarcéré par le gouverneur, lorsqu'il fut soupçonné, à son retour d'un voyage dans la ville pontificale, de menées subversives. Il fut relâché sur l'intervention du nouveau roi de France Henri II. Bastia connut une forte croissance démographique liée à la vitalité économique de la ville. Terra-Vecchia, érigée en paroisse à partir de 1619, rassemblait autour du Porto-Cardo une population triple de celle de Terra-Nova.

Au 17e s., une floraison d'églises et de chapelles de confréries révéla un regain de ferveur religieuse et témoigna d'une certaine aisance. De cette époque date notamment le somptueux oratoire de St-Roch, décoré par le Florentin Filiberto. Cette expansion de la cité permit une progressive fusion des colons génois primitifs et des Corses venus de l'intérieur. En 1700, Bastia comptait tout un peuple d'artisans et plusieurs fabriques de pâtes alimentaires...

Le sac de Bastia – Bastia, capitale du gouvernement génois de l'île, symbolisait la « tyrannie génoise ». Sa richesse – très relative en fait – suscita bien des incompréhensions en cette période de disette alimentaire. Il n'en fallut pas plus pour que le 19 février 1730, 4 000 montagnards à l'esprit survolté foncent sur Bastia, suivant l'exemple d'attaques déjà menées contre Aléria, le Cap Corse, St-Florent et la Balagne. La citadelle de Terra-Nova ferma ses portes et demeura à l'abri de ses remparts, mais Terra-Vecchia, sans défense, fut pillée et saccagée pendant trois jours. À force d'instances et de promesses, Mari, l'évêque d'Aléria, obtint enfin le départ des envahisseurs.

Bastia vit sa population stagner entre 1740 et 1770 : de nombreux habitants partirent exercer leur métier en des lieux moins troublés. Les « **populani** », essentiellement des artisans et des marins, gardèrent envers Gênes une certaine fidélité, fondée en bonne part sur cette horreur des paysans montagnards (« **pacsani** ») qui avaient mis la ville à sac. En 1768, l'arrivée des Français fut accueillie par des acclamations : ils étaient perçus comme libérateurs du carcan économique génois et comme garants de l'ordre. Gênes était devenue, à ce moment, une cité divisée et affaiblie.

De Terra-Nova, on domine le quartier de Terra-Vecchia et son charmant vieux port, veillé par la silhouette de l'église St-Jean-Baptiste. Hautes maisons polies par le temps, dédale de ruelles, passages couverts, églises baroques, quel plaisir de s'attarder dans cette ville si méditerranéenne.

La Révolution française – L'application de la Constitution civile du clergé, en 1791, sema le trouble dans l'esprit religieux des Corses et engendra de violents incidents à Bastia. L'évêque, Mgr du Verclos, dut s'exiler en Italie et céder son siège épiscopal. À l'appel de certains religieux, les fidèles se révoltèrent et suivirent les directives d'une femme de caractère, **Fiora Oliva**, bientôt surnommée « la colonelle ». À la tête des rebelles, elle réussit à forcer les portes de la citadelle et à faire le siège du palais épiscopal... en vain, puisque le nouvel évêque constitutionnel était absent. Pascal Paoli, qui commençait en cette année 1792 à prendre clairement ses distances avec les partisans corses de la Révolution, réprima ces troubles sans grande vigueur.

Au moment où le Directoire succédait à la Convention, une nouvelle vague de persécutions religieuses s'abattit sur la Corse, déjà bien éprouvée par les excès révolutionnaires. En 1798, une révolte éclata dans le Golo, conduite par **Agostino Giafferi**, âgé de 80 ans, qui vivait retiré sur ses terres. Arborant une petite croix blanche **(la Crocetta)** sur leur coiffure, en signe de reconnaissance, les insurgés se rendirent bientôt maîtres d'une partie de la Castagniccia et de la Casinca. À Bastia, Lucien Bonaparte, anticlérical notoire, dirigea la répression. Devant sa détermination et le supplice de quelques insurgés, le mouvement de la Crocetta se dispersa. Giafferi fut enfermé à Bastia et fusillé sur la place St-Nicolas le 21 février 1798.

Un nouvel essor commercial – En 1796, la Corse fut divisée en deux départements : le Golo, avec Bastia pour chef-lieu, et le Liamone avec Ajaccio. Dès lors, Bastia se tourna résolument vers le commerce et devint une place d'échange entre les produits agricoles du pays et les objets manufacturés du continent. Les industries s'y développèrent, comme les forges du Toga, au Nord de la ville qui exploitaient le fer de l'île d'Elbe et celui de Cardo. La ville poursuivit son essor et sa population dépassait 20 000 habitants à la fin du 19e s. Son nouveau port, commencé en 1862, fut achevé cinquante ans plus tard. La construction de la nouvelle préfecture en 1976, puis celle de l'hôtel du département aux allures futuristes, la rénovation du port, enfin, ancrent l'image d'une capitale moderne de la Haute-Corse.

Une capitale économique moderne – L'aéroport de Bastia-Poretta et le port connaissent une activité croissante. Le port, avec 60 % du trafic marchandises et le plus important trafic passagers de l'île, est le deuxième port français de la Méditerranée pour l'ensemble du trafic. Il constitue une des principales têtes de ligne des liaisons maritimes en NGV entre la Corse et le continent depuis l'été 1996.

Le commerce, les industries (cigarettes, produits alimentaires), le tourisme, ainsi que la présence des administrations animent la ville dont l'extension s'effectue vers le Sud : quartiers de Lupino et Montesoru et deux zones industrielles de plus de 20 km. Bastia entretient avec

Capitale économique de la Corse, Bastia a conservé ses quartiers anciens.

carnet pratique

TRANSPORTS

Aéroport Bastia-Poretta – À 20 km au Sud de Bastia, 20290 Lucciana, ☎ 04 95 54 54 54.

Bus – Pour Bastia (préfecture), 8€.

Taxi – Pour le centre-ville, compter environ 34€.

Location de voitures – Avis - ☎ 04 95 54 55 46.

Budget - ☎ 04 95 30 05 05.

Europcar - ☎ 04 95 31 59 29 ou 04 95 30 09 50.

Gare ferroviaire – ☎ 04 95 32 80 61.

Autocars – Au dép. de la gare routière ou de la gare SNCF, une dizaine de compagnies desservent les principales localités de Corse. Demander la fiche détaillée à l'Office de tourisme.

Port de plaisance de Toga – Quartier Toga, ☎ 04 95 34 90 70.

Vieux port – Capitainerie, ☎ 04 95 31 31 10.

RESTAURATION

⊖ U San Martinu – *Pl. de l'Église - 20200 San-Martino-di-Lota - 10 km au NO de Bastia par D 31 -* ☎ *04 95 32 23 68 - fermé 15 déc. au 15 janv. et lun. en hiver -* 🍽 *- 8/13€.* La petite route qui grimpe jusqu'à cette vénérable maison corse est étroite et sinueuse, mais une fois arrivé, quel bonheur ! La vue sur la mer est féerique et vous vous régalerez de produits et vins du pays, servis dans un très joli cadre campagnard.

⊖⊜ La Table du Marché – *Pl. du Marché -* ☎ *04 95 31 64 25 - fermé dim. - 22€ déj. - 21/39€.* Après avoir parcouru les allées animées du marché, que diriez-vous d'une halte dans ce restaurant reconnaissable à sa jolie façade verte ? Sa carte varie chaque jour en fonction des arrivages de poissons ; l'assiette du marché et son aïoli ne vous décevra pas.

⊖⊜ Lavezzi – *8 r. St-Jean -* ☎ *04 95 31 05 73 - fermé 10 fév. à fin mars et dim. hors sais. - 23/36€.* Le plus ancien restaurant de Bastia (ouvert en 1940) et, sans doute, l'une des plus belles terrasses sur le vieux port ! Le décor sans façon s'égaye çà et là de quelques bouquets de fleurs artificielles. La carte, quant à elle, propose un large choix de produits de la mer.

⊖⊜ A Casarella –*R. de Ste-Croix -* ☎ *04 95 32 02 32 - fermé nov., sam. midi et dim. - 26€.* Petite adresse simple au cœur de la citadelle : avec sa véranda-terrasse et sa décoration façon jardin d'hiver, elle est appréciée des clients. Quelques tables profitent d'une échappée sur le port. Petite carte bien tournée avec spécialités du terroir.

⊖⊜⊜ La Citadelle – *R. de Ste-Croix -* ☎ *04 95 31 44 70 - fermé mi-déc. à mi-janv., sam. midi et dim. - 35€.* Certes, vous n'aurez pas la vue sur le port. Mais il serait vraiment dommage de rater ce petit restaurant, installé dans l'ancien moulin à huile de la citadelle : son joli décor méditerranéen avec son ancienne meule à olive, son menu-carte bien ficelé et ses produits frais méritent une halte.

HÉBERGEMENT

⊖ Camping San Damiano – *Biguglia - 9 km au SE de Bastia par N 193 et rte du cordon lagunaire (D 107) -* ☎ *04 95 33 68 02 - ouv. avr. au 15 oct. - 280 empl. : 22,50€ - restauration.* Belle situation sur le bras de mer de l'étang de Biglulia. Ici, les emplacements, en bord de mer, sur une plage de sable fin et pinède, sont agréablement ombragés et paysagés. Pour les loisirs et les sports, vous aurez l'embarras du choix.

⊖⊜ Hôtel Posta Vecchia – *R. Posta-Vecchia -* ☎ *04 95 32 32 38 - hotel-postavecchia@wanadoo.fr - 49 ch. : 41/78€ -* 🍽 *6,50€.* Retenez cet hôtel pour sa situation en plein cœur de la vieille ville, en face du port. Les chambres sont très modestes mais bien tenues ; certaines sont climatisées notamment dans l'annexe.

⊖⊜ Hôtel Les Voyageurs – *9 av. du Mar.-Sébastiani -* ☎ *04 95 34 90 80 - hotel-voyageurs@ifrance.com - fermé 20 déc. au 10 janv. - 24 ch. : 60/90€ -* 🍽 *6€.* Une bonne adresse de Bastia. Sur une des grandes avenues de la ville, cet hôtel moderne accueille ses hôtes dans d'agréables chambres au goût du jour, décorées de jaune et de bleu.

⊖⊜ La Corniche – *20200 San-Martino-di-Lota - 8 km au NO de Bastia par D 80 (vers Cap Corse) puis D 131 à Pietranera -* ☎ *04 95 31 40 98 - info@hotel-lacorniche.com - fermé 1er janv. au 15 fév. -* 🅿 *- 19 ch. : 55/92€ -* 🍽 *8€ - restaurant 23/38€.* Dans un petit village de l'arrière-pays, cet hôtel propret ouvre les fenêtres de ses chambres sur la vallée et la mer. Une vue époustouflante qui compense nettement le décor un peu anodin de cette maison tranquille. Belle piscine et menus du terroir copieusement servis.

⊖⊜ Hôtel Cyrnea – *20200 Pietranera - 3 km au N de Bastia par D 80 -* ☎ *04 95 31 41 71 - fermé 15 déc. au 15 janv. -* 🅿 *- 20 ch. : 60/80€ -* 🍽 *6€.* Dans cet hôtel situé près de l'église du village de Pietranera, vous descendrez vers la mer par un jardin en espaliers. Les chambres sont sobres, classiques et bien insonorisées.

⊖⊜ Chambre d'hôte Château Cagninacci – *20200 San-Martino-di-Lota - 8 km au NO de Bastia par D 80 (vers Cap Corse) puis D 131 à Pietranera -* ☎ *04 95 31 69 30 - fermé oct. au 14 mai -* 🍽 *- 4 ch. : 66/82€.* À flanc de montagne, cet ancien couvent du 17e s., remanié au 19e s. dans l'esprit des demeures toscanes est splendide. Noyé dans la verdure, d'un calme absolu, il vous ouvre ses grandes chambres confortables, meublées à l'ancienne, avec vue sur l'île d'Elbe et la mer.

PETITE PAUSE

Glacier Raugi-Serge – *2bis r. Capanelles -* ☎ *04 95 31 22 31 - été : tlj sf lun. 9h-2h ; hiver : 9h-22h - fermé fin sept. à déb.-oct. et mi-fév. à fin mars.* Depuis trois générations, ce glacier a su plaire aux bastiais qui aiment

Retour de pêche au vieux port.

se retrouver pour déguster une de ses nombreuses glaces artisanales. En hiver, le glacier se transforme en pizzeria.

SORTIES

Café Wha – *Vieux-Port -* ☎ *04 95 34 25 79 - 11h-2h.* Référence directe au club newyorkais où Jimmy Hendrix se fendit de ses premiers riffs, cette « cantine mexicaine » invite chaque soir en été (le jeudi hors saison) un groupe du coin pour mettre le feu aux planches. Fiesta y musica donc, mais également petite restauration en service continu.

Cotton Café – *Quai des Martyrs -* ☎ *04 95 32 36 18 / 04 95 32 36 31 - été : 9h30-2h ; reste de l'année : lun.-sam. 9h30-2h.* Après un verre ou une collation sur la terrasse située face à la mer, laissez-vous tenter par les banquettes profondes près du comptoir. Vous y goûterez mélodies suaves et rythmes syncopés dans un cadre exotique et chaleureux. Concerts de rock, de jazz, de reggae et de variétés, chants corses... tous les soirs en été (jeudi, vendredi et samedi hors saison).

ARTS & SPECTACLES

U Fanale – *Pl. Galetta -* ☎ *04 95 32 68 38 / 04 95 31 12 05 - 22h-5h - fermé Noël.* Depuis 30 ans, U Fanale (le phare en corse) brille par sa programmation musicale de plus en plus variée : groupes africains, mexicains, antillais, brésiliens et chanteurs corses se succèdent dans cette cave voûtée qui fut jadis un entrepôt à cedrat (une variété d'agrume) puis une forge s'ouvrant sur le vieux port.

ACHATS

Jo-Antonini – *33 r. Chanoine-Letteron.* Ce n'est pas tant le couteau qui intéresse cet ethnographe du métal que la trace de la culture insulaire et de la taillanderie méditerranéenne. Outre la beauté de ses créations, ce coutelier est une source intarissable de savoir sur l'histoire corse.

U Paese – *4 r. Napoléon -* ☎ *04 95 32 33 18 - bereni.ange@wannadoo.fr - lun.-sam. 9h-12h, 15h-19h.* Dans sa boutique, où le bois et la pierre évoquent les origines paysannes du propriétaire, Ange Bereni aime partager sa passion pour la gastronomie corse. Ce charcutier de talent ne propose que des produits de saison, ce qui est un gage de qualité.

Brasserie Pietra – *Rte de la Marana - 20600 Furiani -* ☎ *04 95 30 47 46 - brasseriepietra@wanadoo.fr - juil.-août : lun.-ven. 9h-12h, 14h-17h30 ; reste de l'année sur demande préalable.* Fondée en 1996, c'est la première brasserie de l'île et la première au monde à brasser une bière à la farine de châtaigne. A peine nées et déjà traditionnelles, les délicieuses Pietra et Colomba (aux herbes du maquis) se retrouvent partout en Corse.

Marché – Le sam. et le dim. matin, de nombreux vendeurs de spécialités, de fleurs et de vêtements se retrouvent pl. du Marché, dans une ambiance animée et colorée.

Librairie Terra Nova – *12 r. Napoléon, à St-Roch, à côté de l'oratoire du même nom,* ☎ *04 95 32 25 11.* Cette librairie est remarquablement fournie en livres sur la Corse.

SPORTS & LOISIRS

Club Nautique Bastiais – *Lido de la Marana - Plage de l'Igesa - 20600 Furiani -* ☎ *04 95 32 67 33/ 06 11 83 09 14 - www.ffv.fr/cn-bastia - été : 9h-18h30 ; reste de l'année : 9h-12h, 14h-18h - fermé 15 déc. au 15 janv.* Installé sur la plage durant tout l'été, le club propose des locations de catamarans, planches à voile, optimists... mais également des cours, des raids maritimes en canoë ou des découvertes du littoral en bateaux.

Établissements Mattei.

Objectif Nature – *3 r. N.-D.-de-Lourdes -* ☎ *04 95 32 54 34 - lun.-sam. 9h-12h, 14h30-18h.* Kayak de mer, plongée sous-marine, parapente, activités équestres, randonnées pédestres, VTT, mais aussi rafting, hydrospeed, canyoning... Cette boutique réunit toutes les activités sportives de la région.

Plage de l'Arinella – Se diriger vers le Sud, dir. Bonifacio. Juste avant la caserne des pompiers, tourner à gauche, suivre les panneaux. 3,5 km du centre-ville. Une plage de sable fin gris s'étend sur des kilomètres.

Plage de Toga – *de la pl. St-Nicolas, prendre l'av. Émile-Sari. 1/4h à pied.* Toga, le nouveau port de plaisance, s'étend à la sortie Nord de Bastia. La marina regroupe restaurants, glaciers et bars. Juste après la sortie du port, on accède à une petite plage de galets.

Thalassa Immersion – *Lieu-dit Minelli, base nautique - Sortie Nord Bastia. Direction Cap Corse. -* ☎ *04 95 31 78 90 - www.tibastia.com - été : tlj 8h15-18h30, hors sais. sur demande préalable - fermé déc. et dim.* Ce grand centre très bien équipé propose des baptêmes, des stages de perfectionnement (passage des différents niveaux), des plongées de nuit ou l'exploration de nombreuses épaves d'avions et de bateaux datant de la Seconde Guerre mondiale (P47, Heinkell 111, canonnière…).

CALENDRIER

Bastia entretient une vie culturelle animée. La ville organise notamment chaque automne le Festival du film et des cultures méditerranéennes.

l'Italie (et particulièrement la Toscane), par Gênes, La Spezia, Livourne et Piombino, des liaisons qui renforcent son rôle de premier centre économique de l'île et en font un pôle d'attraction pour tout le Cap Corse, le Nebbio, la Castagniccia, la Balagne et une grande partie de la plaine orientale.

se promener

TERRA-VECCHIA★

Environ 2h. Au cœur de la vieille ville bastiaise, cet itinéraire permet de découvrir la ville basse organisée autour d'une petite crique qui fut autrefois la marine d'un village de pêcheurs, **Cardo**. Elle offre aujourd'hui le visage d'un petit port méditerranéen où l'on se perd avec plaisir dans un dédale de rues étroites et mouvementées : ruelles en escalier, linge suspendu aux cordes, passages couverts, venelles tortueuses réservent mille surprises.

Place St-Nicolas

Cette vaste esplanade, longue de 300 m, doit son nom à une ancienne chapelle pisane détruite au 19e s. Ouverte sur le port où se profilent régulièrement les silhouettes des gigantesques ferries, elle a la noblesse et l'ampleur d'une place royale. Ceinturée d'une allée de platanes et de palmiers, elle offre un ombrage apprécié à la belle saison. À l'Ouest et au Sud, de hauts immeubles couverts de lauzes dressent leurs sobres façades. En arrière-plan, la montagne abrupte et dénudée clôt l'horizon.

La place a été aménagée à la fin du 19e s. De part et d'autre du kiosque à musique, on remarque la statue de Napoléon et un monument aux morts de la guerre de 1914-1918. Ce dernier est l'œuvre des sculpteurs Peckle et Patriarche qui ont représenté un épisode de la guerre d'Indépendance : il s'agit de la veuve de Renno faisant don à Paoli de son dernier fils pour la défense de la patrie corse.

Prendre dans le prolongement de la place le cours H.-Pierangeli.

Sur la gauche, un ensemble de bâtiments abrite le lycée Jean-Nicoli qui occupe l'ancien couvent des missionnaires Lazaristes (17e s.) ; il devint palais du Gouvernement lors de l'annexion de la Corse par la France, puis fut habité par Sir Gilbert Elliott, le vice-roi de l'éphémère royaume anglo-corse.

Place du Marché

Bordée par l'ancienne mairie, cette ample place a retrouvé son cachet originel. Ses vieilles maisons – plusieurs datent du 17e s. – aux façades hautes et percées de fenêtres souvent occultées de persiennes, donnent une bonne idée du Bastia ancien. Le tour de la place, planté de platanes et dallé de schiste, s'anime chaque matin du bagout des commerçants du marché. L'église St-Jean-Baptiste s'ouvre sur la place par une porte percée dans son flanc Est et surmontée d'un portique à quatre colonnes.

AUX PUCES

Tous les dimanches matin, un marché aux puces s'installe sur la place St-Nicolas.

Du côté de la vieille ville, la statue de Napoléon en empereur romain est due au sculpteur florentin Bartolini et a été érigée en 1854.

Bastia

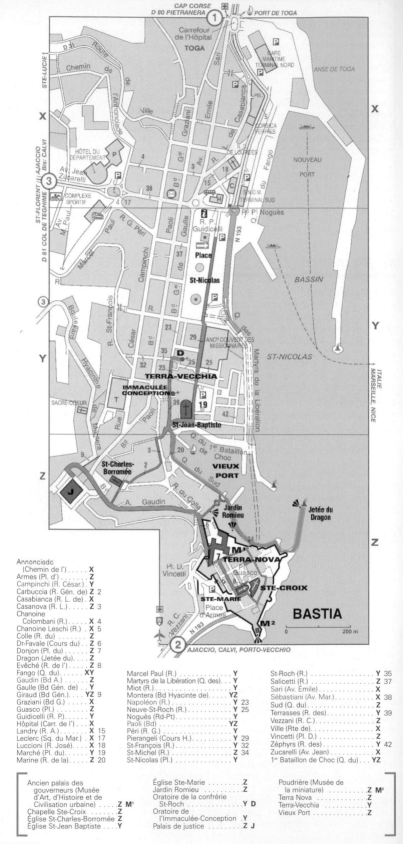

Église St-Jean-Baptiste

La haute façade classique de ce vaste édifice, calée entre deux fines tours, domine Terra-Vecchia et veille solennellement sur le vieux port.

À l'intérieur, la haute nef et ses deux collatéraux, à l'ordonnance caractéristique du baroque bastiais, ont reçu au 18e s. un décor où se mêlent les marbres précieux (fonts baptismaux), l'or des stucs et les peintures en trompe-l'œil (celles de la voûte datent de 1871). Plus vaste église paroissiale de Corse, elle fut élevée de 1636 à 1666. Nombre de Bastiais reposent sous le dallage de la nef.

En sortant par le porche latéral, passer devant la façade monumentale et remonter la rue St-Jean.

Prendre à droite la rue des Terrasses.

Au nº 4 de la rue, remarquer le vestibule décoré de fresques. Cette demeure, appelée la maison Castagnola, et celle qui lui fait face, avec sa façade sculptée, appartenaient à deux familles rivales, et passent pour être les deux plus vieilles maisons de Bastia.

Dans l'église, remarquer en particulier l'élégante **tribune d'orgues** (1742), les quelques **tableaux** de la collection du cardinal Fesch, les beaux **meubles de la sacristie** (18e s.) et le curieux **Christ en papier mâché** du maître-autel à la cambrure élégamment baroque (17e s.).

Oratoire de l'Immaculée-Conception★

Donnant sur un minuscule parvis à mosaïque de galets représentant un soleil, cette chapelle de confrérie cache la richesse de son décor intérieur sous une apparence extérieure d'une grande sobriété, à peine égayée par une frise de guirlandes et d'angelots. Cet édifice à nef unique fut commencé en 1589. Dans ce monument se tinrent au 18e s. de nombreuses réunions politiques et historiques, dont les assises du parlement anglo-corse dirigées par le vice-roi Elliot.

L'intérieur, richement paré au 18e s., offre des murs couverts de boiseries dans leur partie basse et tendus de damas de velours de Gênes cramoisi pour le reste. Une symphonie de dorures et de marbres s'étale sous une plafond peint à fresque. La décoration de la voûte représente l'Immaculée Conception et les 18 médaillons ovales sous la corniche, les apôtres et les évangélistes. Le maître-autel de 1624, rénové en 1763, est orné d'une copie d'une Immaculée Conception de Murillo.

Sur la gauche, une armoire-vitrine abrite la statue de la Vierge, portée en procession solennelle chaque 8 décembre à travers les rues de Terra-Vecchia jusqu'à l'église St-Jean-Baptiste.

La chapelle de droite abrite un beau crucifix de bois génois du 18e s. Remarquer les superbes lustres d'époque Directoire. La chaire à prêcher en marbre polychrome est décorée d'un trompe-l'œil. Elle présente l'originalité de n'être accessible que de l'extérieur de la chapelle.

Poursuivre dans la rue qui prend dès lors le nom de rue Napoléon.

Certaines façades, restaurées, ont retrouvé des teintes chaudes qui leur confèrent une apparence très italienne.

LA SACRISTIE
Entrée à gauche du maître-autel. Elle a été agréablement aménagée en petit musée regroupant divers objets d'art sacré, allant du 15e au 19e s. Noter un trône d'exposition bastiais en bois doré du 17e s., une curieuse statue de saint Érasme (1788), patron des pêcheurs, un missel enluminé (1685), présenté sur un lutrin en forme d'ange.

Oratoire de la confrérie St-Roch

Élevée en 1604, sans doute après une épidémie de peste, cette chapelle est, elle aussi, précédée d'un parvis décoré en mosaïque de galets. Sa décoration est l'œuvre de maîtres ligures et le retable du maître-autel est dû au Florentin Giovanni Bilivert. Remarquer à droite, dans une vitrine, la statue processionnelle de saint Roch et les

---

LA RELÈVE DU GOUVERNEUR

Le deuxième week-end de juillet, le vieux port de Bastia retrouve les fastes d'une cérémonie datant de plus de cinq cents ans. Elle rappelle la passation des pouvoirs entre les gouverneurs nommés par Gênes et dont le protocole, scrupuleusement reproduit, est inspiré de l'étiquette de la cour d'Espagne.

Selon ce rite, l'ancien gouverneur quitte le donjon de l'ancien palais des gouverneurs vers 21h pour accueillir, sur le môle génois, son successeur à bord de la galère d'honneur. Cette brillante rétrospective historique, ponctuée de nombreuses joutes (archers, ballets de drapeaux), est animée par plusieurs centaines de figurants bastiais en costume d'époque.

belles boiseries d'applique de facture génoise du 18ᵉ s. qui courent le long des murs. Avant de sortir, admirer la tribune d'orgue en bois sculpté et doré. Le buffet d'orgue, en noyer, abrite un rare instrument de 1750.

◄ *Revenir sur ses pas jusqu'au vieux port.*

Vieux port★★

La petite crique de l'ancienne marine de **Cardo** abrite le port de pêche et de plaisance, au pied de la citadelle et de son donjon. Les vieux immeubles de Terra-Vecchia s'ordonnent en amphithéâtre autour de l'anse. Yachts au mouillage, barques de pêche en bois peintes aux couleurs vives, pêcheurs ravaudant leurs filets, invitent à la flânerie aux terrasses des cafés. En saison, des chanteurs viennent, le soir, animer les lieux.

Les hautes façades, serrées les unes contre les autres, usées par les ans et polies par le vent du large courent le long des quais. Le front de mer (quai des Martyrs-de-la-Libération) qui relie le vieux port à la place St-Nicolas, est occupé par les terrasses de cafés d'où l'on peut apprécier le ballet des car-ferries. Remarquer l'intéressante façade du 17ᵉ s. du palais Galeazzani.

SPÉCIALITÉS

Les quais du vieux port, comme celui qui mène vers la place St-Nicolas, aménagé en promenade, accueillent cafés et restaurants. On y consomme les spécialités locales : tripes bastiaises, courgettes et sardines farcies au « brocciu », « aziminu » (bouillabaisse) et produits de la mer.

Depuis les quais du port, reprendre au fond de la crique, puis à gauche, la rue L.-Casanova et enfin, sur la droite la rue Gén.-Carbuccia, en montée sensible.

Au nº 23, Honoré de Balzac séjourna au mois de mars 1838. Au terme de la montée, on accède à l'église St-Charles.

Église St-Charles-Borromée

9h30-11h, w.-end 15h-16h30. ☎ *04 95 31 34 14.*

Elle a été construite par les jésuites pour servir de chapelle au collège qu'ils fondèrent à Bastia en 1635. La façade, très classique avec ses deux étages de pilastres et son fronton triangulaire, est vraiment imposante. Les deux statues de marbre blanc représentent saint Ignace de Loyola et saint François-Xavier.

La quasi-totalité de la décoration peinte a disparu. Seul subsiste, au maître-autel, un triomphal retable. La toile, encadrée d'une très riche décoration de bois, représente la vénérée **Vierge de Lavasina** *(voir ce nom dans Cap Corse)*. En sortant, remarquer à gauche le bel alignement des façades ornées d'encorbellement.

Face à l'église, se dresse l'imposante façade, quelque peu dégradée, d'une très ancienne demeure, la maison de Caraffa.

Prendre à droite les escaliers jusqu'au boulevard Gaudin et poursuivre à droite.

Palais de justice

De majestueuses proportions avec ses deux pavillons latéraux surmontés d'un fronton, il a reçu une colonnade de marbre bleu de Corte. Il fut bâti au milieu du 19ᵉ s.

Revenir jusqu'au terme du boulevard Gaudin qui conduit à l'entrée de la citadelle.

LA CITADELLE - TERRA-NOVA★

Visite 1h1/2. On y accède à pied par le boulevard Gaudin à l'issue de la promenade précédente, ou, depuis le vieux port en empruntant le quai du Sud vers le jardin Romieu, d'où l'on gagne le cours du Dr-Favale, ouvert sur l'emplacement des anciens fossés. En voiture, après le boulevard Paoli, prendre le boulevard Gaudin vers la citadelle. Laisser la voiture au parking de la place d'Armes.

Ceinturée de remparts du 15ᵉ s., la citadelle fut édifiée par les Génois entre le 15ᵉ et le 17ᵉ s. Y pénétrer par la porte monumentale, dite porte Louis-XVI (fin 18ᵉ s.), qui mène à la **place du Donjon**, bordée de belles demeures, comme A Casetta qui accueillait jadis les réunions du conseil des anciens.

Ancien palais des gouverneurs

À l'intérieur du fortin, les bâtiments accolés au donjon bordent une petite cour et des jardins. Ils constituèrent le palais des gouverneurs génois du 15ᵉ au 18ᵉ s., puis celui du Conseil supérieur créé par Louis XV, avant d'être sérieusement endommagés en 1943. À l'issue des travaux de rénovation et de reconstruction partielle qui viennent d'être engagés, le palais devrait accueillir le **musée d'Art, d'Histoire et de Civilisation urbaine**.

Depuis la place du Donjon, plusieurs ruelles bordées de très vieilles maisons traversent la citadelle et mènent à l'ancienne cathédrale.

Église Ste-Marie★

Surmontée d'un fronton rectangulaire, sa façade restaurée donne sur une petite place. Au nᵒ 12 dans le presbytère, le général Hugo et son fils Victor séjournèrent de 1803 à 1805. Élevée à partir de 1495 par l'évêque de Mariana, cette église fut érigée en cathédrale en 1570 et le resta jusqu'au transfert de l'évêché de Corse à Ajaccio en 1801. Certaines transformations, ainsi que le clocher, datent du début du 17ᵉ s.

L'intérieur majestueux, aux trois nefs richement décorées dans une harmonie joyeuse de rose et d'or, est un bon reflet du goût baroque en honneur aux 17ᵉ et 18ᵉ s. On remarquera : le dallage polychrome en marbres, blanc de Carrare, bleu de Corte, rouge d'Oletta (ce pavage n'est pas l'original, il a été posé en 1869 lors de la visite de l'impératrice Eugénie) ; les soubassements des piliers et des murs de l'église, plaqués de roche verte (serpentine) du Bevinco.

Dans le chœur, au-dessus de l'autel, se font face les « **cantorie** », tribunes des chanteurs pratiquées dans l'épaisseur du mur. Surmontant l'autel du Sacré-Cœur, dans le bas-côté gauche, un panneau peint sur bois de l'**Assomption** de Leonoro d'Aquila (1512) est la seule œuvre signée de ce peintre italien de renom.

Dans les bas-côtés, sont disposées des **chapelles de confréries**. Remarquer dans une niche vitrée du bas-côté droit, le groupe de l'**Assomption de la Vierge★★**. Composée d'argent, la statue fut ciselée au 18ᵉ s. à Bastia par un artiste siennois, Gaetano Macchi. On découvre, dispersés dans l'église, de belles statues de bois polychrome du 17ᵉ s. et des tableaux de la **collection du cardinal Fesch**. Et lorsque la sacristie est ouverte, on peut apprécier un très beau mobilier ainsi que le trésor de la cathédrale. Les orgues réputées provenant de la maison Serassi de Bergame datent de 1845.

Le 15 août, la statue de l'Assomption de la Vierge est portée en procession à travers la citadelle et Terra-Nova.

En sortant de Ste-Marie, tourner à droite et suivre le long du bas-côté gauche de l'église la rue de l'Évêché, dallée en escalier, jusqu'à l'entrée de la chapelle Ste-Croix.

Chapelle Ste-Croix★

Tlj sf w.-end.

Elle fut construite par les deux plus puissantes confréries bastiaises de pénitents afin d'abriter un crucifix miraculeux, repêché en 1428. Ce **Christ des miracles★**, (appelé aussi *U Cristu Negru* : le Christ Noir), œuvre la plus vénérée des paroissiens de Bastia, est exposé dans la chapelle latérale droite. L'intérêt de l'édifice réside aussi dans le sompteux **décor★★** rococo du 18ᵉ s., représentatif du style « **barocchetto** » génois. Sur le fond bleu du plafond de la nef se détachent harmonieusement des angelots et les gracieuses arabesques des stucs recouverts d'or.

Le maître-autel en marbre polychrome est dominé par un majestueux retable de Giovanni Bilivert, *L'Annonciation*, de 1633. Remarquer également l'intéressant buffet d'orgue du 18ᵉ s. et un groupe processionnel en bois polychrome aux expressions particulièrement théâtrales.

En sortant de Ste-Croix, remonter la rue de l'Évêché, tourner à gauche devant l'église Sainte-Marie, puis tout de suite à gauche dans une ruelle qui longe l'église.

On passe sur une minuscule place, pavée de galets disposés en mosaïque, sur laquelle donne la façade de l'oratoire Sainte-Croix.

Une rampe voûtée donne accès au bastion Sud de la citadelle aménagé en jardin public. Vue dégagée sur la côte Sud de Bastia.

Musée de la Miniature

Visite guidée de déb. avr. à mi-oct. : 9h-12h, 14h-18h. 3,50€ (7 à 12 ans : 2,50€). ☎ *06 10 26 82 08.*

☺ Installé dans la poudrière, il s'agit d'un village corse idéal construit par René Mattei avec quelque dix tonnes de matériaux, et peuplé de santons animés. On y reconnaît le four communal, la bergerie, le pont génois, le moulin hydraulique à châtaignes, l'église, la chapelle sur sa colline ainsi que différentes échoppes d'artisans. L'ensemble, véritable œuvre d'une vie, est empreint d'un charme naïf indéniable.

Avant de quitter la citadelle, on goûtera le charme paisible de la place Guasco et des venelles alentour.

Descendre vers le port par le jardin Romieu.

Jardin Romieu

Sur les pentes qui montent à la citadelle, ce jardin verdoyant apporte fraîcheur et calme. Depuis un point de vue d'où l'on contemple une nouvelle fois le vieux port et les vieilles maisons du quartier de Terra-Vecchia, un sentier tortueux se glisse parmi les palmiers, les lauriers, les pins et les plantes grasses. Un escalier à double révolution amène au vieux port sur le quai du Sud.

circuits

MIOMO ET LA CORNICHE SUPÉRIEURE 1

Circuit de 24 km. Quitter Bastia par le Nord par la D 80.

Après avoir longé la plage de Toga et la station balnéaire de Pietranera, la route épouse les sinuosités du littoral.

Miomo

Ce village conserve en bordure de mer une solide tour génoise, campée sur des affleurements de schiste vert. La vue de la petite plage de galets de Miomo, dominée par sa tour, est un peu l'image d'Épinal des tours génoises du Cap Corse.

Prendre à gauche la D 31 en direction de San-Martino-di-Lota.

La route serpente à flanc de montagne, passe au pied de deux cascades avant d'arriver à Acqualta, principal hameau de San-Martino-di-Lota.

San-Martino-di-Lota

La placette qui borde l'église d'**Acqualta** offre une vue plongeante sur la vallée profonde. L'église est flanquée d'un élégant clocher à deux étages.

Chaque Vendredi saint, les habitants ont coutume de réaliser un objet en palmes tressées.

Après San-Martino-di-Lota la route est taillée en **corniche**★ dans les schistes verts aux reflets dorés.

Ste-Lucie

Église perchée sur un rocher, d'où la **vue**★★ se développe sur Bastia avec son port et sa citadelle, l'étang de Biguglia et l'archipel toscan.

Retour par le petit village résidentiel de Cardo et l'oratoire de Monserrato.

Oratoire de Monserrato

Accès à pied possible depuis le palais de justice de Bastia en 1h de marche. Se renseigner à l'Office de tourisme.

Extérieurement très simple, cet oratoire daté du 18ᵉ s. abrite un « escalier saint » ou **Scala Santa**, réplique de celui de la basilique St-Jean-de-Latran à Rome.

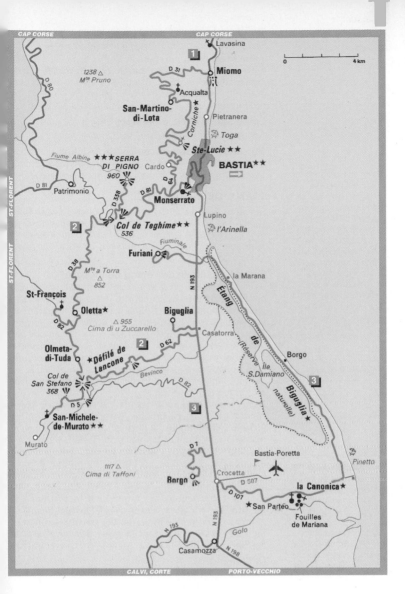

En 1816, le pape Pie VII conféra à Bastia le rarissime privilège de posséder un tel escalier, en reconnaissance de l'aide apportée par les Bastiais aux prêtres romains refusant de prêter serment et exilés en Corse par Napoléon Iᵉʳ. La Scala Santa actuelle a été installée en 1884. Remarquer, dans l'abside, la belle Vierge à l'Enfant en marbre du 17ᵉ s. Deux pèlerinages ont lieu chaque année : le 12 mai (St-Pancrace) et le 2 juillet. En sortant, admirer la **vue**★ sur Bastia depuis le couvent St-Antoine. À proximité, en descendant vers la ville, la fontaine sous voûte d'Alletto (ou Monserrato) présenterait la plus vieille inscription lapidaire bastiaise (1560).

L'ESCALIER SAINT
Selon la tradition chrétienne, la *Scala Santa* désigne l'escalier du palais de Ponce Pilate à Jérusalem que le Christ gravit le jour de sa Passion. La faveur attachée aux répliques de cet escalier veut que le fidèle qui le gravit à genoux soit absout de ses péchés.

ÉGLISE SAN MICHELE DE MURATO PAR LE DÉFILÉ DE LANCONE★ ②

Circuit de 49 km – environ 2h. Quitter Bastia par le Sud et rejoindre la N 193. À Casatorra, prendre à droite la D 62.

La route serpente dans les derniers vergers de la plaine de Bastia. Elle s'élève progressivement au milieu des chênes verts et des chênes-lièges qui cèdent la place au maquis. Puis, dans un décor minéral avec des surplombs parfois vertigineux, la route s'engage dans le défilé de Lancone.

Défilé de Lancone★ *(voir le Nebbio)*

Prendre sur la gauche la D 5 qui mène à Murato.

Entre le col de **San Stefano** et l'église San Michele *(4 km environ)*, on jouit d'un ample **panorama★★** sur la conque du Nebbio avec ses ondulations de collines et de plateaux verdoyants. On devine en arrière-plan St-Florent et, sur la gauche, les monts des Agriates.

Église San Michele de Murato★★ *(voir ce nom)*

Retour au col de San Stefano par la même route.

Du col de San Stefano au col de Teghime

Portion de l'itinéraire décrit dans le chapitre Nebbio.

Au col de Teghime, descendre sur Bastia par la D 81.

ÉTANG DE BIGUGLIA ③

Circuit de 65 km – environ 3h. Quitter Bastia par le Sud et rejoindre la N 193. Après avoir traversé la ville nouvelle de Lupino, prendre à gauche la D 107 vers Marana-Plage. La route suit un étroit cordon littoral entre l'étang de Biguglia et la mer.

Réserve naturelle de l'étang de Biguglia★

◄ Avec ses 1 800 ha, c'est le plus grand étang de Corse. Son cordon lagunaire est constitué des alluvions de l'ancienne embouchure du Golo. L'étang est encore alimenté par l'eau de mer à son extrémité Nord.

L'exceptionnelle variété des végétaux : herbiers de zostères au Nord, prairies inondées au centre, roselières denses et vasières au Sud, en fait un important potentiel d'alimentation pour les espèces migratoires et hivernantes ; une étape essentielle pour l'avifaune sur l'axe migratoire Europe-Afrique.

L'importante densité de tortues cistudes contribue à la réputation de ce patrimoine naturel unique en Méditerranée occidentale. Mulets et surtout anguilles fréquentent assidûment les eaux de l'étang. L'anguille a d'ailleurs longtemps constitué la principale ressource de Biguglia. La pêche en barque ou équipé de cuissardes est interdite. Des projets sont en cours pour aménager des circuits pédestres et cyclables et pour rouvrir l'observatoire de Tambulu Biancu. Dans une pinède, le village de vacances de **Borgo** forme un grand ensemble pavillonnaire. On traverse les parcs à moutons avant d'atteindre la route d'accès à la plage de Pinetto.

La Canonica★ *(voir ce nom)*

Continuer la D 107 jusqu'à Crocetta sur la N 193 et prendre
◄ *à droite vers l'aéroport. Regagner la N 193. À 1,5 km prendre sur la gauche la D 7.*

Borgo (Borgu)

Ce village **belvédère★** occupe un replat au-dessus de l'étang de Biguglia. Depuis le début des années 1980, Borgo, englobé dans l'aire économique du « Grand Bastia », jouit d'un développement dynamique.

« CUI-CUI »

On dénombre plus de 100 espèces d'oiseaux : près de 30 hivernants et plus de 60 migrateurs estivants dont de nombreux oiseaux rares (grand cormoran, héron pourpré, foulque macroule, crabier chevelu...). L'observateur silencieux muni d'une paire de jumelles verra la silhouette colorée et fugitive du martin-pêcheur, celle élancée du héron pourpré et le vol lent du busard.

SAINT-EXUPÉRY

Sur l'esplanade de l'aéroport Bastia-Poretta, une plaque rappelle la dernière mission de reconnaissance photographique (le 31 juillet 1944) de l'écrivain-aviateur Antoine de Saint-Exupéry, membre d'une escadrille basée à Bastia-Borgo.

LES VICTOIRES DE PAOLI

Borgo fut le théâtre des deux plus importants revers de l'armée française en Corse.

Le premier, en décembre 1738, porte le nom de « Vêpres corses » : les troupes du comte de Boissieux, envoyées dans l'île par le roi de France à la demande de Gênes, sont écrasées par les Nationaux.

Le second, en octobre 1768, retarda la réunion de l'île à la France. Le Français Ludre se retranche, avec ses hommes, à Borgo pour des raisons stratégiques. Mais ils se trouvent bloqués par les troupes corses commandées par Clément Paoli, frère de Pascal. Le marquis de Chauvelin, chef de la garnison de Bastia, se porte au secours de Ludre mais il doit renoncer après dix heures de combat. Les Français laissent sur le terrain 600 morts, 1 000 blessés, 600 prisonniers et 700 fusils, et Ludre est contraint à la reddition.

Sur la façade de l'**église baroque Saint-Appien**, une plaque commémorative rappelle les revers subits par les Français lors de la guerre d'Indépendance corse. À proximité se dressent les ruines de l'ancienne église et son clocher de guingois.

Revenir à la N 193 par laquelle s'effectue le retour à Bastia.

Biguglia

2,5 km au départ de la N 193 par la petite route qui s'ouvre à gauche peu après l'embranchement de la D 82.

On a peine à croire que ce gros village qui domine l'étang et la mer fut la capitale de l'île sous la domination pisane puis génoise. En 1372, les Génois en furent chassés suite à une révolte corse ; ils s'installèrent alors à Bastia.

Furiani

4 km au départ de la N 193. Perché sur une colline et gardé par une tour génoise, ce village offre une belle **vue**★ sur l'étang de Biguglia et la mer. Il accueille la célèbre brasserie Pietra *(voir le carnet pratique).*

Le clocher de Borgo s'élève au-dessus de l'étang de Biguglia et de la haute vallée du Golo.

Aiguilles de **Bavella**★★★

Les aiguilles, ou « fourches » de Bavella appelées aussi cornes d'Asinao, composent un étonnant et somptueux décor, domaine de prédilection des randonneurs et des alpinistes. Un arrêt au col de Bavella (1 218 m) permet d'admirer ces pics aux formes déchiquetées, la couleur changeante des grandes murailles rocheuses émergeant des pins laricio et l'âpreté du paysage.

Les pins tordus par le vent s'accrochent à un terrain rocheux couvert de quelques touffes d'herbe. À la fin du printemps, les lieux se parent de la belle couleur mauve rosé des odorantes fleurs de thym.

La situation

Carte Michelin Local 345 E9 - Corse-du-Sud (2A). Le col de Bavella est traversé par la D 268 qui relie la partie Ouest (région de Sartène) à la côte Est de l'île (Solenzara). Le GR 20 parcourt aussi les environs ; venant de l'Incudine, il se dirige vers le col de Finosa et la Punta Tafonata di i Paliri. C'est l'une des plus belles étapes du sentier de randonnée ; une variante alpine du GR permet même de pénétrer au cœur du massif de Bavella.

Pour séjourner autour du col, il faudra se rendre à Zonza (9 km) ou à Quenza (14 km).

Le nom

Bavella est souvent qualifié de « plus beau jardin d'aiguilles de la Corse ».

Les gens

La route reliant Zonza à Solenzara *(40 km)* à travers le massif de Bavella est empruntée chaque année par les concurrents du Tour de Corse automobile.

En de nombreux points de l'île se profile la silhouette des ces célèbres aiguilles teintées de rouge, d'ocre ou de doré.

circuit

DE SOLENZARA À ZONZA
30 km - environ 2h.

Solenzara *(voir ce nom)*
La D 268 – particulièrement étroite : croisements difficiles, voire carrément impossibles par endroits ! – longe la Solenzara dont le lit s'encombre bientôt de rochers. Les berges de la rivière se couvrent de pins lorsqu'elle pénètre dans la **forêt domaniale de Tova**.

Col de Larone (Bocca di Laronu)
Alt. 608 m. Il offre une très belle **vue**★★, à gauche sur la Punta di Ferriate formant la partie extrême du chaînon des Paliri et, à droite, sur la forêt de Tova accrochée aux pentes abruptes de la montagne.

La route, très sinueuse, pénètre alors dans la forêt de Bavella dont on admire de très beaux peuplements de pins laricio *(voir Forêt de Vizzavona)*.

Cascades de Polischellu★
Environ 3 km après le col, on parvient au lieu dit Arggiavara. 500 m plus loin, laisser la voiture sur le bord de la route, à côté d'un gros chêne entouré de deux rochers. Emprunter le sentier qui remonte le long de la rive gauche du Polischellu. Après 10mn de marche environ, on atteint une première cascade où un agréable bassin invite au plongeon. Au-dessus se succèdent de nombreuses autres chutes mais leur accès est plus difficile.

Forêt de Bavella★★
Étagée entre 500 et 1 300 m d'altitude, cette belle forêt de 930 ha a été malheureusement dévastée à plusieurs reprises par les incendies, notamment en 1960. Devenue réserve nationale, elle a fait l'objet d'un reboisement important de pins maritimes et laricio, de cèdres et de sapins. De plus l'Office national des forêts a fait ouvrir des tranchées pare-feu de 50 m et planter des châtaigniers, plus résistants aux flammes que les résineux. Une réserve de chasse y a été créée en 1950. L'observateur attentif et chanceux pourra peut-être voir, sur les rochers abrupts, à plus de 1 000 m, évoluer des hardes de mouflons.

À l'approche du col, chaque contour de la route ménage une vue différente sur les immenses parois rocheuses.

Bavella
Peu avant le col s'étagent, au milieu de superbes pins laricio, quelques constructions basses en pierre ou en bois. Il s'agit d'anciennes bergeries bâties sur un terrain concédé par Napoléon III aux habitants de Conca qui venaient y passer l'été. Un peu au-dessus de ce « village d'été », près d'une source, s'est établie l'**auberge du Col**.

CASCADES

🚶 Dans le premier lacet après le col de Larone, prendre le sentier qui part sur la droite. Après 3/4h de marche *(sentier non balisé mais bien tracé)*, on parvient à une série de cascades et de belles vasques propices à la baignade.

La magie du col de Bavella n'est pas un vain mot, surtout lorsque le soir, une épaisse brume qui monte de la vallée enveloppe petit à petit tous les sommets.

Col et aiguilles de Bavella★★★

Alt. 1 218 m. Ce col qui échancre la grande arête faîtière de l'île est marqué par une croix et par la **statue de N.-D.-des-Neiges**. Le site et le panorama sur le massif de Bavella sont splendides. De la forêt de Bavella émergent, à l'Ouest du col, les célèbres **aiguilles de Bavella★★★** curieusement découpées, derrière lesquelles on peut apercevoir le massif de l'Incudine. À l'Est se profilent la grande paroi de la Calanca Murata et l'arête rouge en dents de scie de la Punta Tafonata di i Paliri, avec la mer Tyrrhénienne dans le lointain.

La route descend ensuite sur Zonza. Peu avant le village, on distingue, inattendu parmi les pins et les châtaigniers, l'hippodrome de Viseo.

Zonza *(voir ce nom)*

CONSEIL

Pour apprécier au mieux le panorama depuis le col de Bavella, grimpez quelques dizaines de mètres au-dessus du parking ou dépassez la statue... et, si vous le pouvez, évitez les dimanches d'été où l'affluence est considérable !

randonnées

Départ de l'auberge du Col (citée plus haut), située 200 m en contrebas du grand parking, sur la D 268 (direction Solenzara). Des topoguides détaillent les itinéraires proposés dans le massif, voir la bibliographie en début de guide.

Promenade de la chapelle

🚶 *1/2h AR.* Point de départ : la fontaine située à droite de l'auberge du Col (sur la droite en descendant du grand parking). Après avoir longé un petit torrent, la **chapelle de la Vierge** apparaît, blanche et rose sur un mamelon, encadrée de pins. Depuis la prairie voisine, au-dessus du monument, **vue★** magnifique sur les aiguilles de Bavella.

Promenade de la Pianona★

🚶 *Boucle d'1h environ. Balisage orange. Départ du parking du col de Bavella ou de l'auberge du Col (voir ci-dessus).*
À gauche, la vue porte sur la Punta Tafonata di i Paliri, la forêt de Bavella et la mer que l'on distingue dans le lointain. Sur les pentes douces, crocus et anémones donnent au printemps mouvement et couleur aux prairies. On progresse parmi des pins majestueux.

WOODY WOODPECKER

Les troncs de quelques arbres morts, constellés de trous, révèlent le travail des pics épeiches (oiseaux grimpeurs, cousins des piverts, au plumage noir, blanc et rouge appelés aussi pics rouges). Les cavités que ces oiseaux creusent pour se nourrir peuvent servir ensuite de nids à d'autres espèces, mésanges et troglodytes.

En appuyant sur la droite, on accède à une plate-forme herbeuse, une *pianona*, piquetée de pins aux formes tourmentées par le vent. De là se découvre une **vue★★** saisissante sur les aiguilles de Bavella et, par temps clair, sur le rivage occidental et oriental de la Corse.
Rejoindre la chapelle de la Vierge où l'on retrouve l'itinéraire de l'aller.

Trou de la Bombe (Tafonu di u Cumpuleddu)★★

🚶 *Boucle de 2h environ. Balisage rouge signalé « Cumpuleddu » au départ de l'auberge du Col. Pour votre sécurité, ne quittez pas le sentier balisé.*
Celui-ci s'élève dans une combe boisée, jusqu'à une crête. On aperçoit bientôt sur la gauche une tête rocheuse émergeant des arbres. Le sentier suit la ligne de crête. En descendant vers le col, on découvre le « trou de la Bombe » ; il s'agit en fait d'une ouverture circulaire d'environ 8 m de diamètre transperçant l'arête faîtière du chaînon des Paliri, située sur la droite de la Calanca Murata et en avant du campanile de Ste-Lucie.
Au retour, quand le sentier croise un petit ruisseau, possibilité de revenir au col *(parking)* en suivant la direction d'Alturaghja *(fléché, balisage rouge, compter environ 3/4h).* Belles vues sur les aiguilles.

Le nom corse du trou de la Bombe, « u tafonu d'u compuleddu » signifie le « trou de l'enclos du berger ».

Les aiguilles par la variante alpine★★★

🏃 Pour sportifs équipés de bonnes chaussures, topoguide du GR 20 (ou carte IGN) vivement conseillé. Balisage jaune pour la variante au début, puis balisage GR blanc et rouge, compter environ 6h. Ce parcours en boucle qui réunit deux alternatives du GR 20 n'offre pas de véritable difficulté (1 seul passage avec chaîne) mais la première partie requiert prudence et résistance. Départ au col, du côté de la statue. Rapidement, il faut attaquer une montée très raide qui est la principale difficulté ; attention à ne pas déclencher de chutes de pierres sur ceux qui sont plus bas. Le parcours suit approximativement une ligne de crête, passe sous les aiguilles avant de descendre dans une forêt où l'on rejoint le GR 20. Prendre à gauche le sentier assez facile qui ramène au col.

Bocognano

Bucugnà

Dans les châtaigniers de la haute vallée de la Gravona, Bocognano fait face à la chaîne du Monte d'Oro. Ses 640 m d'altitude, sa fraîcheur estivale, la proximité de la forêt de Vizzavona et des hauts massifs de l'île font de ce village une étape agréable sur la route d'Ajaccio à Bastia.

La situation

Carte Michelin Local 345 D7 – Corse-du-Sud (2A). Bocognano se trouve sur la N 193 à peu près à mi-chemin entre Ajaccio et Corte.

Les gens

343 habitants. Meurtriers, hors-la-loi, Antoine Bonelli et son frère Jacques, surnommés **Bellacoscia** régnèrent, avec la complicité de la population, durant quarante-quatre ans sur la région. Ils contribuèrent à la légende qui auréola au 19e s. le banditisme dans l'île. Antoine se rendit solennellement à la justice en gare de Vizzavona *(voir ce nom)*.

se promener

Le village

On s'arrêtera devant la majestueuse **fontaine de galets**★ (1883), située près de la poste. De la terrasse de la chapelle au campanile rustique, **vue** sur le Monte d'Oro.

Cascade du Voile de la Mariée★

3,5 km au Sud par la D 27, puis 25mn à pied AR. Quelques mètres avant de s'engager sur le pont routier qui franchit le torrent, prendre à gauche le sentier qui rejoint la rive et remonter pendant 10mn environ jusqu'au point d'observation de la cascade : des chutes se succèdent sur un dénivelé de près de 150 m.

Bocognano et sa fontaine de galets, élément caractéristique de l'architecture traditionnelle corse.

circuit

LA VALLÉE DE LA GRAVONA JUSQU'AU GOLFE D'AJACCIO★★ ⑤

Schéma page 115. 60 km au Nord d'Ajaccio.

Ce circuit permet de découvrir, sur la rive droite de la Gravona, la microrégion du Celavo-Mezzana.

Quitter Bocognano au Sud-Ouest par la N 193 en direction d'Ajaccio. À 7,5 km, laisser sur la gauche la D 127 (direction de Bastelica) et poursuivre sur 1 km environ.

Statue-menhir de Tavera

À gauche de la N 193. Prendre le sentier qui mène aux ruines d'une tour ; 100 m à l'Ouest se dresse la statue. Découverte en 1961, elle date du 2e millénaire (fin de l'âge de bronze). Haute de 2,40 m, son visage est profondément creusé par des yeux tandis qu'à l'arrière de la tête des croisillons dessinent une résille.

Pont d'Ucciani

Laisser la voiture sur les espaces libres à l'entrée du nouveau pont.

Son arche élégante en forme d'anse de panier enjambe sur 24 m la Gravona. Sa construction à la fin du 18e s. aurait été dirigée par le futur maréchal Bernadotte, alors simple sous-officier d'un régiment du roi.

Le pont est le cadre, tous les ans au 1er mai, d'une foire réunissant bergers et artisans d'art.

4 km après le pont, prendre à droite la petite D 4.

Vero (Veru)

Étagé à flanc de montagne, ses maisons de granit gris présentent une belle unité architecturale entrecoupée de jardins en terrasses.

Dominant le village, le col de Tartavellu donne accès à la région, plus sauvage, du Cruzini.

Revenir à la N 193 et la reprendre sur la droite, vers Ajaccio.

> **SI LA CORSE M'ÉTAIT CONTÉE**
>
> Chaque année, l'avant-dernier samedi de juin, Vero vit au rythme d'une nuit du conte. Des conteurs, corses et de différentes origines, viennent animer les ruelles et les placettes du village. ☎ 04 95 52 86 94.

Parc A Cupulatta

En bordure de la N 193, lieu-dit Vignola, au kilomètre 21. Éviter les heures chaudes pour effectuer la visite. Juin-août : 9h-19h ; avr.-mai et de déb. sept. à mi-nov. : 10h-17h30. 7€ (enf. : 3,50€). ☎ 04 95 52 82 34.

Ce centre de protection et d'élevage de la tortue (*cupulatta* signifie « tortue » en corse) occupe une surface de 2,5 ha. Un environnement particulièrement favorable, combinant les milieux terrestre et aquatique, permet de découvrir des tortues, à la morphologie parfois étonnante (tortue-alligator, tortue à carapace molle, etc.) sans oublier les stars des lieux : les énormes tortues seychelloises dont la plus svelte affiche un honorable 150 kg sur la balance !

1 km plus loin, prendre sur la gauche la D 129 en direction de Carbuccia puis, peu avant le village, à droite la D 29 vers Peri.

Dominée par la crête de Falconaia, la route serpente à flanc de coteaux. Elle procure tout au long du trajet de belles **échappées**★ sur le versant Nord-Ouest de la vallée. Les villages depuis Sarrola jusqu'à Vero semblent épinglés au relief. Vers le Nord, les contreforts du Monte d'Oro ferment le haut de la vallée.

Peri

Adossé au relief qui s'élève par paliers jusqu'à la ligne faîtière séparant la vallée de la Gravona de celle du Prunelli, cet humble village présente un intéressant ensemble religieux. De l'église paroissiale St-Laurent, bâtie sur un plan en forme de trèfle, on accède par un perron en escalier double, au campanile et à la chapelle de l'Annonciation du 15e s.

Le Parc A Cupulatta accueille plus de 120 espèces de tortues provenant des cinq continents et dont certains spécimens exotiques sont les uniques représentants en Europe.

Au Nord du village, un sentier mène à la grotte dite de
Sampiero Corso.
Les nombreuses vasques de la vallée de Gravona sont
propices à la baignade. Laisser la voiture sur le terre-
plein de la buvette « Bagdad café » sur la D 229 juste
avant l'embranchement avec la N 193. Emprunter les
sentiers qui rejoignent le lit du torrent.
Poursuivre sur la D 29.

Cuttoli-Corticchiato
Ce village de montagne, à 20 km au Nord-Est d'Ajaccio,
est connu pour sa coutellerie artisanale.
Revenir à Petri et prendre à gauche la D 229.

UN COUTEAU DE TRAVAIL
À ne pas confondre avec le stylet – qui, lui, est une arme –, le couteau
corse traditionnel est un outil indispensable de la vie quotidienne : la
largeur, le galbe prononcé sur la pointe, la découpe sur le dos de la
lame (utilisée comme tarabiscot) en font, dans une civilisation agro-
pastorale, un instrument aussi précieux que personnel utilisé aussi bien
pour creuser ou trancher que pour manger.

La route contourne les contreforts montagneux couverts
d'une belle forêt de chênes verts et de châtaigniers. Au
cours de la descente, remarquer le **pont génois**.
*Reprendre sur la gauche la N 193 puis, 6 km après avoir
franchi le col de Carazzi, prendre à droite la D 1 qui monte
vers Sarrola-Carcopino.*

La route s'élève dans les chênes-lièges et les oliviers et
procure, en face, une belle vue sur le Monte Sant'Eliseo.

Sarrola-Carcopino
Le village se compose de trois hameaux qui dominent
un affluent de la Gravona : en bas **Carcopino**, au centre
Trinité et, tout en haut, **Sarrola**. À la sortie de Carcopino, **vue**★ sur le golfe d'Ajaccio et la vallée de la Gravona. Le féroce corsaire turc Dragut, qui écumait la
Méditerranée chrétienne, pilla et fit brûler les hameaux
de Sarrola et Carcopino en 1540.
Par la N 193 puis la N 194, on atteint Ajaccio.

Bonifacio★★★

Bunifaziu

Ville la plus méridionale de l'île, édifiée sur un
site★★★ exceptionnel, Bonifacio est un lieu incontournable. Enfermée dans ses fortifications, la
vieille ville est juchée sur un étroit et haut promontoire de calcaire modelé par la mer et le vent. Elle
est séparée du rivage par une ria longue de 1 500 m
au fond de laquelle fleurit une marine. Jadis havre
sûr pour les vaisseaux de guerre, le port offre aujour-
d'hui son mouillage aux bateaux de plaisance. De la
mer, la ville haute présente un aspect encore plus
saisissant avec ses vieilles maisons agglutinées à
l'extrémité de la falaise.

La situation
Carte Michelin Local 345 D11 – Corse-du-Sud (2A). L'approche de Bonifacio par la route de Sartène ou par celle
de Porto-Vecchio fait apparaître cette cité médiévale
comme un magnifique « bout du monde », isolé du reste
de l'île par un vaste et aride plateau calcaire, véritable
causse d'une superficie de 25 km². Large de 12 km et
parsemé de petites îles, le détroit, appelé **bouches de
Bonifacio**, sépare la Corse de la Sardaigne. En arrivant
à Bonifacio, deux possibilités : soit laisser la voiture aux
parkings de la marine et monter à la ville haute à pied
ou en empruntant le petit train touristique ; soit tenter

de garer dans les parkings aménagés dans la citadelle et dominant le « goulet de Bonifacio ». ▉ *2 r. Fred Scamaroni, 20169 Bonifacio (Bunifaziu),* ☎ *04 95 73 11 88. www.bonifacio.com*
De déb. mai à mi-oct. : 9h-20h ; de mi-oct. à fin avr. : tlj sf w.-end : 9h-12h00, 14h-18h00.

Le nom
Boniface, marquis de Toscane, donna son nom à la cité en 828.

Les gens
2 658 Bonifaciens. Le site de Bonifacio peut s'enorgueillir d'être la terre d'élection de la doyenne de la Corse. Les fouilles de l'abri-sous-roche de l'Araguina-Sennola à l'entrée de la ville ont en effet livré la sépulture d'un squelette féminin, la **« dame de Bonifacio »**, datant de 6570 avant J.-C. (prénéolithique). C'est la plus ancienne trace de présence humaine en Corse.

LE PARC MARIN INTERNATIONAL
Créé, dans son principe, par un protocole signé entre l'Italie et la France en 1992, le Parc marin international visant à protéger les fragiles écosystèmes du détroit séparant la Sardaigne de la Corse, semble commencer à se préciser, malgré les contraintes liées à son caractère binational.
Côté corse, il prend une allure concrète avec la **Réserve naturelle des Bouches de Bonifacio** : celle-ci s'étend sur 80 000 ha, entre les îlots des Moines et la pointe de Chiappa (au Sud, c'est la limite des eaux territoriales qui en assure la « frontière »), à l'intérieur desquels quatre zones de protection renforcée ont été définies : le secteur Moine-Bruzzi, celui de l'archipel de Lavezzi et celui des îles Cerbicale, à quoi vient s'ajouter la façade littorale entre Bonifacio et le Capo Pertusato.
Observation, étude, surveillance, protection et information sont les maîtres-mots de cette réserve gérée par l'Office de l'environnement de la Corse. Un musée et un centre d'information devraient être installés dans un futur plus ou moins proche à Bonifacio, peut-être dans les locaux de l'ancienne caserne Montlaur située dans la citadelle.

---

comprendre

Ville libre puis colonie génoise – Habité dès la préhistoire, le site fut également occupé par les Grecs et les Romains (sous l'Antiquité). Érigée en commune au 9ᵉ s., Bonifacio vécut plusieurs siècles de piraterie. Cependant, Pise et Gênes étaient désireuses de contrôler ce port naturel qui permettait de surveiller la Méditerranée occidentale. En 1187, les Génois réussirent à s'infiltrer par ruse et huit ans plus tard, après en avoir chassé les habitants, ils y installèrent une colonie. La ville fut dotée de nombreux privilèges et devint une sorte de petite république autonome, battant monnaie. Au fil des siècles, elle demeura l'une des plus fidèles places génoises de Corse.

Le plateau calcaire sur lequel se perche la vieille ville présente de magnifiques falaises blanches, hautes de plus de 60 m, battues par le vent et les vagues.

carnet pratique

TRANSPORTS

Aéroport de Figari – *Voir à ce nom.*
Distributeur de billets – La ville dispose de deux distributeurs automatiques : sur le port, r. St-Érasme (Société Générale) ; en haute ville, pl. Carrega (la Poste). Prendre ses précautions lors d'un séjour incluant un w.-end ou des j. fériés.

VISITE

Petit train touristique – Juil.-août : (35mn + arrêt en ville) 9h-00h ; avr.-juin et sept.-oct. : 9h-12h, 13h30-18h. 5€ (enf. : 2,50€). ☎ 04 95 73 15 07 et 04 95 73 13 16. Effectue en saison un circuit dans la vieille ville depuis les parkings du port.

RESTAURATION

🍽 **U Campanile** – *7 montée Rastello -* ☎ *04 95 73 09 10 - u-campanile@wanadoo.fr - fermé déc. à fév. - 14/18€.* Au pied de l'escalier qui mène à la citadelle, cette maison est face à l'église Saint-Érasme, protecteur des pêcheurs. La salle à manger bleu mer et ses bibelots lui donnent un bon air marin. Pizzas et cuisine d'ici pour requinquer les navigateurs en herbe. Terrasse.

🍽 **Café Restaurant de la Poste** – *6 r. Scamaroni (ville haute) -* ☎ *04 95 73 13 31 - fermé 1er janv. au 15 fév. et dim. soir en hiver - 12,50€ déj. - 15/28€.* Cette salle voûtée abritait autrefois le tri postal. Les trieuses ont laissé la place à des tables sur lesquelles on déguste pâtes fraîches, pizzas ou cabri et cochon de lait rôtis au feu de bois. Petite terrasse au bord de la rue et balcon très prisé offrant une vue sur le goulet de Bonifacio.

🍽 **Stella d'Oro** – *7 r. Doria (ville haute) -* ☎ *04 95 73 03 63 - stella.oro@bonifacio.com - fermé oct. au 11 avr. - réserv. conseillée - 22€.* Les spécialités bonifaciennes, poissons grillés et pâtes fraîches sont à l'honneur dans cette maison typique de la ville haute. L'accueil familial y est chaleureux. Deux accueillantes salles simples à l'atmosphère rustique ont déjà reçu quelques célébrités...

HÉBERGEMENT

🛏 **Camping U Farniente** – *À Pertamina Village - 5 km au NE de Bonifacio par N 198 -* ☎ *04 95 73 05 47 - ouv. avr. au 15 oct. - réserv. conseillée - 150 empl. : 20,75€ - restauration.* Ici, emplacements, bungalows, chalets et mobile homes sont agréablement ombragés dans un décor de lauriers roses, mimosas, oliviers et palmiers. Deux belles piscines avec toboggan raviront les grands et les petits. Club enfants et nombreuses activités sportives et ludiques.

🛏🍽 **Le Golfe** – *À Gurgazu - 6 km au NE de Bonifacio par rte de Santa-Manza -* ☎ *04 95 73 05 91 - golfe.hotel@wanadoo.fr - fermé 25 oct. au 21 mars -* 🅿 *- 12 ch. :demi-pension 61€ -* ⊇ *6,90€ - restaurant 14,50/22€.* Pour échapper à l'agitation de Bonifacio, rien de mieux que ce petit hôtel familial au bord du golfe de Santa-Manza. Au-dessus de la plage, ses chambres sont simples mais bien tenues. Restaurant modeste mais sérieux et bien coté.

SORTIES

De Bonifacio à Porto-Vecchio, de nombreux night-clubs animent, le temps d'une saison, les soirées d'une clientèle très cosmopolite. Dans la ville haute, des restaurants proposent certains soirs des animations avec des chanteurs traditionnels.

SPORTS & LOISIRS

Atoll – *27 quai Blando-del-Ferro -* ☎ *04 95 73 02 83 - www.atoll-diving.com - juin-sept. : quai Blando-del-Ferro ; reste de l'année : Cavallo-Morto - fermé dim. ap.-midi.* Ce centre vous offre la possibilité de faire de la plongée dans un des plus beaux sites naturels du littoral corse : les îles Lavezzi et de Cavallo. Baptêmes pour débutants ou plongées se font dans une eau limpide à la découverte de magnifiques fonds sous-marins.

Barakouda – *Av. Sylvère Bohn - Départ : port de Piantarella -* ☎ *04 95 73 13 02 - juin-août : 8h30, 12h, 14h et 18h ; reste de l'année : 8h30, 14h - fermé dim. ap.-midi - 1 plongée 37 €.* Que l'on soit novice ou expérimenté, vous prendrez plaisir à plonger dans des fonds marins de toute beauté. Faune et flore vous émerveilleront. Les plongeurs aguerris pourront découvrir le site appelé « mérouville » proche des Îles Lavezzi.

Golf Club Spérone – ☎ *04 95 73 17 13 - www.sperone.net - juil.-août : 7h30-19h ; le reste de l'année : 8h30-18h30 - fermé janv., jeu. de nov. à mars, jeu. après-midi d'avr. à oct.* Golf 18 trous aménagé sur un site magnifique dominant les bouches de Bonifacio. Le parcours, réalisé par Robert Trent Jones SR, vous laissera des souvenirs inoubliables. Le club-house accueille un bar panoramique et un restaurant.

L'escalier du roi d'Aragon – La valeur stratégique du célèbre rocher ne laissait pas indifférents les principaux souverains d'Europe. Bonifacio eut ainsi à soutenir de nombreux sièges : ceux de 1420 et 1553, longs et rigoureux, sont restés célèbres.

En 1420, Alphonse V d'Aragon, fort d'un acte du pape Boniface VIII concédant la Corse en fief à son père Jacques II, revendiqua l'île. Avec Vincentello d'Istria, qu'il avait nommé vice-roi de Corse, il assiégea Bonifacio durant cinq mois. L'escadre aragonaise occupa le port et empêcha tout ravitaillement par terre. Malgré les privations, la colonie génoise fut animée d'un courage exceptionnel. La légende veut que les soldats aragonais, pour surprendre les assiégés, aient taillé un escalier de 187 marches au flanc de la falaise Sud. En fait, cet escalier « du roi d'Aragon » empruntait un ouvrage antérieur utilisé par les Bonifaciens pour accéder à un puits. Seule la vigilance de **Marguerite Bobbia**, vaillante Bonifacienne, fit échouer la manœuvre. Gênes put se porter au secours de sa colonie et Alphonse V leva le siège.

La trahison de Cattaciolo – En 1553, un quart de siècle après la grande épidémie de peste qui décima les deux tiers de la population, le « Gibraltar corse » dut subir une nouvelle épreuve. Les troupes du roi de France Henri II, dirigées par le maréchal de Thermes et Sampiero Corso, et soutenues par la flotte du corsaire turc **Dragut**, canonnèrent la cité pendant dix-huit jours et dix-huit nuits. À l'aube du dernier jour, les Bonifaciens repoussèrent trois assauts successifs. Le clergé, les femmes et les enfants participèrent au combat avec une telle détermination que Dragut fut sur le point de lever le siège.

Mais le corsaire était rusé : alors qu'il revenait de Gênes avec 15 000 écus destinés à soutenir l'ardeur des Bonifaciens, **Dominique Cattaciolo** fut emprisonné et rallia la cause franco-turque. Il se présenta à ses concitoyens avec une lettre fallacieuse dans laquelle Gênes s'avouait incapable de les secourir. Les Bonifaciens se résignèrent alors à capituler « vies et bagues sauves ». Mais, les portes de la cité à peine ouvertes, Dragut, revenant sur sa parole, la pilla et massacra la garnison ainsi que quelques civils. Il fallut l'intervention de Sampiero et l'argent du maréchal de Thermes pour obliger le Turc à épargner la cité.

Paysage caractéristique de Bonifacio.

Bonifacio aujourd'hui – L'exploitation des oliviers et des chênes-lièges, la pêche à la langouste et au corail constituaient, au début du siècle, les principales activités de la région. Aujourd'hui Bonifacio vit surtout du tourisme. Elle a conservé une langue qui lui est propre, le « **bonifacien** », très ancien dialecte ligure, encore parlé par quelques dizaines de familles de la citadelle.

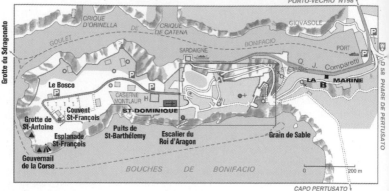

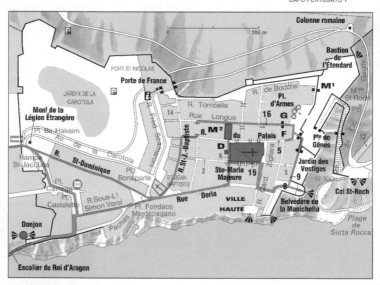

se promener

LA MARINE★

Visite 3/4h. Le quartier du port, étiré sur le quai Sud et dominé par l'imposant bastion, protégeait jadis l'entrée de la citadelle. Les hôtels, restaurants, cafés et magasins de souvenirs rassemblés dans cette basse ville entretiennent durant l'été une activité qui se prolonge tard dans la nuit. Des constructions nouvelles de 4 ou 5 étages, certaines à arcades ou avec piscine, alignent leurs toitures roses inégales sur la rive Nord. C'est le quartier de **Giovasole**.

Aquarium

71 quai Comparetti. ♿ *De déb. juil. à mi-sept. : 9h30-00h ; avr.-juin et de mi-sept. à mi-oct. : 10h-20h. Fermé de mi-oct. à fin mars. 3,80€ (enf. : 1,90€).* ☎ *04 95 73 03 69.*

Dans une grotte, treize aquariums présentent d'une manière attrayante la faune marine corse : crabe galathée strié de rouge et bleu, labre aux couleurs changeantes, murène, homard bleu. Selon l'époque, on peut voir des œufs de roussettes (petits squales) accrochés à des ramures.

Col St-Roch

À gauche de l'église St-Érasme, un large chemin pavé, en escalier, permet d'accéder au col où s'élève une modeste chapelle, à l'endroit où succomba la dernière victime de la grande peste de 1528.

Ce belvédère naturel offre une **vue**★★ très étendue sur le large, jusqu'aux côtes de la Sardaigne, les hautes falaises calcaires aux strates burinées par la mer, le bastion et la marine. À gauche, le **« Grain de sable »,** dont la base est sapée par les vagues, dresse sa silhouette familière en avant de la falaise.

LA VILLE HAUTE★★

Visite 2h. Les piétons y accèdent par les montées Rastello et St-Roch, longue rampe, qui mène à la porte de Gênes... ou par le petit train qui part des parkings de la marine. Les automobilistes peuvent laisser leur véhicule à l'un des parkings (P3 à P7) situé à l'entrée de la citadelle.

La ville haute comprend **la vieille ville** à l'ambiance moyenâgeuse et **la citadelle**. À l'extrémité Ouest du plateau s'étend **le Bosco**, avec le cimetière marin et l'esplanade St-François.

La route d'accès à la ville haute a été créée par Napoléon III. Elle contourne le bastion de l'Étendard et domine le goulet de Bonifacio. Puis elle se sépare en deux au niveau de la **colonne romaine** (découverte sur l'îlot de San Baïnzo et faisant office de monument aux morts) : la voie de droite conduit à la gare maritime (embarquement des voitures pour la Sardaigne) et la rampe de gauche permet de pénétrer dans la vieille ville par le tunnel creusé sous le fort St-Nicolas. La sortie se fait par la **porte de France** (1854).

La vaste place Bir-Hakeim donne accès à la vieille ville.

BALADES
Du col St-Roch, un escalier descend à la petite plage de Sutta Rocca et un sentier longe le haut des falaises jusqu'au cap Pertusato offrant de superbes **vues**★★ sur la vieille ville.

Dans le dédale des étroites ruelles de la ville haute apparaît le clocher de l'église Ste-Marie-Majeure.

Monument de la Légion étrangère

Il occupait autrefois une place de Saïda, petite ville d'Algérie, en mémoire des légionnaires tombés dans le Sud oranais entre 1897 et 1902. Transféré en Corse, il fut inauguré sur la place Bir-Hakeim le 23 juin 1963, date de l'arrivée de la Légion étrangère à Bonifacio.

Église St-Dominique★

Juil.-août : 10h30-13h30, 16h30-19h30. ☎ *04 95 73 11 88.*
Ce sanctuaire, édifié dès 1270 par les dominicains sur une ancienne église de Templiers, compte parmi les rares édifices gothiques de la Corse. Il aurait été achevé en 1343. Un couvent contigu abritait les religieux.

Son architecture extérieure est sommaire. Le campanile, en revanche, ne manque pas d'originalité avec ses étages supérieurs octogonaux et son couronnement de créneaux et merlons à double pointe.

À l'intérieur, le plan est simple, rectangulaire à chevet plat. La nef, flanquée de bas-côtés, est voûtée de six croisées d'ogives.

L'acoustique exceptionnelle de cette église lui vaut d'accueillir régulièrement des groupes de polyphonie *(se renseigner à l'Office de tourisme).*

L'église St-Dominique abrite de nombreux objets d'art dont le groupe des Trois Marie et le Martyre de saint Barthélemy.

Rue St-Dominique (San Dume)

Les maisons s'ouvrent sur des escaliers vertigineux à marches très basses. On remarque sur la droite la maison de la Miséricorde, ancien hospice fondé au 13ᵉ s. Siège de la confrérie de la Sainte-Croix, elle conserve pieusement un morceau de la vraie Croix. Un peu plus loin, à gauche, des blasons sculptés ornent les portes des n°ˢ 12 et 10 (armoiries des Salineri). Après la place du Fondaco Montepagano (« U Fundugu », de l'arabe *fondouk* qui signifie « magasin »), on oblique sur la gauche dans la rue St-Jean-Baptiste et on longe la petite chapelle de la confrérie du même nom (1775), dont l'intérieur aux deux nefs voûtées ne manque pas de charme. Sur la gauche, remarquer le groupe de bois sculpté représentant la *Décollation de saint Jean-Baptiste* que la confrérie sort en procession le Vendredi saint et le 29 août.

Suivre la rue St-Jean-Baptiste, puis tourner à droite dans la rue du Palais.

LE COURS DE L'HISTOIRE

Quelques marins marseillais faillirent changer sans le savoir le destin de l'Europe : prenant à partie le futur empereur dans une ruelle de la vieille ville, ils l'auraient sans doute tué si des passants n'étaient intervenus…

On aperçoit, au bout de la rue, le clocher et les arcs-boutants de l'église Ste-Marie. Emprunter à gauche un passage sous voûtes à poutrelles de bois (« U Cantu Scöru ») qui débouche sur le n° 9 de la rue Longue qui devient bientôt rue des Deux-Empereurs.

Rue des Deux-Empereurs

Deux maisons qui se font face conservent le souvenir de deux hôtes illustres. Le n° 4, demeure du comte Philippe Cattaciolo, abrita, du 3 au 6 octobre 1541, **Charles Quint** au retour d'une expédition à Alger. Un beau linteau en marbre sculpté aux armes de l'empereur orne la porte d'entrée.

Presque en face, le n° 7 hébergea **Napoléon Bonaparte**, du 22 janvier au 3 mars 1793. Alors lieutenant-colonel, le futur général de l'armée d'Italie y prépara un débarquement en Sardaigne dont l'échec entraîna la disgrâce de Paoli. La maison avait appartenu au 16e s. à un de ses ancêtres, François Bonaparte.

Place d'Armes

Sur la gauche, quatre socles circulaires (dont l'un est pris dans la devanture d'une boutique de souvenirs) indiquent l'emplacement des anciens silos à grains qui, avec ceux de la Manichella, permettaient à la cité d'emmagasiner 5 000 hl de blé.

Face à la porte de Gênes, la **rue du Corps-de-Garde** offre un bel aperçu sur le chevet de l'église Ste-Marie et ses arcs-boutants.

Bastion de l'Étendard

Jusqu'au 19e s. la **porte de Gênes** constituait l'unique entrée de la ville. Il fallait franchir huit portes successives et un pont-levis (de 1598) pour accéder à la place d'Armes. Le système d'ouverture par contrepoids du pont-levis est encore en place. Le bastion surveillait à la fois l'entrée du goulet, le port et la route du col St-Roch. Avec la porte de Gênes, il constituait la pièce maîtresse des 2,5 km de remparts qui conservent, aujourd'hui encore, quelques tours rondes de défense.

Mémorial du bastion – *De mi-avr. à mi-oct. : 9h-20h. 2€.* ☎ *04 95 73 11 88.*

Le bastion de l'Étendard reste la partie la plus imposante des fortifications de la ville haute. Des scènes marquantes de l'histoire de Bonifacio ont été reconstituées : visite de l'empereur Charles Quint en 1541, passage de Bonaparte au cours de la tentative d'invasion de la Sardaigne en 1793 et naufrage de *La Sémillante* aux îles Lavezzi. Sont également exposés, une copie de la « **dame de Bonifacio** », dont l'original se trouve au musée de l'Alta Rocca à Levie, ainsi qu'un squelette fossilisé, probablement celui d'un soldat turc. L'extrémité des bastions offre de belles **vues**★ sur le goulet et le port.

Passer sous la voûte de la porte de Gênes et tourner immédiatement à droite.

Rue du Portone (« U Bastiun »)

Elle longe le jardin des Vestiges où l'on voit les ruines des anciennes fortifications, détruites lors du siège de 1553 par les Français et les Turcs, et mène à la place du Marché.

Place du Marché (« U Masgilu »)

Entourée de cafés et de restaurants, cette place ensoleillée donne accès au belvédère de la Manichella : une **vue**★★ superbe se déploie, à gauche sur le port, à droite sur les bouches de Bonifacio, le Grain de sable et, toute proche, la côte sarde.

Quitter la place par la rue Doria, tourner à droite dans la rue Cardinal-Zigliara (« U Campanin »), puis à gauche.

Rue du St-Sacrement

Cette ruelle pavée – d'autant plus étroite qu'elle est envahie par les tables du restaurant voisin –, et jalonnée d'arcs-boutants, longe l'église Ste-Marie-Majeure.

Les rues qui conduisent à la ville haute nécessitent du courage mais dévoilent souvent de belles perspectives.

Église Sainte-Marie-Majeure

Cet édifice à clocher carré, achevé au 14e s., a perdu la pureté de son style au cours des nombreux remaniements qui l'affectèrent jusqu'au 18e s. Les portails ont été refaits en 1789, dans un style néoclassique.

La **loggia**, vaste préau accolé à la façade de l'église, en constitue le porche. Elle est ouverte par de larges baies en plein cintre, et couverte de charpente. Au temps de la domination génoise, les quatre Anciens, élus pour trois mois par le Grand Conseil, y délibéraient des affaires de la cité. Deux fois par semaine, le magistrat y rendait la justice. Au-dessus de la loggia, la façade de l'église conserve une élégante corniche de style pisan qui pourrait remonter au 12e ou 13e s. *Pour bien la distinguer, se placer sous les arcades de la rue Archivolta.*

À l'intérieur, le maître-autel abrite des reliques de saint ▶ Boniface, choisi comme patron de la ville à cette époque.

Palazzu Publicu - Musée d'Art sacré

Juil.-août : 9h-20h. 2€. ☎ 04 95 73 11 88.

Face à l'église Ste-Marie-Majeure se dresse l'ancien palais du Podestat (représentant de la Superbe à Bonifacio), bâtiment à arcades de style médiéval. Sur la droite *(rue du Palais)*, la façade de calcaire du Palazzu Publicu, ancienne mairie, s'agrémente d'un porche à arcades souligné à l'étage d'une frise d'arcature. Il abrite le **trésor**★ des églises de Bonifacio et présente les cinq confréries bonifaciennes. On y remarque un sarcophage romain du 3e s. *(dans l'entrée)*, de nombreuses toiles de l'école italienne du 17e s., une Vierge au rosaire incorporant une des premières représentations picturales de Bonifacio et un beau coffret en ivoire attribué à un atelier florentin.

Vieilles rues★

Les ruelles jouxtant l'église Ste-Marie-Majeure sont particulièrement pittoresques : étroites, bordées de hautes et anciennes maisons aux élégantes façades souvent décorées d'arcatures. Les curieux arcs-boutants qui relient les maisons sont des canalisations destinées à diriger les eaux pluviales vers les citernes privées ou vers la réserve communale.

> **LA RÉSERVE D'EAU**
> Sous le dallage de la loggia, une vaste citerne communale d'une capacité de 650 m³ recueillait l'eau s'écoulant des toits environnants par des arcades qui enjambent la rue. Cette citerne est aujourd'hui aménagée en salle de conférences.

> **R**emarquer, près des fonts baptismaux, le **tabernacle** en bas-relief (1465), exécuté sans doute par un sculpteur génois, dans le style raffiné de la première Renaissance italienne. Huit angelots célèbrent le Christ sortant du tombeau.

LES MAISONS BONIFACIENNES TRADITIONNELLES

Elles constituaient jadis de véritables forteresses dont l'accès était commandé par une échelle que l'on retirait la nuit. À l'intérieur, un pressoir à huile, un cellier, une réserve de grains et parfois une étable pour l'âne se groupaient au rez-de-chaussée autour de la cour intérieure. De plus, chaque maison possédait son four et sa citerne alimentée par un ingénieux système de gouttières. Hautes à l'origine d'un étage, elles ont été surélevées au 19e s., pour présenter l'aspect qu'on leur connaît maintenant. Ce réaménagement s'explique par la forte croissance démographique de l'époque et l'exiguïté de la ville.

Rue Doria

En descendant cette rue commerçante bordée de maisons du 17ᵉ s. (comme la maison des Doria, au n° 28, dont l'entrée est surmontée d'un blason), on retrouve la place du Fondaco.

Monter par la rue du Sous-Lieutenant-Simon-Varsi (« A Culaia di Castile ») menant à la place Casteletto. On traverse le quartier du **Casteletto**, qui fut dès les 7ᵉ et 8ᵉ s. le premier îlot urbain fortifié du plateau. La place Casteletto (ou « Castile Vecchio ») marque l'emplacement du cantonnement pisan.

Prendre à gauche de la place Casteletto une ruelle qui conduit à l'accès de l'escalier du Roi-d'Aragon.

Escalier du Roi-d'Aragon

Mai-sept. : 10h-19h. 2€. Fermé par mauvais temps ou vent trop violent.

Au terme de la descente, on peut effectuer à droite la petite promenade à flanc de falaise qui mène à l'extrême pointe occidentale du plateau. Belles **vues**★ en encorbellement des falaises.

Revenir sur ses pas jusqu'au pied de l'escalier.

Donjon (Torrione)

Reconstruit dans les années 1980, l'ancien donjon de 1484 abrite aujourd'hui des salles d'expositions temporaires. La terrasse circulaire (table d'orientation) offre une intéressante vue en enfilade de la ville haute.

Revenir au point de départ, le monument de la Légion étrangère, pour pénétrer dans le Bosco, à l'extrémité Ouest du plateau.

LE BOSCO

Le plateau pelé auquel on parvient est encore désigné de nos jours par les Bonifaciens comme le *bosco*. Jusqu'à la fin du 18ᵉ s., il était couvert de végétation arborescente, oliviers, genévriers, lentisques... Ce bois constituait l'environnement du couvent St-François. Remarquer en chemin, sur la droite, les vieilles tours ruinées qui sont les vestiges des **anciens moulins à vent** de la ville *(en cours de restauration)* et dont l'origine remonte au 13ᵉ s.

Après avoir fait un petit tour dans le surprenant **cimetière marin**★, on accède à l'esplanade St-François.

Esplanade St-François

Cette vaste esplanade, fermée face à la mer par la batterie St-Antoine, offre une **vue**★★ splendide sur les falaises de la vieille ville, les bouches de Bonifacio et, au large, la Sardaigne.

Gouvernail de la Corse

Face à l'entrée du cimetière marin. 132 marches raides. Juil.-août : 9h-20h, juin et sept. : 10h30 18h30. 2€. ☎ 04 95 73 16 90.

Un passage creusé dans la falaise permet d'accéder à une bouche à feu aménagée dans l'entre-deux-guerres. Située au milieu du rocher dénommé « Gouvernail de la Corse », composant l'extrémité des falaises, elle offre une vue particulièrement originale sur les bouches de Bonifacio.

187 MARCHES

Cette étonnante saignée oblique de 187 marches taillées dans la falaise possède sa propre légende liée au siège de Bonifacio *(voir « Escalier du roi d'Aragon » au début de ce chapitre).* L'origine de cet accès est à rattacher à l'existence du puits de St-Barthélemy *(ne se visite pas)*, qui fut probablement la réserve d'eau potable de la cité.

Le cimetière marin forme une véritable petite ville avec sa « rue principale » fleurie, bordée de chapelles funéraires serrées les unes contre les autres.

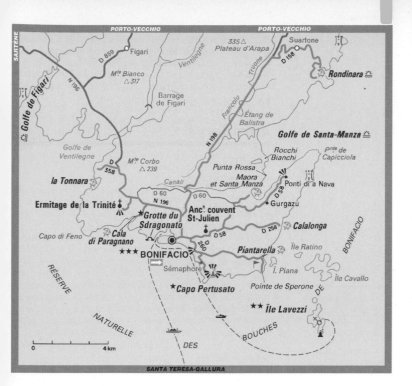

Couvent St-François

De l'ancien couvent, longtemps isolé à l'extrémité du promontoire, il ne reste qu'une église gothique, ouverte seulement lors de cérémonies funéraires. On peut également y voir quelques bâtiments conventuels, dont l'un abrite l'école de musique de la ville. L'ensemble remonte vraisemblablement à la fin du 13e s.

Retourner vers le monument de la Légion étrangère par le même chemin.

se promener en mer

Les grottes marines et la côte★★

Promenade en mer « Grottes et Falaises » (1h, dép. fréquents) par beau temps seulement. Pour les excursions à Lavezzi, voir ce nom. Plusieurs compagnies proposent ces promenades, s'adresser à elles sur le port.

La sortie du port par le goulet permet d'apprécier l'importance des remparts qui sanglent la vieille cité. Contournant le phare de la Madonetta, la vedette aborde les bouches de Bonifacio et pénètre dans la **grotte du Sdragonato**★.

Le bateau revient vers Bonifacio, passe au large de la **grotte de St-Antoine** ou grotte Napoléon (elle a la forme du chapeau de l'Empereur), avant de contourner la pointe de la presqu'île, marquée par le « **Gouvernail de la Corse** ». Il longe les falaises calcaires, hautes de 60 à 90 m, dont les stratifications tantôt horizontales, tantôt obliques témoignent des nombreux changements de direction des courants marins au cours de la sédimentation. Les cavités abritent une multitude d'oiseaux : faucons crécerelles, puffins cendrés, martinets et espèces plus rares comme le faucon pèlerin ou le merle bleu. On découvre le **puits de St-Barthélemy**, le fameux **escalier du Roi-d'Aragon**, et le **site**★★ spectaculaire de la vieille ville édifiée à l'aplomb de la falaise.

Le bateau fait demi-tour à hauteur du « **Grain de sable** », gros bloc calcaire détaché de la falaise il y a huit siècles.

La voûte de la grotte du Sdragonato est percée d'une fissure qui forme, renversée, la silhouette de la Corse et laisse filtrer le soleil.

Le lent recul de celle-ci par effondrements successifs est dû à l'action des eaux douces infiltrées à la surface du plateau. Les stalactites visibles tout au long de la promenade, en particulier dans la grotte de St-Antoine, et la présence d'une nappe d'eau souterraine au puits de St-Barthélemy confirment l'ampleur des infiltrations.

Île Lavezzi★★ *(voir ce nom)*

alentours

LES SITES

Capo Pertusato★
5 km au Sud-Est. Quitter Bonifacio par la D 58 et prendre la première route à droite signalée. Une allure modérée est recommandée, car la route est étroite, en forte pente et présente de nombreux « nids-de-poule ».
Cette route longe la falaise dénudée et resplendissante de blancheur. En arrière, les maisons de la vieille ville de Bonifacio apparaissent accrochées au rebord de la falaise. Prendre ensuite à droite, la route en forte descente. Les virages qui précèdent le sémaphore laissent apparaître de belles **vues**★ sur la ville et la montagne de Cagna. Après le sémaphore, continuer à pied sur la route qui serpente dans le maquis avant d'atteindre le phare de Pertusato *(l'accès au-delà du phare est interdit)*.
Pour accéder à la plage, prendre le sentier en pente à droite avant le parking du phare.
Sur le causse calcaire se développe une flore particulièrement éblouissante au printemps : orchidées – ophrys, sérapias – en avril ou mai *(ne pas cueillir les fleurs)*. Les espèces buissonneuses de la garrigue : lentisques, genévriers, cistes, qu'envahissent régulièrement les lianes épineuses de la salsepareille, laissent place par endroits aux cinéraires, aux astragales ou au romarin. La forme en coussinet de beaucoup de végétaux est caractéristique des lieux exposés au vent.
Les oiseaux : hirondelles et martinets, pipits et fauvettes, faucons crécerelles, attirés par des proies de choix (rongeurs, petits reptiles, insectes), sont nombreux sur le causse.

Ancien couvent St-Julien
6 km à l'Est. Quitter Bonifacio par la D 58.
À moins de 2 km du carrefour avec la N 198, on aperçoit, dominant le vallon, l'ancien couvent St-Julien. La tradition veut que saint François d'Assise ait passé quelque temps dans cet endroit à son retour d'Espagne en 1214 *(propriété privée)*.

Ermitage de la Trinité
7 km à l'Ouest. Quitter Bonifacio par la N 198. À 2 km prendre à gauche la N 196 vers Sartène, puis la 1ʳᵉ route à gauche.
Cet antique sanctuaire occupe un site splendide, au milieu des oliviers, des chênes verts et des énormes blocs de granit. Il était vraisemblablement fréquenté dès la préhistoire, puis, par des ermites, lors des premiers temps de la christianisation de Bonifacio. Le couvent primitif fut remanié au 13ᵉ s., avant d'être fortement restauré en 1880. Face au parvis de la chapelle, une cavité dans les *taffoni* est aménagée en sanctuaire.
Les vieux Bonifaciens racontent qu'encore au début du siècle, les religieux avaient coutume de recueillir les pauvres hères. Certains quelquefois n'avaient pas hésité à nager depuis la Sardaigne pour trouver meilleure fortune sur cette côte.
Faire quelques pas sur les sentiers à droite du sanctuaire pour apprécier la **vue**★ dégagée sur Bonifacio et son plateau.
Les falaises qui dominent le site sont très fréquentées le week-end par les adeptes de l'escalade.

PANORAMA
Un sentier contourne le phare et offre une **vue**★ panoramique sur l'île Cavallo à l'Est, l'île Lavezzi, l'île italienne de la Maddalena et le relief de la côte sarde qui barre l'horizon. En contrebas à droite, on aperçoit la silhouette curieuse des rochers en forme de proue de navire et surmontés d'une croix.

Vue aérienne de la pointe de Spérone. Dégradé de bleu de la mer, teintes vertes du maquis et de la garrigue, la côte à l'Est de Bonifacio affiche une beauté sauvage.

LES PLAGES

À proximité de Bonifacio se trouvent **Catena** et **Orinella**, deux criques **nichées** sur la rive Nord du goulet, accessibles en bateau ou par un sentier. Mais préférez les plages un peu plus éloignées le long des côtes Ouest et Est.

Le littoral Ouest

Le relief, plus abrupt qu'à l'Est, a multiplié les belles criques, difficiles d'accès mais assez tranquilles.

Cala di Paragnano – *4 km à l'Ouest par la N 196. Peu avant l'intersection avec la D 60, prendre à gauche ; une fois dépassé le char d'assaut qui orne le bas-côté (!), le revêtement de la chaussée s'améliore.*

Un petit paradis : belle crique sableuse encadrée de rochers rouges et eau d'une rare transparence. Le sol descend en pente très douce.

Plage de la Tonnara – *10 km au Nord-Ouest. Quitter Bonifacio par la N 196 et prendre la direction de Sartène, puis la 2ᵉ grande route à gauche : la D 358.*

Belle étendue convexe de sable située face aux îles du même nom, très proches de la côte et habitées par des oiseaux de mer.

Les plages du levant

Le relief plus doux du versant oriental, marqué par l'avancée de la mer dans le golfe bien abrité de Santa-Manza, a développé de vastes plages de sable qui ont favorisé l'implantation de nombreux centres nautiques. Les accès rayonnant au départ de Bonifacio nécessitent parfois des allers et retours pour atteindre chaque site.

Plage de Piantarella – *8 km à l'Est par la D 58, puis la première route à droite en direction de Spérone.*

2 km après ce carrefour, on franchit la limite entre le calcaire, si particulier à la région de Bonifacio, et le granit, plus traditionnel dans le sous-sol de la Corse.

LE CORAIL, OR ROUGE DES PROFONDEURS

Les Corses ont une longue tradition de pêche au corail. Déjà, aux 14ᵉ et 15ᵉ s., des Corses avaient obtenu une concession de cueillette sur la côte du Corail, dans l'Est de l'Algérie.

Actuellement, la pêche le long du littoral corse de cet animal des profondeurs est strictement réglementée. Le nombre de pêcheurs de corail de Bonifacio est limité à cinq. La saison de pêche dure de mai à octobre. Il s'agit d'une activité artisanale particulièrement rude : la plongée peut se faire jusqu'à - 100 m. Les pêcheurs ne déstructurent pas les massifs de corail, mais cueillent délicatement les branches à la main ou avec une martelette. Un coralleur effectue en moyenne 180 plongées par saison. Bonifacio est la principale base de pêche française ; son corail, surnommé « sang-de-bœuf », est l'un des plus beaux de la Méditerranée.

Sa densité et sa couleur exceptionnelles dépendent de l'intensité des courants marins auxquels il est exposé ; les bouches de Bonifacio sont justement fréquentées par des courants particulièrement violents. L'essentiel de la production est commercialisé à Torre del Greco, près de Naples, devenue la capitale mondiale du corail rouge. Les plus belles pièces peuvent atteindre 450 à 600€ le kilo.

La légende attribue l'origine du corail rouge à Persée, lorsqu'il trancha la tête de la Méduse et versa son sang dans la mer.

Les rochers qui affleurent, d'abord blancs et disposés en strates (calcaire), apparaissent bientôt fissurés et d'une couleur franchement rose (granit). Les murets qui bordent la route changent eux-mêmes de couleur. La végétation diffère aussi : garrigue sur le sol calcaire, maquis sur le sol granitique.

La belle anse de sable fin de Piantarella, face aux îlots de Piana et Ratino, est très fréquentée par les véliplanchistes. Au-delà de la **pointe de Sperone (Sprono)**, belle crique de sable fin adossée à des dunes. L'accès aux îlots appartenant à la **réserve naturelle de Lavezzi** est réglementé. Au large se dressent les luxueuses constructions privées de l'île Cavallo.

Plage de Calalonga – *9 km à l'Est par la D 98, puis à 3 km prendre à droite la D 258.* Le revêtement caillouteux nécessite une allure modérée. Suite de criques de sable bien abritées, précédées d'îlots aux formes émoussées et désormais dominées par un important ensemble résidentiel.

Golfe de Santa-Manza⚓ – *6 km à l'Est par la D 58.* De la pointe de Capicciola jusqu'à l'étang de Balistra s'offre une grande diversité de paysages avec une succession d'anses sablonneuses, de quelques constructions éparses et discrètes bâties autour de ports, et de falaises sur la rive Nord. Le golfe est resté d'une grande beauté sauvage, les couleurs des collines couvertes de maquis contrastent avec la palette bleu-turquoise de la mer.

Les principales plages publiques sont **Maora** et **Santa-Manza**, à proximité des rochers de **Punta-Rossa**.

Du petit port de **Gurgazu** à **Ponti di a Nava**, la D 58 longe une série de plages (taverne sur la dernière) tournées vers les falaises de **Rocchi-Bianchi**.

Baie de Rondinara⚓ – *18 km au Nord-Est en direction de Porto-Vecchio par la N 198. À 14 km, prendre à droite la D 158 vers Suartone. Route sinueuse et étroite.* La superbe anse semi-fermée de Rondinara, ourlée de sable fin, est des de ces lieux magiques qui font le charme du littoral corse. Très fréquentée, elle n'est malheureusement pas toujours très propre.

escapade en Sardaigne

De Bonifacio, la Sardaigne, distante de seulement 12 km, mérite le déplacement. Vous découvrirez notamment l'**archipel de la Maddalena**★★, magnifique chapelet d'îles qui conserve le souvenir de Garibaldi, et la **Costa Smeralda**★★ qui frange à l'Est la Gallura sauvage et vallonnée *(voir Le Guide Vert Italie pour une description détaillée)*.

carnet pratique sarde

TRAVERSÉE

Le trajet de Bonifacio jusqu'à Sta-Teresa-Gallura dure 50mn. Se renseigner pour les horaires (il est vivement conseillé de réserver en haute sais.) : ☎ 04 95 73 00 29. Une excursion d'une journée est trop courte. Préférez un séjour de quelques jours. Les bouches de Bonifacio étant un des lieux les plus ventés d'Europe, le voyage, qui dure habituellement moins d'une heure, peut aisément atteindre 1h1/2 voire 2h, par grands vents. Enfin lorsque les vents et la mer s'allient pour rendre la traversée particulièrement périlleuse, la rotation du navire est alors annulée sans préavis. Intégrer donc, même pour une excursion d'une journée, l'éventualité de devoir prolonger son séjour.

Moby Lines – Gare maritime de Bonifacio, ☎ 04 95 73 00 29. De déb. avr. à fin sept. : 4 à 10 liaisons par jour. Prix de base : passager 11€, voiture de tourisme 21,50€ ou 26,50€.

Moby Lines-Navarma – Sta-Teresa (Sardaigne) -☎ (00-39) 0 789 75 14 49.

Saremar – Gare maritime, Quai Comparetti (Bonifacco), ☎ 04 95 73 00 96. Service toute l'année. 2 à 4 liaisons quotidiennes. Passager : 6,70€, 7,30€ ou 8,60€ hors taxes selon saison ; voiture : 19,70€, 24,10€ ou 27,90€ hors taxes selon saison.

Saremar - Sta-Teresa (Sardaigne) - ☎ 0 789 754 788.

TRANSPORTS

Découverte en voiture – La côte Nord de la Sardaigne dispose d'un faible réseau de distributeurs de carburant en dehors des agglomérations notables : Sta-Teresa, Palau, Arzachena et Olbia. Plusieurs loueurs de voitures proposent leurs services dans le centre ville de Sta-Teresa (s'adresser à l'Office de tourisme pour leurs coordonnées).

Autobus – Un bon réseau d'autobus permet d'accéder aux principales curiosités et sites du Nord de l'île au départ entre autres de Palau, de Sta-Teresa puis de La Maddalena. Se renseigner à l'Office de tourisme pour les horaires qui varient selon les compagnies et les jours.

Les autobus partent de la gare routière, située sur le flanc de la poste centrale (croisement via Nazionale et via Berlinguer), et les billets s'achètent au tabac faisant face à la station-service Agip ou au Bar « via Lu Poltali ».

Bac – Pour se rendre dans l'archipel de la Maddalena, il faut emprunter le bac à Palau (à 25 km de Sta-Teresa). Durée de la traversée 20mn, fréquence toutes les 30mn. Se renseigner auprès de la Saremar à Palau pour les modalités d'embarquement des véhicules et les horaires exacts, ☎ 0 789 73 76 60 ou 0 789 70 92 70.

VISITE

Office du tourisme de Sta-Teresa – Azienda di soggiorno e turismo - piazzale Vitt. Emanuele I 24 - ☎ 0789 75 41 27.

Office du tourisme de la Maddalena – Cala Gavetta - ☎ 0789 73 63 21.

Distributeurs de billets – À Sta-Teresa, deux établissements disposent de distributeurs acceptant les cartes étrangères : Banco di Sardegna, via Nazionale (à côté de la station Agip) et la banque jouxtant l'Office de tourisme.

RESTAURATION

🍴🍽 **La Terrazza** – *Via Vila Glori 6 - 07024 La Maddalena - ☎ 0789 73 53 05 - fermé oct. à avr. et dim. - 27/34€.* Pour déguster des fruits de mer, installez-vous, face au débarcadère des bateaux, sur la terrasse de ce restaurant très prisé. En cas de mauvais temps, réfugiez-vous dans la salle à manger, elle dispose de la même vue. Nombreux menus pour la satisfaction de tous.

HÉBERGEMENT

🍴🍽 **Da Cecco** – *Via Po 3 - 07028 Sta-Teresa-Gallura - ☎ 0789 75 42 20 - fermé 1er nov. au 24 mars - 33 ch. : 70/100€ - 🍵 4€.* Les résidents de cette maison ne se lassent pas de la vue sur la côte et les Bouches de Bonifacio depuis sa terrasse et son solarium. À l'intérieur, simplicité, ambiance chaleureuse et atmosphère pension de famille sont appréciées.

🍴🍴 **Hôtel Marinaro** – *Via Anglos 48 - 07028 Sta-Teresa-Gallura - ☎ 0789 75 41 12 - 27 ch. : 70/90€ - 🍵 7€ - restaurant 21/28€.* Bien situé dans un quartier calme à mi-chemin du port et du centre-ville, c'est une adresse intéressante pour un début ou une fin de séjour en attente de l'embarquement. Assure également la restauration et la demi-pension.

🍴🍴🍽 **Garibaldi** – *Via Lamarmora - 07024 La Maddalena - ☎ 0789 73 73 14 - 19 ch. : 83/140€.* Les touristes de passage trouveront dans cet hôtel une adresse au calme, un confort assez simple mais adapté à leur besoin. Bien situé au centre-ville, il permet de profiter de son animation.

Emblème de la Sardaigne

ACHATS

Gastronomie – Le visiteur, au fait des subtilités de la cuisine méditerranéenne, découvrira les touches d'exotisme dont se pare la cuisine sarde. Parmi les préparations servies dans les *trattorie* de l'île, les **« maloreddus »** (gnocchi striés), les **« culurgiones »** ou **« culunzones »** (raviolis à la ricotta, servis avec épinards et feuilles de menthe). La production charcutière est réputée – il faut goûter à la **« mustela »**, et au **« proceddu »** (cochon de lait cuit au four) – car comme son cousin corse, le porc est ici élevé en liberté. Enfin les pâtisseries et les douceurs sont particulièrement variées ; les plus originales, les **« sospiri d'Ozieri »** (caramel à la pâte d'amandes) et les *seadas* (gâteaux enroulés fourrés au fromage, frits puis enrobés de miel).

Parmi les vins et liqueurs se distinguent la **« vernaccia »** (blanc moelleux en apéritif), **« l'Anghelu Ruju »**, les diverses liqueurs parfumées à la myrte et la fameuse *grappa « su filu'e ferru »* (le fil de fer).

Artisanat – Très diversifié, il est bien représenté à la Casa dell'artigianato à Sta-Teresa (place Vitt. Emanuele I) : article en liège, en cuir...

LA GALLURA★★

Sta-Teresa-Gallura

Plaisante station balnéaire dont le port se niche au fond d'une ria, elle est la tête de pont des communications avec la Corse.

L'étonnant plan en damier de la cité résulte de sa reconstruction en 1803. À son extrémité Nord, la tour Longosardo (16e s.), vestige d'un château, constitue un agréable but de promenade. Par temps dégagé, on distingue les falaises blanches et les maisons de Bonifacio.

En contrebas, la plage de sable fin de Rena-Bianca est un site apprécié des véliplanchistes.

Capo Testa★

Intéressante excursion jusqu'à ce promontoire rocheux, distant de 5 km du centre de la localité, magnifiquement sculpté par l'érosion éolienne.

ARCHIPEL DE LA MADDALENA★★

Composé de sept îles et d'autant d'îlots, l'archipel a été aménagé en parc naturel afin de préserver son exceptionnelle végétation. Seule l'île principale est habitée.

Île de la Maddalena★★

Ceinte d'une route panoramique très plaisante à parcourir, l'île est pourvue d'un charmant port de pêche, Cala Gavetta. De nombreuses possibilités d'excursions en bateau vers les îlots permettent de découvrir des anses de sable fin aux eaux limpides, comme l'Isola Spargi.

Île Caprera★

Accès possible en saison par un bus partant devant la gare maritime de La Maddalena. Reliée à la précédente île par une chaussée *(distante de 5 km)*, elle est essentiellement connue pour abriter la dernière résidence et la sépulture de **Giuseppe Garibaldi**, patriote d'origine niçoise qui se mit au service de l'indépendance italienne. La maison est devenue un musée à sa mémoire : sur l'esplanade trône un majestueux pin qu'il avait planté pour célébrer la naissance de sa fille. Sa tombe, veillée par une garde d'honneur, a l'apparence d'un bloc de granit.

Sur le pourtour de l'île, d'agréables criques invitent à la baignade sous les pins.

À l'Est de Palau, la Costa **Smeralda★★** s'est identifiée à l'urbanisme original de **Porto-Cervo**, œuvre de l'architecte français Jacques Couelle.

Cirque de **Bonifato**★

Bonifatu

Le cirque de Bonifato, avec ses murailles de porphyre rouge et ses aiguilles élancées qui se dressent au-dessus des pins laricio, est un lieu apprécié d'excursions pédestres. Fragment de la Balagne déserte, le cirque est baigné par les eaux pures de la Figarella. Il forme un ensemble de hautes vallées séparées des voisines (Tartagine, Asco et Fango) par une chaîne de montagnes de près de 2 000 m d'altitude.

La situation
Carte Michelin Local 345 C5 - Haute-Corse (2B). Le cirque de Bonifato surplombe le golfe de Calvi ; on y accède par la D 251, au-delà de l'aéroport de Calvi-Sainte-Catherine. Laisser la voiture devant l'Auberge de la Forêt.

Le nom
Bonifatu signifierait « endroit où il fait bon vivre ».

circuit

De Calvi à Spasimata – 22 km, plus 4,5 km à pied AR.

Quitter Calvi par la N 197, puis prendre à droite la D 251 qui remonte la large vallée de la Figarella couverte de vignobles.

Quelques kilomètres après l'aéroport de Calvi-Ste-Catherine, la route s'élève au-dessus de la rivière et pénètre dans la **forêt domaniale de Calenzana** constituée de beaux pins laricio, de pins maritimes, de chênes verts et de maquis.

Poursuivre jusqu'à l'Auberge de la Forêt, seul emplacement où il est possible de laisser la voiture.

Chaos de Bocca Reza★★
Depuis l'auberge, en suivant le sentier dit de la « boucle d'Erbaghiolu » (départ à droite du pont sur la Nocaghia), on atteint le chaos de Bocca Rezzu en empruntant un tronçon du sentier « Mare et Monti » (15mn depuis le parking). Du sommet de ce chaos s'offre une **vue**★★ étendue sur la forêt, les aiguilles de porphyre et sur les crêtes fermant le cirque à l'Est : du Nord au Sud on reconnaît les Capo Lovo, Monte Corona, Capo Ladroncello, Punta Gialba, Mufrella et Capo Stranciacone. La route asphaltée s'arrête au pont sur la Nocaghia. Juste après le pont se présente sur la droite un site agréable où s'écoule une fontaine sous de grands chênes verts.

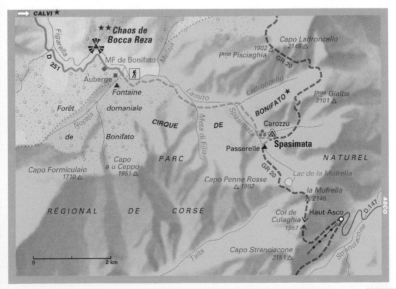

Sentier de Spasimata*

4h1/2 environ AR au départ de l'Auberge de la Forêt par le chemin forestier.

Suivre le chemin forestier qui longe la rive gauche du torrent et pénètre dans la **forêt domaniale de Bonifato** composée de pins laricio et de feuillus. Dans un paysage de montagne dominé par la ligne de crête des « 2 000 », la Figarella coule sur un lit encombré de belles tables de granit rose, formant de larges vasques.

Après 1/2h, on atteint le confluent de la Melaja et de la Figarella (alt. 620 m). Ne pas traverser le torrent mais suivre sur la droite une variante du GR 20 jalonné de marques rouge et blanc qui emprunte un sentier mule-tier (traces de l'ancien pavement) s'élevant vers la Mufrella. En face se dressent les sommets délimitant le cirque. Après avoir franchi plusieurs torrents, on gagne en 2h45 le lieu dit Spasimata.

Un des passages les plus célèbres et éprouvants du GR 20. La passerelle a été récemment refaite ; des plaques métalliques remplacent désormais les lattes de bois. Accrochez-vous !

Spasimata

Alt. 1 190 m. Source à proximité. Les cabanes de pierres sèches en ruine abritaient autrefois pendant l'été des curistes venus soigner leur asthme à dos de mulet depuis Calenzana. Plus au Sud, dans une large combe, se dresse le **refuge de Carozzu** (alt. 1 392 m). Le site, majestueux, constitue en lui-même un but d'excursion. Très fréquenté par les randonneurs et les alpinistes, c'est une base de départ pour les courses dans le massif de Bonifato. Depuis le refuge, descendre une centaine de mètres jusqu'à la **passerelle de la Spasimata** afin d'admirer la témérité des alpinistes qui la franchissent. *Ne pas poursuivre au-delà sans de solides connaissances de la haute montagne et un topoguide spécialisé.*

Le Bozio★

U Boziu

Prolongeant au Sud-Ouest les hauteurs de la Castagniccia, les monts du Bozio sont encore plus sauvages et impénétrables. Ils furent au 18e s. l'un des foyers des révoltes corses. La région se caractérise par la vivacité des traditions orales : dans de nombreux bourgs reculés, il est encore possible d'entendre des musiques anciennes et des chants polyphoniques (« paghjella » et joutes oratoires ou « chjama è rispondi »). La plupart des villages s'enorgueillissent de petites chapelles édifiées dans le plus pur style roman et enluminées de superbes fresques.

La situation

Carte Michelin Local 345 E6 – Haute-Corse (2B). Au départ de Corte, deux possibilités s'offrent pour atteindre le Bozio : soit sortir de la ville par la route de Bastia jusqu'au col de S. Quilico, puis prendre à droite la D 41 vers Tralonca ; soit prendre la N 200 en direction d'Aléria, qui descend la vallée du Tavignano, et s'engager à gauche après 5 km dans la D 39 vers Sermano et Bustanico.

Les gens

Alando, village du Bozio, est la patrie du célèbre **Sambucuccio**, personnage emblématique, à qui les chroniqueurs attribuent la direction des insurrections de 1358. Ces mouvements populaires, dirigés contre les seigneurs, aboutirent à la création de la « Terre du Commun » dotée (sous le regard bienveillant de Gênes) de « statuts » communautaires. De cette époque date l'organisation de la vie des villages, régie par une assemblée générale des habitants et un magistrat élu à sa tête (le gonfalonier).

PRUDENCE !

Les multiples villages du Bozio sont reliés par des routes très sinueuses, fréquentées par nombre de cochons, chèvres et vaches, peu respectueux du Code de la route. Rouler donc très lentement et anticiper au maximum le croisement de véhicules.

circuit

DE CORTE À ZUANI

Le col de San Quilico fait communiquer les bassins du Golo et du Tavignano. La D 41 suit une ligne de crête jusqu'à **Tralonca**.

Tralonca

Ce village perché et harmonieux, dominant la plaine par une sorte de « chemin de ronde », regroupe ses façades telles de hautes murailles.

Poursuivre vers Santa-Lucia-di-Mercurio qui marque la véritable porte du Bozio, puis vers Sermano qui se trouve en contrebas, sur la droite de la route.

Sermano (Sermanu)

Perché sur un mamelon dominant de curieuses cimes, ce village est un des rares de l'île où, lors des fêtes religieuses, la messe est encore chantée en *paghjella*.

Chapelle San Nicolao – *1/4h à pied par le chemin qui s'ouvre devant l'église et descend en contrebas du village vers un ensemble de bergeries à l'architecture traditionnelle. Un bosquet de cyprès entoure la chapelle.*

Cette humble chapelle romane, dont l'origine doit remonter au 7e s., est particulièrement renommée pour la richesse de sa décoration intérieure. Les **fresques**★★ peintes vers 1455 dans des coloris pastels harmonieux dégagent une émouvante sensibilité. Noter l'importance attachée aux regards qui marque une certaine analogie avec les fresques du Quattrocento italien.

Tracée en corniche, la route de Bustanico, au revêtement parfois assez dégradé, traverse une zone schisteuse où prédomine une végétation de maquis.

Bustanico (Bustanicu)

De ce village serait partie en octobre 1729 la guerre d'Indépendance. Un vieillard surnommé Cardone, menacé de la saisie de ses biens par le collecteur d'impôts génois, aurait ameuté les autres bourgades du Bozio. La jacquerie se répandit en Castagniccia et en Casinca, et aboutit au sac de Bastia en 1730.

Flanquée d'un élégant clocher, l'**église** abrite un beau **Christ** en bois polychrome du 18e s. L'artiste a réalisé une œuvre d'une facture très personnelle empreinte d'un réalisme émouvant, qui fait penser aux sculptures romanes.

Prendre la D 39 au Sud vers Alando.

Alando (Alandu)

Ce minuscule hameau est dominé par un rocher de 50 m de haut qui supportait le château de Sambucuccio. Table d'orientation au sommet.

D'Alando, revenir au carrefour de l'ancien couvent Saint-François du Bozio et prendre à droite la D 339 en direction des hameaux d'Alzi, A Mazzola et Piedilacorte, qui constituent la commune de St-Andrea-di-Bozio.

La route s'enfonce dans une profonde vallée aux hauteurs boisées et coiffées de minuscules villages paraissant coupés de toute communication routière.

À Piedilacorte, remarquer la pittoresque église St-André.

Revenir à Alando et poursuivre sur la D 39 vers Favalello.

La route, en corniche, descend le cours du Zingaïo. S'arrêter à l'entrée de Favalello pour visiter la chapelle Santa-Maria-Assunta.

Chapelle Santa-Maria-Assunta

L'édifice roman est situé sur le bord de la route d'Alando, dans le haut du village. Elle est encore utilisée pour les offices. Les **fresques**★ de la fin du 15e s. qui recouvrent une grande partie des murs intérieurs sont parmi les plus variées de Corse. Le raffinement et l'élégance de leurs traits renforcent l'atmosphère mystique de l'ensemble. Remarquer dans l'abside, le **Christ en**

majesté, et au registre inférieur, l'expression émouvante des apôtres, séparés par des arcades peintes en trompe-l'œil.

Continuer la D 39 ; 1,5 km après Favalello, tourner à gauche dans la D 14 qui s'élève en lacet jusqu'à Erbajolo.

Erbajolo (Erbasgiolu)
Du belvédère situé à la sortie du village, près du cimetière, on découvre un **panorama**★★ étendu sur la profonde vallée du Tavignano fermée à l'arrière par le Monte d'Oro. Table d'orientation en lave de Riom.

Chapelle St-Martin
Départ au pied de l'église paroissiale. Une piste carrossable permet de s'approcher à 100 m de la chapelle. Cet édifice roman pisan s'élève dans un **site**★ sauvage admirable, qui serait l'emplacement primitif d'Erbajolo. À l'intérieur, remarquer la fresque qui orne l'abside.

Hameau en ruine de Casella
🚶 *1/2h à pied depuis la chapelle St-Martin.* Ce hameau isolé en plein maquis possède encore sa chapelle dédiée à St-Joseph. Une messe y est dite pour la fête du saint, le 19 mars.

Poursuivre sur la D 14, en direction d'Altiani sur 5 km.

Bâti sur une arête rocheuse, le typique hameau de **Focicchia** semble vivre au seul rythme de sa fontaine.

De là, possibilité de retourner à Corte via Altiani (parcours décrit à la vallée du Tavignano). Si l'on souhaite poursuivre le circuit par la route des cols, revenir à Erbajolo où l'on prend l'étroite D 16 sur la gauche.

Route des cols
Au départ d'Erbajolo, la D 16 franchit deux cols avant d'atteindre les contreforts de la basse Castagniccia. Le parcours procure de belles échappées sur les vallées profondes du Zingaio et du Corsigliese. Cet itinéraire était fréquenté par les moines des couvents de Zuani et de Piedicorte-di-Gaggio *(voir la vallée du Tavignano).*

Col de San Cervone – Belle **vue**★ en enfilade sur la vallée du Tavignano jusqu'à l'étang de Diane et la mer.

Col de Casardo – Une splendide **vue**★ s'étend sur la vallée du Tavignano et les deux sommets qui barrent l'horizon (le Monte d'Oro et le Monte Renoso).

Juste avant le col de Casardo, possibilité de rejoindre Bustanico par une route escarpée rejoignant Sant'Andrea di Bozzio. Au-delà du col, le maquis laisse petit à petit la place aux châtaigniers qui marquent l'entrée dans la Castagniccia. '

En poursuivant la D 116 au-delà de Zuani, on atteint la côte à Cateraggio, au Nord d'Aléria.

randonnées

C'est le moyen idéal pour découvrir l'âme des villages du Bozio et pouvoir apprécier les points de vue offerts et les rencontres improvisées. Ces **itinéraires**★ peuvent être également suivis en VTT.

Au départ de Sermano
Des sentiers de pays, balisés en orange, permettent des boucles à la journée.
Circuit vers le couvent d'Alando : 🚶 *5h.*
Même circuit que le précédent, incorporant un détour par Bustanico : 🚶 *7h.*

Au départ d'Erbajolo
Plusieurs sentiers relient les chapelles d'Erbajolo à Pianello et Zuani.

Montagne de **Cagna**★

La montagne de Cagna, au relief de granit et de calcaire, présente une arête isolée transversale d'Est en Ouest. La partie centrale du massif est couverte par les sapins centenaires de la forêt de Cagna. La Punta d'Ovace (1 340 m), point culminant, porte le célèbre Uomo di Cagna, étonnant rocher sphérique en équilibre sur une pointe de granit. Une excursion au cœur de la montagne offre de superbes vues sur ce chaos granitique et sur la vallée.

La situation

Carte Michelin Local 345 D10 - Corse-du-Sud (2A). La montagne de Cagna se situe à l'écart des grands axes routiers ; elle est accessible à pied à partir du village de Gianuccio, au bout de la petite D 50 qui part de la route de Sartène à Bonifacio. On rejoint la forêt de Cagna par la D 59 que l'on emprunte à Sotta en direction de Carbini, sur la D 859, route de Porto-Vecchio à Figari.

Le nom

Uomo (Omu, en corse) di Cagna signifie l'Homme de Cagna : et, de fait, le rocher qui a reçu ce nom évoque un visage humain.

Les gens

L'isolement de la montagne de Cagna fut propice à la **résistance corse** qui y trouva refuge lors de la dernière guerre.

Cet étonnant bloc sphérique de granit, apparemment en équilibre sur la pointe rocheuse, domine un chaos de rocs. Son sommet, très dangereux, ne fut vaincu qu'en 1970.

PRUDENCE
Renseignez-vous sur la météo avant de partir. En effet, la montagne peut rapidement se couvrir de nuages, ce qui rend la randonnée risquée.

PARASITE
Remarquez au pied des cistes les petites masses rouges à fleur de terre. Ce sont des plantes parasites appelées **cytinets**.

randonnée

L'Uomo di Cagna★ (l'Omu di Cagna)

Depuis la N 196, la D 50 conduit à Monacia-d'Aullène et puis au hameau de Gianuccio. Y laisser la voiture.
 3h aller depuis la partie la plus élevée du village (mais on parvient en 2h1/4 à un coup d'œil remarquable sur l'Uomo). Comportant quelques passages assez raides, cette randonnée offre des points de vue superbes sur la vallée, la montagne de Cagna, les chaos granitiques et le maquis.
Il est impératif d'apporter sa réserve d'eau. Le sentier est certes balisé par des cairns (petits tas de roches), mais il convient d'être très attentif, et il vaut mieux se munir d'une carte au 1/25 000. La meilleure période pour entreprendre la randonnée est le printemps, lorsque le maquis est en fleurs.

Le sentier s'élève au milieu d'un maquis bas : bruyères arborescentes, lavandes, genêts et cistes. Dépasser le réservoir ; le sentier franchit un ruisseau (à sec en été) et traverse une végétation dense où abondent les lianes du maquis : garance et salsepareille. De nombreux oiseaux habitent les lieux : fauvette, rouge-gorge, troglo-dyte... Par une pente assez forte, on accède à un premier plateau offrant de belles formes d'érosion granitique, puis à un petit bois de pins d'où la vue sur le village et les vallées voisines est magnifique.

Au bout d'une heure de marche apparaît un chaos de roches impressionnant, surmonté de quelques pins tor-dus et de chênes verts. À gauche, dans un vallon plus humide, prospère l'aulne. Un second plateau, couvert de bruyères arborescentes et hérissé de formes granitiques étonnantes est atteint après 1h1/2.

Quelques centaines de mètres plus loin, après avoir laissé sur la gauche un énorme rocher cubique, puis un second évoquant un visage de profil, on découvre au loin l'**Omu di Cagna** dont on apprécie pleinement l'allure. On peut alors faire demi-tour, ou marcher encore 3/4h pour parvenir à la base du rocher. ▶

> **COUP D'ŒIL**
> Le panorama★, à la base du bloc, offre une vue aérienne de la pointe méridionale de la Corse et des côtes de la Sardaigne. En direction du Nord-Est, en suivant l'arête faîtière, on distingue un autre miracle d'équilibre naturel : l'**Omu di Monaco**.

AVIS AUX RANDONNEURS AGUERRIS

Les sportifs entraînés, équipés d'une boussole et d'un approvisionne-ment suffisant, pourront traverser le massif de Cagna en une journée depuis le hameau de Vacca *(accessible en voiture par la route reliant Figari à Porto-Vecchio, puis à Sotta la D 259, et enfin, sur la gauche, le chemin de Borrivoli)* pour rejoindre à l'Ouest le village de Gianuccio. Cette traversée permet de savourer, dans une solitude absolue, les suc-cessions de chaos gigantesques et de sapinières en équilibre vertigi-neux, au milieu desquels les sentiers (parfois difficilement repérables) se fraient un passage. Vous aurez eu soin, bien évidemment de prévoir une voiture à l'arrivée !

Calacuccia

À 830 m d'altitude, Calacuccia occupe un versant bien ensoleillé du Niolo dont elle joue le rôle de chef-lieu. C'est un très bon point de départ pour les randonnées et en hiver pour la station de ski du col de Vergio. À l'entrée Est de Calacuccia, au débouché du défilé de la Scala di Santa Regina, on découvre le meilleur point de vue★★ de ce village dominé par la barrière de porphyre rose des mon-tagnes environnantes.

La situation

Carte Michelin Local 345 D5 – Schéma p. 279 – Haute-Corse (2B). Calacuccia est accessible par la D 84 qui relie Porto à la N 193, à 13 km au Nord de Corte. Le village est dominé par un haut et beau massif de montagnes : la **Punta Licciola** (alt. 2 237 m), l'arête aiguë de la **Paglia Orba** (alt. 2 525 m) « la reine des montagnes corses », la crête dentelée des Cinq Moines, le Monte Falo (alt. 2 549 m) et le Monte Cinto.
🚶 *Route de Cuccia, 20224 Calacuccia, ☎ 04 95 48 05 22. www.niolu.fr.st*
De mi-mai à mi-sept. : 9h-12h, 15h-19h ; de mi-sept. à mi-mai : tlj sf w.-end 9h-12h, 14h-18h.

Le nom

Calacuccia est composé de deux termes pré-indo-euro-péens : *kala* signifiant « pierre » (abri-sous-roche, maison) et *kukia* désignant la hauteur.

Les gens

340 Calacucciais. Devant le couvent de Calacuccia, une stèle a été érigée en mémoire des onze patriotes corses du Niolu condamnés à mort et pendus par les troupes françaises le 23 juin 1774, à l'issue de l'insurrection du Niolo *(voir ce nom)*.

carnet pratique

visiter

Église paroissiale
Ouvert pdt les offices religieux.
Située à l'entrée du village, sur la gauche de la route lorsqu'on arrive du col de Vergio, elle abrite au-dessus du
maître-autel un beau **Christ** en bois (art populaire), très
expressif par la stylisation du visage et de la musculature.

Musée des Traditions populaires du Niolu
Fermé.
Installé dans l'ancien réfectoire des moines du couvent
de Calacuccia, ce musée expose les objets autrefois couramment utilisés dans la vie artisanale, agricole et pastorale de la région. On remarque en particulier un
curieux moulin à sel et un rare métier à tisser.

*Entrez dans l'église
de Calacuccia pour
admirer le Christ en bois.*

circuit

LAC DE CALACUCCIA★

*9 km. Quitter Calacuccia par la route qui longe le lac et tra-
verse Sidossi.*

Casamaccioli
Ombragé de châtaigniers, ce village domine de près de
200 m le barrage de Calacuccia. Il est situé au pied de la
crête boisée qui ferme le Niolo au Sud et sépare la vallée
du Golo de celle du Tavignano. Il offre une belle **vue**★
sur la chaîne du Monte Cinto.
L'**église** paroissiale abrite dans le bas-côté droit un
saint Roch, en bois sculpté, au visage naïf, auquel l'arti-
san a donné l'allure d'un berger. Dans le bas côté gauche,
statue en bois de la **Santa di u Niolu**.
*Prendre en contrebas de l'église, à gauche, la route qui longe
le lac sur la rive Sud.*
La route offre de belles **vues**★★ sur Albertacce, Poggio,
Lozzi, Calacuccia, Corscia, villages bien exposés, entourés de vergers et de châtaigniers, adossés à la longue

*Au bord du lac de
Calacuccia, une base
nautique connaît un
grand succès en saison.*

LA SANTA DI U NIOLU

Pendant 3 j. déb. sept. se déroule la fête de la Santa di u Niolu, célébration religieuse, foire (l'une des plus anciennes et importantes de Corse) et spectacle où les bergers rivalisent de talent dans des improvisations dialoguées ou chantées (Chjama è rispondi, concours de mora). ☎ 04 95 48 03 01.

chaîne du Monte Cinto. Elle franchit, 2 km plus loin, un torrent formé par des eaux captées sur le Tavignano et amenées par un canal de dérivation pour alimenter le lac artificiel de Calacuccia.

Barrage de Calacuccia

Mis en eau en 1968, cet ouvrage retient 25 millions de m³ d'eau descendue des cirques torrentiels du Golo. Après avoir produit à l'usine de Pont-de-Castirla de l'énergie électrique pour toute la Corse, les eaux irriguent les plaines littorales au Sud de Bastia.

Le barrage franchi, regagner Calacuccia par la D 84.

alentours

Le **Monte Cinto**★★★, la **forêt de Valdu-Niellu**★★ et le **lac de Nino**★ peuvent être visités depuis Calacuccia *(voir Le Niolo)*.

Les Calanche★★★

Dominant le golfe de Porto, les Calanche constituent de singulières formations, d'une beauté à couper le souffle. Dans un paysage chaotique se profilent d'étonnantes sculptures granitiques formées par l'érosion. Le bleu intense de la mer, la lumière souvent irréelle qui baigne la côte, la palette des oranges et des roses du granit et le relief vigoureux en font un site exceptionnel.

La situation

Carte Michelin Local 345 B6 - Corse-du-Sud. La D 81 traverse les Calanche sur 2 km, ménageant d'excellents points de vue sur les amas rocheux et la mer. De la terrasse du chalet des Roches Bleues, on peut apercevoir plusieurs rochers à la silhouette évocatrice : à gauche la Tortue, à droite l'Aigle et la Confession. Sur un promontoire dominant la mer trône l'Évêque, une crosse à la main. Enfin, 600 m après le chalet en direction de Porto, on distingue à gauche, la « Tête du Chien » en surplomb sur une falaise. Il est, en toutes saisons, difficile, et, en été, littéralement impossible, de laisser la voiture ailleurs qu'aux abords du chalet. 🗎 *Piana, Calanche,* ☎ *04 95 27 84 42.*
Juin-sept. : 9h-18h, w.-end 9h-13h ; avr.-mai : 8h30-11h30, 13h30-16h. Dispose d'une brochure sur les sentiers de randonnées.

Le nom

Calanche est le pluriel du mot corse *calanca* signifiant... calanque. Prononcer *calanque*.

Les gens

Guy de Maupassant se laissa envoûter par les lieux et les décrit avec force dans *Une vie* (1884) : « C'étaient des pics, des colonnes, des clochetons, des figures surprenantes, modelées par le temps, le vent rongeur et la brume de mer. Hauts jusqu'à trois cents mètres, minces, ronds, tordus, crochus, difformes, imprévus, fantastiques, ces surprenants rochers semblaient des arbres, des plantes, des bêtes, des monuments, des hommes, des moines en robe, des diables cornus, des oiseaux démesurés, tout un peuple monstrueux, une ménagerie de cauchemar pétrifiée par le vouloir de quelque dieu extravagant. »

comprendre

Les *taffoni* (gros trous, en corse) se développent dans les pays à longue saison sèche, sur les fortes pentes où la roche est à nu et surtout dans les zones d'ombre. Ces cavités hautes parfois de plusieurs mètres, éventrant des rochers dénudés sur le littoral comme à l'intérieur des terres, fascinent par l'équilibre instable de leurs ciels en baldaquin, la subtilité de leurs jeux d'ombres et de lumières et les figures extraordinaires nées de leur recoupement. Choisis durant la préhistoire pour lieu de repos des morts, et toujours disposés à servir de gîte sommaire, ils font partie intégrante de la culture corse.

Les roches grenues sont leur terre d'élection. La désolidarisation d'un seul cristal suffit à livrer la pierre à un processus de gigantesque carie, sous l'action combinée des variations de température et d'humidité, renforcée au bord de la mer par le rôle corrosif des embruns. Certains granits à gros cristaux : granit beige de Sant'Ambroggio, granit gris de Calvi, granit rouge de Porto au sein duquel s'inscrivent les Calanche de Piana, se prêtent particulièrement au façonnement des *taffoni*. Certains *taffoni*, séniles, n'évoluent plus ; d'autres, toujours soumis à la désagrégation, sont dits « vivants » ; des écailles se détachent de leurs voûtes et leurs parois rugueuses se délestent de grains de sable lorsqu'on les frotte avec la paume de la main.

Les jeux de lumière, à différentes heures de la journée, permettent d'apprécier pleinement l'univers minéral des Calanche.

découvrir

À PIED★★

Le château fort ⬚1

🚶 *1h AR. Le chemin d'accès s'ouvre à droite de la Tête du Chien, à 700 m au Nord du chalet.*

Ce sentier est le seul qui pénètre dans l'intimité des Calanche. À travers un dédale de rochers patinés par le soleil, envahis par le maquis et les arbousiers, on distingue le bois d'eucalyptus de Porto et le promontoire portant la tour carrée. Puis le chemin remonte légèrement jusqu'à une plate-forme faisant face au « château fort », imposant bloc de granit évoquant un donjon. De là, une **vue**★★★ splendide embrasse tout le golfe de Porto de la tour du Capo Rosso au golfe de Girolata.

Chemin des muletiers ⬚2

🚶 *1h30. Le sentier d'accès, jalonné de points bleus, s'amorce sur la route de Porto à Piana, 400 m au Sud-Ouest du chalet des Roches Bleues et à gauche près du petit oratoire de la Vierge.*

Le sentier grimpe fortement avant de se frayer un passage entre deux gros rochers. De là, on suit en corniche un ancien chemin muletier Piana-Ota. On découvre alors derrière soi une très belle **vue**★★★ d'ensemble sur les Calanche et le golfe de Porto. Puis le sentier descend dans le maquis et rejoint la route.

CONSEIL
Quel que soit l'itinéraire choisi, soyez bien chaussé, emportez eau et protection solaire. Évitez les jours de grand vent (risque d'incendie).

La corniche ③

🚶 3/4h. Le chemin d'accès, jalonné de points bleus, s'ouvre à quelques mètres du chalet des Roches Bleues, vers Porto, à droite avant le pont.

Le sentier suit une forte montée en offrant une **vue**★★★ sur les Calanche et le golfe de Porto. Il poursuit sous les pins laricio jusqu'à la route.

La châtaigneraie ④

🚶 3h1/2. *Prendre le sentier qui s'amorce sur la gauche, tout près du chalet des Roches Bleues, en venant de Porto. Il est jalonné de croix bleues.*

Une montée assez raide conduit à une belle forêt de châtaigniers. Après environ 1h de marche, obliquer sur la gauche. Le sentier passe près de la fontaine d'Oliva Bona. Il descend à travers la forêt de pins de Piana pour aboutir sur la D 81, à 2 km du chalet des Roches Bleues.

Le Mezzanu ⑤

🚶 2h1/2. Suivre dans un premier temps le même sentier jalonné de croix bleues évoqué ci-dessus, mais une fois parvenu à la châtaigneraie, bifurquer à droite au cairn (petit tas de pierres) et descendre vers le Sud-Ouest. Cette boucle, moins longue, offre néanmoins une bonne diversité de paysages. En fin de parcours, on rejoint l'itinéraire ②.

EN BATEAU★★ *(voir golfe de Porto)*

Le châtaignier, une composante incontournable des paysages corses.

Le spectacle est inoubliable au coucher du soleil, lorsque les Calanche se parent de teintes chaleureuses et révèlent leurs mystérieuses grottes marines.

Calenzana

Calinzana

Adossé au Monte Grosso parmi oliviers et amandiers, ce gros bourg de la Balagne domine le golfe de Calvi. Si Calvi demeura fidèle à Gênes, le village fut quant à lui un bastion de l'indépendance corse.
Son terroir produit des vins, et du miel parfumé par les plantes du maquis.

La situation

Carte Michelin Local 345 C4 – Schéma p. 145 – Haute-Corse (2B). Calenzana se trouve à 11,5 km au Sud-Est de Calvi, au-delà de l'aéroport de Sainte-Catherine.

Le nom

Très présents dans ces lieux, les Romains appelaient la région de Calenzana, *area calentiana*, en référence à la douceur de son climat.

Les gens

1 722 Calenzanais. **Restitude** a été proclamée patronne de Calenzana et de la Balagne par le pape Jean-Paul II, en 1984. Cette sainte avait été martyrisée et décapitée à Calvi au 3e s. et fut depuis lors vénérée dans la région *(voir église Ste-Restitude).*

RANDONNÉE
De Calenzana, le GR 20 prend la direction du Sud-Est : 220 km de sentiers, balisés de rouge et blanc, aussi difficiles que splendides, à travers le Parc naturel régional, jusqu'à Conca. C'est aussi d'ici que part le sentier Mare e Monti.

comprendre

Les abeilles, alliées de l'indépendance

L'année 1729 voit le début d'une révolte qui se transformera en guerre d'indépendance et aboutira en 1769 au rattachement de la Corse à la France. Pour venir à bout des rebelles, Gênes fait appel à l'empereur Charles VI d'Autriche à qui elle loue, moyennant 30 000 florins par mois, 9 000 mercenaires allemands. En outre, il est convenu que chaque soldat tué, blessé ou disparu soit payé 100 florins. C'est ainsi qu'en 1732 débarquent à Calvi 800 mercenaires de l'armée de Wachtendonck. Afin de dégager l'arrière-pays, ils se présentent le 14 janvier devant Calenzana. Les habitants ne disposent que d'une vingtaine d'arquebuses, de quelques pistolets, de haches et de couteaux ; mais pleins d'idées, ils rassemblent toutes les ruches des environs sur les rebords des fenêtres, les terrasses et les toits. Et lorsque les Allemands parcourent les ruelles à la recherche des partisans, voilà que basculent les ruches. Des escadrilles d'abeilles s'en échappent et par leurs piqûres mettent à mal les mercenaires. Ceux-ci jettent leurs fusils et courent vers les fontaines. Les Corses se précipitent alors dans les rues, s'emparent des armes abandonnées et achèvent le travail des aiguillons : 500 soldats gisent sur le terrain, aujourd'hui appelé « Campo Santo dei Tedeschi » (Cimetière des Allemands), face à l'église St-Blaise.

GOURMANDISE
La grande spécialité de la ville, les **« cusgiulelle »**, gâteaux secs au vin blanc, passent pour être les meilleurs de l'île.

visiter

Église Saint-Blaise

Ancienne collégiale, cette grande église baroque fut édifiée de 1691 à 1701, sur les plans d'un architecte milanais renommé, Domenico Baïna, également auteur des plans de la célèbre église de la Porta *(voir ce nom).* L'édifice s'appuie sur des contreforts massifs et présente une façade à pilastres et corniches sculptées.
Au plafond de la nef principale, une fresque en médaillon, du 18e s., représente saint Blaise guérissant un enfant. Les deux chapelles situées de part et d'autre du chœur sont coiffées de coupoles dont les peintures en trompe-l'œil (1880) accusent l'élévation. Le chœur très profond doté d'un bel autel (1767) est fermé d'une balustrade en marbre marqueté, flanquée de deux angelots porte-cierge.

Adossé au Monte Grosso, le village de Calenzana domine Calvi.

Érigé sur la Grand-Place entre 1870 et 1875, le beau campanile de style baroque menace, hélas, de tomber en ruine (un périmètre de sécurité a été institué).

Place de l'Hôtel-de-Ville

Dominée par le Monte Grosso, cette grande place rectangulaire, ornée de platanes et de palmiers, s'ouvre face au golfe de Calvi.

alentours

Église Ste-Restitude (Santa Ristiduta)★

1 km par la D 151 en direction de Montemaggiore (route partant sur la gauche de l'église St-Blaise). Vous pouvez emprunter les clefs au bureau de tabac, 3 r. Casazza, auprès de Mme Marie-José Meunier, ☎ 04 95 62 83 16.

La route, bordée d'impressionnantes chapelles funéraires, traverse un paysage serein. D'une grande simplicité, l'église blanchie à la chaux s'élève dans un enclos planté d'oliviers centenaires, au lieu dit *U Loru*. Remarquer à gauche en entrant le bénitier en albâtre du 16ᵉ s.

Chœur – La coupole octogonale, éclairée par trois fenêtres et un lanternon, s'orne d'entrelacs et de motifs géométriques. Des médaillons décorent les écoinçons. La **statue** de sainte Restitude, en bois polychrome du 18ᵉ s., est placée dans la chapelle de gauche.

L'**autel** du 4ᵉ s. est constitué de deux morceaux de sarcophage en marbre placés verticalement ; ils supportent une table de granit.

Le cénotaphe présente deux **fresques**★ du 13ᵉ s. relatant le martyre de la sainte : sur le côté gauche, sainte Restitude devant ses juges ; sur le côté droit, la décapitation de la sainte et de ses cinq compagnons. En arrière se tiennent les hommes d'armes et les notables. Derrière le cénotaphe, un reliquaire contient les ossements des saints martyrs.

Crypte – *Escaliers de part et d'autre du chœur.* Elle abrite le **sarcophage** (en marbre de Carrare) de sainte Restitude (1ʳᵉ moitié du 4ᵉ s.). Sa découverte en 1951 a donné un fondement historique inattendu à toutes les traditions orales touchant à sainte Restitude.

Calvi★

Fièrement campée sur sa rade lumineuse dans un cadre de montagnes souvent enneigées, Calvi compte parmi les plus beaux sites marins de Corse. L'arrivée par mer est mémorable : la citadelle plantée sur le promontoire qui s'avance entre le golfe de Calvi et celui de la Revellata contraste avec le paysage environnant d'une grande sérénité.

La « capitale » de la Balagne est un centre de villégiature très apprécié. Sa plage, longue de 6 km, bordée de pins parasols, s'allonge au fond d'une vaste baie. C'est aussi une escale pour les plaisanciers, assurés d'un excellent mouillage, réputé depuis l'Antiquité.

Calvi pratique encore la pêche à la langouste. Ses autres ressources, tirées de l'arrière-pays, sont les vins, les huiles, les fromages, les fruits et le gibier.

La situation

Carte Michelin Local 345 B4 – Haute-Corse (2B) – Schéma p. 201. Ville la plus proche des côtes de Provence (176 km de Nice), Calvi entretient des relations maritimes avec Nice, Toulon et Marseille et des liaisons aériennes quotidiennes avec le continent.

Elle se compose d'une ville haute, la **citadelle**, ancien bastion génois, et d'une ville basse, la **marine**, dont les maisons colorées se serrent autour du port où se concentre l'animation estivale et nocturne.

Bâtie sur un promontoire rocheux plongeant dans la mer, Calvi est la ville corse la plus proche du continent.

Laissez votre véhicule au parking (gratuit) du port de plaisance ou à celui, plus vaste, de la place Christophe-Colomb. 🄱 *Port de Plaisance, 20260 Calvi,* ☎ *04 95 65 16 67. www.villedecalvi.fr - citadelle (en saison),* ☎ *04 95 65 36 74. www.tourisme.fr/calvi*
De mi-juin à mi-sept. : tlj ; le reste de l'année : tlj sf w.-end.

Le nom
Son nom viendrait du mot latin *calvus* signifiant « chauve », en référence au rocher dénudé sur lequel fut construite la citadelle.

Les gens
5 177 Calvais. Plusieurs villes d'Italie et d'Espagne revendiquent avec Calvi l'honneur d'avoir vu naître **Christophe Colomb**. Si nul ne discute plus que « l'amiral des Mers Océanes » ait été à sa naissance sujet génois, certains font valoir que ça ne l'empêchait nullement d'être né à Calvi qui, vers 1450, faisait partie de la république de Gênes...

comprendre

De l'occupation romaine à la domination pisane – Fréquenté probablement dès le 5ᵉ s. avant J.-C. par les Phéniciens, les Grecs et les Étrusques, le golfe de Calvi est désigné par les Romains sous le nom de *Sinus Cæsiæ* ou *Sinus Casalus*.
La cité que fondèrent les Romains au 1ᵉʳ s. occupait la partie basse de la marine qu'abrite actuellement la tour du Sel. À la fin de l'Empire, c'était déjà une bourgade dotée d'une basilique paléochrétienne. Réduite à quelques maisons à la suite des invasions des Vandales, puis des Ostrogoths qui ravagèrent la Corse entre le 5ᵉ et le 10ᵉ s., elle se ranima sous l'hégémonie de Pise aux 11ᵉ, 12ᵉ et 13ᵉ s., mais demeura une simple marine.

Un bastion génois – Dans la seconde moitié du 13ᵉ s., une guerre entre seigneurs fut à l'origine de la fondation de la haute ville. Giovanninello, un seigneur du Nebbio s'allia à de puissantes familles du Cap Corse, favorables aux Génois et, en 1268, se retrancha sur le promontoire où s'élève aujourd'hui la citadelle.
Les Calvais se rebellèrent ensuite contre la tyrannie de leurs seigneurs et demandèrent en 1278 protection à la république de Gênes. Celle-ci, désireuse de s'assurer la fidélité de la population pour faciliter sa pénétration dans l'île, lui octroya alors les mêmes privilèges et exemptions qu'aux Bonifaciens. Calvi resta jusqu'au 18ᵉ s. un point d'appui de la puissance génoise en Méditerranée occidentale.

Cité de la fidélité – De 1553 à 1559, la domination de Gênes rencontra la résistance de **Sampiero** *(voir Bastelica)* appuyé par le corps expéditionnaire du maréchal de Thermes. À deux reprises, en 1553 et en 1555, Calvi leur opposa une résistance victorieuse : la devise de la ville *Civitas Calvi semper fidelis* (toujours fidèle), gravée au-dessus de la porte d'entrée de la citadelle, commémore

carnet pratique

Tête de pont des liaisons maritimes et aériennes avec les régions niçoise et marseillaise, la capitale de la Balagne est, en haute saison, une des stations corses présentant la plus forte densité de fréquentation passagère.

TRANSPORTS

Aéroport – En direction de L'Île-Rousse, puis à droite la D 81. 20260 Calvi, ☎ 04 95 65 88 88.
Seuls les taxis desservent l'aéroport, ☎ 04 95 65 03 10. Trajet aéroport-Calvi, environ 13€ (17€ la nuit, dim. et j. fériés).
Location de voiture – Plusieurs compagnies de location de véhicules sont représentées à l'aéroport. *Avis* - ☎ 04 95 65 88 38.
Gare ferroviaire – À côté de l'Office de tourisme, ☎ 04 95 65 00 61. Le « train des plages » fonctionne de déb. avr. à fin oct. 2 trains par jour pour Bastia ou Ajaccio.
Transports maritimes – *SNCM* - ☎ 04 95 65 01 38.
Port de plaisance – Capitainerie (située sous l'Office de tourisme), ☎ 04 95 65 10 60.

VISITE

Visite guidée de la ville – Visite audioguidée (1h3/4) organisée par l'Office de tourisme. Location d'un baladeur : 6€.

RESTAURATION

◔◔ **Aux Bons Amis** – *R. Clemenceau* - ☎ *04 95 65 05 01 - fermé 16 oct. au 31 mars, jeu. hors sais. et dim. midi en sais. - 17/54€.* Ici, on travaille en famille... Le père de la patronne fournit le poisson qui entre dans la composition des bouillabaisses, paellas et autres spécialités de la mer servies dans ce sympathique petit restaurant. Le décor, comme il se doit, rend hommage à l'univers de la pêche (filets, ustensiles, bibelots, etc.).
◔◔ **Calellu** – *Quai Landry* - ☎ *04 95 65 22 18 - fermé nov. à fév. et lun. hors sais. - 20€.* Une envie de poisson vous titille en longeant le port ? Installez-vous à la terrasse de ce petit restaurant tout simple, vous ne serez pas déçu : sa cuisine du jour, plutôt bien tournée, met à l'honneur les produits de la mer. Saveurs méditerranéennes et accueil sympathique.
◔◔ **Emile's** – *Quai Landry* - ☎ *04 95 65 09 60 - fermé nov. à janv. et mar. - 28/38€.* Pour déjeuner ou dîner sur le port, ne vous fiez pas à son entrée à peine visible ! C'est

au premier étage que ça se passe : terrasse panoramique abritée de grands parasols, belles tables soigneusement dressées et cuisine de la mer vous y attendent...

HÉBERGEMENT

◔ **Camping Paduella** – *2 km au SE de Calvi par N 197 puis rte de l'Île-Rousse -* ☎ *04 95 65 06 16 - ouv. 10 mai à oct. - ✉ - réserv. conseillée - 130 empl. : 20€.* Situé sur un agréable terrain très boisé de pins, eucalyptus et chênes, ce camping bénéficie d'emplacements vraiment bien ombragés.
◔ **Camping Le Panoramic** – *20260 Lumio - 12 km au NE de Calvi par N 197 (rte de l'Île-Rousse) puis D 71 (rte de Belgodère) -* ☎ *04 95 60 73 13 - ouv. juin au 15 sept. - ✉ - réserv. conseillée - 100 empl. : 18,70€ - restauration.* L'accueil est familal et chaleureux dans ce camping situé entre l'Île-Rousse et Calvi. Ici, c'est simple mais bien tenu. Belles terrasses ombragées. Piscine avec petite plage et sa buvette.
◔◔ **La Caravelle** – *À la plage - 0,5 km au S de Calvi par N 197 -* ☎ *04 95 65 95 50 - hotel-la-caravelle-calvi@wanadoo.fr - fermé 3 nov. au 9 avr. - 34 ch. : 78/94€ ⌷ - restaurant 21/31€.* En bordure d'une plage de sable fin, à l'entrée de la ville, un joli jardin vous accueille... et vous êtes déjà sous le charme. De votre chambre avec terrasse, admirez la vue panoramique sur la mer et la citadelle.
◔◔ **L'Onda** – *Av. Christophe-Colomb -* ☎ *04 95 65 35 00 - fermé 16 nov. au 31 mars -* 🅿 *- 24 ch. : 82/106€ - ⌷ 7€.* Petit immeuble des années 1980 situé entre la plage et la pinède plantée au 19ᵉ s. pour assurer la protection des dunes. Les chambres, avant tout pratiques, sont dotées d'une loggia ; les plus agréables offrent bien sûr la vue sur la mer.

SORTIES

Le Tire Bouchon – *R. Clemenceau -* ☎ *04 95 65 25 41 - de déb. avr. à fin mai et oct. : tlj sf mar. et mer. 11h30-14h30, 19h30-0h ; de déb. juin à fin août : tlj sf dim. midi 11h30-14h, 19h30-0h - fermé nov.-mars.* Les jeunes propriétaires de ce bar à vin n'espéraient pas un tel succès. Mais comment ne pas tomber sous le charme de ce petit bistrot et de sa terrasse dominant la rue piétonne? 35 vins de qualité et des produits frais à déguster avec délectation.
A Stalla – *11 r. Clemenceau -* ☎ *04 95 65 06 29 - 22h-2h - fermé oct.-juin.* Dans sa belle « étable » reconvertie en cabaret, Marise Nicolaï interprète tous les soirs des chants traditionnels et organise régulièrement des concerts avec les meilleurs chanteurs corses actuels.

SPORTS & LOISIRS

A Cavallu – *1d Valle al Legno R N 197 - En face de l'embranchement avec l'aéroport -* ☎ *04 95 65 22 22 - www.a-cavallu.com - 10h-12h, 14h-16h ; été : 8h-12h, 15h-20h.* Outre les randonnées dans la montagne et les baignades des chevaux montés à cru, ce centre propose de nombreuses activités pour les tout petits, comme la balade à poney dans le maquis ou la visite de la ferme pédagogique.

Marine de Calvi.

Calvi Nautique Club – *Base Nautique - Port de Plaisance -* ☎ *04 95 65 10 65 - www.calvinc.org - juil.-août : 9h-20h ; sept. : 9h-12h, 14h-18h ; oct.-mai : lun.-sam. 9h-12h, 14h-18h ; juin : 9h-12h, 14h-20h - fermé vac. scol. Noël.* Ce club très actif propose des locations de planches à voile, kayaks, fun boards, lasers et hobie cats, mais également de multiples stages et randonnées en mer dans une ambiance familiale et décontractée.

Croisières Colombo Line – *Quai Landry, port de plaisance -* ☎ *04 95 65 32 10 - www.colombo-line.fr - été : 8h-23h ; hors sais. : 9h-12h, 14h-17h - fermé dernière sem. de déc.-première sem. de janv.* Sur cet hydrojet rapide et très confortable qui vous conduira en une journée jusqu'à Ajaccio, vous explorerez des lieux inaccessibles par voies terrestres, de la réserve de Scandola aux nombreuses criques et îlots volcaniques qui bordent la côte.

Tra Mare et Monti – *Port de Plaisance -* ☎ *04 95 65 21 26 - 9h-20h.* Location de bateaux, promenades en voilier, locations de motos et scooters, randonnées en quads.

ACHATS

Marché – Tous les matins, marché de la Balagne sur la place du Marché couvert, et au port de plaisance en milieu de matinée, à l'arrivée des pêcheurs.

A Scola – *27 Haute Ville -* ☎ *04 95 65 07 09.* Juste en face de l'entrée de la cathédrale St-Jean-Baptiste, c'est à la fois un salon de thé (offrant aux gourmets une grande variété de cafés et de thés, ainsi que des tartes sucrées ou salées) et une boutique proposant des broderies et des vaisselles anciennes, de l'artisanat, du mobilier… La fenêtre surplombant la mer ne fait que donner un charme supplémentaire à ce lieu à la fois raffiné et chaleureux.

A Casetta – *16 r. Clemenceau -* ☎ *04 95 65 32 15 - juin-juil. : 9h-21h ; août : 9h-00h ; avr. -mai, sept.-oct., déc. : 9h-12h30, 15h-20h - fermé nov., janv. et fév.* En passant sous les jambons suspendus à la potence au-dessus de l'entrée de cette jolie boutique, vous trouverez une belle sélection de produits artisanaux : fromages, huiles, alcools, herbes du maquis…

L'ŒIL DE NELSON

C'est au cours de ce fameux siège que le futur **amiral Nelson**, blessé par une projection de pierrailles, perdit l'œil droit.

---

son fait d'armes de 1555. Cette fidélité de Calvi explique la résistance de la cité à **Paoli** le grand ennemi de Gênes, et l'accueil qu'elle réserva à ses opposants, en particulier à Napoléon Bonaparte en mai et juin 1793.

Lors de l'éphémère royaume anglo-corse *(voir Morosaglia)*, la ville fut assiégée du 16 juin au 5 août 1794, par 6 000 Anglais et paolistes. Défendue par le général de Casabianca, la citadelle repoussa leurs attaques incessantes. Du haut des collines de la Serra, les artilleurs anglais la canonnèrent sans discontinuer. Calvi, à bout de ressources, dut capituler. La citadelle, ayant reçu plus de 30 000 boulets, bombes et obus, fut réduite en un tas de gravats noircis. Les Anglais n'évacuèrent Calvi que le 24 octobre 1796.

La Semaine sainte – Elle donne lieu à de grandes cérémonies. Le Jeudi saint commence par une messe à l'église Ste-Marie. On y bénit et distribue les **canistrelli** (petits gâteaux en forme de couronne), juste avant le lavement des pieds. La messe est suivie de la procession de pénitence des deux confréries de la ville. Cette procession s'achève à l'oratoire St-Antoine où a lieu une seconde bénédiction de *canistrelli*.

Le vendredi, de 21h à 23h, une procession, la **Granitula**, décrit une spirale au départ de l'église St-Jean-Baptiste à travers les rues de la haute et de la basse ville, accompagnée de vieilles complaintes calvaises. Les membres

Protégée par ses remparts et ses bastions, la citadelle incarne presque six siècles de domination génoise. Chaque année, Calvi met le vent à l'honneur (Festiventu).

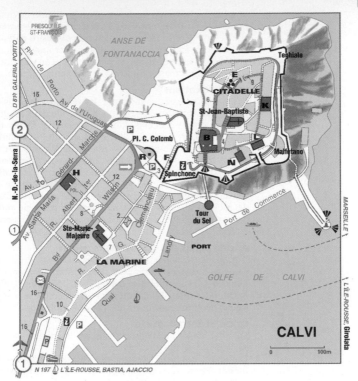

PRESQU' ÎLE
ST-FRANÇOIS

ANSE DE
FONTANACCIA

Teghiale

E

CITADELLE

6

St-Jean-Baptiste

K

B

Malfetano

Pl. C. Colomb

R

F

N

Spinchone

Tour
du Sel

PORT

LA MARINE

GOLFE   DE   CALVI

CALVI

0   100m

N 197 ⚓ L'ÎLE-ROUSSE, BASTIA, AJACCIO

des confréries de St-Antoine et de St-Érasme portent une
statue grandeur nature du Christ mort, suivie de celle de
la Vierge du rosaire, en pleurs et vêtue de noir. Y participent, pieds nus, en longue robe blanche, cagoule rabat-
tue sur le visage, des pénitents anonymes courbés sous
le poids de la croix.

se promener

LA CITADELLE★★

Visite : 2h. Sur son promontoire rocheux, la citadelle
représente six siècles de présence génoise. Elle dresse
les murailles ocre de son enceinte puissamment bastionnée au-dessus de la ville basse et du port. La vieille
ville se compose de ruelles étroites, en pente ou en escaliers et bordées de maisons progressivement restaurées.

Place Christophe-Colomb

Le sculpteur Emmanuel Frémiet, neveu et élève de
Rude, est l'auteur de la *Renommée* en bronze du monument aux morts de la Première Guerre mondiale.

Apposée sur la muraille, le long de la rampe d'accès, à
200 m environ de la porte, une stèle rappelle l'action du
1er bataillon de choc des Forces françaises libres pour la
libération de la Corse le 3 novembre 1943.

Pénétrer dans la citadelle, par son unique entrée jadis
gardée par un fossé à pont-levis avec une herse dont on
voit encore l'emplacement. Au-dessus de la porte d'entrée est gravée la célèbre devise de la cité.

INFORMATIONS

À l'entrée de la citadelle,
salles d'exposition (art
contemporain) et annexe
de l'Office de tourisme :
de mi-juin à mi-sept.
Fermé mar. et mer.
matin. Renseignements
sur la citadelle et visites
guidées, ☎ 04 95 65
36 74.

Monter par la rampe pavée et suivre le chemin de ronde qui fait le tour des remparts et réserve de belles **vues**★ sur le large. On se trouve au cœur du dispositif défensif de la baie de Calvi d'où l'on peut surveiller une très large portion de mer et toute la plaine, jusqu'aux derniers contreforts du massif du Cinto et du Monte Padro.

Les fortifications★

Édifiés sur des assises de granit, les remparts envahis de figuiers de Barbarie enserrent la haute ville dans un quadrilatère dont trois côtés donnent sur la mer. Ils ont été élevés par Gênes à la fin du 15e s. mais ont été modifiés lors des sièges. Trois bastions furent initialement édifiés sur les côtés Sud et Est. À l'angle Sud-Ouest, le **Spinchone** écrase de toute sa masse la marine et le port ; le **Malfetano** relie les côtés Sud et Est ; le **Teghiale** termine au Nord la défense Est. Le côté Ouest qui présentait un front de rochers abrupts s'est longtemps contenté de murs droits. Du bastion Ouest on découvre la ville basse, la presqu'île St-François, le golfe et la pointe de la Revellata.

Ancien palais des gouverneurs génois

Actuellement caserne Sampiero. Ne se visite pas. C'est une construction massive du 13e s. flanquée d'un donjon, édifiée par Giovanninello et agrandie en 1554 par l'Office de Saint-Georges. Elle comprend un ensemble de vastes salles, de citernes souterraines et des oubliettes.

Église St-Jean-Baptiste

Été : tlj ; hiver : possibilité de visite pdt les offices religieux. ☎ 04 95 65 00 72.
Dominant la place d'Armes, elle s'élève au sommet du rocher. Ramassé sous une grande coupole surmontée d'un lanternon, cet édifice présente une façade austère. Fondée au 13e s., gravement endommagée en 1567 à la suite de l'explosion du magasin de poudre de l'ancien château, l'église fut reconstruite en 1570 et érigée en cathédrale six ans après.
En forme de croix grecque, l'**intérieur**★ est éclairé par des petites fenêtres hautes et le lanternon. À droite de la nef en entrant, un beau bénitier en albâtre (1443) est orné de têtes d'anges. Dans le pan coupé gauche, derrière une grille, on remarque des **fonts baptismaux**★ de style Renaissance, décorés à la vasque de gracieuses têtes d'anges et au piédestal de sirènes, offerts en 1569 par le riche négociant calvais Vincentello.
Jadis, pour ne pas être mêlées au peuple, les femmes des notables assistaient aux offices dans les loges grillagées situées dans les pans coupés sous la coupole octogonale.
Adossée à un pilier de droite, une belle **chaire**★ en chêne sculpté présente un décor plein de grâce et de fantaisie : saint Jean-Baptiste orne le panneau central, tandis que les symboles des évangélistes décorent les angles. Une inscription peinte sur trois cartouches rappelle que la chaire a été offerte en 1757 par les Calvais.
Sur un autel latéral à droite du chœur, on remarque un **Christ en ébène**, du 15e s., vêtu d'un pagne d'argent. Selon la tradition, il fut promené dans la ville par les habitants durant le siège de 1553 par les Turcs. La levée inopinée du siège en a fait un objet de grande vénération ; on l'appelle désormais le **Christ des miracles**.
Le chœur s'orne d'un imposant **maître-autel** du 17e s. en mosaïque de marbres polychromes avec de fines appliques de bronze. Sous le triptyque, remarquer un amusant groupe en bois, œuvre populaire du 16e ou 17e s. Sa niche centrale abrite une statue en bois très vénérée : la **Vierge du rosaire** qui aurait été rapportée d'Espagne au 15e s.
Redescendre sur la place d'Armes (Piazza d'Arme) et prendre la ruelle qui s'ouvre à gauche face à la caserne Sampiero. À 200 m s'élève sur la droite l'oratoire de la confrérie St-Antoine.

> **PIÈCE MAÎTRESSE DE L'ÉGLISE**
> Dans l'abside se trouve un grand **triptyque**★ sur bois (1458), du peintre génois **Barbagelata**, élève de Giovanni Mazone. Cette très belle œuvre, à laquelle manque le panneau central, représente l'Annonciation entourée des saints patrons de la ville, ainsi que des scènes de la vie de la Vierge et de l'enfance du Christ.

Oratoire de la confrérie St-Antoine

9h-18h. Possibilité de visite guidée (1h1/2) sur demande préalable à l'Office de tourisme.

C'est un édifice de la fin du 15e s. dont le linteau de la porte d'entrée, sculpté dans l'ardoise noire, représente saint Antoine abbé et son petit cochon entre saint Jean-Baptiste et saint François. Il continue d'abriter les exercices de piété de la confrérie St-Antoine (croix, lanternes, chasubles).

L'intérieur présente une grande nef centrale avec deux colonnades délimitant deux petites nefs latérales. Au fond, les fenêtres donnent sur la baie de Calvi. Sur le mur gauche, deux fresques représentent la Crucifixion : la plus ancienne, de la fin du 15e s., est très effacée, l'autre, du 16e s., bien conservée, figure le Christ entre saint Antoine abbé, la Vierge, saint Sébastien et saint Roch.

Poursuivre le long de la rue.

Palais des évêques de Sagonne

Ne se visite pas. Cette construction haute et massive, datant du 15e s., servait jadis de résidence d'été aux évêques de Sagone *(voir golfe de Sagone)*. Sur la porte, côté rue, une inscription délavée, à la peinture, rappelle le mythique Tao qui occupa les lieux.

Prendre la ruelle qui fait face au palais, et la suivre jusqu'à Carrughju Agnese.

Jacques Higelin, fidèle séjournant calvais. Ici, au moment du Calvi Jazz Festival.

LA LÉGENDE DU TAO :
DU PRINCE CAUCASIEN À JACQUES HIGELIN

En 1918, en quittant son Caucase natal pour Constantinople, puis New York, le prince Tau Kanbey de Kerekoff entamait une carrière d'artiste digne des fastes légendaires de la Russie impériale.

Ce danseur de ballet émérite, accompagné du prince Yousoupoff et de la célèbre ballerine Pavlova, tomba amoureux de Calvi lors d'un passage dans la ville en 1924. Ayant acquis le fameux palais des évêques, il en fit un lieu de fête pour la bonne société qui se rendait en yacht à Calvi. Le « Tao », haut lieu des nuits calvaises, était né.

Des terrasses surplombant la magnifique baie, les héritiers de Tau perpétuent l'amour slave de la fête et de la musique. Le chanteur Jacques Higelin, fidèle séjournant calvais, en a fait le thème d'une de ses compositions, *La Ballade du Tao*.

Maison Giubega

En contrebas du chevet de l'église St-Jean-Baptiste, une plaque apposée sur la maison rappelle le séjour qu'y fit, en mai-juin 1793, Napoléon. Fuyant les anglo-paolistes qui l'avaient contraint à abandonner Ajaccio, il vint s'abriter ici, en compagnie de sa famille, auprès de son parrain, Laurent Giubega.

Par la rue du Fil au bout de la rue Giubega à gauche (les inconditionnels de la geste colombine pourront méditer devant quelques ruines censées être celles de la maison natale du découvreur des Amériques), puis la rue Columbo à gauche, regagner la place Christophe-Colomb et descendre vers le port.

Promenade le long des quais où l'on prend plaisir à observer le va-et-vient des yachts et des bateaux de pêche.

D'architecture baroque, l'église Ste-Marie-Majeure est surmontée d'une haute coupole à lanternon. Le clocher a été ajouté au 19ᵉ s.

LA MARINE★

Avec ses cafés et ses restaurants, ses quais plantés de palmiers, ses yachts et ses barques de pêche, la ville basse offre un contraste saisissant avec les vieilles rues silencieuses de la citadelle. La rue Clemenceau est l'artère principale ; pavée de grosses pierres, elle est bordée de boutiques et de maisons aux couleurs pastel.

Le port

Bien protégé des vents d'Ouest par la citadelle, offrant un mouillage sûr et facilement accessible, c'est le port de plaisance le plus recherché de Corse. C'est aussi un port de pêche et de commerce qui accueille des bateaux de gros tonnage et exporte les produits de la Balagne.

Tour du Sel

Cette tour ronde, rattachée aux murailles de la citadelle par un arceau, était probablement, à l'origine, un embryon de fortification et un poste de guet ; elle servit aussi de dépôt pour le sel apporté par bateaux.

Église Ste-Marie-Majeure

9h-12h, 14h30-19h30.
Elle s'élève sur une petite place et présente une façade ocre et rose vif. Elle remplaça une église paléochrétienne du 4ᵉ s., détruite par les barbares au 5ᵉ s., reconstruite au 13ᵉ s. et à nouveau détruite au 16ᵉ s. par les Sarrasins. Un beau buffet d'orgue de facture italienne (18ᵉ s.) donne lieu en saison à des récitals par des organistes de renom. Dans le chœur, remarquer deux intéressantes peintures : **N.-D. de l'Assomption** (16ᵉ s.) et l'**Annonciation de la Vierge** (18ᵉ s.), œuvre florentine, legs de la collection Fesch. Dans la chapelle à gauche du chœur, une **peinture sur cuir** de Cordoue (15ᵉ s.) représente N.-D.-de-la-Serra et provient du sanctuaire du même nom.

Hôtel de ville

Tlj sf w.-end 8h30-12h, 14h-18h. Fermé j. fériés. Entrée libre.
On y accède depuis la rue Albert-Iᵉʳ par un joli jardin en escalier, orné de palmiers, de mimosas et de lauriers-roses. Au 1ᵉʳ étage dans la salle des Fêtes, sont exposées quelques toiles provenant de la collection du cardinal Fesch, données à la ville en 1842 par le comte de Survilliers.

Vue sur la citadelle★

En montant l'avenue Gérard-Marche, on parvient à la caserne et au cimetière qui dominent la mer. De là, vue sur la citadelle d'où émerge le dôme de l'église St-Jean-Baptiste, sur la ville basse, la baie et la plage.

La pinède

Elle s'étend sur près de 4 km, depuis la marine jusqu'à l'embouchure de la Figarella. Créée à la fin du 19ᵉ s. pour assurer le maintien des dunes et l'assainissement des marais, elle compte essentiellement des pins maritimes, mais aussi des mûriers et des eucalyptus. La voie ferrée Calvi-Ponte-Leccia la longe sur sa totalité et constitue le meilleur moyen d'accéder aux plages.

La plage

Séparée de la pinède par la voie ferrée, elle offre de belles vues sur la ville et la citadelle. Pour se baigner, privilégier la partie plus proche de la ville, mieux équipée et légèrement plus profonde.

alentours

Scandola et Girolata★★★

Accessible en bateau depuis Calvi. *Voir ces noms.*

Notre-Dame-de-la-Serra★

6 km à l'Ouest par la D 81ᴮ direction Galéria par la côte – 1/2h. À la sortie de Calvi, sur la droite, une plate-forme, marquée d'une croix, offre une vue d'ensemble sur la citadelle, le golfe de Calvi et la pointe de la Revellata.

À 4 km, prendre à gauche la petite route qui monte à travers le maquis dans un environnement assez dégradé. Elle procure de beaux **coups d'œil**★ sur la presqu'île de la Revellata, puis passe à droite d'un chaos de rochers granitiques, érodés et creusés de *taffoni (voir les Calanche de Piana)*.

Entourée d'un mur d'enceinte, la chapelle surgit du maquis. Un large escalier mène à la terrasse qui domine la baie de Calvi, offrant une **vue**★★★ admirable sur le rivage, les montagnes et la citadelle. La chapelle a été édifiée au 19ᵉ s. sur les ruines d'un sanctuaire du 15ᵉ s. détruit au cours du siège de Calvi en 1794. Du haut de son rocher, la **statue de Notre-Dame-de-la-Serra** regarde la baie.

Plusieurs sentiers permettent d'agréables promenades alentour.

Domaine de la punta de Revellata
6 km. Sortir de Calvi par la route de Porto, puis juste après l'embranchement de la route de N.-D.-de-la-Serra, laisser la voiture sur le parking à droite. Se conformer à la réglementation affichée. 2 km à pied. Pour les inscriptions aux stages de plongée du centre océanographique « Stareso » de La Revellata, se renseigner au ☎ 04 95 65 06 18.
De la route une piste se détache et serpente en contrebas vers le rivage de la presqu'île de la Revellata. Tout au long de la descente des **vues**★ splendides se révèlent sur les anfractuosités de la côte. L'extrémité du promontoire *(propriété privée)* est occupée par le laboratoire de biologie marine d'une université belge. En saison, des stages de plongée sont organisés *(voir carnet pratique)*.

randonnée

Capu di a Veta
🚶 *2h1/2 aller depuis N.-D.-de-la-Serra.*
Laisser la voiture sur le terre-plein devant la chapelle et prendre le sentier bien tracé plein Sud, balisé blanc et rouge. La montée raide s'effectue à vue au travers du maquis jusqu'à la croix qui se dresse à proximité du sommet du Capu di a Veta (alt. 703 m). Du sommet, superbe **vue**★★ sur l'ensemble du golfe de Calvi, avec l'avancée de la presqu'île de la Revellata, et à droite les contreforts de la Balagne ponctuée de villages.

circuits

Cirque de Bonifato★ *(voir ce nom)*

Bassin de la Figarella et collines de Montegrosso★★
Circuit de 48 km – environ une demi-journée. Voir La Balagne.

La Canonica★

Dans la plaine bastiaise qui s'étend au Sud de l'étang de Biguglia, à environ 3 km en amont de l'embouchure du Golo, l'église-cathédrale de Mariana dresse son élégante silhouette quasiment en plein champ. Cette église romane, appelée localement la Canonica, séduit par la pureté de ses volumes et par l'harmonie de ses polychromies naturelles.

La situation
Carte Michelin Local 345 F4 - Haute-Corse (2B). De Bastia, prendre la N 193 vers le Sud (17 km) ; au niveau de l'aéroport, prendre à gauche la D 107 *(voir également le circuit Étang de Biguglia à Bastia)*. Le site est occupé par les ruines paléochrétiennes de la ville de Mariana et par l'église de la Canonica.

Le nom

La Canonica vient de *canonicus* signifiant « chanoine ». En effet, les fouilles entreprises autour de la cathédrale ont permis de repérer l'emplacement d'une résidence médiévale qui abritait l'évêque et des chanoines.

Les gens

En 93 avant J.-C., **Marius** (157-86 avant J.-C.), consul romain, fonda et donna son nom à la colonie de Mariana, composée de vétérans issus de ses campagnes contre les pirates. L'empereur **Auguste** (27 avant J.-C.-14 après J.-C.) y créa un port et Mariana devint alors une tête de pont importante de l'expansion romaine dans le Nord de l'île.

visiter

Champ de fouilles de Mariana

Contacter la mairie de Lucciana pour les horaires et les clefs. Gratuit. ☎ *04 95 30 14 30.*

Les fouilles du site paléochrétien de Mariana, au Sud de la cathédrale romane, sont les plus complètes qui aient été réalisées jusqu'ici en Corse.

Ces fouilles récentes, ont mis au jour les bases d'une **basilique** paléochrétienne du 4ᵉ s. à trois nefs, à une vingtaine de mètres seulement de l'église de la Canonica ; à proximité se trouve un **baptistère**, également du 4ᵉ s. Le décor de **mosaïques** et de colonnes de granit laisse deviner la splendeur originelle des lieux.

Le site paraît avoir été abandonné après le 8ᵉ s., jusqu'à ce que la sécurité nouvelle de la côte, assurée par les Pisans à la fin du 11ᵉ s., permette de construire la cathédrale romane qui demeure aujourd'hui.

Cathédrale romane★

Intérieur en cours de restauration. Juil.-sept. ☎ *04 95 30 14 30.*

◄ L'édifice actuel fut solennellement consacré en 1119, sous le vocable de Santa Maria Assunta, par l'archevêque de Pise, légat pontifical. Cette église, de dimensions relativement modestes avec ses 33 m d'Est en Ouest, est de plan basilical, avec une nef centrale plus large et plus haute que les nefs latérales et une parfaite abside semi-circulaire couverte d'une voûte en cul-de-four.

Les dalles sont disposées en placage de part et d'autre d'un noyau de maçonnerie fait de galets pris dans un mortier de chaux. La porte de la façade occidentale est ◄ pourvue d'un décor d'entrelacs pour le linteau monolithe et pour l'archivolte coiffant le tympan nu ; celle-ci est surmontée de six claveaux sculptés d'animaux.

Église San Parteo

À 300 m à l'Ouest de la cathédrale de la Canonica, par la D 107, puis prendre le chemin de terre à gauche. Fermé.

Les champs qui entourent aujourd'hui l'église San Parteo recouvrent un cimetière, païen à l'origine, puis

---

DE VIOLENTES INCURSIONS

L'étude des couches archéologiques a mis en évidence plusieurs incursions barbares, et au moins une destruction violente du sanctuaire (due aux Lombards, au 6ᵉ s., sans doute), puis une reconstruction au 7ᵉ s.

UNE EXTRÊME PURETÉ

Remarquer la netteté et la pureté des volumes et des élévations. La beauté de l'édifice vient aussi de la subtile polychromie de la pierre, allant du gris-jaune au vert pâle, en passant par les nuances bleu et orange. Il s'agit d'un **calschiste**, sorte de marbre, provenant des carrières de Sisco et Brando, dans le Cap Corse.

Sur les claveaux, on distingue vraisemblablement *(de gauche à droite)* un lion, deux griffons ailés affrontés, un agneau portant la croix (symbole de la victoire sur le Mal), un loup, un cerf poursuivi par un chien.

L'église-cathédrale de Mariana, dite la Canonica, représente un des chefs-d'œuvre du début de l'art roman pisan.

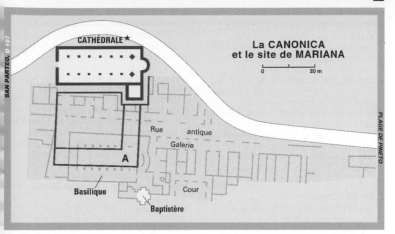

La CANONICA
et le site de MARIANA

CATHÉDRALE ★

0   20 m

Rue   antique

Galerie

A

Basilique   Cour

Baptistère

paléochrétien et médiéval. On a dégagé, lors de fouilles aujourd'hui comblées, les fondations d'une chapelle paléochrétienne qui avait dû être élevée au 5ᵉ s. et contenait le tombeau de saint Parteo.

L'église actuelle de San Parteo, d'inspiration toscane, a été réalisée en deux campagnes : l'abside au 11ᵉ s., la nef au début du 12ᵉ s. Cette église non voûtée, comme la Canonica, était à l'origine recouverte de *teghie* posées sur une simple charpente. Le linteau en bâtière de la porte latérale Sud est sculpté de deux lions plus décoratifs que farouches, couchés à l'ombre d'un palmier.

Cap Corse★★★

Capu Corsu

Le Cap Corse est la longue échine montagneuse qui prolonge, sur près de 40 km, la dorsale de la Corse schisteuse. Une route admirablement tracée entre la mer et la montagne permet de découvrir successivement les plages de sable ou de galets, les villages escarpés avec leurs anciennes cultures en terrasses, et les petites marines blotties dans les échancrures de la côte. Le versant Ouest, plus abrupt que la côte tyrrhénienne, est resté plus sauvage. Le cap offre à l'amateur de chasse ou de plongée sous-marine des fonds rocheux et des eaux claires très poissonneuses.

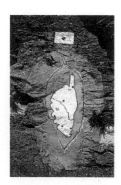

La situation

Carte Michelin Local 345 F2/3 – Haute-Corse (2B). La presqu'île du Cap Corse s'ordonne de part et d'autre d'une arête centrale de plus de 1 000 m d'altitude, qui culmine à 1 307 m au Monte Stello. Cette chaîne montagneuse s'abaisse au Sud vers le col de Teghime (536 m) ouvert entre Bastia et St-Florent, et au Nord vers un littoral de plages de sable, veillé par l'îlot de la Giraglia, ultime vigie de la Corse. 🚹 *Maison du Cap Corse, Toga, 20200 Ville di Pietrabugno, ☎ 04 95 31 02 32. www.destination-cap-corse.com*

Les gens

La position du Cap Corse, amena ses habitants à vivre davantage en relation avec la mer et à s'ouvrir aux contrées proches. Ils furent de tout temps de solides marins et des négociants avisés. Aux 17ᵉ et 18ᵉ s., tandis que la plus grande partie de l'île vivait en autarcie, les Cap-Corsins participaient pleinement au trafic maritime en Méditerranée.

carnet pratique

VISITE

Association Contact – Organise des visites accompagnées dans les villages du Cap-Corse, ☎ 06 86 78 02 38.

L'Amichi di U Rughjone – ☎ 04 95 35 01 43. Découvertes du patrimoine sur des circuits de randonnées thématiques.

Distributeurs de billets – On en trouve aux bureaux de poste de Erbalunga, de Macinaggio, de St-Florent (également sur la place) et de Ville di Pietrabugno.

Stations service – À Lavasina, Marina di Luri (Santa Severa) et Morsiglia : w.-end et j. fériés ; à Pino : dim. matin.

RESTAURATION

☺ **Les Chasseurs** – *20233 Marine-de-Pietracorbara* - ☎ *04 95 35 21 54* - *hotel-les-chasseurs@yahoo.fr* - *fermé déc. à fév. et lun. midi sf juil.-août* - *11/23€*. À deux pas de la plage, ambiance décontractée et déjeuner sous la tonnelle pour ce restaurant familial. Après les plaisirs de la table, autour de spécialités locales, poissons et fruits de mer, laissez-vous tenter par une partie de pétanque... Neuf chambres simples et calmes.

☺ **U Capezzu** – *Santa Severa - Marine de Luri, au port - 20228 Luri* - ☎ *04 95 35 03 23* - *hotel.lamarine@wanadoo.fr* - *fermé fin oct. au 1er avr.* - *13/20€*. Ce restaurant sans prétention et sa terrasse occupent une place de choix sur le port. À l'intérieur, décor simple avec mobilier en bois et carreaux rouges au sol. Spécialités du terroir et arrivages journaliers de poissons.

☺ **A Casaïola** – *Marine de Sisco - 20233 Sisco* - ☎ *04 95 35 21 50* - *fermé oct. à avr.* - *14/19€*. Cuisine traditionnelle au feu de bois, poisson du jour et spécialités de la mer, à déguster dans une coquette salle à manger ou sur la terrasse ombragée, les pieds dans l'eau, face aux îles d'Elbe et de Capraia. Que demander de plus ?

☺☺ **A Luna** – *20228 Santa-Severa* - ☎ *04 95 35 03 17* - *fermé oct. à avr. et lun. en mai, juin et sept.* - *17/25€*. Vous apprécierez l'ambiance décontractée de ce modeste bar-restaurant situé sur la marine de Luri-Santa-Severa. Intérieur refait, agréable terrasse semi-couverte, carte simple faisant la part belle aux produits de la mer et petits prix - au déjeuner comme au dîner - ajoutent au plaisir de fréquenter l'adresse.

☺☺ **Ostéria di u Portu** – *20248 Maccinaggio* - ☎ *04 95 35 40 49* - *fermé oct. à mars sf le w.-end* - ⊡ *- 14€ déj. - 20/29€*. Un lieu fort agréable que ce restaurant joliment décoré d'objets de la ferme et de photographies de chasseurs corses, dont sa terrasse située face au port. Dans l'assiette, plats traditionnels et un menu de la mer.

☺☺ **U Scogliu** – *Marine de Canelle - 20217 Canari - 4 km au S de Canari par D 33* - ☎ *04 95 37 80 06* - *fermé déb. oct. à Pâques - réserv. conseillée - 22/42€*. Ce « rocher sur les flots » (scogliu), protégé par Neptune, est le temple d'une cuisine réputée. On y vient, de terre comme de mer, sacrifier au culte du loup ou de la dorade en croûte de sel, des seiches farcies aux fruits de mer et de la fameuse langouste grillée... Quel régal !

HÉBERGEMENT

☺ **Chambre d'hôte Li Fundali** – *Spergane - 20228 Luri* - ☎ *04 95 35 06 15* - *fermé nov. à mars* - ⊡ *- 5 ch. : 33/45€ - repas 12,50€*. Vous aimerez le calme de cette charmante maison au fond (fundali) de la vallée luxuriante de Luri. Après une balade dans les environs, vous retrouverez avec plaisir votre chambrette confortable, une cuisine familiale et la convivialité de la table d'hôte. Deux gîtes.

ACHATS

Domaine Pieretti – *Santa-Severa - Croisement de la D 80 et de la D 180. - 20228 Luri* - ☎ *04 95 35 01 03* - *juin-sept. : 10h-13h, 16h-21h ; hors saison : sur demande préalable*. Les vignes de ce domaine familial s'étendent sur 9 ha à quelques kilomètres de la mer. Vous y dégusterez de délicieux crus comme le fameux muscat du Cap ou le coteaux du Cap Corse.

comprendre

Deux versants dissemblables – Le Cap ne présente pas la même physionomie à l'Ouest et à l'Est. La côte occidentale, très découpée, est dominée par la haute chaîne dorsale dont les pentes plongent brutalement dans la mer. Elle offre des sites impressionnants et des villages hardiment perchés. La côte orientale est moins élevée, plus rectiligne, régularisée par les alluvions arrachées à la montagne par les torrents.

Les cultures et les vents – Le Cap Corse est une zone particulièrement sensible aux vents. La côte tyrrhénienne est soumise l'hiver à l'influence des vents du Sud-Est et du Nord-Est, le *sciroccu* (sirocco), chaud, et le *gregale*, sec et froid. Les vallées sont favorables aux cultures et aux prairies. Le versant occidental, consacré au 17e s. à la monoculture de la vigne, n'offre aujourd'hui que quelques îlots de cultures en terrasses où s'épanouissent vignes et vergers. Il faut les protéger des vents du Sud-Ouest, le *libecciu*, et du Nord, la *tramuntana* (tramontane). Nombre de moulins à vent en ont profité par le passé en se juchant au sommet de collines à la pointe du Cap Corse. Aujourd'hui, des éoliennes ont pris le relais.

Un territoire découpé – Les ramifications vers l'Ouest et vers l'Est de l'arête centrale isolent de courtes vallées creusées par les torrents côtiers et séparent les territoires des communes. Ceux-ci s'étendent de la montagne à la mer, occupant chacun un petit bassin fluvial. Chaque commune, dont le nom ne correspond généralement à aucun des hameaux dispersés sur les hauteurs qui la composent, possède sa « marine ».

Rivalité entre Pise et Gênes – Le Cap connut dès le 9e s. l'influence de Pise qui en confia la seigneurie aux marquis toscans de Massa. Les nombreux édifices romans semés sur les versants du Cap sont les témoins architecturaux d'une présence qui ne fut pas seulement militaire. Très naturellement, des contacts commerciaux s'établirent entre les marines du Cap Corse et Pise, qui monopolisa le négoce des produits agricoles de Balagne et du Cap. Le vin cap-corsin, très prisé des Toscans, constituait la principale exportation de la péninsule ; les barques pisanes s'approvisionnaient à Cardo (Bastia) et Erbalunga.

Au 12e s., les relations commerciales firent l'objet d'une lutte acharnée entre Gênes et Pise, puissances rivales vivant toutes deux du négoce.

La mouvance génoise – Des rapports privilégiés s'établirent entre le Cap Corse et la Superbe, située à 150 km de l'extrémité du cap. Le Génois Ido est à l'origine des grandes familles cap-corsines : Peverelli, Turca et Avogari. Lorsque les Peverelli, chassés par les Avogari, se réfugièrent à Gênes, ils vendirent leur fief, en 1198, à un amiral génois, Ansaldo da Mare.

Ces familles, auxquelles s'ajoutèrent les Gentile de Brando et de Nonza, maintinrent l'alliance génoise. Sous cette protection, les habitants du Cap Corse se livraient sans risque à une activité commerciale très développée. Le Cap abrita même des chantiers de construction navale où les artisans locaux édifiaient des bâtiments de commerce génois.

La lutte contre les Barbaresques – Sa configuration géographique et sa prospérité exposaient le Cap Corse aux incursions barbaresques, d'autant plus qu'au milieu du 16e s., la puissance de Gênes était sur son déclin même si son activité commerciale subsistait. De la fin du 16e s. au milieu du 17e s., cette étroite bande de terre fut donc leur cible de choix.

Une région en marge – Lié à Gênes par tant d'intérêts économiques, le Cap Corse fut longtemps un foyer de résistance à la révolution corse du 18e s. **Paoli** se heurta, dans ses efforts pour armer une flotte nationale, au manque de motivation des marins cap-corsins, guère tentés d'abandonner les profits du commerce pour les risques de la course contre Gênes. Il fit construire et arma cependant une douzaine de navires corsaires qui ébranlèrent la puissance génoise *(voir Macinaggio)*.

Index pointé vers la côte italienne, le Cap Corse est un splendide promontoire montagneux qui plonge à pic dans la mer.

LES VINS
Le Cap Corse a une grande tradition vinicole. La production est très variée : vins blancs moelleux de muscat et malvoisie à Macinaggio et Tomino (clos Nicrosi) ; vins rouges, blancs et rosés fruités à Patrimonio.

La tour de Losse, sur la côte orientale, est l'une des 32 tours de guet rondes élevées par les Cap-Corsins pour se protéger.

TOURS GÉNOISES

Construites à l'instigation de la puissance tutélaire, Gênes, les tours assuraient essentiellement une fonction d'observation et d'alerte de la population pour lui permettre de se réfugier dans des zones sûres de l'arrière-pays. Jusqu'au 18e s., des règles très strictes, établies par les Génois, régissaient la garde des tours de guet ourlant le littoral corse. Voici quelques extraits des obligations des veilleurs, les *torregiani* :
– Monter chaque soir après le coucher de soleil pour vérifier l'absence d'approche barbaresque, et ensuite selon le cas communiquer avec les tours avoisinantes par les feux conventionnels.
– Interdiction de s'absenter plus de deux jours, et pour un guetteur à la fois. Défense est faite aux gardiens de payer des remplaçants.
– Obligation de renseigner tous les navigateurs qui interrogent les guetteurs sur l'état de sécurité de la route empruntée.
Des fonctions de préleveurs de taxes sur les bateaux de passage étaient également échues aux guetteurs.
Actuellement, il subsiste une soixantaine de tours en Corse ; elles font l'objet de programmes de restauration.

Un renouveau des activités – Au début du 19e s., le Cap, durement frappé dans ses activités maritimes, se reconvertit de façon particulièrement dynamique et courageuse dans l'agriculture. Les Cap-Corsins aménagèrent en terrasses maintes pentes abruptes de la péninsule. L'entreprise fut couronnée de succès et le Cap s'affirma comme une région agricole pendant plus de cinquante ans. Tout le paysage demeure façonné par ce travail de fourmis.

Un pays de navigateurs et d'immigrants – Les Cap-Corsins furent à l'origine des premiers comptoirs français créés au 19e s. en Afrique du Nord et un grand nombre d'entre eux émigrèrent dès le milieu du 18e s. aux États-Unis, en Amérique du Sud et aux Antilles. L'émigration cap-corsine vers l'Amérique du Sud très importante jusqu'au début du 20e s. a influencé l'architecture de la région. Les immigrés ayant fait fortune notamment à Porto Rico et au Venezuela (un président vénézuélien était d'ailleurs d'origine corse) firent bâtir dans leur village d'origine de somptueuses demeures à l'allure de palazzi Renaissance italienne ou de style colonial sud-américain.

Dialecte – Les contacts fréquents avec la Toscane, en particulier avec Pise et Livourne, ont fortement influencé la langue et le tempérament des Cap-Corsins. Ceux-ci parlent, en effet, un dialecte italien riche en particularismes toscans. Aussi le philologue François-Dominique Falcucci (1835-1902), de Rogliano, auteur du « Vocabolario dei dialetti corsi », a-t-il pu dire que le dialecte cap-corsin était « le plus pur des idiomes italiens ».

Aujourd'hui – L'hémorragie démographique amorcée à la fin du 19e s. (due à l'émigration) a freiné l'activité de la péninsule, qui conserve cependant sa réputation de terre viticole de qualité. Le tourisme est devenu l'activité principale.

À VOIR

À la sortie d'un hameau ou au détour d'un vallon, le visiteur peut apercevoir ces **demeures d'Américains**, témoignages de la réussite des immigrés. La plupart restent des propriétés privées. Les plus remarquables se situent à Sisco (**villa St-Pierre**), Cannelle (**palais Marcantoni**), Metino (**château Piccioni**), Morsiglia (hameau de Pecorile, **palais Ghjelfucci**) et également à Rogliano.

CONSEILS

Consacrer 2 jours minimum à la découverte du Cap en faisant étape à Macinaggio, Centuri ou Nonza. Prévoir 1 jour supplémentaire pour l'ascension du Monte Stello. La route, en corniche et assez étroite sur la côte Ouest, requiert une conduite très attentive et une allure modérée. À noter que le Sud du Cap a été durement touché par les incendies en 2003, notamment autour de San-Martino-di-Lota, Brando et même jusqu'au Nord de Sisco.

circuit

TOUR DU CAP CORSE★★

Circuit au départ de Bastia (voir ce nom) – 179 km – 2 jours. Quitter Bastia par le Nord.

Après avoir longé la plage de Toga, la route en corniche suit le littoral.

Miomo *(voir les alentours de Bastia)*

Lavasina

Ce hameau, agréablement situé en bordure d'une plage de galets, est célèbre par son sanctuaire (église N.-D.-des-Grâces) : la tradition locale veut que le tableau représentant la Vierge et l'Enfant (16e s.) soit miraculeux. De nombreux pèlerinages s'échelonnent durant tout le mois de septembre et en particulier le 8 : la veille, une

Île de la Giraglia

0   4 km

Barcaggio 🔱   Tour d'Agnello
Tollare   Sentier des
                                        douaniers ★

Capo Bianco   Belvédère   Sta-Maria
                 du Moulin Mattei
                                        Îles Finocchiarola
Baie de Centuri   Ersa   (réserve naturelle)
                 ( )   Col de Serra   Capandula
    ★ Cannelle   Baie de Tamarone
 ★★ Centuri   Mte di 'u Poggio Rogliano ★   Macinaggio 🔱
Crique de Mute   447   D   Bettolacce
                 Camera   D 53
l'Annonciation Général Cipriani   Tomino
                                              D 353
    Morsiglia
                         D 35   Marine de Meria
                              Meria

Golfe d'Aliso

Ancⁿ couvent   381
St-François   Col de Ste-Lucie
                 D
                 180
       Pino ★   D 180
                 Tour de   Luri
416   Sénèque   Sta-Severa
  △ Mte Minervio ( )   Luri
D 80
                                        Porticciolo
    D 33
                                        Losse
Marine de Giottani
                 1139 △
                 Mte Alticcione

Marinca   Marine de
       ✶ Canari   Pietracorbara
Pta di   Cima di o Folicce
Canelle   1322 △   ★ St-Michel
                              Sisco   Ste-Catherine
                         St-Martin
                 D 253   D 32
Rocher d'Albo   Guado Grde ✝ Olcani   Marine de Sisco
Marine d'Albo
        D 80
                        ★★ MONTE STELLO
                         1307
                              Castello
                                        Erbalunga ★
       Nonza ★   Sta-Maria Assunta
                 Olmeta-di-   Pozzo
                 Capocorso   Lavasina
          D 443
                 Mte Pruno
                 1238 △
                              D 31
                                        Miomo
                 San-Martino-
                 di-Lota
                                        Pietranera
                                        Toga
                 D 80
                      ★★ Ste-Lucie
  ★ Golfe de   Flume Albine
San Bernardino   Col de   ★★★ SERRA DI PIGNO
                 76   960   BASTIA ★★
St- Florent
                 D 338   D 81
                 Patrimonio
                                        Monserrato

       St-Florent ★
                      536 Col de Teghime ★★
                 D 58

CALVI   PORTO-VECCHIO

211

procession aux flambeaux parcourt la plage. Une foule considérable, venue de toute l'île, participe à cette veillée qui s'achève par une messe de minuit.

Monte Stello★★

À l'entrée Sud de Lavasina, quitter la D 80 et emprunter la D 54 sur 5,5 km jusqu'à Pozzo.

La route s'élève sur un vaste versant dominant la mer, où sont établis les villages de Poretto et Pozzo. Le campanile du couvent des capucins se dresse au sommet de la pente parmi les pins centenaires. Au couvent, prendre à gauche la route en montée vers le centre du village jusqu'à la piazza Santa Catalina *(laisser la voiture sur le parking en terre battue à droite)*.

Randonnée au sommet★★★

⚐ *6h AR depuis le centre du village, non compris les haltes (1 000 m de dénivelé).*

L'itinéraire emprunte les ruelles indiquées par un balisage orange intermittent, puis utilise un sentier bien tracé qui s'élève rapidement au-dessus du village. Lorsque la pente s'adoucit, le chemin longe les gorges du torrent Arega, puis grimpe jusqu'aux **bergeries de Prunelli** (abri aménagé et source). Le sentier s'achemine ensuite vers une brèche (Bocca di Sta Maria) et aborde le versant Ouest du massif. On aperçoit alors la pyramide du Monte Stello dont on gagne l'arête faîtière par le Nord. Après avoir contourné par l'Ouest la pyramide sommitale, on débouche au sommet (1 307 m). Par temps très clair, le **panorama**★★★ est saisissant. La vue embrasse l'ensemble du Cap, à sa base le golfe de St-Florent et l'arrière-pays ondulé des Agriates, la Balagne et les contreforts étagés des massifs centraux. À l'Est, l'archipel toscan ponctue l'horizon.

Castello *(voir Erbalunga)*

Erbalunga★ *(voir ce nom)*

Au Nord d'Erbalunga, le paysage devient plus sauvage et les pentes se couvrent de maquis. La route est taillée en corniche ou court au niveau du rivage, longeant de jolies anses où se développent de petites marines.

À 5,5 km au Nord d'Erbalunga, prendre à gauche la D 32.

Sisco (Siscu)

La commune comprend une modeste marine en bordure de la route côtière, et plusieurs hameaux d'altitude disséminés de part et d'autre d'une vallée très verdoyante. Les versants en pente douce portent encore de nombreuses terrasses abandonnées aux herbages et aux asphodèles printaniers, qui contrastent avec le maquis des hauteurs.

Au Moyen Âge, Sisco fut une des rares localités de Corse à posséder des ateliers de métallurgie. Des forgerons, armuriers et orfèvres fabriquaient des armes blanches, des cuirasses et des bijoux.

Chapelle St-Martin – *À 7 km de la marine de Sisco par la D 32.* Elle est aisément identifiable au clocher accolé à son flanc Sud et à la place ombragée de six gros chênes verts. De là, on peut apercevoir la chapelle St-Michel située au Nord-Ouest, à 900 m à vol d'oiseau, sur la pente assez raide du maquis.

Chapelle St-Michel (San Michele de Siscu)★ – ⚐ *1h AR depuis l'église St-Martin. S'engager sur l'étroite route goudronnée qui part à droite derrière l'église St-Martin, en laissant sur la gauche la route de Barrigione et Bussette. 700 m plus loin, prendre à gauche un chemin empierré. Le suivre sur 600 m environ en comptant deux épingles à cheveux à gauche et une à droite. Lorsqu'on arrive sur une petite place où le chemin fait une fourche, laisser la voiture sous les châtaigniers.*

Au printemps, le tour du Cap Corse offre de splendides tableaux.

Suivre le chemin de droite sur 250 m jusqu'à la première épingle à cheveux. Emprunter alors le sentier qui commence dans le virage, à droite d'un gros châtaignier. Au bout de 100 m environ, traverser un ruisselet (parfois à sec), puis monter tout droit à travers les châtaigniers, sur 100 m (éviter les premiers sentiers de chèvres, à droite). Arrivé au pied d'une petite falaise, prendre sur la droite le sentier qui conduit à la chapelle en 5mn. Juil.-août : visite sur demande à l'association « Contact ». 10€ (-12 ans : gratuit). ☎ 06 86 78 02 38.

On admirera, au printemps, les cyclamens sauvages et les génévriers en fleurs. La chapelle St-Michel, ravissant édifice bien proportionné, apparaît comme une version montagnarde de San Parteo de Mariana *(voir la Canonica)*. Son abside est discrètement mise en valeur par des bandes murales verticales reliées par des arcatures. Ce chef-d'œuvre du premier art roman en Corse montre la maîtrise acquise par les maîtres maçons toscans au 11ᵉ s. St-Michel-de-Sisco aurait été bâtie en 1030. La **vue**★★ embrasse les marines de Sisco et de Pietracorbara, et un large secteur de la mer Tyrrhénienne et des îles toscanes. Par beau temps on distingue l'Italie.

Revenir à la D 80 et la reprendre vers le Nord.

Église Ste-Catherine – *Propriété privée. 2 km au Nord de la marine de Sisco par la D 80.* Bâtie sur un promontoire dominant la côte, cette chapelle de style roman fut en fait édifiée au 15ᵉ s. Ayant perdu beaucoup de son cachet originel, l'intérêt de cette église est surtout historique.

La tradition veut qu'au 13ᵉ s. des marins en danger aient fait le vœu de déposer dans la première église qu'ils apercevraient les reliques en leur possession. Le beau temps revenu, ils oublièrent leur serment ; mais la tempête sut le leur rappeler. Vivement, ils jetèrent l'ancre et déposèrent leur trésor dans un petit oratoire à l'emplacement de l'église actuelle. Alors seulement la mer s'apaisa.

La **marine de Pietracorbara** (Petra Curbara) offre une agréable plage (mélange de sable et de galets) de plus d'un kilomètre de long. Possibilité de se restaurer.

Environ 4 km au-delà de la marine de Pietracorbara, s'élève sur la gauche la **tour de Losse**, puis à 7 km au Nord de Santa Severa, la tour génoise de **Meria**. Entre Sisco et Macinaggio, la route traverse plusieurs zones de chênes verts. Peu avant Macinaggio apparaît la vigne.

Quitter la D 80 avant Macinaggio et prendre à gauche la D 353.

Tomino (Tuminu)

L'église, la chapelle de la confrérie, de style baroque, et une tour génoise dominent le village, bâti sur un éperon rocheux fréquemment venté. Du parvis de l'église, la **vue**★★ plonge sur la baie et le port de Macinaggio et s'étend au loin sur les îles Finocchiarola et Capraia. Tomino aurait été un des premiers foyers du christianisme en Corse au 6ᵉ s. Les habitants de Tomino partagent aujourd'hui avec leurs voisins de Rogliano l'exploitation du vignoble. Cette région du Cap produit en effet un muscat apprécié.

Macinaggio⌂ (Macinaghju) *(voir ce nom)*

À partir de Macinaggio, la route s'éloigne de la côte, s'élève dans la montagne et coupe le Cap vers l'Ouest. À 2 km du village, prendre sur la gauche la route qui monte à **Bettolacce** (commune de Rogliano) *(D 53)*, dite « chemin de l'Impératrice ». Elle offre de belles vues sur les hameaux de cette commune.

Rogliano★ (Ruglianu) *(voir ce nom)*

En continuant la D 53, on rejoint la D 80 que l'on suit jusqu'à Ersa.

La route domine sur la droite un paysage de vallées et de collines plongeant vers la mer.

Le village de Rogliano, accroché à la montagne.

Sensation de « bout du monde » sur la magnifique plage de Barcaggio, appréciée par les vaches.

Ersa

Au hameau de Botticella, dans l'**église Ste-Marie**, un beau tabernacle baroque en bois sculpté orne l'autel. *Visite guidée sur demande préalable auprès de Mme Murzilli,* ☎ 04 95 35 64 32.

Quitter la D 80 à Ersa en prenant sur la droite la D 153, puis D 253.

Après une course sinueuse *(7 km)* à travers le maquis et les oliviers, on découvre **l'îlot de la Giraglia** à l'extrême Nord du Cap Corse qu'il protège de son phare. L'extrémité du Cap Corse, entre la pointe du Becco (Punta di Corno di Beccu) et les îles Finocchiarola, contraste par son aspect sauvage avec le reste de la péninsule. Les eaux turquoise de la côte et l'immensité de la mer moutonnée offre un superbe panorama.

Barcaggio ⌂ (Barcaghju)

Paisible petit port situé au fond d'une baie, face à la Giraglia. Du côté Est s'étend une longue et belle plage de sable fin et de galets. Pour y accéder, laisser la voiture au parking et marcher environ 200 m.

Reprendre la D 253 et tourner à gauche dans la D 153 ramenant à Ersa. De là suivre la D 80 jusqu'au col de Serra qui, à 365 m d'altitude, échancre la ligne de crêtes du Cap Corse.

Belvédère du moulin Mattei

⏱ *1/2h à pied AR.* Du col (parking), suivre le chemin sur la droite qui monte au vieux moulin émergeant du maquis à 404 m d'altitude. Restauré au lendemain de la Première Guerre mondiale par **Mattei**, célèbre fabricant de spiritueux corses, cet ancien moulin à vent devint un symbole de l'enseigne publicitaire moderne. Il offre un **panorama**★★ très étendu se développant de l'île de la Giraglia au Nord à l'anse de Centuri et à la côte rocheuse de l'Ouest.

Regagner la D 80 que l'on suit jusqu'à Camera, hameau de la commune de Centuri. Là, prendre à droite la D 35 en direction de Centuri, mais abandonner cette route 1 km plus loin pour atteindre Cannelle.

Cannelle★

La route se termine à l'entrée de ce hameau accroché à la colline. Des venelles étroites, fleuries de géraniums, de gueules-de-loup et de passiflores, pavées de dalles de schistes, de marches taillées dans le roc, abritées de longs passages sous voûte font pénétrer dans un monde à l'écart de toute circulation motorisée.

Au-delà de la dernière maison, une petite place cernée par des rochers à pic offre une source sous un portique blanc orné d'une statuette, encadré d'un abreuvoir et d'un lavoir. Le regard plonge au-delà des pins et des aloès vers les monts qui dévalent jusqu'à la baie de Centuri.

Regagner la D 35 vers Centuri.

Centuri★★ *(voir ce nom)*

Prendre la D 35 vers le Sud.

La route dévoile le golfe de St-Florent, le Nebbio qui ferme l'horizon, et en arrière-plan les sommets enneigés du Monte Cinto et du Monte Padro. À 2,8 km de Centuri, on trouve sur la gauche la route qui conduit à l'ancien

couvent de l'Annonciation, dédié à N.-D.-des-Sept-Douleurs. Il aurait été fondé par les servites de Marie à la fin du 16ᵉ s. L'église du couvent passe pour être la plus grande du Cap Corse. L'association universitaire Strasbourg-Morsiglia y entretient depuis 1926 son centre de séjour *(ne se visite pas)*.

Morsiglia (Mursiglia)

Cette commune s'étage jusqu'à la mer. Son hameau principal, ceint de hautes falaises, est gardé par de grosses tours carrées.

La route devient plus étroite et domine de façon spectaculaire les indentations de la côte. Les pentes forment un moutonnement vert où dominent houx et cistes blancs.

Peu avant le hameau de Ciocce (commune de Pino), prendre à gauche la D 180 qui s'enfonce dans les terres.

Juste après la chapelle Ste-Lucie, emprunter la route étroite ▶ *montant en lacet parmi les pins.*

Tour de Sénèque

Dans un **site**★ sauvage, sur un pic du Monte Rottu (alt. 564 m) se dresse une tour de guet à demi ruinée, datant du Moyen Âge, connue sous le nom de tour de Sénèque.

Au col de Ste-Lucie, prendre la route qui s'amorce près de la chapelle. La route s'achève sur un vaste parking ; y laisser la voiture. 🚶 *1h1/4 à pied AR par un sentier raide à l'extrémité Sud-Ouest du terre-plein.* Le sentier bien tracé grimpe parmi les buissons de cistes et les chênes. À la sortie du sous-bois, on aborde un amas rocheux où s'amorce un petit escalier naturel qui conduit à la base de la tour. Des pans de mur, un réservoir rappellent l'existence de la **tour** des Motti qui protégait le château des Motti, 150 m plus bas. La **vue**★ par temps clair s'étend jusqu'aux îles d'Elbe et de Capraia et à la côte italienne.

> **VUE**
> Col de Ste-Lucie –
> Alt. 381 m. Dans un joli bois de pins maritimes s'élève la chapelle Ste-Lucie (1815). Vue★ sur la mer et le golfe d'Aliso.

> **SÉNÈQUE**
> Sénèque fut exilé en Corse à 39 ans, pour avoir séduit la nièce de l'empereur Claude. La légende a situé, en cet endroit retiré, l'exil que le futur précepteur de Néron a décrit : « Où trouver un lieu plus désolé, plus inaccessible de toutes parts, que ce rocher, plus dépourvu de ressources, hérissé d'aspérités plus menaçantes et sous un ciel plus funeste ? »
> En fait, il est fort probable que Sénèque ait séjourné sur la côte orientale dans les colonies d'Aléria ou de Mariana où « on rencontre plus d'étrangers que de citoyens ». Pendant huit ans, de 41 à 49, il eut le temps de se consacrer à son *Traité de la consolation.*

Luri

5,5 km depuis le col de Ste-Lucie par la D 180. Cette commune s'éparpille en plusieurs hameaux dans une vallée verdoyante ouverte sur la côte orientale et bien abritée des vents du Sud-Ouest et du Nord-Ouest (*libeccio* et *maestrale*).

Dans le hameau de **Piazza**, l'**église St-Pierre** du 17ᵉ s. abrite derrière l'autel une peinture sur bois de la fin du 16ᵉ s. illustrant la vie de saint Pierre. Le paysage en arrière-plan représenterait les châteaux forts du Cap Corse au 15ᵉ s., en particulier ceux des seigneurs da Mare ; à droite le présumé château de San Colombano à Rogliano, rasé au 16ᵉ s. *(voir Rogliano)* ; à gauche, haut perché, la tour des Motti dont les ruines servirent à édifier l'actuelle tour de Sénèque et, à ses pieds, le château des Motti qui fit place à un couvent, au 16ᵉ s. *Visite sur demande à la mairie.* ☎ 04 95 35 00 15.

Faire demi-tour pour rejoindre la D 80. La mer apparaît alors brusquement, toute proche. La descente du col offre de belles **vues**★ sur le golfe d'Aliso et les hameaux de Pino.

Chaque été, la Foire du vin, organisée dans le village de Luri, regroupe de nombreux viticulteurs corses.

Pino★ (Pinu)

Les maisons de ce charmant village, les tours génoises, l'église et les nombreuses chapelles funéraires s'étagent à flanc de montagne au milieu d'une riche végétation. L'**église Ste-Marie**, restaurée aux 18ᵉ et 19ᵉ s., présente, face à la mer, une belle façade de style baroque.

Prendre la petite route qui descend en forte pente jusqu'à la minuscule marine de Pino et sa plage de galets. Côte à côte s'élèvent une vieille tour génoise et l'**ancien couvent St-François**.

La D 33 franchit le col de la Montagne Minervio. Les villages s'agrippent à flanc de colline avec leurs anciennes cultures en terrasses cernées de murets de pierres sèches. Des torrents dévalent les pentes. Les oliviers et les vignes font place au maquis. Des troupes dans la verdure laissent deviner les abrupts et la route inférieure. Une **vue**★ superbe sur le cap Minervio et la marine de Giottani apparaît, avant de prendre à gauche la route vers Canari.

Canari

Sur l'étroite autant que spectaculaire route de corniche qui domine la D 80, s'étage à flanc de montagne ce petit village qui possède deux églises intéressantes.

Arrivé au village, prendre immédiatement sur la droite et laisser la voiture sur la place du Clocher.

Superbes vues depuis la place, vaste esplanade disposée en belvédère autour du clocher isolé qui, carré et blanc, entouré de palmiers, prend des faux airs de minaret.

Église Santa-Maria-Assunta – Cet édifice roman pisan de la fin du 12ᵉ s. se caractérise par une décoration très sobre et l'assemblage soigné de ses belles dalles de schiste vert pâle. Sur la façade, percée au 18ᵉ s. d'une large fenêtre, on remarque la fine décoration de feuillages et crochets du linteau et des modillons qui le supportent. La corniche qui fait le tour de l'église est décorée de curieux masques, têtes d'animaux ou figures humaines stylisées, disposés au centre des arcs ou sur les modillons.

Église du couvent St-François – *Horaires d'ouverture non communiqués.*

Dominant une esplanade, contre le cimetière, cette église décorée dans le style baroque, abrite des **peintures sur bois** (dont un *Saint Michel terrassant le dragon*) et, devant le chœur à gauche, la dalle funéraire en marbre blanc de Vittoria de Gentile, morte en 1590 au couvent de Canari. L'épouse d'Horatio Santelli Cenci, seigneur de Canari, porte sa fille emmaillotée sur le bras gauche et tient, dans sa main droite, une reproduction du château de Canari. Les armoiries des Cenci et des Gentile sont placées à la droite et à la gauche de la gisante.

Dans la sacristie, meuble sculpté.

Revenir à la D 33 et descendre sur Marinca, pour retrouver la D 80.

La D 80, de meilleure viabilité, domine de plus près la côte. Au-delà de Pino, la route contourne par l'Ouest la pyramide du Monte Minervio plongeant dans la mer ; des murets retiennent la terre en terrasse. La **marine de Giottani** apparaît nichée au fond d'une anse profonde. La couleur ocre des roches fait place à un blanc schisteux, le maquis s'éclaire de touffes de genêts parmi les éboulis. La route longe les bâtiments de l'ancienne mine d'amiante de Canari, puis le rocher d'Albo avant de descendre au fond de la baie du Guado Grande.

Marine d'Albo (Marina di Albu)

Ce hameau de pêcheurs installé sous la protection d'une tour de guet se blottit au fond d'une petite baie couverte de galets.

L'ENFER BLANC

La commune de Canari abrite un gisement d'amiante qui fut exploité de 1926 à 1965 pour l'industrie du fibrociment, et fut considéré comme le plus important d'Europe. Outre les dégâts sanitaires, l'importante masse des stériles a modifié le paysage : roc dénudé, luisant et tailladé surplombant l'ancienne usine en ruine (peu avant la marine d'Albo), galets des plages issus des déblais…

Dans l'allée centrale, à l'entrée du chœur, une plaque de marbre carrée, datée du 19 octobre 1754 en l'honneur de la fête de saint Pierre d'Alcantara, porte l'**emblème des franciscains** dont il avait réformé l'ordre : deux bras croisés sur une croix.

UNE TERRIBLE RAZZIA

En 1588, une véritable flotte barbaresque (92 navires) mouilla à la marine d'Albo pour se livrer à une razzia spectaculaire dans l'intérieur : le hameau d'Ogliastro fut détruit et 40 habitants enlevés.

Le relief verdoyant qui domine la marine d'Albo contraste avec le bleu intense de la Méditerranée.

Chapelle préromane d'Olcani
1/4h par la D 233, en direction d'Ogliastro que l'on laisse sur la gauche. Après 6,5 km d'une route très étroite qui s'enfonce dans la montagne, 500 m avant Olcani, on aperçoit sur la droite, à 200 m sur la hauteur, les murs et le chevet circulaire à arcatures aveugles d'un édifice à l'abandon et sans toiture. Le cul-de-four porte des traces de polychromie. L'autel médiéval est encore en place sous les ronces. Cette chapelle, placée sous le vocable de San Quilico, fut élevée au 10ᵉ s.

Nonza★ *(voir ce nom)*

Olmeta-di-Capo-Corso
3 km après Nonza, prendre la D 433 vers le hameau principal. À l'amorce du village, se dresse l'**église**. Elle renferme de beaux objets sacerdotaux et quelques tableaux du 18ᵉ s. provenant de l'ancien couvent de Nonza.
Revenir sur le littoral et poursuivre sur la D 80.

Peu avant Patrimonio, la transition très marquée d'un univers sauvage à un autre plus verdoyant et souriant indique que l'on atteint les portes du Nebbio *(voir ce nom)*.

Patrimonio *(voir ce nom)*

Serra di Pigno
4 km par la D 338 qui s'embranche peu avant le col de Teghime en montant de Bastia. À 960 m d'altitude, le sommet de la Serra di Pigno porte un relais de télévision. Le **panorama**★★★ y est remarquablement étendu sur les deux versants du Cap Corse et sur toute la racine de cette grande presqu'île.

Col de Teghime★★
À 536 m d'altitude, le col marque la fin de la grande arête dorsale qui partage les versants Est et Ouest du Cap Corse. Il est le point de contact entre cette région géographique et la région du Nebbio *(voir ce nom)*. Le *libecciu* soufflant de l'Ouest s'y engouffre parfois avec violence.
Du col, le **panorama**★★ se développe sur le golfe de St-Florent, le Nebbio, Bastia et la plaine orientale.
Sur le versant oriental du col, la route, sinueuse, descend sur Bastia.

Oratoire de Monserrato *(voir Bastia)*

INFO
10 m en dessous de l'embranchement avec la D 433 un panneau donne des informations sur le Cap Corse.

LIBÉRATION
Au col, un monument commémore un épisode déterminant de la libération de la Corse en 1943. Les 1ᵉʳ et 2 octobre les goumiers marocains, envoyés d'Alger pour renforcer les résistants, parviennent à prendre le col aux Allemands et dès lors font peser une menace décisive sur le port de Bastia et les mouvements des navires ennemis.

Carcheto★

Carchetu

Connu pour son église aux décorations vives et naïves réalisées par des artistes du cru, ce village de Castagniccia abrite sur son territoire une carrière d'exploitation de vert d'Orezza. Cette roche ornementale est une variété très dure d'ophiolite d'une exceptionnelle beauté. On la trouve uniquement en Corse, dans un périmètre bien défini à l'intérieur du canton d'Orezza-Alesani.

La situation

Carte Michelin Local 345 F5 – Schéma p. 227 – Haute-Corse (2B). Ce petit village, établi en plein cœur de la Castagniccia, est accessible par la D 71 ; il se trouve sur l'axe Ouest-Est allant de Ponte-Leccia à Moriani-Plage (voir le circuit à Castagniccia).

Les gens

18 habitants. À l'image d'autres villages de la Castagniccia, Carcheto eut un passé mouvementé. L'un des épisodes particulièrement cruel fut, au début de ce siècle, le dépeuplement causé par les assassinats du bandit **François-Marie Castelli**. Sa maison, couverte de lierre, se trouve au bas du village, près de la chapelle St-Sébastien.

visiter

Église★

Mai-oct. : 9h-20h. ☏ *04 95 35 84 08.*

L'église de Carcheto est peut-être l'un des monuments religieux les plus émouvants de la Corse des 17e et 18e s. Elle s'orne d'un monumental clocher ajouré. Sur sa façade principale, corniches, pilastres, colonnes engagées et niches composent un ensemble harmonieux. La chaude couleur de la pierre contraste avec les taches noires des trous de boulin.

Les peintures du chemin de croix sont de 1790. Le maître-autel, au pied duquel sainte Marguerite a été représentée allongée, est surmonté d'un monumental tabernacle en bois polychrome. Derrière le maître-autel, remarquez le mobilier de sacristie.

Les chapelles latérales à la nef, comme les bras du transept, ont reçu un décor mélangeant stucs, trompe-l'œil et couleurs vives autour d'un autel-tombeau. Les orgues proviennent du couvent d'Orezza *(voir Castagniccia).*

L'église de Carcheto est une œuvre d'artistes locaux, pleine d'une fraîcheur naïve exprimant une vive piété populaire. On remarque en particulier les peintures du chemin de croix.

Cargèse★

Carghjese

Sur le promontoire qui ferme au Nord le golfe de Sagone, Cargèse, le « village grec », vit de l'agriculture, de la pêche et du tourisme.

Les eaux transparentes de la baie, aux reflets mêlés de saphir et d'émeraude, l'étincelant ruban de sable de la plage de Ménasina et l'amphithéâtre de falaises rouges auxquelles s'agrippe le village forment un site★★ splendide, qu'il faut contempler depuis le belvédère de la pointe Molendino.

La situation

Carte Michelin Local 345 A7 – Schéma p. 319 – Corse-du-Sud (2A). Cargèse se dresse à l'extrémité Nord du golfe de Sagone, entre Ajaccio au Sud (51 km) et Porto au Nord (31 km). Prendre la direction du port et laisser la voiture derrière l'église grecque (rue du Père-Chappet).

🛈 *R. du Dr-Dragacci, 20130 Cargèse,* ☎ *04 95 26 41 31. Juin-sept. : 9h-19h, dim. 9h-13h30 ; oct.-mai : tlj sf dim. 9h-12h30, 14h-18h.* ☎ *04 95 26 41 31.*

Le nom

Cargèse est surnommée « la ville grecque ».

Les gens

982 Cargésiens, dont certains ont conservé un nom évoquant leurs racines grecques, comme on peut le constater sur le monument aux morts érigé dans l'église latine.

comprendre

Une colonie grecque – Pour fuir l'occupation turque de 1670 dans le Magne (au Sud du Péloponnèse), des Grecs originaires de Vitylo demandent asile à la république de Gênes. Après plusieurs années de négociations, ils obtiennent en 1675 la concession en Corse de territoires inhabités dont celui de Paomia dans l'arrière-pays de Sagone.

La Superbe (Gênes) s'engage à pourvoir à leur établissement en échange de leur fidélité. L'installation des Grecs est cependant mal accueillie par les populations locales qui voient en eux des alliés de Gênes. Leur prospérité excite bientôt la jalousie des montagnards de Vico qui attaquent la colonie en 1715, puis en 1729 (début de la guerre d'Indépendance) avec les Niolins. En 1732, ils doivent se réfugier à Ajaccio où Gênes leur offre des terrains. Ils y demeurent pendant quarante-trois ans et y aménagent la chapelle des Grecs *(voir golfe d'Ajaccio).*

> **INSERTION**
> En janvier 1676, environ 800 Grecs arrivent à Gênes et, en mars, s'établissent sur leurs terres, construisent le village de **Paomia**, défrichent, plantent des vignes, des oliviers et des arbres fruitiers.

carnet pratique

TRANSPORTS

Bus – La ligne Ota-Porto-Piana-Cargèse-Sagone-Tiuccia-Ajaccio fonctionne de déb. juil. à mi-sept. : 2 A/R par jour, tlj sf dim. et j. fériés. La ligne Ota-Porto-Calvi et retour fonctionne en juil.-août : 1 A/R par jour, tlj sf dim. et j. fériés. ☎ 04 95 21 02 07 ou 04 95 22 41 99. www.imperialtours-corsica.com

Port de plaisance – Capitainerie. ☎ 04 95 26 47 24.

HÉBERGEMENT ET RESTAURATION

😊😊 **Les Lentisques** – *Plage du Péro - 1km au N de Cargèse* - ☎ 04 95 26 42 34 - fermé fin sept. au 1er mai - 🅿 - 17 ch. : 54/78€ - 🍽 6,20€. Si vous aimez le calme et que vous n'êtes pas à la recherche du grand luxe, cet hôtel est pour vous. Les chambres sont sobres et celles du 1er étage jouissent d'une vue sur la mer. Le restaurant ouvre ses portes en été et la demi-pension est alors obligatoire. Piscine.

😊😊 **Hôtel Thalassa** – *Plage du Pero - 1,5 km au N de Cargèse* - ☎ 04 95 26 40 08 - fermé oct. au 19 mai - 🚭 🅿 - 22 ch. : 60/70€ - 🍽 5€ - restaurant 23€. Pour un bon bain matinal, avant le petit-déjeuner, la plage de Pero est à vos pieds. Les chambres sont calmes qu'elles soient sur la mer ou sur le jardin. Repas en demi-pension uniquement dans la salle à manger ou en terrasse face à la mer.

😊😊 **Hôtel Spelunca** – ☎ 04 95 26 40 12 - fermé nov. à mars - 20 ch. : 65/80€ - 🍽 6€. Cet hôtel familial des années 1960 domine le golfe de Sagone. L'accueil est sympathique et les chambres simples sont bien tenues. Préférez celles sur la mer pour la vue ou celles sur l'arrière pour le calme.

L'édification de Cargèse – La Corse devenue française, les Grecs reçoivent en 1769 le territoire de Cargèse en compensation de la perte de Paomia ; Marbeuf leur fait édifier les 120 maisons du village actuel et l'église de rite oriental.

Une cinquantaine de familles grecques consentent à s'y établir en 1774. L'administration de la colonie est confiée à Marbeuf qui reçoit le titre de marquis de Cargèse en 1778.

Pendant la Révolution, des attaques corses au cours desquelles le village est incendié, obligent à nouveau les Grecs à se replier sur Ajaccio (1793). Quatre ans plus tard, sous le Directoire, seuls les deux tiers d'entre eux consentent à revenir.

Deux siècles durant, les Cargésiens formèrent une communauté jalouse de sa langue, de sa religion et de ses usages. Par la suite, les alliances avec les Corses, moins rares, permirent au village de vivre en paix. Aujourd'hui parfaitement intégrée, la population d'origine grecque ne se distingue guère que par quelques éléments lexicaux et par les fêtes liturgiques grecques qui continuent à être célébrées avec ferveur, en particulier la Saint-Spiridon.

Dans l'église grecque, admirez l'iconostase richement décorée.

se promener

Église grecque

Ce sanctuaire catholique de rite oriental a été élevé de 1852 à 1870 à l'emplacement de l'église primitive devenue trop petite. Le sanctuaire y est séparé de la nef par une iconostase (1886), cloison de bois décorée d'images saintes sur fond d'or. Derrière l'iconostase, sur le côté droit du maître-autel, se trouve une icône du 16e s. représentant la Sainte Vierge au ciel avec l'Enfant Jésus, entourée d'anges et de deux saints qui la contemplent : saint Nicolas de Myre et saint Spiridon, le saint patron de l'église. Quant aux fresques, elles ont été réalisées entre 1987 et 2001 par l'atelier G. Drobot.

De la terrasse, bordée de micocouliers, une belle **vue**★ s'étend sur le golfe de Sagone.

ICÔNES

Parmi les icônes apportées par les premiers colons, noter, à gauche de l'iconostase, un saint Jean-Baptiste ailé du 16e s. et, sous la tribune de l'entrée, l'**Epitaphios**, peinture sur bois découpé du 13e s. représentant l'ensevelissement du Christ.

Église latine

Placée elle aussi sur une terrasse, elle fait face à l'église grecque, au-delà d'un petit vallon occupé par des jardins. Ce petit édifice au clocher quadrangulaire fut construit au 19e s. pour répondre aux besoins de la population catholique de rite latin. Il présente un intérieur baroque très chargé utilisant la technique du trompe-l'œil (fausse chapelle du monument aux morts).

Le port

Surplombé par le cimetière, bordé de petits restaurants, ce petit port de plaisance, avec ses quais de terre battue est tout à fait charmant. À droite de la route, dans le dernier lacet, le chemin du Pittiglione permet d'accéder aux ruines de la tour génoise.

LES PLAGES

Plage de Pero
1 km au Nord. Elle s'étend au fond du golfe de Pero fermé par les pointes de Cargèse et d'Omigna couronnées d'une tour génoise. Location de planches à voile.

Plage de Chiuni
6 km au Nord. Gardé par une tour génoise, le golfe de Chiuni, très profond, offre une grande plage de sable bordée de buissons de lentisques, où s'est établi un village de vacances. Le lieu est magnifique.

Plage de Ménasina
2,5 km au Sud. Elle occupe une baie protégée par les pointes de Cargèse et de Molendino.

Plage de Stagnoli
7,5 km au Sud. Belle plage de sable fin, équipée pour la voile et la planche à voile.

CASABIANCA
Au Nord, dans la baie de Topiti, débarquèrent, dans la nuit du 13 au 14 décembre 1942, les émissaires du sous-marin *Casabianca (voir Solenzara et la Côte des Nacres)* qui établit la première liaison entre Alger et les patriotes corses (plaque commémorative sur la D 81 au pont de Chiuni).

La Casinca★

Cette petite région de collines couvertes d'oliviers et de châtaigniers se prolonge par une plaine côtière très fertile où s'épanouissent plants de vigne, agrumes et céréales. Groupés sur des éminences, de jolis villages dominent l'étang de Biguglia, la plaine littorale, le détroit toscan et ses îles. Vescovato, bourg le plus important de la contrée, surplombe la plaine et représente un haut lieu politique et historique.

La situation

Carte Michelin Local 345 F4/5 - Haute-Corse (2B). À une vingtaine de kilomètres au Sud de Bastia, la Casinca constitue le versant oriental du Monte Sant'Angelo, entre le Golo et le Fium'Alto. C'est en quelque sorte le rebord Nord-Est, tailladé par les torrents, de la Castagniccia.

Les gens

Vescovato, « capitale » de la Casinca est la patrie de personnages connus : les chroniqueurs Ceccaldi et Filippini, le patriote Colonna Ceccaldi et le lieutenant de vaisseau Casabianca *(voir Vescovato).*

HÉBERGEMENT ET RESTAURATION
Chez Walter – *N 193 - 20290 Casamozza - ☎ 04 95 36 00 09 - hotel.chez.walter@wanadoo.fr - P - 52 ch. : 58/150€ - 7€ - restaurant 19/23€.*
À 20 km de Bastia, cet hôtel un peu en retrait de la nationale est bien insonorisé. Les chambres sont modernes et bien équipées. Ne vous fiez pas trop à l'enseigne « pizzeria ». La carte simple du restaurant propose aussi d'autres plats. Piscine et tennis.

Entourée d'oliviers et de châtaigniers, Vescovato, capitale de la Casinca, forme un bel ensemble de ruelles et de maisons anciennes.

Dans les étroites ruelles de Vescovato, le linge qui sèche au vent apporte quelques touches de couleur.

circuit

DE CASAMOZZA À CASTELLARE-DI-CASINCA

40 km – environ une demi-journée.

Casamozza

Ce hameau fut le point de départ de la ligne de chemin de fer qui longeait naguère la côte orientale de la Corse. En service dès 1888 dans sa partie Nord, elle n'atteignit Porto-Vecchio qu'en 1935. La voie, endommagée pendant la dernière guerre, ne fut pas reconstruite.

Prendre au Sud la N 198 vers Aléria et, à Torra, emprunter la 1re route à droite.

Vescovato★ (U Viscuvatu)

Cette ancienne place forte se situe au débouché d'une gorge profonde.

Vescovato (« évêché » en corse) fut, après la destruction de Mariana *(voir La Canonica),* le siège d'un évêché de 1269 jusqu'en 1570, date de son transfert à Bastia. Également haut lieu politique, c'est à la Consulte de Vescovato que le représentant du roi de France Henri II, Giordano Orsini, déclara en 1556 la Corse « incorporée à la couronne de France ».

Ses hautes maisons de schiste sombre serrées autour de la place centrale, ornée d'une fontaine, et le dédale de ses vieilles ruelles en escalier lui donnent un air charmant.

Ancienne chapelle St-Martin, l'**église San Martino** fut agrandie au 15e s. par les évêques de Mariana. Ils ornèrent son maître-autel d'un beau tabernacle en marbre blanc, sculpté d'une Résurrection, œuvre génoise de 1441.

Un tunnel sous l'église rejoint la grande place à travers une suite d'escaliers. *Tlj sf w.-end 9h-12h, 14h 16h. Prendre la clé à la mairie.* ☎ 04 95 36 70 19.

LE BERCEAU D'HOMMES ILLUSTRES

Vescovato peut s'enorgueillir de compter parmi ses fils :
– les chroniqueurs **Marc-Antoine Ceccaldi** et **Anton Pietro Filippini** (16e s.) dont la maison porte encore les armes et une inscription ;
– le patriote **Andrea Colonna Ceccaldi** qui prit une part active dans la révolution corse contre Gênes au 18e s. Ce grand propriétaire terrien de Vescovato fut élu général des insurgés de la Castagniccia avec Giafferi, en décembre 1730. Son engagement dans l'insurrection scella l'adhésion de l'opulente Casinca agricole à la révolte des montagnards de la Castagniccia. Gênes l'emprisonna en 1732 ;
– l'officier de marine **Luc-Julien-Joseph Casabianca**, né à Vescovato en 1762, porte le nom d'un bourg du Nord de la Castagniccia dont sa famille est originaire. Lieutenant de vaisseau en 1786, il fut élu député de la Corse à la Convention en 1792. Capitaine de vaisseau en 1793, il siégea à la Montagne et au Comité de la marine. Sous le Directoire, il s'attacha à la réorganisation de la Marine. Il fut tué le 1er août 1798 à la bataille d'Aboukir lors de l'expédition d'Égypte. Son vaisseau, *l'Orient*, fut coulé par Nelson. Depuis, la marine française honore sa mémoire en donnant régulièrement son nom à l'un de ses bâtiments. Le sous-marin *Casabianca* qui s'illustra en Corse en 1943 compte au nombre de ces derniers. Actuellement, ce nom est porté par un sous-marin nucléaire.

Venzolasca

De hautes maisons très serrées bordent la rue étroite. Un campanile élancé, l'aspect massé du village bâti sur une croupe en belvédère confèrent à Venzolasca une silhouette très particulière.

Suivre la D 237 jusqu'à l'embranchement où l'on tourne à droite dans la D 6 qui monte en lacet à Loreto.

Loreto-di-Casinca★

Village bâti sur une terrasse dominé par le Monte Sant'Angelo. Une longue rue, bordée de maisons en schiste vert, conduit à l'église et au campanile.

Reprendre la D 6 ; à l'embranchement tourner à droite et aussitôt à gauche.

Penta-di-Casinca★

Ce gros bourg agrippé à un éperon schisteux est organisé autour d'une rue principale. Les venelles transversales sont bordées de maisons de caractère : beaucoup conservent des pièces voûtées et de vieux escaliers derrière leurs façades sobres et patinées. Les toitures anciennes, le haut fronton dépassant des toits et le fin campanile à étages de l'église baroque donnent au bourg beaucoup de personnalité. Remarquez les cultures en terrasse, au pied du village.

Castellare-di-Casinca

Ce village, le dernier du balcon sur la plaine, jouit encore d'une belle vue.

Juste avant l'intersection avec la N 198, s'élève sur la gauche la **chapelle San Pancrazio** dont l'admirable chevet à trois chapelles remonte au 10e s.

> **PANORAMA**
> De l'église de Loreto-di-Casinca s'offre une superbe **vue**★★ sur les vieux toits de lauzes, les terrasses cultivées, les villages perchés de la Casinca et, au loin, sur la plaine orientale, l'étang de Biguglia, Bastia et la mer.

Penta-di-Casinca domine Bastia et l'opulente plaine orientale. Le village constitue, par son homogénéité, un modèle des villages perchés corses.

La Castagniccia★★

La Castagniccia est une région qui a gardé une forte personnalité avec ses innombrables collines et petites montagnes tapissées de profondes châtaigneraies parsemées de mille hameaux au profil de forteresses. Le soir, au coucher du soleil, les villages cloués sur leurs crêtes par leurs lourds toits de lauzes sont les dernières taches de lumière accrochant le jour déclinant.

Les routes étroites semblent prendre un malin plaisir à virevolter sans fin d'une vallée à l'autre.

La situation

Carte Michelin Local 345 E/F/G5 – Haute-Corse (2B). La Castagniccia est bordée au Nord par l'étroite vallée du Golo, à l'Ouest par le sillon central cortenais, au Sud par

carnet pratique

le Bozio *(voir ce nom)* longtemps resté presque impénétrable. Elle vient finir en balcon sur la plaine orientale. Le Monte San Petrone, du haut de ses 1 767 m souvent nimbés d'une légère brume, affirme le caractère montagnard de la région.

Le nom

Castagniccia signifie en corse « région plantée de châtaigniers » ; ce nom évocateur paraît s'être imposé vers le milieu du 17e s.

Les gens

La Castagniccia vit naître de grands patriotes : à Morosaglia, **Pascal Paoli** ; à Talasani, **Louis Giafferi** ; à Saliceto, le député du tiers état, **Saliceti**.

UN HAUT LIEU DU PATRIOTISME

La Castagniccia a joué au 18e s. un rôle important lors de la guerre d'Indépendance : elle fut l'un des principaux foyers de révolte de l'île. Les patriotes se réunirent souvent en Consulte dans ses couvents : à Orezza, le clergé déclara la guerre de libération contre Gênes, à Alesani, le baron Théodore de Neuhoff fut proclamé roi de Corse et à Rostino Pascal Paoli se fit élire général de la Nation.

comprendre

LA TERRE DU CHÂTAIGNIER

L'œuvre des Génois – La palynologie (étude des pollens) a montré que le châtaignier était présent en Corse dès l'époque néolithique.

Mais les grandes plantations ne commencèrent qu'au 15e s., sous la domination génoise, principalement en Castagniccia, et se développèrent aux siècles suivants.

Cet arbre majestueux atteint une vingtaine de mètres de hauteur et son tronc vigoureux, revêtu d'une écorce gris argenté et fendillée, dépasse souvent 2 m de diamètre. Ses branches largement étagées procurent un ombrage apprécié pendant les chaudes journées d'été. Il fleurit en mai et en juin.

« Tant que nous aurons des châtaignes, nous aurons du pain », disait Pascal Paoli.

Les Génois, qui avaient découvert les bienfaits de « l'arbre à pain » dans l'Apennin, voulurent développer la castanéiculture en Corse. Il leur fallut pour cela modifier l'ensemble du système agricole, les montagnards de l'île étant avant tout des éleveurs et des céréaliers. En 1584, le gouverneur génois signa une première ordonnance obligeant tous les propriétaires et fermiers à planter chaque année quatre arbres fruitiers, sous peine d'amende par arbre non planté. Les espèces recommandées étaient le mûrier, le figuier, l'olivier et le châtaignier. C'est dans la future Castagniccia, où la densité de population était forte, que les ordonnances génoises obtinrent un réel succès.

Dans les écorces de châtaigniers apparaissent parfois des formes étranges.

Le triomphe de « l'arbre à pain » – Vers 1770, le châtaignier occupait en Castagniccia plus de 70 % des surfaces cultivées. De cette époque date toute une littérature due à des « technocrates » français imbus des « Lumières » établissant un lien entre la culture du châtaignier et une paresse présumée des Corses : le châtaignier serait « immoral » car il fournirait des fruits presque sans travail. Un tel amalgame témoigne d'une profonde ignorance des réalités insulaires. On ne voit pas, par exemple, comment les habitants d'une commune telle que Piedicroce, qui s'entassaient à 141 habitants au km² en 1786 et qui cultivaient 98,8 % du territoire, auraient pu survivre sans le châtaignier. En 1880, la châtaigneraie couvrait 33 000 ha et produisait plus de 3 000 t de châtaignes.

L'ARBRE NOURRICIER

Dans les terres relativement pauvres de la Castagniccia, une châtaigneraie bien entretenue représente une capacité nutritive trois fois supérieure en calories à celle de la même terre ensemencée en céréales. On estime que 100 g de châtaignes fraîches apportent 200 calories, tandis que 100 g de pain complet en apporte 230.

LA VIE DE L'« ARBRE À PAIN »

Il faut environ quinze ans pour obtenir une première récolte après avoir soigné, greffé et protégé le jeune arbre. Le ramassage débute à l'automne ; jusqu'à fin novembre, des familles entières passent leur journée courbées à saisir les bogues et les châtaignes nues avec une petite fourche de bois (la ruspula). La récolte est alors transportée au séchoir (siccatoghju) pour y être étalée sur des claies au-dessus du fucone durant près de trois semaines. Ensuite a lieu l'opération de battage : on place les châtaignes décortiquées dans des sacs en peau de porc d'une contenance de 5 kg pour les jeter à la force du bras sur un billot de bois. Au terme de cette opération, répétée au moins une trentaine de fois, la peau extérieure de la châtaigne est retirée et la récolte est mise à sécher dans un four tiède qui permettra d'enlever la deuxième peau fine. Les châtaignes sont alors expédiées au moulin.

On distingue en Corse plusieurs catégories de châtaignes : celle de qualité et de belle taille, « l'insitina » ; la « tricciuta » qui se ramasse en bouquets de bogues ; la « pitrina » (ou tuile) de forme plate et la « villana », rustique destinée à la consommation animale. Les deux premières fournissent en mélange la farine la plus appréciée.

Une économie originale – La quasi-monoculture du châtaignier fut à l'origine d'une économie particulière en Castagniccia. Une partie des châtaignes récoltées était commercialisée : soit troquée contre d'autres denrées, soit vendue pour fournir les ressources monétaires indispensables au paiement des impôts. De nombreux élevages de porcs en semi-liberté, nourris aussi de châtaignes, fournissaient une charcuterie remarquable.

L'artisanat était florissant : serrurerie, coutellerie, cordonnerie, confection de chaises et de paniers, fabrication à Orezza de meubles et de pipes en souche de bruyère.

LA MAISON TRADITIONNELLE

Couverte d'un toit de lauzes, elle comprend un rez-de-chaussée à demi enterré, réservé aux animaux et aux provisions. Au 1er étage, on brûle des bûches pour sécher des châtaignes placées dans le grenier sur un plancher à claire-voie sous lequel sont suspendus les jambons et figatelli.

circuits

DE PONTE-LECCIA À MORIANI-PLAGE 1

82 km – compter une journée.

Cet itinéraire empruntant la D 71, puis la D 330 traverse les anciennes *pièves* de Rostino, d'Ampugnani, d'Orezza et d'Alesani. Il offre une excellente vue d'ensemble sur ce pays aux villages joliment situés sur les versants exposés au soleil.

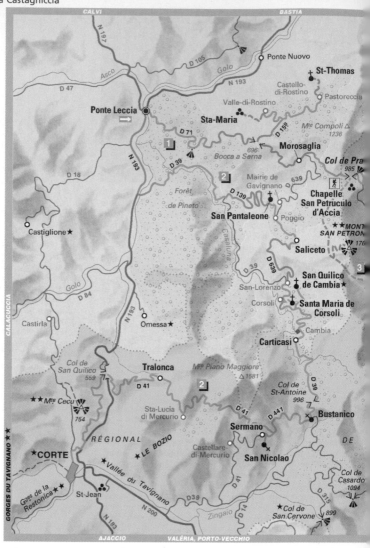

Ponte-Leccia

Cette bourgade est un important nœud de communications routier et ferroviaire de l'île, point de jonction de deux nationales et des lignes de Bastia, Calvi et Ajaccio.

De Ponte-Leccia, suivre la D 71 en direction de Cervione.

La route offre de jolies **vues** à droite sur le massif du Rotondo, en arrière sur les aiguilles rouges de Popolasca et les montagnes de l'Asco. Elle s'élève à travers les châtaigneraies dominant sur la droite la vallée verdoyante de la Casaluna, affluent du Golo.

Santa Maria de Valle-di-Rostino

5 km au départ du Bocca a Serna par la D 15ᴮ à gauche. Laisser le village sur la droite et continuer la route sur 500 m environ. À gauche, une piste carrossable conduit aux ruines de cette chapelle, curieusement penchée, d'un roman primitif (elle daterait du 10ᵉ s.). Remarquer le chevet construit en pierres minces taillées dans des schistes bruns, gris ou verts, orné de pilastres et d'élégantes arcatures.

St-Thomas de Pastoreccia

Reprendre la D 15ᴮ vers le Nord jusqu'à Pastoreccia. Au carrefour à la sortie du village après la plaque indicatrice, emprunter la route à gauche. À 500 m, un sentier se détache à droite vers la chapelle. En cas de fermeture, s'adresser à la mairie, ☎ *04 95 38 70 34 ou à M. Girolami,* ☎ *04 95 38 75 16.*

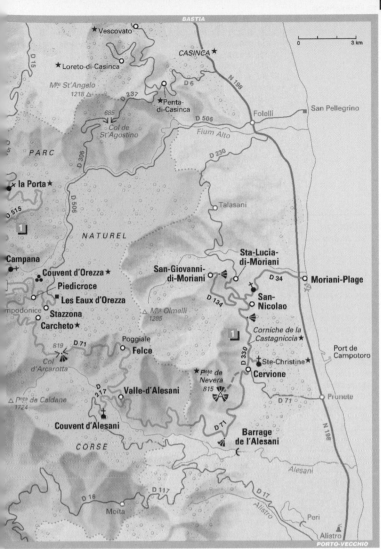

Dans la chapelle
St-Thomas de Pastoreccia
remarquez les fresques,
en particulier celle du
Christ Pantocrator (à
l'abside), entouré d'anges
et des symboles des
évangélistes.

Élevée sur un promontoire au-dessus de la vallée du Golo,
cette chapelle romane en schiste gris a été mutilée lors
d'une restauration malheureuse en 1930, qui démolit la
moitié de l'église et détacha une partie de ses fresques.
Entrer par l'étroite porte latérale Sud. Les **fresques★** datent
de la fin du 15ᵉ s. Cette période correspond à un renouveau du décor peint qui touche particulièrement la Castagniccia, avec des compositions comme celles de San
Quilico de Cambia *(voir ci-après, circuit* 2 *).*
*Reprendre la D 15ᴮ, en sens inverse, jusqu'à la D 71, et l'em-
prunter sur la gauche en direction de Morosaglia.*

Morosaglia *(voir ce nom)*

La D 71 monte à travers les châtaigniers.

Col de Prato (Bocca di u Pratu)

Le col (alt. 985 m) est le point de départ le plus aisé pour
l'ascension au **Monte San Petrone★★** *(voir p. 232).* Peu après
le col se dégage une belle **vue★** sur une grande partie de la
Castagniccia, la mer Tyrrhénienne et l'archipel toscan.

Chapelle ruinée San Petruculo d'Accia

🚶 *1/2h à pied AR. Au col du Prato, prendre sur la droite,
à la cabine téléphonique, le chemin carrossable qui part en
direction du San Petrone. Au bout de 100 m, virage à droite
à 90°. Laisser la voiture. 20 m plus loin, prendre à gauche*

une vague piste qui monte en direction du Sud. Laisser sur sa gauche le mamelon rocheux couronné de chênes verts. Continuer tout droit. Les ruines sont au sommet d'un petit col, entourées des restes d'un mur de pierre.

De cette ancienne **église** isolée au flanc du San Petrone subsistent l'élévation du chœur avec son abside et les bases d'une nef de plan basilical. Ces ruines dateraient du 6e s., époque où le pape **Grégoire le Grand** (590-604) s'employa à créer dans une Corse spirituellement appauvrie de nouveaux foyers religieux, et à relever les sanctuaires détruits par les Barbares. On a connaissance de deux missives du pape à l'évêque d'Aléria, faisant état de la fondation d'une basilique et d'un baptistère, sur le « Mont Nigeuno ». D'après les résultats des fouilles archéologiques, les ruines de San Petruculo correspondraient à celles de la basilique. On n'a pas, à ce jour, trouvé trace du baptistère. Chaque 1er août, ce site paisible redevient un lieu de pèlerinage.

De retour au col de Prato, reprendre la D 71 vers le Sud-Est sur 500 m, et prendre à gauche la route étroite qui va à Stoppia-Novia, puis à la Porta.

La Porta★ *(voir ce nom)*

Par la D 515, regagner la D 71.

La route en corniche domine alors la vallée du Fium'Alto.

Campana

Laisser la voiture sous les châtaigniers le long de la D 71 et gagner par des ruelles en escalier le haut du village qui s'adosse au Monte San Petrone.

1 km avant Piedicroce s'élèvent, sur la gauche, d'imposantes ruines d'un couvent franciscain.

L'**église paroissiale St-André** abrite une belle toile, l'Adoration des bergers, attribuée au peintre espagnol Francisco de Zurbarán (1598-1664) ou à un de ses élèves ; par sa technique picturale et par les visages de type andalou, ce tableau se rattache à l'école de Séville du 17e s. *Sur demande à la mairie, auprès de Mme Campana.*

Couvent d'Orezza★

Fondé au 18e s., le couvent fut, pendant la guerre d'Indépendance, un bastion de l'opposition à la Superbe (Gênes). Désaffecté à la Révolution française, il n'est plus aujourd'hui qu'une ruine envahie par le lierre *(ne pas trop s'approcher)*. L'église à ciel ouvert offre des restes de polychromie sous les arcades des chapelles baroques. Dans l'une d'elles se distingue l'emblème des franciscains : deux bras croisés sur une croix. Le couvent laisse voir par des trous béants les profondeurs de ses caves et de ses souterrains. Par les ouvertures des fenêtres, une vue plongeante sur la vallée d'Orezza rappelle que ce lieu saint était aussi un point stratégique.

Piedicroce

L'**église St-Pierre et St-Paul** présente une belle façade baroque du 18e s. et un clocher carré. L'**intérieur**★ surprend par l'abondance du décor. Il mêle des motifs géométriques peints, des stucs et un trompe-l'œil. Le superbe buffet d'orgue polychrome enchâsse un très ancien instrument attribué à Giorgio Spinola (1617-1619), et qui provient de la cathédrale Ste-Marie de Bastia.

Prendre la D 506 vers Folelli.

La route descend en lacet à travers une belle châtaigneraie.

Dans l'église de Piedicroce remarquez, au-dessus du maître-autel, la peinture sur toile d'un primitif italien représentant une Vierge à l'Enfant.

UN BASTION D'OPPOSITION

Plusieurs Consultes se réunirent au couvent d'Orezza. Le 20 avril 1731, une vingtaine de représentants du clergé étudièrent la question qui préoccupait les consciences : la révolte contre l'autorité légale était-elle compatible avec la morale chrétienne ? Une majorité délia les Corses du serment de fidélité à la république de Gênes. Les termes de cette résolution demeuraient cependant modérés et n'entraînaient pas la rupture.

En 1744, le franciscain saint Léonard de Port-Maurice (1677-1751) vint ici pour prêcher une mission contre la vendetta.

En juin 1751, une importante Consulte vota une nouvelle Constitution : le pouvoir exécutif était confié à Jean-Pierre Gaffori *(voir Corte).*

En 1790, Pascal Paoli rencontra en ces lieux Napoléon Bonaparte.

Stazzona
Ce hameau reçoit les curistes venus prendre les eaux d'Orezza. Jolie vue sur Carcheto et son clocher baroque, de l'autre côté de la vallée.

Suivre la D 506 pendant 1,5 km.

Les Eaux d'Orezza (L'Acque d'Orezza)
Cette modeste station thermale est joliment située au fond d'un vallon couvert de superbes châtaigniers que domine le village de Piedicroce.

Revenir à Piedicroce pour continuer la D 71 sur la gauche.

DES EAUX VERTUEUSES
Les eaux d'Orezza, froides, ferrugineuses, bicarbonatées et gazeuses étaient déjà connues dans l'Antiquité. Elles soignaient au 19e s. les cas d'anémie, les troubles du système nerveux ainsi que le paludisme et les affections du foie et des reins ; les coloniaux étaient nombreux à venir là se refaire une santé. De l'établissement thermal subsiste, au centre du parc, une fontaine où l'on peut goûter l'eau. En face, un atelier pratique la mise en bouteilles après un traitement qui ôte à l'eau sa saveur quelque peu désagréable.

Carcheto★ *(voir ce nom)*
La route s'élève offrant de belles échappées, en arrière, sur le vallon d'Orezza dominé par le Monte San Petrone.

Felce
Le hameau possède une modeste **église** à toiture de schiste, surmontée d'un clocher à quatre étages.

Dans le hameau voisin, **Poggiale**, se trouve la maison natale de l'historien corse **Pietro Cirneo** (1445-1503), auteur du *De rebus corsicis.*

Valle-d'Alesani *(voir ce nom)*
La route en corniche domine la vallée étroite et sinueuse de l'Alesani, puis son lac de barrage avec, en arrière-plan, la plaine orientale où l'on distingue le barrage de Péri et le phare d'Alistro.

Barrage de l'Alesani
Il retient 11 millions de m³ d'eau destinée à l'irrigation de 4 200 ha de la plaine orientale entre Moriani-Plage et Bravone.

Les châtaigniers cèdent désormais la place au maquis. Quelques kilomètres avant Cervione, la route oblique vers le Nord pour longer en corniche la plaine littorale.

Cervione *(voir ce nom)*
Entre Cervione et San-Nicolao, la D 330 à flanc de coteaux est étroite. C'est un belvédère de 5 km, enjambant maints ponts et traversant quelques tunnels. Ce parcours constitue la **corniche de la Castagniccia★** dominant la plaine orientale et la mer.

San-Nicolao
Isolée, l'**église** baroque de ce village-terrasse se dresse en contrebas sur un mamelon à 2 km sur la route de Moriani-Plage dans un joli site verdoyant. Dans l'ancienne *piève* de Moriani, les chapelles isolées communiquaient jadis, en cas d'alerte, avec les villages par de grands feux allumés à côté de l'abside. Le décor naïf de l'**intérieur★** de l'église, peint de couleurs vives, présente de nombreuses parties en relief qui rehaussent les trompe-l'œil. L'antependium du maître-autel est décoré d'un haut-relief représentant trois enfants dans un baquet (légende de saint Nicolas). La chaire polychrome est datée de 1740. *Haute saison : tlj sf w.-end 15h30-19h30. Demander la clé à la mairie.* ☎ *04 95 38 58 74.*

San-Giovanni-di-Moriani
5 km au départ de San-Nicolao par la D 330. À la bifurcation, tourner à gauche dans la D 134 en direction de San-Giovanni. Ce village à l'habitat très dispersé est constitué de 6 hameaux perchés. Le hameau principal présente une belle unité architecturale avec ses hautes

FRESQUES
L'**intérieur★** de l'église révèle des fresques naïves d'une grande fraîcheur : à gauche en entrant, Baptême du Christ ; sur un pendentif de la voûte, l'auteur inspiré flotte sur les nuages ; le chevet plat s'orne d'une Annonciation dans des arcades en trompe-l'œil. Le tabernacle du maître-autel a été sculpté au couteau par un bandit corse.

maisons à toit de schiste flanquées d'un escalier extérieur. À l'entrée du groupe d'habitations, une belle **vue** s'offre sur l'église de San-Nicolao et sur la plaine orientale en contrebas.

L'église paroissiale, isolée à l'extrémité du village, est un intéressant édifice baroque. La chapelle San Mamiliano, de style roman, reconnaissable à sa toiture de lauze, était autrefois le but d'une procession fréquentée.

Revenir à la bifurcation et prendre à gauche la direction de Sta-Lucia-di-Moriani.

Sta-Lucia-di-Moriani

Le village allonge les hautes façades de ses maisons austères le long de la crête prolongeant la corniche. La partie haute du village constitue, par temps clair, un superbe belvédère sur le littoral, la vallée du Petrignani et les collines boisées coiffées de hameaux.

Moriani-Plage

Station balnéaire en expansion, située en bordure de la N 198. Sa grande plage de sable est fréquentée par les Bastiais. Au temps de Pascal Paoli, elle fut une base navale sous le nom de **Padulella**. C'est de là que Hyacinthe Paoli, le père de Pascal, et le général Giafferi s'embarquèrent pour l'exil vers l'Italie en 1739. Napoléon, évadé de l'île d'Elbe, s'y arrêta en février 1815 avant de s'embarquer pour Golfe-Juan en Provence.

DE PONTE-LECCIA À CORTE PAR LA CASTAGNICCIA ②

73 km – environ 4h.

À l'écart des routes touristiques habituelles, cet itinéraire permet de découvrir ces contrées sauvages et reculées de la Castagniccia méridionale et du Bozio *(voir ce nom)*.

Quitter Ponte-Leccia par la N 193 en direction de Corte ; à 5 km, prendre à gauche la D 39 vers Gavignano.

La route bien revêtue serpente dans la forêt de Pineto à travers les chênes verts, puis les pins, les oliviers et les fruitiers.

Prendre à gauche au bout de 6 km la route de Gavignano *(D 139)*. Au bout de 5 km, peu avant le village, sur la gauche de la route, un chemin conduit à une belle chapelle romane *(2mn de marche)* entourée de quelques tombes éparpillées dans le maquis.

Chapelle de San Pantaleone

De construction élémentaire, elle est agrémentée d'un clocheton tardif qui coiffe sa façade. Les **fresques**★, de la fin du 15e s., recouvrent l'abside et l'arc triomphal. Malgré leur dégradation, elles sont remarquables par la combinaison des couleurs et des nuances. Parmi les personnages subsistant, remarquer saint Barthélemy, étonnant avec sa peau sur le dos et la profondeur de son regard, et saint Pantaléon, coiffé d'un bonnet rouge, qui arbore un instrument de chirurgie (il fut médecin d'un empereur romain).

Continuer vers Saliceto.

Saliceto (Salicetu)

Occupant un site en belvédère au fond d'un cirque montagneux, ce village, patrie du conventionnel Christophe Saliceti, offre une succession de panoramas remarquables que l'on découvre au hasard des ruelles (voûtées) en escalier débouchant sur des terrasses. Les toits de lauze étincellent sous le soleil. L'église, surmontée d'un gracieux campanile, enjambe le torrent. En quittant le cirque montagneux de Saliceto pour changer de vallée, la D 639 amorce une descente jusqu'à San Lorenzo (San Lurenzu) où l'on retrouve le cours de la Casaluna, ménageant au passage de beaux panoramas.

Au carrefour (à la sortie de San Lorenzo), prendre à gauche la D 39 en direction de Cambia. Au bout de 3 km, laisser la voiture sur l'espace de stationnement aménagé (panneau explicatif) à droite de la route, au carrefour du chemin communal conduisant à Corsoli, et emprunter à pied le chemin qui s'amorce en face.

Saliceto offre un caractère homogène dans ses constructions traditionnelles. Certaines maisons datent du 16ᵉ s. et sont flanquées de séchoirs à châtaignes.

Chapelle Santa Maria de Corsoli

15mn de marche sur chemin balisé (négliger le chemin partant sur la gauche et portant l'indication « Menhir de Petra Frisgiata », qui se perd dans le maquis).

Ce petit édifice, admirable dans les proportions et le travail de la pierre, ressemble à la chapelle San Quilico, toute proche. Il s'en distingue cependant par l'absence totale de décoration et par ses dimensions plus modestes. Ce style roman pisan très pur paraît d'exécution tardive, sans doute du 13ᵉ s. L'intérieur conserve l'autel roman d'origine.

Sur l'aire ombragée de chênes verts, devant la chapelle, a été installé le menhir de Petra Frisgiata, trouvé à proximité.

Poursuivre sur la D 39 vers Cambia. À 1 km environ, prendre à gauche la petite route communale vers le hameau de San Quilico. Au bout de 1,5 km, laisser la voiture sur le parking aménagé à l'entrée du hameau.

Chapelle San Quilico (San Quilicu) de Cambia★

Demander la clé à la dernière maison du hameau, et descendre vers la chapelle par un sentier empierré, en lacet et en forte pente.

Isolée dans un enclos arboré sur le flanc Sud-Ouest du Monte San Petrone, cette chapelle pourrait être d'origine seigneuriale. On ignore tout de sa fondation. Survivance romane, cet édifice paraît avoir été élevé au 13ᵉ s. dans un style et sur des canons déjà bien établis dans l'art roman pisan du 12ᵉ s. De belles dalles de schiste ocré composent les murs.

La porte latérale est surmontée d'un tympan sculpté d'une scène très vivante : la tentation d'Ève. La porte Sud est ornée d'un tympan très expressif : sans doute faut-il voir dans le personnage en robe en train de dominer un serpent, l'image du chrétien qui terrasse le Mal en se ceignant du vêtement de la Foi.

Accès par la porte latérale. Ouvrir de l'intérieur la porte principale de façon à faire pénétrer la lumière du jour dans l'édifice. Le chœur est décoré de fresques naïves et pleines de vie (16ᵉ s.). Sur le cul-de-four le Père éternel et le Christ en croix avec au-dessus d'eux la lune, le soleil, une colombe ; quatre anges adorateurs et les quatre évangélistes les entourent. Dans une partition horizontale, à la base de la composition, Vierge à l'Enfant et les douze apôtres. Saint Barnabé, l'apôtre élu pour remplacer Judas, est rajouté à l'extrême droite.

Regagner la D 39 qui poursuit la montée jusqu'à Carticasi.

Carticasi

Construit en balcon sur un éperon rocheux dominant la vallée de la Casaluna, ce typique bourg corse est particulièrement animé en période de chasse.

Ses vieilles maisons, couvertes pour la plupart de grosses lauzes, semblent monter la garde vers le Sud où moutonne le relief plus désolé du Bozio.

Au-delà de Carticasi, la route, très étroite, franchit **le col St-Antoine** pour s'enfoncer dans le **Bozio**.

Poursuivre sur la D 39.

> #### SAN QUILICO
> Le vocable San Quilico – semble-t-il appellation corse de **saint Cyr** – est assez fréquent en Corse. Saint Cyr est un petit martyr de 7 ans qui se serait joint volontairement au martyre de sa mère, sainte Judith, en affirmant son baptême et sa foi.

> #### AVOIR DE L'OREILLE
> La ressemblance des deux chapelles est d'autant plus frappante lorsqu'on connaît la légende qui entoure leur construction. Elles auraient été édifiées en même temps par un père et son fils, ce dernier se guidant dans sa construction aux bruits des outils provenant du chantier voisin.

Bustanico *(voir à Bozio)*
Dans le village, prendre à droite la D 441.

Sermano *(voir à Bozio)*
Revenir sur ses pas jusqu'à la D 41 que l'on suit en direction de Santa Lucia-di-Mercurio et Tralonca.

Tralonca *(voir à Bozio)*
La route descend jusqu'au col de San Quilico où l'on retrouve la N 193 à 6 km au Nord de Corte.

randonnées

MONTE SAN PETRONE★★ ③

Ascension assez facile mais il faut être bien chaussé et faire attention aux orages.

Au départ du col de Prato

6h AR depuis le col du Prato (985 m). La pente est plus douce (et plus ombragée le matin) que ne l'est l'autre itinéraire partant du hameau de Campodonico.

Point culminant de la chaîne orientale, cette haute montagne boisée, au centre de la Castagniccia, domine toute la Corse orientale.

Prendre au col la piste forestière qui s'infléchit au bout de 100 m en direction du Sud-Ouest. La suivre sur 2,5 km jusqu'à un col (alt. 1 151 m.). Au-delà, un sentier plus étroit, parfois balisé de cairns (monticules de pierres), monte en forêt en direction du Sud-Est. L'itinéraire traverse ensuite une magnifique hêtraie avant d'atteindre un grand replat déboisé sur l'arête *(2h de marche depuis le col du Prato).*

Profiter de cette pause pour admirer la face Nord du Monte San Petrone. À l'extrémité de ce replat, on rejoint le sentier venant de Campodonico, *qui s'embranche sur la droite.*

◄ Appuyer à gauche pour contourner la face Ouest, et atteindre le sommet du San Petrone par la face Sud. Sur la plate-forme du San Petrone s'élevait jadis la cathédrale de l'évêché d'Accia : **San Pietro d'Accia**, édifiée au 11e s. pour remplacer la chapelle San Petruculo d'Accia.

> **L**e sommet offre un **panorama★★★** très étendu et lointain sur la plaine orientale, l'archipel toscan, le Cap Corse, le Nebbio, la Balagne et la chaîne centrale du Monte Cinto à l'Incudine.

Au départ du hameau de Campodonico (Campudonicu)

6h AR. Quitter Piedicroce par la D 71 en direction de Campana. Passé les ruines du couvent d'Orezza, emprunter à gauche la route qui monte au hameau de Campodonico. Le sentier du San Petrone se détache à droite à l'entrée du village.
Le sentier s'élève sur la crête qui sépare les pièves d'Orezza et de Vallerustie. Quittant la forêt, il serpente à travers de maigres pâturages, avant d'atteindre le sommet.

Centuri★★

Cette belle petite baie du Nord-Ouest du Cap Corse est connue depuis l'Antiquité : au 2e s., le géographe grec Ptolémée localisait déjà Centurinon parmi 32 villes ou ports.

C'est l'un des meilleurs endroits du Cap pour faire étape (attention, le lieu est très fréquenté en juillet et août !). Au petit matin, le port offre une atmosphère délicieuse : une douce lumière teinte les maisonnettes et les casiers de bois, certains pêcheurs sont restés à terre pour réparer les filets, les klaxons des commerçants ambulants viennent éveiller le village. Au coucher du soleil, le port a également belle allure avec ses bateaux de pêche colorés.

L'amateur de plongée ou de chasse sous-marines trouvera, autour et au large de Centuri, une zone de hauts fonds (14 m de profondeur en moyenne) et des eaux limpides très poissonneuses.

> **CENTURI, PORT DE GUERRE**
> Vers 1760, Pascal Paoli créa à Centuri un port de guerre et un chantier naval pour armer une flotte corse.

carnet pratique

La situation

*Carte Michelin Local 345 F2 – Schéma p. 211 – Haute-Corse
(2B).* Centuri-Port est blotti au Nord-Ouest du Cap Corse.
La petite baie est dominée par le village perché de Cannelle et protégée au Sud-Ouest par un îlot. Le Cap Corse
est très peu desservi par les transports en commun. En
été, un bus relie une fois par jour Centuri à Bastia.

Le nom

Centuri viendrait des mots latins *Cinctura* signifiant
« lieu ceinture de murailles » ou *Centuria*, « emplacement
de la Centurium civitas », à savoir l'unité militaire
romaine, la centurie.

Les gens

Le port de Centuri employait plus de 100 marins au 17e s.
Depuis, son activité commerciale a beaucoup baissé
mais il reste toujours une dizaine de pêcheurs qui lan-
cent leurs filets à l'Ouest et au Nord du Cap pour rame-
ner 10 t de poissons et 2 t de langoustes chaque année.
Vers 16-17h, peut-être aurez-vous la chance d'assister à
leur retour.

Pierrot, une des figures de
Centuri. Dans le Cap
Corse, l'orientation vers la
mer a toujours été forte.
Centuri est le premier
port de pêche de la
région.

séjourner

La Marine (Centuri-Port)★★

Des maisons au crépi ocre, gris ou blanc et aux belles toitures de serpentine verte encadrent ce tranquille petit
port. Au printemps, la floraison des genêts et des tamaris
ajoute une touche colorée à ce pittoresque village.
En automne, la coutume locale propose la dégustation de
panzarotti, beignets fourrés de bettes et de raisins secs.
Au Sud s'ouvre la petite **crique de Mute**, abritée par
l'îlot de Centuri, autrefois fortifié. Un oratoire aux murs
décorés de galets se dresse le long de la plage.

REFUGE SUR L'ÎLOT DE CENTURI

La féodalité corse s'affirma de bonne heure dans la province du Cap
Corse sans pour autant troubler la paix de cette région ; en effet, les
interventions seigneuriales avaient toujours lieu en dehors de leur fief.
Pourtant, au 13e s., les Da Mare et les Avogari, alliés de Gênes, s'uni-
rent à Giovaninello de Nebbio, pour combattre Giudice de la Cinarca
(voir Cinarca). Défaits et pourchassés par Giudice, ils se réfugièrent sur
l'îlot de Centuri où, faute d'embarcation, Giudice ne put les atteindre.
Profitant de la nuit, ils firent voile sur la Balagne où ils fondèrent Calvi.

randonnées

Sentier des douaniers de Centuri à Barcaggio★

🚶 *4h à pied de Centuri à Tollare et 1h de Tollare à Barcaggio. Point de départ : dans le haut du village (côté Nord) juste
en face de 2 garages, un sentier bordé d'un gros figuier de
Barbarie part vers la mer.*
Le sentier balisé offre une belle vue sur l'îlot de Capeuse.
Le tracé longe la face Ouest du Cap Corse, puis s'incurve
vers l'intérieur pour rejoindre par les crêtes le sémaphore de Capo Grosso.

La plus belle marine du Cap Corse allie ses barques colorées et ses maisons aux toits de serpentine à des eaux translucides.

Cannelle★

⬆ *1h1/2 AR. Prendre le chemin de terre en haut du village, au Nord du port. Sentier balisé et bien entretenu. Description du hameau au Cap Corse.*

alentours

Château du général Cipriani

4 km à l'Est. Ne se visite pas. En rejoignant **Camera** par la D 35 on découvre au Sud du village, au hameau d'Ortinola, un château élevé au 19ᵉ s. dans le style médiéval. C'était, au siècle dernier, la demeure du général comte **Leonetto Cipriani**, né et mort à Centuri (1812-1888), dont les ancêtres avaient guerroyé aux Antilles et en Amérique du Sud aux côtés de Bolivar. Leonetto se rendit célèbre au service du grand-duc de Toscane en négociant l'union de l'Émilie et du Piémont pour le compte de Victor-Emmanuel II. Très lié aux Bonaparte, il fut aussi négociateur officieux de Napoléon III.

Cervione

Cervioni

Dans un paysage où se mêlent les châtaigniers, les oliviers et les vignobles, Cervione est un village-belvédère sur la plaine littorale et la mer qu'il domine de 326 m. Prenez le temps d'aller admirer les fresques de la chapelle Ste-Christine et de visiter le Musée ethnographique.

La situation

Carte Michelin Local 345 F6 – Schéma p. 227 – Haute-Corse (2B). Cervione se trouve dans la partie orientale de la Catagniccia ; le village marque le point de départ Sud de la corniche, belvédère qui s'étend jusqu'à San-Nicolao *(voir Castagniccia).*

Le nom

Cervione pourrait venir du mot corse *cervu* signifiant « cerf » car la région était « le pays des cerfs ». D'autres retiennent le nom de Cerbonius (toscanisé en Cerbone), un saint évêque mort à l'île d'Elbe au 6ᵉ s.

Les gens

Né le 15 février 1535 à Milan, **Alexandre Sauli** fut nommé évêque d'Aléria en 1570 et sacré par saint Charles Borromée, évêque de Milan, dont il était le confesseur et l'ami. Après la destruction d'Aléria, saint Alexandre Sauli transféra le siège de son diocèse à Cervione où il fit bâtir la cathédrale, le palais épiscopal *(en face de l'église)* et le séminaire (actuelle mairie et musée). Les contemporains lui prêtaient, de son vivant, le don des miracles. Il réforma son diocèse et œuvra pendant vingt ans pour l'application des décrets du concile de Trente. Son rayonnement s'étendait à toute la Corse. Il passa la dernière année de sa vie à Pavie, où il mourut en 1592. Il fut canonisé en 1904. Sa statue a été élevée sur Carrughju Santa Croce, rue montant en forte pente vers l'église.

visiter

Ancienne cathédrale St-Érasme

Cet important édifice, au cœur de la vieille ville, est ► l'une des toutes premières églises baroques de Corse. Le plan de l'édifice est à nef unique, couverte en berceau et bordée de chapelles latérales peu profondes. Certaines peintures ornant les chapelles sont du 18e s. ; les autres décorations datent du début du 19e s.

Au coin de la place San Terano (Saint-Érasme), la Loghja Re Teodoru rappelle le passage en 1736 du roi Théodore à Cervione.

Musée ethnographique★

Juil.-sept. : tlj sf dim. 9h-12h30, 14h-19h ; oct.-juin : tlj sf dim. 9h-12h, 14h-18h. Fermé j. fériés. 2€. ☎ 04 95 38 12 83.
Il est agréablement installé dans une aile de l'hôtel de ville, ancien séminaire construit par saint Alexandre Sauli derrière le chevet de la cathédrale, et dotée d'une agréable terrasse. Animé par l'association pour le développement (des études archéologiques, historiques, linguistiques et naturalistes) du centre-Est de la Corse (ADECEC), il rassemble et présente par thèmes des souvenirs de la vie de Cervione et de la Castagniccia.

Rez-de-chaussée – Reconstitution d'un atelier de forge, présentation de matériel de vinification, de la pharmacie et des collections de roches de Corse.

Premier étage – Techniques de construction des maisons, nombreux outils agricoles (labour, châtaignes, vigne) ; vie rurale (reconstitution d'un *fucone*, filage et tissage).

Deuxième étage – Salle Saint-Alexandre (art religieux, objets ayant appartenu aux évêques de Cervione) ; salle Domenico Ascione (imprimerie Marinoni) ; les araires, la menuiserie et un portrait de Théodore de Neuhoff par Hector Filippi.

> **L**e transept est surmonté d'une **coupole** à lanternon aux pendentifs représentant les quatre évangélistes, élément d'architecture assez rare dans l'île. Remarquer le beau **dallage de marbre blanc et noir** et le somptueux **meuble de sacristie** qui ne compte pas moins de 32 portes.

Gourde à eau-de-vie « *Zucca* ».

alentours

Chapelle Ste-Christine★

3/4h AR. Descendre de Cervione en direction de Prunete sur 600 m. Laisser à gauche la D 330 vers San-Nicolao, puis, à 200 m, prendre à gauche la petite route « Chapelle Santa Christina – U Poru ». À 2 km environ, à gauche, chemin carrossable (signalisé) sur 700 m. La clé est accrochée sur la porte.
Ce petit édifice roman présente l'originalité de ses deux absides jumelles décorées de **fresques★** datées de 1473, remarquables par leurs coloris délicats.

Étagé sur une colline verdoyante, Cervione bénéficie d'un panorama de rêve vers le littoral.

La nef date du 9e s. La chapelle fut agrandie au 15e s., sans doute après une destruction partielle. Les absides jumelles s'expliquent peut-être par le double patronage de sainte Christine et saint Polita (Hippolyte). Dans l'abside de gauche, la fresque représente le Christ en majesté, entouré de la Vierge et de sainte Christine avec, à ses pieds, un moine agenouillé, peut-être le donateur. Dans celle de droite, le Christ est entouré des symboles des évangélistes.

Pointe de Nevera

🏃 *Accès par un mauvais sentier (3h à pied AR) s'ouvrant au Sud-Ouest.* Gagner la chapelle isolée de N.-D.-de-la-Scobiccia, puis la pointe de Nevera (alt. 815 m) qui domine celle-ci et offre un **panorama**★ étendu sur la plaine d'Aléria jusqu'à l'embouchure de la Solenzara et sur la mer.

Port de Campoloro

7 km vers Prunete par la D 71, puis, à gauche, la N 198. À l'abri derrière ses puissantes digues, c'est, avec Macinaggio au Cap Corse, le plus important port de plaisance de la côte orientale.

La Cinarca★

Ouverte sur le golfe de Sagone, cette petite région fertile étage ses hameaux dans l'amphithéâtre de la vallée de la Liscia. La partie orientale, le Cruzini, enclavée entre des reliefs abrupts, conserve essentiellement une activité d'élevage. Dans le maquis, piètre héritier de l'ancienne forêt de pins et de chênes verts, elle compose une espèce d'oasis bien exposée où les villages occupent des terrasses plantées d'oliviers, de noyers, d'amandiers, de figuiers ou de cédratiers.

La situation

Carte Michelin Local 345 B7 – Schéma p. 319 – Corse-du-Sud (2A). La Cinarca est limitée par les versants élevés du Sud du Liamone et du Nord de la Gravona.

Les gens

La Cinarca fut le fief de l'un des derniers bandits corses, le célèbre **Spada** qui résidait à Lopigna : le « tigre de la **Cinarca** » avait prit le maquis après avoir tué deux gendarmes à Sari-d'Orcino en 1922. Il finit guillotiné à Bastia en 1935.

comprendre

UN BASTION DE RÉSISTANCE

Occupée dès l'Antiquité par les **Tarrabenioi**, l'un des douze peuples « habitant en villages » localisés en Corse par le géographe Ptolémée au 2e s., la Cinarca se distingua au Moyen Âge par sa résistance aux Génois.

Les **comtes de la Cinarca** furent, du 13e au 16e s., les plus sévères ennemis des Génois qui tentaient de s'implanter en Corse après en avoir évincé Pise. Au 13e s., les comtes cinarcais étaient puissants, contrôlant la majeure partie de l'Au-Delà-des-Monts, jusqu'au bastion génois de Bonifacio. Ils opposèrent à la république de Gênes une résistance qui aurait pu être redoutable si leurs divisions ne les avaient engagés dans des luttes fratricides pour le pouvoir.

La première grande figure des comtes cinarcais fut **Sinucello della Rocca**, connu sous le nom de Giudice de la Cinarca, né à Olmeto en 1221. Tenant de la cause pisane, Sinucello se distingua par ses exploits dans l'armée de cette république qui lui donna le titre de Giudice (« juge », terme désignant celui qui représente l'autorité publique), et la mission de soumettre l'île. De retour en Corse, il se heurta à l'opposition des partisans des Génois et à celle des seigneurs cinarcais, menacés dans leurs ambitions. Il se retira alors dans la montagne, à Quenza, et devint l'arbitre des litiges et des vendettas. En 1250, il était maître du Sud de l'île, mais la défaite de

Pise à la Meloria en 1284 sonna le glas des heures de gloire de Giudice. Trahi par son propre fils et livré aux Génois, il finit ses jours dans les geôles de la République. Au 14ᵉ s., ses descendants s'inféodèrent au roi d'Aragon à qui le pape avait cédé ses droits sur la Corse : **Arrigo della Rocca**, son arrière-petit-fils, le plus bouillant des seigneurs, s'illustra par son long combat contre Gênes ; **Vincentello d'Istria**, neveu d'Arrigo, fut nommé vice-roi de Corse par le roi d'Aragon qui lui délégua l'administration de l'île.
Une fois son autorité assise *(voir Corte)*, Vincentello se comporta en despote. Il s'aliéna le peuple corse et les seigneurs du Sud, ses propres parents qui, appuyés par Gênes, le renversèrent.
Le 15ᵉ s. marqua l'écrasement définitif des seigneurs cinarcais par Gênes, dans une répression sanglante. Avec eux disparut le dernier bastion de la féodalité corse. Deux grands fiefs illustrèrent les dernières résistances : les della Rocca et les Leca.

UN DESSERT SANGLANT
En avril 1456, 23 membres de la famille Leca furent mis à mort le même jour. D'après la légende, les « paladins cinarcais » finirent dans le sang : conviés à un festin de réconciliation par le gouverneur génois Spinola, ils auraient été décapités au dessert.

circuit

AU DÉPART DE TIUCCIA
51 km – environ 2h.

Tiuccia *(voir golfe de Sagone)*
Prendre la D 81 en direction de Sagone. Après la tour de Capigliolo prendre à droite la D 25.

Casaglione
Le village est construit dans un paysage de châtaigniers, d'oliviers, de chênes verts et de pâturages. Son **église** abrite un intéressant tableau de 1505 représentant la Crucifixion. Au pied de la Croix, le donateur reçoit de saint François la cordelière de l'ordre. *Demander la clé au secrétariat de la mairie.*
Au col d'Ambiegna, prendre à droite la D 1.

Sari-d'Orcino
Les deux hameaux de ce petit chef-lieu de canton s'étagent au-dessus du golfe de Sagone et du bassin de la Liscia. On y cultive en terrasses les oliviers, les orangers, la vigne et les citronniers. Les cédratiers, qui entre les deux guerres contribuèrent à la richesse du pays, sont presque tous retournés à l'état sauvage. De l'extrémité de la terrasse où s'élève l'église : **vue**★ sur le golfe de Sagone. Devant l'église, la D 601 s'échappe à droite sur 4 km jusqu'à la chapelle ruinée St-Jean, offrant un parcours splendide.
Retourner à Sari-d'Orcino et rejoindre la D 101 au Sud.

Calcatoggio
Ce gros hameau agrémenté de jardins fruitiers est construit en balcon sur le golfe de Sagone et son arrière-pays. Belle **vue**★.
Arrivé sur la D 81, descendre à droite vers le golfe de la Liscia.

Golfe de la Liscia⚓ *(voir golfe de Sagone)*

ACHATS
Clos d'Alzeto – *20151 Sari-d'Orcino -* ☎ *04 95 52 24 67 - juil.-oct. : lun.-sam. 8h-12h, 14h30-19h30, dim. 9h30-12h30, 16h-20h ; nov.-juin : lun.-sam. 8h-12h, 14h-18h.* Situé sur les flancs de la vallée de la Cinarca, le Clos d'Alzeto dans la famille Albertini depuis 1820 produit des vins de qualité sur 43 ha. Blanc de blancs, rosé et surtout vin rouge obtiennent régulièrement des récompenses au Concours général agricole. Dégustation, vente au domaine.

Corbara

Curbara

Corbara, étagé en amphithéâtre sur un versant bien exposé, fut autrefois la capitale de la Balagne.
Ses figuiers de Barbarie, ses ruelles pavées et ses passages couverts confèrent une physionomie méditerranéenne attrayante à ce village que dominent les ruines de deux châteaux.

La situation
Carte Michelin Local 345 C4 – Schéma p. 145 – Haute-Corse (2B). Ce village de Balagne est à 5 km au Sud de L'Île-Rousse. On y accède par la N 197 vers Calvi puis, sur la gauche, la D 151.

Le nom

Corbàra pourrait venir du mot latin *corbaria* qui signifie « lieu fréquenté par les corbeaux ».

Les gens

Guy Savelli, ancien boulanger de Corbara, rassemble depuis une vingtaine d'années des objets anciens, pour la plupart corses : cartes postales, boîtes à musique, piano, pièces de monnaie romaines, phonographes, stylets, etc. Vous pouvez visiter ce petit **musée d'Histoire et d'Art ancien**, installé dans la maison du collectionneur, à 100 m de la place de l'Église *(suivre fléchage). 15h-18h. Sur demande préalable en hiver. Gratuit.* ☎ 04 95 60 06 65.

visiter

Église de l'Annonciation

Juin-sept. : visite libre ; hors sais. : pdt les offices religieux. En été, possibilité de visite guidée avec le musée du Trésor (3€) ; en hiver, s'adresser à la mairie. ☎ 04 95 63 06 50.
Cette grande église baroque, posée sur une place dominant la mer, a été élevée à partir de 1685 à la place d'un édifice plus ancien dont elle a recueilli quelques éléments, notamment le baptistère du 15e s. conservé dans la sacristie. Le grand autel du chœur et sa clôture à balustres, en marbre de Carrare, furent importés d'Italie au milieu du 18e s. Les stalles datent de 1753.

Castel de Corbara

Les ruines de l'ancien château des Savelli et une **petite chapelle**, restaurée au 18e s., se dressent au-dessus du village sur un rocher dominant la mer. C'est dans ce château que Paoli aurait annoncé aux représentants de Gênes, qui lui refusaient l'accès au port d'Algajola, la création de L'Île-Rousse. Depuis la chapelle, le point de vue permet de faire un tour d'horizon complet sur la Balagne. Cet humble édifice dédié à N.-D. des Sept-Douleurs est orné, à l'intérieur, d'une huile sur toile représentant une pietà, enchâssée dans un fronton semi-circulaire dominant l'autel.

UNE SULTANE CORSE
Corbara se rattache à l'histoire du Maroc par l'aventure survenue à la fin du 18e s. à **Marthe Franceschini**. La fillette, née esclave à Tunis, de parents saisis en mer par les Barbaresques, fut rendue à la liberté en même temps qu'eux. Elle se trouva alors capturée avec eux, dans des circonstances identiques, mais par des Marocains cette fois. Huit ans plus tard le sultan autorise le retour de la famille à Corbara, mais garde Marthe dans son sérail... et l'épouse. Cette Balagnaise, sultane du Maroc sous le nom de **Davia**, fut emportée par la peste à Larache en 1799.

alentours

Couvent de Corbara

2,5 km au Sud, par la D 151 en direction de Pigna. À 2 km prendre la petite route à gauche (statue de saint Dominique). L'entrée du couvent se situe au centre de la façade principale. Cloître et église, juil.-août : visite guidée 15h-17h ; reste de l'année : visite guidée possible à 15h sur demande. L'église seule peut également se visiter librement, en été. ☎ 04 95 60 06 73.
Ancien orphelinat fondé en 1430 au pied du Monte Sant'Angelo par Mgr Nicolas Savelli, transformé en couvent en 1456, l'établissement, ruiné sous la Révolution, a été reconstruit et agrandi par les dominicains à partir de 1857.
L'**église conventuelle**, construite en 1735, domine le bassin d'Algajola, la basse Balagne et le village de Pigna. À l'intérieur, on remarque une belle chaire du 18e s., une pietà et un crucifix rustiques en bois d'olivier (œuvre d'un dominicain), un autel et une clôture de chœur en marbre polychrome et des dalles funéraires.

À 300 m s'élèvent, au milieu des oliviers, les grands bâtiments du couvent de Corbara dominés par un haut clocher carré.

randonnée

Monte Sant'Angelo

⚐ *1h1/2 AR au départ du couvent par un chemin muletier.* Alt. 562 m. Excellent belvédère qui offrant une **vue**★★ très étendue sur une partie de la Balagne, le désert des Agriates et la côte occidentale du Cap Corse.

Corte★

Corti

Capitale de la « nation corse » de Pascal Paoli entre 1755 et 1769, Corte joua un rôle historique important. On aime s'attarder dans la vieille ville aux ruelles escarpées, pavées de galets et dominées par la citadelle de cet agréable lieu de séjour, point de départ de nombreuses excursions. Celles-ci offrent une palette représentative des paysages de l'île : silhouettes déchiquetées des aiguilles de porphyre rouge de Popolasca, gorges et ravins de la haute vallée de la Restonica, moutonnement des croupes du Bozio noyées sous une mer de châtaigniers, beauté sereine des nombreux lacs du Monte Rotondo...

La situation

Carte Michelin Local 345 D6 – Schéma p. 187 – Haute-Corse (2B). Le sillon cortenais au paysage de hauts plateaux (altitude moyenne de 600 m) constitue le couloir central de l'île qui court de Ponte-Leccia à Venaco, et sépare le massif ancien granitique à l'Ouest, de la Corse alpine schisteuse à l'Est. Corte occupe une position stratégique au carrefour des vallées ; elle est accessible par la N 193. Une fois parvenu en ville, il suffit de suivre le fléchage pour aboutir au parking central (payant en haute saison), en contrebas du cours Paoli.

🛈 *La citadelle - Caserne Campana, Corte (Corti),* ☎ *04 95 46 26 70. www.corte-tourisme.com*
Juil.-août : 9h-13h, 14h-19h ; mai-juin : tlj sf dim. 9h-12h, 14h-18h ; hors sais. : tlj sf w.-end 9h-12h, 14h-18h.

Le nom

On raconte que Corte devrait son nom à une cour de justice fondée en 1419 par **Vincentello d'Istria**, vice-roi de Corse pour le compte du roi d'Aragon *(voir La Cinarca)*. Cependant, des écrits mentionnent déjà le nom de Corte bien avant cette époque !

Les gens

6 329 Cortenais. Corte est la seule ville universitaire de l'île. Environ 3 600 étudiants fréquentent la faculté qui a ouvert ses portes en 1981, plus de deux siècles après la création de la première université de Corse par Paoli.

Des persiennes génoises qui s'ouvrent sur un balcon finement décoré : une façade typique de la ville basse.

carnet pratique

TRANSPORTS

Gare ferroviaire – ☎ 04 95 46 00 97. Quatre trains par jour vers Ajaccio, deux trains vers L'Île-Rousse et Calvi et cinq trains vers Bastia. L'été, AR Corte-Bocognano-Corte et AR Ajaccio-Vizzavona-Ajaccio.
Corte Location Service – ☎ 04 95 46 07 13.

RESTAURATION

◎ **U Spanu** – *4 av. Xavier-Luciani -* ☎ *04 95 46 02 96 - fermé 15 nov. au 15 mars - 8,40/17€.* Ici, pas de chichis, la cuisine est copieuse et fidèle aux saveurs du terroir. L'accueil jovial et la simplicité du confort en font une étape sympathique sans artifice. Laissez-vous tenter par la terrasse ou par la modeste salle aux poutres apparentes.
◎ **U Museu** – *Rampe Ribanelle (ville haute) -* ☎ *04 95 61 08 36 - fermé janv.-mars et dim. d'avr. à mai - 13/15€.* Aux beaux jours, installez-vous au pied de la citadelle, sur l'une des terrasses à l'ombre des frênes. La véranda avec vue sur Corte et la salle voûtée rencontrent aussi un vif succès. Aux spécialités cortenaises s'ajoutent salades, pâtes et pizzas.
◎ **U Paglia Orba** – *1 av. Xavier-Luciani -* ☎ *04 95 61 07 89 - fermé 1er au 8 avr., 30 août au 5 sept., vac. de Noël et dim. - 13/22,87€.* La carte de ce petit restaurant cultive l'éclectisme avec des salades, pizzas, pâtes, mais surtout des plats du terroir à la châtaigne et brocciu. Vous avez le choix entre la salle voûtée au sobre décor ou la terrasse surplombant l'avenue.
◎ **Au Plat d'Or** – *1 pl. Paoli -* ☎ *04 95 46 27 16 - fermé vac. de fév. et dim. - 14€.* Après avoir parcouru les ruelles de la ville haute, arrêtez-vous dans ce restaurant. Sa façade colorée et sa petite terrasse précèdent deux salles aux tons pastel. Cuisine traditionnelle doucement épicée, plat du jour et un menu à prix sage.

HÉBERGEMENT

◎▣ **Paesotel-E-Caselle** – *Lieu-dit « Polveroso » - 20231 Venaco - 15 km au S de Corte par N 193 et à l'E de Venaco par D 43 et D 143 -* ☎ *04 95 47 39 00 - fermé 15 oct. à mi-avr. -* ▤ *- 32 ch. : 55/88€ -* ☲ *9,50€ - restaurant 21,50/28€.* Nichée dans le maquis, architecture inspirée des bergeries traditionnelles abritant des chambres bien aménagées et tranquilles. Pour un long séjour, choisissez la résidence et ses studios équipés de cuisinettes. Plats du terroir servis dans la chaleureuse salle à manger rustique ou sur la terrasse ombragée. Une adresse très « nature ».
◎▣▣ **Dominique Colonna** – *Rte des gorges de la Restonica -* ☎ *04 95 45 25 65 - restonica@club-internet.fr - fermé*

5 nov. au 14 mars - ▤ *- 28 ch. : 94/125€ -* ☲ *10€.* Au creux des montagnes, dans la vallée de la Restonica, cet hôtel a de quoi combler les amateurs de repos. Les chambres modernes, avec balcon, sont calmes. Pour vous restaurer à deux pas, l'auberge Restonica et son beau plafond charpenté ouvre ses baies vitrées sur la piscine.

SORTIES

Le Grand Café du Cours – *22 cours Paoli -* ☎ *04 95 46 00 33 - cafeducours@wanadoo.fr - 7h-2h.* Cet ancien relais de diligence est certes le plus vieux café de Corte, mais il dispose d'un espace Internet tout à fait à la page. Sympathique accueil familial.

SPORTS & LOISIRS

L'Albadu – *Ancienne rte d'Ajaccio (N 2193) -* ☎ *04 95 46 24 55.* Des journées baignade aux randonnées d'une semaine à travers le désert des Agriates ou jusqu'au golfe de Porto, les balades organisées par cette ferme équestre se déroulent dans une ambiance décontractée et familiale.

ACHATS

Librairie Flore – *5 cours Paoli -* ☎ *04 95 46 06 85.* Ouvrages sur la région et le tourisme corse.
Marché – Un marché régional se tient le vendredi matin sur le parking municipal face à la gare routière.
Confiserie St-Sylvestre – *Village - Dir. Bas-Soveria, 8 km au N de Corte par N 193 - 20250 Soveria -* ☎ *04 95 47 42 27 - lun.-ven. 8h-12h, 14h30-19h - fermé de mi-fév. à fin fév. et j. fériés.* Ce n'est pas un hasard si Lenôtre fait appel au talent de M. Santini pour composer le fourrage de certains chocolats. La rigueur et l'exigence de ce confiseur artisanal émanent en effet de tous ses produits, du cédrat confit au nougat à la châtaigne.
Casanova – *6 cours Paoli -* ☎ *04 95 46 00 79 - lun.-sam. 7h15-19h30, dim. 7h15-12h - fermé 2 sem. fév.* Depuis 1887, la famille Casanova réjouit les papilles des Cortenais. Ses multiples créations plusieurs fois primées viennent de s'enrichir du Paoli, une mousse de brocciu à la farine de châtaigne et aux marrons glacés.
U Granaghju – *Pl. Paoli -* ☎ *04 95 46 20 28 - juil.-août : 9h-00h ; le reste de l'année : 9h-21h - fermé nov.-Pâques.* Des eaux-de-vie de cédrat aux charcuteries, tout ce que vous trouverez dans cette boutique est exclusivement corse et artisanal. Les produits de luxe sont réunis dans une petite boutique voisine élégamment agencée.

comprendre

LE CŒUR DE LA CORSE

SEMAINE SAINTE
Vendredi saint, des processions de pénitents en cagoules se déroulent dans ses rues illuminées.

Corte juchée sur son piton, à l'abri de ses gorges et de ses montagnes, au cœur géographique de la Corse, était déjà un verrou fortifié au 11e s. Vincentello d'Istria, aventurier corse qui s'était mis au service du roi d'Aragon et servait les visées de ce dernier sur l'île (*voir La Cinarca*), fortifia le « nid d'aigle » de Corte (partie haute de la citadelle actuelle) en 1419. Il mourut décapité à Gênes en 1439.

Veillé par le nid d'aigle de sa citadelle, Corte masse ses demeures de schiste sombre coiffées de toits rouges sur un piton dressé au cœur d'un cirque montagneux.

Dès 1459, Gênes régna à nouveau sur Corte qui n'était encore qu'une grosse bourgade. Quelque cent ans plus tard, en 1553, les Cortenais, ralliés à la cause française, remirent d'eux-mêmes les clés de leur cité à Sampiero Corso. Mais, en 1559, le traité de Cateau-Cambrésis restituait l'île à Gênes qui en resta maîtresse près de deux cents ans, jusqu'à ce qu'en 1746, un des enfants de Corte, Gaffori, parvienne à soustraire sa ville natale à la mainmise génoise.

Le général Gaffori – Né en 1704, le médecin Ghjuvan Pietru (Jean-Pierre) Gaffori fit partie en 1745, du triumvirat des « protecteurs de la nation » élus par les Corses qui reprirent les armes contre Gênes.
Nommé « général de la nation » en juin 1751 à la Consulte d'Orezza, il se vit alors confier le pouvoir exécutif. Un véritable gouvernement révolutionnaire contrôla bientôt la plus grande partie de l'île. Mais le 3 octobre 1753, Gaffori, trahi par son propre frère, mourut dans une embuscade sur le chemin de Corte.

La capitale éphémère de l'île – Corte connut avec le successeur de Gaffori, **Pascal Paoli** un étonnant destin. Celui dont la personnalité a séduit tant de contemporains, étonné les philosophes des Lumières et suscité l'admiration de Napoléon, choisit Corte pour capitale de son « **gouvernement de la nation corse** ».
De 1755, année où **Paoli** fut élu « général de la nation corse », à son départ en exil en 1769, Corte devint le cœur politique de l'île. Paoli y fit rédiger une constitution fondée sur les théories de Montesquieu, établissant la séparation des pouvoirs et la souveraineté du peuple. Le nouveau gouvernement siégeait à Corte et la Consulte s'y tenait une fois l'an.

Saint Théophile de Corte – Blaise de Signori, en religion frère Théophile, est né à Corte le 30 octobre 1676. À 17 ans, il entra chez les capucins au couvent de Corte. À la demande de sa famille, il quitta son couvent et entra chez les franciscains. Destiné à être professeur de philosophie et de théologie, il fit ses études à Rome, puis au couvent Santa Maria Nova de Naples. Au moment de présenter ses thèses, un accident l'obligea à une période de réflexion. Il se consacra alors, avec le bienheureux Thomas de Cori, à la restauration de la stricte observance franciscaine, au sein des couvents dits de « ritiro ». Pour étendre cette œuvre en Corse, il se rendit dans son pays natal de 1730 à 1735. Il fonda notamment un « ritiro » à Zuani et un à Campoloro, et réforma le couvent de Cervione.
Pendant cette période se situa son **intervention de conciliation** auprès du prince de Wurtemberg chargé par Gênes d'une mission punitive. Cette médiation fut couronnée de succès car le prince, accédant à la requête du saint, se retira. Un tableau, offert par le Vatican et conservé dans l'église de l'Annonciation, commémore

CAPITALE UNIVERSITAIRE
L'université, qui ouvrit en janvier 1765, demeure l'œuvre la plus étonnante : son but, très pratique, était de former parmi les 300 étudiants inscrits les futurs cadres dont l'île avait besoin, dans le domaine juridique, en médecine ou en théologie. Les études étaient gratuites et le corps enseignant formé de religieux, franciscains principalement. L'université fermera ses portes de 1769 à... 1981.

cet événement. Théophile revint finir ses jours comme « gardien » du « ritiro » de Fiecchio : il mourut le 9 mai 1740. Il fut canonisé par Pie XI, le 29 juin 1930. La grille de son oratoire, œuvre cortenaise, illustre certains épisodes de sa vie. Chaque année, le 19 mai, Corte honore la mémoire de son grand saint.

se promener

LA VILLE HAUTE★
Visite : 2h.

Place Paoli
Reliant la très ancienne ville haute aux quartiers plus récents de la ville basse, la place Paoli commande la principale artère de la cité contemporaine : le **cours Paoli**. La statue en bronze de Pascal Paoli, œuvre de Victor Huguenin, fut érigée en 1864.

Suivre le cours Paoli sur 100 m et tourner à gauche direction « chapelle Ste-Croix-Citadelle ».

Une fontaine et un large escalier en marbre de la Restonica marquent le début de la rampe Ste-Croix, qui grimpe vers la citadelle.

Chapelle Ste-Croix★
En haut de la rampe, sur la droite. Le rapport que le délégué apostolique du pape Sixte V rédigea à la suite de sa visite du diocèse d'Aléria en 1589 la mentionne déjà. Derrière la sobre façade de cette chapelle de confrérie se cache un intérieur raffiné, traité dans l'esprit des riches oratoires St-Roch et de l'Immaculée-Conception de Bastia. Le sol est dallé de **marbre gris** de la Restonica. Sa nef unique est voûtée d'un berceau à lunettes peint de nombreux trompe-l'œil.

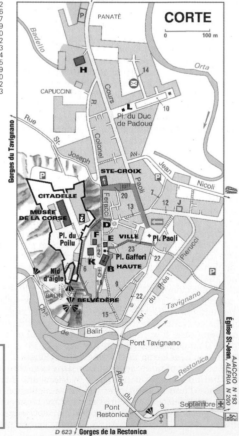

C'est à la chapelle Ste-Croix qu'avait lieu, chaque année, le 5 décembre, l'élection du podestat et des « padri del commune », chargés de l'administration communale. Le soir du Jeudi saint, de la chapelle Ste-Croix part la « **granitula** », célèbre procession des pénitents.

Remonter la rue Col.-Feracci.

Longeant la citadelle, la rue monte en pente douce, bordée de vieilles maisons sur la gauche. On aperçoit au bout le clocher de l'église de l'Annonciation.

Au n° 11, remarquer un très ancien immeuble. Sa façade patinée (hélas quelque peu délabrée) est élevée dans le goût des palais italiens du 16ᵉ s. Un peu plus loin, à gauche, sur une place légèrement en contrebas, la **fontaine des Quatre-Canons** fut construite sous Louis XVI pour approvisionner en eau potable la garnison et l'hôpital militaire. La population de la ville fut autorisée à l'utiliser.

À ce niveau, prendre la rampe qui monte en escalier à la citadelle. On arrive sur la place d'Armes (ou du Poilu).

La fontaine des Quatre-Canons présente une pyramide surmontée d'un boulet ; l'eau jaillit en quatre points à sa base.

Place d'Armes (Place du Poilu)

Cette place fait face à l'entrée de la **citadelle** qui abrite le **musée de la Corse** *(voir ci-après chapitre « découvrir »)*. Au n° 1 – au coin des escaliers descendant vers la place Gaffori – s'élève la maison où naquit, en 1768, Joseph Bonaparte, frère aîné de Napoléon et futur roi d'Espagne. Charles Marie et Letizia Bonaparte y vécurent environ un an. C'est dans cette même maison que naquit, dix ans plus tard, Jean-Thomas **Arrighi de Casanova** (1778-1853).

Palais national (Palazzu naziunale)

Massif et unique vestige de l'architecture civile génoise à Corte, cette ancienne résidence du représentant de la Superbe devint le siège du gouvernement de Corse institué par Paoli. Ses murs abritèrent en 1765 la première université de Corse qui accueillait 300 étudiants, mais ne survécut pas au départ en exil de Paoli. Le palais, rattaché à l'université corse, renoue depuis 1981 avec cette vocation en accueillant le Centre de recherche corse en sciences humaines.

Passer derrière le Palais national, remonter vers la gauche la rue de la Citadelle et suivre la signalisation « Belvédère ».

Belvédère★

À plus de 100 m au-dessus du Tavignano, on découvre un vaste **panorama**★★ sur le confluent du Tavignano et de la Restonica ; au loin se profilent les crêtes de la chaîne centrale. ▶

Redescendre vers la place Saint-Théophile.

L'oratoire de plein air a été bâti à l'emplacement de la maison natale de saint Théophile de Corte.

Poursuivre en direction de la place Gaffori.

Du belvédère un escalier, puis un sentier très raide mènent au bord du Tavignano *(déconseillé par temps de pluie)*. La passerelle offre une vue « en contre-plongée » sur la vieille forteresse soutenue par trois grandes arcades, à l'extrémité du rocher. C'est pourtant de ce côté que se sont quelquefois évadés des prisonniers, entre autres les Gaffori et leurs partisans.

Place Gaffori

Derrière la statue du héros, s'élève la maison du général Gaffori, dont la façade porte encore les impacts des mitrailles génoises, tirées lors du siège de Corte en 1750.

Église de l'Annonciation

L'entrée se fait par la façade principale, pl. Gaffori. Remontant à 1450, cet édifice fut agrandi par saint Alexandre Sauli *(voir Cervione)* qui fit construire la nef de droite à la place d'anciennes écuries. Le fin et haut campanile de l'église domine toute la vieille ville. La façade est repeinte en crème avec des pilastres gris. À l'intérieur, on note une belle **chaire** en bois sculpté provenant de l'ancien couvent franciscain. On peut aussi admirer un très beau **crucifix** en bois d'école espagnole, du 17ᵉ s.

Une statue de bronze du général Gaffori, œuvre d'Aldebert, fut érigée en 1901 devant sa maison.

UNE HÉROÏNE DIGNE DE CORNEILLE

Sur le socle de la statue, deux bas-reliefs évoquent le courage de son épouse Faustina. L'un retrace la prise en otage de leur fils lors du siège de 1746 par les troupes de Gaffori. Les Génois, réfugiés dans la citadelle, exposent l'enfant aux balles des patriotes ; Faustina Gaffori, se précipitant au milieu des assiégeants, crie : « Tirez ! Ne pensez pas à mon fils, pensez à la patrie ! » La fusillade reprend, la citadelle capitule ; l'enfant est retrouvé sain et sauf.

Le socle de la statue de Gaffori est orné de bas-reliefs illustrant les actions du général et de sa femme Faustina.

Dans la chapelle placée sous son vocable, saint Théophile apparaît sur son lit de mort (effigie en cire du musée Grévin – 1979). La partie instrumentale de l'orgue, par Johann Conrad Werle, date de la fin du 18ᵉ s.

Redescendre vers la place Paoli par la rue Scoliscia (Mgr Sauveur-Casanova), entrecoupée de marches et bordée de nombreux restaurants.

LA VILLE BASSE

Hôtel de ville

Fermé pour travaux. ☎ *04 95 45 23 00.*
Cette ancienne demeure entourée d'un parc agréable a été cédée à la ville par le duc de Camaran. Des fresques de Jose Fabri-Canti, dans la **salle des mariages**, évoquent la destinée de Pascal Paoli et la vie cortenaise. Le parc abrite une baignoire romaine aménagée en fontaine *(adossée à un mur)*.

Statue du général Arrighi de Casanova, duc de Padoue

Pl. du Duc-de-Padoue. Cette statue en bronze est due au sculpteur Bartholdi, l'auteur de la statue de la Liberté à New York.

découvrir

LA CITADELLE★

Mêmes conditions de visite que le musée de la Corse.
Elle s'étage sur deux niveaux. À l'intérieur d'une enceinte bastionnée du 19ᵉ s., un premier plateau, le plus étendu, a été aménagé sous Louis XVI, puis sous Louis-Philippe. Il fit démolir les habitations et la chapelle comprises dans ces limites.

Le niveau supérieur occupe toute la pointe Sud et présente l'aspect d'un véritable nid d'aigle sur son éperon rocheux. Cette partie, dénommée le château, fut édifiée en 1420 par **Vincentello d'Istria**, vice-roi de Corse pour

Seule fortification construite à l'intérieur des terres en Corse, la citadelle de Corte s'élève sur un éperon rocheux surplombant le lit du Tavignano.

le compte du roi d'Aragon. On visite les anciennes casernes, les prisons et la tour (ancien donjon) du **nid d'aigle**. De ce belvédère, la **vue**★ embrasse la vieille ville, le départ des vallées du Tavignano et de la Restonica et les nombreux villages accrochés au flanc de la montagne.

Occupée jusqu'en 1983 par la Légion étrangère, la citadelle abrite actuellement l'Office de tourisme, le musée de la Corse et, bientôt, un centre d'information du Parc naturel régional.

Musée de la Corse (Musée régional d'Anthropologie)★★

&. *De mi-juin à mi-sept. : 10h-19h45 ; de déb. avr. à mi-juin et de mi-sept. à fin oct. : tlj sf lun. 10h-17h45 ; nov.-mars : tlj sf lun. et dim. 10h-18h. Juil.-août : visite guidée tlj sf lun. et j. fériés 10h et 15h30, sur demande auprès de Mme Ruggeri (15 j. av.), ☎ 04 95 45 26 06. Fermé de déb. janv. à mi-janv., 1ᵉʳ mai, 11 nov., 25 déc. 5,30€ (visite guidée : 6,80€). ☎ 04 95 45 26 06.*

Ce passionnant musée, inauguré en 1997, a été aménagé dans l'ancienne caserne Serrurier rénovée par l'architecte italien Andrea Bruno. Il s'articule autour de deux espaces complémentaires : la galerie Doazan et la galerie du « Musée en train de se faire ». Ici, point de nostalgie passéiste, mais la volonté de présenter la vie traditionnelle corse en l'inscrivant dans son temps.

Le 1ᵉʳ niveau présente une exceptionnelle **collection**★★ d'objets, patiemment rassemblés par l'abbé Doazan entre 1951 et 1978. C'est la Corse traditionnelle, agricole et pastorale, qui revit à travers ses outils, ses objets de la vie quotidienne et ses traditions.

Le « Musée en train de se faire » analyse les interactions, parfois conflictuelles, entre cette vie traditionnelle et la modernité : on découvre les débuts de l'industrialisation (avec les exploitations d'amiante), une grande entreprise corse (les établissements Mattei, célèbres pour leurs vins et spiritueux comme le fameux « Cap Corse », apéritif « national »), la coexistence de techniques modernes et archaïques (une « pistaghjola mecanica », machine à décortiquer les châtaignes, tandis que, non loin, le battage continuait à se faire manuellement), la naissance du tourisme appelé à profondément transformer la Corse décrit à travers une collection d'affiches Ollandini, mais aussi le retour actuel de la jeunesse vers certaines formes de traditions, comme les confréries religieuses, dans une démarche plus identitaire que spirituelle.

Le **nid d'aigle**, ou **castellu**, abrite l'auditorium de la phonothèque (archives sonores sur la musique corse) et « A Sala », un espace d'expositions temporaires thématiques (accessibles en saison).

alentours

Église et baptistère St-Jean

3 km au Sud-Est de Corte. Quitter Corte par la N 200 en direction d'Aléria. Continuer sur 1 km après le pont du chemin de fer ; 150 m après le panneau de fin d'agglomération, dépasser l'enseigne commerciale « Catena » et prendre à droite une route empierrée en très mauvais état. La suivre pendant 900 m environ à travers un bois de chênes-lièges et de chênes verts, jusqu'à la voie ferrée : l'église et le baptistère sont à 200 m en face. Possibilité de se garer au chevet de l'église.

C'était jadis l'**église**★ de la *pieve* de Venaco qui, dans cette partie du diocèse d'Aléria, servait de cathédrale annexe.

Cet édifice remonte au 9ᵉ s. ; il ne subsiste plus que l'abside et les fondations des trois nefs. Les bases de mur visibles au milieu de la nef correspondent au chancel, à

166 MARCHES
On accédait au nid d'aigle par un curieux escalier de 166 marches en marbre vert de la Restonica, couvert d'une voûte et aménagé en monte-charge pour les canons grâce aux rampes de roulement de part et d'autre des marches *(on peut l'apercevoir, à travers une grille, sur le chemin d'accès au nid d'aigle)*.

À VOIR
Les objets provenant de la bergerie Milisaria d'Amaqo, qui furent utilisés jusqu'en 1978, restituent l'espace du berger : voir notamment la superbe *pastorale* (canne de berger) ainsi qu'une *zucca* (gourde).

l'ambon et au banc de la *schola cantorum* (fouilles de 1956). Un escalier et un terre-plein faisaient communiquer la nef du Sud avec le baptistère.

L'élégant **chevet semi-circulaire**, en schiste, est décoré de bandes murales et d'arcades aveugles soulignées par un lit de briques romaines réutilisées. Il est fort probable que St-Jean ait été bâtie sur le site de l'ancienne bourgade romaine de **Venicium**.

Situé à quelques mètres au Sud-Est du chevet de l'église, le **baptistère St-Jean** est très bien conservé. Il est construit sur un plan tréflé comportant trois absidioles semi-circulaires voûtées en cul-de-four s'ouvrant sur un carré central où se trouve la cuve baptismale.

circuits

CIRCUIT DU CORTENAIS★

66 km. Quitter Corte par la D 18 puis, à 4,5 km, au col d'Ominanda, prendre le 1er chemin à droite non revêtu.

Monte Cecu

Du sommet (alt. 754 m) où est installé un relais de télévision, on découvre un **panorama**★★ sur Corte et la vallée de Tavignano, le Monte Rotondo au Sud et les aiguilles rouges de Popolasca au Nord.

Regagner le col d'Ominanda et poursuivre la D 18.

La route, tracée en corniche, traverse les montagnes du Cortenais.

Castirla

1 km après le village, un chemin s'amorce sur la droite (1/4h à pied AR). La **chapelle St-Michel**, préromane, est entourée d'un cimetière.

À Pont de Castirla, prendre à gauche la D 84, puis aussitôt après avoir franchi le Golo, à droite la D 18 que l'on suit sur 6 km. Prendre alors la D 118 à gauche.

À VOIR

L'intérieur présente une abside ornée de **fresques**★ du 15e s. : le Christ en majesté, entouré des attributs des évangélistes, domine les apôtres ; de chaque côté de l'arc souligné de losanges apparaissent l'ange de l'Annonciation et la Vierge, une Vierge à l'Enfant et saint Michel.

Castiglione★

Laisser la voiture à l'entrée du village. Perché au-dessus de la vallée du Golo, ce village montagnard aux vieilles maisons et aux ruelles étroites, groupé autour de son église, est dominé par les aiguilles rouges de Popolasca.

Regagner la D 18 pour prendre un peu plus loin la D 918 (à gauche).

Popolasca

Ce village, également dominé par les curieuses aiguilles du même nom, se groupe sur un éperon rocheux au milieu de châtaigniers.

Reprendre la D 18 jusqu'à la N 193 que l'on prend à droite. 8,5 km plus loin, prendre à gauche une route étroite qui monte à Omessa.

Omessa★

On laissera la voiture sur la piazza commune, ombragée, de ce village perché au-dessus de la vallée du Golo. Là, se dresse la **chapelle de l'Annonciade** *(fermée pour travaux de rénovation)* qui renferme une jolie statue en marbre de la **Vierge à l'Enfant** traitée dans le style florentin de la Renaissance.

On pénètre dans le **Rione**, « quartier » dont les hautes maisons, serrées autour de l'église, composent un ensemble de ruelles communiquant par des passages voûtés.

EMBUSCADES DANS LE CALCAIRE

Omessa signifie « le caché ». Le village gardait jadis les défilés calcaires de la Petraccia (mauvaise pierre), ainsi nommés parce qu'ils étaient des lieux d'embuscades.

Église St-André – Flanquée d'un haut **campanile**★ baroque, elle abrite quelques toiles italiennes intéressantes : une Vierge à l'Enfant, une Descente de Croix et une Cène, ainsi qu'une charmante peinture naïve sur la tribune. Sur le flanc gauche, une inscription honore la mémoire de trois évêques Colonna, originaires d'Omessa, inhumés dans l'église.

Revenir à la N 193 qui ramène à Corte.

Au Nord de Corte, vous visiterez de charmants villages perchés et souvent isolés sur les crêtes tel Soveria (photo ci-contre) ou encore, Tralonca, Sta-Lucia-di-Mercurio, Pecorellu, etc.

GORGES DE LA RESTONICA★★
15 km – environ 2h1/2 – voir ce nom.

VALLÉE DU TAVIGNANO★ *(voir ce nom)*

randonnées

Nous ne pouvons citer toutes les randonnées passionnantes que l'on peut faire autour de Corte. Nous vous conseillons en priorité les gorges de la Restonica, avec les lacs de Melo et Capitello, le lac de Nino *(voir Le Niolo)*, l'arche de Corte *(ci dessous)*. Les dénivelés sont importants et nécessitent un bon entraînement. Pour ceux qui restent longtemps dans la région, il est conseillé d'acheter un topoguide ou la carte « Centru di Corsica, 26 itinéraires commentés » vendue (5€) à l'Office de tourisme.

GORGES DU TAVIGNANO★★
🚶 *Départ du sentier balisé au Nord de la citadelle – environ 5h AR – dénivelé 1 050 m – sans difficulté majeure mais destiné à des marcheurs confirmés.*

Arche de Corte★ (ou de Padule)
Alt. 1 500 m. S'engager sur le sentier du Tavignano, puis à l'embranchement prendre le chemin à droite qui longe un muret. Dépasser un petit abri de terre et de pierre *(non représenté sur les cartes au 1/25 000)* et atteindre une crête. On pénètre dans une châtaigneraie. Poursuivre sur ce sentier *(ignorer celui de droite qui rejoint des rochers)* jusqu'à un col. L'itinéraire, mieux tracé ensuite, file plein Nord en montée régulière en traversant une majestueuse forêt de pins laricio. Environ 40 m avant d'atteindre le but de cette randonnée, on aperçoit, se détachant du relief environnant, la silhouette caractéristique de l'arche.
Revenir par le même itinéraire. Possibilité de poursuivre jusqu'aux bergeries de Padule (en prévision de cette variante, se munir de ravitaillement suffisant et d'un topoguide).

PRUDENCE

Corte est un des principaux points de départ de randonnées pédestres. La plupart de ces balades s'effectuent en moyenne montagne et requièrent un entraînement suffisant ainsi qu'un équipement adapté (chaussures notamment). Le temps change très vite en montagne (neige possible, même en été). Renseignez-vous avant de partir.

Lac de **Creno**★

Lavu di Crenu

À 1 310 m d'altitude, le lac de Creno est le moins élevé des lacs glaciaires de Corse. Peu profond, ce modeste lac de 1,8 ha, au charme mystérieux, est entouré de beaux pins laricio dont les fûts rectilignes se reflètent dans ses eaux calmes. Il est accessible par une randonnée facile et agréable d'environ 1h1/4.

La situation

Carte Michelin Local 345 C6 – Corse-du-Sud (2A). Le lac de Creno occupe une cuvette glaciaire sur un replat du versant Sud-Ouest de la grande arête dorsale qui partage l'île. De Vico, suivre la D 23 sur environ 14 km et prendre à gauche la D 323 vers Poggiolo, puis Soccia (environ 5 km). Le chemin menant au lac part à 2,8 km à l'Est de Soccia *(voir « randonnée »).*

Les gens

Selon la légende, le diable aurait créé le lac de Creno afin de s'y cacher. Mais un jour, les intenses prières d'un berger et d'un vieillard vidèrent complètement l'étendue d'eau, ce qui obligea le démon à s'enfuir.

PRATIQUE
Du lac, on peut rejoindre en 2h environ Bocca d'Acqua Ciarnente, où passe le **GR 20** et où est établi le **refuge de Manganu**.

randonnée

Une route carrossable débute par une rampe bétonnée, à l'Est de Soccia, juste après un lavoir. Elle rejoint en 2,8 km l'itinéraire pédestre à la grande croix métallique (stationnement).

🚶 *2h1/2 AR. Prendre le sentier pour Creno qui part à travers le maquis, environ 30 m à droite et au-dessus du tropplein (en ciment) de la conduite forcée.*

Le chemin court à flanc de coteau dans un maquis qui exhale une forte odeur de thym. En face se dressent les rochers de l'Arbariccia.

Le sentier devient plus raide et plus étroit. On rejoint *(1h de Soccia),* au pied des pentes du Monte Sant'Eliseu, celui qui descend à Orto. À environ 500 m de ce croisement, se détache à droite le sentier d'accès à la chapelle Sant'Eliseu (alt. 1 511 m).

Continuer tout droit, puis sur la droite en direction du bois de pins.

On pénètre bientôt dans le bois de pins laricio où se situe le lac de Creno que l'on atteint en 1/4h.

CONSEIL
Une fois au lac, suivre le chemin de crête qui laisse à gauche le Monte Sant'Eliseu, on parvient à une croix au pied de laquelle s'offre une **vue** étendue sur Orto et Guagno. On peut aussi choisir de faire le tour du lac.

Le joli petit lac de Creno, veillé par ses pins laricio.

Erbalunga⋆

Cette petite marine de la commune de Brando aligne ses vieilles maisons à fleur d'eau sur une pointe de schiste vert terminée par une ancienne tour génoise à demi ruinée. Goûtez le plaisir de la flânerie autour du port dans les ruelles en escalier, ombragées de platanes, de lauriers et de palmiers, et sur les places fleuries.

La situation

Carte Michelin Local 345 F3 – Schéma p. 211 – Haute-Corse (2B). À 10 km au Nord de Bastia par la D 80. Laisser son véhicule au parking derrière la mairie (le long de la route principale).

Les gens

Erbalunga est le berceau de la branche paternelle de l'écrivain Paul Valéry (1871-1945).

La marine d'Erbalunga conserve une tour génoise. Celle-ci garde fière allure malgré la destruction de son sommet par la flotte française au 16ᵉ s.

se promener

Erbalunga et Cardo (Bastia) furent pour les Pisans les principaux lieux d'approvisionnement en vin, dès le 12ᵉ s.

Encadré de rochers et d'habitations, le petit **port** abrite quelques bateaux de pêche et de plaisance aux couleurs vives. Il attira bon nombre de peintres dans les années 1930. Un petit ponton de bois au-dessus de l'eau longe les maisons anciennes et mène à la **tour génoise**. Une plaque, apposée sur la face Nord de la tour, mentionne la date de 1561, erbablement celle de sa construction.

L'**église St-Érasme**, qui s'élève sur une terrasse à l'entrée du village en venant de Bastia, abrite les croix portées par les pénitents de la Semaine sainte. Saint Érasme, le patron des marins, est fêté le 2 juin, avec procession et bénédiction de la mer. *Dim. pdt les offices.*

LA CERCA

Le soir du Jeudi saint, une procession gagne le monastère de bénédictines qui domine le village. Les hommes, revêtus d'une aube blanche, portent une croix de 40 kg, tandis que les femmes, la tête couverte d'un tablier bleu (*la faldette*), participent à la cérémonie en supportant une croix de 20 kg. Le Vendredi saint, la procession quitte l'église d'Erbalunga vers 7h du matin, pour un circuit à pied de 7 km comportant des haltes à toutes les églises et chapelles de la commune de Brando : c'est la « **Cerca** » (« recherche »), à laquelle prennent part d'autres villages de la commune. Le soir, à la lumière des torches, la procession des pénitents réalise des figures traditionnelles, devenues célèbres, comme celle de la *Granitola*, en forme de spirale, et celle de la croix.

alentours

Castello

3 km à l'Ouest. Dans Erbalunga, prendre à la hauteur du bureau de poste la D 54 vers Castello et Silgaggia.

La route monte rapidement, ménageant de larges vues sur la mer, Erbalunga et, à mi-pente, sur l'imposant monastère des bénédictines. Castello doit sans doute son nom au château médiéval dont les ruines subsistent sous la forme d'un donjon massif qui domine le village. Édifié au 13ᵉ s. et remanié au 15ᵉ s., il fut la demeure d'une puissante famille cap-corsine, les seigneurs Gentile. Ce gros hameau de la commune de Brando verrouille un amphithéâtre de schiste vert tourné vers le large, sur la pente Est du Monte Stello.

Chapelle N.-D.-des-Neiges★ – *300 m avant Castello, prendre à gauche, à la fourche, la route en montée qui conduit à Silgaggia. Du 10 juil. au 10 août : visite guidée uniquement (2h) mer. matin. Tarif non communiqué. S'adresser à Mr Defendini, Association « Contact », ☎ 06 86 78 02 38.*

◄ Ce sanctuaire remonte au 11ᵉ s. Bien qu'il soit de modeste taille, c'était l'église piévane *(voir p. 90)* de la seigneurie de Brando. Son abside en cul de four et sa toiture de *teghie* (lauzes) lui confèrent une belle harmonie. Mitoyenne de la chapelle, l'église paroissiale **Santa Maria Assunta**, beaucoup plus vaste, présente une façade du 19ᵉ s., agrémentée en haut de son fronton des armes pontificales.

À proximité, une petite chapelle abrite en saison des expositions sur la restauration du patrimoine local.

Au-dessus, le cimetière, ombragé d'ifs et d'oliviers vénérables, domine la mer et l'île de Capraia.

FRESQUES

La chapelle possède les plus anciennes fresques connues dans l'île, datées de 1386 et réalisées par un artiste italien. Les fragments subsistants couvrent le mur Sud et figurent des personnages d'une étonnante naïveté : la commanditaire, représentée, a été identifiée par une inscription.

Golfe de **Figari** ☲

La côte qui s'étend de Roccapina à Bonifacio, inhabitée et éloignée des grands axes routiers, a conservé sa beauté sauvage. Adossée à la montagne de Cagna et tapissée d'un maquis dense, elle offre de petites plages et des mouillages sûrs. De minuscules calanques pénètrent profondément dans les embouchures de ses fleuves côtiers. C'est un paradis très fréquenté pour la plongée sous-marine.

La situation

Carte Michelin Local 345 D11 – Corse-du-Sud (2A). Pianottoli-Caldarello, seul bourg important du golfe, est accessible par la N 196, puis la D 122.

Le nom

Célèbre pour son aéroport qui dessert tout le Sud de la Corse, Figari est le chef-lieu de la circonscription surnommée le « canton des plages ».

se promener

Caldarello

Composante de **Pianottoli-Caldarello**, seule agglomération d'importance entre Sartène et Bonifacio, ce charmant port de pêche se dresse dans un étonnant **chaos de rochers**★. Caldarello signifie en corse « là où il fait très chaud ».

Aujourd'hui, Zérubia se meurt alors que Pianottoli se développe grâce à la production d'un vin réputé (le vin de Figari) et à la proximité de l'aéroport. La marine de Caldarello est une belle station balnéaire.

carnet pratique

TRANSPORTS

Aéroport de Figari – ☎ 04 95 71 10 10. Il est relié par lignes régulières à Paris-Orly, Lyon, Nice et Marseille. En saison, vols depuis : Bordeaux, Lille, Montpellier, Nantes, Strasbourg Toulouse, Genève et Rome (Air France, Air Littoral). La plupart des agences de location de voitures sont représentées : Ada (☎ 04 95 71 05 05), Avis (☎ 04 95 71 00 01), Budget (☎ 04 95 71 04 18), Citer (☎ 04 95 71 02 00), Europcar (☎ 04 95 71 01 41) et Hertz (☎ 04 95 71 04 16).

RESTAURATION

☺☺ **Pozzo di Mastri** – *20114 Figari - 2 km au N de Figari par D 859* - ☎ *04 95 71 02 65 - fermé janv. à mars et lun. midi hors sais.* - ✉ *- réserv. obligatoire - 35€*. Avec son air de bergerie sophistiquée, ses murs ornés de tableaux offerts par des clients artistes, son étonnante reproduction miniature d'un village corse et ses tables en pin laricio, la maison séduit. Cuisine de saison et beaux gigots d'agneau rôtis dans la cheminée.

HÉBERGEMENT

☺ **Camping Kévano** – *20131 Pianottoli-Caldarello - 3 km au SE de Pianottoli-Caldarello* - ☎ *04 95 71 83 22 - ouv. mai-sept. - réserv. conseillée - 100 empl. : 23,30€ - restauration*. À 500 m de la plage, sur une colline de rochers et d'arbres, ce terrain fleuri vous propose nature et espace Emplacements bien délimités à l'ombre des rochers, terrasses aménagées dans le souci à la fois d'offrir pour tous la meilleure vue et de respecter l'environnement.

☺☺ **U Libecciu** – *Rte du Port - 20131 Pianottoli-Caldarello* - ☎ *04 95 71 87 93 - fermé oct. à mars -* 🅿 *- 80 ch. : 75/180€ -* ☕ *7€ - restaurant 18/25€*. Très belle situation en bord de mer pour cet hôtel de conception moderne. Ses chambres, spacieuses et meublées en rotin, sont toutes climatisées. Côté détente, vous aurez l'embarras du choix : plage privée, piscine ludique, locations de VTT, canoë, petits voiliers...

SPORTS & LOISIRS

Ranch du golfe de Figari – *20131 Pianottoli-Caldarello* - ☎ *04 95 71 81 00 - juin-sept. : tlj*. Installé en plein maquis à proximité de la mer, ce ranch propose des promenades d'une heure à la journée entière. Possibilité de mini-randonnée avec des poneys pour les plus jeunes. Une façon agréable de découvrir le golfe de Figari.

ACHATS

Domaine de Tanella – *Rte de Bonifacio - 20114 Figari* - ☎ *04 95 70 46 23 - juil.-août : 9h-20h ; juin-sept. : lun.-sam. 9h-12h30, 15h-19h30 ; oct.-mai : lun.-ven. 9h-12h, 15h-18h30, sam. 9h-12h - fermé j. fériés*. Appartenant à la famille de Peretti Della Rocca, une des plus anciennes de Corse (depuis l'an 816), ce domaine de 57 ha produit d'excellents vins (rouge, rosé, blanc) issus de vieux cépages corses. La cuvée Alexandra, élevée en fût de chêne, a obtenu de nombreux prix.

UN HABITAT SAISONNIER

Jusqu'au début du 20e s. il n'existait à Caldarello que quelques maisons servant à un habitat saisonnier, car cette zone basse (appelée *piaghja* en corse) était particulièrement insalubre en été. La population passait la plus grande partie de l'année en moyenne montagne, à **Zérubia**, près de Serra-di-Scopamène. On descendait à la piaghja afin de pourvoir à l'alimentation de base : vigne, oliviers, orge, etc. Avec les premières chaleurs de juin, les récoltes achevées, tout le monde remontait à Zérubia jusqu'aux vendanges.

Du haut du chaos rocheux à la sortie Sud de Caldarello, une **vue**★ s'offre sur le golfe profond.

À la bifurcation, prendre à gauche vers l'embarcadère.

Dominée par une tour génoise et bordée par un maquis dense d'où émergent des toitures de résidences, une petite plage de sable s'étend à gauche de l'embarcadère.

Les plages

Pour accéder aux plages, s'engager à droite vers St-Jean (D 122). En raison de l'étroitesse de la route et de la difficulté à trouver ensuite un stationnement, laisser le véhicule sur le parking libre situé après le tennis. Continuer environ 2 à 3 km à pied pour atteindre les **petites criques de sable fin** de la baie de Figari. Ne pas poursuivre la route lorsqu'elle s'incurve vers l'intérieur des terres, car elle dessert uniquement des résidences privées.

MAISONS TROGLODYTIQUES

Aménagés dans les chaos de Caldarello, ces abris appelés « ori », fréquents dans toute la montagne de Cagna, étaient utilisés comme habitations principales jusqu'au 17e s. Ils servent aujourd'hui de granges, d'étables et, en montagne, de demeures pour les bergers.

Filitosa★★

RESTAURATION

☺☺ **Auberge du Domaine Comte Abbatucci** – *Au pont de Calzola - 20140 Casalabriva - 7 km au NE de Filitosa par D 457 -* ☎ *04 95 24 36 30 - dom-abbatucci@infonie.fr - fermé fin oct.-déb. mars - 20€. Auberge nichée au bout d'un chemin qui traverse les vignobles du domaine. Sur la table de ce lieu dépaysant vous découvrirez la production du domaine : vins, huile d'olive et agneau. Sur réservation, couscous et tajines. Terrasse.*

Le site archéologique de Filitosa offre, à travers ses précieux vestiges, une synthèse des origines de l'histoire en Corse : périodes néolithique (6000-2000 avant J.-C.), mégalithique (3500-1000), torréenne (1600-800), puis romaine.

Le site a été découvert en 1946 par le propriétaire du terrain ; l'archéologue Roger Grosjean y a ensuite consacré son activité de chercheur.

La situation

Carte Michelin Local 345 C9 – Schéma p. 348 – Corse-du-Sud (2A). Le site se trouve à 17 km au Nord-Ouest de Propriano. Accès depuis le golfe de Valinco par la D 157 et la D 57 *ou, depuis la N 196, par la D 302 vers Sollacaro et la D 57.*

Le nom

Filitosa signifie « endroit où pousse la fougère (a filetta, en corse).

Les gens

Les 70 statues-menhirs retrouvées sur le site ont reçu le nom de Filitosa I, II, etc. **Filitosa V** est la plus volumineuse et la mieux armée de toutes les statues-menhirs de Corse. Elle porte une longue épée et un poignard oblique dans son fourreau ; de dos, apparaissent des détails anatomiques ou vestimentaires. Le haut de la tête semble avoir été sectionné.

comprendre

L'économie néolithique – En Corse, les premiers foyers néolithiques remontent à 6000 avant J.-C. Les hommes sont alors des agriculteurs et des pasteurs qui pratiquent aussi la chasse, la pêche et la cueillette. Pacifiques, ils demeurent dans des abris-sous-roche. Devenus sédentaires, ils édifient des cabanes au sommet d'éminences. Ils pratiquent la transhumance vers les plaines côtières en hiver, vers la haute montagne en été. Ils connaissent le tissage et la poterie et enterrent leurs morts dans des grottes naturelles.

EN SAVOIR PLUS

D'autres sites préhistoriques et mégalithiques en Corse méritent une visite : **Alo Bisucce**, les alignements et le dolmen de **Cauria**, le menhir de Nativu à **Patrimonio**, les sites torréens de **Cucuruzzu**, **Torre**, **Ceccia**, **Tappa** et **Araghju**. Deux musées leur sont consacrés : à Sartène et à Levie. Pour plus de détails sur Filitosa, lire : *Filitosa*, par J.-D. Cesari et L. Acquaviva (en vente sur place).

◀ **La civilisation mégalithique** – Cette civilisation se répand dans le Sud-Ouest de l'île vers 3500 avant J.-C. Le mode de vie est le même qu'à l'époque néolithique, mais les morts sont enterrés dans des caveaux, d'abord plus ou moins enfoncés dans le sol (coffres), puis en surface, sous des dolmens constitués de grandes dalles façonnées et polies. À proximité de ces sépultures sont élevés des monolithes (menhirs), hauts de 2 à 4 m.

Vers 2000 avant J.-C. apparaissent les premiers alignements. Ce peuple pacifique savait alors confectionner des armes de chasse dans le granit façonné avec un

L'extraordinaire patrimoine préhistorique de l'île suscite de multiples recherches et soulève bien des énigmes.

outillage d'obsidienne importée de Sardaigne, et tailler des pointes de flèches dans l'obsidienne même. Deux siècles plus tard une évolution sensible se manifeste : le menhir encore dépourvu de toute trace de sculpture ou de gravure acquiert cependant une silhouette humaine. C'est le **menhir anthropomorphe** (à forme humaine), déjà plus qu'une stèle mais pas encore une statue : la tête est ébauchée et distinguée du corps, les épaules sont esquissées. Sa hauteur est celle de l'homme. Son évolution vers la statue-pilier marque une étape artistique importante : le visage est désormais nettement modelé avec les yeux, le nez et la bouche.

Deux siècles après (vers 1600 avant J.-C.), les **statues-menhirs** manifestent une nouvelle évolution : l'anatomie se précise (colonne vertébrale et omoplates) et apparaissent des armes sculptées en relief (épées et poignards). Dans le Nord de l'île, les Mégalithiques élevèrent des statues non armées qui se caractérisent par des épaules marquées, des oreilles proéminentes et souvent un collier sculpté.

La civilisation torréenne – De 1600 à 800 avant J.-C., la Corse du Sud reçoit l'empreinte d'une nouvelle civilisation qui a laissé de nombreuses traces dans le golfe de Porto-Vecchio et à l'Ouest dans les vallées de l'Ortolo, du Fiumicicoli, du Rizzanèse et du Taravo. Les principaux vestiges, situés sur les hauteurs, sont des forteresses circulaires en appareil cyclopéen hautes de 6 à 8 m, auxquelles fut donné le nom de *torre (voir chapitre Histoire)*, analogue aux *nuraghi* de Sardaigne.

LE MYTHE DES TORRÉENS

Certains préhistoriens pensent qu'entre 1400 et 1200 avant J.-C., la Corse avait été envahie par les **Shardanes**, un des mythiques « peuples de la mer », farouches et barbares, qui auraient progressivement repoussé les Mégalithiques vers le Nord de l'île. Ceux-ci auraient construit des *castelli* et des *torre* pour se défendre. Ils auraient aussi pratiqué l'envoûtement : leurs statues-menhirs, désormais armées, auraient représenté leurs ennemis morts au combat. Mais les Shardanes, finalement vainqueurs, devenus les Torréens en Corse et les Nuragiques en Sardaigne, auraient abattu les statues pour s'en servir comme matériaux pour leurs temples. Selon une autre hypothèse, les Corses d'alors auraient tout simplement abandonné leurs pratiques religieuses anciennes pour de nouvelles qui leur auraient fait édifier des monuments circulaires, les *torre*... Bref, une (grande) part de mystère demeure, et ce n'est pas le moindre des charmes du lieu.

visiter

Site archéologique★★

Visite 1h. Avr.-oct. : de 8h au coucher du soleil. De préférence en milieu de journée : bon éclairage pour l'examen des sculptures et des gravures. Bornes sonores en 4 langues. 5€. ☎ *04 95 74 00 91.*

Près de l'entrée s'élève le **musée** que l'on visitera au retour.

À 75 m, sur le chemin conduisant au site, à droite, a été placée la statue-menhir **Filitosa V**.

Une muraille cyclopéenne annonce l'arrivée sur le site de l'**oppidum** fortifié, installé sur un escarpement rocheux. Différents ensembles y retiennent l'attention et témoignent de l'occupation successive du site par les Mégalithiques, puis par les Torréens.

On y accède par la **plate-forme de surveillance Est**, monument comblé par les Torréens. Il s'agit d'un tumulus, extérieurement appareillé et disposé dans un puissant ensemble rocheux. Une rampe monte à son sommet.

Sur la gauche, l'**abri-sous-roche** témoigne de la première occupation des lieux au néolithique ancien, il y a quelque 8 000 ans.

Le site archéologique de Filitosa est l'un des ensembles de statues-menhirs les plus spectaculaires de Corse.

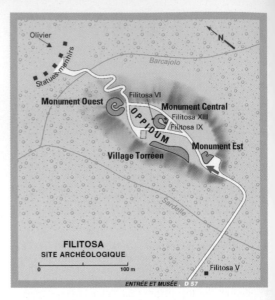

FILITOSA
SITE ARCHÉOLOGIQUE

0   100 m

ENTRÉE ET MUSÉE D 57

APOGÉE

Plusieurs statues du
monument central qui
avaient été retirées du
parement encadrent
l'entrée du monument.
Celles de **Filitosa IX** et
de **Filitosa XIII** sont les
sommets de l'art
mégalithique en Corse.
Filitosa VI montre pour
sa part un visage presque
intact.

◄ On accède alors au **monument central**, de plan circulaire, qui était peut-être à vocation religieuse. Dans ses
murs, les Torréens avaient encastré 32 statues-menhirs
débitées, puis disposées le visage contre terre.

Le monument Ouest prend appui sur des aménagements mégalithiques antérieurs. Il s'agirait d'un édifice
religieux torréen ayant occasionnellement servi à la
défense collective. Sa partie centrale comporte deux
chambres auxquelles on accède par des couloirs.

Une descente (un peu raide) conduit dans le vallon verdoyant où **cinq statues-menhirs** redressées, disposées
autour d'un vénérable olivier, marquent la fin de
l'époque mégalithique dans cette région. Bucolique, le
lieu est empreint d'une étrange sérénité.

Un peu plus loin, on accède à la **carrière**, d'où ont été
extraites les pierres ayant servi à la réalisation des statues-menhirs ; un rocher a reçu, en raison de sa forme
étrange, le nom de « dinosaure ».

Sur le chemin du retour, en longeant sur la gauche l'oppidum, on aperçoit **le village torréen** qui conserve les
assises de cabanes réoccupées après le départ des Mégalithiques. Dans ses strates profondes furent trouvés des
vestiges de la plus ancienne occupation du site : de la
céramique néolithique (5850 avant J.-C.).

Musée – Installé dans le Centre de documentation
archéologique, il présente les objets découverts au cours
des fouilles, accompagnés de notices explicatives. Observer en particulier trois fragments de statues-menhirs restaurées : à gauche, en entrant, la partie supérieure de
Scalsa-Murta (1400-1350 avant J.-C.) portant, de face,
une épée verticale et, de dos, une cuirasse en chevron
et un casque sur lequel apparaissent deux cavités ; on
pensait autrefois que des cornes de bovidés étaient
fixées dessus : cette hypothèse est aujourd'hui contes-
tée. Plus loin, **Filitosa XII**, débitée longitudinalement,
où le bras et la main gauche sont représentés ; au fond,
la tête de style archaïque de **Tappa II**.

Le Fiumorbo

U Fiumorbu

Le Fium'Orbo rassemble les eaux des torrents nés sur le versant oriental du Monte Renoso. Il contourne par le Nord une petite région à laquelle il a donné son nom : le Fiumorbo (sans l'apostrophe). Contrée longtemps enclavée, elle fut un terrain de résistance et un repaire de bandits.

D'Ouest en Est, le Fiumorbo présente une zone d'altitude où règne le châtaignier, puis un ensemble de collines. À l'extrême Sud s'étend la grande plaine d'Aléria. Les villages fixés sur leur promontoire embrassent l'horizon jusqu'à la plaine orientale et la mer.

La situation

Carte Michelin Local 345 F7 – Haute-Corse (2B). De tout temps le Fiumorbo a été un pays replié sur lui-même. De nos jours, seul le long parcours sinueux de la D 344, puis de la D 69, relie la région à l'intérieur de l'île par le col de Verde (alt. 1 289 m). Les villages sont maintenant accessibles par des routes, mais la plupart de celles-ci s'achèvent en cul-de-sac.

Le nom

Fium'Orbo signifie « fleuve aux eaux troubles ».

Les gens

À la fin du 19ᵉ s., le Fiumorbo devint un repaire de bandits, vivant ostensiblement leur condition et mettant la région en coupe réglée.

comprendre

Une terre de résistance – L'isolement géographique a fait de la région un foyer de résistance. Au 18ᵉ s., des bergers fiumorbais refusaient les astreintes de la loi française. En 1815, le commandant Poli, qui avait mission de trouver une retraite pour Napoléon au cas où l'évasion de l'île d'Elbe échouerait, débarqua au Sud de Solenzara. Il gagna le Fiumorbo à la cause de l'Empereur, si bien qu'après les Cent-Jours l'armée du marquis de Rivière ne parvint pas à réduire le pays. Rivière muté, Poli s'exila lorsque le général Villot accorda l'amnistie générale.

En septembre 1944 la région de Vezzani, le défilé de l'Inzecca et Ghisoni furent des théâtres de la résistance victorieuse à l'armée d'occupation allemande.

carnet pratique

Couvert d'un épais maquis, la région du Fiumorbo est coincée entre la haute montagne et la plaine littorale et est délimitée au Nord par le « fleuve aux eaux troubles ».

circuit

VALLÉE DE L'ABATESCO
Circuit de 56 km au départ de Ghisonaccia – environ 2h1/2.

Ghisonaccia
Située à 4,5 km de la mer et adossée aux collines du Fiumorbo, Ghisonaccia est devenue, grâce à l'essor agricole de la plaine orientale, une petite ville moderne et dynamique, centre de la Costa Serena. La campagne environnante est couverte de vignobles, de blé et d'arbres fruitiers. Au Sud-Est, la D 144 mène au littoral. Vers le Nord, la plage de sable fin semble s'étirer à l'infini.

De Ghisonaccia, suivre la route de Bonifacio jusqu'à Migliacciaro (1,5 km). Là, emprunter à droite la D 244 puis, 3 km plus loin, à gauche la D 145. Après Agnatello, prendre à gauche la D 45 qui s'élève en lacet dans le maquis et les chênes-lièges.

Serra-di-Fiumorbo
Accroché à flanc de montagne, ce village domine de 450 m la plaine orientale. De la terrasse de l'église, le regard embrasse à la fois la plaine d'Aléria avec l'étang de Palo et la vallée de l'Abatesco.

Regagner la D 145 et poursuivre la D 45 à gauche.

Pietrapola
L'établissement thermal moderne, situé sur la rive gauche de l'Abatesco, reçoit plusieurs centaines de curistes par an. Devant l'église s'élèvent de typiques maisons en granit.

Continuer vers San-Gavino-di-Fiumorbo.

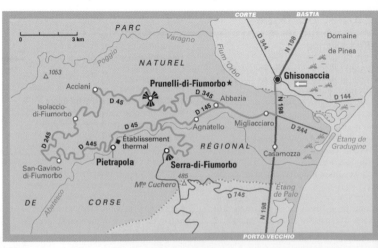

La D 445 s'élève au-dessus de la vallée de l'Abatesco dans les châtaigniers et les chênes-lièges.

À San-Gavino, emprunter, à droite, la D 245 jusqu'à Acciani (par Isolaccio). Poursuivre jusqu'à Prunelli.

La route offre sur tout son parcours de beaux coups d'œil sur la vallée de l'Abatesco, Ghisonaccia et la région du Fiumorbo.

Prunelli-di-Fiumorbo★

Principal centre du Fiumorbo, ce village-belvédère domine la plaine littorale. La terrasse de l'église fortifiée, bâtie en haut du village, offre un **panorama**★ très étendu sur la plaine orientale et ses étangs jusqu'à Aléria, sur la vallée de l'Abatesco et sur l'ensemble du Fiumorbo.

Le retour à Ghisonaccia s'effectue par la D 345, puis la D 145 jusqu'à Migliacciaro et la N 198 à gauche.

Golfe de **Galéria**★

Le golfe dessine une large baie sauvage à l'embouchure du Fango et à proximité de la réserve naturelle de Scandola. Galéria, seule véritable agglomération de la région, est bordée d'une plage de petits galets et offre des fonds sous-marins préservés ainsi que de nombreuses randonnées.

À l'écart des routes, le golfe de Galéria, fenêtre maritime du Parc naturel régional de la Corse, préserve sa beauté sauvage.

La situation

Carte Michelin Local 345 A5 – Haute-Corse (2B). Le golfe de Galéria est délimité par la Punta Stollo au Sud et la Punta Ciuttone au Nord. La **vallée du Fango** occupe l'arrière-pays jusqu'à Paglia-Orba.

🅱 *Carrefour « Cinque Arcate », 20245 Galéria, ☎ 04 95 62 02 27.*

Mai-sept. : tlj sf dim. et j. fériés 9h30-12h30, 16h30-19h ; reste de l'année : se renseigner. Sous réserve de modification.

Les gens

Les moniteurs du centre de plongée sous-marine vous feront partager leur passion pour les sites sauvages où vous découvrirez mérous *(lucerna)*, murènes, rascasses *(scurpina* ou *lucarellu)*, etc. évoluant parmi les failles et les tombants souvent couverts de coraux et de gorgones *(voir carnet pratique)*.

MARE E MONTI
🚶 Galéria est sur le passage du sentier Mare e Monti Nord. On peut rejoindre la jolie petite baie de Girolata en 6h environ de marche.

carnet pratique

séjourner

> **P**our avoir une **vue**
> **d'ensemble sur le**
> **golfe**, suivre à pied le
> sentier qui s'ouvre à
> gauche au bout de la
> D 351. Bien tracé dans le
> maquis, il longe le golfe
> vers la Punta Stollo.

◄ **Galéria** ⌂
Au débouché de la vallée du Fango, ce village, isolé dans
un maquis clairsemé au pied du Capo Tondo (alt. 839 m)
offre une grande plage de galets et un mouillage aux plaisanciers. Son site sauvage est le paradis des plongeurs.

circuit

VALLÉE DU FANGO (Fangu)

24 km de Galéria au pont de la Rocce – environ 1h1/2.

Avec ses vallées adjacentes, elle forme le **Filosorma** (ou
Falasorma), petite contrée peu habitée de la Balagne
déserte.

*Quitter Galéria par la D 351 qui remonte le cours du Fango,
à travers une région couverte de maquis.*

Tuarelli

Emprunter le chemin sur la gauche *(1/4h à pied AR).* Il
conduit au pont sur le Fango : jolie vue en enfilade sur
le torrent aux eaux claires courant dans le granit rose, et
sur les sommets qui ferment la vallée : Punta Minuta et
Paglia Orba.

Forêt domaniale du Fango

*1,5 km au départ de la D 351 par le chemin qui s'ouvre sur
la droite à la sortie du pont enjambant un petit affluent du
Fango.* La route forestière *(interdite aux voitures en*

*Muret en pierres sèches
dans la vallée du Fango.*

période estivale) pénètre dans la forêt domaniale du Fango *(plan de la forêt à la bifurcation)*, constituée de pins, de chênes verts et d'arbousiers. Elle conduit au laboratoire d'écologie, puis à la **maison forestière de Pirio** *(chemin privé)* entourée de très beaux eucalyptus.

La D 351 longe la forêt du Fango. Prendre la route à gauche qui monte au village de Manso.

Manso (Mansu)
Village étagé à flanc de montagne et formé de quatre ▶ hameaux dispersés.

Regagner la D 351.

La route, en mauvais état, serpente à travers les châtaigniers. Les coteaux exposés au soleil portent quelques vignes et des arbres fruitiers.

Bardiana
Ce hameau est situé non loin du confluent du Fango et de la Taïta qui descend de la Mufrella à travers la forêt solitaire du Filosorma, malheureusement ravagée par les incendies. Du village se profile la grande chaîne montagneuse qui sépare le Filosorma du Niolo. De gauche à droite, on distingue : la Punta Minuta (alt. 2 556 m), la Paglia Orba (alt. 2 525 m) et le Capo Tafonato (alt. 2 343 m).

À Bardiana, prendre la piste forestière qui part, face au cimetière, en bas de l'église.

Pont de la Rocce
Bonne **vue** sur le Capo Tafonato.

Au-delà du pont, le chemin pénètre dans la réserve de chasse du Filosorma (protection des mouflons).

> **COUP D'ŒIL**
> Manso offre, de la plate-forme située en bordure de la route, à l'entrée du village, une belle **vue**★ en enfilade sur la vallée plantée d'oliviers et la barrière montagneuse où l'on reconnaît la Paglia Orba et le Capo Tafonato *(voir col de Vergio).*

Ghisoni

Ce village tranquille est situé à 658 m d'altitude. C'est l'un des rares bourg en Corse établi dans une cuvette, au pied du Monte Renoso. Au Sud-Est de Ghisoni deux hauts rochers veillent sur les lieux : le Kyrie Eleïson (1 525 m) et le Christe Eleïson (1 260 m).

Pour les passionnés de nature, les alentours offrent de nombreuses possibilités : balades au cœur de belles forêts de pins, découverte de bergeries, ascension du Monte Renoso et baignades dans les lacs.

La situation
Carte Michelin Local 345 E7 – Haute-Corse (2B). À une vingtaine de kilomètres au Sud-Est de Vivario, Ghisoni est enserré par les forêts de Sorba et de Ghisoni, presque au confluent de la vallée profonde du Regolo et de la haute vallée du Fiumorbo.

> **RESTAURATION**
> ⊝⊝ **Ferme-auberge L'Inzecca** – ☎ 04 95 56 62 62 - *fermé lun. au jeu. d'oct. à mi-juin* - *22/30€.* À l'entrée du défilé de l'Inzecca, c'est une ancienne bergerie restaurée. Tout est fait maison : charcuterie, tripettes, veau et cochon... Seule la truite est d'élevage. Ambiance familiale dans la salle de pierre ou en terrasse avec vue sur les montagnes et la forêt.

Départ du troupeau. Quelques bergers corses pratiquent toujours la transhumance à pied.

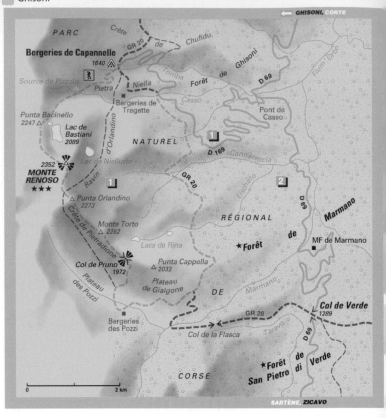

Les gens

Au 14ᵉ s., plusieurs membres de la confrérie des **Giovannali** *(voir L'Alta Rocca)*, réfugiés à Ghisoni et taxés d'hérétiques, furent brûlés sur les flancs de la montagne. La légende raconte qu'au moment où le prêtre chanta le « Kyrie » de l'office des morts, une colombe s'échappa des fumées âcres du bûcher, tournoya sur le lieu du supplice et se perdit dans la campagne pendant que l'écho répétait : « Kyrie... Christe Eleïson... »

circuits

BERGERIES DE CAPANNELLE 1

18 km. Quitter Ghisoni au Sud par la D 69. À 6,5 km, après le pont de Casso, prendre à droite la D 169 qui s'arrête non loin des bergeries de Capannelle.

Construite pour faciliter l'exploitation de la **forêt de Ghisoni**, cette route permet d'admirer les peuplements de pins laricio et maritimes et de hêtres, auxquels se mêlent le bouleau, l'aulne et l'alisier blanc. Certains pins laricio, hauts de 40 m, sont vieux de 3 siècles.

Bergeries de Capannelle (refuge du Parc régional)

Alt. 1 640 m, 500 m à l'Ouest de l'extrémité de la route. Elles se groupent dans le vallon de Tomba. Avec celles de Tragette et de Scarpaccedie, elles abritent en été 2 500 ovins. Un vaste domaine skiable, le « stade de neige de Ghisoni », s'étend entre 1 600 m et 2 100 m d'altitude, limité par la crête de Chufidu au Nord et celle de Pietra Niella au Sud.

Le Monte Renoso (Monte Renusu)★★★

9h AR pour de bons marcheurs – dénivelé de 700 m.
Partir de très bonne heure pour atteindre le sommet avant que ne se lève la brume qui, en été, voile le

panorama dès le milieu de la matinée. L'escalade des pentes caillouteuses du Renoso ne présente guère de difficultés pour de bons marcheurs bien équipés. L'itinéraire est balisé de cairns. Seul un passage très étroit sur l'arête faîtière qui joint le sommet à la Punta Orlandino requiert une certaine prudence.

Des **bergeries de Capannelle** une piste jalonnée de cairns s'engage vers le Sud-Ouest en direction du Monte Renoso ; elle atteint *(1h)* la source de Pizzolo sur un plateau herbeux, puis *(2h)* le **lac de Bastiani** (alt. 2 089 m), grande nappe d'eau grise, aleviné en truitelles et en saumons de fontaine, qui s'étend sur 4,7 ha. Ses rives sont souvent recouvertes par les névés, même en été.

Longer la moraine qui borde le lac pour atteindre l'arête faîtière que l'on suit jusqu'au sommet du Renoso (à 1h de marche du lac).

Le Monte Renoso est, avec le Cinto, le Rotondo, le Monte d'Oro et l'Incudine, l'un des cinq grands sommets qui hérissent la Corse.

Monte Renoso★★★ – Alt. 2 352 m. Point culminant de la longue arête qui joint les cols de Vizzavona et de Verde, il apparaît comme un dôme massif couvert de blocs et d'éboulis. Du sommet, le **panorama**★★★ englobe tout le Sud de l'île, de la côte orientale aux golfes de Valinco et d'Ajaccio, ainsi que la Sardaigne. Poursuivre la ligne de faîte jusqu'à la Punta Orlandino et la crête de Pietradione. Gagner alors le **col de Pruno** d'où l'on domine les petits lacs de Rina et le plateau herbeux des Pozzi. De là, un chemin descend aux bergeries des Pozzi ; puis emprunter à l'Est le plateau de Gialgone. À l'embranchement, après le plateau, prendre à gauche le chemin forestier *(GR 20)* qui contourne le Renoso sur son versant Est et ramène *(en 3h)* à la route forestière du départ, par laquelle on regagne la voiture.

COL DE VERDE PAR LA FORÊT DE MARMANO★ 2

39 km au Sud par la D 69 jusqu'à Zicavo.

La route s'élève dans la forêt de Ghisoni, exposant dans le bas les séquelles des incendies. On aperçoit sur la droite le Monte Renoso et, en contrebas sur la gauche, le Christe et le Kyrie Eleïson.

Forêt de Marmano★

Couvrant le bassin supérieur du Fium'Orbo, la forêt s'accroche à des versants abrupts et présente de beaux pins laricio et maritimes, des hêtres, des sapins pectinés et des bouleaux.

Col de Verde

S'ouvrant à 1 289 m d'altitude au milieu des hêtraies, il fait communiquer la vallée du Fium'Orbo et la forêt de Marmano au Nord avec la vallée du Taravo et la forêt de San Pietro di Verde au Sud. Malgré sa situation méridionale ce col peut être obstrué par la neige en hiver.

Forêt de San Pietro di Verde★

Après le col, la route descend à travers le peuplement de pins laricio de la forêt de San Pietro di Verde, puis longe la forêt de St-Antoine jusqu'à Zicavo.

Zicavo *(voir ce nom)*
Poursuivre sur 7 km à l'Ouest de Zicavo par la D 757ᴬ.

Bains-de-Guitera *(voir à Zicavo)*

Monte Incudine★★★ *(voir ce nom)*

Guagno-les-Bains

Guagnu

Cette minuscule station nichée dans la verdure au fond de la vallée du Fiume Grosso était naguère à l'abandon. Aujourd'hui l'établissement thermal construit sur la rive gauche du torrent témoigne de l'effort accompli pour relancer le thermalisme en Corse. On y vient pour se soigner ou pour se promener en forêt.

La situation
Carte Michelin Local 345 C6 – Corse-du-Sud (2A). Guagno-les-Bains est établie à 12 km à l'Est de Vico par la D 23.

Les gens
D'illustres baigneurs ont fréquenté les eaux de Guagno : **Pascal Paoli**, les **Abbatucci**, les **Ornano** y venaient presque chaque année. **Letizia Bonaparte** y rétablit sa santé compromise après la guerre d'Indépendance. **Napoléon**, y vint avec son frère Joseph.

séjourner

La station
Les eaux de Guagno étaient déjà utilisées au 16e s., mais leurs propriétés ne furent réellement reconnues qu'au 18e s.
Les sources de l'**Occhiu** (37 °C), situées sur la D 323, à l'Ouest du village, traitaient autrefois les maladies des yeux, de la gorge et du larynx. La **source Venturini** (52 °C) soigne les rhumatismes, maladies de peau, arthroses, sciatiques, l'obésité...
Arborant fièrement leur date de construction (1808) les **thermes** s'enorgueillissent d'avoir eu comme patients Napoléon III et Eugénie de Montijo.

randonnées

Cascade de Piscia a l'Onda
2h aller ; descendre vers le Fiume Grosso et, après l'avoir franchi, emprunter le sentier longeant la rive droite.
Au confluent avec le Liamone, franchir ce dernier et prendre, au-delà du pont, le chemin de Letia, puis un sentier remontant, vers le Nord, la rive droite du Liamone jusqu'à la cascade formée par les eaux du torrent. Belle **vue**★ sur la vallée en redescendant.

Forêt de Libio (Furesta di Libiu)
À l'Est de Guagno-les-Bains. Composée de pins maritimes et laricio, elle s'étend en amphithéâtre en-dessous des principales cimes : le Monte Tretorre (alt. 1 502 m) et le Monte Cervello (alt. 1 624 m).

alentours

Orto (Ortu)★
6 km au Nord-Est par la D 223. Dominé par les aiguilles déchiquetées du **Monte Sant'Eliseo**, ce village « du bout du monde » occupe un **site**★ impressionnant au-dessus de la vallée du Fiume Grosso.

Guagno (Guagnu)
6 km à l'Est par la D 23. Ce village s'étage dans une clairière ouverte dans la forêt de châtaigniers sur une hauteur (720 m), dominant les vallées de l'Albelli et de Fiume Grosso.

Soccia★

5,5 km au Nord-Est. Bâti en amphithéâtre sur un éperon, le village offre une vue étendue sur la vallée du Fiume Grosso et le bassin de Guagno. C'est le point de départ de l'excursion au lac de Creno *(voir ce nom).* De la route de terre, on jouit à la lumière du soir d'une très belle **vue★** sur la mosaïque des toits du village, camaïeu de rouges se découpant dans un paysage de montagnes boisées aux silhouettes majestueuses.

L'Île-Rousse

L'Isula Rossa

L'Île-Rousse est une cité moderne et prospère avec des rues disposées en damier, des squares fleuris et de nombreux commerces. Son port animé, débouché de la Balagne, en exporte les produits.

La douceur de son climat et la plage de sable fin qui borde sa baie en font une station de villégiature très fréquentée dès le printemps. Ne manquez pas de prendre un verre à l'ombre des platanes de la place Paoli, le cœur de la ville.

La situation

Carte Michelin Local 345 C4 – Schéma p. 145 – Haute-Corse (2B). En arrivant dans la ville, prendre l'avenue Picciani et laisser son véhicule au parking de la place Paoli. Autour de cette place se concentrent la vieille ville et le quartier commerçant.

🛈 *1 pl. Paoli, 20220 L'Île-Rousse (Isula-Rossa),* ☎ *04 95 60 04 35. www.ot-ile-rousse.fr*

Juil.-août : 9h-19h, dim. et j. fériés 10h-18h ; nov.-mars : tlj sf w.-end 9h-12h, 14h-18h ; avr.-juin et sept.-oct. : en fonction de l'affluence touristique, se renseigner.

Le nom

Les granits rouges de l'île de la Pietra ont donné son nom à L'Île-Rousse, un temps baptisée **Paolina** en l'honneur de son fondateur.

Les gens

2 774 Île-Roussiens. Au 18e s. n'existaient en ce point de la côte que de vagues vestiges d'une cité romaine et une tour génoise. Le port d'Isula Rossa fut fondé par **Paoli** en 1758 pour concurrencer le trafic d'Algajola et de Calvi et contrecarrer ainsi l'activité génoise dans l'île.

Reliée à la ville par une jetée qui abrite le port de plaisance, l'île de la Pietra offre l'un des meilleurs points de vue sur les îlots voisins, le port, L'Île-Rousse et les collines balagnaises.

carnet pratique

TRANSPORTS

Hertz – Location de voitures. Juin-sept. uniquement. ☎ 04 95 60 82 60.

Capitainerie – Été : 7h-12h ; hiver : 8h-12h, 14h-17h. ☎ 04 95 60 26 51.

Gare maritime – Liaisons avec Nice et Marseilles, CMN et SNCM (☎ 04 95 60 09 56) ; liaisons avec Nice et Savone, Corsica ferries (☎ 04 95 60 44 11).

Aéroport de Calvi – À 24 km du centre-ville. 20260 Calvi, ☎ 04 95 65 88 88.

Gare ferroviaire – ☎ 04 95 60 00 50. Deux trains par jour sur la ligne de Bastia ainsi que sur celle d'Ajaccio. De mi-avr. à mi-oct., le « tramway de Balagne » relie l'Île-Rousse à Calvi (une dizaine d'arrêts le long du littoral).

RESTAURATION

⊖ **L'Escale** – *R. Notre-Dame* - ☎ *04 95 60 10 53* - *charles.ferrandini@wanadoo.fr* - *14/23€*. Cette maison familiale fondée par le grand-père en 1903 s'ouvre sur une rue animée d'un côté, et sur la mer, de l'autre. Petite restauration sans chichis, mais soignée et à prix abordables : moules, assiettes de la mer et glaces artisanales.

⊖⊜ **A Pasturella** – *20220 Monticello - 4,5 km au SE de l'Île-Rousse par D 63 -* ☎ *04 95 60 05 65* - *fermé 2 nov. au 1ᵉʳ déc. et dim. soir de mi-déc. à fin mars - 23/43€*. Levé aux aurores, votre hôte achète son poisson à son pêcheur favori. Perché dans la montagne au-dessus de l'Île-Rousse, son restaurant vous séduira par sa cuisine du terroir bien tournée et son ambiance jeune. Quelques chambres toutes égales en simplicité.

⊖⊜ **Le Laetitia** – *Port de l'Île-Rousse -* ☎ *04 95 60 01 90* - *fermé 20 déc. au 30 janv. et lun. sf juil.-août - 28/40€*. Tout près du port d'embarquement des ferries, ce restaurant propose un beau choix de poissons grillés, mais aussi de la bouillabaisse et une paella. Belle vue sur l'Île-Rousse.

HÉBERGEMENT

⊖⊜ **Le Grillon** – *Av. Paul-Doumer -* ☎ *04 95 60 00 49* - *fermé nov. à fév. - 16 ch. : 46/52€* - ☐ *5,20€* - *restaurant 12,50/15,70€*. Cet hôtel familial proche de la plage dispose de chambres très modestes mais convenables. Restauration simple à prix doux et accueil attentionné.

⊖⊜ **La Pietra** – *Chemin du Phare -* ☎ *04 95 63 02 30* - *fermé 15 nov. au 15 janv.* - **P** - *40 ch. : 55/100€* - ☐ *9€* - *restaurant 16/23€*. Face au port et avec vue sur la mer, agréable hôtel récemment rénové dont les chambres, climatisées, donnent d'un côté sur la tour génoise, de l'autre sur les bateaux au mouillage. Vous y passerez des nuits tranquilles, bercé par le clapotis des vagues qui s'échouent sur les rochers.

⊖⊜ **Hôtel L'Amiral** – *Bd Ch.-Marie-Savelli -* ☎ *04 95 60 28 05* - *info@hotel-amiral.com - fermé oct. à mars -* **P** - *20 ch. : 67/73€* - ☐ *7,50€*. Ce petit hôtel de deux étages plutôt discret est en bordure de plage, à 50 m de l'eau. Les chambres, simples et fonctionnelles, sont tranquilles et bien tenues.

⊖⊜⊜ **Funtana Marina** – *1 km par rte Monticello et rte secondaire - 20220 L'Île-Rousse -* ☎ *04 95 60 16 12 - hotel-funtana.marina@wanadoo.fr - fermé fév.* **P** - *29 ch. : 84€* - ☐ *8,40€*. Cet hôtel récent, juché sur une colline, est enfoui sous une végétation luxuriante. Chambres rénovées par étapes (avec balcon ou terrasse) ; belle piscine d'où l'on bénéficie d'un superbe panorama sur la mer et la ville.

ARTS & SPECTACLES

Cinéma en plein air – *Col de Fogata - 20220 L'Île-Rousse* - ☎ *04 95 60 00 93*. Une projection tous les soirs en juillet et août.

SPORTS & LOISIRS

Club Nautique de l'Île-Rousse – *Rte du port (plage de la gare) -* ☎ *04 95 60 22 55 - cnir@wanadoo.fr - mai-oct. : 10h-18h ; nov.-avr. : mer., sam. et dim. ap.-midi*. Stages et location de catamarans (pour enfants et adultes), planches à voile, optimists, canoës et trimarans (aménagés pour les personnes à mobilité réduites).

Rencontre au marché couvert.

ACHATS

Marché – Marché couvert tous les matins : poissons, légumes et fruits de Balagne.

Au Bon Vin Corse – *Pl. Delanney -* ☎ *04 95 60 15 14 - iguane2@aol.com - été : lun.-dim. matin 8h-22h, reste de l'année : lun.-dim. matin 8h-13h, 15h-20h*. Plus grande que la Cantine, cette cave et bar à vin bénéficie d'une très agréable terrasse ouvrant sur une petite place calme et ombragée. Vous y trouverez des vins de toute la Corse et quelques alcools traditionnels ainsi que des produits corses (pâtés, confitures, miel, huile d'olive...).

Gâteaux Corses – *R. de Nuit -* ☎ *04 95 60 27 46 - mar.-sam. 7h-12h, 15h-18h*. Comment dire la Corse, ce savant mélange de culture méditerranéenne et d'originalité insulaire ? Comment raconter le parfum des châtaigniers, la douceur du miel, l'onctuosité du lait de brebis, les arômes floraux des vins ? Avec des gâteaux peut-être ?

se promener

Place Paoli

Cette belle place rectangulaire, ombragée de grands platanes et bordée de cafés, est le lieu le plus animé de la ville où les joueurs de pétanque aiment à se retrouver. Au centre, quatre hauts palmiers encadrent une fontaine surmontée du buste de Pascal Paoli. Côté port, groupe sculpté de A. Volti intitulé *Rêverie*.

Église paroissiale

Tlj sf dim. ap.-midi.
Donnant sur la place Paoli, le fronton classique de l'église domine une triple rangée de palmiers. L'intérieur est d'une grande simplicité avec une coupole nue au-dessus du transept.

Vieille ville

Sans être ancien, ce quartier ne manque pas d'allure avec son beau marché couvert entouré de boutiques d'alimentation, l'architecture soignée de ses maisons, et ses ruelles dallées descendant vers la mer.

Au bout de la rue Notre-Dame, face au **square Tino-Rossi**, une tour à demi ruinée, proche de l'hôtel de ville, porte une inscription rappelant la fondation de L'Île-Rousse. Derrière le square, une esplanade avec un monument aux morts sculpté par Volti s'ouvre sur la baie face à l'**île de la Pietra**★. Cette île est reliée à la ville par une jetée, elle est formée de rochers ocre rouge creusés d'alvéoles.

circuit

LA CORNICHE PAOLI★ 3

20 km – environ 1h – Schéma p. 145. Quitter L'Île-Rousse au Sud-Est par la D 63.

Monticello

Perché au-dessus de L'Île-Rousse, ce village entouré d'oliviers et de figuiers de Barbarie a conservé un cachet authentiquement méditerranéen avec sa grande place bordée de vieilles maisons.

Suivre la D 263 en direction de Santa-Reparata.

À la sortie de Monticello, la route étroite, taillée en corniche au-dessus de la plaine littorale, offre des **vues**★ étendues sur L'Île-Rousse et les rochers de la Pietra, la basse Balagne et les petits villages perchés.

Santa-Reparata-di-Balagna

Étagé au-dessus du littoral, ce village offre de la terrasse de son église une **vue**★ sur L'Île-Rousse au Nord, la vallée du Regino au Nord-Est, la chaîne du Monte Grosso au Sud. L'**église**, de style baroque, vient curieusement se greffer sur une chapelle pisane dont on a conservé l'essentiel de la nef et de l'abside du 12ᵉ s. *Dim. 10h-12h.* ☎ 04 95 60 05 20.

Corbara *(voir ce nom)*

Le retour sur L'Île-Rousse s'effectue par les D 151 et N 197.
De la terrasse de la petite chapelle située dans un lacet, 500 m après Corbara, on bénéficie d'une large vue sur la baie d'Algajola et la marine de Davia.

MARCHÉ COUVERT
Place du Marché (en retrait de la place Paoli), il présente une belle **architecture**★ à colonnades antiques. On y trouve chaque matin les bons produits de Balagne et des poissons frais.

SORTIES
L'Escale –
R. Notre-Dame -
☎ *04 95 60 10 53 -*
charles.ferrandini@wanadoo.fr - 6h45-2h. On s'y arrête à cause de la terrasse dominant la mer, on s'y attarde parce que les glaces artisanales sont étonnantes et pour finir, après un repas digne d'un grand restaurant, on passe la nuit à danser au rythme de la musique sud-américaine.

SPORTS & LOISIRS
École de plongée de l'Île-Rousse – *Le port -* ☎ *04 95 60 36 85 - jean.escales@wanadoo.fr - sur RV, deux sorties : 9h et 15h - fermé 11 nov. au 28 fév. Et dim.* Ce centre de plongée propose baptêmes, explorations et stages quel que soit votre niveaux. Les plus aguérris peuvent même se former au monitorat. Autres activités : permis bateau et loisirs nautiques.

L'Incudine★★★

Baptisée « crête des Forgerons », l'Incudine culmine à 2 134 m, à proximité de Zicavo. D'allure massive, le sommet offre un panorama exceptionnel sur tout le Sud de la Corse et, lorsque le temps est dégagé, sur la mer.

La situation

Carte Michelin Local 345 E8 – Corse-du-Sud (2A). Le Monte Incudine est le terminal Sud d'une succession de sommets qui séparent les torrents Monte Tignoso et Luana. Il n'apparaît pas comme un sommet isolé mais comme une crête de 4 km qui s'allonge entre les cols de Chiralba et d'Asinao, comprenant plusieurs cimes de 2 000 m.

Le nom

L'Incudine tient son nom du rocher en forme d'enclume situé sur son arête faîtière.

Les gens

Les versants de l'Incudine sont fréquentés par quelques randonneurs, à pied en été et à ski en hiver.

randonnée

Environ 6h AR au départ de Zicavo (trajet global : en voiture, puis à pied) – 22 km dont 10 km de route forestière).
🏃 *5h à pied AR par le GR 20. Niveau moyen (ascension assez difficile entre le col de Luana et le sommet de l'Incudine). Porter de bonnes chaussures. Partir de bonne heure pour atteindre le sommet avant 10h.*
Quitter Zicavo vers le Sud par la D 69 ; à 10 km prendre sur la gauche une route forestière (D 428).

La D 428 traverse une belle forêt domaniale de hêtres, appelée le **Bosco di u Coscione★**, qui couvre les basses pentes Ouest et Nord de la Punta di Sistaja. La route s'élève, à travers bois et clairières, et offre de belles vues sur la vallée du Taravo.

Des cascades et torrents bordés d'aulnes coupent le massif où les hêtres centenaires sont nombreux.

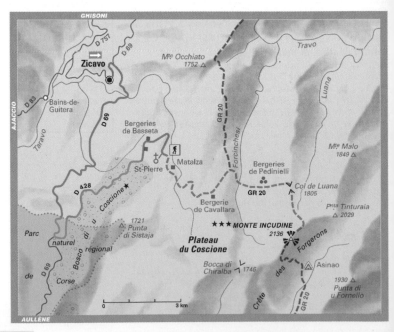

1 km après le refuge des bergeries de Basseta, laisser sur la droite le sentier qui conduit à la chapelle St-Pierre et poursuivre tout droit. À partir de là, la route forestière devient un mauvais chemin *(peu carrossable : les plus prudents laisseront la voiture aux alentours de la chapelle)*. Continuer à pied jusqu'à la bergerie de Cavallara *(2 km)* et, de là, suivre le chemin forestier qui rejoint le GR 20 *(marques rouge et blanc)*. Compter 2h30 pour atteindre le Monte Incudine.

Plateau du Coscione

Raboté par les glaciers et couvert de pâturages où errent de nombreux porcs, ce plateau, sillonné de ruisseaux, est parsemé de gros blocs moussus, résultats de l'érosion glaciaire. En été, les prairies sont jonchées d'aconits bleus et de digitales pourpres.

Les troupeaux des régions de Porto-Vecchio, de Sotta, de Figari et des plaines du Rizzanèse, du Baracci et du Taravo y transhument encore. En hiver, le Coscione accueille les skieurs de fond.

Après avoir franchi sur une passerelle le ruisseau de Forcinchesi, on monte par le GR 20 sur le replat où se dressent les ruines des bergeries de Pedinielli (alt. 1 620 m). Poursuivre le sentier jusqu'au col de Luana (alt. 1 805 m) pour atteindre l'arête Nord de l'Incudine *(1h1/2)* et la suivre jusqu'au sommet surmonté d'une croix.

Retour à Zicavo par le même chemin.

> **UN BELVÉDÈRE**
> À droite, sur l'arête faîtière, remarquer le rocher en forme d'enclume. La vue★★★ s'étend sur une vaste surface marine, au Sud sur la découpe des aiguilles de Bavella, et au Nord sur le Monte Renoso.

île **Lavezzi**★★

L'île Lavezzi forme avec la centaine d'îlots et d'écueils qui l'entourent, l'archipel des Lavezzi, extrémité la plus méridionale de la France métropolitaine. Ce petit paradis d'eau cristalline et de criques tapissées de sable présente un paysage presque lunaire. Les formes des chaos de granit grisâtre érodés en boules et sculptés évoquent un bestiaire fabuleux.

La situation

Carte Michelin Local 345 E11 – Schéma p. 179 – Corse-du-Sud (2A). L'archipel émerge à près de 4 km de la pointe de Speronò, au Sud-Est de Bonifacio.

Les gens

Les gardiens du sémaphore sont les seuls habitants de la réserve naturelle.

> ### LE NAUFRAGE DE « LA SÉMILLANTE »
> Le 14 février 1855, la frégate *La Sémillante* avait quitté Toulon avec 750 hommes à bord pour le front de Crimée où le siège de Sébastopol réclamait de constants renforts. Le 15, alors que la tempête faisait rage et qu'un brouillard empêchait toute visibilité, le navire s'engagea dans les bouches de Bonifacio. Mutilé par les vagues, son gouvernail vraisemblablement arraché, il s'écrasa sur les îlots rocheux.
> Le berger de l'île Lavezzi fut le seul témoin de la catastrophe. Aucun des marins et soldats ne survécut : 158 ne furent jamais retrouvés ; sur 592 cadavres rejetés sur les récifs, 572 furent inhumés sur place, les plus nombreux (560) dans l'île Lavezzi (deux cimetières), les autres sur les îles voisines, la côte Sud de la Corse ou la côte Nord de la Sardaigne.
> Alphonse Daudet consacra à ce drame une des *Lettres de mon moulin*.

> **CONSEILS**
> Effectuez l'excursion les jours de beau temps. Emportez masque et tuba, des boissons et un en-cas car on ne trouve aucun ravitaillement sur l'île. Il est interdit de cueillir les fleurs et les végétaux, et il vaut mieux éviter de sortir des sentiers tracés.

comprendre

La réserve naturelle – La partie française de l'archipel est constituée en réserve naturelle destinée à préserver et étudier la plupart des espèces animales insulaires dans leur biotope d'origine. L'accès public est

Pour bien profiter de cet éden d'eau turquoise, et prendre le temps de vous baigner et d'aller jusqu'à la pyramide de la Sémillante, choisissez une excursion qui prévoit une halte de plusieurs heures.

réglementé. Les îles Lavezzi, Piana, Ratino, Poraggia et Perduto bénéficient d'une protection particulière. Le projet de création d'un **Parc marin international** sous administration franco-italienne, englobera l'ensemble des îles et îlots des bouches de Bonifacio.

Depuis février 1993, après la grave pollution provoquée par l'échouage d'un pétrolier, le détroit n'est plus accessible aux navires-citernes transportant des substances dangereuses.

découvrir

EN BATEAU

Durée minimale 3h. Juin-sept. : plusieurs dép. du port de Bonifacio. Possibilité de passer 1j. ou 1/2j. sur l'île (prévoir en-cas et boissons). Renseignements au port auprès des compagnies assurant les promenades en mer.

L'excursion « île Lavezzi » diffère selon les prestataires *(se renseigner à la marine de Bonifacio)*. Elle peut par exemple inclure une extension vers l'Ouest aux îlots de Frazzio, connus pour leurs beaux fonds marins.

Après avoir franchi le Goulet aux eaux tumultueuses, l'embarcation longe les falaises calcaires au pied rongé puis prend le large après le phare de Pertusato. Le bateau aborde l'île Lavezzi dans une anse abritée, au Nord-Est.

« L'OREILLE DE PORC »
C'est une espèce végétale rare et malodorante qui pousse sur l'île. Sa floraison au mois de mai parsème de grosses langues sanglantes la base des chaos.

Sur l'île, on trouve des plantes endémiques, en principe minuscules, dont la présence peut constituer une énigme : si beaucoup appartiennent à des familles Sud-méditerranéennes, l'une d'elles ne se connaît de parents proches qu'en Afrique du Sud et en Australie ! L'avifaune, très présente, se compose d'espèces terrestres (merle bleu, fauvette sarde...) et d'oiseaux marins : cormoran huppé, goéland argenté et, plus inattendu, puffin cendré dont l'aire habituelle d'évolution est la haute mer.

Cimetière de Furcone

Situé sur le plateau herbeux qui sépare l'anse d'ancrage de la plage de Furcone, ce premier cimetière est entouré d'un mur cantonné de pyramides. Une modeste chapelle funéraire, N.-D.-du-Mont-Carmel, protège l'enclos où s'alignent des tombes anonymes et celle de l'aumônier de la frégate (on le reconnut à ses bas de filoselle noire). Une plaque a été élevée en 1895 à la mémoire du lieutenant A. de Maisonneuve.

Cimetière de l'Achiarino

Situé au-delà de la cale du Lion, dominé par deux cabanes de berger, et à l'extrémité de la cale suivante, ce deuxième cimetière abrite la dépouille du commandant Jugan, retrouvé sanglé dans son uniforme.

Pyramide

Elle est accessible à la nage ou en embarcation depuis ▶ l'île principale. Dressée à la pointe d'Achiarina, elle rappelle le naufrage de *La Sémillante* ; son ascension procure un joli point de vue.

LES DERNIÈRES HEURES DE « LA SÉMILLANTE »

« Tout ce que nous savons c'est que *La Sémillante*, chargée de troupes pour la Crimée, était partie la veille au soir de Toulon avec le mauvais temps. La nuit ça se gâte encore. J'ai idée que *La Sémillante* a dû perdre son gouvernail dans la matinée, car il n'y a pas de brume qui tienne, sans une avarie, jamais le capitaine ne serait venu s'aplatir ici contre. C'était un rude marin qui avait commandé la station en Corse et savait sa côte aussi bien que moi...

– Et à quelle heure pense-t-on que *La Sémillante* a péri ?

– Ce doit être à midi ; oui monsieur, en plein midi... Mais dame ! avec la brume de mer, ce plein midi-là ne valait guère mieux qu'une nuit noire comme la gueule d'un loup... Un douanier de la côte m'a raconté que ce jour-là, vers onze heures et demie, étant sorti de sa maisonnette pour rattacher ses volets, il avait eu la casquette emportée d'un coup de vent, et qu'au risque d'être enlevé lui-même par la lame, il s'était mis à courir après, le long du rivage, à quatre pattes. [...] Or il paraîtrait qu'à un moment, notre homme, en relevant la tête, aurait aperçu dans la brume un gros navire à sec de voiles qui fuyait sous le vent, du côté des îles Lavezzi. Ce navire allait si vite qu'il n'eut guère le temps de bien le voir. Tout fait croire cependant que c'était *La Sémillante* puisqu'une demi-heure après, le berger des îles a entendu sur ces roches... [...] un craquement effroyable.

Le lendemain, en ouvrant sa porte, il avait vu le rivage encombré de débris et de cadavres laissés là par la mer. »

(Le naufrage de *La Sémillante* – *Les Lettres de mon moulin*), Alphonse Daudet.

Pianu de **Levie**

Pianu di Livia

Le Pianu de Levie se situe à une altitude moyenne de 700 m au cœur de l'Alta Rocca. Son paysage de maquis, égayé de châtaigniers et de bosquets de chênes verts, est encore cloisonné de murs de pierres sèches, traces muettes d'une exploitation parcellaire fort ancienne.

Le Pianu de Levie abrite un des sites préhistoriques les plus intéressants de Corse, le castellu (forteresse) de Cucuruzzu, et les ruines médiévales de Capula, dont la visite doit être associée à celle du musée de Levie.

La situation

Carte Michelin Local 345 D9 – Schéma p. 131 – Corse du Sud (2A). Le Pianu de Levie s'étend entre les vallées du Rizzanèse et du Fiumicicoli. Le site du Cucuruzzu est accessible par la route fléchée qui part de la D 268 entre Ste-Lucie-de-Tallano et Levie (4,3 km à partir de la D 268).

Le nom

Pianu en corse signifie « plaine » ou « plateau ».

Les gens

Les recherches archéologiques ont livré maints témoignages d'une occupation humaine allant du 7e millénaire avant J.-C. au Moyen Âge. Les objets les plus représentatifs des huit mille ans d'activité humaine sont présentés au musée de l'Alta Rocca à Levie *(voir L'Alta Rocca)*.

visiter

Du village de Levie, il est possible de rejoindre à pied *(1h)* les sites de Cucuruzzu et Capula. Départ du sentier en face de la fontaine *(balisage orange)*. Le dernier kilomètre emprunte la route. Vue panoramique sur Levie.

SITES★★ DE CUCURUZZU ET CAPULA

Laisser la voiture au parking. La visite des 2 sites est groupée. Juil.-août : 9h30-20h ; juin et sept. : 9h30-19h ; avr.-mai et oct. : 9h30-18h. 5€. ☎ 04 95 78 48 21.

Le circuit audioguidé emprunte le sentier balisé et numéroté de points de halte qui conduit d'abord à Cucuruzzu, puis à Capula. Les commentaires de la visite alternent avec des chants polyphoniques corses.

Par ce sentier bien aménagé et ombragé de chênes, pins et châtaigniers, on descend vers le fond d'un vallon au rythme des étapes proposées par le guidage. Rapidement le site apparaît ; il occupe un éperon de 2 hectares. La **vue★** s'étend sur les pentes vallonnées, la forêt de chênes verts, les aiguilles de Bavella et le massif du Coscione.

On pénètre dans la forteresse (castellu) de Cucuruzzu par des marches grossières taillées dans un rocher éclaté.

Castellu de Cucuruzzu★

Ce site est un complexe monumental, daté de l'âge du bronze (milieu du 2ᵉ millénaire avant J.-C.), définitivement abandonné à la fin du 3ᵉ s. avant J.-C.

Les archéologues y ont distingué : une forteresse, dont la technique de construction combine avec adresse les éléments naturels (gros blocs de roche granitique) et les murs édifiés de main d'homme ; un monument supérieur de base circulaire, tourné vers l'Est, à la destination énigmatique ; un village limité par un mur en gros appareil.

Monter les marches taillées dans la roche. À gauche s'élève un haut mur d'enceinte cyclopéen dans lequel sont aménagés des abris pourvus d'ouvertures destinées à l'éclairage et à l'évacuation des fumées. À droite, des diverticules (cavités) à usage de réserves. Un chemin conduit, au côté opposé, à une plate-forme donnant au Nord (vue sur les aiguilles de Bavella).

Celle-ci précède un monument circulaire orienté au levant, en blocs cyclopéens prenant appui sur un chaos de gros blocs de granit. Un couloir en arc aigu, s'ouvrant sur deux niches, mène à une chambre intérieure couverte d'une voûte en encorbellement.

Le sentier balisé descend vers un petit vallon avant d'entamer la montée vers l'éminence de Capula.

Le parcours révèle de spectaculaires taffoni.

Capula

Les **ruines médiévales** de Capula, dressées sur une butte circulaire, reposent sur trois niveaux successifs de construction ; le site a en effet été habité dès l'âge du bronze (1800 avant J.-C.), puis à l'âge du fer (700 avant J.-C.), enfin au Bas-Empire, avant de devenir au Moyen Âge un important site défensif. Il fut démantelé en 1259, au cours de luttes fratricides, par Giudice de la Cinarca *(voir La Cinarca)*.

Au pied du mur d'enceinte encastré dans le roc, une statue-menhir, **Capula I**, témoigne d'une occupation du site dès l'âge du bronze. Sur la gauche, un sentier se faufile entre les volumineux rochers pour aboutir à l'**abri n° 1**, aménagé sous une immense dalle granitique horizontale. Revenir vers le centre de la butte et monter vers la plateforme supérieure, jadis occupée par la demeure des comtes de Bianco ; d'anciennes salles médiévales sont en cours de fouilles. Un raidillon conduit au point le plus élevé où apparaît la base d'un donjon ou d'une citerne. En se dirigeant vers la sortie, on longe les ruines de l'ancienne chapelle romane dont les bases datent du 13ᵉ s., puis la chapelle St-Laurent, bâtie au début du 20ᵉ s. avec les pierres de la précédente chapelle. Elle doit sa patine ancienne au réemploi de matériau médiéval. Chaque année, le 9 août, un pèlerinage vient demander la protection de saint Laurent.

Le chemin de retour vers le parking permet d'admirer un beau dallage médiéval dénommé « **chiappi di San Lorenzu** ».

> **ADMIRER**
> Du haut du raidillon, on bénéficie d'une **vue★** magnifique sur le plateau très sauvage dominant la vallée boisée du Rizzanèse, jusqu'aux aiguilles de Bavella que l'on distingue au loin.

Macinaggio ⌂

Macinaghju

Macinaggio fut un mouillage réputé et fréquenté dès l'Antiquité. Aujourd'hui, cette petite station balnéaire, dominée par les hameaux de Rogliano, peut abriter 600 bateaux dans son port moderne. Un splendide sentier des douaniers jalonné de tours génoises part de la plage de Macinaggio et épouse le littoral protégé.

La situation
Carte Michelin Local 345 F2 – Schéma p. 211 – Haute-Corse (2B). Au Nord-Est du Cap Corse, à 37 km de Bastia. Vous pouvez laisser votre véhicule sur le parking du port. 🛈 *Port de plaisance, 20248 Macinaggio,* ☎ 04 95 35 40 34. *À l'extrémité S. du port, au-dessus de la capitainerie. Juin-sept. : 9h-12h, 15h-19h30, dim. 9h-12h ; oct.-mai : tlj sf w.-end 9h-12h, 14h-17h.*

Le nom
Macinaggio doit certainement son nom à ses nombreux anciens moulins à vent. En effet, en corse, *macinu* signifie « moulin » et *macinare*, « moudre ».

Les gens
Le 2 décembre 1869, de retour de l'inauguration du canal de Suez, l'impératrice Eugénie fit escale à Macinaggio.

SPORTS & LOISIRS
Bateau U San Paulu – *Avril-oct.* Pour découvrir la réserve naturelle des îles Finocchiarola, le site classé de Capandula, la tour Santa Maria ou pour une promenade en mer, une sortie pêche ou une liaison avec Barcaggio (journée plage ou navette pour randonneurs). *Se renseigner au* ☎ 04 95 35 07 09 ou 06 14 78 14 16. *www.lebateau.fr.st.*

carnet pratique

TRANSPORTS
Bus – ☎ 04 95 35 64 02. *Un bus fait le tour du Cap depuis Bastia, juil.-août : mar., jeu. et sam.*
Capitainerie – ☎ 04 95 35 42 57. *Juil.-août : 7h-21h ; reste de l'année : tlj sf dim. 8h30-11h30, 14h-17h.*

HÉBERGEMENT ET RESTAURATION
⊜⊜⊜ **U Libecciu** – ☎ 04 95 35 43 22 – *fermé oct. à mars* - 🅿 - *30 ch. : 76/95€ -* ⊑ *6€ - restaurant 17/25€.* Un petit chemin vous conduit à la plage et au port de plaisance, à 100 m de cette auberge aux tuiles romaines. Préférez les chambres avec balcon. Repas dans la salle à manger au plafond lambrissé de bois, avec vue sur le littoral.

SPORTS & LOISIRS
Base Nautique – *Res Da Mare* - ☎ 06 86 72 58 40 - *juil.-août : tlj.* Cette base, entièrement rénovée, propose des locations de catamarans, lasers, optimists, planches à voiles mais aussi de nombreux stages et randonnées en mer accessibles à tous les niveaux.
Cap Évasion – *Sur le port* - ☎ 04 95 35 47 90 - *8h-19h30 - fermé d'oct. à mi-juin.* Location d'Open et de Zodiac (avec ou sans permis). Une bonne occasion de découvrir les superbes criques et plages de la pointe du Cap, inaccessibles en voiture.

CALENDRIER
Chaque année, le dernier week-end de mai ou le 1ᵉʳ de juin, le port prend des airs de fête au cours du **Nautival**, festival de la mer.

La grande marina colorée de nombreux voiliers offre tous les services nécessaires aux plaisanciers.

comprendre

L'épopée de Capraja – Par tradition et en raison de sa situation géographique, le Cap Corse demeurait, encore au 18e s., sous la dépendance de Gênes qui y entretenait plusieurs garnisons. La France, absorbée par la guerre de Sept Ans (1756-1763), n'occupait alors que les citadelles de Bastia et de St-Florent. **Pascal Paoli** entreprit donc de conquérir le Cap.

Pour commencer, il voulut porter un coup à Gênes par la conquête de l'île de Capraja (Capraia). À mi-chemin entre la Corse et la côte ligure, cette île jadis propriété des seigneurs da Mare, appartenait à Gênes depuis 1507. Dès qu'il eut connaissance de la faiblesse de la garnison de Capraja, Paoli hâta les préparatifs. Le 16 février 1767, un corps expéditionnaire de 200 hommes, commandé par Achille Murati, débarquait sur l'île et investissait la citadelle. Le 31 mai suivant, l'île capitulait. Cette défaite sonna pour Gênes le glas de son occupation de la Corse. Vingt-huit ans plus tard, le 14 juillet 1790, Paoli, de retour de son exil en Angleterre, arriva à Macinaggio ; bouleversé d'émotion, il tomba à genoux. La joie populaire fut à son comble et un cortège l'accompagna à Bastia.

MACINAGGIO, BASE NAVALE DE PAOLI

Paoli créa à Centuri un chantier naval pour armer une flotte. En 1757, il assiégea le port de Macinaggio qui ne capitula qu'en 1761. À partir de ce moment-là, Paoli disposait d'une base pour ses opérations navales.

séjourner

Le quai

Sur le quai bordé de vieilles maisons, diverses plaques commémorent le passage à Macinaggio de Pascal Paoli (1790), de Napoléon Bonaparte, alors bambin, le 10 mai 1773, de l'impératrice Eugénie le 2 décembre 1869 *(voir Rogliano)*, et les exploits des Cap-Corsins qui, sous les ordres d'Ambroise de Negroni, s'illustrèrent à Lépante en 1571.

Plage de Tamarone

Environ 2,5 km au Nord du port. Prendre la direction du camping « U Stazzu » et suivre la route de terre jusqu'au bout. Une belle plage de sable fin vous attend. Parking, rafraîchissements et restauration.

Réserve naturelle des îles Finocchiarola

Accès interdit du 1er mars au 31 août. Se conformer à la réglementation en vigueur dans les réserves naturelles.
Cet ensemble de quatre îlots dominés par une tour génoise est un précieux refuge où nidifie le **goéland d'Audouin**. Cet oiseau marin, propre à la Méditerranée et identifiable à son bec rouge et noir, est plus petit que le goéland commun également présent dans ce secteur. Plus au Nord, l'île de la Giraglia abrite des colonies de goélands communs et de cormorans huppés. Ces derniers sont reconnaissables à leur plumage noir, leur long cou et leur vol au ras de l'eau.

randonnée

Sentier des douaniers★

3h à pied environ de Macinaggio à Barcaggio – 3/4h jusqu'à la chapelle Santa Maria. Randonnée sans difficulté particulière.

Le sentier débute à l'extrémité Nord de la longue plage de Macinaggio recouverte d'une épaisse banquette de feuilles de posidonie. L'itinéraire, balisé en jaune, épouse les anfractuosités du littoral ponctué de deux tours génoises.

Après avoir contourné le premier promontoire, on atteint la belle plage de sable blottie au fond de la **baie de Tamarone**. Le sentier contourne ensuite par l'Est le Monte di a Guardia et redescend en vue de la première tour génoise. Il pénètre dans la **zone protégée de Capandula** *(voir le panneau explicatif sur la plage de Tamarone)*. Le promeneur traverse des prés d'asphodèles piquetés de buissons de lentisques tordues par les vents. En face, on distingue **les îles Finocchiarola**.

Dans un site désert, la **chapelle de Santa Maria**, bâtie au 12ᵉ s. sur les vestiges d'un édifice paléochrétien du 6ᵉ s., présente une curieuse abside jumelée. En fait, à l'origine, deux chapelles furent élevées côte à côte, puis réunies au 19ᵉ s. En reprenant le sentier, on atteint **l'anse de Santa Maria**. Posée dans l'eau d'un bleu profond, se dresse la tour génoise ruinée de **Santa Maria di a Chjapela**. En poursuivant le long de la côte, on rejoint la cala Francese.

CONSEIL

L'itinéraire est praticable toute l'année mais est plus agréable au printemps et à l'automne. S'informer au préalable des conditions météo, ☎ 08 36 68 02 20. Être bien chaussé et emporter de l'eau.

La petite baie bien proportionnée de Santa Maria se prolonge à l'extrémité Nord par les ruines romantiques d'une tour génoise.

Le Monte Bughju, qui ferme au Nord cette anse, conserve des vestiges intéressants de la présence romaine dans cette zone stratégique, dont un oppidum du 2ᵉ s. avant J.-C.

Le maquis bas, maintes fois éprouvé par le feu, n'abrite plus de chênes verts. Il épouse un relief aux formes arrondies, où les pentes douces mènent à un cirque de crêtes qui barre l'horizon vers le Nord-Ouest. Le sentier se poursuit vers la **tour d'Agnello** qui marque une des pointes septentrionales du Cap Corse. Au bout de ce cap, soumis à des vents perpétuels, le ciel et la mer balayés et agités sans cesse prennent des couleurs d'une grande pureté. Au Nord, l'**île de la Giraglia** dominée par son phare puissant constitue un repère rassurant, à l'Est, plus loin sur l'horizon, s'impose l'île toscane de Capraia. Par temps clair parfois, la masse sombre de l'île Gorgona fait une apparition. En atteignant les dunes de la plage de Cala, le sentier longe la zone marécageuse qui borde le petit port de **Barcaggio**.

Monte Rotondo★★

Monte Ritondu

Cet imposant chaînon de la crête médiane de l'île est le deuxième sommet de Corse (alt. 2 622 m). Pendant plusieurs siècles, on a cru que le Monte Rotondo était le point culminant de l'île. Son ascension ne présentant pas de difficulté particulière (sauf la neige tardive), il demeure l'un des sommets corses les plus fréquentés.

Le Monte Rotondo peut s'aborder par le Nord : randonnée dans la journée depuis la vallée de la Restonica, ou par le Sud : excursion sur deux jours avec une étape au refuge de Pietra Piana.

La situation

Carte Michelin Local 345 D6 – Haute-Corse (2B). À partir de Corte, emprunter la route de la Restonica (D 623) que l'on poursuit sur 10 km, à l'endroit où débute le sentier pour les bergeries de Timozzu. Pour effectuer l'approche par le Sud, il faut, au Nord de Vivario, à hauteur du pont du Vecchio, prendre à gauche la route forestière de Verghello.

Le nom

Monte Ritondu signifie en corse « montagne arrondie ».

Les gens

Randonneur et alpiniste, **Michel Fabrikant** (1912-1989), inlassable explorateur des montagnes corses, décrivit en 1972 un parcours de crêtes à travers la Corse qui allait devenir le fameux GR 20. Il n'était que justice que son nom soit donné à un refuge situé sur le sentier, celui de Pietra-Piana.

randonnées

Ascension par la vallée de la Restonica

🚶 *Environ 8h AR. Point de départ : à l'embranchement de la D 623 et du sentier balisé du Timozzu (alt. 1 030 m), à une centaine de mètres après le pont du Timozzu. Laisser la voiture à cet emplacement.*

Cet ancien chemin forestier monte en direction du Sud-Est le long de la rive gauche du Timozzu, à travers la forêt communale de la Restonica. Après environ 35mn de marche, le sentier se rétrécit et monte en lacet pour déboucher dans une combe qu'une moraine sépare du torrent Timozzu. On atteint le sommet de cette combe (alt. 1 460 m) après 1h1/2 de marche ; on aperçoit à gauche les **bergeries de Timozzu**. Se diriger vers ces bâtiments, mais les laisser sur sa gauche pour gagner la vaste ligne de crête rectiligne qui monte plein Sud.

L'ascension du Monte Rotondo est récompensée par un magnifique panorama à 360°.

On atteint au bout d'une 1/2h la source de Trighione (alt. 1 921 m) ; appuyer sur la gauche pour atteindre le **lac di Oriente** (alt. 2 061 m). Suivre ensuite pendant 1h environ les alignements de cairns en maintenant la direction Sud vers un couloir raide. À l'amorce de ce couloir, gravir prudemment les éboulis jusqu'au sommet de cet accès. Après avoir atteint la surface dégagée, se diriger vers l'Est à vue pour atteindre le sommet du Rotondo.

Variante par le refuge de Pietra-Piana (au départ de Vivario)

Durée jusqu'au refuge de Pietra-Piana-Michel-Fabrikant : 4h aller. Ensuite 3h aller minimum jusqu'au sommet. Point de départ : depuis Vivario, prendre la route forestière du Verghello qui s'embranche à la hauteur du pont du Vecchio, à droite avant le pont en venant de Corte. Cette route en forte montée s'achève près d'une rivière. Laisser la voiture.

Poursuivre sur l'autre rive le chemin muletier qui s'enfonce sous des pinèdes de pins laricio. Au bout d'une 1/2h, dépasser la bergerie de Porcile pour atteindre la limite de la forêt, puis le col de Tribali (Bocca Tripoli, alt. 1 590 m). On rejoint alors une portion balisée en blanc et rouge du GR 20, qui conduit au refuge de Pietra-Piana.

Du refuge, se diriger plein Nord en remontant la rive gauche du torrent jusqu'à un replat herbeux. Au-delà, on doit franchir une pente raide avant de serpenter à flanc en direction d'une brèche caractéristique dans l'arête. Après l'avoir dépassée, on atteint à l'extrémité d'une combe rocheuse le **lac de Bellebone**★ (alt. 2 321 m). Située au pied même du Rotondo, cette étendue d'eau enchâssée dans un cirque abrupt constitue un paysage sévère de haute montagne.

Continuer l'ascension depuis la rive Nord du lac vers un couloir d'éboulis puis, en appuyant à gauche, suivre l'arête faîtière vers le Nord pour atteindre le sommet du Rotondo.

> **PRATIQUE**
> Variante plus longue et plus sportive. Il faut passer la nuit au refuge (arriver tôt car très fréquenté en saison).

Morosaglia

Merusaglia

Empreinte de sobriété, l'architecture des hameaux de Morosaglia, paisible village de la Castagniccia où naquit le héros national de la Corse indépendante, Pascal Paoli, est d'une réelle beauté. La maison que l'on aperçoit sur une croupe, à droite en entrant dans le village, est devenue l'un des sujets les plus photographiés de Corse. Elle illustre sur maintes cartes postales l'« habitat typique ».

La situation

Carte Michelin Local 345 E5 – Schéma p. 226 – Haute-Corse (2B). De Ponte-Leccia, prendre la D 71 sur 14,5 km en suivant la signalisation « Musée départemental Pascal Paoli ». En assez bon état, la route, s'élevant parmi les chênes-lièges conduit au village qui, dominé par le Monte San Petrone, se compose de plusieurs hameaux.

Les gens

1 008 habitants. Morosaglia est le berceau de la famille Paoli, dont trois membres, Hyacinthe, Clément et, surtout, **Pascal Paoli** (1725-1807), le « père de la patrie », se distinguèrent au service de la Corse.

comprendre

Le père de la patrie (« U Babbu »)

Né le 6 avril 1725 à Morosaglia, Pasquale Paoli est le plus jeune fils de Hyacinthe (Giacinto) Paoli (1690-1756), l'un des chefs de l'insurrection contre Gênes (1734), condamné à l'exil en 1739 par les Français.

> **BRILLANT ÉTUDIANT**
> À Naples, Pascal Paoli reçoit une instruction très soignée, fréquente l'université, s'initie aux doctrines du « despotisme éclairé ». Il parle et écrit couramment le latin, l'italien, le français et l'anglais, lit Plutarque et Montesquieu.

Pascal Paoli accompagne son père à Naples et y accomplit ses études. Sous-lieutenant au régiment de cavalerie du Royal-Farnèse, il suit avec attention les affaires de Corse dont il est instruit par son frère aîné Clément, resté dans l'île. L'assassinat du général Gaffori *(voir à Corte)* le décide à se porter candidat à la magistrature suprême. Il débarque en Corse le 16 avril 1755 et met trois mois à évincer son principal rival Emmanuele Matra. Le 13 juillet 1755, à la Consulte (assemblée) de St-Antoine de Casabianca, Paoli est proclamé « général de la nation » pour une guerre « décisive » contre Gênes.

UN LABORATOIRE EN EUROPE

Quatorze ans durant, sous le regard attentif de l'Europe informée par J.-J. Rousseau et l'écrivain écossais **James Boswell** *(voir Sollacaro)*, Paoli, parfait représentant de « l'esprit des lumières », dirige une Corse indépendante dont la capitale est installée à Corte. Pendant ces années, il fait frapper monnaie, fonde L'Île-Rousse, réforme la justice, uniformise les poids et mesures, crée une armée et un embryon de marine, stimule le commerce et l'industrie, encourage l'agriculture, fait assécher des marais, organise l'enseignement primaire et fonde une université à Corte (1765).

*Pascal Paoli
d'après Cosway.*

En 1764 il contrôle la plus grande partie de l'île. Toutefois Gênes se maintient dans les places fortes du littoral ; mais, lassée et ruinée, devant le refus de Paoli de traiter avec elle, elle se tourne vers la France. Choiseul, alors ministre de Louis XV, feint de jouer les arbitres. Il oblige en fait les Génois à vendre à la France leurs droits sur l'île (1768).

Après la défaite de Ponte-Nuovo *(voir ce nom)* Paoli doit s'exiler : le 13 juin 1769, il s'embarque de Porto-Vecchio sur un vaisseau anglais à destination de Livourne. Il séjourne en Italie, traverse l'Autriche où il rencontre l'empereur Joseph II, les États allemands et la Hollande. Invité par le roi d'Angleterre, il arrive à Londres le 19 septembre 1769. Le jeune George III, la Cour, son ami James Boswell entourent le héros dont la renommée gagne l'Amérique.

Vers une Corse anglaise ?

À la fin de 1789, Paoli exulte en apprenant le vote de l'Assemblée constituante, proclamant la Corse « partie intégrante de l'empire français », et l'amnistie. Élu président du Conseil départemental, puis chef de la Garde nationale, il est nommé en 1792 commandant de la 23e division militaire avec mission d'organiser une expédition en Sardaigne (janvier et février 1793). Mais son idéal d'une Corse indépendante, rattachée à la France par la personne du roi s'effondre avec l'exécution de Louis XVI et les excès centralisateurs de la Révolution.

RETOUR TRIOMPHAL

Reçu triomphalement à Paris le 3 avril 1790, Paoli regagne son île après vingt et un ans d'exil. Il débarque à Macinaggio, embrasse le sol et s'écrie : « Ô ma patrie, je t'ai quittée esclave, je te retrouve libre ! »

À Paris, il est désormais suspect et après la conclusion malheureuse de l'affaire de Sardaigne pour laquelle il n'avait rassemblé que 2 000 hommes, il est dénoncé comme contre-révolutionnaire, traduit par Lucien Bonaparte devant la Convention qui le déchoit de son commandement. En riposte, le 27 avril 1793, une Consulte de Corte le proclame généralissime ; il arme les villes et les villages, fait occuper Bonifacio. Victorieux dans l'ensemble de l'île, il rédige un acte d'accusation contre la Convention.

Déclaré « traître à la République », mis hors la loi par le Comité de salut public, Pascal Paoli fait appel à l'amiral anglais qui bloque la rade de Toulon. En janvier 1794, l'escadre de Nelson attaque et enlève St-Florent, Bastia et Calvi.

Le 15 juin 1794, la Consulte de Corte approuve la constitution d'un **royaume anglo-corse**. Ce royaume de circonstance ne dure que deux ans : l'île est unie à l'Angleterre par la personne du souverain et **Sir Gilbert Elliot** en devient vice-roi. Cruelle déception pour Paoli qui escomptait la reconnaissance anglaise.

Des troubles éclatent de nouveau en Castagniccia et l'insurrection prend une telle ampleur qu'à la demande d'Elliot, George III rappelle Paoli à Londres où il meurt le 5 février 1807. Il est inhumé au cimetière de St-Pancras. En 1889, ses cendres furent ramenées à Morosaglia.

Maison traditionnelle au hameau de Terchini.

visiter

Musée départemental Pascal-Paoli
Situé dans la maison natale de Paoli au hameau de Stretta (suivre la signalisation). Stationner le long de la route. On accède à la maison par une rampe entrecoupée de marches à gauche de la route. Avr.-sept. : visite guidée uniquement (1/2h) tlj sf mar. 9h-12h, 14h30-19h ; oct.-mars : tlj sf mar. 9h-12h, 13h-17h. Fermé fév., 1ᵉʳ janv., 1ᵉʳ mai, 1ᵉʳ et 11 nov., 25 déc. 2€. ☎ 04 95 61 04 97.

Cette bâtisse cossue regroupe sur deux niveaux des objets personnels et des documents qui éclairent la personnalité et l'œuvre du héros de la nation corse. La visite débute par une intéressante projection vidéo et s'achève dans la chapelle familiale, abritant les cendres du « père de la patrie ».

Église Santa Reparata
Tlj sf w.-end, s'adresser à la mairie, ☎ 04 95 61 11 40.
Cette ancienne église paroissiale, où Pascal Paoli fut baptisé, domine le village.
Remanié à plusieurs reprises, cet édifice roman conserve dans son appareil quelques pierres sculptées du Haut Moyen Âge. Le tympan de la porte occidentale s'orne de deux serpents entrelacés du 12ᵉ s. À l'intérieur, le chemin de croix aux détails naïfs est une œuvre populaire du 18ᵉ s.

L'école, créée par Pascal Paoli, porte encore le nom du héros, ainsi que son buste, placé au-dessus de la porte.

Ancien couvent de Rostino
Aujourd'hui école du village *(à l'entrée du village sur la droite de la route, lorsqu'on arrive de Ponte Leccia)*, ce bâtiment abritait jadis les Consultes nationales de Corse.

Le Nebbio★

U Nebbiu

Pays de vignobles, d'olivaies, de vergers et de pâturages, quadrillé de murets en pierres sèches et parsemé de bergeries, le Nebbio fut de tout temps prospère, méritant son surnom de « conque d'or ». Aujourd'hui, la richesse vient aussi du tourisme, notamment de l'attraction que connaît la station balnéaire de Saint-Florent. La région compte de nombreux petits villages accueillants, posés en observatoires sur les hauteurs ceinturant le bassin de l'Aliso. Les statues-menhirs (« stantari ») découvertes dans les champs de Patrimonio et de Pieve témoignent d'une occupation préhistorique.

Marquez un arrêt au col de San Stefano pour admirer les ondulations des collines du Nebbio.

La situation

Carte Michelin Local 345 E/F4 – Haute-Corse (2B). Le Nebbio est le nom donné au bassin de l'Aliso qui se développe en amphithéâtre dans l'arrière-pays du golfe de St-Florent entre le Monte Asto au Sud, le col San Stefano et la dorsale du col de Teghime au Nord.

Le nom

La région tire son nom de la brume (*nebbia* en corse) qui s'installe souvent en hiver au petit matin.

Les gens

Le col de San Stefano, lieu de passage obligé entre la plaine orientale et le golfe de St-Florent, a été le théâtre de violents combats en septembre 1943 entre l'avant-garde des tirailleurs marocains et l'arrière-garde de l'armée allemande. Une stèle commémore ces faits d'armes.

circuits

AU DÉPART DE SAINT-FLORENT

70 km – environ 4h. Quitter St-Florent par la route de Calvi (D 81) et passer le pont sur l'Aliso.

Après avoir longé pendant 4 km le désert des Agriates *(voir ce nom),* prendre sur la gauche la D 62 qui, étroite et torturée, domine la vallée de l'Aliso.

Santo-Pietro-di-Tenda

Ses maisons s'étalent sur les pentes du massif de Tende au-dessus de l'Aliso. Deux **églises** baroques sont unies en façade par un clocher à quatre étages. On peut visiter la plus grande dédiée à **saint Jean l'Évangéliste.** *S'adresser à Mme Pasqualini.* ☎ *04 95 37 72 06.*

À 1,5 km du village, **vue** sur le clocher qui se profile au-delà des frondaisons. La route s'engage alors dans un étroit défilé jusqu'à Sorio.

2 km après Rapale prendre à droite la D 162.

San Michele de Murato★★ *(voir ce nom)*

Prendre à gauche la D 5.

La route continue dans un paysage de hauts plateaux, à la végétation odorante.

Col de San Stefano

Du site, ample **panorama**★★ sur la conque du Nebbio. À l'arrière-plan, on devine St-Florent et sur la gauche les monts des Agriates.

Olmeta-di-Tuda

Ce pittoresque village, dominé par les sommets du massif du Zuccarello, est ombragé de beaux ormes. En suivant sa rue circulaire, on découvre de jolies vues sur St-Florent et son golfe.

La route traverse une riche campagne couverte de châtaigniers, d'oliviers et de vignes.

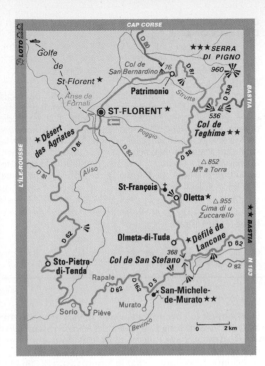

Oletta★

Accroché à une colline verdoyante, Oletta étage paisiblement ses hautes maisons blanches, ocre et roses. Une **vue**★ plaisante se déploie sur le golfe de St-Florent et le Nebbio. On aperçoit en contrebas le couvent St-François et, en face, sur un mamelon, le mausolée du comte Rivarola, gouverneur de Malte. Les alentours d'Oletta sont réputés pour leur fromage de brebis dont une partie sert de matière première à l'élaboration du roquefort.

L'église paroissiale St-André (18e s.) présente un bas-relief archaïque assez effacé figurant la Création. À l'intérieur, face à l'entrée latérale, beau triptyque du 16e s. : Vierge allaitant entre sainte Reparate et saint André.

Couvent St-François

2,5 km d'Oletta par la D 82 en direction de St-Florent, puis le sentier caillouteux qui s'ouvre sur la droite.

Le couvent, à demi ruiné, s'élève dans un site agréable, entouré de collines verdoyantes. Il a conservé son beau clocher.

Revenir sur Oletta, où l'on prend à gauche la D 38.

La route suit la grande arête dorsale délimitant le Nebbio. Ce parcours de 9 km offre des **vues**★ étendues sur les vallées du Fiuminale et de l'Aliso, sur les collines du Nebbio, le golfe de St-Florent et le désert des Agriates en arrière-plan.

Col de Teghime★★ et Serra di Pigno *(voir Cap Corse)*

Du col prendre sur la gauche la D 81 vers St-Florent.

La route descend vers le rivage en de nombreux lacets et offre des **vues**★★ pittoresques sur Patrimonio dans son paysage de montagnes avec le golfe de St-Florent et le désert des Agriates en toile de fond.

Patrimonio *(voir ce nom)*

La D 81 rejoint au col de San Bernardino la D 80 et ramène à St-Florent.

RESTAURATION

⊜⊜ **Auberge A Magina** –
20232 Oletta
☎ *04 95 39 01 01 - fermé 16 oct. à mars -*
20/25€. De la terrasse ou de la salle voûtée et colorée, la vue sur le golfe de St-Florent et sur le Nebbio est très appréciée. N'oubliez pas de regarder aussi dans votre assiette ! Produits de la mer et plats corses se cotoyent sur carte et menus.

Pays de collines et de vallées, le Nebbio s'étend entre la Balagne et le désert des Agriates.

DE ST-FLORENT À BASTIA PAR LE DÉFILÉ DE LANCONE

53 km. De St-Florent au col de San Stefano, même itinéraire que le précédent. Au col, prendre à droite la D 62 qui longe le Bevinco et s'engage dans le défilé de Lancone.

Défilé de Lancone★

Avant de se jeter dans l'étang de Biguglia, le Bevinco, fleuve descendu des hauteurs du Murato, franchit une dernière barrière montagneuse dans laquelle il a creusé de belles gorges profondes. La route surplombe les sinuosités du torrent. Au sortir du défilé, la **vue**★ se dégage sur la vallée inférieure du Bevinco, l'étang de Biguglia et la mer. En rejoignant à Casatorra la N 198, possibilité de prendre à gauche la route en montée pour admirer les vues depuis le village de Biguglia.

Le Niolo★★

U Niólu

Le Niolo est la cuvette formée par le bassin supérieur du Golo, le plus long fleuve de l'île. Ses terres sauvages longtemps enclavées où les traditions perdurent font de cette région un authentique « pays » de la Corse intérieure. Il est dominé par le Monte Cinto (2 706 m), point culminant de l'île, d'où le regard embrasse toute la région. Dans cette contrée propice aux balades, on peut découvrir le lac de Nino, tapissé de pelouses vert tendre (les pozzines), la forêt de Valdu-Niellu et ses superbes pins laricio, ainsi que des bergeries de pierres sèches établies dans des sites grandioses.

La situation

Carte Michelin Local 345 D5 – Haute-Corse (2B). Située entre le col de Vergio et la Scala di Santa Regina, la cuvette du Niolo est occupée par la retenue de Calacuccia (790 m d'altitude). Elle est cernée par des montagnes hautes de quelque 1 500 m : arêtes du Cinto au Nord, de la Paglia Orba à l'Ouest, de la Punta Artica au Sud. Au Nord-Est, elle est fermée par la zone confuse, presque impénétrable, des granits de la Santa Regina. **fl** *Route de Cuccia, 20224 Calacuccia, ☎ 04 95 48 05 22. www.niolu.fr.st*
De mi-mai à mi-sept. : 9h-12h, 15h-19h ; de mi-sept. à mi-mai : tlj sf w.-end 9h-12h, 14h-18h.

Les gens

Dès le début du siècle, l'alpiniste autrichien **Félix von Cube** escalada les principaux sommets du massif du Cinto et établit, après plusieurs années d'exploration des cimes vierges, une carte détaillée du massif. Un sommet du Haut-Asco, près du GR 20, perpétue son nom (le Capo Rosso ou pic Von Cube, 2 043 m).

Conciliabules entre Niolins.

comprendre

La haute vallée du Golo – Le Golo, grand fleuve de la Corse, prend sa source à 2 000 m d'altitude au pied des éboulis près du col de Vergio. Après un cours de 84 km vers le Nord-Est, il se jette dans la Méditerranée à la Canonica.

Son cours supérieur draine un haut plateau cristallin de 1 000 m d'altitude. Il reçoit de nombreux affluents alimentés par un enneigement abondant et une forte pluviosité. Les versants aux sols ingrats s'élèvent en pente douce vers les hautes crêtes dénudées. Les villages accrochés, entre 800 et 1 100 m d'altitude, sur les contreforts du Monte Cinto, sont les plus hauts de l'île.

En aval de Calacuccia, le Golo quitte le Niolo par des gorges creusées dans le granit : la Scala di Santa Regina *(voir ce nom)*.

La végétation varie selon l'altitude et l'ensoleillement. Dans la partie inférieure du Niolo le châtaignier, largement planté par l'homme, ombrage les villages ; plus haut s'y associent le chêne pubescent et le chêne vert. Entre 900 et 1 600 m d'altitude croît la forêt : le sapin et le hêtre d'abord, puis le pin laricio. Près du col de Vergio, le bouleau prend une place importante. À 1 200 m, on voit apparaître l'alpage, prairies naturelles envahies par les herbes courtes, les chardons, les fougères et les buissons épineux. Les trois espèces d'aulnes y sont présentes : l'aulne vert formant des fourrés impénétrables sur des sols siliceux frais et humides, l'aulne glutineux, de 1 200 à 1 500 m d'altitude au voisinage des cours d'eau, l'aulne blanc jusqu'à 1 800 m au bord des torrents et sur les moraines glaciaires.

Une terre sauvage sur laquelle on prend plaisir à se balader, le Niolo.

Vie agricole et pastorale – L'enclavement de la région a contraint les Niolins à vivre repliés sur eux-mêmes pendant des siècles jusqu'à l'ouverture, à la fin du 19e s., des routes de la Scala di Santa Regina et du col de Vergio. Aussi ont-ils conservé pendant longtemps un mode de vie traditionnel fondé presque exclusivement sur l'élevage et l'agriculture. Le Niolin pratiquait surtout l'élevage transhumant. De juin à septembre (estivage), il faisait paître ses troupeaux sur les alpages. Après les fêtes du 8 septembre à Casamaccioli *(voir Calacuccia)*, bergers et troupeaux descendaient à la « plage » entre Porto et Galéria par les cols et le vieux sentier de transhumance de la vallée du Fango *(voir Galéria)*, vers la Balagne ou vers la plaine orientale par la Scala di Santa Regina. Après l'hivernage, ils reprenaient le chemin de la montagne.

Avec l'ouverture de la route, l'élevage et l'agriculture se sont modifiés. L'étendue des terres cultivées est devenue insignifiante (250 ha). Les châtaigneraies ne sont plus entretenues et s'amenuisent. L'exploitation de la forêt s'est donc organisée et la surface boisée (9 600 ha dont la belle forêt de Valdu-Niellu) est à nouveau en expansion. L'activité rurale essentielle de cette région demeure l'élevage. Le nombre des bergers a diminué mais un important travail s'accomplit pour la remise en valeur des terrains à vocation pastorale. De jeunes éleveurs s'installent à nouveau.

Artisanat rural – Autrefois, pendant les journées d'hiver, les femmes filaient ou tissaient le *pelone*, pèlerine en poil de chèvre qui tenait debout comme une petite tente et protégeait le berger des intempéries. De leur côté, les bergers fabriquaient des ustensiles en racine de bruyère, en buis ou en châtaignier. Ils confectionnaient aussi des moules à fromage et à *brocciu*, des claies, des corbeilles, des pipes ainsi que des ciseaux pour la tonte, des pioches, des bêches, des charrues, des herses. Certaines de ces activités artisanales se maintiennent et parfois se développent grâce à l'affluence touristique.

L'INSURRECTION DE 1774

La guerre d'Indépendance *(voir chapitre Histoire)* achevée en 1769, la France tenta de pacifier le pays : interdiction du port d'armes à feu et de couteaux effilés et expulsion des familles dont les chefs avaient suivi Paoli en exil. Ces mesures échauffèrent les esprits... En 1774 les troubles s'étendirent. Thomas Cervoni entraîna les Niolins, acquis aux idées de Paoli, dans une insurrection armée. Mais ni le Nebbio ni le Cap Corse ne suivirent le mouvement. Encerclés près du pont de Francardo, dans la vallée du Golo, les insurgés durent se rendre : la plupart furent incarcérés à Toulon, leurs maisons brûlées et leurs villages saccagés.

---

circuits

DE CALACUCCIA AU MONTE CINTO★★★ 1

ESPÈCES PROTÉGÉES
L'aigle royal, le gypaète barbu et d'autres rapaces en voie de disparition hantent encore les cimes du Monte Cinto.

Le Monte Cinto (alt. 2 706 m), « toit de la Corse », point culminant de la longue crête qui sépare la vallée de l'Asco de celle du Golo, domine l'ensemble du Niolo.
Le versant Sud descend vers le vallon de l'Erco par des pentes modérées, tandis que le versant Nord, où des névés subsistent jusqu'à la fin de l'été, est beaucoup plus raide. Le sommet lui-même est formé d'un entassement de gros blocs de rhyolite.
Gagner en voiture Lozzi, à 4,5 km de Calacuccia, par la route du col de Vergio, puis, avant le couvent de Calacuccia, une route étroite et sinueuse sur la droite.

Lozzi
Alt. 1 050 m. Le hameau se groupe au pied du Monte Cinto.
Du village de Lozzi, prendre la piste PC 1040 qui monte en direction du Nord-Ouest sur environ 6 km. Elle se termine en amont des bergeries de Cesta. Laisser la voiture sur le terre-plein.

Contournant la croupe aride du Capo al Mangano, la route domine la vallée de l'Erco. Le paysage dénudé est parsemé de chaos rocheux.

Bergeries de Cesta
Alt. 1 575 m. Les cabanes en pierres sèches sont édifiées dans un site grandiose dominant le ravin de l'Erco, face au cirque glaciaire du Monte Falo (alt. 2 549 m) et aux escarpements Sud du Cinto. Derrière se profile le massif de la Scala di Santa Regina. Les petits murets en pierres sèches qui quadrillent la montagne servent d'enclos pour les animaux pendant l'été.

VÉGÉTATION
Entre 1 500 et 1 900 m d'altitude règne le « maquis des montagnes » où croissent le genévrier nain, très résistant aux intempéries, l'épine-vinette à baies rouge orangé et aux rameaux à triples épines qui la protègent contre la dent des troupeaux et différentes espèces d'aulnes.

Ascension du Monte Cinto★★★
À partir des bergeries de Cesta, environ 7h AR. Réservé aux personnes très entraînées. Quitter Calacuccia au petit jour pour éviter les brumes qui, dès le milieu de la matinée en été, empanachent les hautes cimes de l'île. On rejoint en 20mn de marche le refuge de l'Erco (alt. 1 667 m).
Le sentier s'engage dans le **cirque glaciaire**★★★ formé par le Monte Falo et le Cinto. Il se fraye un passage parmi les énormes blocs moraniques jusqu'au bas de la

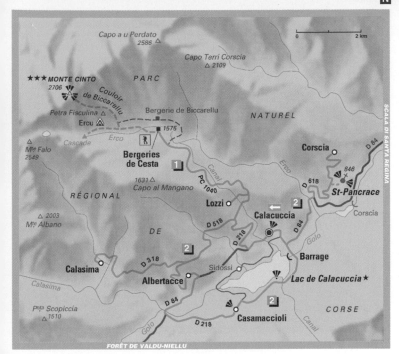

paroi rocheuse du Cinto (cascade à gauche au pied du Monte Falo). Le regard suit la vallée glaciaire jusqu'aux montagnes de la Scala di Santa Regina dans le lointain.

À partir de l'Erco (face Sud), les habitués du rocher peuvent atteindre le sommet en 3h.

L'ascension se fait par l'arête Sud-Est et emprunte le passage entre le couloir de Biccarellu à droite et une tête rocheuse isolée appelée **Petra Fisculina**, à gauche. Du sommet, le **panorama**★★★ embrasse toute la Corse et se développe jusqu'aux Alpes-Maritimes et aux îles de la mer Tyrrhénienne.

BASSIN DE CALACUCCIA★★ ②

35 km. De Calacuccia, prendre la D 84 vers le Sud-Ouest, puis la D 218. Peu avant Lozzi prendre à gauche la D 518, puis la D 318 vers Calasima.

Calasima

Le plus haut village corse (alt. 1 095 m), dominé par l'arête impressionnante de la Paglia Orba, occupe un **site**★★ grandiose sur les pentes du Monte Albano.

Revenir à la D 518 que l'on prend à droite.

Albertacce

Ce village s'orne d'une belle **fontaine** (1967) de galets dont la mosaïque représente des paysannes venant chercher de l'eau.

Musée archéologique Licninoi – *Juil.-août : 10h30-12h30, 15h-18h, dim. 10h30-12h30 ; reste de l'année : sur demande à l'Office de tourisme. 2,50€. ☎ 04 95 48 05 22.*
Installé en bordure de la route, il a pour vocation de rassembler les vestiges archéologiques des régions montagnardes de la Corse, du néolithique ancien (6e millénaire) à l'âge du fer. Des statues-menhirs, des sépultures (dont celle de Sovezzi, reconstituée), et la belle « tête de Ponte Altu » constituent quelques éléments forts d'une visite que l'on pourra bientôt compléter par une découverte des sites eux-mêmes, grâce à des circuits archéologiques (pédestres ou en autocar).

Gagner la D 84 que l'on prend à droite ; plus loin, prendre à gauche la D 218.

Casamaccioli *(voir Calacuccia)*

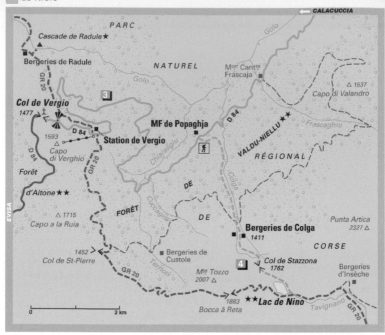

CALACUCCIA

PARC

Cascade de Radule ★

Bergeries de Radule

NATUREL

M^on Cant^ra
Frascaja

GR 20

Golo

△ 1537
Capo di Valandro

Col de Vergio
1477

3

MF de Popaghja

D 84

D 84
1593
△

Capo
di Verghio

Station de Vergio

Chiarasgiu

VALDU-NIELLU ★★

Frascaghiu

GR 20

RÉGIONAL

Forêt

d'Aitone ★★

DE

EVISA

△ 1715
Capo a la Ruia

FORÊT

Cuccaglia

DE

DE

Colga

Punta Artica
2327 △

Bergeries de Colga
1411

CORSE

Bergeries de
Custole

Col de Stazzona
4   1762

M^te Tozzo
2007 △

Bergeries
d'Insèche

Col de St-Pierre
1452

GR 20

Terricci

Tavignano

GR 20

0   2 km

1883   ★★Lac de Nino
Bocca à Reta

Lac de barrage de Calacuccia★

La rive Sud du lac jusqu'au barrage est décrite à Calacuccia.

Rejoindre la D 84 que l'on prend à droite. Au pont de l'Erco – au débouché de la Scala di Santa Regina – prendre à gauche la D 618.

Corscia

Ce village dissémine ses huit hameaux au flanc de la montagne, au milieu des terrasses de cultures.

Chapelle St-Pancrace

🚶 *Laisser la voiture dans le premier hameau et prendre à droite (1/2h à pied AR) vers la chapelle du village.* De la butte rocheuse sur laquelle est posée la chapelle, une **vue**★ superbe s'offre sur les hameaux de Corscia et le massif dominant la Scala di Santa Regina.

DE CALACUCCIA AU COL DE VERGIO 3

24 km.

Forêt de Valdu-Niellu★★

Tracée sur le flanc Nord du bassin du Golo, la route s'élève de 647 m et traverse la superbe forêt de Valdu-Niellu. Elle couvre les pentes des cirques torrentiels qui forment le bassin de réception supérieur du Golo, dominé par une ligne de crête échancrée par quelques cols élevés dont celui de Vergio. Cette forêt, qui fait partie du Parc naturel régional, est la plus vaste (4 638 ha) et l'une des plus belles de l'île ; elle s'étage de 900 à 1 600 m d'altitude.

Les pins laricio composent 70 % de son peuplement ; dans la partie haute, ils se mêlent aux autres essences. Les hêtres au feuillage clair et les bouleaux blancs couvrent 10 % de sa surface.

Les forêts corses sont bien souvent fréquentées par des « porcs coureurs » à l'état semi-sauvage.

Les rochers, les landes et les broussailles se partagent le reste du sol. Valdu-Niellu est la première forêt de l'île pour la qualité de son bois. Les chutes de neige sont abondantes en hiver au-dessus de 1 200 m.

Maison forestière de Popaghja

Alt. 1 076 m. À proximité s'élèvent les plus beaux pins laricio de la forêt. Certains sujets sont hauts de 38 m, présentent des troncs lisses jusqu'à 25 m et atteignent 5 m de circonférence ; ils sont âgés de 500 ans.

Station et col de Vergio *(voir ce nom)*

randonnée

LAC DE NINO★★ 4

🚶 *4h AR au départ de la maison forestière de Popaghja. Dénivelé : 700 m. De bonnes chaussures de marche sont nécessaires, surtout pour la deuxième partie du parcours.*

Bergeries de Colga

3/4h à partir de la maison forestière ; sentier jalonné de marques jaunes.

Le sentier s'enfonce dans la haute futaie de Valdu-Niellu (pins laricio, hêtres et quelques bouleaux) ; il longe la moraine. En 1/2h on atteint le ruisseau de Colga encombré de blocs de rochers et que l'on franchit à gué. Le sentier s'élève alors en lacet au-dessus du torrent et gagne à 1 411 m d'altitude les bergeries de Colga.

Laisser sur la droite les bergeries (ne pas franchir le torrent).

Des bergeries commence une rude montée *(1h)* vers le col de Stazzona, à travers les éboulis du cirque glaciaire. Le sentier a désormais disparu, mais l'itinéraire est jalonné de marques jaunes et de cairns. Après avoir franchi une première crête, le chemin descend dans un vallon, puis gagne, par des dalles assez raides, le seuil rocheux du **col de Stazzona** (Bocca à Stazzona, alt. 1 762 m), ouvert entre le Monte Tozzo (alt. 2 007 m) et la Punta Artica (alt. 2 327 m). Ce col sert de passage entre le Niolo et le Campotile. La piste descend alors *(1/4h)* au bord du lac.

> **LES BŒUFS DU DIABLE**
> Le col de Stazzona est marqué par de hautes pyramides de cailloux et d'énormes rochers noirs qui, d'après la légende, seraient les bœufs du diable pétrifiés par saint Martin *(voir Scala di Santa Regina)*.

LES POZZINES,
UN ÉLÉMENT ORIGINAL DE LA MONTAGNE CORSE

Ce sont des pelouses tourbeuses qui entourent les lacs de montagne. Les *pozzines* (du corse *pozzi*, « trous ») constituent le dernier stade du comblement de ces lacs. Importants îlots de fraîcheur dans la montagne, ces pelouses sont le résultat de l'accumulation de végétaux non entièrement dégradés qui se recouvrent d'un tapis de gazon rendu ras par la tonte du bétail en transhumance.

La couleur est fonction du degré d'humidité : les pelouses les plus humides sont les plus sombres, colonisées par les carex. Les milieux les plus secs sont constitués de pelouses à nard.

> **DES PLANTES CARNIVORES**
> La faible teneur en azote des *pozzines* a obligé les plantes qui y vivent à s'adapter. C'est ainsi qu'on y rencontre de rares espèces carnivores, telle la drosera, qui tirent l'azote nécessaire à leur croissance des insectes qui viennent se désaltérer.

Lac de Nino★★

Alt. 1 743 m. Source du Tavignano, il occupe une vaste combe gazonnée au charme bucolique. Cette nappe d'eau de 6,3 ha, aux rives plates, couvre le fond du Campotile, grande cuvette rabotée par l'érosion glaciaire, couverte de forêts et de pâturages et dominée par des montagnes aux formes peu accusées. Les nombreuses bergeries témoignent de l'activité pastorale passée.

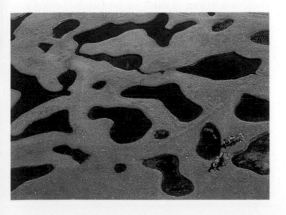

Le lac de Nino possède les pozzines les plus étendues et les plus remarquables de l'île.

Nonza ★

Littéralement accrochée sur une falaise en surplomb de la mer intensément bleue, coiffée par une tour de défense de schiste vert, Nonza est une ancienne place forte médiévale, relevée par Pascal Paoli en 1758. Comment ne pas goûter le plaisir de flâner dans les ruelles et sur la place de ce village de charme du Cap Corse ?

La situation

Carte Michelin Local 345 F3 – Schéma p. 211 – Haute-Corse (2B). Depuis Saint-Florent, une vingtaine de kilomètres suffisent pour atteindre Nonza par la route de la corniche (D 80) qui surplombe la côte Ouest du Cap Corse. Mais l'attrait du village rend le stationnement assez aléatoire...

Le nom

Le nom vient sans doute de la position stratégique du village sur la côte occidentale du Cap Corse, en avancée dans la mer. En effet, Nonza en corse signifie « annonciateur » : le bourg pouvait révéler, par n'importe quel temps, toute voile ennemie à l'approche dans l'immense golfe de St-Florent.

Les gens

Julie, une jeune fille de Nonza, qui avait refusé de participer à une fête païenne, fut crucifiée dans son village sur ordre du préfet Barbarus. Sur le lieu du martyre jaillit une source miraculeuse. Le corps de la sainte, évacué en 734 devant la menace sarrasine, se trouve aujourd'hui à Brescia en Italie, mais quelques reliques en sont conservées à l'église de Nonza *(pèlerinage le 22 mai)*. L'analogie de son supplice avec celui du Christ fait de sainte Julie la patronne de la Corse.

Ne manquez pas de prendre un verre en fin d'après-midi au café de la Tour, à l'ombre du vieux platane.

visiter

Le village se groupe autour de l'église et sur le rocher qui porte la vieille tour. Une craquante petite place fleurie, quelques tables disposées autour de la fontaine à l'effigie de Pascal Paoli, c'est là que l'on peut prendre l'ambiance du village. Aux environs, arbres fruitiers et jardinets en terrasses, abrités du vent, s'étagent de la mer aux premières pentes du mont Stavo. Des figuiers de Barbarie ajoutent une touche exotique à la palette des verts.

Tour génoise

Traverser le centre du village en suivant quelques ruelles en escalier bordées de maisons couvertes de lauzes. Certaines portes sont agrémentées de plaisants motifs architecturaux.

La tour, édifiée en 1550 pour surveiller le littoral alors pillé par de fréquents raids barbaresques, couronne un promontoire schisteux qui domine vertigineusement la mer de ses 160 m d'altitude.

Du pied de la tour, la **vue** ★ est fort étendue : à droite, le bleu profond de la mer contraste avec la teinte grise de l'immense plage de galets de schiste amiantifère accumulés ici depuis 1932. Les galets de la plage sont les déblais usés par le mouvement des vagues de l'ancienne usine d'amiante de Canari (fermée depuis 1965) mais ne

ACCÈS

On accède à la grande **plage de galets** par un sentier formé de 260 marches. Il part à gauche de l'église sur la route principale *(en face du magasin d'alimentation).* Compter env. 15mn pour descendre, 25mn pour remonter. La plage est aussi accessible par une route carrossable, 3 km au Nord de Nonza.

AOÛT 1768

La tour de schiste vert de Nonza subit victorieusement le siège des troupes françaises de Grandmaison chargées d'appliquer le traité de Versailles. De chacune de ses meurtrières les coups partent, parfaitement coordonnés. Mieux vaut parlementer que poursuivre et l'on convient que la garnison quittera son retranchement, libre et avec les honneurs. Alors le vieux Jacques Casella sort de la tour, boiteux et solitaire, mais avec quelle fierté : il avait imaginé un système de transmission qui lui permettait de manœuvrer seul toutes ses pièces !

Le village, veillé par sa tour génoise, est perché sur une falaise 100 m au-dessus de la mer.

présentent aucune toxicité, l'amiante traitée étant seule dangereuse. Au loin se profilent le golfe de St-Florent, la Balagne et le massif du Cinto. Plus près, la vue permet d'apprécier les toits du village et la perspective de l'église avec son clocher accroché au chevet.

Église Ste-Julie

Cette église du 16e s., pourvue en façade d'un harmonieux perron, possède un autel baroque (1694) en marqueterie de marbres polychromes. Il aurait été fabriqué à Florence en l'honneur de Notre-Dame-de-Santé dont la statue domine l'autel. Il est surmonté d'un tableau représentant sainte Julie crucifiée. La partie instrumentale de l'orgue est attribuée à Pietro Saladini (1835).

Fontaine Ste-Julie

À 50 m sur la route de Pino, 160 marches descendent (même chemin que pour la plage) à cette fontaine dont les eaux sont réputées miraculeuses. Cette agréable promenade ombragée offre un coup d'œil original sur le village et sa vieille tour.

Massif de l'**Ospédale**★

Spidali

Le massif de l'Ospédale est la haute région boisée qui domine l'arrière-pays du golfe de Porto-Vecchio. Peu accidenté, il offre dans un paysage d'éboulis rocheux et de forêts de pins de nombreuses et agréables promenades.

La situation

Carte Michelin Local 345 E9/10 – Corse-du-Sud (2A). L'Ospédale s'étend du Sud du massif de Bavella (col de Castellucio) au Nord de la montagne de Cagna (col de Bacinu). Il est traversé par la D 368 qui relie Porto-Vecchio à Zonza.

Le nom

L'Ospédale doit son nom à un ancien hospice ou hôpital romain qui était établi dans le village.

circuit

DE ZONZA À PORTO-VECCHIO★

40 km – une demi-journée. Sortir de Zonza par la D 368 en direction de Porto-Vecchio.

Forêt de Zonza

La route est sinueuse mais belle et assez large. Elle descend à travers la forêt de Zonza plantée de pins, dans un ample paysage.

HÉBERGEMENT ET RESTAURATION
◎◎ **Le Refuge** – *À Cartalavonu - 20137 L'Ospédale - 4 km au N d'Ospédale dir. Zonza puis rte secondaire -* ☎ *04 95 70 00 39 - fermé nov. -* 🖾 *- 22/28€.* Veau, agneau et autres produits du terroir vous attendent sur la table de cette petite maison au cœur d'un site sauvage. Sur commande, porcelet rôti à la braise ou cuissot de sanglier. Terrasse. Quatre jolies chambres refaites et un gîte d'étape pour les randonneurs.

Chaos de Pacciunituli

Accès par la D 67 à droite au col de Pelza (voir Alta-Rocca). Un kilomètre après le col de Pelza (Bocca di Pelza), on a une vue très étendue vers le Sud-Ouest avec, dans le lointain, le village de Carbini et son environnement de monts boisés.

Forêt de Barocaggio Marghèse★

À partir du col d'Illarata (Bocca d'Illarata), la route pénètre dans cette belle forêt domaniale qui occupe la partie centrale du massif de l'Ospédale. Au-dessus de 1 000 m d'altitude, elle se compose de pins laricio harmonieusement mêlés aux pins maritimes. Bien résistant au feu et reconnu pour la qualité de son bois, le pin laricio fait l'objet d'un important effort de peuplement par les organismes forestiers.

Cette haute futaie est dominée au Nord-Ouest par la massive muraille de la **pointe de Diamant** (Punta di u Diamante, alt. 1 198 m), reconnaissable à sa forme pyramidale.

Cascade de Piscia di Gallo (Piscia di Ghjaddu)★

⚑ *1h1/4 AR. L'itinéraire débute par une piste en contrebas d'un parking situé 700 m avant l'arrivée au barrage de l'Ospedale. Sentier balisé par des cairns revêtus d'un pictogramme représentant une cascade.*

La piste se termine au bout d'un quart d'heure de marche sur une vaste aire d'hélicoptère et laisse place à un agréable sentier qui serpente dans les pins et les bruyères. On s'enfonce ensuite vers la droite en longeant d'importants blocs rocheux pour atteindre une barre rocheuse à quelques centaines de mètres de la cascade. La descente vers le pied de la cascade s'effectue par un sentier non

CONSEIL

Les randonneurs qui envisagent la descente jusqu'au pied de la cascade doivent porter des chaussures adaptées et avoir une bonne pratique de la marche en terrain instable.

balisé et très raide qui nécessite l'aide des mains. La chute d'eau à flanc de falaise forme la Piscia di Gallo (« cascade du coq ») considérée comme la source de la petite rivière Oso qui se jette dans la baie de St-Cyprien. Le débit est désormais soutenu tout l'été grâce au barrage de l'Ospédale. La beauté du site et les étonnantes marmites de géants récompensent des efforts consentis.

Barrage de l'Ospédale (Ritinuta di U Spidali)

Ce barrage, haut de 25 m, est construit selon la technique des levées de terre. Il retient un petit lac qui égaye l'austère paysage d'éboulis rocheux et de sapins. Ses 3 000 000 m³ d'eau constituent la principale réserve de la vallée de l'Asinao et de la région de Porto-Vecchio.

Col de l'Ospédale

Ce vaste espace dégagé, sous les hautes frondaisons des pins attire de nombreux promeneurs en quête d'un peu de fraîcheur.

Prendre la route à droite vers la maison forestière, puis à gauche en suivant la direction du gîte d'étape Le Refuge (signalisation).

Sentier des rochers

🚶 *30mn en boucle ; départ sur la gauche de la route, à 1,7 km de l'embranchement dans un virage (panneau).*

Facile et amplement balisé (panneaux), ce sentier d'interprétation permet de découvrir nombre de *taffoni*, cavités aux formes étranges creusées par l'érosion dans la roche. 900 m plus loin, la route s'achève à Cartalavonu – où est installé le gîte d'étape – hameau disposé en terrasse d'où la **vue** sur le golfe de Porto-Vecchio est aussi inattendue que superbe !

Le massif de l'Ospédale offre un panorama exceptionnel sur les aiguilles rouges de Bavella et les forêts de pins laricio.

Sentier de la Vacca Morta

🚶 *2h AR depuis Cartalavonu.* Balisé en orange, le sentier (relativement facile) conduisant au sommet de la Vacca Morta, permet de découvrir des vues magnifiques, tant sur le golfe que sur les montagnes.

L'Ospédale (U Spidali)

Ce hameau est constitué de chalets et de villas disséminés au milieu des rochers et des pins, de part et d'autre de la route forestière.

Forêt de l'Ospédale★

◄ La route accidentée, en lacet, tracée dans les bois de chênes-lièges et de chênes verts passe à proximité d'énormes entassements rocheux où s'accrochent les grands pins de cette vaste forêt (4 500 ha) étagée au-dessus du golfe de Porto-Vecchio.

La route plonge sur Porto-Vecchio quittant bientôt la forêt pour frayer son parcours dans un paysage de maquis.

PANORAMA

L'Ospédale présente, à mi-pente et à hauteur de son cadran solaire, de pittoresques blocs de granit. Il offre des **vues★★** lointaines sur les golfes de Porto-Vecchio et de Santa Manza.

Vallée de l'**Ostriconi**★

Du col de Sta-Maria jusqu'à l'anse de Peraiola, la vallée de l'Ostriconi s'étire entre la Balagne, le Nebbio et les Agriates.

Cette région fertile porte encore les traces de son intense exploitation oléicole passée. Les diverses promenades qu'offre la vallée sont parsemées de vestiges de moulins. Lama, chef-lieu de la région, a su restaurer avec harmonie ses quartiers anciens.

La situation

Carte Michelin Local 345 E/D4 – Haute-Corse (2B). Les cinq villages dominant le cours de l'Ostriconi sont accessibles par des voies perpendiculaires à la N 1197 (dite « la Balanina ») ou par les deux routes parallèles à la vallée. Sur celles-ci, soyez vigilant au volant car des bovins se plaisent à divaguer sur la chaussée. 🛈 *Office de tourisme, 20218 Lama, ☎ 04 95 48 23 90. www.ot-lama.com*

Les gens

Réalisateurs, producteurs et cinéphiles se retrouvent à Lama chaque première semaine d'août pour le Festival du film européen.

comprendre

PARTIS EN FUMÉE

Au début du siècle, la région de Lama comptait près de 80 000 pieds d'oliviers produisant 100 000 l d'huile.

En août 1971 un immense incendie embrasa l'Ostriconi et une partie de la Balagne. En un après-midi l'ensemble des oliveraies fut réduit en cendres.

Le grenier à huile – Si l'ensemble de cette microrégion ne compte actuellement pas plus de 600 habitants permanents, elle fut longtemps le principal grenier à huile de la Corse du Nord. À la suite de la réglementation génoise imposant la plantation, chaque année, d'une des 5 espèces nobles d'arbres (châtaignier, mûrier, figuier, vigne et olivier), les oliveraies couvrirent le fond de la vallée jusqu'à remonter à mi-versant.

Le village de Lama promet de belles balades dans les ruelles médiévales.

De belles eaux turquoise dans lesquelles se jette la rivière, du sable blanc, difficile de résister à une baignade à la plage de l'Ostriconi.

L'architecture porte encore l'empreinte de cette monoculture et l'on peut aisément découvrir au cours de promenades les moulins hydrauliques (*e fabrice*, en corse) le long du cours de l'Ostriconi et ceux, plus nombreux, à traction animale (*i franghj*, en corse).

Les saignées démographiques des deux guerres mondiales amorcèrent le déclin de la vallée. Le coup de grâce vint du terrible incendie de 1971. Aujourd'hui, l'élevage ovin a maintenu une grande partie de son activité. L'aménagement d'un nombre important de gîtes ruraux a permis le développement de centres de randonnées équestres.

circuit

DE PIETRALBA À L'ANSE DE PERAIOLA
35 km au départ de Ponte Leccia – 2h environ.

Prendre la N 1197 (« La Balanina ») en direction de L'Île-Rousse. Au col de Sta-Maria, la D 8, à droite, permet d'accéder au village de **Pietralba**, puis épouse les sinuosités du vallon, procurant jusqu'à Lama de belles vues sur les hauteurs environnantes et l'embouchure de l'Ostriconi.

Lama★
Ce village médiéval accroché à flanc de piton surplombe le grand axe routier de la « Balanina ». Une harmonieuse réhabilitation a permis de mettre en valeur deux styles d'architecture.

Le vieux quartier composé de petites maisons accolées au rocher et d'une succession de passages voûtés jouxte les grandes maisons du 18e s. construites pour les gros producteurs oléicoles.

Le 15 août, une illumination générale du village accompagne les festivités mariales. Une production artisanale de pâtisserie, les **« oliosi »**, renoue, pour sa part, avec la tradition oléicole.

En poursuivant vers le Nord, on atteint le village d'**Urtaca** qui semble fixé aux arêtes rocheuses. *Après avoir retrouvé « la Balanina », poursuivre vers l'embouchure du fleuve, et prendre à droite la petite route en cul-de-sac conduisant à Ogliastro.*

Le cours de l'Ostriconi finit en paresseux méandres où viennent s'abreuver de pacifiques bêtes à cornes ; cette zone marécageuse des Agriates porte le nom de « site de l'Ostriconi ».

Plage de l'Ostriconi
Cette belle plage sauvage occupant l'**anse de Peraiola** constitue le terme du sentier de randonnée décrit dans les Agriates.

> **ARCHITECTURE ITALIENNE**
> Les grands producteurs oléicoles envoyaient leurs enfants faire leurs études en Italie, notamment en Toscane. À leur retour, ceux-ci désiraient appliquer à leur maison familiale les éléments d'architecture qui les avaient marqués pendant leur séjour. Ainsi, une demeure affiche un inattendu et imposant belvédère florentin.

randonnées

AU DÉPART DE LAMA
Monte Asto★ (Astu)
🚶 *6h environ AR (dont 4h aller) – dénivelé 1 000 m – randonnée sans difficulté majeure, mais attention, balisage vétuste et peu lisible.*

Le sentier part du point le plus haut du village, à proximité d'un réservoir portant l'indication « refuge du Prunincu ». Suivre les marques jaunes, franchir une barrière (que l'on aura soin de refermer derrière soi) et atteindre un vaste plateau herbeux. Le refuge du Prunincu (bâtiment récent) permet de s'accorder une halte à peu près à mi-chemin du sommet. Un sentier bien empierré part ensuite vers le Nord-Nord-Est en direction de la ligne de crête du Monte Asto. Ces sentiers bien revêtus étaient autrefois l'œuvre des villageois exempts d'impôts qui s'acquittaient ainsi de leurs charges collectives. Du sommet (alt. 1 535 m), superbe **panorama**★ de la Balagne jusqu'au Cap Corse.

Sentier de randonnée Lama-Urtaca

🏃 *1h environ.* Cette agréable promenade emprunte un sentier sans difficulté qui se situe en contrebas de la D 108, parallèle à celle-ci. L'itinéraire procure de belles vues sur l'autre versant de l'Ostriconi et sur le littoral.

Patrimonio

Patrimoniu

Sur les premières pentes du Nebbio, Patrimonio dissémine ses maisons et sa grande église sur les versants d'une colline prospère plantée de vergers et de vignes. De longue date, le patrimonio se classe, par ses cépages et par le soin apporté à son élaboration, parmi les meilleurs crus élevés en Corse.

La situation

Carte Michelin Local 345 F3 – Schémas p. 211 et 279 – Haute-Corse (2B). Patrimonio est perché à 5 km de St-Florent en direction du Cap Corse (D 81).

Le nom

Patrimoniu veut dire « patrimoine » en corse. Au 17ᵉ s., c'est le nom qu'on donnait à un regroupement de terres.

Les gens

Ne manquez pas une rencontre avec les viticulteurs. La région fut en 1968 la première de Corse à obtenir une appellation d'origine contrôlée (AOC). On compte une trentaine de petits producteurs viticoles dans les sept communes bénéficiant de l'appellation. Ils produisent un cru d'excellente qualité : muscat mais aussi vin rouge, blanc et rosé... Vous pourrez les découvrir en suivant la **route des Vins**, et, bientôt, en visitant la **Maison des vins de Patrimonio**, qui doit s'établir en 2003 au cœur du village en bordure de la D 81.

LES FRÈRES ARENA

Ce village a donné le jour à deux adversaires de Bonaparte : **Joseph Arena** (1771-1801), député au Conseil des Cinq-Cents en 1796 qui protesta contre le coup d'État du 18 Brumaire. Accusé d'avoir pris part à un complot contre le Premier consul, il fut guillotiné le 30 janvier 1801. Son frère **Barthélemy** (1775-1829), député à l'Assemblée législative, puis aux Cinq-Cents, qui s'opposa lui aussi au coup d'État mais réussit à échapper à la police consulaire et à se réfugier à Livourne où il acheva obscurément sa vie.

---

se promener

Église St-Martin (San Martini)★

Visite sur demande préalable auprès du curé de St-Florent, rte Ste-Catherine, 20217 St-Florent.
Cette église, avec ses schistes qui prennent au soleil couchant une chaude tonalité blond doré, compose une des « images » touristiques les plus connues de la Corse. Édifiée à partir de 1570, elle fit l'objet d'une importante restauration entre 1801 et 1810. Le clocher et la partie supérieure de l'église datent de cette époque.

Un peu isolée, posée sur une butte dominant le village, elle apparaît comme un édifice monumental avec son haut clocher, ses robustes contreforts et son fronton à volutes ; mais reste à l'état de gros œuvre avec ses murs dépourvus de parement et laissant encore apparents les trous de boulin.

À l'intérieur, sur sa voûte peinte apparaît, dans un médaillon, saint Martin partageant son manteau. Une gracieuse marqueterie de marbres pare le maître-autel orné de l'emblème des franciscains, et le tabernacle mural situé à gauche.

U Nativu★

À côté du monument aux morts, un abri grillagé protège la **statue-menhir** en calcaire du Nativu trouvée en 1964 dans la commune de Barbaggio lors de travaux de terrassement. Cette statue mesure 2,29 m de hauteur et se caractérise par des épaules et des oreilles proéminentes, un menton accusé et une mystérieuse gravure sur le torse.

La statue-menhir du Nativu aurait été élevée au 1er millénaire avant J.-C. par les Mégalithiques.

Les versants autour de Patrimonio sont tapissés de vignobles. Procurez-vous auprès d'un office de tourisme la carte des AOC vins de Corse. Vous y trouverez la liste des caves de la région.

Pigna★

Pìgna

Perché sur une butte cernée d'olivaies, dominant la baie d'Algajola, cet agréable village regroupe ses ruelles escarpées autour de l'église. Depuis la fin des années 1960, Pigna est devenu un symbole du renouveau des traditions artisanales et musicales.

La situation

Carte Michelin Local 345 C4 – Schéma p. 145 – Haute-Corse (2B). Village construit en belvédère, Pigna est desservi par la D 151.

Le nom

Pìgna signifie en corse « meule de blé », souvenir de l'époque génoise où la Balagne était une riche région agricole.

carnet pratique

Les gens
Le village est habité par de nombreux artisans (potiers, graveurs, sculpteurs, etc.) et musiciens qui ont entrepris de le rénover, de redonner vie aux métiers d'antan et de sauver le patrimoine musical corse.

comprendre

Un foyer du renouveau culturel – Pigna est aujourd'hui un des principaux centres de la renaissance de l'artisanat corse et plus particulièrement dans le domaine musical. Regroupés dans l'association « **Arte di a musica** », des facteurs d'instruments traditionnels *(voir chapitre L'identité insulaire)* ont remis à l'honneur une tradition que l'on croyait perdue et qui trouve son application jusque dans les représentations théâtrales en France métropolitaine et en Sardaigne.

se promener

Dans les ruelles de Pigna.

Le village★
Les ruelles tortueuses, pavées ou en escaliers, bordées de maisons soigneusement rénovées et fleuries, et la place joliment dallée présentent un caractère authentique.

Église de l'Immaculée-Conception
Elle se distingue par ses deux clochetons à dômes. Son chevet arrondi et la découpe en accolade de son fronton sont charmants. À l'intérieur, bel orgue du 18ᵉ s. attribué à Ferrari.

Piazzarrella
Depuis cette petite place, on découvre une vue magnifique sur la baie d'Algajola.

Casa di l'artigiani
Juil.-août : 9h45-20h30, dim. 10h-13h, 15h30-20h ; avr.-juin et sept.-oct. : tlj sf dim. 10h30-12h30, 14h30-18h30. ☎ 04 95 61 75 55.
Les activités artisanales corses y sont mises en valeur.

Ponte Nuovo

Ponte Nuvo

Le 8 mai 1769, ce pont génois fut le théâtre d'un tragique affrontement entre les troupes de Pascal Paoli et l'armée française qui marqua la fin de la guerre d'Indépendance. Partiellement détruit par des bombardements allemands au cours de la Seconde Guerre mondiale, ses ruines se dressent en amont de l'ouvrage actuel.

La situation
Carte Michelin Local 345 E5 – Haute-Corse (2B). Ponte Nuovo se trouve sur la route nationale qui relie Corte à Bastia, à 8 km au Nord-Est de Ponte-Leccia.

Le nom
Ce pont de pierre construit par les Génois pour franchir le Golo est devenu le symbole de la défaite de la République indépendante de Pascal Paoli.

Les gens
Quelques centaines de patriotes corses partisans de Paoli périrent lors de la bataille.

comprendre

EN SAVOIR PLUS
Un diorama très expressif de la bataille est présenté au musée A Bandera à Ajaccio.

La bataille du pont neuf – Sept mois avant la bataille du Ponte Nuovo, les Français avaient dû se résoudre à la retraite devant Borgo. Puissamment renforcée au printemps et placée sous les ordres du comte de Vaux, l'armée française ouvre les opérations dès le 1ᵉʳ mai : elle fait

La route entre Ponte Nuovo et Ponte-Leccia réserve de beaux paysages.

mouvement vers Rapale dans le Nebbio, obligeant ainsi Paoli à abandonner Murato, à passer sur la rive droite du Golo et à se transporter en Castagniccia.

Le 8 mai Paoli fait retraverser le Golo à ses hommes qui passent imprudemment à l'attaque. Ils sont repoussés et doivent regagner le pont. Las, celui-ci est barré par un muret de pierres sèches tenu par un contingent de mercenaires prussiens à la solde des Corses. Fausse manœuvre fatale : pris dans cette souricière, ils sont massacrés.

Ce revers marque la fin de la guerre d'Indépendance et décide du rattachement de la Corse à la France. Après sa défaite, Paoli, replié sur Corte, abandonne la lutte. Le 13 juin, il s'embarque secrètement à Porto-Vecchio pour la Grande-Bretagne.

circuit

HAUTE CORNICHE DU GOLO★★

28 km de Ponte Nuovo à Ponte-Leccia – env. 1h1/4. Quitter Ponte Nuovo au Nord et prendre la D 5 à gauche vers Lento.

La route s'élève à flanc de montagne offrant de beaux aperçus sur la vallée verdoyante aux éboulis chaotiques et sur les sommets aigus qui la dominent.

À l'entrée de Lento, prendre la D 105 à gauche.

Le regard plonge dans une gorge profonde ; la route s'élève en haute corniche.

Canavaggia

Le village se détache sur la ligne dentelée du Monte Reghia di Pozzo. Châtaigniers, fougères et cistes bordent la route ; des cyprès rivalisent de hauteur avec le clocher d'une église isolée dans son cimetière.

Avant Costa-Roda apparaît la vallée du Golo.

Après ce village, la route devient caillouteuse par endroits. Dans une descente rapide, en lacet, le Golo réapparaît. De belles **vues**★ se multiplient avant d'atteindre Ponte-Leccia , que l'on rejoint par la N 197 à gauche.

> **PANORAMA**
>
> Dans un tournant à 1 km de Costa-Roda, une **vue**★★ se déploie sur les chaînes neigeuses et le Monte San Petrone. Les différents plans des montagnes forment des courbes harmonieuses derrière les sombres frondaisons.

La Porta★

A Porta

Le voyageur est ici au cœur de la Castagniccia et surprend quelques villages, perchés sur une crête dominant un océan de verdure. À La Porta s'élève la plus célèbre des églises baroques en Corse.

La situation

Carte Michelin Local 345 F5 – Schéma p. 227 – Haute-Corse (2B). On rejoint le village par la D 71, puis par de petites routes qui décrivent d'innombrables lacets sous les ramures des châtaigniers.

Le nom

On aurait donné le nom de La Porta au village car il correspondait à la « porte d'entrée » de l'ancienne microrégion *(pieve)* appelée Ampugnani.

Les gens

La Porta a vu naître **Horace Sebastiani** (1772-1851) qui devint un comte d'empire, puis un maréchal de France. D'abord officier de cavalerie, il s'illustra sur la plupart des champs de bataille d'Europe au service de Bonaparte, du Premier consul, de l'Empereur et enfin de Louis-Philippe. Plusieurs fois ministre, il occupa ensuite des postes d'ambassadeur à Naples et à Londres. Il passe aux yeux des historiens pour être à l'origine de la partition de villages de l'île en clans rivaux. Il est inhumé aux Invalides.

visiter

La **façade**★ de l'église
St-Jean-Baptiste,
construite en 1707 par
Baïna, peinte en ocre et
blanc, reste harmonieuse
avec un décor de
pinacles, volutes et
coquilles encadrant une
fenêtre ovale. D'élégants
pilastres et des colonnes
entourent le portail
d'entrée.

◀ **Église St-Jean-Baptiste**★

Ce grand édifice, élevé de 1648 à 1680 sur les plans de l'architecte milanais Domenico Baïna, marque l'affirmation du baroque religieux en Corse.

Son **campanile** (1720), dû en grande partie au dessin de Baïna, paraît à la fois solide par ses puissantes assises et léger par les volutes, pointes de diamant, niches et ouvertures qui ornent ses cinq étages. Le clocher a perdu sa patine lors d'une nécessaire restauration de l'édifice. L'intérieur présente des peintures en trompe-l'œil. La peinture de la voûte a été réalisée en 1866 par un certain Joseph Giordano. L'orgue fut construit en 1780 au couvent de Rogliano (Cap Corse) par le moine franciscain Maracci pour le couvent St-Antoine de Casabianca. En l'an VIII, le commissaire Saliceti, chargé de détruire le couvent, laissa transporter l'orgue à La Porta dont sa femme était originaire. Remarquer aussi un Christ en bois peint, du 17e s.

Porto★

Portu

Porto est au cœur d'une région offrant aux estivants à la fois les plaisirs de la mer et ceux de la montagne. Des maisons taillées dans la pierre rouge, une tour génoise plantée sur un rocher à l'embouchure de la rivière Porto, un bois d'eucalyptus et, tout le long du golfe, des paysages de toute beauté, font de cette petite station balnéaire un lieu très fréquenté.

*La marine et le village de
Porto s'étirent au fond
d'un magnifique golfe,
hérissé de rochers et de
promontoires d'un rouge
ardent.*

La situation

Carte Michelin Local 345 B6 – Schéma p. 301 – Corse-du-Sud (2A). La marine est séparée en deux par la rivière de Porto que l'on franchit (à pied uniquement) par une passerelle

carnet pratique

TRANSPORTS

Bus – Ligne Ajaccio-Porto-Ota (2 fois par jour) de déb. juil. à mi-sept. ; reste de l'année : tlj sf dim. et j. fériés. Ligne Porto-Calvi, de mi-mai à mi-oct. : 1 fois par jour. ☎ 04 95 22 41 99.
Ligne Corte-Calacuccia-Porto. De déb. juil. à fin sept. : tlj sf dim. et j. fériés. ☎ 04 95 48 00 04.

RESTAURATION

🍴 **Les Galets** – *Plage de Bussaglia - 20147 Serriera (Golfe) - 7 km au N de Porto par D 81 et D 724 - ☎ 04 95 26 10 49 - serriera@wanadoo.fr - fermé oct. à avr. - 13/19€.* Vous ne pourrez qu'être charmé par ce restaurant posé sur l'une des plus belles plages du golfe de Porto. Rafraîchi par la légère brise marine, vous vous attablerez sous la tonnelle ou sur la terrasse en caillebotis. Copieux plats du jour, salades et pizzas.

🍴🍴 **Le Maquis** – *☎ 04 95 26 12 19 - fermé 15 nov. au 15 fév. - 18/33€.* L'atout incontestable de ce restaurant au décor campagnard est sa très agréable terrasse sous les canisses, d'où vous pourrez admirer la montagne, mais aussi apercevoir au loin la tour génoise et le bleu infini de la mer. Cuisine régionale soignée.

🍴🍴 **La Mer** – *À la Marine - ☎ 04 95 26 11 27 - fermé 16 nov. au 14 mars - 18/29€.* Tout au bout de la marine, cette petite maison de pierre avec ses volets bleus est charmante. Sa vue sur le port et la tour l'est tout autant. Spécialités de poissons servis en terrasse si le temps le permet.

HÉBERGEMENT

🍴🍴 **Hôtel Les Flots Bleus** – *À la marine - ☎ 04 95 26 11 26 - fermé 30 oct. au 10 avr. - 20 ch. : 54/90€.* Posez-vous sur le balcon de votre chambre et contemplez le coucher de soleil sur la Méditerranée et la tour génoise, le spectacle est mémorable ! Toutes orientées vers la mer, leur décor vient d'être mis au goût du jour. Petit-déjeuner en terrasse.

🍴🍴 **Bella Vista** – *À la marine - ☎ 04 95 26 11 08 - bellavistacorse@aol.com - ouv. 3 av. au 2 nov., 26 déc. au 4 janv. et w.-ends en fév., mars et nov. - 🅿 - 18 ch. : 70/130€ - ☷ 10€ - restaurant 23/58€.* Oui, c'est la belle vie, sur cette corniche en surplomb de la mer. Les chambres de cet hôtel sont simples mais entièrement rénovées, quelques-unes avec cuisinette pour les plus longs séjours. Salle à manger climatisée et terrasse. Cuisine soignée ancrée dans le terroir.

🍴🍴 **Stella Marina** – *Plage de Bussaglia - 20147 Serriera (Golfe) - 6 km au N de Porto par D 81 et D 724 - ☎ 04 95 26 11 18 - fermé nov. au 15 mars - 20 ch. : 52/80€ - ☷ 10€ - restaurant 19/25€.* Ce sympathique établissement surplombe la route qui mène à la grande plage de galets de Bussaglia. Ses vastes chambres sont toutes équipées d'une loggia grande ouverte sur la mer. Plaisant restaurant en rouge et blanc.

ARTS & SPECTACLES

Cinéma de plein air – *Derrière la plage - ☎ 04 95 26 10 55.*

SPORTS & LOISIRS

La marine, accessible par un petit pont piéton derrière les hôtels, accueille les compagnies de promenades en mer, les clubs de plongée et les loueurs de bateaux.

Mare Nostrum – *Hôtel Monte Rosso - Marine de Porto - ☎ 04 95 26 11 50 - fermé Toussaint à Pâques - bateau 12 places, réservation conseillée.* À l'heure où le soleil darde ses derniers rayons de feu sur les Calanche, le *Mare Nostrum*, habilement manœuvré par Jean-Baptiste Rossini, vous plonge au cœur d'un monde magique, paré de mystérieuses grottes marines et de mille et une sculptures aux formes irréelles. Autres circuits vers Girolata et Scandola.

Génération Bleue – *Marine de Porto - rive droite - ☎ 04 95 26 24 88 ou 06 85 58 24 14 - www.generation-bleue.com - 8h45-19h30 - fermé nov.-avr.* Les coraux rouges, les tombants de « Gorgones bleues », sous lesquels se cache une faune impressionnante de murènes, mérous, corbs et langoustes, sont l'étonnant spectacle que vous découvrirez en toute sécurité, guidé par des plongeurs de haut niveau.

Nave va – *Hôtel Cyrnée - Marine de Porto - ☎ 04 95 26 15 16 - www.naveva.com - 8h30-19h - fermé nov.-mars.* Découvrir le village perché de Bonifacio, traverser les réserves de Scandola et de Girolata ou visiter les îles sanguinaires sont autant de promenades en mer que vous pourrez accomplir en une journée ou une après-midi à bord de ce sympathique bateau.

Porto Sub – *Marine de Porto - rive droite - ☎ 04 95 26 19 47 - www.le-mediterranee.com - 8h-20h - fermé nov.-mars.* Bordé de réserves naturelles classées Patrimoine Mondial par l'Unesco, Porto est un lieu idyllique pour la plongée. Ce club propose des baptêmes et des formations dans un joli site très coloré, tandis que pour l'exploration, 22 sites attendent les plongeurs amateurs et confirmés de la pointe de Scandola au Capo Rosso.

très arquée. En arrivant en voiture, on peut, soit gagner le côté Nord de la ville, où se concentrent les hôtels et les restaurants (parking sur la place tout autour de l'Office de tourisme), soit rejoindre la partie Sud (port de pêche et plage) en prenant la D 81 direction Piana, puis la route communale fléchée « Porto rive gauche ».
🛈 *Pl. de la Marine, 20150 Porto (Marina Di Portu),* ☎ *04 95 26 10 55.*
Juil.-août : 9h-19h ; mai-juin et sept. : tlj sf dim. 9h-18h ; reste de l'année : tlj sf w.-end 9h-12h, 14h-17h.

Le nom

Le village tire son nom du port antique qui existait à cet emplacement.

séjourner

La marine

On y descend par une route bordée d'eucalyptus centenaires. La plage de galets, en avant du bois d'eucalyptus, est séparée du hameau par le Porto que l'on franchit sur un pont de bois.

De nombreux hôtels et restaurants sont groupés derrière le rocher délimitant la minuscule rade qui, par temps calme, abrite quelques bateaux.

Aquarium de la Poudrière

  Juil.-août : 8h-22h (avr. : 19h ; mai : 20h ; juin et sept. : 21h ; oct.-mars : 17h). 5,50€ (7-12 ans : 3€). ☎ *04 95 26 19 24.*

Au pied du rocher supportant la tour génoise cet aquarium présente, dans une douzaine de bacs, la faune peuplant les fonds marins de la région, superficiels ou plus profonds, sablonneux ou rocheux. Vous y découvrirez le ballet des girelles colorées, les inquiétantes rascasses pustuleuses, le couple que forment l'anémone de mer et le bernard-l'ermite, ou encore le loup, la daurade, le grondin volant et les espèces menacées comme la murène, le mérou et le triton.

LES POISSONS DE MONSIEUR DE LESSEPS

Représentant 1 % de la surface maritime du globe, la Méditerranée accueille 7 % de la faune mondiale : parmi celle-ci, des intrus : il s'agit des espèces dites « lessepsiennes » (500 aujourd'hui), originaires de la mer Rouge et arrivées par le canal de Suez.

Tour génoise★

1/4h AR depuis la marine. Juil.-août : 10h-21h ; de mi-avr. à fin juin et déb. sept. à mi-oct. : 11h-19h. 2,50€. ☎ *04 95 26 16 27.*

Posée sur un promontoire au-dessus de la mer, cette grosse tour carrée verrouillait la vallée de la petite rivière de Porto. Ce monument, l'un des plus connus de Corse, dans un paysage de granit rose, n'a rien perdu de son charme malgré les outrages du temps. Le bâtiment a bénéficié d'une restauration qui lui permet d'accueillir une exposition sur les tours génoises. Les abords du côté de la mer sont escarpés.

Sentier de Castagna★

⚑ *1h AR, parcours en grande partie ombragé. Facile mais porter tout de même de bonnes chaussures car on passe au début par un petit raidillon. Emporter aussi de l'eau car on ne trouve rien au port de Castagna.*

Traverser la plage de Porto jusqu'à son extrémité Sud où débute le sentier. Le parcours est d'abord aménagé à travers les gros blocs rocheux puis grimpe rapidement à flanc de colline. On surplombe la mer. De temps en temps la végétation se découvre, laissant apparaître une superbe vue sur les eaux claires et les roches rouges du golfe. Après 25mn de marche, on rejoint une petite route goudronnée qui descend en 5mn au petit port de Castagna.

Golfe de **Porto**★★★

Golfu di Portu

Le golfe doit sa splendeur à son littoral bordé de falaises de granit rouge qui contrastent avec le bleu intense de la mer : au Sud, les Calanche de Piana, au Nord, la presqu'île de Girolata et la réserve naturelle de Scandola. Cet ensemble constitue la fenêtre maritime du Parc naturel régional de la Corse. Les lieux sont heureusement protégés et abritent une flore et une faune exceptionnelles : grande variété de plantes rares, parfois endémiques, quelques couples de balbuzards, etc.

La situation
Carte Michelin Local 345 A/B6 – Corse-du-Sud (2A). À mi-chemin entre Ajaccio et Calvi, le golfe de Porto, amplement ouvert sur le large et profond d'environ 11 km, est séparé de celui de Girolata, plus étroit et plus fermé, par l'imposant Capo Senino. Le *maestrale* s'y engouffre souvent avec violence, même en été, et la petite crique de Porto, exposée de plein fouet aux lames, n'est pas toujours un abri sûr pour les plaisanciers.

Les gens
L'Unesco a inscrit le golfe de Porto sur la liste du Patrimoine naturel de l'humanité : on ne peut qu'approuver ce choix !

circuits

CÔTE SUD DU GOLFE★★★ ①
31 km de Porto au Capo Rosso – environ 4h.
De Porto, suivre au Sud la D 81 vers Piana.
À 3 km, un belvédère aménagé sur la droite de la route, offre une excellente **vue**★★ sur Porto et le fond du golfe.

Les Calanche★★★ *(voir ce nom)*

Foce d'Orto et Capo d'Orto
5h1/2 AR. En quittant les Calanche, 100 m avant le pont de « Mezzanu », prendre à gauche un chemin de terre. Laisser la voiture à la fourche et continuer à pied par le chemin qui s'embranche à droite (laisser à gauche celui qui mène à un terrain de sport).
Le tracé passe devant un château d'eau et suit la rive gauche de la Piazza Moninca. Après 1/2h, le chemin s'interrompt et laisse place à un sentier (marques orange) qui monte dans les pins en suivant la même direction générale vers l'Est. Laisser sur la gauche le sentier se dirigeant sur la Fontaine de Piazza Moninca, située à 50 m de cet embranchement (1h1/2). La pente s'accentue dans une forêt plus dense. Laisser à droite le sentier du Vitullu. Le marquage orange cesse en atteignant le col de la Foce d'Orto.

> **AVERTISSEMENT**
> L'excursion au Capo d'Orto nécessite une excellente condition physique (1 000 m de dénivelé) et des chaussures adaptées au terrain montagneux et caillouteux. Par ailleurs, le maquis a une fâcheuse tendance à tout envahir et à dissimuler les repères !

Sublime panorama depuis Capo Rosso qui surplombe la mer de 300 m.

carnet pratique

RESTAURATION
⊖🍴 **U Caspiu** – *Plage de Caspiu - 20147 Partinello -* ☎ *04 95 27 32 58 - fermé 30 sept. au 1ᵉʳ mai - réserv. le soir - 17/28€. Dans une petite crique tranquille, face à des eaux turquoise, ce petit restaurant de plage a bien du charme. Vous y dégusterez, en toute simplicité, des poissons du jour, des produits corses mais aussi des salades, arrosés d'un bon vin du terroir. Un vrai bonheur !*

HÉBERGEMENT
⊖ **Hôtel Continental** – *20115 Piana -* ☎ *04 95 27 89 00 - fermé oct. à mars -* 🅿 *- 16 ch. : 28/59€ -* ⊡ *6€. Voilà un petit hôtel tout simple, dans le centre du village, proche de l'église. Les chambres au vieux parquet sont modestes mais bien tenues, d'autres plus récentes occupent l'annexe en haut d'un grand jardin.*

⊖🍴 **Les Roches Rouges** – *20115 Piana -* ☎ *04 95 27 81 81 - fermé nov. à mars - 30 ch. : 71/79€ -* ⊡ *10€ - restaurant 24/58€. Dans cette imposante bâtisse 1900, il règne une atmosphère de grand hôtel d'autrefois. Le décor est certes un peu désuet et la façade fanée mais la remarquable vue sur le golfe de Porto remporte tous les suffrages.*

⊖🍴🍴 **Hôtel Capo Rosso** – *20115 Piana -* ☎ *04 95 27 82 40 - caporosso@wanadoo.fr - fermé 16 oct. au 31 mars -* 🅿 *- 56 ch. : 83/99€ -* ⊡ *9,20€ - restaurant 23/58€. Le site est incomparable, la grande bleue à perte de vue à vos pieds, le golfe de Porto et ses fameuses Calanche de granit rose. Les chambres avec loggia surplombent ce ravissant paysage. Salle à manger panoramique et grande piscine. Demi-pension obligatoire en été.*

LOISIRS
Promenades en mer vers les Calanche, Girolata ou Scandola ; plongée…
Se reporter au carnet pratique de Porto.

◀ **PANORAMA**
Du Capo d'Orto, une vue★★ panoramique se déploie sur Porto, les Calanche et la forêt de Piana.

Prendre alors à gauche, c'est-à-dire vers le Nord, la direction du Capo d'Orto. Il n'y a plus de sentier. Suivre les cairns (monticules de pierres). Passer par le couloir rocheux et étroit dans une végétation de bruyère : il faut s'agripper. En haut de ce couloir, redescendre légèrement dans une sorte de plateau rocheux. Gagner le sommet (1 294 m) par une escalade facile à travers les rochers (3h).

Piana★
Situé à proximité des Calanche, ce bourg, très animé en été, domine le golfe de Porto, dans un cadre magnifique où se profile dans le lointain le Monte Cinto encore enneigé au printemps. À l'entrée du village, plusieurs eucalyptus aux troncs démesurés témoignent de la douceur du climat marin. Les placettes aux maisons blanches, l'église du 18ᵉ s. au gracieux campanile forment un ensemble agréable.

Col de Lava
Vue★★ sur les golfes de Porto et de Girolata, le massif du Cinto, en arrière-plan à droite, et, devant soi, une partie des Calanche.

Revenir sur Piana et prendre, à l'entrée du village, à gauche la D 824 (direction Arone, route Danielle-Casanova) puis, immédiatement à droite, la route conduisant à la marine de Ficajola.

Route de Ficajola★★
Pénétrant au cœur des Calanche, cette route étroite et très escarpée descend en lacets serrés jusqu'à la **marine de Ficajola** nichée dans l'anse du même nom. Le contraste entre le bleu de la mer et le rouge des porphyres atteint ici une rare intensité. Une fois en bas (vaste emplacement pour garer la voiture), un sentier permet d'accéder *(1/2h à pied AR)* à une ravissante crique.

Rejoindre la D 824 que l'on prend à droite vers la plage d'Arone.

UNE PETITE SOIF ?
Au point de départ de la balade du Capo Rosso, une ancienne bergerie a été aménagée en buvette, halte bien méritée au retour de l'excursion.

Capo Rosso (Capu Rossu)★★
🚶 *3h AR. Éviter d'entreprendre le parcours en pleine chaleur car il n'est pas ombragé. Emporter de l'eau.*
À la sortie de Piana, prendre la direction d'Arone (D 824).

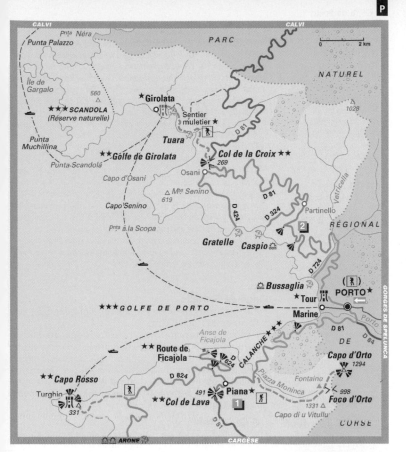

Après 6 km, une pancarte « Capu Rossu » sur la droite indique le point de départ. Le sentier, non balisé, est tracé dans le maquis, puis, à partir d'une bergerie, une voie jalonnée de cairns monte à la tour. Une éminence de porphyre rose porte la **tour de Turghiu** (escalier permettant d'accéder sur le toit). Celle-ci domine la mer de plus de 300 m ; une vue magnifique s'étend à gauche, sur la côte jusqu'à Cargèse et, à droite, sur le golfe de Girolata.

Plage d'Arone⌂⌂
À 10 km de Piana. Une superbe route en corniche offre des **vues**★ sur le golfe de Porto et le Capo Rosso. Dans la descente vers la mer, la plage de sable fin apparaît, cernée de rochers roses et de maquis sur un fond montagneux.
À proximité de la belle plage d'Arone, un **monument** rappelle que c'est en ces lieux que le 6 février 1943 le sous-marin *Casabianca* livra les premières armes à la Résistance, permettant la naissance des maquis corses.

Les hauteurs
de Capo Rosso.

ROUTE DES PLAGES★★ ②
30 km de Porto au col de la Croix – environ 1h1/2.

Sur la côte Nord, la D 81 s'accroche en corniche au-dessus du golfe, puis s'enfonce vers quelques villages haut perchés. Sur la gauche, les D 724, 324 et 424 permettent de gagner la **plage de Bussaglia**, celle de **Caspio**, puis celle de **Gratelle**. Chacune d'elles constitue un petit paradis. Il faut cependant faire preuve de prudence, car elles ne sont pas surveillées et on y perd rapidement pied.

Plage de Bussaglia⌂
Grande plage de galets, prolongée vers le Sud par des criques faciles à atteindre. Taverne et location de canoës pour l'exploration des écueils.

Plage de Caspio⌂
Plage de galets encadrée de rochers sombres. Taverne et fonds marins intéressants à observer du côté Sud de la cale.

LE CAVIAR DE LA MÉDITERRANÉE

Depuis l'Antiquité, l'oursin comestible, appelé familièrement châtaigne de mer (en corse, U Ricciu), est apprécié pour la finesse de ses « œufs » et fait, pour cela, l'objet d'une récolte intense qui aboutit à sa raréfaction accélérée des rivages méditerranéens. Cet échinoderme se nourrit d'algues, de petits animaux et de bactéries emprisonnés dans ses piquants. Disposés autour de la bouche, des pieds terminés par une ventouse assurent la fixation de l'oursin sur le fond marin. Pour se déplacer (à la vitesse de 1 cm par minute), il utilise ses piquants comme bascule. Saisonnièrement, des maladies bactériennes lui provoquent des calvities.

La partie comestible est constituée en fait par les organes sexuels répartis en cinq branches, orange chez la femelle et blanchâtres chez le mâle. L'interdiction de la pêche de mai à fin août (les mois sans « r ») correspond à la période où l'animal est vide. La pêche professionnelle, en plongée avec bouteille, se pratique à l'aide d'un gabarit permettant de calibrer les prises supérieures à 5 cm de diamètre. Elles sont recueillies dans de grands filets contenant jusqu'à vingt douzaines d'oursins.

Pour assurer une protection plus active, des campagnes d'information sont menées par des organismes tel l'Institut océanographique Paul-Ricard établi à l'île des Embiez *(Var)*.

Plage de Gratelle

Petite plage de galets inscrite dans un site splendide, face à Porto et au Capo d'Orto.

La route contourne la pyramide rouge du Monte Senino (alt. 619 m) avant d'atteindre le col de la Croix. Elle passe non loin d'un ancien puits de mine, témoin d'une richesse inattendue du sous-sol : à **Osani**, en effet, affleurent quelques veines de charbon. Ce gisement était exploité avant 1914, et le charbon transporté par cabotage.

Col de la Croix

On découvre de ce col une **vue**★★ qui s'étend au Sud sur le golfe de Porto et au Nord sur celui de Girolata. Un sentier conduit à la plage de **Tuara**.

Plage de Tuara

Accès à pied par le sentier muletier qui débute sur la gauche au col de la Croix, devant la buvette du parking. Compter 1h1/2 AR. Notez que l'on peut également atteindre cette plage depuis le col de Palmarella (11,5 km au Nord du col de la Croix).

L'aller est tout en descente, le retour est donc assez pénible. À mi-chemin, la fontaine de Spana distille un mince filet d'eau (pas de taverne sur la plage !). Mais l'effort est largement récompensé : imprégné des senteurs du maquis, le randonneur débouche sur une plage de sable épais et peut profiter d'une bonne baignade, partagée par quelques nonchalantes et inoffensives bêtes à cornes.

CONSEIL

Vous pouvez poursuivre le **sentier muletier**★ jusqu'à la magnifique petite baie de Girolata *(2 km, environ 1h1/4 à partir de la plage de Tuara)*. Voir Scandola.

Si le temps le permet, profitez des excursions en mer. Vous pouvez vous rendre dans les Calanche, à Girolata et à Scandola.

Porto-Vecchio ☼☼

Portivecchju

Située au fond d'un vaste golfe très découpé et fermé, Porto-Vecchio, station balnéaire en pleine expansion, est la troisième ville de Corse. Elle est desservie par l'aéroport de Figari. Sur son littoral se nichent certaines des plus belles plages de Corse.
La ville, autrefois fortifiée, domine la mer, à 70 m d'altitude. Son site s'apprécie pleinement de la mer, de la pointe de la Chiappa et du hameau de l'Ospédale.

La vieille ville de Porto-Vecchio domine le port de plaisance et de commerce.

La situation
Carte Michelin Local 345 E10 – Schéma p. 308 – Corse-du-Sud (2A). Sur l'axe routier Bastia-Bonifacio. Porto-Vecchio est divisée deux parties : la ville haute qui abrite le vieux quartier et les fortifications et, en bas, la marine avec son port de plaisance et de commerce. En été, laisser la voiture à la marine et emprunter le petit train touristique pour rejoindre la ville haute.
🛈 *R. du Député-Camille-Rocca-Serra, 20137 Porto-Vecchio,* ☎ *04 95 70 09 58. www.destination-sudcorse.com*
De mai à sept. : 9h-20h, dim. 9h-13h ; reste de l'année : tlj sf dim. 9h-12h30, 14h-18h30, sam. 9h-12h30.

Le nom
Porto-Vecchio tient probablement son nom de « vieux port » du « *portus Syracusanus* » qui existait à l'époque romaine.

Les gens
10 326 Porto-Vecchiais. Porto-Vecchio est un centre très dynamique. Le tourisme constitue l'activité principale soutenue par les ports de plaisance et de commerce et les nombreuses infrastructures. Les habitants tirent également leurs ressources de l'exploitation des marais salants et des chênes-lièges.

comprendre

Des débuts difficiles – Après avoir fondé les places fortes de Bonifacio, Bastia, St-Florent, Ajaccio et Calvi, l'Office de Saint-Georges créa, en 1539, Porto-Vecchio afin de compléter le système de défense de l'île. Les premiers colons génois établis en 1539 furent décimés par la maladie ; Gênes repeupla alors Porto-Vecchio en 1546, avec des Corses recrutés de force : nouvel échec, engendré par le paludisme, les raids barbaresques, l'hostilité des habitants spoliés de leurs terres et assignés à résidence.

carnet pratique

Station bénéficiant d'un flux régulier d'estivants, Porto-Vecchio vit l'été à l'heure italienne et présente aussi les inconvénients de cette explosion touristique.

TRANSPORTS

Aéroport de Figari – *Voir à ce nom.*
Compagnies maritimes – **SNCM**, liaison avec Marseille.
Bus des plages – Navette pour plage Santa Giulia, ☎ 04 95 70 10 36.
Ligne de bus Porto-Vecchio-Bastia – ☎ 04 95 70 10 36.
Ligne de bus Porto-Vecchio-Ajaccio, Bastia et Bonifacio – ☎ 04 95 71 24 64. Également navette pour Palombaggia.
Liaison-bus avec l'Alta Rocca – ☎ 04 95 70 12 31.
Port de plaisance – ☎ 04 95 70 17 93.

RESTAURATION

• Sur le pouce
Bar de l'Orriu –*Cours Napoléon - ☎ 04 95 70 26 21 - ouv. 30 mai au 30 sept. - 8/17€.* Cette boutique de fromages, de charcuteries et autres produits corses a une sacré réputation... Sous les jambons et saucissons accrochés au plafond, les quatre petites tables et le comptoir sont pris d'assaut pour déguster sur place les copieuses assiettes autour d'un verre de vin.

• À table
Le Bistrot – *4 quai Pascal-Paoli, au port de plaisance - ☎ 04 95 70 22 96 - fermé fév. à avr. et dim. d'oct. à fin janv. - 15€ déj. - 23/46€.* Posez votre sac sur cette terrasse face au port et contemplez les beaux voiliers. À l'intérieur le décor évoque celui d'un vieux gréement : lambris de bois et lanternes de cuivre. Poissons frais, légumes et aromates du jardin, fromages fermiers et confitures maison combleront vos appétits.

HÉBERGEMENT

Hôtel San Giovanni – *3 km au SO de Porto-Vecchio par rte d'Arca D 659 - ☎ 04 95 70 22 25 - info@hotel-san-giovanni.com - fermé nov. à fév. - 🅿 - 30 ch. : 73/90€ - ☕ 8€.* Le patron est un amateur éclairé de jardins : son parc est superbement planté d'essences et de fleurs méditerranéennes de toutes sortes. C'est là le principal atout de cet hôtel qui, par ailleurs, est installé assez sobrement. Belle piscine. Cuisine régionale réservée aux résidents.

SORTIES

Le Bastion – *11 r. de la citadelle - ☎ 04 95 70 69 70 - www.acorsica.com - hiver : mar.-dim. à partir de 22h ; avr.-oct. : tlj.* Installé dans la vieille ville, ce pub propose un très grand choix de bières et de cocktails. Jeux de fléchettes pour les amateurs et concerts en fin de semaine dans la salle en sous-sol.
La Taverne du Roi – *43 r. de la Porte-Génoise - ☎ 04 95 70 41 31 - 22h-5h - fermé janv.* Cabaret des frères Marcellessi, la Taverne du Roi est un des hauts lieux de la chanson corse sur la côte orientale. Cadre rustique et proximité des musiciens créent une atmosphère particulière à cet établissement. On aime bien !

ACHATS

La Taillerie du corail –
Rte de Bonifacio - ☎ 04 95 70 21 21 - corail.mrm@wanadoo.fr - juin-sept. : lun.-sam. 9h-13h, 15h-20h ; oct.-mai : lun.-sam. 9h-12h, 15h-19h - fermé nov. Synonyme de porte-bonheur, le corail corse de couleur rouge, d'une qualité exceptionnelle, pare ici un choix unique de bijoux. Une belle adresse pour faire plaisir à madame.
Terra Rossa – *18 r. du Gén.-de-Gaulle - ☎ 04 95 70 04 35 - nov.-déc., avr.-juin, sept.-oct. : lun. ap.-midi-dim. matin 9h30-12h30, 15h-190h ; juil.-août : tlj 10h-13h, 17h-0h - fermé janv.-mars.* Cette belle boutique avec son vieux moulin en pierre propose un grand choix d'huiles d'olive extra vierge ainsi que des produits dérivés (moutardes, tapenade, bois d'olivier, etc.) et vous initiera à la dégustation.
A Cantina di l'Orriu – *Cours Napoléon - ☎ 04 95 70 26 21 - déc.-avr. : lun.-dim. ap.-midi 9h-12h30, 15h-20h ; avr.-sept. : tlj 9h-23h - fermé de fin oct. à déb. déc., de mi-fév. à fin mars, j. fériés hiver et hors saison.* Dans ce magasin de spécialités situé à deux pas de la place de la République, la charcuterie traditionnelle des meilleurs producteurs de l'île est à l'honneur : figatellu, coppa, lonzu ou prisuttu. On y trouve aussi de nombreuses confitures, confiseries et fromages ; une sélection des meilleurs vins corses est proposée dans la partie « cantineta ». Vins à boire au verre accompagnés de charcuteries. Une adresse à ne pas rater !

Boutique di l'Orriu.

U Tavonu – *9 r. du Gén.-de-Gaulle - ☎ 04 95 72 14 03 - juin-sept. : 9h-12h15, 15h-19h30 ; oct.-mai : mar.-sam. 9h-12h15, 15h-19h30.* Dans une rue animée proche du centre de la vieille ville, cette boutique décline toutes les saveurs du terroir : vins blancs du Cap Corse, vins rouges d'Ajaccio, patrimonio, sartenais, liqueurs, charcuteries, fromages fermiers de chèvre et de brebis, confiseries.

Prise par Sampiero – En 1564, Sampiero Corso, ne disposant plus de l'appui de la France, se décida à passer seul à l'attaque pour délivrer son île de la tutelle génoise. Prenant position dans le village de Vescovato, il constitua une petite armée avec laquelle il échoua devant Ajaccio. Il jeta alors son dévolu sur Porto-Vecchio et s'en empara le 30 juillet 1564.

Sampiero pouvait désormais espérer une alliance avec les Barbaresques : Porto-Vecchio devint un nid de corsaires redoutable aux Génois... Gênes prit conscience du danger et alerta son allié, le roi d'Espagne Philippe II. C'est ainsi qu'à l'automne 1564, les vaisseaux espagnols cinglèrent vers la Corse. Le 26 novembre, la cité, mal défendue, assiégée par les Espagnols commandés par le Génois Stefano Doria, capitula.

L'essor – Porto-Vecchio demeura longtemps une petite bourgade endormie, enfermée dans ses remparts. La plupart de ses habitants étaient pasteurs, commerçants en bois ou artisans. L'hiver, les bergers de Serra-di-Scopamène et de Quenza descendaient à Porto-Vecchio et logeaient dans des cabanes éparses. L'été, les habitants gagnaient la montagne. L'élevage transhumant et l'exploitation des forêts de chênes-lièges constituaient leurs principales ressources.

L'exploitation du sel dans le golfe de Porto-Vecchio, attestée depuis l'Antiquité, prospéra sous le Premier Empire. Après un long déclin, l'activité marque aujourd'hui une certaine reprise.

Au début du 20e s., l'agglomération s'étendit le long de la route Bonifacio-Bastia. La ville fut reliée à Bastia par chemin de fer en 1935. Mais ce tronçon connut une existence éphémère (huit ans) : très endommagé pendant la guerre, il fut définitivement abandonné après avoir vu sa reconstruction maintes fois différée.

Quelques industries s'implantèrent à la marine (usine de préparation du liège, réparation navale...).

Mais c'est au lendemain de la Seconde Guerre mondiale que Porto-Vecchio connut un essor particulièrement rapide dû à la disparition du moustique anophèle responsable de la malaria, à l'aménagement d'un port de commerce, à la mise en valeur de la plaine orientale et surtout au développement d'un tourisme de luxe sur la côte et les rivages du golfe. La forte fréquentation italienne lui assure une activité touristique régulière.

séjourner

La vieille ville est traversée par le cours Napoléon autour duquel se regroupent des ruelles, des passages voûtés et des montées en escalier. Dans le centre, la place de la République, ombragée, est animée par les terrasses des cafés.

Les fortifications

Des anciennes fortifications génoises subsistent encore les bastions et les échauguettes dominant la marine : bastion de France, restes de la citadelle et vestiges des remparts. De la **porte génoise**, la vue s'étend sur le port, les marais salants et le golfe.

Les fortifications de la vieille ville.

La marine

Elle se compose d'un port de plaisance et d'un port de commerce qui exporte les bois et les lièges vers le continent. Il est le 3e port corse assurant les liaisons avec le continent. Le port de commerce est également l'escale des croisières et des lignes saisonnières avec l'Italie. À l'embouchure du Stabiacco s'étendent les salines et une belle plage de sable.

Les plages

Voir golfe de Porto-Vecchio.

MATEO FALCONE

« En sortant de Porto-Vecchio et se dirigeant au Nord-Ouest, vers l'intérieur de l'île, on voit le terrain s'élever assez rapidement, et après trois heures de marche par des sentiers tortueux, obstrués par de gros quartiers de rocs, et quelquefois coupés par des ravins, on se trouve sur le bord d'un maquis très étendu.

Le maquis est la patrie des bergers corses et de quiconque s'est brouillé avec la justice. Il faut savoir que le laboureur corse, pour s'épargner la peine de fumer son champ, met le feu à une certaine étendue de bois : tant pis si la flamme se répand plus loin que besoin n'est ; arrive que pourra ; on est sûr d'avoir une bonne récolte en semant sur cette terre fertilisée par les cendres des arbres qu'elle portait. Les épis enlevés, car on laisse la paille, qui donnerait de la peine à recueillir, les racines qui sont restées en terre sans se consumer poussent au printemps suivant, des cépées très épaisses qui, en peu d'années, parviennent à une hauteur de sept à huit pieds. »

Prosper Mérimée, *Mateo Falcone.*

Golfe de **Porto-Vecchio**★★

Golfu di Porti vecchju

Le golfe de Porto-Vecchio baigne dans des eaux d'une profondeur moyenne de 6 m. Mais les fleuves côtiers Oso et Stabiacco qui s'y jettent l'ensablent et en rendent l'entrée difficile. La baie abonde en grands coquillages appelés « nacres » et en huîtres sauvages de la variété « pied-de-cheval ». Au Nord comme au Sud, presqu'îles et petites baies accueillent de somptueuses étendues de sable fin frangées de pinèdes, telle la célèbre plage de Palombaggia.

La situation

Carte Michelin Local 345 E/F10 – Corse-du-Sud (2A). Le golfe de Porto-Vecchio s'étend sur 8,5 km dans une rade bien abritée ouverte seulement au vent du Nord-Est. Il est bordé au Sud par la belle presqu'île de Piccovagia qui s'achève à la pointe de la Chiappa, et au Nord par l'avant-golfe de San Ciprianu et la petite baie de Pinarellu.

Les gens

Le Nord du golfe de Porto-Vecchio conserve d'importants vestiges de la civilisation torréenne.

comprendre

La forêt – Composée de **chênes-lièges**, la forêt de Porto-Vecchio est la plus importante de Corse. Installée sur des sols siliceux et sur des alluvions anciennes, elle couvre environ 8 000 ha de part et d'autre de la N 198. Elle présente parfois, faute d'entretien, un sous-bois dense où prédominent les cistes et les bruyères. Certains propriétaires ont cependant débarrassé leurs parcelles du maquis pour favoriser le pâturage et la glandée. Les collines avoisinantes, recouvertes de maquis et de chênes verts, portent les séquelles de multiples incendies.

SPORTS & LOISIRS
Sud Corse Loisirs –
*Baie de Santa Guila -
A 7 km au sud de
Porto-Vecchio. -
20137 Porto-Vecchio -
☎ 04 95 70 22 67 -
www.corsicasub.com -
Pâques-Toussaint : tlj
sur RV.* Installé sur la belle plage de Santa Giulia, proche de magnifiques sites sous-marins, Sud Corse Loisirs propose baptêmes, stages et exploration quel que soit votre niveau.

carnet pratique

HÉBERGEMENT ET RESTAURATION

☺☻ Costa Rica – *Au golfe de Santa Giulia - 20137 Porto-Vecchio -* ☎ *04 95 72 24 51 - fermé 16 oct. au 30 avr. - 30€.* Vous profiterez d'une vue splendide sur la baie de Santa Giulia en vous attablant au restaurant de l'hôtel Castell Verde, avec ses larges baies vitrées en rotonde et sa belle terrasse ombragée. Cuisine bien tournée, au goût du jour et ambiance décontractée sympathique.

☺☻ San Pasquale – *20135 Conca -* ☎ *04 95 71 56 13 - fermé nov. à avr. - ⊠ - 10 ch. : 70€ - ⊡ 5,40€.* Randonneurs épris du GR 20, ce petit hôtel accroché à la montagne est sur votre route. Chambres confortables avec terrasse pour celles qui s'ouvrent sur la Punta d'Orto. Grillades et pizzas au feu de bois en saison le soir.

☺☻☻ Hôtel-Résidence U Benedettu – *À la presqu'île de Benedettu - 20137 Porto-Vecchio - 10 km au NE de Porto-Vecchio par N 198 et D 468 -* ☎ *04 95 71 62 81 - benedettu@wanadoo.fr -* ▣ *- 9 ch. : 150/180€ - ⊡ 11€.* Une situation idyllique tout près de la plage pour cet hôtel et sa résidence, qui propose des pavillons pour les longs séjours. En saison, de la terrasse du restaurant, vous pourrez admirer le golfe de Porto-Vecchio en savourant une cuisine corse en parfait accord avec le paysage...

☺☻☻ Grand Hôtel de Cala Rossa – *À la Cala Rossa - 20137 Porto-Vecchio - 10 km NE de Porto-Vecchio par N 198 et D 468 -* ☎ *04 95 71 61 51 - patricia.biancarelli@wanadoo.fr - fermé 4 janv. au 6 avr. -* ▣ *- 42 ch. : 200/255€ - ⊡ 30€ - restaurant 90/120€.* Il est des lieux rares qui laissent un souvenir inoubliable. Cet hôtel est de ceux-là. Vous savourerez chaque instant dans son jardin verdoyant, sur sa terrasse de teck au bord de l'eau, à la plage ou dans ses chambres méditerranéennes... jusqu'au dîner sous les pins, qui est un pur moment de bonheur ! Demi-pension obligatoire en été.

☺☻☻ Le Moby Dick – *Au golfe de Santa Giulia - 20137 Porto-Vecchio -* ☎ *04 95 70 70 00 - webmaster@sudcorse.com - fermé 21 oct. au 29 avr. -* ▣ *- 113 ch. : 218/308€ - ⊡ 13€ - restaurant 35€.* Une mer turquoise, une plage de sable blanc et des parasols en paillote : vous pourriez être à l'autre bout du monde mais vous êtes en Corse, dans cet hôtel isolé sur la lagune, entre mer et étang. Chambres modernes et pavillons plus simples pour les familles.

☺☻☻ Le Belvédère – *20137 Porto-Vecchio - 5 km au SE de Porto-Vecchio par rte de la plage de Palombaggia : -* ☎ *04 95 70 54 13 - info@hbcorsica.com - fermé 4 janv. au 13 mars -* ▣ *- 16 ch. : 295/370€ - ⊡ 15€ - restaurant 49/79€.* Sur la route de Palombiagga, dans une belle nature au bord de la mer, cet hôtel profite de la vue sur la baie. Sa superbe piscine et son beau jardin verdoyant, où se répartissent les bungalows des chambres, sont ses principaux atouts. Table soignée et réputée.

SPORTS & LOISIRS

Kallisté Plongée – *Rte Palombaggia - 20137 Porto-Vecchio -* ☎ *04 95 70 44 59 - de mi-avr. à mi-oct. sur demande préalable : 7h30h-19h30.* Installé sur la magnifique plage de Palombaggia, ce club de plongée affilié à la FFESSM propose des baptêmes, des explorations et des stages à faire dans les eaux limpides du golfe de Porto-Vecchio et des fonds-marins de la réserve naturelle des îles Cerbicales.

ACHATS

Domaine de Torraccia – *Torraccia - 20137 Lecci -* ☎ *04 95 71 43 50 - lun.-sam. 8h-12h, 14h-18h.* Le domaine de Torracia, propriété de Christian Imbert, planté de cépages corses (sciaccarellu, niellucciu, gfrenache...) s'étend sur 43 ha. Vins blanc et rosé sont de qualité mais c'est « l'oriu » vin rouge à 80 % de niellucciu et 20 % de sciaccarellu, classé grand cru, qui est le grand vin du domaine.

séjourner

LES PLAGES DU SUD

Traverser Porto-Vecchio en direction du Sud. À la sortie de la ville, après le rond-point, prendre sur la gauche la route qui fait le tour de la presqu'île.

On parcourt de très beaux paysages encore sauvages : eucalyptus, pins parasols, maquis, roches rouges et mer turquoise. Belles vues sur Porto-Vecchio au hasard de trouées dans la végétation.

Plage de Palombaggia☆☆☆

Vous en avez certainement rêvé, vous l'avez trouvée ! Encadrée de rochers rouges, cette somptueuse plage de fin sable blanc s'allonge au pied des dunes ombragées de majestueux pins parasols. L'eau revêt des tonalités turquoise, bleu outremer, améthyste. La beauté des lieux attire de nombreux estivants.

> **D**u sémaphore de la **pointe de la Chiappa★**, le regard embrasse le golfe de Porto-Vecchio et son arrière-pays montagneux, notamment la baie de Stagnolo et la pointe de San Ciprianu en face.

Le chêne-liège (la *suara*, en corse) exige de la chaleur et de l'humidité. Cet arbre à feuillage persistant se développe au bord de mer jusqu'à 500 m environ et s'avère particulièrement résistant au feu. Il est aisément reconnaissable à ses gros glands noirâtres et à son écorce crevassée. En Corse, les futaies exploitées présentent des sous-bois mis en pâture. Parmi leur faune typique, on note le pic épeiche, le pinson des arbres et une importante colonie de tortues d'Hermann, espèce protégée.

Le prélèvement de l'écorce (le démasclage) s'effectue la première fois lorsque l'arbre atteint l'âge de 25 ans, il s'agit de l'écorce mâle. Puis l'opération se répète tous les neuf à dix ans, durée nécessaire à la reconstitution d'une nouvelle assise de liège ; on retire alors l'écorce femelle, la plus prisée par l'industrie et l'artisanat.

Démasclage du chêne-liège. Autrefois l'industrialisation du liège s'effectuait sur place ; aujourd'hui la récolte est essentiellement exportée vers la Sardaigne.

Les îles Cerbicale

Classé réserve naturelle, l'archipel, composé de cinq îlots rocheux entourés d'écueils, fait face à la plage de Palombaggia. C'est le lieu de prédilection des cormorans huppés qui y nidifient par milliers.

Reprendre la N 198 vers Bonifacio, puis à gauche la petite route qui, passant sur un étroit lido entre l'étang et la mer, longe la plage de Santa Giulia.

Plage de Santa Giulia⚐⚐

Au fond du paisible golfe de Santa Giulia se développe une magnifique plage de sable blanc aux eaux cristallines. Les constructions discrètes des hôtels et des restaurants bordent la plage. Nombreuses activités sportives.

LES PLAGES DU NORD

Emprunter la N 198 vers le Nord. À la Sainte-Trinité, prendre sur la droite la D 468 qui dessert plusieurs plages.

Dans la grande baie bien abritée de Stagnolo, le **Golfo di Sognu** offre une plage de sable fin ombragée de pins, formée par le delta de l'Oso. Un peu plus loin, nichée entre la punta di Benedettu et la punta San C018rianu, la plage de **Cala Rossa** est superbe.

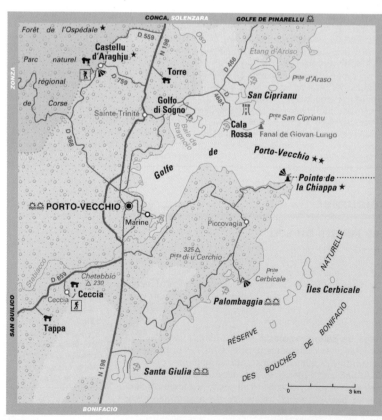

Au fond d'une jolie anse, sorte d'avant-golfe délimité par les pointes de San Ciprianu et d'Araso, s'étire la grande **plage de San Ciprianu**. Rangées de pins et sable blanc constituent un long cordon littoral devant l'étang d'Araso. Vers l'intérieur se profilent les aiguilles de Bavella et le massif de l'Incudine.

En poursuivant vers le Nord, on atteint le **golfe de Pinarellu**, plus tranquille que les précédents. Il abrite un petit port et une belle plage de sable blanc protégée par un îlot surmonté d'une tour génoise.

La plage de Santa Giulia, l'une des plus belles de l'île.

visiter

LES SITES PRÉHISTORIQUES

Castellu d'Araghju★

Prendre de Porto-Vecchio la D 368 en direction de l'Ospédale. Après 4 km, tourner à droite, dans la D 759 en direction d'Araggio (Araghju). À l'entrée du hameau, laisser la voiture dans le parking aménagé sur la droite et s'équiper de chaussures de marche. Le sentier conduisant au site s'amorce dans le hameau (fléchage).

Bâti sur un éperon rocheux, véritable vigie au-dessus du golfe de Porto-Vecchio distant de 5 km, le *castellu* (forteresse) d'Araghju est l'un des plus représentatifs des grands édifices torréens.

⏱ *1h AR.* Le sentier franchit un ruisselet et devient un raidillon bordé de murets tracé dans le maquis et coupé de racines d'arbres. Après un palier, la montée reprend sous les ombrages parmi les buissons épineux.

La forteresse dominait (alt. 245 m) le village torréen il y a trois millénaires. La **vue**★★ s'étend sur la plaine littorale et le golfe de Porto-Vecchio.

Torre

7 km au Nord de Porto-Vecchio. Suivre la N 198 vers Solenzara et prendre, 2 km après la Sainte-Trinité, le 1ᵉʳ chemin revêtu sur la droite qui mène au hameau de Torre.

Torre est le site qui a donné son nom aux Torréens *(voir chapitre Art et architecture)*, qui bâtirent au Sud de l'île des monuments circulaires.

Le monument préhistorique – Une construction semi-circulaire de forme tronconique subsiste, adossée à un rocher granitique de 10 m de long. Il s'agirait d'un des premiers monuments représentatifs de la culture torréenne caractéristique de l'âge du bronze insulaire. On a pu le considérer comme un monument cultuel utilisé pour des crémations d'hommes et d'animaux. L'intérieur ne contient pas de *cella* (chambre) mais un couloir à bifurcation terminale, prolongé par un conduit d'aération. À gauche s'ouvre un diverticule, à droite une niche. L'appareil de blocs d'apparence cyclopéenne présente en fait des pierres taillées.

Site de Ceccia

6 km au Sud-Ouest de Porto-Vecchio. Accès par la N 198 en direction de Bonifacio. Prendre à droite la D 859. Tourner à gauche au village de Ceccia. Au centre du village, prendre à gauche un tronçon de route goudronnée, long de 50 m. Stationner là et emprunter le sentier mal tracé (propriété privée) qui démarre tout de suite à gauche de la dernière maison et mène au piton rocheux dominant le village. 🚶 *40mn AR.*

Un énigmatique monument circulaire d'environ 12 m de diamètre datant de 1350 avant J.-C. et réaménagé à l'époque génoise se dresse parmi les arbres, à quelques pas du piton rocheux. Une petite cella (chambre) accessible par un couloir dallé occupe le centre. À la différence des sites torréens analogues, Ceccia ne présente pas de trace d'habitat autour du monument.

L'édifice aurait pu avoir une fonction culturelle en raison de la présence de la cella. Selon une autre hypothèse, il servait de poste de surveillance par sa position de vigie sur les territoires alentour.

Le **panorama**★ se déroule vers la plaine de Sotta et, au loin, Porto-Vecchio et son golfe.

Site de Tappa

7,5 km au Sud-Ouest de Porto-Vecchio. Accès à 1,5 km de Ceccia par la D 859 vers Figari. Un chemin à gauche traverse d'anciens champs de vignes et conduit en 300 m vers l'éperon rocheux où se situe le monument de Tappa. Garer la voiture. Accéder au monument par le côté Est, plus facile. Sentier balisé.

Ce complexe monumental torréen a été fouillé et étudié dès 1960 par l'archéologue R. Grosjean. Le site fut principalement occupé entre 2200 et 1900 avant J.-C.

Ce vaste espace fortifié comportait des habitats (cabanes et abris-sous-roche), des passages souterrains, de petits bastions, et, en un point élevé, le monument principal, circulaire, dont la fonction demeure mal définie. Les habitants de ce hameau fortifié connaissaient la poterie (nombreux tessons retrouvés et présentés au musée de la Préhistoire de Sartène – *voir ce nom*) et vivaient d'une petite agriculture.

alentours

San Quilico (seconde moitié du 12ᵉ s.) est sans doute la plus petite chapelle romane de Corse (7,50 m de longueur et 3 m de largeur).

Chapelle San Quilico

17 km au Sud-Ouest de Porto-Vecchio. Sortir par la N 198, vers le Sud ; prendre à droite la D 859 vers Figari et la suivre sur 14 km (c'est-à-dire 1 km environ après l'embranchement de la D 59). Tourner à gauche en direction du hameau de Montilati que l'on atteint au bout de 1 km.

La chapelle San Quilico est un des très rares édifices romans de l'île à être voûté : un berceau en plein cintre est maçonné comme les murs, d'un appareil assez archaïque. L'unique fenêtre de la chapelle apparaît dans la petite abside. La toiture est en *teghje* (lauzes) posées en même les voûtes.

Conca

22 km au Nord de Porto-Vecchio par la N 198, puis la D 168 à gauche, à partir de Ste-Lucie-de-Porto-Vecchio.

Ce bourg disséminé dans un paysage de collines arides dominant la mer fut le théâtre d'un sérieux accrochage lors des combats de libération de la Corse. Le 22 septembre 1943, l'aspirant Jean-Pierre Michelin, qui avait réussi à s'embarquer clandestinement sur le sous-marin *Casabianca* transportant 109 combattants, y trouva la mort avec deux résistants corses, Jean-Baptiste Leccia et Paul Cavalloni.

GR 20

Le bourg de Conca est bien connu des randonneurs car il marque l'un des aboutissements du GR 20 (l'autre étant à Calenzana, près de Calvi).

Propriano ♨♨

P

Pruprià

Au fond du golfe de Valinco aux eaux calmes et limpides, cet agréable petit port est aujourd'hui un centre
actif de tourisme. Les sports nautiques, de nombreuses plages de sable fin et un arrière-pays riche en
curiosités font de Propriano une station appréciée.

La situation
*Carte Michelin Local 345 C9 – Schéma p. 348 – Corse-du-
Sud (2A).* Propriano est établi au fond du golfe, entre la
pointe de Campomoro dominée d'une tour génoise et
celle de Porto-Pollo, où est établie la station du même
nom. Laissez votre véhicule dans le centre, au parking
du port de plaisance, le long de la rue du 9-Septembre
ou de l'avenue Napoléon. *Port de Plaisance, 20110 Propriano (Pruprià), ☎ 04 95 76 01 49. www.propriano.net*

Les gens
3 166 Proprianais. En 1564, **Sampiero Corso**, venu
reconquérir l'île, débarqua sur la plage de Propriano
avec une cinquantaine d'hommes.

comprendre

Un essor tardif – Habitée dès l'âge du bronze, la région
fut en relation avec les commerçants carthaginois,
étrusques et grecs. Le site de Propriano donna ainsi
naissance à une cité qui remonterait à la fin du 2ᵉ s.
avant J.-C.
Au début du siècle dernier, Propriano n'était plus qu'un
hameau dépendant de la commune de Fozzano. Ce
modeste port, seul débouché du Sartenais, bien abrité
des vents d'Ouest et de Nord-Ouest par le rocher du Scoglio Longo, commença à se développer vers 1906. À cette
époque, furent édifiés les deux jetées, le quai accostable
et le phare. Cependant, cet essor fut de courte durée et
la petite ville resta endormie pendant de longues
années. Ce sont finalement les continentaux en quête
de soleil et de repos qui sonnèrent le réveil de ce petit
port, devenu aujourd'hui une des principales stations
balnéaires de Corse.

séjourner

Près du quai St-Érasme, le **port de plaisance** prend de
l'extension. Face au port, le long de la rue principale bordée de maisons ocre, se concentrent les restaurants, bars
et hôtels dans une atmosphère qui a su rester assez familiale. Pour les plages, vous aurez l'embarras du choix ;
certaines sont accessibles à pied.

*Propriano s'étale
paisiblement à fleur
d'eau, à quelques mètres
des plages.*

ACHATS
Bocca Fina – *R. des
Pêcheurs* - ☎ *04 95
76 28 10 - juin-sept. :
lun.-sam. 9h-13h, 15h-
21h ; reste de l'année :
lun.-sam. 9h30-12h,
15h-19h - fermé nov.,
j. fériés sf 14 juil.et
15 août.* Dans ce petit
magasin de spécialités
situé à deux pas du
port de commerce, une
sélection des meilleurs
produits de l'île y sont
en vente : charcuterie
traditionnelle (figatellu,
coppa, lonzu, prisuttu),
vins (meilleurs crus en
rouge blanc ou rosé),
apéritifs (muscats et
Cap corse), miel,
confitures, confiseries et
fromages.

Derrière le port de commerce, au-delà du phare du Scoglio Longo s'étend la **plage du Lido** prolongée par celle **du Corsaire**. Plage de sable épais, surveillée en juillet et en août, qui mérite une halte en particulier au coucher du soleil : le golfe de Valinco prend alors de superbes teintes. En ville, vous pourrez profiter de la **plage du Valincu** et de celle du **Mancinu**.

carnet pratique

TRANSPORTS

Compagnies maritimes – ☎ 04 95 76 04 36. Liaisons avec Marseille, Toulon et la Sardaigne.
Port de plaisance – ☎ 04 95 76 10 40.
Location de voitures –
Budget - ☎ 04 95 76 00 02.
JLV - ☎ 04 95 76 11 84. Location 2 à 4 roues.
Avis - ☎ 04 95 76 39 00.

RESTAURATION

L'Hippocampe –*R. Pandolfi* - ☎ 04 95 76 11 01 - *fermé déc. à fév.* - *16/30€*. Ici, tout se passe dans l'assiette pour les vrais amateurs de poissons frais. Qu'ils s'installent sous la vigne vierge et les canisses de la terrasse pour déguster la pêche du jour, ils ne le regrettront pas ! À l'intérieur, décor fort simple, style bistrot.
Le Cabanon – *Av. Napoléon* - ☎ 04 95 76 07 76 - *fermé 2 nov. au 31 mars - 17€ déj. - 20/30€*. Vanté dans la ville pour son bon rapport qualité/prix, ce petit restaurant au décor simple, avec ses chaises plastique et ses tables serrées, sert une cuisine de la mer. Comme en plus, il est bien situé sur le port, on n'hésite pas à vous le conseiller...
Le Lido – *Av. Napoléon* - ☎ 04 95 76 06 37 - *fermé oct. au 1er mai, lun. midi et mer. midi - 43/55€*. Depuis 1932, ce restaurant reçoit les vacanciers séduits par sa situation, sur un éperon rocheux entre plage et mer. Dans un décor de croisière maritime sur la superbe terrasse, les produits de la mer sont à l'honneur... Chambres plaisantes au style méditerranéen.

HÉBERGEMENT

Loft Hôtel – *3 r. Pandolfi* - ☎ 04 95 76 17 48 - *fermé 1er oct. au 14 avr.* - 🅿 - *25 ch. : 52/60€* - 🍽 *5,80€*. D'accord, dans cet hôtel moderne aux chambres un peu impersonnelles, vous ne serez pas dans un cadre typiquement corse. Mais, vous ne casserez pas votre tirelire... Dans le même esprit que les chambres des chaînes d'hôtel, mais en plus spacieux.
Le Bellevue – *Port de plaisance* - ☎ 04 95 76 01 86 - *hotels-propriano.com* - 🅿 - *14 ch. : 69€* - 🍽 *6€* - *restaurant 10/12€*. Face au port, cette maison colorée est une étape bretonne : une carte de crêpes vous y attend mais aussi des salades et des glaces. La partie hôtel a été bien rénovée, choisissez votre chambre côté mer pour la vue ou sur la cour pour le calme.

Hôtel L'Ibiscus – *Rte de la Corniche* - ☎ 04 95 76 01 56 - 🅿 - *24 ch. : 76,30€* - 🍽 *6,90€*. Belle vue sur le golfe de Valinco et tranquillité assurées dans cet hôtel des années 1990 sur les hauteurs, en dehors de la ville. Ses chambres, toutes tournées vers la mer, sont assez spacieuses et décorées de solides meubles rustiques.

SPORTS & LOISIRS

« U Levante » Plongée – *Port de plaisance* - ☎ 04 95 76 23 83 - *www.plonger-en-corse.com - juin-sept. : tlj sur demande préalable 8h30-19h30 - fermé de mi-oct. à avr.* Ce centre de plongée propose, quel que soit votre niveau, des formations personnalisées : stages pour enfants à partir de 8 ans, des baptêmes pour débutants, des plongées d'exploration de jour ou de nuit, des sorties à la journée
Valinco Plongée – *Port de plaisance* - ☎ 04 95 76 31 01 - *www.valinco-plongee.com - juin-sept. : tlj sur demande préalable - baptême : 38,11€ , Plongée 24,39€ à 33,54€*. Débutants, plongeurs confirmés, c'est avec une équipes de moniteurs expérimentés que vous partirez à la découverte des splendides fonds sous-marins du golfe de Valinco et de ses environs.
Compagnie Maritime « I Paesi di u Valincu » – *Port de plaisance* - ☎ 04 95 76 16 78 - *www.corsica.net/promenade - de avr. à mi-oct. : tlj à partir de 9h - fermé nov.-mars*. Au départ du port de plaisance, vous visiterez des réserves naturelles classées et inaccessibles par la route, comme celle de Scandola ou les sites du Conservatoire National du Littoral (60 km de côtes sauvages avec pique-nique dans un lagon) ou encore le golfe de Valinco. De plus, une inoubliable sortie nocturne, pour un spectacle son et lumière dans les calanques de Belvédère, vous comblera.

ACHATS

Marché – Un marché de fruits et légumes à lieu tous les jours. Le 1er et 3e lundi de chaque mois, on trouve également des vêtements.

Quenza

Groupé sur un plateau couvert de châtaigniers et de chênes verts, ce village est dominé par les aiguilles de Bavella.

En hiver, Quenza est un centre de ski de fond et de randonnée nordique sur le plateau du Coscione. L'été, il se révèle un point de départ approprié pour de nombreuses randonnées pédestres et équestres dans les massifs environnants et une des principales bases d'alpinisme de la Corse-du-Sud.

La situation
Carte Michelin Local 345 D9 – Corse-du-Sud (2A). À 7,5 km à l'Ouest de Zonza par la D 420. 🛈 *Levie et de l'Alta Rocca, Quenza,* ☎ *04 95 78 41 95.*

Les gens
Les agents du Parc naturel régional ont participé, en 1985, à la réintroduction de 4 cerfs (2 mâles et 2 femelles) à Quenza. L'espèce animale avait disparu de Corse à la fin des années 1960.

se promener

Église
Elle abrite une chaire en bois sombre sculpté, soutenue par des dragons et un masque maure (endommagé). À gauche, dans la chapelle Ste-Bernadette, deux panneaux peints sur bois, du 16ᵉ s., représentent des saints et des évêques.

Chapelle de Santa-Maria-Assunta
1/4h à pied du village sur la route de Serra-di-Scopamène. Elle se dresse, isolée, dans un enclos comportant quelques tombeaux. Remarquer, à l'extérieur, le chevet qui a conservé sa couverture de *teghje* traditionnelles de granit. De belles **fresques**★, de la fin du 15ᵉ s., récemment mises au jour, recouvrent l'abside. On y remarque un Christ en majesté, séparé du registre inférieur par une bande bicolore composée de losanges fleuris.

Au milieu de la nef, observez la statue de saint Étienne brandissant une palme aiguë comme une épée.

randonnées

Au départ de Quenza, de nombreux sentiers de pays, balisés en orange par le Parc régional, sillonnent la vallée. Les propositions ci-dessous ne comportent pas de difficultés et peuvent être l'occasion de baignades dans les torrents.

carnet pratique

De Quenza à Zonza par St-Antoine

Environ 4h1/2. Départ vers l'Est sur la D 420.

De Quenza à Serra-di-Scopamène

5h (possibilité de gîte à Serra). On franchit de nombreux cols et l'on découvre au passage des bergeries à Ghjallicu et Lavu-Donacu.

Plateau du Coscione★

Ce vaste plateau, où prennent source deux des principaux fleuves corses, le **Taravo** et le **Rizzanèse**, est caractérisé par un climat méditerranéen de haute montagne, particulièrement rigoureux en hiver avec des enneigements jusqu'à fin avril. Avec une altitude moyenne de 1 500 m, le plateau vallonné constitue le plus grand ensemble de hautes plaines de la Corse. Jusqu'à ces dernières décennies, c'était encore une zone de transhumance importante pour les troupeaux du Sud de l'île. Actuellement, ce sont surtout les randonneurs pédestres et équestres qui utilisent les sentiers de transhumance.

La partie Nord du plateau est décrite à l'Incudine.

Gorges de la **Restonica**★★

Parallèle au Tavignano, la Restonica prend sa source à 1 711 m d'altitude dans le massif du Rotondo, l'un des plus hauts de l'île. Après 15 km d'une course mouvementée à travers de belles gorges profondes qui forment des piscines naturelles, elle rejoint à 400 m d'altitude le Tavignano dans le « sillon de Corte ».

La situation

Carte Michelin Local 345 D6 – Haute-Corse (2B). Les gorges sont accessibles depuis Corte par la D 623 : 16 km de route étroite et sinueuse, où les croisements sont difficiles, permettent d'atteindre les bergeries de Grotelle.

Le nom

Une légende raconte qu'une année de forte sécheresse, seule la Restonica continuait de couler. Le nom de *Restonica* serait apparu à cette période où l'on disait de la rivière « elle reste unique ».

circuit

LES BERGERIES DE GROTELLE (GRUTELLE) PAR LA ROUTE

15 km – environ 3/4 h. Quitter Corte par la route d'Ajaccio qui franchit le pont sur le Tavignano et prendre tout de suite après, sur la droite, la D 623.

La route pénètre dans le **Parc naturel régional** en remontant la vallée encaissée de la Restonica ouverte entre la Punta di Zurmulu et la Punta di u Corbo.

Site protégé depuis 1996, les gorges de la Restonica font partie du Parc naturel régional.

carnet pratique

ACCÈS RÉGLEMENTÉ À LA VALLÉE DE LA RESTONICA

Le site classé des gorges de la Restonica est parcouru par une route départementale de 16 km reliant Corte aux bergeries des Grotelle. Pendant la période estivale, la forte fréquentation de ces sites, combinée aux risques d'incendie et de crues subites, a conduit à des mesures restrictives d'accès en voiture. En cas de saturation des parkings de Grotelle et de Lamaghjosu, dont la capacité est limitée, la montée de tous véhicules, sauf véhicules de secours, sera interdite à partir du pont de Tragone pour pouvoir assurer la sécurité du public. Du fait de l'étroitesse de la route, la montée des véhicules est interdite chaque jour de 15h30 à 17h à partir de Tuani à 5 km depuis Corte. Le stationnement est strictement interdit sur la chaussée dans toute la vallée, en dehors des emplacements aménagés. L'accès des camping-cars et caravanes ainsi que de tout véhicule de plus de 4,5 t et de 1,9 m de large est interdit au-delà du camping de Tuani. Une équipe motorisée de saisonniers règle le contrôle des flux et donne sur place aux automobilistes les directives nécessaires en cas de saturation des aires de stationnement de la haute vallée. Afin de limiter la circulation automobile, un service de navettes régulières est mis en place pendant les mois d'été entre Corte et les bergeries de Grotelle.

PRÉCAUTIONS

Si la route est très belle (et, à partir du camping de Tuani, en excellent état), certains passages, particulièrement étroits, rendent les croisements difficiles. Redoublez donc de prudence, en particulier dans les virages sans visibilité. La vallée reçoit parfois des pluies torrentielles qui ne font que rendre plus difficile et dangereuse la circulation. Il est donc loin d'être inutile de consulter la météo avant de s'engager dans les gorges. Il faut également être particulièrement prudent en matière de **risques d'incendie** : la forêt porte les traces du sinistre qui l'a ravagée l'été 2000 : troncs noircis, versants pelés et ravinés… La vision de ce paysage blessé doit

être une incitation supplémentaire au respect de ce lieu préservé : feux, bivouacs, camping sauvage y sont interdits. Enfin, la différence de température entre Corte et Grotelle peut être spectaculaire : la petite laine ne sera pas de trop ! (prévoir aussi chaussure de montagne et alimentation énergétique ; n'oubliez pas que vous êtes en haute montagne).

QUAND Y ALLER ?

Si l'été est particulièrement apprécié par les amateurs de baignade, ce n'est peut-être pas la meilleure période pour découvrir la vallée, en particulier pour ceux qui apprécient la solitude. De fin avril à fin juin, lorsque les sommets encore enneigés contrastent avec une végétation en plein essor, les paysages sont superbes. Durant les mois d'hiver, la route est quasiment impraticable. Mais les randonneurs bien équipés ne regrettent pas de découvrir les lacs gelés après une longue avancée silencieuse.

LOISIRS

Les rivages de la Restonica offrent de nombreuses vasques d'eau translucide. Au programme : **baignade** rafraîchissante, plongeon, sieste sur les rochers à l'ombre des pins. Les lieux sont assez fréquentés en juillet et août mais c'est un bon moyen d'allier plaisir de la marche et de la baignade. Trois sites d'**escalade** sécurisés ont été aménagés : deux se situent entre Corte et le camping de Tuani (au km 2 avec 42 voies, au km 4 avec 59 voies), le troisième au km 10, avant le pont de Tragone. Pour organiser des **randonnées**, vous pourrez vous adresser à la Compagnie des guides et accompagnateurs de Corse (☎ 04 95 48 10 43) ou à « Valle e Cime » (☎ 04 95 48 69 33). Quant aux amateurs de randonnée sportive, ils peuvent participer au **Grand Raid Inter-lacs** organisé en juillet par l'association « A Rinascita » (☎ 04 95 46 12 48, www.inter-lacs.com). Cette épreuve internationale se déroule au sein du Parc Naturel Régional de la Corse.

Forêt de la Restonica★

Aux châtaigniers succèdent bientôt les pins laricio *(voir Vizzavona)* notamment sur les versants exposés au midi à partir de 700 m d'altitude. On découvre des traces de l'incendie qui ravagea malheureusement la forêt durant l'été 2000.

Encadrée par de grandes aiguilles de roche ocre couronnées de pins, la vallée se rétrécit progressivement pour former des gorges. Au fond, le torrent se brise au milieu de gros blocs de rochers.

Après le pont de Tragone, la D 623 longe la rive droite de la Restonica. Dominé par des sommets dépassant 2 000 m, il grimpe dans un paysage âpre, de plus en plus minéral, où peu à peu les arbres disparaissent. Des roches verdâtres, dévalent des cascades. Le cadre, grandiose, ne peut manquer de faire forte impression.

LES PINS DE CORTE

Ils apparaissent sur les versants exposés au Nord et dans les fonds de vallées. Ce pin maritime particulier à la Corse est un grand arbre au fût droit, à la cime étroite et conique, dont la silhouette rappelle celle du laricio. De caractère plus montagnard que le pin maritime de Provence, il exige une plus grande humidité de l'air et peut atteindre une taille plus élevée. Sa cime est plus claire, ses aiguilles plus fines, ses cônes allongés souvent solitaires. Un maquis très combustible forme son sous-bois.

Les murailles plongent à pic dans le lac de Capitello. Il est le plus profond de l'île avec 42 m.

Bergeries de Grotelle

Grand parking, payant et surveillé, au-dessus des bergeries. Alt. 1 375 m. La route carrossable s'arrête un peu au-dessus des bergeries, vieilles constructions en pierres sèches qui furent la halte traditionnelle des troupeaux sur le sentier du lac de Melo. Un **paysage**★★ alpestre se dessine : à droite se profile la longue crête du Capu a Chiostru (alt. 2 295 m), à gauche le massif du Rotondu (alt. 2 622 m), devant soi, barrant la vallée, se dessine la silhouette dentelée du Lombarduccio (alt. 2 261 m). On remarque, un peu en amont des bergeries, quelques beaux spécimens de pins de Corte.

randonnées

LA HAUTE VALLÉE★★★

🚶 *2h30 AR jusqu'au lac de Melo (lavu di Melu) ; départ des bergeries de Grotelle, sur la droite du petit chalet. La fréquentation des lieux pourrait faire oublier qu'il s'agit d'une randonnée en montagne, sans grande difficulté mais qui requiert au moins de bonnes chaussures de marche. Dans la deuxième partie, quelques passages plus difficiles ; aide d'une chaîne, deux échelles. Possibilité de contourner la barrière rocheuse (voir plus bas) quand il n'y a pas de névé. Déconseillé aux personnes accompagnées de chiens ou d'enfants en bas âge.*

Suivre le sentier jalonné de marques jaune et gris qui prolonge vers le Sud la route des gorges et remonte la vallée de la Restonica.

Comme toutes les vallées glaciaires, la haute vallée de la Restonica présente des flancs abrupts et un fond plat encombré de moraines. Son parcours offre une succession de rétrécissements et d'épanouissements, et des cuvettes souvent occupées par des lacs et bosses rocheuses (« verrous ») barrant la vallée.

Après avoir longé la moraine, on atteint, vers 1 500 m, une vaste cuvette herbeuse. Emprunter le sentier qui s'élève vers le Sud, bien tracé sur la rive gauche du torrent. On atteint bientôt un plateau couvert d'aulnes.

Le sentier, balisé par des traces jaunes, mène au pied de la grande barre rocheuse retenant le lac de Melo *(1/2h depuis le parking)*. La végétation florale se remarque essentiellement en saison par les saxifrages aux fleurs blanches et la pinguicule corse ou grassette, qui est une plante insectivore. Tous ces végétaux sont protégés et interdits à la cueillette.

Lac de Melo (Lavu di Melu)★

Depuis la barre rocheuse, 1/2h aller.
Alt. 1 711 m. Deux passages, équipés de chaînes et d'échelles, permettent de franchir ce dénivelé et d'accéder au lac. Par temps de pluie ou lorsque la fonte des neiges imprègne fortement le sol, ce passage est rendu glissant ; il faut être très prudent.

L'AULNE ODORANT

Il s'agit d'arbustes de plus de 2 m de hauteur, qui constituent une des formations végétales les plus caractéristiques de la montagne corse. L'aulne odorant forme des fourrés denses difficilement pénétrables ; ses feuilles poisseuses imprègnent durablement les vêtements des randonneurs.

Un autre itinéraire, plus long, est alors possible quand il n'y a plus de neige. Il s'élève sur la rive droite du torrent et contourne la barre rocheuse par son rebord gauche *(compter alors environ 1h)*.

Formant un cercle presque parfait, le Melo, d'où jaillit la Restonica, est un des sept lacs du Monte Rotondo. Il est dominé par des escarpements de plus de 2 000 m, notamment par la Punta Capitello et l'arête du Lombarduccio où, en été, subsistent quelques névés. Aleviné en truites et saumons de fontaine, ce lac est très apprécié des pêcheurs.

Lac de Capitello (Lavu di Capitellu)★★

⚐ *1h30 AR depuis lac de Melo. Chemin balisé avec quelques passages abrupts.*

Alt. 1 930 m. Ce lac, qui ne se trouve qu'à 600 m à vol d'oiseau du lac de Melo mais à une altitude supérieure de 219 m, est gelé huit mois sur douze. Enchâssé dans un cirque de sommets supérieurs à 2 000 m, il est un des joyaux de la montagne insulaire.

Le retour vers Grotelle s'effectue par le même chemin.

PRATIQUE
Point d'eau à droite du sentier principal juste avant la rive du lac de Melo.
Un sentier fait le tour du lac par l'Ouest.
L'importante fréquentation estivale (la plus forte de la montagne corse) a amené le Parc régional à préserver du piétinement une partie de la pelouse placée derrière une clôture.

Rogliano★

Roglianu

La commune de Rogliano, habitée dès l'époque romaine, est formée de sept hameaux disséminés sur plusieurs éperons : Campiano, Bettolacce, Magna, Soprana et Sottana, Olivo, Vignale, Querciolo.

Rogliano étage ses tours, les façades de ses églises et ses hautes demeures anciennes dans une conque verdoyante à l'abri du Monte Poggio.

La situation

Carte Michelin Local 345 F2 – Schéma p. 211 – Haute-Corse (2B). La commune éparpille ses hameaux sur un sommet du Nord du Cap Corse et domine les environs. On y accède par la D 353 depuis Macinaggio ou par la D 80, puis la D 53 si l'on arrive de Centuri.

Le nom

La commune doit peut-être son nom à l'antique bourg romain appelé *Pagus Aurelianus*, le village d'Aurélien, du nom d'un empereur du 3e s. Puis on parla d'*Auriglianu*. Certains disent aussi que le nom viendrait du latin *aurum* signifiant l'or, en référence à la couleur des épis de blé qui couvraient les grands domaines agricoles de la région.

Les gens

458 Roglianais. Du 12e au 16e s., Rogliano fut la capitale de la famille **da Mare** qui régnait sur une partie du Cap et entretenait des liens profitables avec Gênes. Mais en 1553, un membre de cette famille, **Giacomo Santa da Mare**, se lia avec Sampiero Corso *(voir Bastelica)* et avec le maréchal

HÉBERGEMENT ET RESTAURATION
🛏 **U Sant'Agnellu** – ☎ 04 95 35 40 59 - fermé 10 oct. à Pâques - 15/20€. Ici, dans cette fière bâtisse aux larges baies vitrées ou sur sa terrasse ombragée, le regard se perd sur la ligne bleue de la mer, entre l'île d'Elbe et celle de Capraia. Une vue dont vous profiterez en savourant sa belle cuisine typique. Chambres sobres et agréables.

Le village de Rogliano est bâti sur une hauteur, bien exposée au soleil levant, qui dévale sur quelque 250 m vers la mer et la marine de Macinaggio.

de Thermes. Il fut promu colonel de la cavalerie franco-corse. Ses faits d'armes furent nombreux, mais il succomba à un coup d'arquebuse au col de Tende dès l'année suivante.

se promener

LE DON DE L'IMPÉRATRICE
L'impératrice Eugénie préleva sur sa cassette de quoi faire construire la route qui traverse Rogliano et s'appelle depuis **« chemin de l'Impératrice »**.

Tour d'Agnello
Propriété privée. Belle tour ronde qui domine les hautes maisons de Bettolacce, principal hameau du village.

Église St-Agnel
Fermé temporairement.
L'église fut érigée au 16ᵉ s., puis agrandie au 18ᵉ s. À l'intérieur, le maître-autel en marbre blanc de Carrare fut élevé grâce aux fonds envoyés par la colonie roglianaise de Porto Rico. L'élégante clôture du chœur est un cadeau de l'impératrice Eugénie reconnaissante aux Roglianais de leur accueil. On remarque aussi l'autel en marbre polychrome de St-Antoine-de-Padoue, témoignage de l'amour d'un jeune Roglianais pour une jeune fille de Florence.

UN CAMPANILE DE TRAVERS
L'originalité de cet édifice vient du curieux campanile rectangulaire, isolé et placé de biais par rapport à la façade.

Église St-Côme-et-St-Damien
Fermé au public.
Cette ancienne église, ravagée par un incendie en 1947, est bâtie dans un vallon au Sud de Bettolacce, sur un site déjà habité à l'époque romaine.

Ruines de San Colombano
Accès par Olivo et Vignale. De Vignale la **vue**★ sur la mer et les autres hameaux de Rogliano est fort belle.
À gauche, sur un éperon, se détachent les ruines du château fort de San Colombano. Cette forteresse, propriété de la famille da Mare, aurait été élevée, vers la fin du 12ᵉ s. Mais, en 1554, à la suite du ralliement de Giacomo Santo au parti français, le château fut démantelé par les Génois. Quelques années plus tard, Jacques de Negroni, ancien coseigneur de San Colombano, fit élever un nouveau *castellu*, incendié en 1947.

LE MAUVAIS CHÂTEAU
San Colombano fut aussi appelé *u castellacciu* (mauvais château), en raison de la fidélité à Gênes de ses seigneurs.

Couvent de St-François
Ne se visite pas. Ce couvent, dont l'église est en ruine, s'élève près du château fort. Il est précédé d'une haute **tour carrée** avec mâchicoulis, rendue célèbre par l'assassinat, à la fin du 16ᵉ s., du gouverneur génois qui administrait les terres de la châtelaine Barbara da Mare.

Golfe de **Sagone**★

Golfu di Savone

Cette vaste baie s'ouvre entre le golfe d'Ajaccio et celui de Porto. Se perdant dans de larges deltas, la Sagone, le Liamone et la Liscia s'y jettent et sont à l'origine des vastes plages de sable qui s'étirent à leur embouchure. Des collines couvertes de maquis, de chênes verts et d'oliviers ceinturent le golfe. Pourtant ses rives sont parfois mélancoliques lorsque, sous un ciel plombé, la mer revêt des lueurs métalliques et les vagues ourlent ses rivages grisâtres.

La situation

Carte Michelin Local 345 B7 – Corse-du-Sud (2A). Délimité au Nord par la pointe de Cargèse et au Sud par le Capo di Feno, le golfe de Sagone s'enfonce assez profondément dans les terres au Sud de la pointe Capigliolo pour former le petit golfe de la Liscia.

🛈 *Vico, Sagone,* ☎ *04 95 28 05 36.*

Mai-sept. : tlj sf dim. ap.-midi 9h30-12h, 16h-19h ; reste de l'année : se renseigner à l'annexe, ☎ *04 95 26 28 01.*

Les gens

Primitivement cité romaine, Sagone fut le siège, dès le 6ᵉ s., de l'un des cinq premiers évêchés de Corse. Son importance s'accrut au Moyen Âge au point de pousser sa juridiction territoriale jusqu'à Calvi ; au 12ᵉ s., son titulaire, qui relevait de l'archevêque de Pise, fit bâtir la cathédrale Sant'Appiano dont des fouilles ont livré les fondations. Mais au 16ᵉ s., la destruction de la cité par les Sarrasins et l'insalubrité à l'embouchure du fleuve justifièrent l'installation de l'évêché à Vico. L'abandon définitif du site décida, en 1625, du transfert de l'évêché à Calvi.

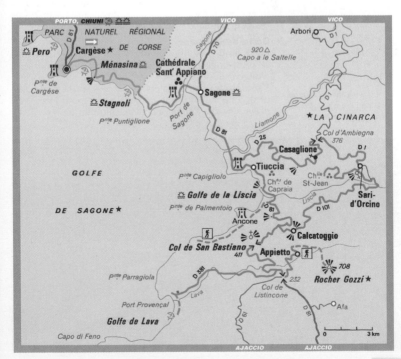

carnet pratique

RESTAURATION

⊖⊖ Auberge « Chez Léon » – *Volpaja - 20167 Appietto - accès par D 81, suivre fléchage* - ☎ *04 95 22 87 16 - réserv. obligatoire - 25€*. Suivez bien le fléchage pour dénicher cette sympathique ferme-auberge perdue dans le maquis. Son avantageux menu unique utilise essentiellement les produits de l'exploitation - un élevage de brebis laitières -, le service s'effectue avec le sourire et six chambres d'hôte viennent d'être aménagées pour qui aurait le coup de cœur.

SPORTS & LOISIRS

Club Subaquatique Hôtel Cyrnos – *Golfe de Sagone - 20118 Sagone -* ☎ *04 95 28 00 01 - www.hotelcyrnos.com - mai-sept. : tlj - fermé de fin sept. à déb. mai.* Ce club de plongée affilié à la FFESSM propose des baptêmes, des explorations et des stages à faire dans les eaux limpides du golfe ou sur le littoral de Sagone. Il organise aussi des croisières sur la côte occidentale de la Corse dans les golfes de Girolata, Porto, Sagone, Ajaccio et Propriano.

PETITE PAUSE

Le Petit Praliné – *Bragalina - 20167 Appietto* - ☎ *04 95 10 82 33 - 8h30-12h, 15h-19h.* Cette petite entreprise artisanale fabrique de succulents nougats. Pendant la visite du laboratoire et lors de l'explication de la fabrication, vous pourrez déguster et comparer les cinq types de nougats (miel, figue et miel, orange confite, châtaigne et eau de vie de myrte) proposés par la famille Esteban. Le nougat à la châtaigne a obtenu récemment le « trophée de l'Innovation ».

séjourner

Sagone⌂

Sagone offre une vaste plage, un port de plaisance et divers sports nautiques (école de voile, de plongée).
La **tour génoise**, à l'Ouest de l'agglomération, surveille l'anse de Sagone et le port.

circuits

DE CARGÈSE AU GOLFE DE LAVA

53 km – environ 2h. Ajouter 3h pour la balade à pied au rocher de Gozzi.

Cargèse★ *(voir ce nom)*

De Cargèse au golfe de Lava, les routes D 81 et D 381 longent le plus souvent un littoral accidenté et franchissent quelques fleuves côtiers à proximité des plages de sable (plages de **Ménasina** et de **Stagnoli**, *voir Cargèse*).

Sagone⌂ *(voir ci-dessus)*

Tiuccia

Cette petite station balnéaire s'allonge au fond du golfe de la Liscia ; elle est dominée par les ruines du château de Capraja qui appartint aux comtes de Cinarca. Promenades en mer vers le Capo Rosso, les Calanche de Piana et Girolata.

Golfe de la Liscia⌂

Entre les deux tours génoises d'Ancone et de Capigliolo, ce petit golfe dessine une côte rocheuse propice à la plongée sous-marine.
Plusieurs criques de galets sont accessibles à pied à partir du chemin côtier de la tour d'Ancone. Au Nord, une plage de sable s'étend à l'embouchure du fleuve.

Le golfe de Sagone s'étend entre Cargèse au Nord et Capo di Feno au Sud.

Col de San Bastiano

Du col même (alt. 411 m), la vue est restreinte sur le ▶
golfe de Lava ; en gagnant la butte derrière la chapelle,
coup d'œil★ sur le golfe de Sagone et la Cinarca.

*Au col de Listincone (alt. 232 m), prendre à gauche la petite
route vers Appietto.*

Appietto

Ce village d'où sont originaires les comtes de la Cinarca
(voir ce nom) compte trois hameaux étagés sur les pentes
d'une montagne couverte de maquis. Son église est élégante.

Rocher de Gozzi★

⏱ *3h à pied AR au départ d'Appietto par le chemin muletier
qui s'amorce à droite, juste avant le dernier hameau du village.*
A hauteur d'un calvaire, obliquer à droite pour descendre à la fontaine d'Appietto ; sur l'autre versant, le
chemin monte vers les ruines d'un château médiéval
ayant appartenu aux comtes de Cinarca. Du haut du
rocher (alt. 708 m), **panorama**★ sur le golfe de Sagone,
la vallée de la Gravona et Ajaccio.

*De retour au col de Listincone, reprendre la D 81 vers le
Nord, puis tourner à gauche dans la D 381.*

Golfe de Lava

La route longe le torrent de Lava et serpente dans un
paysage de pâturages vide d'habitations ; elle aboutit à
une belle plage de sable.

LA CINARCA

51 km au départ de Tiuccia – environ 2h. Voir ce nom.

Saint-Florent★

San Fiurenzu

Au creux d'un très beau golfe★ auquel il a donné son
nom, St-Florent est bâti sur une légère hauteur au
Nord de l'embouchure de l'Aliso. C'est la capitale commerciale du Nebbio, mais aussi, et surtout, une station
balnéaire très orientée vers les activités nautiques. Les
remparts de sa citadelle génoise dominent le port de
plaisance bordé de vieilles maisons colorées.

La situation

*Carte Michelin Local 345 E3 – Schémas p. 211 et 279 – Haute-
Corse (2B).* St-Florent est traversé par la nationale venant
de Bastia. Cette route mène à la **place des Portes**, lieu
central de la cité. Laissez votre véhicule sur le grand parking qui borde cette place, d'autant qu'en saison, la circulation est soumise à restrictions. La ville se visite très facilement à pied. Les **vieux quartiers** et la citadelle s'étendent vers l'Ouest. Au Sud-Ouest, la « route de la plage »
conduit à la longue **plage de la Roya** (environ 2 km). Au
Nord, derrière la citadelle se trouve une plage tapissée de
galets **(plage d'Olzo)**.
🛈 *Centre administratif, 20217 St-Florent (San Fiurenzu),
☎ 04 95 37 06 04.*
*Sur la gauche de la RN dir. de Bastia, à côté de la poste.
Juil.-août : 9h-19h ; mai-juin et sept. : tlj sf dim. 9h-12h, 14h-
18h, sam. 9h-12h ; le reste de l'année : tlj sf dim. 9h-12h,
14h-17h, sam. 9h-12h.*

Le nom

Saint-Florent est souvent appelé le Saint-Tropez de la Corse.

Les gens

1 474 Saint-Florentins. Selon les mœurs religieuses de
l'époque, Mgr Guasco, évêque du Nebbio de 1770 à 1773,
voulut donner à son diocèse une sainte relique. Ainsi, en
1771, la dépouille d'un martyr romain du 3e s. fut transportée de Rome à St-Florent. La relique fut baptisée du nom
de **saint Flor** et fut placée dans la châsse de la cathédrale.

carnet pratique

TRANSPORTS

Port de plaisance – Capitainerie, ☎ 04 95 37 00 79. Sais. : 8h-21h ; hors sais. : 8h-12h, 14h-18h. 790 places.

Bus – Liaison St-Florent-Bastia toute l'année, service plus fréquent en juil.-août, ☎ 04 95 37 02 98. Liaison St-Florent-L'Île-Rousse en juil.-août.

Navettes maritimes le « Popeye » et le « Saleccia » – ☎ 04 95 37 19 07 (le Popeye) ou 04 95 36 90 78 (le Saleccia). De mi-juin à déb. sept. : navettes reliant la plage du Loto au port de St-Florent. 8,38€ AR.

RESTAURATION

☺☺ **Ind'è Lucia** – Pl. Doria - ☎ 04 95 37 04 15 - fermé le midi de juil. à oct. - réserv. conseillée en été - 18,50/25€. Il fait bon s'attarder sous la tonnelle de « chez Lucia » ou, sous l'acacia, près de la fontaine de la placette. Le menu a vraiment l'accent corse : soupe, jambon, terrines maison, gibiers en saison, omelette au brocciu et à la menthe... Les habitués ne s'y trompent pas !

☺☺ **La Rascasse** – Prom. des Quais - ☎ 04 95 37 06 99 - atrium-saintflorent@wanadoo.fr - fermé nov. à fév. – 18€ déj. - 34/46€. Les petites terrasses ne sont pas si nombreuses à St-Florent, et la carte de ce restaurant, situé sur le petit port, fait la part belle aux poissons... Alors, laissez-vous tenter...

☺☺☺ **La Gaffe** – Port de plaisance - ☎ 04 95 37 00 12 - fermé 5 janv. au 5 mars - 38€ déj. - 40/70€. Embarquement immédiat pour un voyage de saveurs marines en ce restaurant situé sur le port de plaisance. Langoustes et pêche locale se dégustent dans une salle à manger à la décoration d'esprit bateau. Aux beaux jours, climatisation à midi ; le soir, les larges baies s'ouvrent pour profiter du plaisant climat.

HÉBERGEMENT

☺☺ **Hôtel Treperi** – Rte de Bastia - ☎ 04 95 37 40 20 - fermé nov. à fév. - 18 ch. : 49/110€ - ☐ 7€. Entouré d'un parc de 2 ha planté de lauriers, bougainvilliers, eucalyptus, figuiers de Barbarie... quel plaisir d'admirer le matin, le spectacle reposant du golfe de St-Florent. Chambres simples avec terrasses privatives, accueil chaleureux et piscine bordée de vignes.

☺☺ **Hôtel Maxime** – Rte de la Cathédrale - ☎ 04 95 37 05 30 - ☐ ☐ - 19 ch. : 70€ - ☐ 7€. Amarrez votre bateau - s'il n'est pas trop grand - au ponton prévu à cet effet. Le petit canal au pied de l'hôtel vous conduira jusqu'à la mer à 100 m. Les chambres avec petite loggia sont fonctionnelles.

☺☺☺ **Bellevue** – ☎ 04 95 37 00 06 - hotel-bellevue@wanadoo.fr - fermé nov. à mars - ☐ - 25 ch. : 116/155€ - ☐ 8€. Belle vue en effet sur le parc verdoyant dominant la mer, face au Cap Corse, depuis ce bâtiment aux allures de paquebot. Les chambres, rénovées en bleu et blanc, sont dotées de lits en fer forgé et équipées de salles de bains modernes.

SORTIES

Le Mathurin – Vieille Ville - ☎ 04 95 37 04 48 - 18h-2h - fermé oct.-avr. Tous ceux qui regrettaient l'absence de bar à vin au cœur du vignoble de Patrimonio seront rassurés, l'astucieuse reconversion de cet ancien restaurant à St-Florent leur offre une bonne occasion de déguster quelques crûs accompagnés de tapas aux produits corses.

ACHATS

Salge et Fils – Pl. du Monument - ☎ 04 95 37 00 43 - été : 6h30-13h30, 16h-20h30 ; reste de l'année : mar.-dim. 7h-12h30, 15h-19h. Toujours en quête de nouvelles saveurs, José Salge a su marier la variété gastronomique de son île et son exigence de qualité en créant de délicieuses glaces aux parfums du terroir : herbes du maquis, châtaigne, Brocciu, Muscat de Patrimonio...

comprendre

La capitale du Nebbio – Occupé dès le néolithique, urbanisé par les Romains qui y fondèrent la cité de **Nebium**, le site de St-Florent fut sans doute dès le 4e s. le siège de l'évêché du Nebbio et le resta jusqu'au 18e s. Il fallut attendre le 15e s. pour que la ville se développe, autour de la citadelle fondée par les Génois en 1439.

Ancienne cité génoise, Saint-Florent est aujourd'hui une station balnéaire très prisée.

Le site était insalubre, car dans ces basses terres mal drainées sévissait la malaria ; mais St-Florent bénéficiait de l'abri sûr de son golfe et d'une position stratégique. Aussi fut-elle âprement disputée par les Français, les Corses et les Génois durant les conflits (1553-1563) qui précédèrent le traité de Cateau-Cambrésis.

St-Florent demeura une cité de garnison et de pêcheurs jusqu'à la fin du 17e s. Son déclin brutal survint après la décision génoise de raser les remparts (1667) dont l'entretien coûteux n'était plus justifié, la sécurité maritime semblant acquise. Victime aussi de la malaria, la ville fut désertée pendant près de deux siècles.

Il fallut attendre le Second Empire pour que St-Florent renaisse : des travaux d'urbanisme et l'assèchement des marais furent entrepris et se prolongèrent sous la IIIe République. La création d'un port de plaisance en 1971 a contribué grandement à l'essor de la cité.

se promener

La **vieille ville**★ se rassemble autour de l'église dont le clocher domine le port de pêche et de plaisance abrité par une longue jetée. On flâne avec plaisir à travers ses ruelles tortueuses bordées de vieilles maisons et ses placettes fleuries de lauriers-roses.

Place des Portes
Séparant les rues sombres de la vieille ville et les espaces dédiés à l'activité balnéaire, c'est le véritable centre d'animation de la cité. Son espace est partagé entre les terrasses des cafés et les terrains occupés par les joueurs de boules assidus.

Citadelle
Bâtie par les Génois sur un promontoire calcaire, elle domine la ville et le port. La citadelle a été plusieurs fois ► remaniée depuis sa fondation en 1439 par Tomasino de Campo Fregoso qui érigea celle de Bastia, quarante et un ans plus tard. Le donjon circulaire *(ne se visite pas)* est un remarquable exemple d'architecture militaire génoise. La citadelle était la résidence du gouverneur du Nebbio.

Plage de la Roya (Plage de la Roia)
Par la route, à environ 2 km au Sud-Ouest du centre. Prendre ► la D 81 et franchir l'Aliso, puis prendre à droite vers les campings. Longue plage offrant de multiples activités nautiques (location de bateaux, planches, pédalos, etc.).

alentours

Ancienne cathédrale du Nebbio★★ (église Santa-Maria-Assunta)
1 km par la petite rue face au monument aux morts vers Poggio-d'Oletta. Juil.-août : 17h-20h ; sept.-juin : s'adresser au Syndicat d'initiative pour les visites.

L'église Santa-Maria occuperait en partie l'emplacement de la cité romaine. C'est l'un des plus importants témoignages de l'architecture religieuse en Corse.

> **PANORAMA**
> Après avoir franchi le portail, avancez-vous sur la gauche du parapet pour découvrir une vue surprenante sur les vieilles maisons bâties à fleur d'eau.

> **SENTIER DU LITTORAL**
> Un **sentier**★★ longe la côte des Agriates et permet d'atteindre l'Ostriconi en passant par la plage du Loto⌂⌂ et celle de Saleccia⌂. Point de départ : à l'extrémité Ouest de la plage de la Roya
> *(voir les Agriates).*

Postérieure à celle de la Canonica qui lui servit de modèle, cette ancienne cathédrale, représentative de la seconde période du roman pisan dans l'île fut probablement achevée vers 1140. Elle présente un appareillage soigné de moellons de marbre tarentin d'une belle finesse de grain. Elle s'élève sur un large terre-plein bien dégagé.

Une châsse vitrée abrite les reliques de saint Flor, soldat romain qui subit le martyre au 3ᵉ s.

Plage de Loto (Lotu)⚐⚐

Cette somptueuse plage des Agriates est accessible à pied depuis la plage de la Roya *(en 4h1/2)* ou en bateau depuis St-Florent (en été). Une excursion à ne pas rater ; emporter des provisions d'eau *(voir le carnet pratique et le chapitre les Agriates pour d'autres précisions)*.

Sainte-Lucie-de-Tallano★

Santa Lucia di Tallà

Dominant la vallée du Rizzanèse, ce gros village très typé groupe ses hameaux dans la verdure au milieu des oliviers et autres arbres fruitiers. Ses hautes maisons de granit recouvertes de tuiles orangées sont agencées autour d'étroites ruelles. La commune, soucieuse de développer le tourisme rural, a entrepris un gros travail de réhabilitation du vieux quartier et d'aménagement d'un « sentier du patrimoine ». Cette belle promenade, guidée par des panneaux signalétiques, vous fera découvrir les aspects historiques, botaniques, géologiques et culturels du village.

La situation

Carte Michelin Local 345 D9 – Corse-du-Sud (2A). Entre mer et montagne, Ste-Lucie-de-Tallano se trouve sur l'axe Propriano-Sartène-Bavella, à 450 m d'altitude.
🄱 *Mairie,, 20212 Ste-Lucie-de-Tallano,* ☎ *04 95 78 80 13. Tlj sf w.-end 9h-12h, 14h-17h.*

Le nom

Le nom corse *Tallà* signifie « région pentue », en référence à la vallée du Rizzanèse que le village surplombe. Mais on peut préférer la légende qui rapporte qu'un chef arabe se serait extasié devant cette contrée verdoyante en s'écriant « At Allah ! », « Don de Dieu ».

Les gens

Ste-Lucie développe une importante vie associative. Depuis quelques années, les villageois privilégient une politique de projets structurants : eau, assainissement, rénovation des oliveraies, conservation et valorisation du patrimoine culturel et architectural.

Ste-Lucie-de-Tallano, un beau village corse situé au cœur des montagnes de l'Alta-Rocca.

carnet pratique

RESTAURATION

🍽 **Santa Lucia** – ☎ *04 95 78 81 28 - 14,50/20,60€.* Un petit restaurant comme on les aime, sur une place de village avec sa fontaine chantante et rafraîchissante. C'est aussi le café du coin, avec véranda et terrasse ombragée. Ambiance conviviale et cuisine corse en toute simplicité.

PETITE PAUSE

Jacques Léandri – *Moulin à huile d'Omiccia Village* - ☎ *04 95 78 81 94 - 9h-12h, 15h-19h.* Dans une échoppe d'un autre temps, Jacques Léandri vous fera découvrir par la dégustation les différentes huiles d'olive (à leur différent stade de mûrissement) qu'il élabore suivant des méthodes totalement artisanales. Ses spécialités : l'Ogliu di Missiau (l'huile de grand-père), des huiles de noix, noisette et amande.

se promener

Place du Monument-aux-Morts
(ou place de l'Ormeau)

Au cœur du bourg, face à l'église paroissiale, cette place agréablement ombragée est bordée de bars et restaurants ; un panneau d'informations signale les curiosités du village. Disposée en belvédère, elle offre un beau point de vue plongeant : au premier plan, le hameau de Poggio ; un peu plus loin, sur un mamelon couronné d'un bois de chênes verts, émerge le toit de tuiles rouges de la superbe église romane St-Jean-Baptiste ; au fond, la vallée du Rizzanèse et Loreto-di-Tallano.

Le monument aux morts, harmonieuse allégorie féminine, mérite une attention particulière pour le bel échantillon de **diorite orbiculaire** qui sert de socle à sa statue. Longtemps exploité dans une carrière des environs, un filon de cette roche rarissime a rendu célèbre le village dans le monde des minéralogistes.

Église paroissiale

L'intérieur révèle un édifice rénové dans la bonne tradition baroque du 17e s. : nef rectangulaire, avec six chapelles latérales. On remarquera au fond de l'église un **bénitier** de marbre (porté par une main sculptée) aux armes des della Rocca (fin 15e s.). Adossé à un pilier de gauche, le bas-relief en marbre blanc a été offert en 1499 par un puissant seigneur de la région, le comte Rinuccio della Rocca qui y fit graver ses armoiries. Cette gracieuse Vierge portant l'Enfant sur ses genoux évoque l'art des sculpteurs florentins du 15e s. Le retable de la **Vierge à l'Enfant entre des saints** *(chapelle centrale à droite)* est attribué à l'atelier du Maître de Castelsardo (16e s.)

Quant au **retable de la Crucifixion** (16e s.), autre offrande du comte au couvent de St-François, il dénote une influence espagnole dans l'expression des visages, la finesse des traits et les riches draperies, associée au goût flamand pour les détails réalistes. Il ne s'agit, malheureusement, que d'une copie de taille réduite ; l'original se trouve à Ajaccio et n'est pas visible.

Maison forte

Situé derrière l'église, cet étonnant bâtiment *(illustration p. 92)* presque cubique servait autrefois de refuge à la population en cas de danger (d'où le nom corse *casatorre*). Huit bretèches plaquées sur les murs austères permettaient de contrôler les abords. Sous chaque bretèche, une bouche à feu venait compléter ce dispositif.

Moulin à huile

Accessible par un chemin en contrebas de la place, à environ 200 m. Horaires d'ouverture et tarif non communiqués. ☎ 04 95 78 80 13.

Cet ancien moulin a été réhabilité et transformé en écomusée.

LA DIORITE ORBICULAIRE

C'est une roche éruptive sombre de couleur gris-vert : la cristallisation particulière de ses composants dessine des figures concentriques. Se prêtant admirablement à la taille, elle fut utilisée comme pierre d'ornementation, notamment dans la chapelle des Médicis à Florence.

CALENDRIER

Le village organise chaque année (mi-mars) « a festa di l'oliu novu », grande foire régionale de l'huile qui se déroule sur 2 jours et regroupe une soixantaine d'artisans. Nombreuses animations. ☎ 04 95 78 80 13.

La commune a remis en valeur l'activité oléicole dans la microrégion avec la restauration d'un moulin à huile.

Couvent St-François

Situé à la sortie du village en direction de Levie, sur la droite. Fermé pour travaux.

C'est sans doute à la dévotion du comte Rinuccio della Rocca qu'il faut attribuer la fondation et la construction de ce couvent en 1492. Édifiés sur une plate-forme dominant le village de Ste-Lucie, non loin de la route de Levie, la haute et sobre église et ce qui reste du bâtiment conventuel ont encore beaucoup d'allure. On peut imaginer ce que fut le cloître puisque subsiste une partie de galerie avec cinq belles arcades, d'une nudité toute franciscaine.

alentours

Chapelle St-Jean-Baptiste★

🚶 *500 m jusqu'au hameau de Poggio-di-Tallano, puis 1h AR à pied. À la sortie Nord du hameau, prendre le sentier qui part en biais sur la gauche, après la dernière maison.*

Cet ancien chemin muletier serpente dans un sous-bois plein de fraîcheur. En plusieurs points, de belles vues se dégagent sur Ste-Lucie et la vallée du Rizzanèse. On passe à gué un ruisselet. La chapelle surgit dans son cadre sauvage et touffu de chênes-lièges et d'oliviers. Cette église, construite sans doute peu avant 1150, présente beaucoup de points communs avec l'église piévane de Carbini (une vingtaine de kilomètres plus à l'Est) qui a dû lui servir de modèle.

L'édifice, de dimensions relativement imposantes, est construit dans un bel appareil de dalles dorées. La sobriété des murs est rehaussée d'un décor d'arcatures appuyées sur des modillons dont certains représentent des masques humains et d'autres des têtes de bovidés. Le fronton occidental est également décoré d'arcatures sous les rampants du toit.

À l'intérieur, il faut prendre le temps de s'habituer à la relative pénombre pour apprécier la pureté des volumes et la beauté du chœur semi-circulaire.

Mela

4 km à l'Est de Ste-Lucie sur la route de Levie. Ce minuscule village s'étire tout en longueur sur une arête, dominant un paysage verdoyant de cultures en terrasses et de chênaies. L'habitat présente une belle unité architecturale avec ses maisons en granit et le clocher carré de son église, coiffé d'un lanternon. On en découvre une belle vue plongeante depuis le premier virage de la D 268 après le couvent de Ste-Lucie.

Pianu de Levie *(voir ce nom)*

Les îles **Sanguinaires**★★

Pour les voyageurs arrivant en Corse par Ajaccio, les îles Sanguinaires marquent l'achèvement de la traversée et composent l'illustration type évoquant la Corse. Ces îlots de porphyre d'un rouge sombre prolongent la pointe de la Parata et se disposent en sentinelles à l'entrée du golfe. Au coucher du soleil, ils se parent d'une chaude couleur ocre rouge.

La situation

Carte Michelin Local 345 A8 – Schéma p. 121 – Corse-du-Sud (2A). L'archipel baigne à l'entrée Nord du golfe d'Ajaccio. Pour approcher au plus près des Sanguinaires en voiture, quitter Ajaccio par l'Ouest et prendre la route des Sanguinaires (12 km) qui mène à la pointe de la Parata. Le mieux bien sûr est d'entreprendre une excursion en bateau.

Le nom

On a dit que le nom de l'archipel faisait allusion au sang noir *(i sangui neri)* des malades atteints de la lèpre. Mais il semble qu'il n'y ait jamais eu de lépreux au lazaret des Sanguinaires, ceux-ci étant interdits en Corse. Le nom proviendrait plutôt de *Sagonarii*, îles qui protègent l'entrée du golfe de Sagone.

Les gens

Alphonse Daudet habita le phare des Sanguinaires en 1863 et consacra à la grande île une des *Lettres de mon moulin.*

La pointe de la Parata offre une belle vue sur les îles Sanguinaires.

se promener

EN MER★★

Avr.-oct. : accès en vedette au dép. du port d'Ajaccio, quai Napoléon, face à la pl. Mar.-Foch ap.-midi. Arrêt (1h) sur l'île. 22€. SARL Nave Va. ☎ 04 95 21 83 97. www.naveva.com
Cette promenade en vedette permet d'avoir une vue d'ensemble de la ville d'Ajaccio. Le bateau longe la côte Nord du golfe. Puis il passe au large de la pointe de la Parata couronnée d'une tour génoise pour accoster la **Grande Sanguinaire**. C'est le plus éloigné du rivage et le plus important des quatre îlots qui constituent cet archipel. Sur la Grande Sanguinaire s'élèvent un phare à éclipses, un ancien sémaphore et une tour en ruine. L'îlot a conservé sa physionomie, mais on n'y voit plus d'aigle, de chèvres sauvages ni de petits chevaux.
La Grande Sanguinaire fut concédée par Gênes en 1503 à la famille ligure des Ponte « sous la condition qu'elle y plante 800 ceps de vigne et 600 arbres fruitiers ».

> **G**agner l'extrémité de l'îlot en longeant le bord de mer ou monter au phare. De ces deux endroits, on découvre une **vue★★** splendide sur le golfe d'Ajaccio.

San Michele de Murato★★

L'église San Michele, séduisante image du tourisme et de l'art en Corse, se dresse, isolée, à 475 m d'altitude sur un petit plateau qui domine le bassin du Bevinco. L'harmonie exceptionnelle de cet édifice est rehaussée par le cadre montagnard et sauvage d'une grande beauté dans lequel il se détache.

La situation

Carte Michelin Local 345 E4 – Schéma p. 279 – Haute-Corse (2B). Le village de Murato est établi à environ 17 km au Sud de St-Florent (emprunter la D 82, puis la D 5 à gauche). L'église San Michele s'élève à 1 km au Nord-Est du bourg, dans un superbe site où la vue s'étend jusqu'à St-Florent et au désert des Agriates.

Le nom

Murata signifie « maçonnerie » en corse. Peut-être faut-il y voir un lien avec le remarquable travail de construction et de composition en bichromie des murs de l'église.

San Michele de Murato
carnet pratique

RESTAURATION
⊜⊜ La Ferme de Campo di Monte –
*20239 Murato - ☎ 04 95 37 64 39 -
ouv. jeu. soir, ven. soir, sam. soir et dim. midi
- ▱ - réserv. obligatoire - 40€.* De cette
authentique ferme de 1630, entourée de
chênes verts et de châtaigniers, admirez
l'église San Michele et le golfe de
St-Florent. Dans ses petites pièces intimistes,
les maîtres de maison servent un repas
bien ancré dans le terroir. Une adresse
très courue...

PETITE PAUSE
Boulangerie Graziani – *D 305 -
20239 Rufali - ☎ 04 95 47 42 27 - lun.-
sam. 5h-12h, 17h-23h, dim. 5h-12h - fermé
Noël et Nouvel An.* On se déplace de très
loin pour goûter les fameux Coguli de cette
boulangerie familiale. Il est vrai qu'entrer
dans cette petite fabrique artisanale et
regarder le pain crépitant sortir du four est
déjà un plaisir intense.

se promener

Murato
Ce vigoureux bourg du Nebbio répartit ses quartiers
anciens de part et d'autre de la départementale.
L'église de l'Annonciation possède de belles stalles et
une intéressante œuvre de l'école du Titien représentant sainte Madeleine repentante.
En contrebas de la D 5 se dresse la vaste demeure en
pierre, percée de passages voûtés qui abrita le premier
◄ **hôtel de la monnaie.** En 1766, l'établissement fut transféré à Corte.

LA TÊTE DE MAURE
C'est dans l'hôtel de la
monnaie que **Paoli** fit
battre la monnaie corse à
l'effigie de la tête de
Maure. La réunion des
métaux précieux
nécessaire à cette
opération fut possible
grâce à la collecte, dans
chaque paroisse, d'une
partie du trésor religieux
et des bijoux personnels
donnés à fondre.

visiter

San Michele de Murato★★
*Tlj sf dim. 9h-12h, 14h-17h, sam. 9h-11h30. Visite sur
demande préalable, ☎ 04 95 37 60 10.*
Construite aux alentours de 1280, l'église San Michele
appartient à la fin de la période du roman pisan en
Corse. Elle se caractérise par une **polychromie originale et harmonieuse★** et par un développement de
l'œuvre sculptée. Une cordelière court sous le rampant
du toit au chevet et à la façade.
La **sculpture★**, parfois gauche, souvent naïve et plus soignée que dans les autres églises de l'île, s'accorde discrètement à l'édifice.
On observe, sur la façade Ouest, les **consoles sculptées** d'animaux ou de personnages grossièrement
ébauchés ; aux appuis et aux encadrements des
étroites fenêtres latérales, des rinceaux et des entrelacs ; au chevet, des consoles et des modillons ouvra-
gés. L'intérieur couvert en charpente présente, à l'arc
triomphal, des restes de **fresques** datant de 1370 et
représentant l'Annonciation.
Au 19ᵉ s., la tour carrée a malheureusement été
surélevée, ce qui rompt un peu les proportions de l'édifice.

*L'architecte de l'église
San Michele a
harmonieusement
combiné une serpentine
(roche) vert sombre,
trouvée dans la vallée du
Bevinco, et un calcaire
blanchâtre.*

Sant'Antonino★★

Sant'Antuninu

Culminant à 500 m d'altitude, sur les dernières pentes de la Balagne, le village en nid d'aigle est un harmonieux dédale de ruelles pavées et de passages voûtés. Sa restauration très réussie en fait un des pôles d'attraction du tourisme et de la renaissance de l'artisanat corse.

On dit souvent que Sant'Antonino est le plus vieux village de l'île. Le jour de la Saint-Antoine, les moines viennent bénir les maisons.

La situation

Carte Michelin Local 345 C4 – Schéma p. 145 –Haute-Corse (2B). À 15 km au Sud de L'Île-Rousse, ce village de plan à peu près circulaire domine toute la Balagne et la mer. Laissez votre véhicule sur le vaste terre-plein devant l'église (à l'arrivée) et poursuivez à pied par la ruelle pavée qui grimpe au village.

Les gens

Le village fut l'un des fiefs de la famille des Savelli, comtes de Balagne. Ils abritaient la population dans leur forteresse lorsque les voiles barbaresques pointaient à l'horizon.

se promener

Le village domine un petit plateau herbeux sur lequel s'élèvent, isolées, l'église et sa chapelle de confrérie, toutes deux de style baroque.

Dans le dédale des ruelles étroites, tortueuses, pavées de galets, et des multiples passages sous voûtes, quelques hautes maisons de granit sombre ont été restaurées avec goût. Quelques boutiques d'artisanat se sont installées (poteries, bijoux, spécialités gastronomiques, etc.). Contourner le village dans le sens des aiguilles d'une montre pour admirer le remarquable **tour d'horizon**★★ sur la vallée du Regino, la Balagne vallonnée de Belgodère à Lumio, les hautes montagnes enneigées, le bassin d'Algajola et la mer.

Le Sartenais★

U Sartenesu

Cette zone particulièrement riche en vestiges méga-lithiques représente un des grands foyers de la pré-histoire corse.

Outre son aspect historique, la région offre depuis la pointe de Campomoro jusqu'à Roccapina une remarquable côte préservée, essentiellement acces-sible par bateau.

La situation

Carte Michelin Local 345 C10 – Corse-du-Sud (2A). Le Sar-tenais forme un triangle dont les trois sommets sont représentés par Sartène, le cap Tizzano et la pointe de Roccapina.

Les gens

Terre fertile, le Sartenais est une région de viticulteurs. Sous l'appellation « sartène », une des 8 AOC de Corse, on déguste essentiellement des vins rouges bien char-pentés mais aussi quelques vins rosés et blancs parfu-més à souhait.

circuits

LES MÉGALITHES DE CAURIA ET LE FORT DE TIZZANO★ ☐1

Circuit de 53 km. Quitter Sartène par la route de Bonifacio (N 196). À 2,5 km, à Bocca Albitrina prendre à droite la D 48 vers Tizzano.

La route descend la vallée du Loreto et traverse une zone de maquis jonchée de gros blocs de rochers. Le long de la route prospèrent des vignobles.

À 10 km obliquer à gauche par la route en montée et suivre la signalisation « Cauria ».

Après 4,5 km, on atteint le plateau de Cauria où un bel ensemble mégalithique se trouve dispersé.

À droite s'ouvre un chemin sablonneux mais carrossable (signalé : Dolmen et menhirs) que l'on suit sur 1 km. Lais-ser la voiture sur une aire de stationnement à côté de l'ali-gnement de Stantari.

Cauria regroupe trois surprenants sites mégalithiques : l'alignement de Stantari, celui de Renaggiu et le dolmen de Fontanaccia.

Alignement de Stantari
Panneau indicateur. Une vingtaine de menhirs sont alignés dans un enclos. Plusieurs statues-menhirs représentent des hommes en armes de l'âge du bronze, avec leur grande épée verticale en relief.

Alignement de Renaggiu
À 300 m. Panneau indicateur ; franchir deux haies de branchages et passer un portail. Au pied de la Punta Cauria, une quarantaine de menhirs, orientés Nord-Sud, sont disséminés sous un petit bois.
Revenir à l'alignement de Stantari et prendre à gauche la direction du dolmen.

Dolmen de Fontanaccia
Panneau indicateur. Franchir une petite échelle entre deux chênes-lièges, puis 200 m plus loin, une autre au-dessus d'une haie de branchages située sur la gauche. Elle donne accès à un sentier à travers le maquis.
La croyance populaire considérait les mégalithes comme le théâtre de pratiques endiablées durant la nuit. Ainsi, le dolmen de Fontanaccia porte également le nom de *stazzona del Diavolo*, « la forge du diable ». Ce dolmen, signalé en 1840 par Prosper Mérimée, est remarquablement conservé. Six piliers verticaux supportent l'entablement de granit. La chambre funéraire ainsi formée mesure 2,60 m de longueur sur 1,60 m de largeur pour une hauteur de 1,80 m.
Revenir sur la D 48 que l'on prend sur la gauche, direction Tizzano.

Tizzano⌂
Cette charmante petite « marine » s'abrite à l'entrée d'un goulet et offre une magnifique plage de sable ainsi que de nombreuses criques. C'est un lieu réputé pour la chasse et la plongée sous-marines.

Le fort
6 km AR. Accès par un chemin de terre carrossable qui débute au bout du hameau, contourne le goulet, puis s'élève sur la colline. Il se dirige vers une plage : peu avant, bifurquer à gauche ; le fort est à 300 m sur la hauteur à gauche, émergeant du maquis.
Bien qu'en partie ruiné, ce fort demeure un intéressant témoin de l'architecture militaire des 16e et 17e s. Il gardait l'entrée du goulet de Tizzano, abri très sûr les jours de gros temps. Son enceinte cantonnée de tours rondes enserre un donjon dont le sommet a volé en éclats. Sans doute est-ce le résultat d'une explosion dans sa chambre haute.
Le retour à Sartène s'effectue par la D 48, puis la N 196.

SITE PRÉSERVÉ DE ROCCAPINA ②
24 km au Sud de Sartène par la N 196 en direction de Bonifacio.
La route parcourt une région couverte de vignobles avant d'atteindre la côte Sud, rocheuse et déchiquetée.
Du **col de Roccapina** (Bocca di Roccapina), face au restaurant *L'Oasis du Lion,* une belle vue s'offre sur le golfe de Roccapina et le **rocher du Lion**★.

> **LE LION SCULPTÉ**
> Sur le promontoire, près d'une tour génoise, une monumentale sculpture naturelle en forme de lion couché se découpe entre ciel et mer : **le rocher du Lion**★ *(il est déconseillé d'escalader).* La vaste cavité formant la « gorge » du lion a été autrefois aménagée en deux pièces probablement utilisées comme dépôt de blé.

Le domaine de Roccapina

L'accès au littoral (2,5 km) se fait depuis la piste fléchée « Camping de Roccapina » située à la droite du restaurant Curali, au col de Curali (Bocca di Curali).

Le secteur s'étendant du cap de Roccapina jusqu'au promontoire au Sud enserrant la cala di Roccapina est une zone protégée, librement accessible mais dotée d'une réglementation particulière pour les véhicules à moteur et le camping. Cette zone humide abrite un nombre important d'oiseaux aquatiques. Près de la plage, la dune, entièrement protégée, est en partie colonisée par des genévriers.

Du pied de la tour génoise, le **panorama**★★ s'étend au Sud vers les îlots des Moines, vers l'Est, sur les contreforts de la montagne de Cagna, et à l'Ouest sur la vallée de l'Ortolo et son marais à tamaris.

Le sentier qui part à proximité de l'auberge mène au bout de 3 km à la **Cala di Roccapina**, magnifique plage de sable fin très appréciée des estivants en saison.

Réserve naturelle des îles Bruzzi et des îlots des Moines

◄ **L**a zone maritime des îles Bruzzi et des îlots des Moines représente le point extrême occidental de la **Réserve naturelle des Bouches de Bonifacio** créée en 1999 et qui devrait, à terme, permettre la création d'un **Parc marin international** protégeant les écosystèmes du détroit séparant la Corse de la Sardaigne.

Cette zone protégée n'est pas accessible au public.

À quelques centaines de mètres au Sud de la tour d'Olmeto, les îles granitiques **Bruzzi**, proches d'une prairie de posidonies sont fréquentées par une grande variété de poissons de roches (sars, rascasses et labres), tandis qu'araignées et cigales de mer viennent s'y reproduire. Ces îles sont le seul site de nidification du cormoran huppé sur la côte occidentale de la Corse.

LE NAUFRAGE DU « TASMANIA »

Face au Lion de Roccapina, les îlots des Moines furent le témoin le 17 avril 1887 d'un tragique naufrage. Parti de Bombay, le *Tasmania*, trois-mâts arborant les couleurs de l'Empire britannique, cinglait de toutes ses voiles vers Londres pour permettre à ses 300 passagers d'assister au jubilé de la reine Victoria. Au cœur de ses cales, le somptueux trésor d'un maharadjah, cadeau à sa souveraine, d'une valeur de 25 millions de francs-or, soit près de 8 fois le prix du navire. À trois milles du rivage, l'imposant voilier se brisa sur les récifs à la suite d'une fausse manœuvre de l'officier de quart. Malgré des pertes humaines, la plupart des passagers et l'équipage furent sauvés par les bergers de Roccapina, témoins du désastre. L'impératrice des Indes témoigna sa reconnaissance aux sauveteurs en leur faisant parvenir des pièces d'or.

Sartène★

Sartè

Sartène est bâtie en amphithéâtre au-dessus de la vallée du Rizzanèse, à 13 km de Propriano, son port naturel. « La plus corse des villes corses » (Prosper Mérimée) a conservé beaucoup de caractère avec ses vieilles demeures austères et ses traditions : la procession du Catenacciu, une des cérémonies les plus anciennes de l'île, est, sans doute, la plus impressionnante.

La situation

Carte Michelin Local 345 C10 – Schémas p. 330 et 348 – Corse-du-Sud (2A). À une quinzaine de kilomètres au Sud-Est de Propriano (par la N 196), Sartène dresse ses hautes façades au-dessus du golfe de Valinco.

La place Porta (ou de la Libération) est le lieu central de la ville ; son vieux quartier Santa Anna se concentre au Nord de cette place. ▯ *6 r. Borgo, 20100 Sartène (Sartè),* ☏ *04 95 77 15 40.*

Juil.-août : 9h-14h, 15h-20h ; sept. : les horaires peuvent varier légèrement, se renseigner ; reste de l'année : tlj sf w.-end 9h-12h.

carnet pratique

RESTAURATION

• Sur le pouce

A Cantinetta – *29 r. Borgo - ☎ 04 95 77 08 75 - mars-sept. : 9h-21h – 10/16€*. Cet établissement rappelle les « cantines » d'autrefois. C'est dans son cadre rustique, son ambiance conviviale que vous pourrez découvrir et déguster des vins sartenais et surtout des vins et liqueurs de myrte, de pêche, d'orange ou de clémentines. Possibilité de prendre une assiette de charcuteries ou de fromages pour accompagner la découverte des vins sartenais.

• À table

Ferme-auberge A Tinedda – *Rizzanèse - 5 km au N de Sartène par N 196 (dir. Propriano) - ☎ 04 95 77 09 31 - a.tinedda@free.fr - fermé 16 oct. au 30 avr. - ✏ - 24€*. Amateurs de cuisine familiale authentique, préparée avec de bons produits de la ferme, cette auberge est pour vous... La treille près du jardin, la salle voûtée aux murs de granit et son vieux pressoir sauront vous séduire. Chambres au calme de la campagne, en demi-pension l'été.

Auberge Santa Barbara – *Rte de Propriano - ☎ 04 95 77 09 06 - fermé 16 oct. au 14 mars et lun. sf le soir en sais. - 27€*. Derrière sa façade anodine, cette auberge à la sortie du village dissimule une terrasse qui ouvre sur un beau jardin verdoyant. De là, vous pourrez admirer le village de Sartène et savourer la cuisine de la patronne qui pianote gentiment sur les saveurs d'ici...

HÉBERGEMENT

Domaine de Croccano – *Rte de Granace - 3,5 km au NE de Sartène par D 148 - ☎ 04 95 77 11 37 - fermé déc. - 4 ch. : 46/68€ - repas 25€*. Lors d'un séjour équestre ou d'une simple étape dans sa confortable maison de granit, partagez avec ce couple attachant leur amour pour la nature et les chevaux, parmi les chênes-lièges et les oliviers. Chambres douillettes, convivialité et préparations soignées à la table d'hôte.

Hôtel Villa Piana – *Rte de Propriano - ☎ 04 95 77 07 04 - info@lavillapiana.com - fermé 16 oct. au 11 avr. - 🅿 - 31 ch. : 95€ - ⊑ 8€*. Que rêver de mieux à quelques minutes des plages de Propriano : face au ravissant village de Sartène, cet hôtel vous ouvre ses délicieuses chambres... Quelques terrasses privatives bordées de lauriers roses et une très belle vue depuis la piscine à débordement.

Le nom

Certains chercheurs affirment que Sartène aurait la même étymologie que Sardaigne et viendrait de *Surdes*, ville d'Asie Mineure.

Les gens

3 410 Sartenais. Le Grand Pénitent ou **Catenacciu** est le personnage le plus important de la **grande procession**★★ du Vendredi saint. Il interprète la Passion du Christ en conservant son anonymat.

comprendre

Une ville convoitée – Sartène tient une place à part dans l'histoire de la Corse. Au Moyen Âge, elle fut le fief des puissants **seigneurs de la Rocca** *(voir à La Cinarca)*. Plus tard, dirigée par une classe de grands propriétaires terriens, les « **Sgiò** », elle manifesta longtemps son respect du pouvoir établi et son hostilité aux idées et influences venues de l'extérieur.

Hautes et sévères comme des forteresses, les demeures de Sartène sont coiffées de toits rouges.

CATENACCIU

Le soir du Vendredi saint, l'accès en véhicule à la vieille ville et le stationnement sont strictement réglementés. La procession part de l'église Ste-Marie à 21h30 et se déroule, durant trois heures, dans la ville illuminée de chandelles (son itinéraire est indiqué en vert sur le plan de la ville).

U CATENACCIU

Chaque année, cette cérémonie commémore la montée au calvaire et exprime la double tendance de la piété corse : s'identifier au Christ portant la croix et adorer le Christ au tombeau.

La procession est conduite par le Grand Pénitent ou **Catenacciu** (« l'enchaîné ») qui vient de passer en prières la nuit et la journée précédentes au couvent de St-Damien et a reçu en fardeau la croix de chêne (34 kg) et, au pied, les chaînes (15 kg).

Le Catenacciu a sollicité, parfois depuis plusieurs années, du curé de Sartène, le secret honneur de cette pénitence anonyme et non renouvelable. Vêtu d'une robe rouge, pieds nus, la tête dissimulée sous une cagoule, il s'identifie au Christ.

Le **pénitent blanc** l'assiste, comme Simon de Cyrène aida le Christ, symbolisant la solidarité humaine. Suivent huit pénitents noirs portant, sur un linceul et sous un dais noir, la statue du Christ mort. Viennent ensuite le clergé, les membres de la confrérie « A Compagnia del Santissimo Sacramento » qui entonnent des airs pénitentiels, et enfin les fidèles. Le lent cheminement du cortège se déroule dans une atmosphère impressionnante où se mêlent étroitement angoisse, excitation et ferveur.

L'écrivain Lorenzi di Bradi s'est fait le chroniqueur de cette démonstration de piété populaire.

Giovanni della Grossa – Né à Grossa près de Sartène en 1388, notaire et historien, Giovanni entra au service du parti aragonais et participa, aux côtés de Vincentello d'Istria, à la bataille de Biguglia en 1426. Dix ans plus tard, Gênes l'emportait dans sa rivalité avec l'Aragon ; il se plaça alors sous la protection de Simone da Mare *(voir Rogliano)*. En 1447 les Génois le nommèrent vicaire de la Cinarca. À la fin de sa vie, il se retira à Grossa où il écrivit ses précieuses chroniques qui restent les principales sources de l'histoire médiévale de l'île.

De multiples incursions – La côte, d'accès facile, fut longtemps fréquentée par les Barbaresques.

En 1565, Sartène fut assiégée par les partisans de Sampiero Corso qui massacrèrent la garnison.

À peine une vingtaine d'année plus tard, en 1583, les pirates d'Alger pillèrent la ville et prirent en esclavage près de 400 habitants.

Au cours de la guerre d'Indépendance, le général Giafferi s'empara, le 17 mars 1732, de Sartène dont la population était favorable aux Génois. Les Barbaresques revinrent au 18e s. et ruinèrent les villages voisins.

La cité fut longue à reconnaître le gouvernement de Paoli. Mais en 1763, la Consulte de Sartène, présidée par Paoli lui-même, rallia les notables de la Rocca.

VENDETTAS

Au 19e s., quelques grands propriétaires régentaient la vie du Sartenais. Divisés en clans, ils se livraient de véritables guerres où la population se trouvait entraînée. L'honneur, les rivalités amoureuses, la politique nourrissaient les vendettas. De 1830 à 1834, deux quartiers de la ville, le Borgo (bonapartiste) et Santa Anna (royaliste), vécurent sur le pied de guerre. Il fallut un traité de paix, signé en 1834 dans l'église Ste-Marie, pour mettre fin aux hostilités.

se promener

LA VIEILLE VILLE★★

Visite : 1h1/2.

Place de la Libération (Ancienne place Porta)

Ombragée de palmiers et d'ormes, elle est avec ses cafés et son marché, le lieu le plus animé de la ville. Le monument aux morts s'élève sur la place dominée par l'hôtel de ville et l'imposante église Ste-Marie.

Église Ste-Marie (Santa Maria Assunta)

LA CROIX DU PÉNITENT

À gauche de l'entrée principale de l'église Ste-Marie sont accrochées au mur la croix et la chaîne portées par le pénitent rouge du Vendredi saint. Dans une vitrine à droite, statue du Christ gisant en bois polychrome.

◄ Construite à partir de 1766 en gros appareil de granit, elle présente un clocher à trois étages ajourés, surmonté d'un dôme.

Le chœur s'orne d'un de ces imposants maîtres-autels baroques en marbre polychrome importés au 17e s. de Ligurie et de Toscane. Beau Christ au-dessus de l'autel.

Hôtel de ville

Fermé pour travaux. Réouverture prévue en 2005. ☎ 04 95 77 74 00.

C'est l'**ancien palais des gouverneurs génois** dont le passage voûté fait communiquer la place de la Libération avec celle du Maggiu dans la vieille ville. La façade principale porte les **armoiries sculptées** de Sartène.

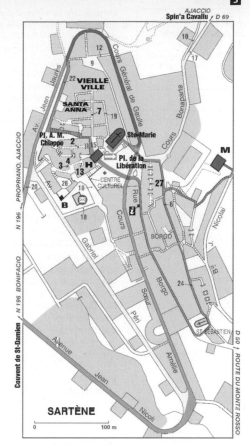

SARTÈNE

Quartier de Santa Anna★

En passant sous la voûte de l'hôtel de ville, on pénètre
dans ce quartier qui a conservé son aspect moyenâgeux.
Il offre un dédale de sombres venelles, dallées, reliées
entre elles par des escaliers et des voûtes, bordées de
maisons de granit gris, aux murs épais et aux persiennes
closes.

À 100 m de l'hôtel de ville, en descendant la ruelle de
gauche, on aperçoit sur la droite une échauguette du 16ᵉ s.,
rare vestige des murailles qui enserraient jadis la ville.

Sur la petite place du Maggiu, à gauche, entre deux maisons, s'ouvre le **passage de Bradi**, extrêmement étroit,
qui mène à la **place Angelo-Maria-Chiappe**. Elle offre
une vue étendue sur le golfe de Valinco.

La **rue des Frères-Bartoli**, en cul-de-sac, est également
très curieuse avec ses passages étroits en escaliers qui
s'ouvrent de part et d'autre.

La **rue Caramana** qui descend jusqu'à la place Chiappe,
la petite **place Maggiore**, la charmante **impasse
Carababa**, ainsi que la **rue des Voûtes** donnant sur le
cours Bonaparte séduiront les amateurs de pittoresque.

visiter

Musée de Préhistoire corse★

*Depuis la place Porta, prendre le cours Bonaparte, puis, à
droite, la rue Antoine-Croce en montée et enfin, sur la
gauche, les escaliers (Monti Cuccu) sur lesquels ouvre le
musée.* Au passage, sur la petite place, remarquez un four
banal, le Barranco di Stivaneddu.

*Réouverture prévue courant 2004, se renseigner au ☎ 04 95
77 01 09.*

La culture des **taffoni-hypogées** (2400 à 1800 avant J.-C.) se signale par l'association d'ossements humains déformés au feu et de grandes coupes à pied fenestré.

Dominant la ville, ce musée est installé dans une ancienne prison (1843) et dans le bâtiment adjacent, moderne.

Il abrite des objets provenant des fouilles de l'île (7000 avant J.-C. au 16ᵉ s.).

À l'étage, une enfilade de petites salles présente les pièces les plus caractéristiques de la préhistoire et de la protohistoire insulaires. Le **néolithique ancien** (6000 à 4500 avant J.-C.) est représenté par des silex, des quartz et des poteries à incisions. Le **néolithique récent** et l'**âge du cuivre** (4000 à 2500 avant J.-C.) s'illustrent par des pierres taillées et des vases en pierre polie caractéristiques de la culture « basienne ».

Les archéologues ont recueilli du mobilier dans les sépultures de l'époque **mégalithique** (3000 à 1500 avant J.-C.) : céramique noire et lustrée, petits poignards, bijoux d'or ou d'argent.

Dans la grande salle, des photos de sites archéologiques et une vitrine retracent la succession des cultures dans l'île. La **civilisation des *torre*** est représentée par une série de statues-menhirs et du mobilier recueilli dans les complexes torréens de Ceccia, Argiusta, Alo Bisucce... La maquette du monument de Cucuruzzu complète la documentation sur cette période essentielle de l'histoire de l'île *(voir chapitre Art et architecture)*.

L'**âge du fer** (à partir de 700 avant J.-C.) se signale par des céramiques à fibres d'amiante, des parures en pâte de verre, des colliers en perles « porcelainiques » et bien sûr des armes et outils en fer. Le mobilier d'une sépulture à incinération, située à San Simione près d'Ajaccio, forme un ensemble particulièrement intéressant.

La **période romaine** est évoquée notamment par des monnaies de la fin du Bas-Empire, et le Moyen Âge par de beaux plats ou vases colorés, au décor profus.

alentours

Couvent de St-Damien
À la sortie de Sartène sur la route de Bonifacio. Ne se visite pas. Ce grand couvent franciscain du 19ᵉ s. domine la ville et la vallée du Rizzanèse. Il abrite une communauté de moines belges qui ont restauré ses bâtiments.

Route du Monte Rosso jusqu'à Mola★

TOUR D'HORIZON
Serpentant dans un joli paysage de maquis, cette petite route procure de beaux coups d'œil★ sur Sartène et le golfe de Valinco.

8,5 km au Sud-Est par la D 50. Après avoir passé le col de Suara, belle vue sur le minuscule village de **Mola** niché dans les oliviers et sur la montagne de Cagna (alt. 1 339 m), longue barrière rocheuse dominant la large vallée de l'Ortolo et principal massif du Sud de la Corse.

2 km après le village, à la hauteur d'un tombeau, on aperçoit sur la droite l'éminence rocheuse coiffée des ruines du **château de Baracci**, fief de Giudice de Cinarca au 13ᵉ s.

Spin'a Cavallu★
9 km au Nord par la D 69, puis à droite la D 268. Voir L'Alta-Rocca.

Alo Bisucce
9,5 km à l'Ouest par la N 196, la D 48 en direction de Tizzano, puis la D 21 vers Grossa. Pour visiter, s'adresser à la personne qui habite la bergerie isolée, à droite.
Cet éperon rocheux occupé dès le début de l'âge du bronze est connu sous le nom de Castello d'Alo. Fortifié par une double enceinte cyclopéenne, il présente à son sommet un **monument** de l'âge du bronze (1700 avant J.-C.), de 8 m de diamètre. Quatre diverticules rayonnent de la *cella* centrale et présentent un plan en croix gammée facile à observer de la plate-forme.

Défilé de la **Scala di Santa Regina★★**

Le défilé de la Scala di Santa Regina est l'un des plus célèbres et des plus sauvages de l'île. Il parcourt le désert de pierres qui verrouille le Niolo du côté de Corte.

La route, taillée par endroits dans la paroi rocheuse, domine les gorges. Le paysage aride et tourmenté offre une physionomie grandiose : la roche à nu, érodée par les vents et les eaux d'orages, se découpe en aiguilles. Seules quelques touffes de végétation réussissent à s'agripper aux anfractuosités. Sous le soleil le défilé s'embrase ; dans l'obscurité, il devient inquiétant.

Voie d'accès à la région du Niolo, Scala di Santa Regina est un étrange ravin de granit où coule le Golo.

La situation
Carte Michelin Local 345 D5 – Haute-Corse (2B). On longe la Scala di Santa Regina en suivant la D 84 sur 21 km entre Calacuccia et Francardo : la prudence est de mise, car les croisements sont parfois hasardeux d'autant que la route est parcourue par de nombreux autocars !

Le nom
Scala di Santa Regina signifie « l'escalier de la Sainte Reine » en raison de la légende de saint Martin qui fut sauvé du diable en invoquant la Vierge *(voir encadré ci-dessous)*.

Les gens
De nos jours encore, au printemps et en automne, les **bergers niolins** et leurs troupeaux transhument par la route de la Scala di Santa Regina.

**SAINT MARTIN ET LE DIABLE,
OU COMMENT NAQUIT SCALA DI SANTA REGINA**

De temps immémorial, les Niolins ont situé dans le massif de Santa Regina des épisodes de combat entre les forces du Bien et celles du Mal.

C'est ainsi qu'on raconte qu'un jour, alors que saint Martin labourait dans la région, il fut invectivé par le Malin qui lui arracha sa charrue et la lança vers le haut Golo. Aussitôt les éléments se déchaînèrent, la montagne se disloqua et des pans entiers de rochers roulèrent vers le fond de la vallée. Devant ce spectacle d'épouvante, le saint invoqua la Vierge... Les parois de granit se disposèrent alors de façon à endiguer le fleuve et à ouvrir un accès vers le bassin fermé du Niolo. Saint Martin donna à ce passage escarpé le nom de Scala di Santa Regina, **l'escalier de la Sainte Reine**. Les prodiges de saint Martin et du diable ont nourri pendant des siècles une littérature orale et populaire particulièrement riche qu'ont recueillie plusieurs chercheurs.

circuit

SUR LA TRACE DES MULETIERS
Du pont de l'Accia, part l'**ancien sentier des muletiers**, bien antérieur à la route ouverte seulement en 1889, qui reliait Calacuccia et les villages du Niolo à Corte et à la plaine orientale. Taillé en plein roc, contournant les aplombs, bravant les à-pics, ce véritable escalier très éprouvant s'élevait en gradins vers le haut pays. D'où le nom de *scala* (escalier) attribué à la fin du 19ᵉ s. à la nouvelle route.

DE CALACUCCIA À FRANCARDO

21 km par la D 84 – environ 1h.

Au départ de Calacuccia la vue se révèle, à droite, sur le site du village.

Barrage de Calacuccia *(voir ce nom)*

La D 84 domine d'abord le torrent de près de 80 m, puis longe la retenue du petit barrage de Corscia.

◄ **Pont de l'Accia**

Il enjambe un affluent de la rive gauche du Golo.

Centrale électrique de Castirla

Alt. 350 m. Elle « turbine » les eaux retenues par les barrages de Calacuccia et de Corscia et produit l'énergie électrique distribuée dans toute l'île : quelque 100 MWh en année moyenne.

Franchir le pont de Castirla, puis aussitôt, prendre à gauche.

Le paysage change lorsque le Golo traverse les formations calcaires des alentours de Francardo, au Nord du sillon de Corte.

Réserve naturelle de **Scandola**★★★

Magnifique joyau du littoral Ouest de la Corse, la réserve de Scandola figure sur la liste du Patrimoine mondial de l'Unesco depuis 1983. Créée en 1975, la réserve couvre 919 ha de superficie terrestre et plus de 1 000 ha de surface maritime.

L'érosion marine et éolienne, et la différence de résistance des roches ont donné naissance à des paysages grandioses : alternances de grottes, de fissures ponctuées de murailles dressées vers le ciel et de pitons

acérés où les balbuzards pêcheurs (aigles de mer) ont construit leurs aires. Sur les falaises rouges s'accroche une végétation de myrtes, de lentisques, d'euphorbes et de cistes.

La situation

Carte Michelin Local 345 A5 – Schéma p. 301 – Corse-du-Sud (2A). La presqu'île de Scandola se dresse jusqu'à 560 m d'altitude entre la Punta Rossa au Sud et la Punta Nera au Nord. Elle se visite exclusivement par bateau au départ de Porto, de Calvi, de Propriano ou d'Ajaccio.

L'emblème

Le balbuzard pêcheur est le gardien symbolique de Scandola. Cet aigle (*alpana* en corse) nichant sur des pitons rocheux est devenu un emblème de la politique de protection de la faune du Parc régional. Il se nourrit de poissons pêchés à la surface de la mer. Actuellement, la réserve de Scandola abrite une vingtaine de couples.

LE TROTTOIR NATUREL DE LA PUNTA PALAZZU

Parmi l'étonnante richesse d'espèces d'algues présentes dans la réserve, l'une d'elles, nommée lythophyllum, offre une particularité unique. Cette algue calcaire forme des coussinets très durs et parvient à construire le long des rochers des « encorbellements » en forme de trottoir. Ainsi, à la Punta Palazzu, a été édifié naturellement un trottoir de plus de 100 m de long sur une largeur de 2 m (le plus long connu de la Méditerranée). Les scientifiques ont estimé son âge à près de 1 000 ans.

---

comprendre

Un refuge d'espèces rares – À fleur d'eau se développe une algue calcaire qui s'agglomère au fil des ans pour former, dans certaines grottes, de véritables trottoirs. En tout, plus de 450 espèces d'algues ont été recensées, dont certaines n'existent nulle part ailleurs en Méditerranée. La transparence et la pureté de l'eau permettent le foisonnement de la vie sous-marine. L'**herbier de posidonie**, poumon de la Méditerranée, y prospère jusqu'à - 45 m.

La réserve permet l'étude d'**oiseaux rares** qui séjournent ou nichent à Scandola et en font un site d'intérêt exceptionnel : balbuzards pêcheurs, cormorans huppés, faucons pèlerins, puffins cendrés...

UN MASSIF VOLCANIQUE

Cette masse rocheuse se caractérise par une grande diversité géologique : rhyolites rouges, coulées ignimbritiques, basaltes, formations en prismes, en filons, en épanchements...

Paysage côtier de Scandola : les porphyres couleur rouge sang, tachetés de quelques touffes de maquis créent de magnifiques contrastes avec les eaux outremer.

visiter

EN BATEAU

Au Nord du golfe de Girolata, le bateau s'approche de la **punta Muchillina**, longeant les indentations de la côte ; des coulées claires en diagonale tranchant sur la roche éruptive aux sommets aigus. Des aiguilles jaillissent vers le ciel, des îlots forment d'énormes blocs, des pointes s'avancent dans la mer, certaines couronnées d'une tour. Quelques plaques verdoyantes, au loin, étonnent le regard. L'îlot de Garganello accompagne l'île de Gargalo dont le phare marque la partie la plus occidentale de la Corse.

La **Punta Palazzu**, palais minéral hérissé de rochers et la Punta Nera encadrent le ravin d'Elbo au Nord de la réserve. Le bateau pénètre dans une calanque étroite, burinée par les embruns, puis dans une grotte aux eaux exceptionnellement transparentes avant de virer de bord. La vie s'accroche sur les parois extrêmes : des arbustes et même des arbres s'y sont adaptés. Sur les pitons, embusqués dans leurs nids de branchages, guettant leurs proies, les balbuzards pêcheurs semblent être les sentinelles de cet univers sauvage.

Golfe de Girolata (Ghjirulata)★★

Le bateau, sur le chemin du retour, dépasse la Punta Scandola et pénètre dans le golfe de Girolata.

Dans un **site**★ reposant, **Girolata**, petit **village**★ isolé sur un promontoire dominé par un fortin génois à tour carrée *(chemin privé)*, vit de la pêche à la langouste et du tourisme. Sa magnifique et paisible petite baie aux eaux translucides abrite quelques maisons de pierre rouge, un gîte et des restaurants. Trois pontons de bois permettent aux bateaux d'amarrer le long de la plage de petits galets. Le village, une des étapes du sentier Mare e Monti, n'est accessible, par voie de terre, que par un **chemin muletier**★ au départ du col de la Croix au Sud-Est *(🚶 environ 1h3/4 aller) par la belle cala (plage) di Tuara, ou depuis le col de Palmarella, plus au Nord, les deux étant situés sur la route de Calvi à Porto (D 81).*

Girolata n'est accessible que par bateau ou à pied par un joli sentier muletier.

Solenzara ⌂

Sulinzara

Cette station balnéaire à l'embouchure de la Solenzara sépare la côte rocheuse des Nacres au Sud, de la côte plate, au Nord. Solenzara offre un port de plaisance et allie les plaisirs de la mer avec ceux de la montagne toute proche. Au Nord de la rivière s'étend une grande plage de sable fin bordée d'eucalyptus plantés sous le Second Empire pour assainir la région alors marécageuse.

La situation

Carte Michelin Local 345 F8 – Corse-du-Sud (2A). Construite à l'embouchure du fleuve du même nom, Solenzara est traversée par la route nationale. Elle

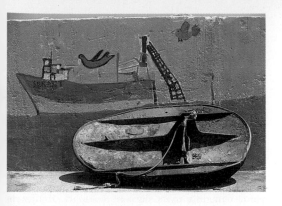

À Solenzara, la mer
est omniprésente,
même sur les murs.

offre un agréable bord de mer et un accès direct aux montagnes : l'étroite D 268 conduit au col de Bavella (30 km).

🛈 *Office de tourisme de la Côte des Nacres, RN, 20145 Solenzara (Sulinzara),* ☎ *04 95 57 43 75.*
Juil.-août et de mi-juin à fin juin : 8h30-12h, 16h30-20h ; reste de l'année : tlj sf w.-end 8h30-12h, 13h30-17h. Documents sur les activités nautiques et sur les balades en montagne.

Le nom
La ville porte le nom de la rivière Solenzara qui vient du nom corse *sole* signifiant « soleil ».

Les gens
À 9 km au Nord de Solenzara est implantée une importante base aérienne. En cas de besoin, les militaires interviennent dans le cadre du service public : incendies, accidents, plans ORSEC.

carnet pratique

TRANSPORTS
Port de plaisance – Capitainerie, ☎ 04 95 57 46 42. Été : 7h-21h ; hiver : 8h-12h, 14h-17h. 450 emplacements.
Budget – ☎ 04 95 57 30 75. Location de voitures.
Corsica plaisance – ☎ 04 95 57 47 11. Location de bateaux.

RESTAURATION
◗◗ **A Mandria** – *Rte de Ghisonaccia -* ☎ *04 95 57 41 95 - Sirius1@wanadoo.fr - fermé janv., dim. soir et lun. hors sais. -* ✉ *- 19,50€.* Les moutons ont déserté cette ancienne bergerie de pierre. Voilà donc un restaurant où pour des prix très doux, vous dégusterez des spécialités insulaires. Salles à manger campagnardes ou terrasse ombragée selon le temps.

HÉBERGEMENT
◗◗ **Solenzara** – ☎ *04 95 57 42 18 - info@lasolenzara.com - fermé 4 nov. au 20 avr. -* 🅿 *- 28 ch. : 79/90€ -* 🍽 *7€.* Cette imposante bâtisse du 18e s. de style génois avec son jardin, sa piscine et sa terrasse face à la mer vous feront vite oublier la proximité de la nationale. Préférez les chambres avec vue sur la grande bleue, elles sont plus agréables, même si celles côté route sont climatisées.
◗◗◗ **Hôtel Maquis et Mer** – ☎ *04 95 57 42 37 - maquis-et-mer@wanadoo.fr - fermé nov. à mars -* 🅿 *- 42 ch. : 134/200€ -* 🍽 *6€.* Avec sa façade blanche, ses volets bleus et ses balcons fleuris, cet hôtel est à 50 m de la mer. Les chambres ne sont pas vraiment au goût du jour mais elles sont spacieuses.
◗◗◗ **U Dragulinu** – *20144 Favone -* ☎ *04 95 73 20 30 - fermé nov. à mars -* 🅿 *- 32 ch. : 122/153€ -* 🍽 *9,20€.* Idéal pour passer de la chambre à la plage ! Cet hôtel familial de vacances a les pieds dans l'eau. Les chambres sont proprettes et assez spacieuses. Le restaurant est ouvert en été, la demi-pension est alors obligatoire. Salle provençale et terrasse avec parasols.

SPORTS & LOISIRS
Subaquatique club de la côte des Nacres – *Port de plaisance - B.P. 12 -* ☎ *04 95 57 44 19 - juil.-août : tlj à partir de 8h30 ; sept.-juin : sam.-dim.* Ce club associatif organise des baptêmes pour les novices et des explorations pour les plongeurs plus aguerris que vous ferez dans les merveilleux fonds sous-marins de cette côte orientale de la Corse.

ACHATS
Domaine de Solenzara – ☎ *04 95 57 89 69 - juin-sept. : 9h-12h, 16h30-19h ; oct.-mai : mar.-sam. 9h-12h.* Seul vignoble de Solenzara, d'une superficie de 16 ha, il est classé AOC Porto-Vecchio. À partir de cépages traditionnels (Nielluccio, Sciacarello, Vermentinon...), ce domaine produit des vins blanc, rosé et rouge que Mme Lucchini se fera un plaisir de vous faire découvrir lors d'une dégustation.

séjourner

La ville, très animée l'été, est dotée d'un agréable port de pêche et de plaisance. C'est de l'extrémité de la jetée que s'offre la plus belle **vue**★ de la cité au-dessus de laquelle se découpent les aiguilles de Bavella.

La longue **plage de Scaffa Rossa** (sable fin) s'étale au Nord, à l'embouchure de la Solenzara. Vous pouvez alterner natation dans la Méditerranée et baignade dans les eaux pures et fraîches de la rivière.

alentours

Sari-Solenzara

7 km au Sud-Ouest par la D 68. Ce village pittoresque, perdu dans le maquis, domine Solenzara. Il offre de belles vues sur la côte et sur les aiguilles de Bavella. C'est là que naquit le **commandant Poli**, héros du Fiumorbo *(voir ce nom).*

circuits

CÔTE DES NACRES⌀

20 km par la route côtière (N 198), de Solenzara à Fautea. La route taillée en corniche suit de près le rivage et longe les petites anses de Cala d'Oro et de Canella.

VISION MATINALE

La côte des Nacres fit l'émerveillement du commandant L'Herminier lors d'une mission du sous-marin *Casabianca*, en mars 1943. Alors que le jour se levait à hauteur de Canella, le commandant écrit : « La mer est calme. Au lever du soleil, les massifs montagneux de l'île de Beauté se profilent sur un ciel pur. Le spectacle est féerique ; le rouge violent des arêtes sort de l'écrin violet, ocre et vert sombre du maquis et des arbres. Les tons sont si vifs et tranchés qu'on dirait une peinture au couteau où l'artiste n'aurait pas ménagé la pâte. »

Plage de Canella⌀

Suivre la direction du camping « Le Grand Bleu » et du restaurant « Dolce Vita ». Très belle petite baie arrondie, tapissée de sable fin.

Anse de Favone (Favona)

Grande plage de sable au débouché du Favone.

Anse de Tarco

Plage de sable à l'embouchure du Tarco.
Vers l'intérieur des terres se profilent les aiguilles de Bavella.

Site naturel de Fautea★

Les deux anses, bornées au Nord par la **tour génoise** *(illuminée le soir par panneaux solaires)*, constituent un des sites protégés du Conservatoire du littoral.

Peu découpée, la côte des Nacres est tout de même marquée de quelques pointes rocheuses : ici, l'anse de Fautea et sa tour génoise.

Abritée entre deux pointes rocheuses, la plage de Fautea est tapissée de sable fin, tandis que la plage des Américains, plus longue et moins protégée, est constituée de sable grossier avec en arrière-plan des massifs d'épineux. Sur le chemin d'accès à la tour génoise, on découvre, à la belle saison, une végétation typique du maquis : ciste de crête aux fleurs mauves et ciste de Montpellier aux fleurs blanches.

La proximité de la réserve de Cerbicale permet d'apercevoir le manège des **cormorans huppés** noirs (*marangone* en corse) qui, après un vol en rase-mottes au-dessus de la mer, plongent pour attraper leur nourriture.

Route de Bavella★★★ *(voir aiguilles de Bavella)*

Gorges de **Spelunca**★★

Ce célèbre ravin a été creusé par le ruisseau d'Aitone et la rivière de Tavulella dont les eaux, grossies de celles de l'Onca, forment le Porto. L'itinéraire décrit permet de découvrir le massif montagneux qui sert d'écrin au golfe de Porto. Les vues sur les gorges sont spectaculaires par l'ampleur des perspectives et l'intensité des couleurs, des roses en particulier.

La situation
Carte Michelin Local 345 B6 – Corse-du-Sud (2A). Les gorges se déploient entre Ota et Évisa, au-dessus du golfe de Porto.

Le nom
Spelunca, qui signifie « antre », fait référence à la profondeur des gorges.

circuit

LES PONTS GÉNOIS
27 km de Porto à Évisa – 3h. Quitter Porto par la D 124, direction Ota.

Ota
Chef-lieu dont dépend Porto, ce paisible village, adossé aux murailles rouges du Capo d'Ota, domine la rivière de Porto. Loin de l'agitation estivale du golfe, Ota constitue un lieu de séjour et point de départ de randonnées qui a conservé son authenticité.

Pont génois de Pianella★
Environ 3 km après Ota, en contrebas de la route.
Pour accéder à cet ouvrage d'art constitué d'une arche superbe, vous descendrez par un chemin, bref mais assez escarpé. Traversez le pont et marchez quelques instants sur la rive opposée, vers l'amont, pour apprécier le pont dans son cadre magnifique.

Reprendre la route jusqu'aux deux ponts d'Ota, qui franchissent les ruisseaux d'Aitone et de l'Onca. Laisser la voiture à un emplacement aménagé sur la gauche de la route, peu avant le premier pont.

Pont génois de Zaglia★
1h1/2 AR. Emprunter, après le deuxième pont, le sentier qui remonte le cours du torrent d'Aitone sur la rive gauche. Ce mauvais sentier muletier donne une idée précise de ce que pouvaient être les déplacements dans la Corse génoise. Le chemin, bien balisé (itinéraire Mare e Monti), pénètre profondément dans les gorges. Vues nombreuses sur les hauteurs roses qui dominent Porto. L'aspect très sauvage des gorges, les odeurs de maquis, la transparence des eaux couleur émeraude donnent beaucoup de charme à ce parcours.

Véritable canyon creusé dans un site montagneux.

Le chemin muletier continue en lacet au-delà du pont de Zaglia, vers le cimetière d'Évisa. En s'élevant, des vues magnifiques embrassent le golfe de Porto et le village d'Ota. L'ascension est pénible.

Poursuivre la D 124 qui rejoint la D 84 et prendre celle-ci à gauche.

Tombalo

La **vue**★★ s'étend sur le site montagneux où le Capo Casconi culmine à 1 091 m et plonge vers les gorges de Spelunca.

La route évolue à travers les châtaigniers, avec de vertigineux à-pics dominés par des surplombs rocheux rose orangé. On aperçoit les gorges de la rivière Tavulella avec des villages perchés et des cultures en terrasses.

Évisa *(voir forêt d'Aitone)*

Vallée de la **Tartagine**★

Isolée et très sauvage, la vallée de la Tartagine est parallèle à celle d'Asco. Elle occupe un vaste cirque jalonné de crêtes élevées : Monte Padro (alt. 2 393 m), Monte Corona (alt. 2 143 m) au-dessus des sources de la Tartagine, et Capo a Dente (alt. 2 032 m).

Les forêts de Tartagine et de Melaja offrent de vastes possibilités de randonnées. Des sentiers, balisés en orange par le Parc régional, permettent de partir à la découverte de villages parfois désertés, mais plein de charme.

La situation

Carte Michelin Local 345 D4 – Haute-Corse (2B). La Tartagine se jette dans le bas Golo au Nord de Ponte-Leccia. La D 963, qui se détache de la N 197 à 6,5 km en amont de Belgodère, est la seule voie qui pénètre dans la vallée.

Les gens

L'acteur **Robin Renucci** vit entre Paris et son village natal de Pioggiola dans la région de Giussani. Depuis 1998, il organise chaque été les **Rencontres théâtrales internationales de Haute-Corse**. Ces ateliers, destinés à encourager les vocations, se déroulent à Olmi-Cappella et dans les villages alentours.

carnet pratique

Restauration

⊜⊜ **La Tornadia** – *20259 Pioggiola - 2 km à l'O d'Olmi-Cappella en dir. de la forêt de Tartagine - ☏ 04 95 61 90 93 - fermé mi-nov. à mi-mars - 20/30€.* La cuisine régionale est ici roborative et authentique. Le décor rustique s'agrémente de cuivres, d'objets agrestes et de toiles peintes par la maîtresse de maison. Agréable terrasse sous les châtaigniers. Accueil charmant.

Hébergement

⊜⊜ **Hôtel A Tramula** – *20259 Pioggiola - 1,9 km à l'O d'Olmi-Cappella en dir. de la forêt de Tartagine - ☏ 04 95 61 93 54 - ▭ P - réserv. obligatoire - 6 ch. : 65€ - ☕ 7€.* Une habile restauration a doté cette superbe maison en pierre de pays du confort le plus moderne. Ses chambres sont conçues sur le même modèle : murs saumon, sol en terre cuite et mobilier neuf. Son parc qui grimpe jusqu'à la montagne invite à la promenade.

se promener

LE GIUSSANI

Cette région montagneuse située entre la haute Balagne et la vallée de l'Asco comprend une multitude de hameaux et les bourgades de Olmi-Cappella, Poggiola et Mausoleo.

Olmi-Cappella

Bâti sur une colline, au-dessus de la haute vallée, dans les chênes verts et les châtaigniers, ce bourg vit de l'élevage des ovins, des bovins et des chevaux, de sa production de miel et de l'exploitation forestière.

Gorges de la Tartagine★

Tracée dans les pins à mi-pente, la route grimpe au-dessus de gorges formées par la Tartagine et son affluent la Melaja. Aux grands escarpements s'accrochent des genévriers et de petits pins rabougris. Au fond des gorges surgit la tache verte de la forêt de Melaja constituée de chênes verts, de châtaigniers et de pins. Avec l'altitude, les chênes verts cèdent la place aux pins laricio. La route franchit la Melaja dans un grand lacet avant de s'enfoncer dans la forêt domaniale de Tartagine-Melaja qui s'étend sur 2 643 ha, peuplée de magnifiques pins laricio, de pins maritimes et de quelques chênes verts. Elle suit le cours de la Tartagine jusqu'à la maison forestière (alt. 717 m).

Sports & Loisirs

Balagn'âne – ☺ - *La Campanella - 20259 Olmi-Cappella - ☏ 04 95 61 80 88 - www.rando-ane-corse.com - sur RV.* Partir en randonnée avec un âne de bât n'est pas simplement une expérience originale, c'est aussi le moyen de renouer avec une tradition ancestrale et pour les jeunes enfants, de découvrir des paysages sauvages sur le dos d'un animal de légende.

randonnées

Col de l'Ondella

🚶 *6h AR au départ de la maison forestière.*

Alt. 1 845 m. Le sentier *(balisé de marques jaunes)* remonte le torrent de la Tartagine sur la rive droite. Au fond du cirque, prendre à gauche dans un vallon *(chemin balisé en vert).*

Col de Tartagine

🚶 *6h AR au départ de la maison forestière.*

Alt. 1 852 m. Le chemin *(balisé de marques jaunes)* remonte le torrent de Tartagine sur la rive droite *(pêche interdite).*

Prudence

Emportez de l'eau, du ravitaillement, soyez bien chaussé et ne partez pas seul en montagne.

Valle di Tavignanu

De Corte à Aléria, le Tavignano serpente au milieu du maquis, des châtaigniers et des chênes-lièges. Il creuse des gorges dans les schistes lustrés avant de s'étaler dans la plaine orientale. Ses nombreux affluents descendus de la Castagniccia ont morcelé le relief de cette région de moyenne montagne.
Sur les versants Nord de la vallée, d'étroites routes sinueuses se développent en corniche, desservant de vieux villages disposés en balcons à flanc de montagne à 600 m ou 700 m au-dessus du fleuve.

La situation
Carte Michelin Local 345 D/G 6/7 – Haute-Corse (2B). Le Tavignano prend naissance au lac de Nino à 1 743 m d'altitude dans les massifs cristallins du centre de l'île ; jusqu'à Corte c'est un torrent de montagne. La N 200 suit la vallée du Tavignano, de Corte jusqu'à l'embouchure du fleuve à Aléria. Mais il est bien plus agréable d'emprunter, au pont génois, le chemin buissonnier constitué par les D 314 et D 14.

Le nom
La vallée du Tavignano constitue, avec celle de la Restonica et la moyenne vallée du Golo, le sillon cortenais.

circuit

DE CORTE À ALÉRIA PAR LA CORNICHE★
60 km – environ 1h1/2 – schéma p. 187.
Quitter Corte par la route d'Ajaccio (N 193) et, au rond-point, suivre la direction Aléria (N 200).
La route longe la rive droite du fleuve ; à 17 km de Corte, elle l'enjambe sur un beau **pont génois**★ à arche triple, construit à la fin du 17e s. et élargi par les ingénieurs français au 19e s.
À la tête du pont se trouve une **chapelle**. Ce modeste édifice du 10e s., dédié à saint Jean-Baptiste, est appareillé avec des rangées de pierres monumentales alternées avec des lits de pierres plates, selon la technique mise en honneur par l'art roman pisan. Abandonnée, après avoir servi un temps de bergerie, la chapelle est aujourd'hui restaurée.
Juste après la chapelle St-Jean-Baptiste, prendre à gauche la D 314 qui monte en lacet vers Altiani.

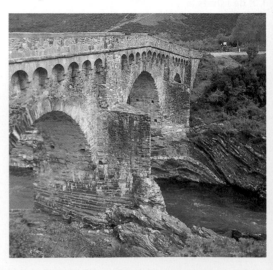

Pont génois d'Altiani. Le tablier du pont a dû être aplani lors d'une restauration. Le surhaussement de la chaussée atténue le classique dos-d'âne des ponts génois.

Altiani

Ses maisons, disposées en amphithéâtre, s'accrochent sur un éperon au milieu de gros blocs de rochers, dans un sauvage paysage de montagne. On y exploitait autrefois le liège. D'Altiani, on jouit d'une bonne perspective sur la plaine d'Aléria, la chaîne centrale de l'île et le Monte d'Oro.

Au-delà d'Altiani vers l'Est, la route tracée en corniche *(D 14)* domine le Tavignano d'environ 600 m.

Piedicorte-di-Gaggio

Ce village s'élève sur un promontoire dominant la vallée du Tavignano. L'église paroissiale présente une façade du 18e s. et un clocher massif à la base duquel est encastrée une archivolte romane du 12e s., décorée de quatre monstres ailés et surmontant un linteau orné d'entrelacs.

Pietraserena

Son église Saint-Roch est disposée sur une terrasse surplombant de façon spectaculaire la vallée.

À l'entrée du village de **Pancheraccia**, vue sur la plaine orientale dont on peut apprécier l'étendue des terres mises en valeur.

La route sinueuse s'abaisse ensuite vers la plaine où l'on retrouve la N 200.

> **TOUR D'HORIZON**
> Du village, on découvre un vaste **panorama**★ sur la plaine d'Aléria et la mer Tyrrhénienne, tandis qu'à l'Ouest se détachent le Monte d'Oro et le Monte Rotondo.

Golfe de **Valinco**★

Golfu di Valincu

Des rochers abrupts, des collines couvertes d'oliviers et de charmantes plages de sable fin bordent les rivages de ce véritable lac maritime qui enserre Propriano. Trois fleuves côtiers se jettent dans le golfe. Les deux principaux : le Tavaro au Nord et le Rizzanèse au Sud ont, au cours des millénaires, édifié de larges plaines alluviales. Tout au fond du golfe, le Baracci, plus modeste, est à l'origine de la vaste plage qui s'étire à l'entrée de Propriano.

La situation

Carte Michelin Local 345 B/C 9/10 – Corse-du-Sud (2A). Le plus méridional des grands golfes de la côte Ouest est délimité au Nord par le Capo di Muro qui le sépare du golfe d'Ajaccio et au Sud par la pointe de Campomoro. Il se resserre au niveau de la pointe de Porto-Pollo qui fait face à celle de Campomoro. Ces deux presqu'îles forment ainsi à l'intérieur du golfe un autre golfe très fermé dont l'ouverture atteint à peine 7 km.

Les gens

Campomoro est le village natal de l'écrivain **Lorenzi di Bradi** (1869-1945). Sur la façade de sa maison *(à droite de l'église du village)* une inscription rappelle la mémoire de cet auteur corse qui chanta le maquis et consacra de belles descriptions à sa région natale, notamment dans les *Veillées corses* et dans *La Corse inconnue*.

circuits

CÔTE NORD DU GOLFE★ ①

61 km de Propriano à Porto-Pollo – environ 3h1/2.
Quitter Propriano par la N 196 en direction d'Ajaccio. À 2 km, prendre à droite la route qui remonte la vallée du Baracci (D 557).

Sources thermales de Baracci

Sur la rive gauche, à 1 km de l'embranchement, jaillissent à 52 °C des sources sulfureuses et salines, déjà connues dans l'Antiquité.

Poursuivre la route qui franchit la rivière et prendre à gauche celle d'Olmeto (D 257).

> **SPORTS & LOISIRS**
> **Établissement des sources de Baracci** – 20210 Olmeto - ☎ 04 95 76 30 40 - basse sais. : 9h-12h, 14h-19h ; haute sais. : 9h-12h, 15h-20h. Piscine à 40°, jacuzzi, douches pression, baignoires. Tennis et aire de jeux.

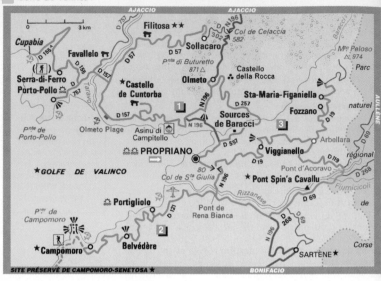

Olmeto

Ce gros bourg, traversé par la N 196, groupe en étages ses belles maisons de granit sur la forte pente du versant méridional de la Punta di Buturettu (alt. 870 m). On y voit encore, face à la mairie, la maison où mourut à l'âge de 96 ans, Colomba Bartoli *(voir ci-après, circuit* ③ *à Fozzano)*. Sur la colline isolée qui fait face au village à l'Est, se dressent les ruines du **Castello della Rocca** d'où partit la première grande révolte contre Gênes conduite par **Arrigo della Rocca,** l'arrière-petit-fils de Giudice de la Cinarca *(voir La Cinarca).*

> ### LA RÉVOLTE D'ARRIGO
>
> Fuyant le succès du parti populaire de Sambucuccio d'Alando *(voir Bozio)*, Arrigo s'était exilé en Espagne en 1362, mais il revint en 1376 et réussit à reprendre l'île, ne laissant aux Génois que Calvi et Bonifacio. Proclamé comte de Corse à Biguglia, il gouverna pendant douze ans en vassal du roi d'Aragon.

La descente vers Propriano par la N 196 révèle de beaux **coups d'œil★** sur le golfe de Valinco et sur la plaine de Baracci couverte d'oliviers. Au premier embranchement, après un lacet à gauche, prendre à droite la D 157, sinueuse, tracée en corniche au-dessus du golfe. La route descend vers l'embouchure du Taravo.

À 4,5 km de l'embranchement de la D 157, prendre la petite route (D 157ᴬ) qui monte sur la droite. La suivre sur 1,3 km ; arrivé sur un replat, tourner à gauche à angle droit et suivre le chemin de terre sur 200 m jusqu'à une petite aire.

Castello de Cuntorba★

Ouvrir la barrière à l'entrée d'un champ sur la droite et la refermer soigneusement : le castello se voit à 50 m. Propriété privée, visite admise sous condition du respect des lieux.
Érigé sur une butte, dans un cadre de chênes verts et d'oliviers, le castello de Cuntorba offre un exemple très lisible des monuments circulaires torréens *(voir chapitre Art et architecture)* élevés à l'âge du bronze dans le Sud de la Corse. On distingue une partie centrale dominant des vestiges d'habitat et une enceinte. L'ensemble est antérieur de 1 200 ans à notre ère. Le granit brut du *castello*, la terre ocre rosé alentour, l'environnement végétal verdoyant et fleuri se détachent dans un contraste saisissant sur le bleu intense du golfe de Valinco.
Faire demi-tour en direction de la D 157. Remonter le Taravo par la D 57 jusqu'à Filitosa.

Filitosa★★ *(voir ce nom)*

V

Sollacaro

Dans une clairière ouverte parmi les châtaigniers, le village domine la basse vallée du Taravo. Elle fut au Moyen Âge la résidence des seigneurs d'Istria dont un représentant, Vincentello, fit, au début du 15ᵉ s., lourdement peser son autorité sur le Sartenais.

Reprendre la route en sens inverse. La D 157 traverse le Taravo pour rejoindre la D 757 que l'on suit sur la droite pendant 1 km avant de prendre la D 155 à droite pour gagner Serra-di-Ferro.

Serra-di-Ferro

Accueillant petit village perché au-dessus de la baie de Cupabia et du golfe de Valinco, où on peut acquérir de beaux couteaux de fabrication artisanale. Le sentier de randonnée **Mare e Monti Sud** *(signalé par des panneaux de bois et un balisage orange)* permet deux promenades agréables et faciles à travers le maquis bas :
– l'une, vers Porto-Pollo *(2h AR)*, révèle la tour de Capannella avant de ménager des **vues**★ étendues sur le golfe, le marécage de Tanchiccia et la plaine cultivée du Taravo ;
– l'autre conduit à la grande plage de sable fin de **Cupabia** *(1h1/4 AR)*, site enchanteur jusqu'ici heureusement préservé, également accessible en voiture en poursuivant au-delà de Serra-di-Ferro par la D 155, puis la D 155ᴬ.

La baie est parsemée de récifs et la plage, où s'est établie une taverne, se double à l'Ouest d'une importante crique.

Reprendre la D 757.

Porto-Pollo

Cette petite station balnéaire s'étire au pied de coteaux couverts d'oliviers et de figuiers, dans une baie ouverte sur le golfe de Valinco et abritée des vents d'Ouest par la pointe de Porto-Pollo.
De sa plage de sable, la vue s'étend sur Propriano et la côte Sud du golfe que ferme la pointe de Campomoro.

CÔTE SUD DU GOLFE★ ②

17 km de Propriano à Campomoro – environ 1h1/2.
Quitter Propriano par la N 196 vers Sartène jusqu'au pont de Rena-Bianca sur le Rizzanèse que l'on franchit pour prendre tout de suite à droite la D 12 (en direction de l'aéroport).

La côte Sud du golfe de Valinco est la plus sauvage. Elle abrite la belle plage de Portigliolo.

Portigliolo⌂

◄ Cette longue plage (4 km) de sable fin s'étend à l'embouchure du Rizzanèse. Les lieux sont restés sauvages : absence de construction et route cachée par la végétation.

Belvédère (Belvide)

Ce village bien nommé offre une belle **vue**★ sur le golfe et son arrière-pays montagneux. En contrebas, la côte rocheuse avec ses eaux claires est propice à la plongée sous-marine.

Entre Belvédère et Campomoro, des emplacements aménagés permettent d'admirer de superbes points de vue sur la mer et les rochers roses aux formes souvent étranges.

Campomoro★

Un petit bois d'eucalyptus précède ce village attachant, situé au fond d'une anse bien abritée par la pointe de Campomoro. Une belle plage de sable, quelques barques de pêche et des voiles multicolores au large complètent ce décor paisible, miraculeusement préservé.

À l'extrémité du village, au-delà de la plage, gagner le sommet de la pointe de Campomoro (⏱ *1/2h à pied AR*) où se dresse la massive **tour génoise**. L'enceinte, munie de bouches à feu, est couronnée d'un chemin de ronde. En saison ont lieu des expositions organisées par le Conservatoire du littoral. Un escalier extérieur monte à la porte principale ; on découvre ensuite la salle de séjour avec ses réserves. De la plate-forme supérieure un beau **panorama**★ se déploie sur le golfe de Valinco. La superbe **plage**⌂ de sable fin en contrebas est un lieu propice d'observation sous-marine de la faune.

Construite au 16ᵉ s., la tour génoise de Campomoro se dresse dans un cadre irréel.

Site préservé de Campomoro-Senetosa★

La côte sauvage s'étendant de la Punta di Campomoro jusqu'au phare de la Punta di Senetosa alterne, sur près de 20 km, criques et promontoires rocheux à l'écart des axes de communication. Elle constitue un des sites préservés les plus vastes de l'île avec celui des Agriates. Les plaisanciers y trouvent des anses bien abritées, parfois

très étroites comme celle d'Agulia, qui possèdent généralement à leur extrémité une minuscule plage de sable.
🚶 Il est possible d'effectuer des randonnées d'une journée le long du littoral : de la pointe de Campomoro à l'anse d'Aguglia, ou bien du phare de Senetosa jusqu'à la pointe d'Eccica. Munissez-vous d'une provision suffisante d'eau.

VALLÉES DU RIZZANÈSE ET DU BARACCI ③

43 km au départ de Propriano – environ 1h1/2.
Quitter Propriano par la route de Sartène (N 196). Après le pont sur le Rizzanèse, prendre à gauche la D 268 route d'Aullène, en direction de Levie. À 4,5 km à gauche se dresse un des plus célèbres pont génois. Stationner sur l'emplacement à droite face au pont. ▶

Spin'a Cavallu★ *(voir L'Alta Rocca)*
Franchir le Fiumicicoli, puis le Rizzanèse sur le pont d'Acoravo et prendre sur la gauche la D 119.
La route s'élève dans les chênes-lièges au-dessus du Rizzanèse, offrant un joli coup d'œil sur le village perché d'Arbellara.

Fozzano (Fuzzà)
Fozzano occupe un éperon de la Rocca. En 1833, il fut le ▶ théâtre d'une vendetta qui opposa deux familles voisines, les Carabelli et les Durazzo. Le village et ces événements passèrent à la postérité grâce au succès du roman de Mérimée (1803-1870). Au cours de son voyage en Corse, en 1839, ce dernier, alors inspecteur des Monuments historiques, rencontra à Fozzano **Colomba Bartoli**, née Carabelli. Elle était âgée de 64 ans, veuve et auréolée du prestige que lui conféraient les événements dont elle avait été l'âme : deux Durazzo avaient été tués ainsi que son propre fils. De cette rencontre naquit une nouvelle, *Colomba* (1840), dans laquelle Mérimée unissait l'intransigeance de Colomba et la beauté de sa fille Catherine. L'écrivain prend prétexte de la narration d'une vendetta pour offrir une vision romantique de la Corse au 19ᵉ s. Ce roman a contribué à ancrer dans les mentalités une image réductrice des coutumes corses et de la vie dans l'île. La **maison de Colomba** se trouve dans une ruelle en contrebas de la route.

COLOMBA OU LA CORSE ROMANTIQUE
« J'ai passé plusieurs jours dans la ville classique de la schiopetta, Sartène. [...] J'ai vu encore une héroïne, Madame Colomba, qui excelle dans la fabrication des cartouches et qui s'entend fort bien pour les envoyer aux personnes qui ont eu le malheur de lui déplaire. J'ai fait la conquête de cette illustre dame, qui n'a que soixante-cinq ans et en nous quittant nous nous sommes embrassés sur la corse. Pareille fortune m'est arrivée avec sa fille, héroïne aussi, mais de vingt ans, belle comme les amours, avec des cheveux qui tombent à terre et trente-deux perles dans la bouche... »
Notes d'un voyage en Corse (1840), Prosper Mérimée.

Santa-Maria-Figaniella
C'est le principal village de la **Rocca**, province dont les seigneurs furent puissants au Moyen Âge.
De style roman pisan du 12ᵉ s., l'**église Santa-Maria** pré- ▶ sente un appareil très soigné en moellons de granit.
Au Nord de Santa-Maria, la route offre de belles **vues**★ sur la vallée du Baracci et le golfe de Valinco.
Faire demi-tour pour regagner Arbellara et prendre à droite la D 19.

Viggianello
Depuis ce village, on découvre une belle **vue**★ d'ensemble sur le golfe de Valinco.
Retour sur Propriano par la D 19.

PALMARÈS
Outre **Spin'a Cavallu**, d'autres ponts remarquables méritent une visite :
- **Asco** (à la sortie Ouest du village) ;
- **Pianella** (près d'Ota) ;
- **Zaglia** (près d'Évisa) ;
- **Ponte di a Trinità** (près de Zevaco) ;
- **Zipitoli** (près de Bastelica) ;
- enfin le pont d'**Altiani** (entre Corte et Aléria).

VENDETTA
Les maisons fortes des familles rivales de Fozzano, appelées « tours sarrasines », subsistent ; l'une se trouve en contrebas, ruelle en escalier, l'autre borde la route *(à gauche, en venant d'Arbellara).*

Remarquer le bandeau d'arcatures qui ceinture l'église à la base du toit et les dents d'engrenage sur lesquelles repose sa corniche.
Le chevet a conservé sa couverture d'origine.

Valle-d'Alesani

Valli d'Aliggiani

Cette commune aux hameaux disséminés au cœur de la Castagniccia abrite, dans un vallon accessible par une route difficile, le couvent d'Alesani. Ce dernier fut le théâtre d'un des événements les plus étonnants de l'histoire de la Corse.

La situation
Carte Michelin Local 345 F6 (16 km à l'Ouest de Cervione) – Schéma p. 227 – Haute-Corse (2B). On accède à Valle-d'Alesani par la D 71, route étroite et sinueuse. Pour rejoindre le couvent, prendre la route de Piazzali (6 km par la D 217), puis celle de Perelli (D 17) qui s'ouvre à droite, à la sortie du village.

Le nom
Le nom viendrait d'Alexiu (*Alessio* en corse) comme semble l'indiquer l'importance accordée à ce saint dans la région. Chaque 17 juillet un pèlerinage a lieu à la chapelle Sant'Alessio, isolée dans les hauteurs du village.

Les gens
Théodore Ier fut couronné roi de Corse au couvent d'Alesani le 15 avril 1736.

comprendre

Théodore Ier, roi de Corse – Né en 1694 à Cologne, **Théodore de Neuhoff**, baron westphalien, grandit à la cour de la princesse palatine dont il devint le page avant de proposer ses services à plusieurs cours européennes. En Italie, à Livourne, il fit la connaissance d'exilés corses qui lui dépeignirent le pitoyable état de leur île. L'aventurier promit son aide si on le nommait roi.
Le 12 mars 1736, il débarqua sur la plage d'Aléria avec un chargement d'armes et de munitions acheté à Tunis. Le 15 avril, une Consulte se réunit au couvent d'Alesani : le baron y fut couronné roi de Corse sous le nom de Théodore Ier, tandis qu'une nouvelle Constitution était adoptée. Une diète assista le roi. Agostino Giafferi et Hyacinthe Paoli furent nommés ministres.

LES BONNES « HISTOIRES » DE GROSSO-MINUTO

Cette pittoresque figure de la Castagniccia est née en 1715 à Parelli-d'Alesani. Pauvre marchand ambulant, affligé d'une constitution chétive, Minuto se vengea des quolibets par ses reparties restées célèbres. Vers la cinquantaine, son embonpoint lui attira, en plus de nouvelles railleries, le surnom de Grosso, mais sa force de caractère lui permit toujours de rire de ses malheurs. Rallié à Paoli dont il fut le compagnon et le bouffon, il mourut à 86 ans.

L'âne amoureux – En plein midi, Minuto grimpait avec son âne la côte de Chiatra. L'animal, chargé et fatigué, se mit soudain à braire avec force.
– Ami, dit alors une femme à Minuto, votre âne est amoureux. Il semble qu'il prenne le mois de septembre pour le mois de mai.
– Tu te trompes, répliqua Minuto. C'est parce qu'il a flairé la présence d'une ânesse !...

Rire et pleurer – Après une grave maladie qui l'avait retenu durant de longs mois chez lui, Minuto reprit enfin la route.
Poussant son âne devant lui, il arriva au village de Moïta. Rapidement, ses nombreux amis l'entourèrent.
– Nous avons bien cru devoir te pleurer, lui dit l'un d'eux.
– J'ai été mis au monde pour faire rire et non pour faire pleurer ! répliqua Minuto.

(Pour plus de détails, lire : Grosso-Minuto, l'esprit et les reparties d'un Corse de légende. Traduit par J.-B. Nicolaï. Éditions Baconnier.)

L'âne amoureux.

Au grand étonnement des chancelleries européennes, le royaume s'organisa. Le régime bâtit monnaie et proclama la liberté de conscience afin d'attirer les commerçants juifs du continent dans l'espoir de relancer l'activité économique de l'île.

La résistance génoise, la méfiance des généraux corses et le manque de ressources obligèrent Théodore Ier à rembarquer à Solenzara, le 11 novembre 1736. Il erra alors à travers l'Europe et ses tentatives pour reconquérir son royaume échouèrent. Finalement, il se fixa à Londres où il mena une vie misérable qui prit fin dans une arrière-boutique de fripier, à Soho, le 5 décembre 1756.

DÉFIANCE

La monnaie frappée par le roi Théodore inspirait une confiance très relative aux Corses : ils lisaient les initiales qui la marquaient, TR (Teodorus Rex) « Tutto Ramo » (tout cuivre) !

visiter

Le couvent

Le couvent d'Alesani s'élève sur la droite peu avant le hameau. Sa fondation remonte aux premiers temps de l'ordre franciscain en Corse. Mais les bâtiments actuels, désaffectés et en mauvais état, sont d'époque beaucoup plus récente.

Décorée de peintures vives, l'**église conventuelle** conserve une copie d'un beau primitif de l'école de Sienne, la **Vierge à la cerise**★, attribué au peintre siennois Sano di Pietro et datant de 1450. La chaire repose sur une élégante colonne torsadée. Le clocher, écroulé en 1943, a été reconstruit en 1994 et les deux cloches Marie-Gabriel et Marie-François remises en place.

Vierge à la cerise, de Sano di Pietro.

Venaco

Venacu

Adossé au Monte Cardo dans un paysage où prédomine le châtaignier, ce bourg au cœur de la Corse est une agréable station climatique d'été (alt. 600 m). De la terrasse de son église baroque, la vue s'étend sur la vallée du Tavignano et sur les monts du Bozio. Dans les environs on pratique la chasse et la pêche à la truite.

La situation

Carte Michelin Local 345 E6 – Haute-Corse (2B). Venaco est établi sur l'itinéraire Ajaccio-Bastia, entre Vizzavona et Corte.

Le nom

Venaco viendrait de la racine préceltique *ven* signifiant « montagne ».

Les gens

657 Vénacais, dont nombre de bergers et de chasseurs.

se promener

Col de Bellagranajo

2,5 km par la N 193 qui s'élève en lacet vers Corte et un chemin carrossable derrière le calvaire qui se dresse à droite de la route.

Du promontoire, à 500 m de la route, parmi les cistes et les framboisiers se révèle un **panorama**★★ sur Venaco accroché aux premières pentes du Monte Cardo, à gauche sur le hameau de Poggio, en face sur la vallée du Vecchio et, au loin, sur les montagnes et les villages perchés de la rive gauche du Tavignano.

Col de **Vergio**

Bocca di Verghju

À 1 477 m d'altitude, le col sépare les futaies d'Aitone et de Valdu-Niellu, souvent fréquentées par les cochons en liberté. Au printemps et en été, la région réserve de belles excursions à l'ombre des immenses pins laricio et le long de la cascade du Radule ; en hiver, elle attire les skieurs.

La situation
Carte Michelin Local 345 C6 – Schéma p. 284 – Sur la ligne de partage entre la Haute-Corse et la Corse-du-Sud. Le col s'ouvre dans la grande ligne de crêtes (Punta Minuta, Paglia Orba, Monte Tozzo, Monte Rotondo) qui partage les eaux courantes entre le littoral Est et Ouest de la Corse. Il est franchi par la route (D 84), parfois coupée en hiver, qui relie Porto à Calacuccia. À l'Ouest du col s'épanouit la forêt d'Aitone ; à l'Est (1,5 km) est établie la station de Vergio.

Les gens
Tout le monde vous le dira : le diable est passé dans la région. La preuve ? Il n'y a qu'à voir le Capo Tafonato (au Nord du col), rocher percé d'une immense ouverture : qui d'autre que lui aurait pu le créer ?

> **CONSEIL**
> Pour faire étape dans les environs et profiter des randonnées, choisissez le village d'**Évisa** *(voir forêt d'Aitone)* qui offre un bon choix d'hôtels et de restaurants.

se promener

Du **col de Vergio**, la vue porte au Nord sur la Punta Licciola et à l'Est sur la haute vallée du Golo. Poursuivre à 200 m environ en aval du col, sur la route de Calacuccia, à hauteur des premiers bouleaux : le **panorama**★★ est plus large. On distingue alors nettement devant soi la percée naturelle du **Capo Tafonato** (alt. 2 343 m), ainsi que l'arête rocheuse de la Paglia Orba (alt. 2 525 m) en arrière de la Punta Licciola, la vallée du Golo en enfilade avec le lac de Calacuccia et, derrière soi, le Monte Tozzo et la Punta Artica.

Station du Vergio
Alt. 1 404 m. À 1,5 km en contrebas du col et à la lisière de la forêt de Valdu-Niellu, ce petit centre de sports d'hiver, pourvu d'un hôtel, de six téléskis, de quelques chalets et baraquements de location de matériel de ski, accueille, de novembre à avril, jusqu'à 2 000 skieurs pendant les week-ends.

Le Capo Tafonato et l'arête rocheuse de la Paglia Orba depuis le GR 20.

TROUÉE DU TAFONATO (CAPU TAFUNATU)

La légende rapporte que cette gigantesque ouverture (large de 53 m et haute de 12 m) à travers laquelle filtre la lumière, aurait été forée par la percussion du soc de la charrue du diable.

Pour faire pièce, comme laboureur, au zèle apostolique de **saint Martin**, berger dans le Niolo, Satan s'était forgé au col de Stazzona une charrue à toute épreuve avec laquelle il creusait dans la montagne des tranchées larges comme des vallées. Mais saint Martin se mit à ironiser sur la rectitude de ses sillons. Piqué, le Malin aiguillonna son attelage de bœufs géants... et brisa sa charrue sur un rocher. Aussi furieux qu'humilié, il projeta vers la mer le soc détérioré qui rencontra sur sa trajectoire l'échine du Tafonato, tandis que ses bœufs furent pétrifiés sur place par saint Martin. Mais les géologues, ces grands sceptiques, qui ont étudié les propriétés de la rhyolite (porphyre granitique) et les formes d'érosion qui la caractérisent, émettent cependant quelques réserves sur une telle origine...

randonnée

Bergeries et cascade de Radule★

2h AR. Niveau assez facile ; être tout de même bien chaussé et emporter de l'eau. L'itinéraire emprunte le GR 20. Point de départ : 500 m au-dessus de l'hôtel de Vergio, en direction du col, un grand panneau en bois signale l'amorce du GR 20, jalonné de marques rouge et blanc, qui s'enfonce dans le sous-bois à droite *(environ 1h pour rejoindre les bergeries).*

Le sentier s'engage à travers les pins laricio et les bouleaux, descend légèrement pour passer quelques ruisselets, puis remonte, toujours en sous-bois, pour franchir une petite crête (ancienne moraine) que domine un vaste cirque boisé fermant le Niolo à l'Ouest. De là, on aperçoit, en face, parmi les arbres, la cascade de Radule.

Le **GR 20** contourne sur la gauche ce cirque encombré de dépôts morainiques pour atteindre *(1/4h)* les **bergeries de Radule** (alt. 1 370 m) dans un **site**★ remarquable.

Des bergeries, on descend à la **cascade de Radule** (alt. 1 350 m) située au débouché du défilé. Cet itinéraire emprunte en partie la piste de transhumance traditionnelle qui reliait le Niolo au Filosorma par les cols de Guagnerola et de Capronale. Ce sentier est encore utilisé par les muletiers ravitaillant les refuges situés sur le GR 20.

Au-delà de la rive opposée, le GR 20 amorce une montée sévère à travers des pierriers, ce qui la réserve aux randonneurs chevronnés.

Retour par le même chemin.

Vico

Vicu

Ce gros bourg aux maisons serrées est la capitale du Liamone, région de moyenne montagne aux multiples itinéraires touristiques. Il fut au 16e s. la résidence des évêques de Sagone et, à l'époque révolutionnaire, une éphémère sous-préfecture du département du Liamone.

La situation

Carte Michelin Local 345 B7 – Corse-du-Sud (2A). Vico est établi à 17 km au Nord-Est du golfe de Sagone par la D 70.

Les gens

898 Vicolais. La romancière **Marie Susini** est née en 1916 à Renno, au Nord de Vico. Albert Camus l'incita à relater son enfance corse. De 1953 à 1955, elle publia sa trilogie corse *Plein soleil, La Fiera, Corvara.* Par la suite, elle collabora à un album illustré sur son île, *La Renfermée, la Corse.* Décédée en 1993, elle repose au cimetière de Vico.

carnet pratique

RESTAURATION

😊 **Pippa Minicale** – *Col de St-Antoine -*
☎ *04 95 26 61 51 -* 🍽 *- réserv. obligatoire en hiver - 15€ déj. - 13/22€.* Une halte bienvenue que cette ferme-auberge située juste en face de la curieuse statue-menhir d'Apricciani décrite pour la première fois par Prosper Mérimée. Intérieur champêtre réchauffé, l'hiver, d'une belle cheminée en pierre. Cuisine corse.

HÉBERGEMENT

😊😊 **U Paradisu** – ☎ *04 95 26 61 62 - uparadisu@wanadoo.fr - fermé 1er janv. au 1er mars - 21 ch. : 68/87€ -* 🛏 *6,10€ - restaurant 18,30/22€.*
En retrait du village, cet hôtel promet un séjour tranquille avec sa piscine bordée de transats. Chambres simples mais confortables. Repas dans la salle à manger aux allures de pension de famille ou sur la terrasse couverte.

LE « NETTOYAGE » DU MAQUIS EN 1931

En novembre 1931 débarquent à Ajaccio près de 600 gardes mobiles, une dizaine d'automitrailleuses, des chiens policiers et un imposant matériel de campagne. Les forces de l'ordre bouclent immédiatement un secteur compris entre Vico, Guagno et Sainte-Marie-Sicché. Il s'agit « d'épurer le maquis », selon les instructions du gouvernement dirigé par Pierre Laval, faisant alors fonction de ministre de l'Intérieur.
La presse parisienne envoie des « correspondants de guerre », parle de « corps expéditionnaire », au grand dam des confrères corses. Cependant, la plupart des célèbres hors-la-loi tels Romanetti en Cinarca, Castelli à Orezza ou Bartoli avaient déjà été abattus plusieurs années auparavant ; seul Spada, le « roi du palais-vert », persistait à plastronner. Il sera le dernier à être jugé et exécuté en 1935. La mission qui consistait à désarmer les habitants des villages occupés laissa beaucoup d'amertume dans les vallées, mais sonna le glas des « bandits du maquis corse ».

UN CHRIST TRÈS ANCIEN

L'église conventuelle abrite un grand **christ en bois**★ (« U Santu franciscone ») sculpté à la manière du 15e s. Il serait le plus ancien de Corse. Observer l'expression du visage aux yeux clos, la bouche entrouverte, et le dessin des côtes très marquées.

se promener

Couvent St-François

1 km à l'Est de Vico par la route d'Arbori. Visite : 1/2h. Gratuit. ☎ *04 95 26 83 83.*
◄ Bâti dans les châtaigniers sur un ressaut de la montagne au-dessus de la vallée du Liamone, le couvent, se composant alors d'un oratoire entouré d'humbles cabanes, fut fondé en 1481 par les frères mendiants de l'ordre de Saint-François, protégés par le comte Gian Paolo de Leca. Le couvent actuel fut édifié à partir de 1628. Après le départ des franciscains en 1793, les oblats de Marie-Immaculée s'y installèrent en 1836.
L'église conventuelle date du 17e s. Sous le Christ, dans le mur de la chapelle consacrée à Mgr Mazenod, évêque de Marseille canonisé en 1995, repose le père Dominique Albini, missionnaire de la Corse au 19e s. Remarquer également le tabernacle en marbre polychrome (1698) du maître-autel et le chasublier de la sacristie en noyer et en merisier (1664).

NÉCROPOLE

Sous le pavé de l'église, dans des caveaux au sol de terre battue pourvus d'une ouverture que fermait une dalle de pierre, les corps des défunts étaient jetés, simplement roulés dans un drap. Des milliers de Vicolais ont ainsi été « sépulturés en arca » dans le couvent St-François.

Gorges du Liamone

8 km par la D 1 jusqu'à Arbori. La D 1 longe en corniche, dans les châtaigniers et les arbousiers, la haute vallée encaissée du Liamone. Sur les grands escarpements de la rive opposée se découpe la silhouette de la montagne de **la Sposata** (« la mariée »).
Arbori, entouré d'oliviers et de vignobles, domine la vallée du Liamone, face à la Sposata.

BIEN MAL ACQUIS...

Ce nom (Sposata) perpétue le souvenir d'une jeune et jolie bergère de la région qu'un seigneur de la Cinarca avait choisie pour épouse. Perdue par cette promotion sociale inespérée, la jeune orgueilleuse quitta la maison en dépouillant sa mère. La mère, désespérée de cette ingratitude, jeta sa malédiction sur sa fille qui fut aussitôt pétrifiée avec sa monture, sur l'arête de la montagne. Légende ? Ce qui est certain, c'est qu'en regardant la montagne, on distingue très bien sa silhouette !

circuit

ROUTE DU COL DE SEVI

22 km de Vico à Évisa par la D 23, puis la D 70 à droite.

À la sortie du bourg, la D 70 offre une vue d'ensemble sur le bassin de Vico, le couvent St-François et la vallée du Liamone dominée par la Sposata. Puis elle s'élève en lacet parmi les châtaigniers et les chênes verts au-dessus de la Catena, affluent du Liamone.

À 2 km de la chapelle St-Roch, prendre à droite la route de Renno.

Renno

Ce village disperse ses hameaux à 950 m d'altitude dans une châtaigneraie centenaire. Noyers, chênes verts et vergers ombragent sa campagne riante. Ses pommes reinettes sont réputées. Renno pratique l'élevage : bovins, porcs, ovins et caprins y abondent... et vous en rencontrerez maints exemplaires sur le bord de la route (quand ce n'est pas au milieu !).

Regagner la D 70.

Col de Sevi

Alt. 1 101 m. Il fait communiquer le bassin du Liamone avec celui du Porto. Le tracé de la route de Sevi remonte à l'époque génoise. Elle servait à transporter les fûts d'Aitone *(voir ce nom)* vers le petit port de Sagone. L'abbé de Germanès écrit, en 1774, dans son *Histoire de la Corse* : « Les Génois, qui avaient un grand besoin de bois pour la marine, ont dépensé cent mille écus pour aplanir sur la croupe des montagnes un chemin qui, de la forêt, va jusqu'au bord de la mer... »

Au-delà du col, la **vue**★ se dégage sur Cristinacce.

Cristinacce

De ce village bâti en terrasse dans une châtaigneraie, au-dessus de la vallée du Porto, on découvre au loin les grandes murailles rouges hérissées d'aiguilles qui dominent le golfe : Capo d'Orto et Capo d'Ota.

Après Cristinacce, la route procure de très belles **vues**★★ sur le golfe de Porto et sur Évisa, enfouie dans les châtaigniers au pied des immenses parois rocheuses du Capo Ferolata.

Évisa *(voir forêt d'Aitone)*

CALENDRIER
La grande foire de St-Roch se déroule chaque année à Renno les 16, 17 et 18 août.

Vivario★

Vivariu

Ce bourg entouré de châtaigniers et de prairies domine de 200 m les gorges du Vecchio. Son altitude de 650 m en fait une station climatique très fréquentée en été.

Dans les environs, la pêche à la truite dans le Vecchio et, la saison venue, la chasse au sanglier, aux bécasses et aux pigeons ramiers sont très prisées.

La situation

Carte Michelin Local 345 E6 – Haute-Corse (2B). Le village se trouve sur le tracé de la N 193, à 12 km au Nord de Vizzavona, et à 21 km au Sud de Corte.

Le nom

Vivario viendrait du mot latin *vivarium* signifiant « vivier », pièce d'eau où l'on nourrit le poisson.

TRANSPORTS
Gare ferroviaire –
Au Nord du village.
☎ 04 95 47 20 13.

Les gens
509 Vivariais. **Gustave Eiffel** ne nous a pas laissé que sa célèbre tour. L'ingénieur français s'est également distingué dans la construction de ponts : le viaduc de Garabit dans le Cantal, et, au Nord de Vivario, la passerelle métallique qui supporte la ligne de chemin de fer Bastia-Ajaccio.

Le double pont du Vecchio sur lequel huit trains en moyenne passent chaque jour.

comprendre

On connaît mal les origines de Vivario. À l'époque romaine, ce bourg a probablement été un gîte d'étape pour les légions qui, débarquées à Aléria, remontaient la vallée du Tavignano et pénétraient au cœur du pays. L'importance stratégique de Vivario laisse supposer qu'un village indigène existait déjà à cet emplacement. Avec la prospérité des cités romaines de la côte orientale, Vivario perdit de son importance : bon nombre de ses habitants émigrèrent vers Aléria pour bénéficier du bien-être de la colonie jusqu'aux invasions vandales (5ᵉ s.) et aux incursions sarrasines (du 8ᵉ au 11ᵉ s.).

Aussi, les habitants de Vivario restèrent-ils longtemps en contact étroit avec Aléria et la plaine. Un grand nombre d'entre eux cultivaient des terres et menaient paître en hiver leurs troupeaux aux environs de l'ancienne cité, tandis qu'en été, pour échapper aux fortes chaleurs et aux miasmes de la plaine orientale, les habitants d'Aghione, la plus proche commune d'Aléria, émigraient à Vivario.

se promener

Le village
Sur la place centrale, une fontaine surmontée d'une Diane se dresse au-dessus de la vallée du Vecchio, face au cirque montagneux dominé par le Monte Cardo. Le village fait face, au Sud-Ouest, au Monte d'Oro.

Fort de Pasciolo
🚶 *20mn AR à pied. 1 km au Sud de Vivario, en direction du col de la Serra par la N 193. Laisser la voiture sur l'aire de repos aménagée dans le grand virage et prendre le chemin de terre qui conduit au fort.*

Les ruines de ce fort sont surtout intéressantes pour l'histoire qui leur est attachée et pour la beauté sauvage du site.

◀ Dominant les gorges très encaissées du Vecchio (U Vechju), les ruines se dressent comme une vigie, face à un immense cirque montagneux. Bâti vers 1770 par les Français, ce fort confortait la position de celui de Vizzavona. Sous le Consulat, il acquit une sinistre réputation du fait de sa transformation en prison par le général

PERSPECTIVE SUR LES GORGES
Aux deux tiers du chemin menant au fort s'élève, sur la gauche, un promontoire rocheux formant un belvédère naturel *(à-pic dangereux à l'Ouest)*. On a, de cet endroit, une **vue**★ grandiose sur les gorges du Vecchio.

Morand, à qui avait été confiée l'administration de la région. Les rebelles du Fiumorbo y furent un temps enfermés.

On aperçoit une sorte de goulet, appelé « **pont du sauvage** », seul endroit des gorges où la rivière puisse être franchie par un saut de 3 m. Il doit son nom à un jeune garçon qui, enfui de chez lui après une réprimande, retourna à l'état sauvage, au début du 19ᵉ s.

alentours

Double pont du Vecchio★

4,5 km au Nord par la N 193. Le pont routier fut construit entre juin 1825 et octobre 1827 sur la grand-route Ajaccio-Bastia. Lancé sur le Vecchio en une seule arche de pierre, il est dominé par les hautes piles du viaduc métallique du chemin de fer construit par Gustave Eiffel vers 1888. L'ingénieur français (1832-1923) appliqua ici les perfectionnements techniques qu'il avait apportés au lancement des tabliers de ponts en porte-à-faux. La ligne Ajaccio-Bastia fut entièrement terminée et ouverte au trafic en 1894. Cet intéressant ouvrage d'art enjambe le Vecchio à 96 m de hauteur.

La **vue**★ sur les deux ponts, les gorges profondes et mouvementées du torrent, le cadre montagneux dépassant 2 000 m, et souvent enneigé, mérite un arrêt.

circuit

FORÊT DE ROSPA-SORBA★

Circuit de 59 km – environ 2h1/2.
Quitter Vivario par la route de Vezzani (D 343).

Muracciole

Ce village occupe un site d'éperon, dans le vallon d'un petit affluent du Vecchio, sur un replat cultivé en terrasses.

Après le village, le regard s'étend, en arrière, sur la vallée du Vecchio et la grande ligne de crête centrale de l'île.

Col de Morello

Alt. 824 m. **Vue**★★ étendue sur la vallée du Vecchio, le Monte Cardo à l'Ouest et les montagnes du Cortenais.

L'Occhio-Vario

🚶 *25mn AR depuis le col de Morello, par un sentier de chèvres qui suit la crête au Nord du col. Stationner au col.* Le sommet de la crête est matérialisé par une petite borne géodésique de granit blanc (866 m) et porte le nom d'Occhio-Vario (« œil varié ») : de ce **point de vue**★★, on peut en effet distinguer par temps clair une bonne quinzaine de villages, dont Castiglione, niché dans les rochers. À l'Ouest, on aperçoit dans le lointain le pont Eiffel enjambant le Vecchio. À l'Est, les monts sauvages s'étendent à perte de vue.

La route s'engage ensuite dans le massif forestier de Rospa-Sorba comprenant les forêts de Rospa-Sorba, Noceta, Rospigliani et Vezzani ; il fut malheureusement endommagé par un incendie en août 1985 (forêt en voie de repeuplement). À ses superbes pins laricio se mêlent quelques châtaigniers.

Après le pont de Catarello, la **fontaine de Padula** sourd dans un beau site au milieu des pins. La descente du col d'Erbajo s'effectue à travers les pins laricio.

Reprendre la D 343 et tourner à droite en direction de Vezzani.

Vezzani

Ce gros bourg, situé à 800 m d'altitude à la lisière de la forêt, s'était fait autrefois une spécialité de l'exploitation des cônes (pommes de pin) de pin laricio. En outre, une

> **BUCOLIQUE**
> Le promeneur attentif pourra découvrir quelques orchidées sauvages *(protégées)* en avril-mai et apercevoir des oiseaux variés qui nichent volontiers parmi les arbousiers, la bruyère et les chardons.

mine de cuivre fut exploitée à la sortie Sud du bourg, de 1897 à 1910. On en a extrait 6 000 t de minerai brut, d'une teneur en cuivre de 10 %. On s'est demandé si le minerai de Vezzani n'aurait pas alimenté l'activité de fonderie attestée dans l'Antiquité à Aléria, proche de 30 km à l'Est. Remarquez l'église paroissiale avec sa plaisante façade baroque en moellons de schiste.

LES CÔNES DE PIN

Cueillis en automne, les cônes étaient envoyés à Vivario où ils séchaient pendant douze jours jusqu'à l'éclatement et la dessiccation des graines. Ces dernières étaient alors débarrassées de leurs impuretés. Jusqu'à ces dernières années, plusieurs tonnes de graines de pin laricio étaient ainsi expédiées en France continentale et dans divers pays d'Europe. Ces semences sélectionnées pour le reboisement étaient très recherchées pour leur qualité germinative.

Actuellement, les quelques pommes de pin encore exploitées sont traitées à la sécherie de Muracciole.

Après Vezzani, la route, en bordure de la forêt, domine au Nord la vallée de la Tagnone.

À Pinzalone, prendre à droite vers Ghisoni.

Défilé de l'Inzecca★

Il a été creusé dans un verrou rocheux par le Fium'Orbo qui conserve là son caractère de torrent montagnard impétueux. En amont, le bassin de Sampolo est planté d'oliviers et de châtaigniers.

Défilé des Strette (« Stretta di e Strette »)

Cette gorge étroite et sinueuse est creusée par le Fium'Orbo.

Ghisoni *(voir ce nom)*

Au Nord-Ouest de Ghisoni, la route remonte la vallée du Regolo qui sépare les grands massifs forestiers de Vizzavona et de Rospa-Sorba.

Col de Sorba

Alt. 1 311 m. C'est l'un des plus hauts cols routiers de l'île. Par temps clair, la **vue**★ y est grandiose sur la vallée du Vecchio et le Monte d'Oro à l'Ouest, sur les défilés des Strette et de l'Inzecca à l'Est.

La route descend ensuite à travers de beaux peuplements de pins laricio.

Forêt de **Vizzavona**★★

La forêt de Vizzavona, qui s'étend entre le Monte d'Oro (2 389 m) et le col de Palmente, constitue l'une des plus belles forêts de Corse. 43 km de sentiers et de routes forestières serpentent à travers les pins laricio et les hêtres. Traditionnelle étape de mi-parcours du GR 20, elle est bien connue des randonneurs.

La situation

Carte Michelin Local 345 D7 – Haute-Corse (2B). Dans le sens Ajaccio-Bastia, la N 193 franchit le col de Vizzavona avant de pénétrer dans la forêt qu'elle traverse sur 8 km jusqu'à Tattone. La forêt est aussi accessible par le chemin de fer qui passe par le hameau de Vizzavona, niché au milieu des pins en contrebas de la nationale. On l'atteint par une route qui part à environ 4 km du col sur la gauche.

Les gens

Dans la gare de Vizzavona, le célèbre bandit **Antoine Bellacoscia**, à l'âge de 75 ans, se rendit en grande cérémonie à la justice. Au 19e s., la forêt de Vizzavona était réputée périlleuse car de nombreux bandits la fréquentaient : certains vont même jusqu'à prétendre qu'avant de la traverser, on écrivait son testament !

carnet pratique

TRANSPORT
Gare ferroviaire – ☎ 04 95 47 21 02.
Quatre trains par jour en direction de Bastia
et d'Ajaccio.

ACHATS
Épicerie de la gare – *20219 Col de
Vizzavona - 8h-20h ou 21h.* Charcuterie,
fromage, fruits et légumes.

comprendre

La forêt – La forêt de Vizzavona couvre 1 633 ha et s'étage de 800 à 1 650 m d'altitude. Elle est composée pour l'essentiel de pins laricio (48 % de sa superficie) et de hêtres (38 %). Elle bénéficie d'une température moyenne de 10 °C et reçoit 2 236 mm d'eau répartis sur 115 jours par an, surtout en hiver. La forêt offre de nombreux sentiers aux promeneurs ; les truites de l'Agnone, du Fulminato, de l'Ominima, du Speloncello et du Vecchio aux amateurs de pêche ; le domaine skiable de Muratello (1 500-2 000 m d'altitude), enneigé de mi-décembre à fin avril, aux fervents de sports d'hiver ; les pentes du Monte d'Oro (2 389 m d'altitude) aux alpinistes.

Le pin laricio – Différent du pin de Corte, il peuple les magnifiques futaies d'Aitone, de Valdu-Niellu, de Vizzavona et du centre de l'île. C'est l'un des plus grands arbres d'Europe. Ce résineux, qui réclame une certaine humidité, croît sur les sols granitiques entre 700 m d'altitude sur les versants exposés au Midi et 1 500 m sur certains versants d'exposition Nord. Il est fréquemment associé au hêtre à partir de 900 m, au pin maritime entre 700 et 1 000 m, au sapin et au bouleau aux altitudes supérieures.

Ses branches, peu nombreuses et assez courtes, sont régulièrement étagées et groupées surtout au faîte de l'arbre. Dans les endroits ventés comme au col de Bavella, elles prennent une curieuse allure tourmentée. Chez les sujets âgés, la cime apparaît courte, aplatie et étalée. Les cônes ou « pommes de pin », longs de 6 à 8 cm, sont disposés presque horizontalement sur les branches.

Le laricio, imputrescible, constitue un excellent bois de charpente et de menuiserie. À l'époque de la marine à voile, ses fûts étaient utilisés à la fabrication des mâts. Plus tard, l'Angleterre l'importa pour fabriquer ses traverses de chemin de fer.

Il contribue à maintenir, grâce à ses racines puissantes, un équilibre biologique en altitude par sa capacité de croître sur des crêtes ou de fortes pentes aux sols très maigres, voire dans les cailloux et les rochers. Moins vulnérable au feu que le pin maritime, il peut se régénérer après un incendie, ou être replanté avec succès.

MAJESTUEUX LARICIO
Son fût parfaitement rectiligne dépasse souvent 40 m de hauteur et atteint parfois 2 m de diamètre. Très robuste, il peut vivre 600 ans.

se promener

Vizzavona★
Située au cœur de la forêt et dominée par la silhouette massive du Monte d'Oro, c'est une agréable petite station climatique qui offre aux estivants, en plus du calme, un grand choix de promenades en forêt et de courses en montagne. Composée de quelques chalets, 3 ou 4 hôtels et refuges groupés autour de la chapelle et de la gare (alt. 910 m), elle comprend en outre le hameau de La Foce situé à 3,5 km sur la N 193 près du col de Vizzavona. La voie ferrée passe sous un tunnel rectiligne de 4 km.

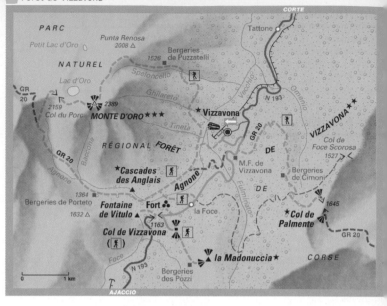

Fontaine de Vitulo

🚶 *1/4h AR au départ du col de Vizzavona*. Cette fontaine donne naissance au ruisseau de Foce, affluent de la Gravona.

Col de Vizzavona

Pour admirer la vue★ sur la vallée de la Gravona et le château démantelé se détachant sur la masse imposante du Monte d'Oro, emprunter la route qui s'élève au Sud, dans les hêtres, vers un relais hertzien *(1/4h à pied AR)*.

À 1 163 m d'altitude, le col permet à la grande route d'Ajaccio-Bastia de passer du bassin de la Gravona, tributaire du golfe d'Ajaccio, dans celui du Tavignano qui irrigue la plaine orientale d'Aléria.

Le col offre des aires de stationnement ombragées de tilleuls, avec tables et bancs rustiques, dans une vaste clairière semée de blocs granitiques.

randonnées

Monte d'Oro (Oru)★★★

🚶 *10h AR au départ de Vizzavona. Randonnée longue et contraignante, nécessitant un très bon entraînement physique. Accès par les cascades des Anglais (voir ci-dessus). La fin de l'itinéraire est souvent enneigée jusqu'au début de juillet.*

UN GRAND SOMMET
Le Monte d'Oro, à 2 389 m d'altitude, est l'un des grands sommets de la Corse cristalline ; il appartient à la ligne de crête qui partage les eaux entre les rivages Est et Ouest de l'île. Son nom proviendrait des multiples sources qui dévalent ses flancs.

Cette incomparable promenade permet d'admirer toute la variété de paysages qu'offre la montagne corse : forêts de pins laricio, de hêtres, torrents...

De Vizzavona jusqu'aux cascades des Anglais (3/4h), suivre l'itinéraire décrit ci-dessous. De là, le GR 20, jalonné de marques rouge et blanc, mène près des

Ceux qui ne craignent pas l'eau froide pourront se baigner dans les piscines naturelles creusées par les cascades des Anglais.

bergeries de Porteto (alt. 1 364 m), invisibles du sentier et situées à quelques mètres au Sud, au milieu de superbes hêtres *(2h)*. Le sentier franchit à gué l'Agnone *(2h1/4)*, puis gravit les pentes caillouteuses du Monte d'Oro *(montée pénible)* vers le col du Porc *(5h1/4)* d'où l'on gagne le sommet *(6h1/4 – la montée au sommet exige de bonnes connaissances en alpinisme)*.

Revenir à Vizzavona *(3h1/2)* par le sentier balisé de marques jaunes qui contourne l'autre versant du Monte d'Oro par les bergeries de Puzzatelli, puis franchit le ravin de Ghilareto, le ruisseau de Tineta à gué et l'Agnone. Entre 2 150 m et 2 000 m, le couloir appelé « la Scala », raide et souvent glissant, demande prudence et attention.

Cascades des Anglais (A Spiscia di l'inglesi)★

🚶 *1h1/2 AR au départ du hameau de Vizzavona, à hauteur de la Cas di a Natura. Un panneau sur le bord du chemin annonce les cascades. Le chemin emprunte en partie le GR 20.* Longer la rive droite du torrent jusqu'à une série de cascatelles qui ont creusé des piscines dans la roche.

Dans cette gorge sauvage dominée sur la droite par le Monte d'Oro, il est possible de remonter le cours du torrent sur un assez long parcours.

Torrent de l'Agnone

🚶 *1h au départ de La Foce, à gauche de la N 193, après le col de Vizzavona, pour gagner, à travers la forêt, le village de Vizzavona.* Après avoir atteint le torrent, tourner à droite dans le GR 20 qui traverse l'Agnone sur un pont de bois. Descendre ensuite sur la rive gauche du torrent jusqu'au niveau de Vizzavona où l'on traverse à nouveau l'Agnone, puis le Fulminato avant d'arriver en vue des premières maisons.

En fin d'après-midi, les lignes de crêtes visibles depuis la Madonuccia prennent de belles teintes gris-bleu.

Col de Palmente★

🚶 *4h AR au départ de la N 193, à 200 m au-dessous de la maison forestière de Vizzavona, en direction de Bastia et à proximité d'une maison isolée.* Le **GR 20** *(balisé de marques rouge et blanc)* monte en lacet dans les pins de la forêt de Vizzavona, offrant une belle vue sur le Monte d'Oro. Ce tronçon constitue, avec celui du col de Vergio, les deux sections du GR 20 praticables aisément par tout promeneur. Le large sentier grimpe en pente douce à l'ombre des pins et des hêtres. Au bout d'environ 25mn de marche, prendre le chemin de gauche *(toujours suivre les marques rouge et blanc du GR)*. 20mn plus tard, on traverse une forêt de hêtres. Au bout de 1/2h, le GR 20 sort de la forêt et s'élève vers la crête. On atteint, en 1/2h de montée plus raide dans un paysage dénudé, le col de Palmente (alt. 1 645 m).

La Madonuccia★

🚶 *1h1/2 AR au départ du col de Vizzavona. Balisé de points ronds jaunes.* Suivre la route vers le relais hertzien, puis le chemin vers les bergeries des Pozzi *(abri bivouac)*. De là, on peut grimper sur la crête, constituée d'un amas de rochers, visible de la route et qui évoque une statue de la Vierge : vue sur la vallée de la Gravona et le Monte d'Oro.

TOUR D'HORIZON
Le panorama★★★, assez tôt dans la matinée et par temps clair, embrasse tous les hauts sommets de l'île : au Nord le Monte Cinto et le Monte Rotondo, au Sud le Monte Renoso ; à l'Est la mer et les îles de Toscane.

Du col de Palmente, la vue★ s'étend sur le Monte d'Oro et le Monte Renoso. Ce col, entre la forêt de Vizzavona et le versant oriental du massif du Renoso, était autrefois la voie empruntée par les bergers pour se rendre à Ghisoni.

Fort de Vizzavona

🚶 *3/4h au départ du col de Vizzavona par un chemin à droite gravissant le plateau et un sentier à travers bois.* Les **ruines** de cette forteresse d'origine génoise qui protégeait le col sont impressionnantes ; le donjon éventré révèle les fragments de son escalier en colimaçon. Le paysage sur la moraine glaciaire envahie par le maquis et cernée par la forêt est saisissant. Le **site** de ces ruines atteste de l'ancienneté de cette voie de passage et de son importance stratégique.

Zicavo

Zicavu

C'est un gros bourg très étendu, qui étire ses maisons de granit à 700 m d'altitude, à mi-chemin entre les cols de Verde et de la Vaccia. Sa position au centre de l'île en fait un bon point de départ d'excursions.

La situation

Carte Michelin Local 345 D8 – Schéma p. 266 – Corse-du-Sud (2A). Situé au cœur de l'île, Zicavo est accessible par de sinueuses routes départementales. Le plus simple est, à partir de la N 196 qui relie Ajaccio à Bonifacio, de prendre sur la gauche la D 83, entre Cauro et Grosseto.

Les gens

237 Zicavais l'hiver, mais près de 1 000 en été ! Zicavo est le berceau de la famille Abbatucci qui donna à la France plusieurs députés, un ministre et trois généraux dont **Charles Abbatucci** (1771-1797), général à 25 ans, tué au siège de Huningue (Haut-Rhin).

comprendre

Des envies d'indépendance – En 1739, à l'appel du curé, le village soutint la cause du baron Frédéric, neveu du roi Théodore, qui relança l'idée de l'indépendance.

L'échec des chefs de l'insurrection comme Giafferi et Ornano ne désarma pas les Zicavais : alors que les femmes et les enfants s'étaient réfugiés sur le plateau du Coscione, les hommes affrontèrent durant un mois les régiments du marquis de Maillebois venu prêter main forte aux Génois. Mais ils durent se résoudre à déposer les armes. Après des semaines de vie montagnarde, le baron Frédéric s'embarqua pour Livourne muni d'un sauf-conduit.

alentours

Bains-de-Guitera

7 km de Zicavo par la D 757ᴬ. Cette petite station thermale est située sur la rive droite du Taravo. Ses eaux sulfureuses sont utilisées dans le traitement des rhumatismes et des affections cutanées.

Ste-Marie-Sicché

27,5 km à l'Ouest de Zicavo par la D 83. Le village divisé en hameaux est le berceau de la famille d'Ornano.

Palazzo Sampiero *(au hameau de Vico)* – Sa maison de Bastelica ayant été brûlée par les Génois, Sampiero fit bâtir, en 1554, cette maison forte en gros appareil de granit, aujourd'hui en ruine. Une inscription et un buste en marbre dans une niche évoquent le héros.

Tour Vannina-d'Ornano – Dans le bas du vieux bourg, au lieu dit Casabianca, tout près de la route de Grosseto, s'élève la demeure natale de Vannina, du 15e s. Le hameau de **Zigliara** est fréquenté pour son établisse-ment thermal.

Monte Incudine★★★ *(voir ce nom)*

Zonza

Ce gros bourg, bâti en terrasses (alt. 784 m) au-des-sus de la vallée de l'Asinao au milieu des châtai-gniers, des pins et des chênes verts, est à la croisée d'itinéraires touristiques réputés : au Nord et à l'Ouest les routes de Bavella, Quenza et Aullène ; au Sud, la route de l'Alta-Rocca riche en préhistoire, et celle du massif de l'Ospédale.
Un réseau dense de sentiers balisés rayonne autour du village et fait de Zonza un centre de villégiature et de randonnées pédestres, équestres, et de vélo tout-terrain.

La situation
Carte Michelin Local 345 E9 – Corse-du-Sud (2A). Zonza est à l'intersection de 4 routes : celles de Bavella au Nord, Quenza et Aullène à l'Ouest, Levie au Sud et, vers l'Est, la D 368 qui rejoint l'Ospédale et Porto-Vecchio.
🛈 *Lévie, Zonza, ☎ 04 95 78 56 33.*
Juil.-août : tlj sf dim. ap.-midi 9h-13h, 15h-19h..

Les gens
En 1952, Zonza accueillit durant cinq mois Mohammed V, le sultan du Maroc, déposé et exilé par le gouvernement français.

carnet pratique

HÉBERGEMENT
😊😊 **Le Tourisme** – ☎ *04 95 78 67 72 - letourisme@wanadoo.fr - fermé 1er nov. au 24 mars - 16 ch. : 45,50/115€ - ☐ 8,50€ - restaurant 17,50/26,50€.* Dans un joli village, à 800 m d'altitude, ce petit hôtel au décor campagnard est une halte sympathique dans l'Alta-Rocca à proximité des aiguilles de Bavella. Les chambres s'ouvrent sur la vallée ou le village. Cuisine copieuse de spécialités corses.
😊😊 **L'Aiglon** – ☎ *04 95 78 67 79 - fermé lun. hors sais. - 🅿 - réserv. obligatoire en hiver - 10 ch. : 47/50€ - ☐ 6,50€ - restaurant 22,15/25,15€.* Dressée au cœur du village, cette vénérable maison en granit se veut le refuge de l'âme corse. Côté décor : adorables chambres colorées et salle à manger agrémentée de vieux moulins à café et fers à repasser. Côté cuisine, petits plats au bon goût du terroir.

CALENDRIER
En été, l'**hippodrome de Viséo** accueille des courses de chevaux et des manifestations de jumping qui attirent de nombreux turfistes et spectateurs.

Proche du célèbre col de Bavella, le village de Zonza est une halte panoramique animée et appréciée.

séjourner

Le village★

La place centrale est ombragée de tilleuls. L'église Sainte-Marie, bâtie au 19e s. dans le style néogothique, étonne par son importance ; son clocher est orné d'un bel appareil en blocs de granit taillé.

Durant l'été, des touristes et les Corses revenus au pays entretiennent dans le village une joyeuse animation. En septembre, au moment de la fête locale, pétards, feux d'artifice, concours de pétanque, tournois de cartes se succèdent.

Aux environs de Zonza, on peut pêcher la truite et, la saison venue, aller chasser les sangliers, les bécasses et les palombes.

Sur une colline, en face du village, se dresse la chapelle de Ste-Barbe qui rassemble les jours de pèlerinage les habitants des villages alentour.

circuits

Chaos de Paccionitoli
Circuit de 20 km. Suivre la D 268 vers Levie. À San-Gavino-di-Carbini, tourner à gauche vers Paccionitoli. Voir L'Alta-Rocca.

Col de Bavella★★★
9 km au Nord-Est. Quitter Zonza par la D 268 vers Bavella et Solenzara. Voir Aiguilles de Bavella.

E.Baret / Michelin

☐ a. *Baie de Palerme (Sicile)*
☐ b. *Rade de Toulon (Côte d'Azur)*
☐ c. *Baie de San Francisco (Californie)*

Vous ne savez pas quelle case cocher ?
Alors plongez-vous dans Le Guide Vert Michelin !

- tout ce qu'il faut voir et faire sur place
- les meilleurs itinéraires
- de nombreux conseils pratiques
- toutes les bonnes adresses
Le Guide Vert Michelin, l'esprit de découverte

A. Leprince / Michelin

☐ a. *Maison d'hôte de charme*
☐ b. 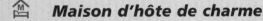 *Chambre à 40€ maximum la nuit*
☐ c. *À ne pas manquer : le petit "plus"*

Vous ne savez pas quelle case cocher ?
Alors ouvrez vite Le Guide Coups de Cœur Michelin !

De l'ancienne ferme de caractère au petit château niché dans son parc en passant par la maison de maître au coeur d'un vignoble, la sélection Michelin, classée par région, recense autant d'adresses à l'accueil chaleureux qui charmeront même les petits budgets.
Guide Coups de Cœur Michelin, le plaisir du voyage

J. Malburet / Michelin

- ☐ a. *Piazza del Campo*
- ☐ b. *Piazza di Spagna*
- ☐ c. *Piazza dell'Anfiteatro*

Vous ne savez pas quelle case cocher ?
Alors plongez-vous dans Le Guide Vert Michelin !

- tout ce qu'il faut voir et faire sur place
- les meilleurs itinéraires
- de nombreux conseils pratiques
- toutes les bonnes adresses

Le Guide Vert Michelin, l'esprit de découverte

P.Gajic / Michelin

- ☐ a. ✕✕ *Restaurant de bon confort*
- ☐ b. ✿ *Une très bonne table dans sa catégorie*
- ☐ c. 🕭 *Repas soignés à prix modérés*

Vous ne savez pas quelle case cocher ?
Alors plongez-vous dans Le Guide Michelin !

Du nouveau bistrot à la table gastronomique, du Bib Gourmand au ✿✿✿ (3 étoiles), ce sont au total plus de 45 000 hôtels et restaurants à travers l'Europe que les inspecteurs Michelin vous recommandent et vous décrivent dans ces guides. Plus de 300 cartes et 1600 plans de villes vous permettront de les trouver facilement. Le Guide Michelin Hôtels et Restaurants, le plaisir du voyage

Sources iconographiques

p. 1 : A. de Valroger/MICHELIN
p. 4 : D. Pazery/MICHELIN
p. 4 : G. Magnin/MICHELIN
p. 5 : G. Magnin/MICHELIN
p. 5 : R. Huitel/SCOPE
p. 18 : J.-Ch. Attard/IMAGES DU SUD
p. 20 : G. Magnin/MICHELIN
p. 22 : D. Pazery/MICHELIN
p. 22 : G. Magnin/MICHELIN
p. 26 : H. Le Gac/MICHELIN
p. 27 : G. Magnin/MICHELIN
p. 29 : A. de Valroger/MICHELIN
p. 30 : Amet/IMAGES TOULOUSE
p. 31 : A. de Valroger/MICHELIN
p. 32 : A. de Valroger/MICHELIN
p. 35 : G. Magnin/MICHELIN
p. 36 : A. de Valroger/MICHELIN
p. 37 : A. de Valroger/MICHELIN
p. 39 : Anger/IMAGES DU SUD
p. 40 : Ph. Blondel/SCOPE
p. 42 : H. Le Gac/MICHELIN
p. 44 : G. Magnin/MICHELIN
p. 45 : A. de Valroger/MICHELIN
p. 46 : C. Carré
p. 48 : D. Pazery/MICHELIN
p. 49 : A. de Valroger/MICHELIN
p. 50 : D.Mar/MICHELIN
p. 51 : J.-C.Sudres/PHOTONONSTOP
p. 52 : J.Malburet/MICHELIN
p. 53 : A. de Valvoger/MICHELIN
p. 55 : J.-L. Gallo/MICHELIN
p. 56 : D. Faure/PHOTONONSTOP
p. 58 : H. Le Gac/MICHELIN © Corsica
        Raid Adventure
p. 60 : B. Kaufmann/MICHELIN
p. 62 : M. Gotin/SCOPE
p. 62 : C. Moirenc/PHOTONONSTOP
p. 62 : G. Magnin/MICHELIN
p. 63 : G. Magnin/MICHELIN
p. 64 : G. Magnin/MICHELIN
p. 67 : D. Mar/MICHELIN
p. 67 : D. Pazery/MICHELIN
p. 67 : Ph. Lambert
p. 68 : M. Janvier/MICHELIN
p. 68 : M. Janvier/MICHELIN
p. 68 : M. Janvier/MICHELIN
p. 68 : M. Janvier/MICHELIN
p. 68 : M. Janvier/MICHELIN
p. 68 : G. Magnin/MICHELIN
p. 69 : D. Pazery/MICHELIN
p. 69 : M. Janvier/MICHELIN
p. 70 : A. Lorgnier/VISA
p. 70 : A. Lorgnier/VISA
p. 71 : E. Souty/MICHELIN
p. 71 : Guittot/PHOTONONSTOP
p. 72 : G. Magnin/MICHELIN
p. 72 : G. Magnin/MICHELIN
p. 72 : M. Guillou/MICHELIN
p. 73 : S. De Wilde/JACANA
p. 73 : H. Choimet/MICHELIN
p. 73 : H. Choimet/MICIHELIN
p. 73 : H. Choimet/MICHELIN
p. 73 : M. Guillou/MICHELIN
p. 74 : J.-M. Labat/EXPLORER
p. 74 : J.-L. Charmet/BRIDGEMAN-
        GIRAUDON
p. 75 : G. Magnin/MICHELIN
p. 75 : J.-L. Charmet/BRIDGEMAN-
        GIRAUDON
p. 76 : PIX
p. 77 : D. Pazery/MICHELIN
p. 77 : P. Parrot/SYGMA
p. 78 : LAUROS-GIRAUDON
p. 78 : J.-L. Charmet/BRIDGEMAN-
        GIRAUDON
p. 79 : GIRAUDON
p. 79 : GIRAUDON
p. 79 : J. Desmarteau/EXPLORER
p. 79 : A. Eli/MICHELIN
p. 80 : A. Lorgnier/VISA
p. 81 : G. Thouvenin/SCOPE
p. 81 : A. Lorgnier/VISA
p. 81 : A. Lorgnier/VISA
p. 82 : R. Corbel/MICHELIN
p. 83 : R. Corbel/MICHELIN
p. 84 : R. Corbel/MICHELIN
p. 85 : R. Corbel/MICHELIN
p. 86 : R. Corbel/MICHELIN
p. 87 : R. Corbel/MICHELIN
p. 88 : G. Magnin/MICHELIN
p. 88 : G. Magnin/MICHELIN
p. 89 : J. Guillard/SCOPE
p. 89 : G. Magnin/MICHELIN
p. 89 : G. Magnin/MICHELIN
p. 89 : G. Magnin/MICHELIN
p. 90 : G. Magnin/MICHELIN
p. 90 : G. Magnin/MICHELIN
p. 90 : G. Magnin/MICHELIN
p. 91 : A. Lornier/VISA
p. 91 : G. Magnin/MICHELIN
p. 92 : A. de Valroger/MICHELIN
p. 92 : A. Lorgnier/VISA
p. 93 : Y. Travert/PHOTONONSTOP
p. 94 : Musée de la Corse, Corte
p. 94 : J.-L. Charmet/BRIDGEMAN-
        GIRAUDON

p. 95 : G. Magnin/MICHELIN
p. 95 : Ch. Boisvieux
p. 96 : Guittard/ARCHIVES LAUROS-
        BRIDGEMAN-GIRAUDON
p. 97 : N. Brenckle/EXPLORER
p. 97 : D. Faure/PHOTONONSTOP
p. 98 : E. Brenckle/EXPLORER
p. 98 : J.-D. Sudres/PHOTONONSTOP
p. 99 : J.-Ch. Gérard/PHOTONONSTOP
p. 99 : A. Lorgnier/VISA
p. 99 : J.-Ch. Gérard/PHOTONONSTOP
p. 99 : D. Pazery/MICHELIN
p. 100 : G. Magnin/MICHELIN
p. 101 : G. Magnin/MICHELIN
p. 102 : A. de Valroger/MICHELIN
p. 103 : G. Magnin/MICHELIN
p. 104 : G. Magnin/MICHELIN
p. 105 : G. Magnin/MICHELIN
p. 105 : A. de Valroger/MICHELIN
p. 106 : G. Magnin/MICHELIN
p. 109 : Ch. Boisvieux
p. 110 : BRIDGEMAN-GIRAUDON
p. 114 : G. Magnin/MICHELIN
p. 115 : Musée Fesch, Ajaccio
p. 117 : G. Magnin/MICHELIN
p. 120 : A. de Valroger/MICHELIN
p. 122 : E. Souty/MICHELIN
p. 123 : G. Magnin/MICHELIN
p. 124 : G. Magnin/MICHELIN
p. 125 : Ch. Boisvieux
p. 126 : G. Magnin/MICHELIN
p. 128 : G. Magnin/MICHELIN
p. 129 : G. Magnin/MICHELIN
p. 130 : G. Magnin/MICHELIN
p. 132 : G. Magnin/MICHELIN
p. 133 : G. Magnin/MICHELIN
p. 135 : G. Magnin/MICHELIN
p. 136 : R. Corbel/MICHELIN
p. 137 : G. Magnin/MICHELIN
p. 138 : G. Magnin/MICHELIN
p. 138 : G. Magnin/MICHELIN
p. 139 : G. Magnin/MICHELIN
p. 140 : G. Magnin/MICHELIN
p. 142 : G. Magnin/MICHELIN
p. 143 : G. Magnin/MICHELIN
p. 147 : G. Magnin/MICHELIN
p. 148 : D'après "Histoire illustrée de
        Corse" J.-A. Galetti/BN, Paris
p. 151 : G. Magnin/MICHELIN
p. 153 : G. Magnin/MICHELIN
p. 154 : E. Souty/MICHELIN
p. 156 : G. Magnin/MICHELIN
p. 156 : Ch. Boisvieux
p. 157 : A. de Valroger/MICHELIN
p. 161 : G. Magnin/MICHELIN
p. 165 : G. Magnin/MICHELIN
p. 166 : A. de Valroger/MICHELIN
p. 167 : H. Le Gac/MICHELIN
p. 168 : G. Magnin/MICHELIN
p. 169 : G. Magnin/MICHELIN
p. 171 : G. Magnin/MICHELIN
p. 172 : Ch. Boisvieux
p. 173 : J.-L. Gallo/MICHELIN
p. 175 : G. Magnin/MICHELIN
p. 175 : A. de Valroger/MICHELIN
p. 177 : D. Pazery/MICHELIN
p. 178 : G. Magnin/MICHELIN
p. 178 : A. de Valroger/MICHELIN
p. 179 : G. Magnin/MICHELIN
p. 181 : G. Magnin/MICHELIN
p. 182 : Y. Lanceau/JACANA
p. 186 : Ph. Jambert
p. 188 : D. Pazery/MICHELIN
p. 190 : P. Royer/EXPLORER
p. 192 : G. Magnin/MICHELIN
p. 192 : G. Magnin/MICHELIN
p. 194 : G. Magnin/MICHELIN
p. 195 : G. Magnin/MICHELIN
p. 195 : A. de Valroger/MICHELIN
p. 196 : G. Magnin/MICHELIN
p. 198 : G. Magnin/MICHELIN
p. 199 : A. de Valroger/MICHELIN
p. 200 : R. Huitel/SCOPE
p. 203 : G. Magnin/MICHELIN
p. 203 : G. Magnin/MICHELIN
p. 204 : E. Souty/MICHELIN
p. 206 : G. Magnin/MICHELIN
p. 207 : G. Magnin/MICHELIN
p. 209 : G. Magnin/MICHELIN
p. 210 : Amet/IMAGES DU SUD
p. 212 : A. de Valroger/MICHELIN
p. 213 : Amet/IMAGES DU SUD
p. 214 : E. Souty/MICHELIN
p. 215 : J.-L. Gallo/MICHELIN
p. 217 : J.-L. Gallo/MICHELIN
p. 218 : A. de Valroger/MICHELIN
p. 220 : D. Pazery/MICHELIN
p. 222 : G. Magnin/MICHELIN
p. 222 : G. Magnin/MICHELIN
p. 223 : G. Magnin/MICHELIN
p. 224 : A. Lorgnier/VISA
p. 225 : G. Guittot/PHOTONONSTOP
p. 227 : D. Pazery/MICHELIN
p. 228 : G. Magnin/MICHELIN
p. 228 : G. Magnin/MICHELIN

p. 231 : Ch. Boisvieux
p. 233 : E.Souty/MICHELIN
p. 234 : G. Magnin/MICHELIN
p. 235 : D. Pazery/MICHELIN
p. 235 : P. Tétre/EXPLORER,
        © Musée de Cervione
p. 239 : A. de Valroger/MICHELIN
p. 239 : G. Magnin/MICHELIN
p. 241 : A. de Valroger/MICHELIN
p. 243 : A. de Valroger/MICHELIN
p. 243 : G. Magnin/MICHELIN
p. 244 : E. Baret/MICHELIN
p. 244 : A. de Valroger/MICHELIN
p. 247 : Ph. Jambert
p. 248 : G. Guittot/PHOTONONSTOP
p. 250 : Desjobert
p. 252 : G. Magnin/MICHELIN
p. 253 : D. Pazery/MICHELIN
p. 256 : J.-Ch. Attard/IMAGES
         DU SUD
p. 257 : G. Magnin/MICHELIN
p. 258 : G. Magnin/MICHELIN
p. 259 : Ch. Boisvieux
p. 261 : J.-Ch. Attard/MAGES
         DU SUD
p. 261 : G. Magnin/MICHELIN
p. 264 : Ch. Boisvieux
p. 268 : G. Magnin/MICHELIN
p. 270 : J.-L. Gallo/MICHELIN
p. 272 : G. Magnin/MICHELIN
p. 273 : E. Baret
p. 274 : Ch. Boisvieux
p. 276 : D'après "Histoire illustrée de
         la Corse" J.-A. Galetti/B.N.,
         Paris
p. 277 : D. Pazery/MICHELIN
p. 278 : Ch. Boisvieux
p. 280 : Ch. Boisvieux
p. 280 : G. Magnin/MICHELIN
p. 281 : G. Magnin/MICHELIN
p. 284 : G. Magnin/MICHELIN
p. 285 : G. Dussoubs/MICHELIN
p. 286 : G. Magnin/MICHELIN
p. 287 : G. Magnin/MICHELIN
p. 289 : G. Magnin/MICHELIN
p. 290 : H. Le Gac/MICHELIN
p. 291 : G. Magnin/MICHELIN
p. 293 : G. Magnin/MICHELIN
p. 293 : G. Magnin/MICHELIN
p. 294 : G. Magnin/MICHELIN
p. 295 : G. Magnin/MICHELIN
p. 296 : B. Kaufmann/MICHELIN
p. 296 : G. Magnin/MICHELIN
p. 299 : S. Chakroun/MICHELIN
p. 301 : G. Magnin/MICHELIN
p. 302 : G. Magnin/MICHELIN
p. 303 : G. Magnin/MICHELIN
p. 304 : D. Pazery/MICHELIN
p. 305 : G. Magnin/MICHELIN
p. 305 : A. de Valroger/MICHELIN
p. 308 : G. Magnin/MICHELIN
p. 309 : G. Magnin/MICHELIN
p. 310 : G. Magnin/MICHELIN
p. 311 : G. Magnin/MICHELIN
p. 313 : E. Baret
p. 314 : D. Pazery/MICHELIN
p. 316 : D. Pazery/MICHELIN
p. 317 : A. de Valroger/MICHELIN
p. 320 : G. Magnin/MICHELIN
p. 322 : E. Souty/MICHELIN
p. 323 : G. Magnin/MICHELIN
p. 324 : E. Souty/MICHELIN
p. 325 : G. Magnin/MICHELIN
p. 327 : A. Magnin/MICHELIN
p. 328 : G. Magnin/MICHELIN
p. 329 : A. Magnin/MICHELIN
p. 331 : G. Magnin/MICHELIN
p. 333 : G. Magnin/MICHELIN
p. 334 : P. Tétrel/EXPLORER
p. 337 : J.-Ch. Attard/IMAGES DU SUD
p. 339 : G. Magnin/MICHELIN
p. 340 : G. Magnin/MICHELIN
p. 341 : G. Magnin/MICHELIN
p. 342 : G. Magnin/MICHELIN
p. 343 : G. Magnin/MICHELIN
p. 346 : J.-L. Gallo/MICHELIN
p. 349 : G. Magnin/MICHELIN
p. 350 : D. Pazery/MICHELIN
p. 352 : G. Magnin/MICHELIN
p. 353 : F. Jalain/EXPLORER
p. 354 : Ch. Boisvieux
p. 358 : D. Pazery/MICHELIN
p. 360 : G. Magnin/MICHELIN
p. 362 : G. Magnin/MICHELIN
p. 363 : E. Souty/MICHELIN
p. 365 : H. Le Gac/MICHELIN

Index

Éditions des Voyages

46, avenue de Breteuil – 75324 Paris Cedex 07
☎ 01 45 66 12 34
www.ViaMichelin.fr
LeGuideVert@fr.michelin.com

Manufacture française des pneumatiques Michelin
Société en commandite par actions au capital de 304 000 000 EUR
Place des Carmes-Déchaux – 63 Clermont-Ferrand (France)
R.C.S. Clermont-Fd B 855 200 507

Compogravure : LE SANGLIER, Charleville-Mézières
Impression - brochage : I.M.E., Baume-les-Dames

Conception graphique : Christiane Beylier à Paris 12ᵉ
Maquette de couverture extérieure : Agence Carré Noir à Paris 17ᵉ

Parution 2004

Le Guide Vert propose 24 guides sur les régions françaises.
Ces guides sont mis à jour tous les ans.
Toutes les informations sont alors actualisées et vérifiées sur le terrain.

ÉCRIVEZ-NOUS ! TOUTES VOS REMARQUES
NOUS AIDERONT À ENRICHIR NOS GUIDES !

Merci de renvoyer ce questionnaire à l'adresse suivante :
Michelin, Questionnaire Le Guide Vert, 46 avenue de Breteuil,
75 324 Paris Cedex 07

En remerciement, les auteurs des 100 premiers questionnaires recevront en cadeau la carte Local Michelin de leur choix !

Titre acheté : ....

Date d'achat (mois et année) : ....

Lieu d'achat (librairie et ville) : ....

1) Aviez-vous déjà acheté un Guide Vert Michelin ? oui ❏ non ❏

2) Quels sont les éléments qui ont motivé l'achat de ce guide ?

	Pas du tout important	Peu important	Important	Très important
Le besoin de renouveler votre ancien guide	❏	❏	❏	❏
L'attrait de la couverture	❏	❏	❏	❏
Le contenu du guide, les thèmes traités	❏	❏	❏	❏
Le fait qu'il s'agisse de la dernière parution (2004)	❏	❏	❏	❏
La recommandation de votre libraire	❏	❏	❏	❏
L'habitude d'acheter la collection Le Guide Vert	❏	❏	❏	❏

Autres : ....
....

Vos commentaires : ....
....
....

3) Avez vous apprécié ?

	Pas du tout	Peu	Beaucoup	Énormément
Les conseils du guide (sites et itinéraires conseillés)	❏	❏	❏	❏
La clarté des explications	❏	❏	❏	❏
Les adresses d'hôtels et de restaurants	❏	❏	❏	❏
La présentation du guide (clarté et plaisir de lecture)	❏	❏	❏	❏
Les plans, les cartes	❏	❏	❏	❏
Le détail des informations pratiques (transport, horaires d'ouverture, prix....)	❏	❏	❏	❏

Vos commentaires : ....
....
....

4) Quelles parties avez-vous utilisées ?
   Quels sites avez-vous visités ?

....
....
....
....
....

5) Renouvellerez-vous votre guide lors de sa prochaine édition ?

                        Oui ❏   Non ❏

Si non, pourquoi ? ....
....
....
....

6) Notez votre guide sur 20 :

7) Vos conseils, vos souhaits, vos suggestions d'amélioration :

....
....
....
....
....
....

8) Vous êtes :

           Homme ❏   Femme ❏   Âge : .... ans

Nom et prénom : ....
Adresse : ....
....
Profession : ....

Quelle carte Local Michelin souhaiteriez-vous recevoir ?

(nous préciser le département de votre choix)

....

Offre proposée aux 100 premières personnes ayant renvoyé un questionnaire complet. Une seule carte offerte par foyer, dans la limite des stocks disponibles

VOUS AVEZ AIMÉ CE GUIDE ?
DÉCOUVREZ ÉGALEMENT LE GUIDE VERT À l'ÉTRANGER ET LES NOUVEAUX GUIDES VERTS THÉMATIQUES
(Idées de promenades à Paris, Idées de week-ends à Marseille et alentours, Idées de week-ends aux environs de Paris)